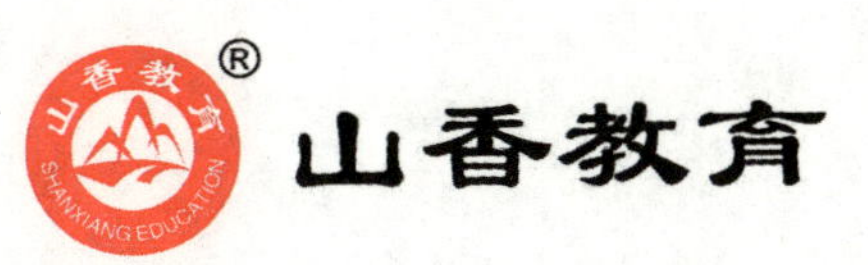

浙江省教师招聘考试专用教材

学前教育

山香教师招聘考试命题研究中心　主编

图书在版编目(CIP)数据

浙江省教师招聘考试专用教材.学前教育/山香教师招聘考试命题研究中心主编.--北京:首都师范大学出版社,2022.9

ISBN 978-7-5656-7157-9

Ⅰ.①浙… Ⅱ.①山… Ⅲ.①学前教育—幼教人员—聘用—资格考试—教材 Ⅳ.①G451.1

中国版本图书馆CIP数据核字(2022)第170471号

浙江省教师招聘考试专用教材

XUEQIAN JIAOYU

学前教育

山香教师招聘考试命题研究中心　主编

策划编辑　张文强

责任编辑　杨林玉　曹亮亮　　　封面设计　山香教育

首都师范大学出版社出版发行

地　　址　北京市西三环北路105号

邮　　编　100048

咨询电话　010-68418523(总编室)　010-68982468(发行部)

网　　址　http://cnupn.cnu.edu.cn

印　　刷　河南黎阳印务有限公司

经　　销　全国新华书店

版　　次　2022年9月第1版

印　　次　2022年11月第1次印刷

开　　本　889mm×1194mm　1/16

印　　张　25.5

字　　数　680千

定　　价　59.00元

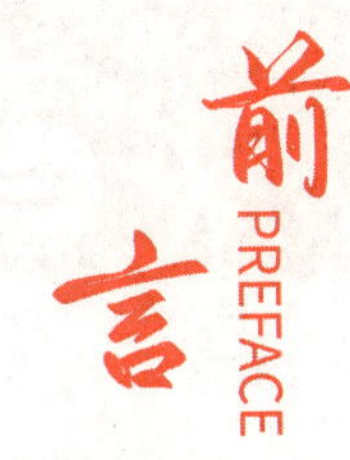

近年来，教师招聘考试越来越“火热”，使得考生在参加教师招聘考试时面临着两大困境：一方面，随着广大考生对教师招聘考试的不断探索，笔试分数的差距在不断缩小；另一方面，教师招聘考试的试题难度和灵活性也在不断提高。因此，获得一套实用性强的教辅对考生来说尤为重要。

学前教育作为浙江省教师招聘考试的必考内容，具有内容多、复习难、要求高的特点。鉴于此，山香教育结合多年研究成果和教学反馈，深入分析制约考生得高分的因素，对教材进行精心编排，旨在帮助考生通过阅读和学习达到理想的备考效果。

3大特色 破解学前教育

特色1 立足真题考情 归纳核心考点

考情最能体现命题人的思想。通过对真题的梳理分析，整理出命题特点和考查方向，并以此作为教材的核心内容，真正做到“考什么，讲什么”“怎么考，怎么讲”。同时，通过“考点再拔高”等栏目，使整个教材知识体系形成一个完美闭环。

特色2 融合教学经验 传授解题技法

教师招聘考试作为一门选拔性考试，考生顺利“上岸”的途径只有一个：考高分。每一道题的正误都可能决定是否顺利“吃面”。所以，核心知识和答题技法就显得尤为重要。本书的编写摒弃了以往传统说教式的罗列，倡导互动式学习，并融合山香名师多年授课经验，通过“小香有话说”“记忆有妙招”等模块设计，帮助考生掌握核心解题能力。

特色3 微课视频助学 强化巩固提升

鉴于文字讲解的局限性，本书针对重难点知识配备了微课视频，由山香名师进行视频讲解，实现“读”和“讲”的完美结合。同时，本书在章后设置“达标测评”，甄选典型试题，探索考试真谛，实现图书与考试的零距离。

愿诸君能够善用山香图书这件“利器”，在即将到来的教师招聘考试中打好有准备之战。预祝大家在有限的时间内选择最恰当、最有效的方法备考，早日走上心目中的三尺讲台！

★：考点的重要程度或者考频，星级越高则该考点的重要程度或者考频越高，最高为三颗星。

黑体字：专有名词或者关键词语。

波浪线：需要重点掌握的句子。

红色字体：考点中最重要的内容，其重要性远高于黑体字和波浪线。

使用图解

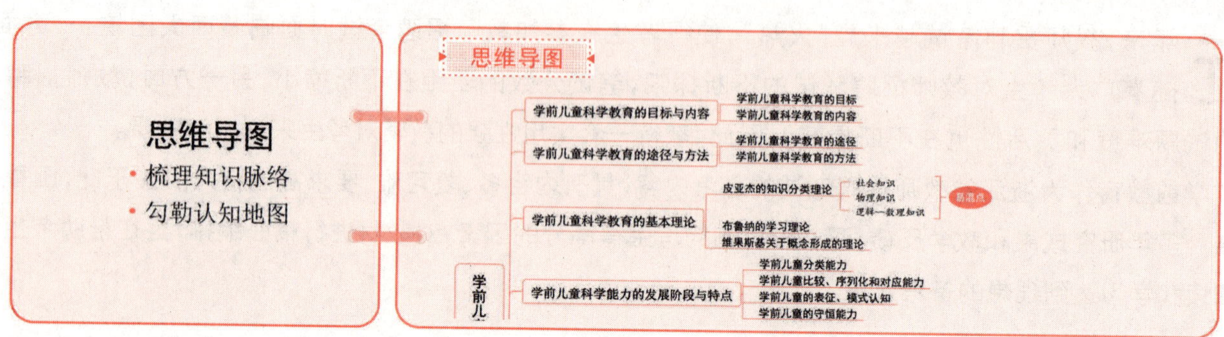

思维导图

- 梳理知识脉络
- 勾勒认知地图

浙江考向

高频考点	常考题型	能力层级	考查热度
幼儿园课程的性质与基本特点	单选、简答	识记	★★★
幼儿园课程的要素	单选、简答	理解	★★★
幼儿园课程的类型	单选、名词解释	识记	★★★
幼儿园课程开发的基本模式	单选、简答	理解	★★★
幼儿园课程目标制定的依据	单选、简答	理解	★★★
幼儿园课程目标的结构与层次	单选、判断	识记	★★

浙江考向

- 探究命题规律
- 精准预测考向

核心考点

第一节　幼儿园课程概述

一、幼儿园课程的内涵　【单选、判断】★

课程是指学校学生所应学习的学科总和及其进程与安排。广义的课程是指学校为实现培养目标而选择的教育内容及其进程的总和，狭义的课程是指某一门学科。我们所说的幼儿园课程通常是从广义上来理解的。

核心考点

- 立足真题考情
- 归纳核心考点

达标测评

建议用时	实际用时	测评总分	实际得分
30分钟	____分钟	40分	____分

一、单项选择题(每小题1分,共6分)

1. 某次美术活动“画熊猫”的教学目标之一是让幼儿掌握画圆和椭圆的技能，这一目标属于幼儿园的(　　)

A. 活动目标　B. 月计划目标　C. 周计划目标　D. 学期目标

达标测评

- 精准模拟真题
- 详解答题思路
- 测评学习结果

真题面对面

- 再现历年真题
- 还原考场体验

真题面对面

[2021临海,单选,1.28分]在幼儿园课程设计中,选择以儿童兴趣为起点的是(　　)

A. 分科课程　　B. 核心课程

C. 活动课程　　D. 户外课程

答案:C

易混点辨析

幼儿园课程的生活性与潜在性特点的区别:

生活性:课程的内容来自儿童的生活,课程实施贯穿于儿童的每日生活。

潜在性:幼儿园课程不是体现在课表、教材、课堂中,而是体现在生活、游戏和其他儿童喜闻乐见的活动形式中。

考生在做题时,要注意区分生活性是指课程的内容来自儿童的生活;潜在性是指课程体现在环境、生活、游戏中。

小香有话说

- 重难点解读
- 易错点提示
- 易混点辨析

记忆有妙招

- 编写速记口诀
- 强化联想记忆

记忆有妙招

图式期幼儿绘画表现特征:名(透明式)人(拟人化)调(强调式)开(展开式)装(装饰性)美梦(美梦式)。

考点再拔高

▼隐性课程的特点

1. 隐性课程的影响具有弥散性和普遍性

隐性课程的影响可以说无处不在,只要存在教育,就必然存在隐性课程的影响,因为每一个学习者都是主体,每一个主体心灵的特性都是独立的,在同一个教育情境中不同的主体会解读出不同的意义,而这些意义是超出教育者预测的。

2. 隐性课程的影响具有持久性

许多隐性课程都是通过心理的无意识层面对人产生影响的,像情感态度的影响、价值观念的影响、性别角色的形成等都是潜移默化的,这些影响一经确立就持久地影响人的心理与行为,难以改变。

3. 隐性课程的教育影响既可能是积极的,也可能是消极的

考点再拔高

- 开阔考生视野
- 完善知识体系

视频二维码

- 山香名师录播
- 助力视频学习

考点2　幼儿园课程的基本特点

幼儿园课程的基本特点

1. 基础性与启蒙性

幼儿教育是向下扎根的教育,它在整个教育体系中处于奠基石的位置,幼儿园课程是幼儿教育的载体,它直接影响儿童在这一阶段所获得的经验及发展,从而为他今后的发展奠定基础,因而具有基础性。幼儿园课程的基础性,尤其是它在人一生发展中的奠基地位,与幼儿园课程的启蒙性息息相关。幼儿园课程的对象是3~6岁的儿童,处于这个年龄阶段的儿童,身体发育迅速,好奇好问,表现出强烈的求知欲望,这些都为他们探索周围奇妙的世界提供了基本的条件。幼儿园教育应该成为睿智的引导者,幼儿园课程也就自然担负起启蒙的任务——开启儿童的智慧与心灵,萌发他们优良的个性品质。

目 录

高效备考从扫码开始……

扫码听讲的4个理由

1. 海量真题免费刷！
2. 参加模考体验佳！
3. 时政打卡天天有！
4. 备考咨询专业答！

第三章　学前儿童健康教育

本章考题约占试卷总分值的12%~15%,考查题型主要为单项选择题、判断题、简答题、活动设计题。

第四章　学前儿童语言教育

本章考题约占试卷总分值的15%~17%,考查题型主要为单项选择题、判断题、简答题、论述题、活动设计题。

第五章　学前儿童社会教育

本章考题约占试卷总分值的7%～10%,考查题型主要为单项选择题、名词解释、简答题、活动设计题。

第六章　学前儿童科学教育

本章考题约占试卷总分值的15%～17%,考查题型主要为单项选择题、判断题、简答题、活动设计题。

第七章　学前儿童艺术教育

本章考题约占试卷总分值的13%～15%,考查题型主要为单项选择题、名词解释、简答题、活动设计题。

索 引

核心考点索引

专家微课视频索引

（扫描正文中下列知识点处的二维码，即可获取专家微课视频）

2023浙江省教师招聘考试

备考指南

考情分析

浙江省教师招聘考试没有统一的考试形式，根据对浙江省教师招聘考试考情的分析，其主要分为省统考、地市统考或县区单独考试等几种形式。省统考的命题依据为浙江省教育考试院发布的《浙江省中小学教师录用考试说明——教育基础知识(幼儿园)》《浙江省中小学教师录用考试学前教育考试说明》，笔试内容包括教育基础知识(幼儿园)和学前教育两科。自2020年以来，浙江省取消了全省统一考试，但一些地区笔试的命题依据、题型题量、考查难度等依然与往年的省统考保持高度一致。

杭州市采取全市统一考试，一般于1月份和5月份进行笔试。笔试内容为学科专业知识和教材教法。

其余各县区自行组织考试，笔试时间不一，内容略有差异，但教育基础知识(幼儿园)和学前教育为大部分地区必考的内容。具体信息考生需及时关注报考地区的考试公告与招聘信息。

注：以上信息根据浙江省往年考情整理，仅供参考。具体信息考生需以报考地区的考试公告为准。

备考策略

一、搜集信息，掌握考情

无论参加什么考试，掌握考情都是非常关键的一步。对于参加浙江省教师招聘考试的考生来说，这一步更是至关重要。通过研究报考地区的招聘简章或公告，考生可以清楚地知道什么时候考、考什么、怎么考。

二、制订计划，科学备考

教师招聘考试是一场修行，为了帮助考生更高效地使用备考图书，顺利通过考试，我们为您提供了复习建议，考生可根据自己的学习时间、学习进度，科学合理地制订适合自己的复习计划。

复习阶段		复习安排	实施建议
阶段一	精读教材，夯实基础	至少将教材系统学习两遍：第1遍：备考之初，建议考生精读教材，通过每章的浙江考向、思维导图对教材内容有一个初步的认识，掌握考试命题趋势，把准复习方向。 第2遍：再次对教材内容进行梳理。此时，建议考生利用画思维导图或记笔记等方式对每章的知识点进行总结，深入系统地理解教材，全面掌握基本理论知识并形成自己的知识脉络	建议用时2个月左右。如果备考时间充裕，建议每天至少要花四个小时复习专业教材，在本阶段复习结束时将教材复习三遍。如果备考时间不充裕，每天可抽两个小时复习专业教材，在本阶段复习结束时至少应将教材复习两遍

续表

复习阶段		复习安排	实施建议
阶段二	综合提升，重点突破	通过刷题对教材进行第3遍梳理，查漏补缺：考生要发现自己在系统学习中的弱项并进行补救，通过大量做题发现学习上的不足，在做题的过程中加深对知识的识记与理解，提高运用知识的能力	建议用时1个月左右。考生在此阶段可结合每章后的达标测评强化练习。在做题的过程中，对于经常出错的题目进行归纳分析。对掌握不牢固的知识点进行重点标记和梳理。这一阶段要做到学思结合，突破短板
阶段三	实战演练，模拟考场	模拟实训，体验实战，最后梳理考点，调整考试状态：这一阶段可以选择与教材配套的历年真题与押题试卷进行实训，要严格按照考试时间来进行实战演练，合理安排各个题型的答题时间，强化自己答题的时间意识	临考前半个月进行。在复习安排上，坚持每天按照规定的考试时间做一套试题，用2个小时左右的时间回顾教材内容与重要考点，做到查漏补缺，对教材内容了然于胸。保证以最佳的状态进入考场

三、调整心态，积极赴考

在备考过程中，考生要调整好自己的心态，既要有一定的压力，又不能有太沉重的心理负担。面对目标，信心百倍，人生能有几回搏？面对成绩，心胸豁达，条条大路通罗马。在复习备考中，既要苦下功夫，又要讲究方式方法。

最后，送给大家一句话："临渊羡鱼，不如退而结网。"预祝大家都取得理想的成绩！

第一章 幼儿园课程

思维导图

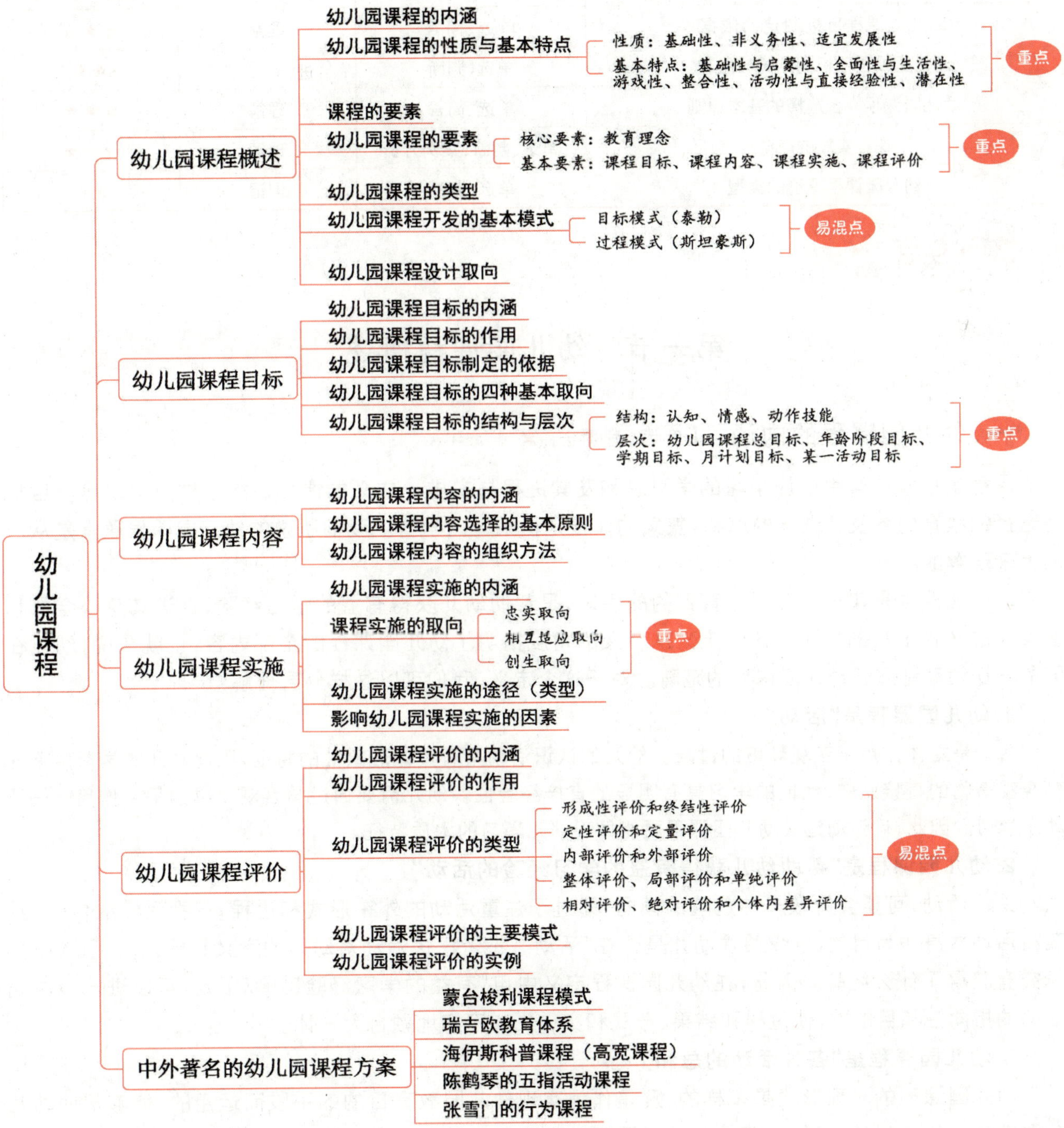

- 幼儿园课程
  - 幼儿园课程概述
    - 幼儿园课程的内涵
    - 幼儿园课程的性质与基本特点
      - 性质：基础性、非义务性、适宜发展性
      - 基本特点：基础性与启蒙性、全面性与生活性、游戏性、整合性、活动性与直接经验性、潜在性
      - 重点
    - 课程的要素
    - 幼儿园课程的要素
      - 核心要素：教育理念
      - 基本要素：课程目标、课程内容、课程实施、课程评价
      - 重点
    - 幼儿园课程的类型
    - 幼儿园课程开发的基本模式
      - 目标模式（泰勒）
      - 过程模式（斯坦豪斯）
      - 易混点
    - 幼儿园课程设计取向
  - 幼儿园课程目标
    - 幼儿园课程目标的内涵
    - 幼儿园课程目标的作用
    - 幼儿园课程目标制定的依据
    - 幼儿园课程目标的四种基本取向
    - 幼儿园课程目标的结构与层次
      - 结构：认知、情感、动作技能
      - 层次：幼儿园课程总目标、年龄阶段目标、学期目标、月计划目标、某一活动目标
      - 重点
  - 幼儿园课程内容
    - 幼儿园课程内容的内涵
    - 幼儿园课程内容选择的基本原则
    - 幼儿园课程内容的组织方法
  - 幼儿园课程实施
    - 幼儿园课程实施的内涵
    - 课程实施的取向
      - 忠实取向
      - 相互适应取向
      - 创生取向
      - 重点
    - 幼儿园课程实施的途径（类型）
    - 影响幼儿园课程实施的因素
  - 幼儿园课程评价
    - 幼儿园课程评价的内涵
    - 幼儿园课程评价的作用
    - 幼儿园课程评价的类型
      - 形成性评价和终结性评价
      - 定性评价和定量评价
      - 内部评价和外部评价
      - 整体评价、局部评价和单纯评价
      - 相对评价、绝对评价和个体内差异评价
      - 易混点
    - 幼儿园课程评价的主要模式
    - 幼儿园课程评价的实例
  - 中外著名的幼儿园课程方案
    - 蒙台梭利课程模式
    - 瑞吉欧教育体系
    - 海伊斯科普课程（高宽课程）
    - 陈鹤琴的五指活动课程
    - 张雪门的行为课程

第一章

浙江考向

高频考点	常考题型	能力层级	考查热度
幼儿园课程的性质与基本特点	单选、简答	识记	★★★
幼儿园课程的要素	单选、简答	理解	★★★
幼儿园课程的类型	单选、名词解释	识记	★★★
幼儿园课程开发的基本模式	单选、简答	理解	★★★
幼儿园课程目标制定的依据	单选、简答	理解	★★★
幼儿园课程目标的结构与层次	单选、判断	识记	★★
幼儿园课程内容选择的基本原则	单选、简答	理解	★★★
课程实施的取向	单选、判断、案例分析	理解	★★★
幼儿园课程评价的类型	单选、判断	识记	★★

核心考点

第一节　幼儿园课程概述

一、幼儿园课程的内涵 【单选、判断】★

课程是指学校学生所应学习的学科总和及其进程与安排。广义的课程是指学校为实现培养目标而选择的教育内容及其进程的总和，狭义的课程是指某一门学科。我们所说的幼儿园课程通常是从广义上来理解的。

幼儿园课程是实现幼儿园教育目的的手段，是帮助幼儿获得有益的学习经验，促进其身心全面和谐发展的各种活动的总和。这个定义从广义的角度指明了幼儿园课程的全部内容，也就是说，幼儿在园的一切活动都属于幼儿园课程的范畴。对于这个定义，我们可以这样分层理解：

1. 幼儿园课程是“活动”

活动是主体作用于客观环境的过程。幼儿的认识活动具有具体形象性的特征，因此幼儿的学习离不开对客观事物的直接感知，他们的学习具有明显的直接经验性。幼儿需要通过与客观事物的相互作用——活动来学习。因此，用活动定义幼儿园课程更能体现幼儿学习的本质特征。

2. 幼儿园课程是“帮助幼儿获得有益的学习经验的活动”

关注活动，可能会导致一种危险的倾向，即过于注重活动的外在形式和过程，忽视活动的目的，甚至将活动本身作为目的，仅仅关注幼儿是否在“活动”，不考虑该活动对幼儿的意义是什么，在活动中孩子究竟获得了什么经验。因此，在幼儿园课程定义中用“有益的学习经验”加以限定，可以进一步明确活动的指向性和目的性，使过程和结果、形式和实质更加密切地融合为一体。

3. 幼儿园课程是“各种活动的总和”

幼儿园课程的表现形式是多样的，凡是作为实现幼儿园教育目的的手段而运用的、能够帮助幼儿获得有益的学习经验的活动，都是幼儿园课程的有机组成部分。它包括幼儿园专门组织的教学活动、日常生活活动、游戏活动等。

真题面对面

1.[2016统考,单,1分]在广义层面上,对幼儿园课程理解不正确的表述是(　　)

A. 幼儿园课程是"活动"

B. 幼儿园课程是"帮助幼儿获得有益的学习经验的活动"

C. 幼儿园课程是幼儿教材

D. 幼儿园课程是"各种活动的总和"

2.[2016杭州,判断,1分]幼儿园课程就是我们常说的五大领域教育内容的总和。

答案:1. C　2. ×

第一章

二、幼儿园课程的性质与基本特点　【单选、简答】★★★

幼儿园课程不是以系统的传授知识技能为中心,而是以充分发展儿童在体、智、德、美诸方面的潜能为目的,使其身心得到全面和谐地发展,为培养社会主义未来的建设者和接班人奠定基础。幼儿园课程的性质与特点是由幼儿身心发展的规律、特点以及幼儿教育的性质所规定的。

考点 1　幼儿园课程的性质

一般认为,幼儿园课程具有以下基本属性:

1. 基础性

幼儿园课程的基础性可以从教育体制和人的发展这两个角度来认识。

从教育体制的角度来看,幼儿园教育是学制的最初环节。《幼儿园教育指导纲要(试行)》指出,幼儿园教育是基础教育的重要组成部分,是我国学校教育和终身教育的奠基阶段。城乡各类幼儿园都应从实际出发,因地制宜地实施素质教育,为幼儿一生的发展打好基础。课程是学校教育的核心和载体。幼儿园教育在整个教育体系中的位置,也就决定了幼儿园课程在课程体系中的位置——是整个基础教育乃至学校教育课程体系的基石。

从人的发展的角度来看,儿童正处于人生发展的起始阶段。在这个时期,他们的身体迅速发育,心智逐渐萌发,个性开始萌芽。他们的自然生命正在接受人类社会文化的熏陶,进行着社会化的过程。这一阶段所获得的学习经验不仅影响儿童当时的发展,更会影响儿童今后乃至一生的发展。因而为儿童提供学习经验的幼儿园课程,其基础性不言而喻。

2. 非义务性

幼儿园课程虽然是基础性课程,但是,由于学前教育的非义务性质,幼儿园课程也就具有了非义务性,也就是说,它不是适龄儿童必须学习和完成的"任务",不具有强制性和普遍性。认清这一点对幼儿园课程工作者是有现实意义的。

(1)有助于我们摆正幼儿园课程的位置,正确理解与小学课程的关系。幼儿园课程要为小学教育课程打基础,这是一种客观现实。虽然幼儿园课程的目标并不仅仅是为小学学习做准备,但无论如何,客观上,小学学习必然要受幼儿园学习的影响。

(2)幼儿园教育的非义务性,也使幼儿园课程具有了更大的灵活性。虽然这种灵活性不是随心所欲,而是以国家的有关教育政策为指导、以儿童发展与学习的规律、特点为依据的,但毕竟给课程工作者创造性地展开工作提供了更广阔的天地。

3. 适宜发展性

幼儿园课程的基本功能与价值,是直接体现在对儿童身心全面和谐发展的适宜性上的。发展是儿童的最根本的需要。幼儿园课程要为儿童一生的发展奠定良好的基础。为此，它必须以儿童的健康和谐的发展为目标，必须适宜于发展，有利于发展。

所谓适宜于发展，指的是幼儿园课程要适合儿童身心发展的客观规律与特点。儿童身心发展的规律和特点是制约幼儿园课程任何一个结构要素的核心因素。

适宜发展并不等于适应发展，并不表示要一味迎合、迁就儿童现在的身心发展水平。课程是为儿童的发展服务的，因此必须努力促进儿童更健康、更和谐地发展。适宜于发展本身就意味着促进发展。因此，课程不能停留于儿童的自发活动和自由兴趣上，而应帮助引导他们，逐渐使其经验系统化、兴趣深刻化、思维条理化、行动有意化，逐渐形成他们良好的社会性和个性品质。可以说，适应发展是"手段"，促进发展才是目的。

考点2 幼儿园课程的基本特点

幼儿园课程的基本特点

1. 基础性与启蒙性

幼儿教育是向下扎根的教育，它在整个教育体系中处于奠基石的位置，幼儿园课程是幼儿教育的载体，它直接影响儿童在这一阶段所获得的经验及发展，从而为他今后的发展奠定基础，因而具有**基础性**。幼儿园课程的基础性，尤其是它在人一生发展中的奠基地位，与幼儿园课程的启蒙性息息相关。幼儿园课程的对象是3～6岁的儿童，处于这个年龄阶段的儿童，身体发育迅速，好奇好问，表现出强烈的求知欲望，这些都为他们探索周围奇妙的世界提供了基本的条件。幼儿园教育应该成为睿智的引导者，幼儿园课程也就自然担负起启蒙的任务——开启儿童的智慧与心灵，萌发他们优良的个性品质。

2. 全面性与生活性

幼儿园课程是实现幼儿教育目的的手段，是实现儿童全面发展的中介，因此幼儿园课程就必须以实现儿童在身体、认知、情感、社会性等方面的和谐发展为目标，要具有全面性。儿童的年龄特点和身心发展需要，决定了幼儿园教育目标和内容的广泛性，也决定了保教合一的教育教学原则。对于儿童来讲，除了认识周围世界、启迪其心智的学习内容以外，一些基本的生活和"做人"所需要的基本态度和能力，如卫生习惯、生活自理能力、交往能力等都需要学习。但是这样广泛的学习内容不可能仅仅依靠教师设计、组织的教育教学活动来完成，也不可能通过口耳相传的方式来实现，儿童只能在生活中学习生活，在交往中学习交往。即使是认知方面的学习，也要紧密结合儿童的生活经验，才能被儿童理解和接受。因此，幼儿园课程具有浓厚的生活化的特征——课程的内容来自儿童的生活，课程实施贯穿于儿童的每日生活。

3. 游戏性

游戏符合儿童的年龄特征，能够满足儿童的各种身心需要，是幼儿园的基本活动，也是幼儿园教育的基本原则之一。游戏从本质上来看，是儿童自身的一种自由自发的主体性活动，对儿童的发展有着多方面的价值。游戏是儿童的**基本活动**形式，也是儿童的**主导活动**。所以，游戏在幼儿园课程中居于非常重要的位置。

4. 整合性

儿童身心发展的水平和学习特点决定了幼儿园的课程应该是高度整合的课程。幼儿园课程不应追求将现实生活割裂的或与现实生活不一致的知识系统，而应使多个学科、多个发展领域之间相互联系、相互促进，从而构成一个有机的发展整体，更好地促进儿童的发展。

5. 活动性与直接经验性

儿童主要通过各种感官来认识世界。只有在获得丰富的感性经验的基础上，儿童才能理解事物，

才能对事物形成相对比较抽象概括的认识。儿童的这种具有行动性和形象性的认知方式和认知特点，使得幼儿园课程必须以儿童主动参与的教育性活动为其基本的存在形式和构成成分。对儿童来讲，只有在活动中的学习才是有意义的学习，只有在直接经验基础上的学习才是理解性的学习。

幼儿园课程的实施，关键在于为幼儿创设丰富的活动情境，创设有利于幼儿自发、主动探究的活动氛围，为幼儿提供各种探究与互动的机会，通过幼儿在一日生活活动中获得直接经验而进行的，从这一意义上来讲，幼儿园课程具有活动性与直接经验性。

6. 潜在性

从本质上讲，幼儿园教育是有目的、有计划的教育过程，幼儿园课程也有明确的课程目标和基本的学习领域，但是由于儿童身心发展和学习的特点，使得幼儿园课程不是体现在课表、教材、课堂中，而是体现在生活、游戏和其他儿童喜闻乐见的活动形式中。虽然怎样创设环境，怎样支持儿童的探索学习，都是教师根据幼儿园课程的目的、内容要求精心设计的，但这些内容、目的和要求仅仅存在于教师的意识和行动中，儿童并不能清楚地意识到。儿童感受到的更多是环境、活动、材料和教师的行为，而不是教育者的教育目的和期望。也就是说，幼儿园课程蕴含在环境、材料、活动和教师的行为中，潜移默化地对儿童起作用。

易混点辨析

幼儿园课程的生活性与潜在性特点的区别：

生活性：课程的内容来自儿童的生活，课程实施贯穿于儿童的每日生活。

潜在性：幼儿园课程不是体现在课表、教材、课堂中，而是体现在生活、游戏和其他儿童喜闻乐见的活动形式中。

考生在做题时，要注意区分生活性是指课程的内容来自儿童的生活；潜在性是指课程体现在环境、生活、游戏中。

真题面对面

1. [2021临海，单，1.28分]幼儿园整合课程的选择中，是整合(　　)内容。

A. 课程要创设一个好的氛围

B. 贯彻在生活中

C. 获得的知识包罗万象

D. 多个领域之间相互联系、相互促进

2. [2018统考，简答，5分]简述幼儿园课程的基本特点。

答案：1. D　2. 详见内文

三、课程的要素 【单选】 ★

课程目标	是教育目的在教育过程中的具体化，它指明了学习者通过课程的学习应该达到的成就。是课程其他要素抉择的依据和标准，并对整个教育教学过程起导向作用。

第一章

课程内容	依据目标以及相应年龄段的学习者身心发展的规律与特点而选定的学生能够学、应该学、适宜学的知识范畴。其中包括概念、方法、态度和技能的学习等，是具体可操作的。

课程组织	课程组织是依据目标的要求，对构成教育的基本要素或课程实施的各种因素，加以编排、组合、平衡的方式。它包括教育教学计划、学习材料及活动设计、环境创设与布置、教育组织形式、时间与空间的安排等。

课程评价	课程评价是以目标为标准，在课程实施过程中或某阶段终结时，对课程各要素的适宜性以及效果进行测量和评估，为教育行政部门鉴定课程方案提供决策的依据，同时也为课程实践者完善课程、提高课程的适宜性提供调整的信息。

真题面对面

[2017统考，单，1分]课程内容包括概念、方法、态度和技能的学习，是依据目标以及相应年龄段的学习者身心发展的规律与特点而选定的适宜学的(　　)

A. 价值范畴　　B. 技能范畴

C. 方法范畴　　D. 知识范畴

答案：D

四、幼儿园课程的要素 【单选、简答】 ★★★

每一种幼儿园课程都是一个庞大的体系，在这个体系下必然包含着教育理念、课程目标、课程内容、课程实施和课程评价等要素。

考点 1 幼儿园课程的最核心要素——教育理念

幼儿园课程最为核心的方面是该课程所依据的教育哲学以及所反映的教育目的，这是幼儿园课程的价值取向，也即教育理念之所在，幼儿园课程的其他成分都是在此基础上产生和发展的。因此，各种幼儿园课程之间的差异首先也主要反映在所依据的教育哲学和所确定的教育目标的不同上。

考点 2 幼儿园课程的基本要素——幼儿园课程目标、幼儿园课程内容、幼儿园课程实施、幼儿园课程评价

1. 幼儿园课程的教育理念强调儿童的自然发展，强调儿童一般能力的获得

幼儿园课程常被看成儿童在幼儿园中所获得的全部经验，课程的目标会以儿童在活动过程中获得

的经验为主要取向，课程的内容会围绕儿童的生活经验而展开，课程的实施多以个体或者小组的方式进行，课程的评价则以教师的自我评价为主而得以实施。有时，虽然这种价值取向的幼儿园课程也会以学科或领域的方式呈现，但是其所谓的“学科”“领域”“方面”等也只是表面形式，而其本质还是强调以儿童为中心展开的活动，强调儿童在其原有水平的基础上得到发展。

以强调儿童的自然发展和一般能力的获得为主要价值取向，那么幼儿园课程必然会注重儿童本身的活动，注重幼儿园环境的创设，注重教师对儿童发展和儿童学习规律的把握，并注重运用自然评价为主的方式评价幼儿园的教育质量。

2. 幼儿园课程的教育理念强调教师预定的教育任务，强调学业知识和技能的获得

幼儿园课程常被看成是学科或科目，课程的目标以儿童获得预期的行为变化为主要取向，课程的内容以学科的逻辑体系加以选择和组织，课程实施以集体的、传递的方式进行，课程的评价则以客观的结果为标准。有时，虽然这种价值取向的幼儿园课程不是以学科的方式呈现，但是其所谓的“综合”“整合”“主题”等只是表面形式，而其本质还是强调以教师为中心展开的教学，强调儿童达到社会或教师预定的行为标准。

以强调教师预定的教育任务和学业知识与技能的获得为主要价值取向，幼儿园课程必然会注重课程标准的制定，注重教科书的编写，注重教师专业技能的训练，并注重按统一的标准评价幼儿园的教育质量。

真题面对面

[2021 绍兴，简答，4 分]简述幼儿园课程体系构成的五个要素。

答案：详见内文

五、幼儿园课程的类型 【单选、名词解释】★★★

考点 1 学科课程与经验课程(活动课程)

幼儿园课程的类型

根据课程内容是以客体为核心还是以主体为核心，或者说是以学科知识为核心还是以儿童的经验为核心来划分，都可将幼儿园课程分为学科课程与经验课程。

1. 学科课程

学科课程是一种以**学科知识为中心**来编排的课程。主张应该教给儿童基本知识、概念和基本科学规律，教学内容应适合儿童智力发展水平和已有的生活经验，教材应精选具有典型性和范例性的内容。我国2001年颁布的《幼儿园教育指导纲要(试行)》(以下简称《纲要》)中以五大领域内容为版块，对原有的分科模式进行了改造。实践中也出现了一些以“领域”形式编排的教材。这些都是学科课程的反映。学科课程的优点是它具有逻辑性、系统性和简约性，有利于知识的学习和巩固，同时也便于教学设计和管理。其缺点包括：(1)由于学科课程的“分科”是人为的，因而缺乏内在整合性，忽视知识的联系性，从而割裂了儿童的理解力；(2)忽视儿童的动机和已有经验，容易脱离儿童的兴趣和生活实际。

2. 经验课程

经验课程也叫活动课程，是以**儿童的兴趣、需要和能力**为出发点，通过儿童自己组织的活动而实施的课程。经验课程打破了学科本身的逻辑，注重儿童的学习过程。很多学者也把经验课程称为“儿童中心课程”。活动课程的根源可以追溯到卢梭的自然教育思想、裴斯泰洛齐的教育适应自然的原则以及福禄贝尔的儿童“自动”发展思想。但是，一般认为，活动课程起源于19世纪末20世纪初欧美的新教育运动和进步教育运动，其代表人物是杜威。杜威主张课程的真正中心不是科学、文学、历史、地理，而是儿童本身的社会活动，他提出“从做中学”，让儿童通过主动活动去获得经验。

第一章

真题面对面

[2021临海，单选，1.28分]在幼儿园课程设计中，选择以儿童兴趣为起点的是(   )

A. 分科课程　　B. 核心课程

C. 活动课程　　D. 户外课程

答案：C

考点2 分科课程与综合课程

按课程内容的组织形式划分，课程可以分为分科课程和综合课程两大类。

1. 分科课程

分科课程又称科目课程，指的是根据培养目标和科学发展水平，从各门学科中选择适合一定年龄阶段儿童的发展水平的知识，组成教学科目。分科课程注重将科学知识加以系统组织，使教材按一定的逻辑顺序加以编排，注重儿童在学习过程中对知识和技能的掌握。这种课程是预先安排的。分科课程从学校教育产生时即已经存在，到文艺复兴后，随着科学的发展而日益细化。

2. 综合课程

综合课程是指打破传统分科课程的知识界限，**组合两个或两个以上的学科领域构成的课程**。它持知识统一性的观点。通过综合课程的学习，儿童常常会把某一领域的概念、原理和方法运用到其他学科领域中。这样，不同学科之间的内容会相互强化，学习效果就能够得到加强。综合课程可以防止分科过细，使活动更贴近现实生活。但是，它也有自己的缺点，如造成了知识的不必要重复，浪费了有限的教育资源等。

考点3 显性课程与隐性课程

按照课程的表现形态划分，课程可以划分为显性课程与隐性课程这两种在性质和功能上都不同的课程类型。

1. 显性课程

显性课程又叫正式课程，是指为实现一定的教育目标而正式列入学校教学计划的各门学科，以及有目的有组织的课外活动。幼儿园显性课程是指幼儿园为帮助幼儿达到预期的学习和发展目标而采取的一切有计划、有组织的活动。*如幼儿园作息表上的一日生活各环节：包括游戏活动、集体教学活动、生活活动等。*

2. 隐性课程

幼儿园隐性课程是指以间接、内隐的方式作用于幼儿并对幼儿的发展产生影响的课程。也称潜在课程。其涵盖范围很广，几乎涉及幼儿园的各个层面、各个角落以及各种行为。

在物质层面上，包括幼儿园的建筑、教室的布置、桌椅的排列、园所环境等。

在行为层面上，包括幼儿间的交往、教师间的交往、师幼间的交往、教师与家长的交往、社区与学校的交往等。

在制度层面上，包括幼儿园管理体制、幼儿园组织机构、班级管理方式、班级运行方式等。

在观念层面上，主要有园风、办园方针、教学风格、教学观念、教学指导思想等。

考点再拔高

▼ 隐性课程的特点

1. 隐性课程的影响具有弥散性和普遍性

隐性课程的影响可以说无处不在，只要存在教育，就必然存在隐性课程的影响，因为每一个学习者都是主体，每一个主体心灵的特性都是独立的，在同一个教育情境中不同的主体会解读出不同的意义，而这些意义是超出教育者预测的。

2. 隐性课程的影响具有持久性

许多隐性课程都是通过心理的无意识层面对人产生影响的，像情感态度的影响、价值观念的影响、性别角色的形成等都是潜移默化的，这些影响一经确立就持久地影响人的心理与行为，难以改变。

3. 隐性课程的教育影响既可能是积极的，也可能是消极的

教育者的教育艺术就集中体现在如何发挥隐性课程的积极教育影响，如何减少隐性课程的消极影响上。

4. 隐性课程的内容既可能是学术性的，也可能是非学术性的

有些隐性课程是学术性的，如潜移默化地学会某种学术知识、学术观点、学术态度、学科探究方式等等。也有些隐性课程是非学术性的，如隐含于班级和学校结构、行为规范和规则、人际交往方式等方面的隐性课程影响。

考点4 国家课程、地方课程与园本课程

从课程设计、开发和管理主体来看，可将课程分为国家课程、地方课程和园本(幼儿园)课程。

国家课程的主导价值在于通过课程体现国家的教育意志；地方课程的主导价值在于通过课程满足地方社会发展的现实需要。

园本课程实质上是一个以幼儿园为基地进行课程开发的开放民主的决策过程，即园长、教师、课程专家、儿童及家长和社区人士共同参与幼儿园课程计划的制订、实施和评价等活动。在园本课程开发的过程中，教师应当是参与性的，而最终的决策应当由所有参与教育经验综合的人共同决定。

考点5 核心课程

核心课程是指围绕社会问题来组织内容，目的在于通过课程使儿童获得完整的生活经验，增强儿童对生活的适应性。这里所谓的社会问题是指儿童生活中遇到的各种问题，包括认知的、情感的、态度的等所有方面的问题。对于这些问题，一般由教师事先设定好目标，其所选问题应该是儿童感兴趣的，并且能够促进儿童主动参与的。

核心课程打破了学科界限，使学生在运用已有知识解决问题的过程中主动学习，扩展新经验，并获得身心的和谐发展。从这个意义上来讲，这类课程也是运用心理组织法而获得的一种课程类型。因此，如何在系统、完整知识的获得与儿童实际生活经验之间达到平衡，也是此类课程必须特别重视的。

易混点辨析

考生易将学科课程与经验课程、分科课程与综合课程混淆。学科课程是以学科知识为中心编排的，比如五大领域课程；经验课程是以儿童的兴趣、需要和能力为出发点，通过儿童自己组织的活动而实施的课程。分科课程是从各门学科中选择适合该年龄发展阶段的课程而组成的教学科目；综合课程则是组合两个或两个以上的学科领域而构成的课程。

六、幼儿园课程开发的基本模式【单选、简答】★★★

考点1 目标模式

目标模式是以对社会有使用价值的目标作为课程开发的基础和核心，并在此基础上选择、组织和评价学习经验的课程编制模式。目标模式的创始人博比特等人在20世纪初开始了课程研究，创造了课程编制的目标模式的雏形。20世纪30年代以后，美国课程论专家泰勒在总结多年研究经验的基础上提出了课程编制的基本程序、步骤和方法。在泰勒的代表作《课程与教学的基本原理》一书中，泰勒系统地阐述了课程编制的目标模式的基本观点，被誉为“泰勒原理”。

1. 目标模式的特点

目标模式经由近一个世纪的发展，已经成为现代课程论中最具影响力的理论形态之一，几十年来对教育实践产生了重要的影响。主要特点可以归纳为以下几个方面：

(1)目标模式强调应根据预期的行为确定课程目标，然后依据这些目标，设计课程学习过程，运用教育的力量，将这些行为“塑造”出来；(2)目标模式的设计者批评过去的目标叙述太模糊、不明确，因此，开发能明确叙述的目标，以引领课程设计与教学，测量预定的行为是否达到，由此评价课程与教学的成效，以提高教学的效率；(3)目标模式把课程目标按其不同的心理领域、不同水平，做进一步的分解和细化，以形成一个意义明确、层次分明的目标体系，以便课程实施。

2. 目标模式与幼儿园课程

课程编制的目标模式对幼儿园课程的编制产生过重要的影响，其采用行为目标的方式设置课程目标，并以此为出发点编制课程，使整个课程的运作成为一个具体化和结构化的操作程序，这样做能提高幼儿园教育教学过程的计划性、可控性和可操作性。具体来说，在幼儿园课程编制的过程中强调课程目标在纵向上和横向上的分解和细化。例如，强调课程目标在时间单元上的纵向分解，将学年目标划分为学期目标、月目标、周目标、日目标等。将课程目标在领域上划分为各种横向目标，如科学领域、体育领域、语言领域等目标。同时，在课程的实施过程中，对于目标完成与否的评判是评定课程优劣的重要标准，也是行为目标确立的依据。目标模式对于我国幼儿园课程编制也产生过深远的影响。

3. 对目标模式的评价

目标模式流程清晰，步骤明确，教师实施起来较为容易，具体而言，这一模式的长处主要有以下几点：(1)课程目标明确、具体，操作性强，教师能清楚意识到自己要做什么；(2)易把目标转化为课程目标，其转化技术也不难掌握；(3)教育评价和学生的达成程度都明白易见，有利于教师和学生明确努力方向；(4)有利于教师教学内容的描述，与家长、学校及学生本人进行交流。

但是正是由于这种可控性使得目标模式过多的由教育者控制，其局限性也是比较明显的：(1)目标是由教师设计，教学过程由教师主导，评价方式由教师掌握，因此在这个过程中儿童的主动性和创造性等元素被忽略了；(2)这种行为目标模式使那些能够识别的行为得到强调，而那些不能转化为可观察的行为的某些转变则在某些程度上被忽略了，如情感、态度、价值观等无法观测到的心理素质则往往被忽视；(3)目标模式下课程目标被分解和细化，而明确的目标势必会割裂儿童的经验，这与儿童的发展是获得完整的经验相违背。

考点2 过程模式

过程模式反对用预先确定的目标，尤其是行为目标来规定课程的进展和结果，把课程设计看成是一个不断发展的过程，是主张关注具有内在价值的课程内容及儿童实际的活动过程的课程设计模式。20世纪五六十年代后，英国课程理论家斯坦豪斯，立足于教育的内在价值及实践，在对目标模式进行详

尽而透彻的分析与批判的基础上，建构起过程模式的理论框架，第一次明确提出并系统确立了过程模式。斯坦豪斯反对目标模式的工具主义的教育观和知识观，倡导一种立足于教育内在价值，旨在培养儿童智慧、教养和自由品质的教育观，以及注重理解与思维的价值的知识观。

1. 过程模式的特点

过程模式的最大特点是把课程设计看成是一个不断发展的过程，其认为课程内容本身有着固有的内在价值和优劣标准，教育应关注具有内在价值的课程内容和活动，不必用目标预先制定所希望达到的结果。课程设计的逻辑起点是内容的选择而非目标的预设。课程内容的选择应以教育本体功能和知识本身固有的价值为标准，而不是以预期的儿童行为为依据。

2. 过程模式与幼儿园课程

长期以来，我国幼儿园课程编制的方式都是以课程目标为导向的编制模式，而随着一轮一轮课程改革的深入，人们也越来越认识到目标模式的弊端，关注教育过程的价值以及儿童在课程中的作用。因此，课程编制的过程模式对幼儿园课程的编制产生了相当大的影响，并将进一步产生重要的影响。例如，在幼儿园课程编制过程中，淡化课程目标的预设，强调儿童活动的过程；淡化教师在教育活动组织中的计划性和控制性，强调根据儿童的兴趣和需要组织活动，尊重儿童的选择和创造；淡化根据客观标准对幼儿园教育进行评价，强调过程性评价，强调教师在教育评价中的自我评价作用，这些指导思想和做法都与过程模式的基本思路是一致的。

3. 对过程模式的评价

过程模式批判了目标模式的许多弊端，强调教育和知识内在的本体价值；强调在教育过程中对具体情境的诊断；强调“教师即研究者”所应发挥的作用。所有这些主张对于儿童主体精神和创造性思维的培养，教师主动性、创造性的发挥以及专业成长和在教育中更多体现民主精神和人文精神都是十分有益的。但是，应该看到斯坦豪斯对于过程模式的建构远比他对目标模式的批判逊色，按过程模式编制的课程往往缺乏科学性、计划性和系统性，对教育的评价往往缺乏客观标准而带有过多的主观色彩。同时，过程模式赋予教师过分理想化的角色和过高的要求，因此往往会由于教师难以达到这样的水平而使该课程模式不易被推广，或者即使被推广和运用，却在本质上受到扭曲甚至异化。

在理论上，目标模式和过程模式是对立的两种模式，但是，在幼儿园课程编制的实践中，课程编制者完全可以吸取这两种课程模式的长处，补偿对方模式的短处，在它们之间建立互补的关系，以求课程在总体设计思路上的科学性和艺术性、课程目标的预设性和生成性、课程评价的总结性与形成性等特性之间达到平衡。

七、幼儿园课程设计取向 【单选】 ★

课程设计需要考虑的一个重要问题是价值选择，基本的价值选择包括学科、学生和社会三方面。按照价值取向的不同，课程设计有三种基本的取向，即学科中心取向、学习者中心取向和问题中心取向。

考点 1 学科中心取向

学科中心设计是最流行、使用最广泛的课程设计，强调以知识为中心设计课程，包含的具体类型在所有设计中是最多的，其中最基本的形式包括三种，即科目设计、学术性学科设计、广域设计。

1. 科目设计

科目设计有着悠久的历史，它所依据的一个重要信念是，人们的智力使他们具有自己的独特性，寻找和获得知识的过程即是实现智力的过程。它强调的中心是分开的科目，主要哲学基础理论是要素主义和永恒主义，主要代表人物有威廉·哈里斯、罗伯特·赫钦斯。

这种设计将课程内容划分为许多不同的科目，并赋予不同的价值等级，课程组织主要根据各学科领域中基本知识的发展情况进行，讲授、回答、大组讨论构成了这种设计所使用的主要教学方法。

2. 学术性学科设计

学术性学科设计是由科目设计发展而来，出现于第二次世界大战之后，在20世纪50年代迅速普及，于60年代中期达到鼎盛，它所依据的一个重要假设是，学校是智力世界的缩影，这些学科反映了这个世界。它强调的中心是学术学科，如数学、生物、心理学等，主要的哲学基础理论是要素主义和永恒主义，主要代表人物有布鲁纳、费尼克斯、施瓦布等。

学术性学科设计的基础是其内容内在的组织形式，关注学术性学科。这种设计的拥护者金和布劳内尔指出，学术性学科是一种专门的知识，基本特征主要有：人的社会组织、人类想象的表现、传统、知识领域、概念结构、专门语言、探究方式、交流网络、文学遗产、评价性态度与情感性态度、教育性社团。

学术性学科设计强调在学校中体验学科必要性的同时，强调对学科的概念结构和过程的理解，这也构成了其区别于科目设计的一个重要方面。具体地说，在科目设计中，学生只要获得知识和信息就被认为已经掌握了知识；但是，学术性学科设计中，学生学习学科以使自己能理解这些知识，甚至将知识概念化。在学术性学科设计中，学习内容的方法是从那些研究他们自己领域内容的大学者所使用的方法演变而来的。*例如，生物学的学生要按照生物学家所提倡的程序研究生物学问题。这种设计的倡导者希望学生成为学校课程各领域的“小学者”，鼓励他们找出每门学科的基本逻辑或结构，即主要联系、概念和原理。*因此，区分科目设计和学术性学科设计的一个关键特征是，学生实际上有没有运用一些学科方法去处理信息。

3. 广域设计

广域设计，或者译为大领域设计、大范围设计，强调的中心是跨学科科目和学术性学科，主要哲学基础理论是要素主义和进步主义，主要代表人物有布劳迪、杜威。

广域设计努力克服分科设计造成的割裂现象，尝试将两门以上有关的科目——可以有逻辑地结合起来的内容——合并起来。*例如，语言学、语法、文学、作文和拼写可以合并成语言艺术课。实际上，《幼儿园教育指导纲要（试行）》将幼儿园教育内容划分为健康、语言、社会、科学和艺术五大领域的做法，就是这样一种尝试。*

广域设计重视设计的整合性，鼓励学生通过意义建构去掌握意义或整体意义，学生参与设计知识的网状结构，在理解整体意义的同时，也认识到课程内容不同方面之间的联系。

考点 2 学习者中心取向

作为对学科中心设计的批判与回应，20世纪早期的许多教育家主张，学生是设计的中心。这些教育家主要是进步主义者，他们强调关注学生的兴趣、需要，使课程适应学习者，而非使学习者适应课程，进而使每一个学习者都能够得到个体的充分自由的发展，这就是学习者中心设计。

学习者中心设计的端倪见于18世纪卢梭的教育思想。从强调学科内容的传统转变为强调儿童的需要和兴趣，是卢梭教育哲学的一部分，这主要体现在他的教育著作《爱弥儿》中。他认为对儿童的教育应与他们的自然环境相联系，根据他们的需要和兴趣设计教育方案，他主张教师的任务是为儿童提供学习机会，让他们自发地发现与掌握知识。其后，裴斯泰洛齐、福禄贝尔、杜威等学者都强调以儿童为中心的设计取向。这种学习者中心设计主要包括经验中心设计、人本主义设计、开放教室设计、浪漫（激进）设计等。

1. 经验中心设计

经验中心设计盛行于20世纪二三十年代的进步主义运动时期，强调的中心是儿童的经验和兴趣，主要哲学基础理论是进步主义，主要代表人物有杜威、拉格、舒梅克等。

经验中心设计强调学生的兴趣，将儿童视为组织学校教育的基础，认为不能为所有儿童设计一种课程框架，课程应该是不断变化的。杜威认为，经验是进一步学习的基础，课程中要学习的学科本身是经验的结果，是源自儿童经验的形式化的知识，因此，教育者要分析儿童的经验，看看在他们的自然经验中是否已经存在着对由事实和真理组织起来的知识的认识，以探索能将儿童的先天兴趣与较为规范的知识联系起来的媒介。

2. 人本主义设计

人本主义设计在一定程度上是对20世纪50年代和60年代早期过分强调学科做出的反应，在20世纪六七十年代声名卓著。这种设计的基础大部分与人本主义心理学或第三势力心理学有联系，强调的中心是个人和集体的经验、兴趣和需要，主要哲学基础理论是改造主义和存在主义，主要代表人物有阿瑟·库姆斯、亚伯拉罕·马斯洛和卡尔·罗杰斯等。

人本主义设计强调个人的潜能，强调发展学生积极的自我概念和人际交往技巧，以人的能力的全面发展为目的，主张将情感领域（感受、态度、价值等）和认知领域（理性知识和解决问题的能力等）结合起来，将课程组织成一种能给学习者提供更多选择机会的形式，使学习者可以选择感受的事物。

需要注意的是，人本主义设计并不是要让学生像获得一种最后结果一样最终达到自我实现。马斯洛指出，个体在生命早期无法达到自我实现的水平，一个人在40岁左右或以后才能达到，但是一个人要达到这种阶段，必须从学生做起。

3. 开放教室设计

开放教室设计在20世纪30年代最早出现于英国，70年代起流行于美国。这种设计的原则是尊重学生的需要和兴趣，允许他们根据自己的需要和兴趣，自由组合，采用不同的学习内容、方式和进度，开展适合个别需要的活动。教室的空间分割成几个“活动区”或“兴趣区”，没有上下课的限制，教学活动没有固定结构。

4. 浪漫（激进）设计

这种设计取向可追溯到卢梭和裴斯泰洛齐，而当代则涌现出一大批持这种取向的哲学家、思想家和课程论专家，如哈贝马斯、麦克拉伦、弗莱雷、汉金斯等人。许多激进主义者吸收了哈贝马斯详细解释的批判理论，他强调教育的目标是解放学生，这种解放是指一个人获得意识、能力及使他们能够掌握自己命运的方法。激进的课程专家认为，人们必须学会批判知识的方法，认为学习是反思的，而不能由大权在握者外在地强加，汉金斯认为课程可以以一种“打破”学生的认识现状的方式来进行设计，课程的重点可以放在学生们观察内容的动态变化以及让他们参与到这个构建他们的知识世界的过程中去。

真题面对面

［2019统考，单，1分］下面不属于学习者中心取向的课程设计是（　　）

A. 经验中心设计　　B. 广域设计

C. 人本主义设计　　D. 开放教室设计

答案：B

第一章

考点3 问题中心取向

学科中心设计相对更强调学科的内容，而学习者中心设计则相对更强调学习者的活动，从一定意义上可以说，两种设计在“学科内容——学习者活动”上是各执一端，如何在这两端之间找到平衡，即如何使学科内容和学习者所处的情境相互渗透，恰恰就是问题中心设计试图解决的难题。

问题中心设计的重点是关于个人和社会生存的问题，从社会问题及学生的需要、兴趣和能力出发，课程的组织很大程度上取决于研究的问题领域的性质，选择的内容必须和考虑的问题有关，因此内容经常是跨学科的，并且还在很大程度上是以学生的需要、关注点及能力为基础。问题中心设计的类型主要包括生活情境设计与核心设计。

1. 生活情境设计

生活情境设计强调生活功能或生活状况，可以追溯到19世纪斯宾塞关于完满生活的课程著作，它强调的中心是生活(社会)问题，主要哲学基础理论是改造主义，主要代表人物有斯宾塞、斯特拉特梅尔、福克纳和麦金。

生活情境设计关注学习中解决问题的程序，过程与内容在课程经验中得以有效整合，鼓励学生学习问题解决的过程，并加以运用；将学习者过去和现在的经验，运用于对基本生活领域进行分析；以整合的形式呈现教材，跨越了学科界限；将学生直接关心的事及当前社会紧迫的问题作为起点，重点放在社会生活的有关范畴上，学科内容和现实情况的结合增加了课程的关联性。

2. 核心设计

核心设计旨在加强课程的整体性，以人类共同的活动出现的问题为基础，它强调的中心是社会问题，主要哲学基础理论是进步主义和改造主义，主要代表人物有福恩斯和博辛等。

核心设计将社会生活中困扰人的关键问题作为核心，其他科目围绕这一核心设计，共同服务于问题解决。这种设计一般情况下是以分段时间的形式进行教学，同时安排两个或两个以上常规时段教授核心成分。核心设计采用一种相关的形式描述学科内容，将这些内容统一起来，鼓励学习者积极进行信息处理，并且有助于激发和培养学习者的内在学习动机。

真题面对面

[2018统考，单，1分]体现卢梭、马斯洛、罗杰斯教育思想的幼儿园课程设计取向是(　　)

A. 学科中心取向　　B. 科目中心取向

C. 学习者中心取向　　D. 问题中心取向

答案：C

第二节　幼儿园课程目标

一、幼儿园课程目标的内涵

课程目标是教育目标的下位概念，它是根据教育目的和教育规律而提出的课程的具体价值和任务指标。如《纲要》中，把幼儿园的课程相对划分为健康、社会、语言、科学与艺术五大领域，各领域均有明确的目标。幼儿园课程目标处于课程的核心位置，既是课程设计的起点，也是课程评价的标准。

幼儿园课程目标与中小学课程目标相比，学科性及知识的系统性并不明显，课程目标更具整合性，对儿童更具一般发展性。

二、幼儿园课程目标的作用 【简答】★★

制订教育教学计划的依据

教师在制订教育教学计划时，一般都是依据目标的要求，结合儿童的实际能力来确定计划中的教育要点，再具体地设计每一个教学活动。

引导教育教学过程的方向

课程目标对教育教学过程的导向作用具有两个意义：（1）具体的活动过程要符合全面发展的整体目标，不能只注意发展儿童某一方面的能力，而忽视活动过程中各种因素对儿童其他方面能力的影响；（2）活动过程所选用的内容及组织形式、方法、手段、途径，应与目标保持一致，才能较好地达到教育效果。

评价教育教学效果的标准

幼儿园教育的评价就是检验目标是否达成。课程目标是建立幼儿教育评价体系的标准，如果没有目标，就很难编制出符合教育目的的评价指标，建立科学、合理的课程评价体系。

真题面对面

[2017统考，简答，5分]简述幼儿园课程目标的作用。

答案：详见内文

三、幼儿园课程目标制定的依据 【单选、简答】★★★

课程目标的确立需要考虑各种依据。就目前而言，教育界对课程目标的来源问题已基本达成共识。比较认同的依据有三个方面：学习者的需要、当代社会生活的需要和学科的发展。就幼儿园课程目标确立的依据来看，主要有对儿童的研究、对当代社会生活的研究和对学科知识的研究。

1.对儿童的研究是基础和前提

幼儿园课程的一个基本职能就是要促进儿童身心和谐发展，所以课程编制者必须关注儿童的发展，尤其要关注儿童的发展需要与兴趣，关注儿童的认知发展、情感萌发、社会化过程及个性形成等方面的规律与特点，以使课程目标有效地发挥引导与促进儿童学习与发展的作用。

研究儿童的发展需要必须认识到儿童的“理想发展”与“现实发展”的水平及其之间的差距。实际的发展水平与理想的发展水平作比较即可明确儿童的发展现状、潜力与发展前景，确立某个阶段儿童可能达到的水平及个别差异，发现教育上的需要。这样就可对儿童建立期望，从而确定什么目标是适宜的，什么目标是不适宜的。

2.对当代社会生活的研究是参考和依据

所谓当代社会生活的需求，应该从两个方面来理解，一是空间维度方面，即儿童生活的社区、民族、国家乃至整个人类的发展需求;二是时间维度方面,既包括当前现实的社会生活需要,又涉及社会生活的发展趋势与未来的需要。如何把握这些需要并将其转化为有效的课程目标也是需要考虑的。

将当代社会生活需要转化为幼儿园课程目标时要遵守以下三条原则:

(1)民主性原则。在"大众主义"时代,幼儿园课程目标应体现社会公平与民主的思想。

(2)民族性与国际性统一的原则。国际化时代的课程应具有国际视野,应把本社区、本国家、本民族的需求与整个人类的需要统一起来。

(3)教育先行原则。教育不能被动地适应社会生活的需求,而应超越当前的社会,走在时代发展的前面。

第一章

3.对学科知识的研究是保障

幼儿园课程的一个重要职能是传递社会文化,使儿童从一个自然人发展成为掌握一定知识经验的社会人。而学科知识是文化最重要的支柱,因为文化的基本构成和集中体现即是分门别类的学科。因此,学科知识是确立课程目标的重要依据与来源。

幼儿园课程所面对的特殊对象是3~6岁的儿童,其身心发展的特点和幼儿园教育作为学校教育和终身教育的奠基阶段所具有的性质,决定了幼儿园课程注重的应该是学科知识的一般发展价值而非专门的学术特殊价值。因此,幼儿园课程目标在考虑学科知识时应更多地关注学科知识与儿童身心发展的关系以及可以从哪些方面促进儿童发展。*如《纲要》中科学领域的目标并没有要求儿童掌握系统、严密的科学知识,而是强调儿童一般的发展价值和对儿童的长远影响。*

四、幼儿园课程目标的四种基本取向 【单选】★

1.普遍性目标取向

幼儿园课程目标的四种基本取向

普遍性目标是依据一定的哲学或伦理观、意识形态和社会政治需要而引出的对课程进行原则性规范或总括性指导的目标。这种目标的特点是把一般的教育宗旨或原则与课程目标等同起来,因而具有普遍性、模糊性、规范性的特点,对所有教育实践都具有指导作用。

普遍性目标取向体现了课程目标的一般性原则或宗旨,为教育工作者创造性地阐释教育目的提供了广阔的背景,它可以适应各种具体的教育实践情境及特殊需要。然而普遍性目标却不可避免地带有一些局限性,如模糊、泛化,并有一定的随意性,需要我们辩证地把握。

2.行为目标取向

行为目标是以具体的、可被观察与操作的行为来表述的课程目标。它指明课程实施以后儿童身上所发生的行为变化。行为目标的特点是具体、精确与可操作。行为目标克服了普遍性目标模糊性的缺陷,对儿童基础知识和技能的熟练掌握,对保证一些相对简单的教育目标的达成是有益的。但是,行为目标过于细化和精确化的倾向,易使教师只见目标,忽略儿童的实际发展。此外,人的许多高级心理素质是很难用外显的、可观察的行为来预先具体化的。

3.生成性目标取向

生成性目标也称形成性目标或展开性目标。它是在教育情境中随着教育过程的展开而自然生成的课程目标。生成性目标注重的是过程,反映的是教育过程中儿童经验生长的要求,注重的是儿童问题解决的过程与结果。生成性目标的根本特点是过程性。

生成性目标是非预设性的,是教育情境中自己产生的目标。它充分尊重儿童,使儿童有权利决定什么是最值得学习的。当儿童从事与自己的目标相关联的学习的时候,他们会越来越深入地探究既存的知识。随着问题的解决和兴趣的满足，儿童会产生新的问题、新的价值感和对结果新的设计。这个过程是持续终身的，因而基于生成性目标的课程必然会促进终身学习。生成性目标取向的课程在实施时能比较充分地发挥儿童的主体性。但是，生成性目标带有一定的教育理想主义色彩，它对教师的教育教学能力提出了较高的要求，因此比较难以实施。

4. 表现性目标取向

表现性目标是由美国课程论专家艾斯纳提出的。艾斯纳受其所从事的艺术教育的影响，认为艺术领域里预定的目标是不适用的，从而提出了表现性目标作为补充。表现性目标是指每个儿童在具体的教育情境中所产生的个性化表现，它追求的是儿童反应的多元性，而不是同质性。

艾斯纳认为，课程计划中应该区分两种目标，即教学性目标和表现性目标。教学性目标是在课程计划中预先规定好的，它指明儿童在完成一项或几项学习活动后所应习得的具体行为，如知识、技能等，旨在使儿童掌握现成的文化；教学性目标对大部分儿童来讲是共同的，它比较适合从各学科中引出的目标。表现性目标与教学性目标有所不同，它强调儿童的个性化，关注儿童创造性的培养。表现性目标不是规定儿童在完成一项或多项学习活动后准备获得的行为，而是描述教育情境中的“际遇”，即儿童在教育中作业的情境、儿童将要处理的问题、儿童将要从事的活动任务等。使用表现性目标意在实现儿童多样性、个体性的反应效果，而非反应的一致性。教师只是提供一个表现性活动的情境，儿童在此情境中获得个体化的意义。艾斯纳认为这两种目标在课程中都是需要的，而且也都存在于课程实践中。

真题面对面

［2016统考，单，1分］不规定儿童在完成学习活动后应该获得的行为，而是指向每一个儿童在教育情境的种种“际遇”中所产生的个性化表现。这是（　　）

A. 行为目标　　B. 生成性目标

C. 表现性目标　　D. 预设性目标

答案：C

五、幼儿园课程目标的结构与层次　【单选、判断】★★

考点1　幼儿园课程目标的结构

课程目标的结构是对课程目标体系的横向分析。关于课程目标体系的合理结构问题，美国著名教育心理学家布卢姆等人在《教育目标分类学》中曾以儿童身心发展的整体结构为框架，为教育目标的建立提供了一个比较规范、清晰的形式标准，把教育目标分为认知、情感、动作三大类：

（1）认知领域，主要包括知识的掌握、理解或回忆、再认，以及认知能力的形成、发展等方面的目标。

（2）情感领域，主要包括兴趣、态度、习惯和价值观等方面的形成、发展的目标。

（3）动作技能领域，主要包括神经肌肉协调的操作技能、动作技能和行动等方面的目标。

每一领域又按其性质由易到难、由简到繁、由低级到高级分为若干层次，如认知领域分为知识、领会、应用、分析、综合、评价六个层次；情感领域分为接受、反应、评价、组织、性格化五个层次；动作领域则分为反射动作、基础动作、技巧动作、知觉能力、体能（耐力、力量、韧性、敏捷性）五个层次。布卢姆等人的教育目标分类学标准体现了对儿童全面发展价值的关注。

考点2　幼儿园课程目标的层次　【单选】★

课程目标的层次是把课程目标按照一定的维度在纵向上进行一定的划分，使之由抽象宏观趋于具体微观，更好地发挥目标的“导航”作用，保证我国教育目的逐层具体化、逐层落实到儿童的发展上。一般来说，幼儿园课程目标可划分为五个层次。

1. 幼儿园课程总目标

幼儿园课程总目标即《规程》中阐述的幼儿园教育目标。新《纲要》是从幼儿学习的范畴角度对学习领域提出五大领域的目标，强调各领域“相互渗透，从不同的角度促进幼儿情感、态度、能力、知识、技能等方面的发展”，同样以实现体、智、德、美全面和谐发展为目的。这类目标比较宏观，表述抽象、概括。它是通过幼儿园三年的教育实现的。

2. 年龄阶段目标

年龄阶段目标即幼儿园小、中、大三个年龄段的目标。各年龄段目标是课程总目标依据幼儿年龄特征的分步实施，彼此之间承上启下，衔接紧密。

3. 学期目标

学期目标即各年龄段目标在第一、第二学期的分步实施。

4. 月(或几周)计划(主题活动)的教育目标

它表述的是在较短时间内所期望达到的成果，是学期目标得以实现的保证。

5. 某一教育活动目标

它表述的是一个具体的教学活动所期望达到的成果，是月(或几周)目标在每日教学过程的具体反映，可以说是实现课程总目标的最小单位。

上述五个层次的课程目标中，每一级目标都是上位级目标的具体化，同时又是下位级目标的抽象与概括。通过这样的层层分解，使课程目标转化为具体可见的教育行为，落实在儿童的发展上。

对于教师来说，关键在于认识长期目标与短期目标的区别，并能根据儿童的年龄特点和班级幼儿的实际发展状况把长期目标恰当地分解为可达到的具体短期目标，将目标逐层落实在儿童的发展上。

真题面对面

[2018统考，单，1分]从幼儿园课程目标层次看，处于第二层次的目标是(　　)

A. 年龄阶段(学年)目标　　B. 具体教育活动目标

C. 幼儿园课程总目标　　D. 单元目标

答案：A

第三节　幼儿园课程内容

一、幼儿园课程内容的内涵

通常幼儿园课程内容是指依照幼儿园课程目标选定的通过一定的形式表现和组织的基本知识、基本态度、基本行为。

1. 幼儿园课程内容与幼儿园课程目标紧密相连

幼儿园课程内容是实现幼儿园课程目标的手段，课程内容必须为实现课程目标服务，课程目标指导着课程内容的选择与组织。幼儿园课程目标服务于学前教育的整体目标，必然涵盖德、智、体、美诸方面。也就是说，通过幼儿园课程内容的学习，我们期望儿童能够获得全面和谐的发展。

2. 幼儿园课程内容应包含三方面的内容

这三方面是指基本知识、基本态度、基本行为。这既是对幼儿园课程内容在价值上所做的判断，又是对儿童认知心理结构认识的结果。在对幼儿园课程内容的认识上，有人倾向于认为它是教材，有人倾向于认为是儿童的学习活动，有人则认为幼儿园课程内容应该就是儿童的学习经验。这些看法各有所长，确定幼儿园课程内容时应对其全盘考虑，取其长处。

3. 幼儿园课程内容应该是有机组织的

三个方面的内容能不能组织，怎样组织是防止内容分散、堆积、支离破碎所必须考虑的问题。相互联系、协调有序的幼儿园课程内容是儿童获得全面发展的保证。

二、幼儿园课程内容选择的基本原则 【单选、简答】★★★

幼儿园课程内容选择的基本原则

1. 目的性原则(与课程目标一致)

课程内容是实现课程目标的手段。课程目标确定后，就要求选择与课程目标相符的内容。在选择内容时，首先要对内容可能包含的教育价值进行分析，判断哪些内容与目标有关联，关联度如何。同时，目标与内容相符合，并不是目标与内容一一对应。一个目标可以对应多项内容，一项内容也可以指向多项目标。此外，有些目标如自信心、探究精神等没有直接对应的内容来实现，这就要考虑让孩子获得哪些关键性经验来保证这些目标的落实。如自信的获得来源于成功这一关键性经验，教育者就要考虑控制内容的难易程度、指导孩子学习的方法来为孩子创造获得成功经验的机会。

2. 适宜性原则(考虑发展的适应性)

课程内容既要符合儿童已有的发展水平，又能促进其进一步发展，即难度水平处在儿童的“最近发展区”之内。所以要深入了解儿童的年龄特点和经验水平。课程内容既要适合某一年龄阶段儿童的一般发展水平，又要适合该群体内个体儿童的发展水平，适合儿童的个别差异。遗传素质、生活背景不同的儿童以不同的方式对情境做出反应，同一种内容不能适应和满足所有儿童的需要。因此，在教育活动中，教师还应选择一些适合儿童个别差异的具体内容以实现统一要求与个性发展之间的内在结合。

3. 生活化原则(源于生活、并加深对生活的认识)

儿童的学习特点是以无意学习为主，并且通过看似无意的生活学到了很多东西，可以说有生活就有儿童的学习。儿童的学习还有一个突出的特点就是直接学习，其认识依赖于他们亲身所获得的直接经验。儿童通过动作以及与具体事物的接触，在生活中尽情地活动和思考。生活是儿童获得直接经验最理想的场所、最便捷的方式。

在选择课程内容时，如果脱离儿童的生活情景，远离他们的生活经验，儿童的学习将是事倍功半的。反之，让儿童在生活中学习，他们可以较容易地感知事物的特征、理解一些规律，进而在直接感知的基础上获得基本态度、基本行为方面的发展。

在选择课程内容时，应尽可能从幼儿的生活中寻找适合目标的内容，不要舍近求远，求新求奇。要在生活中挖掘课程内容，让孩子亲身感受，自然学习，再通过生活化的课程内容，帮助幼儿整理、提升经验，促使他们进一步发展。但生活化的课程内容不能等同于生活本身，要注意课程内容基于生活而又高于生活的原则要求。

4. 兴趣性原则(是儿童感兴趣的、关心的)

兴趣性原则是基于儿童学习成效的一种考虑。儿童要学习的内容很多，有些他们感兴趣，在学习过程中会表现得兴致勃勃、不知疲倦；相反，则注意力不集中、没精打采、无所事事。兴趣的高低直接影响课程内容的学习效果,心理学的研究也充分证明了这一点。

在选择课程内容时,兴趣性原则促使我们必须关注儿童的兴趣。如果儿童的兴趣与我们所选择的内容相一致,兴趣就会大大促进内容的学习。比如,儿童最近的兴趣在《西游记》的故事上,而我们的课程内容恰好是由《西游记》故事贯穿在一起的主题活动,那么,儿童的学习积极性会非常高。所以遵循兴趣性原则,在选择内容的时候,首先,要从儿童感兴趣的事物中寻找富含教育价值的内容。可以说,儿童感兴趣的且富含教育价值的内容就是幼儿园课程的内容。其次,还需要逐渐将必要的课程内容"转化"为儿童的兴趣。

5. 基础性原则(要有利于儿童的长远发展)

幼儿园的课程内容应该涉及人生发展最基本的问题,帮助孩子学会学习、学会生活、学会做人、学会做事,其中,良好的习惯、学习的欲望和能力、积极适应社会生活的态度和能力尤为重要。在选择具体内容时要选择那些有助于儿童获得基础知识、发展智力和基本能力、形成基本态度的内容。事实表明,越是基础的内容,越具有长远的发展价值,因此,基础性也就意味着发展性。

6. 逻辑性原则

遵循逻辑性原则,要求我们明确学科所存在的内在规律性,形成"教学大纲"。在关注儿童兴趣、需要的时候,我们同样需要依据"关键经验",提升"儿童大纲",并予以逐步的整理、提升。所以,逻辑性原则并非拘泥于学科自身的体系,也不是抛开"儿童大纲"而一味追随"教学大纲"。该原则希望在课程内容选择的时候,能够心中有"教学大纲",眼中有"儿童大纲",帮助儿童在原有水平上获得提高,体现教育独特的价值。那种单纯满足儿童的兴趣需要,缺乏教师整理与提升的内容选择方式对儿童的发展绝无益处,最终会造成儿童时间的浪费。

7. 价值性原则

目的性和基础性原则都已涉及课程内容的价值问题。有效的学习首先依赖于有价值的学习内容,课程内容选择的本质就是价值判断。这里,我们只是进一步强调这一点,并以认知领域为例,来说明如何体现这一原则。

就儿童的认知学习来说,有价值的内容一般应具有以下特点:

(1)贴近儿童的生活,是他们经常接触的事物或现象;

(2)有利于儿童认识事物的本质以及事物之间关系和联系;

(3)能够让儿童"研究",并有利于儿童学习和掌握基本的研究方法;

(4)挑战儿童的能力并包含需要合作才能解决的问题。

8. 直接经验性原则(能够让儿童获得直接经验)

儿童认识活动的具体形象性,使得他们的学习具有直接经验性特点。因此,幼儿园的课程内容应该具有直观性、情境性和活动性,使儿童能够通过直接感知、操作和体验,将学习内容转化为自己的直接经验。

9. 兼顾"均衡"与"优先"的原则(要有利于儿童的全面发展)

何谓均衡?课程内容的均衡指的是构成课程内容整体的各个部分之间的比例要适当。课程内容均衡与否的判断标准,既可从内容领域的角度考察,也可从为儿童各种潜能发展提供的学习机会的角度考察。真正均衡的课程,尤其要考虑儿童发展的需要。

根据均衡性原则,选择内容必须从课程的整体性出发,并不断对所选内容进行整体反思:(1)要检查每项课程目标是否有相关的内容与之相对应,以保证它的实现;(2)要检查各部分内容之间比例是否恰当。这也就是说,均衡不等于平均。均衡必须同时注意"优先"。而所谓"优先",指课程设计者对某些内容和活动(包括媒介)做价值比较,决定是否纳入课程及其比重和先后次序。

真题面对面

1. [2019杭州,单,1分]课程内容难度水平处在幼儿的"最近发展区"之内,说明课程内容的选择符合( )

A. 目的性原则 B. 发展适宜性原则

C. 兴趣性原则 D. 价值性原则

2. [2022金华兰溪,简答,5分]简述确定幼儿园课程内容的原则。

答案:1. B 2. 详见内文

三、幼儿园课程内容的组织方法 【单选】 ★

考点1 基本方法

1. 逻辑组织法(逻辑顺序)

逻辑组织法是指根据知识本身的系统及内在联系来组织课程内容的一种方法。该方法对儿童掌握系统的知识是有益的。由于该方法能够保持学科的体系,所以教师较容易掌握,也有利于完成预定的教学目标。例如,20世纪80年代,我国的幼儿园使用较多的"六科"教学,就是按每门学科内在的逻辑顺序来组织课程内容,并重视这些内容的连续性和顺序性。

2. 心理组织法(心理顺序)

心理组织法是根据学习者的心理发展特点,以适应学习者需要的一种组织课程内容的方法。该方法强调儿童的心理发展特点、经验、兴趣、需要,对调动儿童学习的积极性、主动性作用很大。由于该方法能够贴近儿童的需要,所以儿童较有兴趣,也有利于其身心的发展和个性培养。如在实践中较常见到的"活动课程"以及"综合教育",就是一种打破学科之间的界限,从儿童需要出发的心理组织法的实践,它使幼儿园课程内容呈现出按心理顺序组织的特点。

上述两种方法是课程内容组织时采用的基本方法,一个重视知识本身的逻辑性,一个重视学习者本身的特点。在实际运用中,到底采用逻辑组织法还是心理组织法,要把握如下两点:

(1)在掌握两种组织法优点的同时,明确二者的不足。从上面的介绍中可以看到,逻辑组织法强调的是知识的逻辑顺序,忽视了与学习者的联系;而心理组织法则强调学习者的状况,较少考虑学科自身的逻辑顺序。

(2)单一地以逻辑组织法或心理组织法组织课程内容的做法,是不恰当的。通常的做法是两种方法相互协调,取长补短,以和谐的方式组织课程内容。在幼儿园实践中,我们可以对课程内容组织冠以不同的课程类型名称,如"分科课程""综合课程""核心课程""活动课程"等,但其内在的实质应该追求逻辑顺序与心理顺序的和谐统一。

考点2 常用方法

1. 纵向组织法

纵向组织法指的是按照课程组织的某些准则,以先后顺序排列课程内容的方法。该方法重视知识、技能的层次性,根据儿童的学习特点,课程内容的组织安排由浅入深、由易到难、由简单到复杂、由已知到未知、由具体到抽象,逐渐递进,依次推开。

需要注意的是,纵向组织法的组织排列不是直线式的,而是螺旋递进式的,即课程内容会重复出现,但是这些重复出现的内容在深度和广度上都有所增加。这样,有益于儿童获得更加多样的经验和更加深刻的认识，也有助于他们的持续性发展。

2. 横向组织法

横向组织法指的是按广义概念组织课程内容，即打破传统的知识体系，使课程内容与儿童已有的经验连为一体的方法。该方法强调各种知识之间、知识与儿童经验之间、儿童的各种经验之间形成有机的联系，帮助儿童统整和贯通知识与经验。

需要注意的是，虽然横向组织法与儿童的发展特征和学习方式较为接近，有利于儿童的学习，但是要切忌置逻辑性于不顾的极端做法，避免出现“大拼盘”式的课程内容。

真题面对面

[2017统考，单，1分]幼儿园课程组织形式中，根据知识本身的系统及内在联系来组织课程内容的一种方法称之为(　　)

A. 心理顺序法　　B. 逻辑组织法

C. 直线组织法　　D. 纵向组织法

答案：B

第四节　幼儿园课程实施

一、幼儿园课程实施的内涵

课程实施是指把一项课程计划付诸实践的过程，它是达到预期课程目标的基本途径。一般而言，被实施的课程计划往往是新的，而新的课程计划又往往蕴含着对原有课程的一种变革，课程实施就是力图在实践中实现这种变革，或者说，把这种变革由计划或理论的层面引入到实践的层面。这就要求课程实施者做出一系列调整，包括对个人习惯、行为方式、课程重点、学习空间、课程安排等进行一系列的重新组织。

幼儿园课程的实施要通过拟订各层次的教育教学计划，并通过儿童在园的一日生活以及一系列具体的教育活动来进行。

二、课程实施的取向(课程计划和实施的关系)【单选、判断、案例分析】★★★

课程实施的取向是指对课程实施过程本质的不同认识以及支配这些认识的相应的课程价值观。课程实施的取向集中表现在对课程计划与课程实施过程关系的不同认识上。一般来说，课程实施有三个基本取向：忠实取向、相互适应取向与创生取向。

幼儿园课程实施的取向

考点1 忠实取向(教师在课程实施过程中忠于课程计划)

课程实施的忠实取向指的是把课程实施过程看成是忠实地执行课程计划的过程。

有人把课程实施的忠实取向比喻为建筑施工：课程计划是一张建筑设计图纸(课程实施则是具体施工)。设计图纸要对如何施工做出非常具体的规定和详细的说明，而建筑工人则要忠实于图纸，严格按照图纸的规定或说明来施工。施工的质量是根据实际施工与设计图纸之间的吻合程度，即达到设计图纸的要求程度来考核的。

在课程实施的忠实取向者看来，教师这一角色的实质是课程专家所制订的课程变革计划的忠实执行者。教师就是课程的“消费者”，他们应当按照专家对课程的“使用说明”，循规蹈矩地实施教学。作为课程的传递者，教师对课程实施成功与否起着关键的作用。为了能使教师忠实地传递课程，持忠实取向的课程学者认为：在课程实施前，应对教师进行适当的培训；在课程实施过程中，应对教师的行为进行有效的支持与监督。

考点 2 相互适应取向（教师可根据课程实施中的具体情况适当、适时加以调整）

课程实施的相互适应取向指的是把课程实施过程看成是课程计划与班级、小组或学校实践情境在课程目标、内容、方法、组织模式各方面相互调整、改变与适应的过程。

有人把课程实施的相互适应取向比喻为球赛：课程计划是一场球赛的方案，这个方案是赛前由教练与球员一起制定的；课程实施则是球赛进行的过程，尽管球员要贯彻事先制定好了的打球方案，但完成这项方案的具体细节则主要由球员来处理，即球员要根据场上的具体情况随时做出明智的反应。

如果说忠实取向视野中的教师不过是预定课程计划被动的“消费者”的话，那么，相互适应取向视野中的教师则是主动的、积极的“消费者”。为了使课程计划适合具体实践情境的需要，教师理应对之进行改造。教师对预定课程方案积极的、理智的改造是课程实施成功的基本保证。

考点 3 创生取向（教师与儿童共建课程）

课程实施的创生取向指的是把课程看成是教师与学生联合创造的教育经验，课程实施本质上是在具体教育情境中创生新的教育经验的过程，而课程计划只是选择的工具而已。在课程实施的创生取向者看来，课程是教师与学生联合创造的，并且是教师与学生实际体验到的经验，这种课程的性质就是典型的经验课程。这种课程是情境化、人格化的，因此，课程实施技术化、程序化的特性被彻底消除了，课程实施再也不是按原初的课程计划“按图索骥”或稍加修改的过程，而是一个真正的创造过程。这使得“课程实施”一词在某种意义上已经背离了其最初的含义。

在课程创生取向视野中，教师是课程的开发者。教师和学生成为建构积极的教育经验的主体。课程创生的过程是教师和学生持续成长的过程。

三、幼儿园课程实施的途径（类型） 【单选】 ★

1. 生活活动

生活活动是指满足幼儿基本生活需要的活动，主要包括进餐、睡眠和盥洗等，是培养幼儿良好生活习惯和卫生习惯的重要途径，是对幼儿进行健康教育，养成健康、文明的生活方式和习惯的重要途径。生活活动也是培养幼儿生活自理能力，形成乐于为集体服务的态度，萌发热爱劳动的情感，增强责任感和独立性的重要途径。生活活动是在集体环境中进行的，因而，可以对幼儿进行集体生活教育和友爱教育等，使他们适应集体生活，能与小朋友友好相处，心中有他人。

2. 游戏活动

游戏是幼儿园课程实施的重要途径之一。游戏是一种符合幼儿身心发展要求的、快乐而自主的实践活动，是幼儿特有的一种学习形式，也是幼儿的基本活动形式。游戏特有的属性有：自主性、趣味性、虚构性、社会性和实践性等，处在幼儿期的孩子身心发展到了一定水平，对周围一切事物好奇、好动、好模仿，渴望参加成人的社会实践活动。

教师在幼儿园课程实施的过程中，要善于发现幼儿喜欢的、感兴趣的事物和偶发事件中所隐含的教育价值。探索课程与游戏的内在联系，找到游戏与课程的最佳结合点，达到游戏与幼儿园课程的整合，真正发挥游戏在幼儿园教育教学活动中的教育作用，寓教于乐，在快乐、轻松的氛围里促进每一个幼儿全面和谐的发展。

第一章

3. 教学活动

专门的教学活动是幼儿园课程实施的基本途径。教学是一种有目的、有计划的，由教师的“教”和学生的“学”共同组成的双边活动。由于幼儿年龄特点不同于中小学生，所以幼儿园的教学活动不同于中小学的教学。在幼儿园的教学活动中，要以游戏为主要形式，教学内容应紧密结合幼儿生活经验。强调教师的主导作用，同时也强调学生的主体地位，应该更加重视学习过程，而淡化对结果的过分关注。因此，可以说，幼儿园的教学活动应该游戏化，教学情境应该生活化。

只有符合和贴近幼儿生活的教学内容才能更有效地激发幼儿参与课程实施的积极性和主动性，同时，需要教师以游戏化的形式组织课程，把幼儿带入一个非常真实而又轻松的学习环境中，在玩中学，学中玩，从而取得良好的教学效果。

日常生活活动、游戏活动和教学活动都是幼儿园课程中缺一不可的，它们之间互相补充、相互影响，共同促进幼儿的发展。

4. 自我活动

在传统的幼儿园课程实施过程中，主要强调教师的主导作用，往往忽略幼儿的主体性。其实，在教育史上，福禄贝尔和蒙台梭利都非常重视幼儿的自我活动，并且认为自我活动是课程实施的主要途径，通过自我活动，幼儿能够获得更多的知识和能力。自我活动不同于游戏活动，它主要强调幼儿的自主性和独立性，教师需要做的就是为幼儿提供能充分发挥幼儿想象力和创造能力的玩具，通过人与物的相互作用，充分动用各种感觉器官，进而使幼儿获得直接的经验，体验通过自己的探究而收获的乐趣。

考点 再拔高

▼ 西方社会幼儿园课程实施的途径

1. 自我活动

(1)福禄贝尔的教育活动

福禄贝尔被称为“幼儿园之父”，不在于他取了幼儿园这个名称，而在于他是历史上第一个竖起“幼儿教育”大旗的人。他的恩物就是现在所称的玩具，但这些玩具不是你想象的手枪、娃娃这类玩具，而是与现在的智力玩具对应。

幼儿操作恩物、制作恩物的自我活动形式是福禄贝尔教育活动的主要形式，但不是唯一形式。因为像艺术、动植物等课程内容是无法通过自我活动形式来完成的，这些内容福禄贝尔也是通过集体活动进行的。

(2)蒙台梭利的教育活动

蒙台梭利对福禄贝尔的创造做了改造与提升。福禄贝尔的恩物只有10套，而蒙台梭利的作业活动材料就有一百多套。蒙台梭利对幼儿通过自我活动发展智慧与品质的重视程度甚至超过了福禄贝尔。蒙氏著名的教育方法的三个要素都是围绕着如何为幼儿创造自我活动的条件展开的。三要素主要包括有准备的环境、作为导师的教师和作为活动对象的作业材料。

2. 区域游戏活动

(1)美国“自我概念”课程

目前我国以整合为主旨的一批幼儿园单元主题活动教材，在设计思路上与美国自我概念课程是一样的，区别在于实施。在我国幼儿园，单元主题下的每一活动的内容主要还是以老师教幼儿集体学的方式实施的，而在美国幼儿园，教师的主要任务是在活动区域为幼儿提供每一活动内容

所需的材料，幼儿是在自己操作材料的过程中探索、体验与发现。因此，这种区域游戏活动式的课程实施途径，其实质是欧洲传统的福禄贝尔与蒙台梭利的自我活动实施途径的扩展。

(2)海伊斯科普课程

海伊斯科普课程的特点集中表现在它的课程实施上：①丰富而有序的学习环境——活动区；②环环相扣的一日生活安排。

3. 考察、探究

考察、探究的五种活动形式主要包括团体讨论、实地考察、发表、探究、展示。

考察、探究的四个阶段包括准备→讨论→考察、探究→发表、展示等。

第一章

真题面对面

[2018统考，单，1分]西方社会幼儿园课程实施的主要途径不包括(　　)

A. 家长助教　　B. 自我活动　　C. 区域游戏活动　　D. 考察、探究

答案：A

四、影响幼儿园课程实施的因素

幼儿园课程实施是由不同的对象、不同的情境和不同的环境条件构成的一个复杂而动态的活动。影响幼儿园课程实施的主要因素有：教师、幼儿和环境。

考点1 教师

教师是幼儿园课程的组织、指导与实施的重要因素。教师的观念、素养、教育能力水平将直接影响到活动的组织与实施进程并最终影响到幼儿的发展。随着《幼儿园工作规程》和《纲要》的贯彻，以及《指南》的颁布，幼儿园教师的教育观念和教育行为都应有所改变，在幼儿园课程实施的过程中，尽量为幼儿创造机会，提供时间和空间来支持幼儿活动。而不是过多地干预和阻碍，应该给予幼儿足够的尊重。

《纲要》中明确提出："教师应成为幼儿学习活动的支持者、合作者、引导者。"《指南》的教育建议部分也多次提到家长和教师应该尽可能给幼儿创造条件和机会，鼓励、尊重、理解和支持幼儿的良好行为。因此，在幼儿园课程实施的过程中，教师应将幼儿视为平等、独立且被尊重的社会成员，把幼儿当作是平等的客体来对待，民主平等地对待每一个幼儿；建立"平等对话"的师幼关系，使幼儿与教师一样拥有平等思考的权利、自由发表见解的权利以及与同学老师讨论交流的权利。

考点2 幼儿

幼儿园课程旨在促进幼儿全面和谐发展，在组织实施过程中，要以幼儿为主体，教师应当在活动过程中善于观察幼儿的兴趣、需要以及认知发展水平的起点，分析幼儿的行为和情感态度表现，了解幼儿的学习方式和规律，以便更好地确立和调整教育活动的目标和内容要求，保证课程实施有效进行。

1. 幼儿是独立的、自主的

每一个幼儿作为社会个体都是独立的、自主的，这种独立和自主表现在他们的认识活动、学习活动、游戏活动和日常生活活动等各个领域。同时，每一个幼儿都是不断发展的个体，他们会不断地探索周围的环境，发展自己的各种潜能，他们在活动过程中表现出来的思考、判断、评价以及解决问题的能力常常超过成人的预料，甚至能给教师和成人带来启示。因此，教师和家长都应当认识到幼儿的独立性和自主性，尽可能创造一切条件和情境，满足幼儿的好奇、好问、探究和交往的心理，支持幼儿自主、

独立、主动的学习和游戏，使幼儿拥有真正健康快乐的童年。

2. 幼儿是真实的、感性的

中外教育史上的很多著名教育家都认为幼儿是与成人不同的，卢梭认为：不能把幼儿看成是小大人。杜威认为：幼儿世界与成人世界是不同的。对于幼儿来说，他们的世界是充满了童真、童趣与童话的感性世界。幼儿的天真烂漫、无忧无虑不仅仅表现在他们的生活世界和游戏世界里，也同样反映在他们的学习、探索和其他活动中，这就是幼儿真实的个性表现。因此，对于幼儿园课程的组织与实施，教师不仅需要从幼儿个体的发展水平、能力、经验、个性和兴趣等方面予以充分的关注，而且还应当认识到幼儿有与其自身个性特点相匹配的、不同的学习方式。教师在组织幼儿的学习和探究活动时，应当尊重幼儿的真实个性，让幼儿通过真实的情境、真实的生活进行体验性的学习，而不是以理性思维的方式向幼儿传递事实或规律。《指南》中指出：幼儿的学习是以直接经验为基础，在游戏和日常生活中进行的。要珍视游戏和生活的独特价值，创设丰富的教育环境，合理安排一日生活，最大限度地支持和满足幼儿通过直接感知、实际操作和亲身体验获取经验的需要。

3. 幼儿是能动的、具有创造性的

幼儿园课程实施过程中的幼儿是一个积极主动的参与者，而不是被动的接受者。幼儿在教育活动过程中是一个主动参与、互动交流并积极构建的主体，其主体行为具体表现在他们的探索、发现、判断、交流和表达等一系列活动中，他们身上蕴含着独立、自主、能动和创造的潜能。教师只有清楚地认识到幼儿的这些特点，才能在课程实施过程中，充分调动一切手段和途径、利用一切可能性因素和条件为幼儿营造一个有助于他们积极发挥自身能动性和创造性的环境，让幼儿在主动大胆的尝试和创造性表现中实现和体会成功。

考点 3 环境

环境是幼儿园的重要组成部分。对于幼儿来说，宽松舒适的室内和户外环境都对幼儿身心发展有着潜移默化的影响。

幼儿园环境对幼儿认知能力的发展与幼儿社会性的发展都具有深刻的影响。在幼儿园课程实施过程中，幼儿所获得的认知能力的发展，都离不开与周围环境的相互作用，幼儿园环境作为幼儿发展的一种刺激条件，可以有目的地塑造幼儿的某些行为习惯。另外，幼儿社会性的发展也离不开环境的支持。

第五节　幼儿园课程评价

一、幼儿园课程评价的内涵

评价是一种价值判断的过程，是对客体满足主体需要程度的判断。幼儿园课程评价就是在对幼儿园课程的计划、活动以及结果等有关问题的量或质的记述的基础上做出价值判断的过程。尽管人们对课程的理解侧重点不同，然而，课程评价的核心仍是共同的。简单说，幼儿园课程评价就是要探索课程的编订和实施是否符合教育目的和儿童特点的要求，通过课程的学习是否收到了预期的效果，课程在什么方面需要改进等。

二、幼儿园课程评价的作用

由于课程评价具有鉴定、诊断、改进、导向等作用，因此，它用于及时发现课程中所存在的问题，并以此为依据调整和改进课程，使原有课程更为完善。幼儿园课程评价的作用大致有两个方面：其一是可以满足教师、课程专业人员、幼儿园行政管理人员以及其他负责课程编制人员的需要，通过课程评价，检验或完善原有的幼儿园课程，或者开发和发展新的幼儿园课程；其二是可以满足幼儿教育政策制定者、幼儿园行政管理人员以及社会其他成员获得教育方面信息的需要，以便管理课程，做出影响课程的各种决策。

三、幼儿园课程评价的类型 【单选、判断】★★

幼儿园课程评价的类型

考点1 形成性评价和终结性评价

从评价的功能和进行的时间上划分，可以将课程评价分为形成性评价和终结性评价。

真题面对面

[2019统考，单，1分]根据评价功能和评价进行的时间，可将课程评价分为（　　）

A. 整体评价与局部评价　　B. 相对评价与绝对评价

C. 形成性评价与终结性评价　　D. 自我评价与他人评价

答案：C

1. 形成性评价

形成性评价也称过程评价。它是在课程系统运作、发展过程中收集课程各个要素的相关材料，加以科学分析和判断，以此调整和改进课程方案，使正在运作中的课程更为完善的一种评价方式。形成性评价可以在课程设计阶段和早期试验阶段进行。课程设计者可以通过课程评价发现课程指导思想、课程框架结构、教育目标的确立、教育活动的设计等方面的问题，并及时加以修正。形成性评价可以在课程实施阶段进行。通过评价诊断课程在实施中的有效性和适宜性，发现课程的优势与不足，逐步修正或改革课程，逐步使课程完善、定型，从而更好地为儿童的发展服务。形成性评价还可以在课程推广过程中进行。通过评价，使课程的示范和推广过程更加科学，更切合课程采纳者的实际需要。形成性评价体现了人们对课程运作过程的动态把握，具有行动研究的性质。

2. 终结性评价

终结性评价也称总结性评价、结果评价。它是一种对课程实施以后所获得的实际效果进行验证的评价方式。终结性评价一般只涉及课程实施的结果，不涉及课程实施的过程，是事后的评估，旨在验证课程的成功程度和推广价值，为各级各类决策者提供信息。

形成性评价和终结性评价的划分也是相对的，两种评价类型在使用过程中是相互渗透的。

考点2 定性评价和定量评价

从课程评价的方法划分，可以将课程评价分为定性评价和定量评价。

1. 定性评价

定性评价是评价者用语言文字作为收集、分析评价资料和呈现评价结果的主要工具的评价方式。定性评价来自社会学和人类学的传统，强调对现象的描述、解释和归纳，具有人文主义的价值判断倾向。

2. 定量评价

定量评价是评价者收集被评价对象的数量性的实证信息，用数量化指标来显示评价结果的评价方式。定量评价来自自然科学和心理学的实验传统，强调实证的求知方法，以评价结果为焦点力求精确地测量资料，强调评价的可靠性和推断性，具有科学主义的价值判断倾向。

显然，这两种类型的评价各有利弊。因为幼儿园课程是一个非常复杂的系统，单独依赖定性或定量的方法都无法完成对课程的正确评价。只有将二者有机结合，使质、量互补，交叉验证，才有可能大大增强评价的有效性与准确性。

考点3 内部评价和外部评价

根据评价主体的不同，可以将课程评价划分为内部评价和外部评价。

1. 内部评价

内部评价又称自我评价，是指由幼儿园内部或教师本人对照课程评价标准，对园内或教师自己的课程实施状况与效果做出分析和判断的一种评价方式。内部评价可以使评价过程成为教师自我认识与提高的途径，有利于改进工作。

2. 外部评价

外部评价或他人评价，是由有关人士或专门人员组成评价小组，对幼儿园课程的整体实施状况做出判断的一种评价方式。外部评价的作用通常是为教育主管部门有效管理课程提供的决策信息。

考点4 整体评价、局部评价和单纯评价

根据评价对象的范围，可以将课程评价划分为整体评价、局部评价、单纯评价。

1. 整体评价

整体评价即对全国、某一地区或某个幼儿园的课程运行状况进行整体评估。如对北京市所有使用“幼儿园快乐与发展课程”的幼儿园进行质量评估。这种评价范围广、影响因素较多，难度较大。

2. 局部评价

局部评价即对全国、某一地区幼儿园课程的某一方面或某幼儿园内部课程的某个方面进行评估，如对北京市幼儿园课程资源状况的评估。此类评价虽只是针对局部进行，但也应尽量对评价对象做出综合性的分析和判断。相对于整体评价而言，该评价比较简单易行。

3. 单纯评价

单纯评价即对更为具体、微观的课程要素的某个方面进行的评估。例如，儿童创造性发展评估、儿童教师课程设计能力评估等。此类评价最简便易行。

考点5 相对评价、绝对评价和个体内差异评价

根据评价的参照体系分类，可以将课程评价分为相对评价、绝对评价、个体内差异评价。

1. 相对评价

相对评价是在某一类评价对象中选取一个或若干个作为基准，将该类对象逐一与基准相比较，判断其是否达到基准所具备的特征及其程度。例如，将某个示范园的幼儿教师的教育观念水平作为基准，把本地区同类层次幼儿园的教师状况逐一与基准进行比较，评价其达到基准的程度以及在群体中的相对位置。

2. 绝对评价

绝对评价是以某种既定的目标为参照，目的在于判断个体是否达到这些目标。该评价不计个体在群体中的位置，只考察个体达到标准的程度。例如，某市教育主管部门使用本市幼儿园分级验收标准，对某幼儿园进行验收，就属于绝对评价的类型。

3. 个体内差异评价

个体内差异评价是将评价对象的过去与现在进行比较，或将评价对象的各个方面进行比较。例如，将全班幼儿入园初期的数概念发展水平与学期末数概念发展水平相比较，判断其进步程度和教学效果，就属于个体内差异评价。

真题面对面

[2017统考，单，1分]根据评价的参照体系，将全班幼儿入园初期的口语表达水平与学期末口语表达水平进行比较，判断幼儿的进步程度和教学效果。这属于(　　)

A. 个体内差异评价　　B. 绝对评价

C. 相对评价　　D. 外部评价

答案：A

第一章

四、幼儿园课程评价的主要模式 【单选】★

幼儿园课程评价的主要模式

考点1 目标评价模式

目标评价模式主要是在泰勒的“评价原理”和“课程原理”的基础上形成的。泰勒的“评价原理”是以目标为中心而展开的，大致可以分为7个步骤：(1)确定目标；(2)根据行为和内容界定目标；(3)确定使用目标的情境；(4)设计呈现情境的方式；(5)设计获得记录的方式；(6)确定评价时使用的计量单位；(7)设计获得代表性样本的手段。

目标评价模式因为便于操作而又直接见效，曾在课程评价中占领主导地位。但是，目标评价模式强调了预期的课程目标，而相对忽视课程实施的前提和过程，以及其他许多与课程预期目标无直接关联的因素；目标评价模式强调了评价工具和手段的客观性和可操作性，而相对缺乏对课程目标价值判断合理性的关注，特别是往往将诸如创造性、自主性、好奇性等一些不易测量，却有价值的方面排斥在课程目标之外，因此，目标评价模式的运用存在着相当的局限性。

考点2 差距评价模式

差距评价模式是由普罗沃斯提出的。他认为，学校在课程实践中，往往不是完全执行课程计划，而是会有所偏差。因此，如果只就各种不同的课程计划本身进行比较和评价，是没有什么意义的。为此他提出差距评价模式，目的在于将设计的课程标准与实际的课程表现加以评价，找出彼此之间的差距，找出造成差距的原因，作为改进课程的依据，并且决定是继续课程计划，还是重复或终止课程计划。这一模式包括四个部分和五个阶段。

差距评价模式的四个部分是：确定课程目标、确定课程表现、对标准和表现进行比较、确定差别是否存在。

差距评价模式的五个阶段是：

(1)设计阶段：界定课程计划的标准，以此作为评价的依据。所谓标准，主要包括课程计划的目标、实现这些目标所需要的人力和物力、师生为达到目标所从事的活动。

(2)装置评价阶段：了解实际的课程计划内容的各种资源分配与原来设计的课程计划之间相互吻合程度和具体的差距所在。

(3)过程评价阶段：检查课程计划实施过程中的各种因素与预定计划标准的差距，也就是了解课程计划的实施条件、教学过程、学习结果等是否与预期标准存在差别，能否产生预期的结果。

(4)成果评价阶段：评价课程的最终结果是否与预期标准存在差别，预期的最终目标是否达成，实际结果与预期结果之间的差别是怎样的。

(5)成本效益评价阶段：根据以上各方面的评价结果，从整体上评价课程计划与其他计划的异同和优劣。

第一章

考点 3 目标游离评价模式

目标游离评价模式是由斯克里文提出的。该模式主要是想克服目标评价模式通常只考虑预期效应而不考虑非预期效应的弊病，强调评价者应该关注课程实施的实际效果，而不是其预期效应。斯克里文认为，在非预期效应中，有些结果可能是有害的，但此前并未考虑到预期的目标尽管没有实现，但是可能带来了重要的非预期结果。因此评价不应只衡量预期目的的达成程度，否则，会在很大程度上缩小评价的范围，使评价的意义大打折扣。所以，斯克里文认为评价的重点应是课程计划的实际结果而不是课程计划的预期结果。要对课程做出准确的判断，评价者要详尽地收集有关课程计划实际结果的各种信息。

从目标评价模式和目标游离评价模式的关系来看，两种评价模式如能结合使用，将能更好地评价课程。两种模式各有其价值，目标游离评价模式可以作为目标评价模式的附加补充程序，而不能替代目标评价模式。教育是有目的地培养人的社会实践活动，评价预期目的的实现程度是必然的要求。同时，教育又是一种十分复杂的社会实践活动，其中的影响因素繁多，难免有与预期目的不一致的结果出现。对这些非预期的结果做出评价也是十分必要的，它将有助于课程实施者更好地调整课程和自身的教育行为。目标游离评价模式虽然也有其局限性，但其指导思想对课程评价的理论和实践具有启发意义。它增强了评价者的独立性，扩大了课程评价的范围，为我们深入理解评价的性质和功能提供了新的视角。

考点 4 外观评价模式

外观评价模式是斯塔克提出的。他认为，目标评价模式忽视了教育的前提条件和相互作用，以及这些因素对教育的影响。在外观评价模式中，包括三个重要的因素：前提条件、相互作用和结果。外观评价模式是以这三个因素为基础建立起来的。

前提条件指“教学之前已存在的某种条件”。例如，学生的已有知识经验水平、能力基础、态度倾向、兴趣和积极性等。这些都与学习的结果有着密切多样的联系。

相互作用指教学过程中学生与有关的人和事物之间彼此影响和作用的关系。例如，学生与教师之间的关系、学生与学生之间的关系、学生与学习材料之间的关系等。

结果指实施课程所产生的影响，包括学生通过学习课程所获取的知识、能力和态度等。

对于这三个因素，都要从描述与评判两个方面进行评价。描述包括两类材料：课程计划实现的内容和实际观察到的情况。评判包括两种判断：根据计划实现的内容所做的判断和根据实际观察到的情况所做的判断。

考点 5 CIPP评价模式

CIPP评价模式是由斯塔佛尔比姆等学者提出的。他们认为，课程评价不仅是对课程目标实现的状况做出判断，而且应当为课程改革服务。CIPP评价模式是背景评价、输入评价、过程评价、结果评价这四种评价英文名称首字母的缩写。

1. 背景评价

确定课程计划实施单位的背景、明确评价对象及其需要、明确满足需要的机会、诊断需要的基本问题，在此基础上确定一般和具体的目标、判断目标是否已经反映了这些需要。

2. 输入评价

输入评价是为了帮助决策者选择达到目标的最佳手段，对可供选择的各种课程计划所作的评价，如确定如何运用资源以达到目标，探讨不同策略达到目标的可行性、成本效益和实际效益等。输入评

价应当回答下列问题:考虑过哪些课程计划?为什么选择这个计划而不是其他计划?这个计划的合理性程度如何?有多大的成功把握?

3. 过程评价

过程评价主要有三个目标,即为决策者提供反馈信息、预测课程在实施过程中可能出现的缺点并为修订或详细解说计划提供指引以及记录课程的实施过程,包括课程实施涉及的成本、参与者和观察者如何判断实施的质量等。过程评价范围主要涉及实施步骤、教学法和学生活动。评价应当回答的问题包括有关活动是否按照预定计划得到实施,是否在以有效的方式利用现有的资源等,通过对这些问题的回答为决策者提供修正课程计划的有效信息。

4. 结果评价

结果评价通过测量、解释和评判课程计划的成绩,帮助决策者决定是否应当终止、修订或继续课程计划。评价要收集与结果有关的各种描述和判断,把它们与目标以及背景、输入和过程方面的信息联系起来,对它们的价值和优点做出解释。但是,结果评价仍然是质量控制的手段,而不只是最终的鉴定。

真题面对面

[2017统考,单,1分]以前提条件、相互作用和结果三个因素为基础建立起来的课程评价模式是( )

A. 目标游离评价模式　　B. 差距评价模式

C. 外观评价模式　　D. CIPP 评价模式

答案:C

五、幼儿园课程评价的实例 【单选】★

考点1 档案袋评价

档案袋评价

1. 档案袋评价的含义

档案袋评价,又称为"文件夹评价",是指收集儿童在学习过程中有代表性的作品和典型的表现记录,以儿童的现实表现作为判断儿童学习质量的依据的评价方法。这种评估活动从多种渠道收集资料,旨在提供有关学生学习的实际水平的各种材料,重视儿童发展的过程,能从多角度、多侧面来判断儿童的优点和发展可能性,为描绘每个儿童的学习情况剖面图和发展过程提供了真实而详细的资料。

2. 档案袋评价的类型

评价幼儿成长的档案袋根据不同的标准有着不同的分类。主要分类标准有两类:

(1)根据档案袋收集的作品内容分类

根据收入档案袋的幼儿作品的内容性质可以将档案袋分为:过程型档案、成果型档案和综合型档案。

①过程型档案着重幼儿学习过程、进步、努力与成就的观察和记录,通过过程型档案袋来真实、全面、动态地描述幼儿发展与成长的过程。

②成果型档案袋有教师与幼儿共同决定主题(课程的核心主题),展示幼儿在这一个主题中最优秀的作品或成果。成果型档案经常展示在亲子活动、家长开放日或期末总结活动中,给家长与幼儿园沟通提供材料。

③综合型档案袋是指兼具成果型、过程型或者是兼具多个主题的学习档案袋,常用于课程教学总结性评价或幼儿学习能力倾向发展性评价中。通过综合档案的信息对幼儿发展水平进行评价,即比较幼儿

在原有水平上，是否有进步，是否达到了规定或预期的发展目标，存在的优势和不足到底有哪些等。

(2)根据档案袋的作用分类

廖凤瑞主张按照档案袋的作用来划分档案袋类型，可以分为四类：

①陈列性档案，用以展示幼儿的最佳作品。

②文件性档案，用以保存幼儿的作品和进步的证据，放入这类档案中的作品要有幼儿看得懂的描述。

③历程性档案，用以保存幼儿在某项大型工作中持续产出的作品，通常由幼儿自己记录和判断。

④评鉴性档案，指的是在一段时间里持续而系统地收集到的能代表幼儿成长、进步和成就的作品，让幼儿和教师依据教师的期望与幼儿的发展，共同评鉴幼儿的学习和进步。这类档案中的作品通常附有详细的叙述性文字，以说明作品所代表的能力或意义。而为了分析和判断作品所反映的幼儿学习和进步的状况，教师必须事先依据该年龄段幼儿的教育目标，设定评鉴的标准或作品的计分方式。

真题面对面

[2019统考，单，1分]档案袋评价中，张老师在一段时间里持续而系统地收集了能代表贝贝在测量主题活动中成长、进步和成就的作品，这种档案属于(　　)

A. 陈列性档案　　B. 文件性档案

C. 历程性档案　　D. 评鉴性档案

答案：D

考点2 作品取样系统

1. 作品取样系统的基础和实质——表现性评价

表现评价的基本理念是作品取样系统的基础和实质。表现性评价是指在学生生活和学习的情境里，通过对学生完成实际作业表现的观察，依靠教师的专业判断，对学生学业成就进行整体判断的评价方式。近几年来，表现性评价已成为许多国家教育评价的一种重要方法。

表现性评价主要具有以下特点：(1)真实的评价情境；(2)反映儿童的综合智能；(3)评价与教学活动相结合。

2. 作品取样系统的基本内容

在作品取样系统中，教师对收集的评价资料及对幼儿整体表现的评价，一年要整理三次(学期开始、学期结束、学年结束)。作品取样系统的评价包括三个基本部分：发展指引与发展检核表、作品集、综合报告表。

(1)对儿童的观察：发展指引与发展检核表

发展指引与发展检核表是一个系统的观察架构，它们不仅为教师提供了既全面又符合儿童发展的“图像”——告诉教师可以在不同的领域中期待儿童会知道什么，能做什么，而且还提供了观察的“镜头”——让教师透过这镜头仔细地观察儿童，判断他们的发展与成长。

发展指引提供了儿童在各发展领域的评价指标，指标呈现出对各年龄儿童适宜的期望。发展指引将每一特定的技能、行为或成就以一句“表现指标”来呈现，在每一个“表现指标”后，针对该指标对幼儿的意义进行分析，并列出几个表现或行为的例子(举一些儿童可能会展现的技能、知识、成就的方式，但这些例子不代表儿童的全部，教师可根据具体情况增加更适合自己课程的例子)。

发展检核表是收集、组织及记录教师观察结果的工具。发展检核表采用等级的方式进行评价，所

用的评定等级分为三级(尚未发展、发展中、熟练),分别代表儿童在各项"表现指标"上的发展程度。

(2)儿童作品的收集:作品集

作品集是作品取样系统评价儿童发展的主要组成部分。它的根本目的在于提供有关儿童思考和学习的质性资料,通过有计划地收集可以展现儿童努力、进步与成就的作品,来呈现每位儿童的特点以及进步情况。发展检核表广泛地记录了儿童在各个方面的学习发展情况,而作品集则对儿童的作品及作品的特性与品质进行更深入的"描绘"。

(3)儿童发展的总整理:综合报告表

综合报告表全面而深入地展现了儿童在每一个领域的表现与进步,一年填三次,每次有三张,一张给家庭,一张给学校,一张由教师保存。在填写综合报告表时,教师要运用发展检核表及作品集所提供的信息,结合有关儿童发展的知识,做出有关儿童表现与进步情况的评定。综合报告表在纵向上表现了教师想要评价的幼儿发展情况的具体维度(如在个人与社会发展领域包括自我概念、自我控制、学习方式、与他人的互动及冲突解决几个方面),其横向的填写内容有四部分。前两个内容是简要展现发展检核表和作品集对儿童的评价,以"达到期望""需要发展"两个等级来判定;第三个内容是展现儿童的进步,有"达到期望""异于期望"两个等级;最后,备注栏提供空间让教师用文字具体说明儿童"需要发展"的理由、注明儿童在每一领域的特殊长处,若儿童的进步是"异于期望",还要进行说明,并描述帮助儿童发展的计划。

第六节 中外著名的幼儿园课程方案

一、蒙台梭利课程模式 【单选】 ★

蒙台梭利是意大利儿童教育家,被誉为在世界儿童教育史上自福禄贝尔以来影响最大的一个人。蒙台梭利早年从事医学工作,研究智力缺陷儿童的心理教育问题。1907年,她在罗马的贫民区开设了第一所"儿童之家",将对智力缺陷儿童的教育方法运用于正常儿童。

考点 1 蒙台梭利课程模式的理论基础

蒙台梭利的教育思想是与她的儿童发展观紧密地联系在一起的。一方面,蒙台梭利十分重视遗传素质和内在的生命力,她认为,正是这种内在的冲动力,促使儿童不断地发展;另一方面,蒙台梭利也相信环境对儿童的发展能起到举足轻重的作用。

蒙台梭利坚信,遗传是第一位的,对儿童而言,生命力的表现就是自发冲动,因此,蒙台梭利将对儿童的自发冲动进行压制还是引导,看成是区分教育优劣的分水岭。在蒙台梭利看来,生命力的冲动是通过儿童的自发活动表现出来的。通过活动,儿童的生命力和个性得到了表现和满足;通过活动,儿童的生命力和个性得到了进一步的发展。

蒙台梭利认为,生命力不仅通过自发活动呈现和发展,还表现出不同感官的敏感期。*例如,儿童对颜色、声音、触摸等感觉的敏感期在2岁至4岁,而行为规范的敏感期则在2岁至6岁*。这样,环境和教育就成了十分重要的事情,因为如果忽视了敏感期的训练,就会产生难以弥补的损失。蒙台梭利进一步认为,每个个体儿童有不同的发展节律,教育必须与敏感期相符合,应以不同的教育去适应不同的节律,即要实施个别化教学,让儿童根据自己的需要进行活动。因此,儿童的自由成为教育的关键。

总之,"自发冲动、活动和个体自由",这些都是蒙台梭利教育体系的基本因素。

在蒙台梭利教育体系中,感官教育占有特别重要的地位。这是因为从心理学角度讲,感官教育符合该时期的心理发展状况；从教育学的角度讲，从感官教育能引发出算术、语言、书写、实际生活能力等。

在蒙台梭利教育体系中，自由、作业和秩序是蒙台梭利为儿童营造的三根主要支柱。蒙台梭利认为，自由不仅能使儿童的需要得到满足，而且还能使作业符合儿童的兴趣，使之专心于作业，从而达成良好的秩序。自由、作业和秩序是通过作业而协调统一起来的，而以自由和作业为基础建立起来的秩序，明显不同于以常规压制和命令训练而产生的服从。

在蒙台梭利教育体系中，重视教育环境的作用，一个有准备的环境是关键。她认为，儿童的发展离开适宜的环境是不可能实现的。因此，教育就是给儿童创造一个好的学习环境。

这个环境具有以下特点：(1)一个自由发展的环境，有助于儿童创造自我和自我实现；(2)一个有秩序的环境，儿童能在那里安静而有规律地生活；(3)一个生机勃勃的环境，儿童在那里充满生气和欢乐，毫不疲倦地生活，精神饱满地自由活动；(4)一个愉快的环境，几乎所有的东西都是为儿童设置的，适合儿童的年龄特点，对儿童有极大吸引力。

考点 2 蒙台梭利课程模式的教育目标、内容和方法

1. 目标

蒙台梭利课程模式以培养儿童成为身心均衡发展的人为目标，通过作业的方式，让儿童把内在的生命力表现出来，在作业过程中培养儿童的注意力。在自由和主动的活动中让儿童自我纠正，使儿童在为其设置的环境中成为具有特质的人。

2. 内容

在蒙台梭利课程模式中，教育内容由四个方面组成，它们是日常生活练习、感官训练、肌肉训练和初步知识的学习。教师通过创设环境、提供蒙台梭利教具、对儿童进行观察和引导等方法对儿童实施教育。

3. 方法

(1)日常生活练习旨在培养儿童的独立自主能力和精神，学习实际生活的技能，并促进儿童注意力、理解力、协调力、意志力的发展以及良好的生活习惯的养成。与儿童自身有关的日常生活练习主要是儿童的自我服务，包括穿脱衣服、刷牙、洗脸、洗手、梳头、洗手帕等；与环境有关的日常生活练习主要是做家务工作，包括扫地、拖地板、擦桌椅、摆餐桌、端盘子、开关门窗、整理房间等。

(2)感官训练是蒙台梭利教学法的主要特点，旨在通过视、听、触、味、嗅等感官的训练，增进儿童的经验，让儿童在考察、辨别、比较和判断的过程中提高自己的能力。蒙台梭利设计了16套教具，用于对儿童的感官训练，每一套教具都是按从简单到复杂的顺序设计的。在蒙台梭利的感官训练中，触觉训练最为主要，因为蒙台梭利相信儿童常以触觉替代视觉或听觉。

(3)蒙台梭利将肌肉训练看作有助于儿童的发育和健康，有助于儿童动作的灵活和协调，也有助于儿童意志的锻炼和合作精神的培养的活动。蒙台梭利设计了专门的器具，如攀登架、绳梯、跳板、摇椅等，用作对儿童的肌肉训练。蒙台梭利还设计了有音乐伴奏的走步、跑步和跳跃练习以及徒手操，用以锻炼儿童的肌肉力量，发展儿童的节奏感。此外，蒙台梭利还通过儿童的自由游戏，让儿童在玩球、铁环、棍棒、手推车等的过程中得到肌肉的锻炼。

(4)初步知识的学习包括蒙台梭利认为的儿童可以学会的阅读、书写和算术。

在算术教学方面，除了运用感觉教育的教具外，蒙台梭利还设计了一套算术教学的教具，一起用于对儿童实施的算术教学。算术教学教具的运用是与教学目的匹配的。例如，为了让儿童理解0～10的数字和数量，可运用的教具有数棒、数字板等；为了让儿童认识十进位的基本结构，可运用的教具有金

色串珠、数字卡片等。在阅读和书写的教学方面，书写的练习常常先于阅读的练习，通过触觉的训练，儿童可以自然地练习书写；蒙台梭利还设计了字母教具，让儿童通过练习，使视觉、听觉、触觉和发音结合起来，以学习辨别语音和拼音、阅读单词和理解短句。

考点3 蒙台梭利课程中教师的作用

在蒙台梭利学校中，教师扮演的角色首先是观察者，蒙台梭利把教师称作“指导员”。她说，应用她的方法，教师教得少而观察得多；教师的作用在于引导儿童的心理活动和他们的身体发展。蒙台梭利相信，教师要成为真正的教育工作者，就应该学习和研究一本书。这本书就是对儿童的从最初不协调的活动到自发、协调的活动的观察。蒙台梭利认为，教师的观察应着眼于儿童的成熟程度，通过对每个儿童不同刺激引起注意的时间长短的观察做出判断。当然，观察不是最终目的，观察为的是对儿童进行引导，在必要时及时给以指导或适当的刺激，为的是给儿童提供活动的环境和作业的教具，让儿童通过自己的作业，达成自我发展。

在蒙台梭利学校中，教师的作用还体现在为儿童提供榜样。由于在活动中教师很少对儿童直接传授知识，教师的榜样就显得格外重要。教师的榜样作用需要教师的自我完善，其中最有价值的就是对儿童的爱、对儿童的期望，以及由此而产生的对儿童教育事业的献身精神。

考点4 对蒙台梭利课程模式的评价

在世界教育史上，蒙台梭利是真正以优秀教师而闻名的罕见的教育家之一。蒙台梭利的长处可以粗略地归纳为对儿童的爱、信任和尊重，细致而耐心地观察，及时地给予指导。蒙台梭利课程模式迄今为止仍在世界范围内有相当影响，说明该课程模式有其吸引人之处。**例如，蒙台梭利课程模式强调了个别化的学习，特别是蒙台梭利设计的教具使个别化教学的实施成为行之有效的手段；又如，蒙台梭利课程模式强调儿童主动学习和自我纠正，能使儿童身心的内在潜能得到充分的发展。**皮亚杰在评价蒙台梭利时曾经说过：“蒙台梭利对于智力缺陷儿童心理机制的细致观察成了一般方法的出发点，而这种方法在全世界的影响是无法估计的。”

应该看到，蒙台梭利主要还是一个偏重于实践的教育家。从严格意义上讲，对蒙台梭利而言，还谈不上完整的教育思想，因此“蒙台梭利教学法”的提法似乎更为妥当。

蒙台梭利的教育体系决定了蒙台梭利教学法带有相当程度的机械化和形式化的色彩，该课程模式中教师的作用是比较被动的和消极的，这不利于发挥教师的主导作用。此外，还有人批评该课程模式偏重智力训练而忽视情感陶冶和社会化过程。

二、瑞吉欧教育体系

考点1 瑞吉欧教育体系的理论基础和文化背景

瑞吉欧教育课程产生于意大利的一个富裕和资源丰富的小城市——瑞吉欧。洛里斯·马拉古兹是意大利早期教育系统的奠基人。他从20世纪60年代开始，建立婴儿中心和学前学校，形成了儿童保育和教育服务系统，包括高质量的早期儿童保育和教育条件、目标、教师职责以及儿童的家庭和邻居对教育事业参与的权利。瑞吉欧教育体系的理念来自三个方面：欧洲和美国的进步主义思潮，皮亚杰和维果斯基的心理学理论，第二次世界大战后意大利的左派政治改革。

考点2 瑞吉欧教育体系的课程

方案活动是瑞吉欧教育体系的课程的主要特征之一。瑞吉欧教育体系中的方案活动有其自身特点：儿童以小组活动为主的形式与教师一起合作探索他们感兴趣的问题。这类方案活动可以起始于儿童对物质世界或社会的好奇心，或者出自儿童的某种主张，或者发源于儿童对哲学两难问题的思考。此外，教师也可以在观察儿童的基础上提出问题，发起方案活动。瑞吉欧教育体系中的方案活动与方案教学和生成课程有不少相近之处，但瑞吉欧教育体系中的方案活动有其自身特点，主要表现为以下几个方面：

1. 创造性表现和表达是知识建构的基本要素

马拉古兹认为，只要成人能为儿童安排促进其创造性发展的环境，儿童就有可能运用多种符号系统（马拉古兹称之为"儿童的一百种语言"）表现和表达自己。在课程实施的过程中，教师鼓励儿童运用各种符号系统，创造性地表现和表达自我。

瑞吉欧的每个学校都有一个美术活动室，并配有专职的美术教师。儿童以小组的形式，在美术活动室内进行方案活动。

2. 共同建构在方案活动中有重要的地位

瑞吉欧教育体系强调儿童学习和发展中社会交往的重要性，相信儿童在作用于材料的过程中有与他人交流自己想法的需要，并在与他人相互作用的过程中与他人共同建构知识。方案活动多以小组方式进行，儿童可做自由选择，方案活动的网络本身并不重要，儿童本身的发展水平和兴趣，以及儿童与他人的合作、分享、交流和协商被赋予很高的价值。

3. 记录既是学习的过程，又是学习的结果

瑞吉欧学校教室的墙上贴满了记录儿童活动过程的各种材料，特别是他们参与长期方案活动的材料。运用文字，特别是运用录像和照片等视觉记录材料，教师与儿童、家长一起重温活动过程，不仅为教师和家长懂得儿童、理解儿童创造了机会，也为儿童共同建构知识提供了机会。在瑞吉欧学校中，教师在儿童活动的过程中听取和参与儿童的交谈，时时用录像和照片记录儿童的活动过程，以获取有关儿童所想、所知和所感的信息，从而更好地实施课程。

瑞吉欧教育体系中，角色游戏、建构游戏、粗大动作和精细动作活动以及其他活动也是课程的一些重要组成成分。儿童在材料丰富的室内户外环境中，可以有足够的机会玩积木、玩偶、娃娃家、操作性材料等。

瑞吉欧教育体系在其哲学观和教育学理念、方法和管理等方面发展了一整套独具特色而又富有创意的体系，让儿童教育的理论和实践工作者从不同的角度和立场都能感受到它对儿童教育的价值，而这些价值正是当今世界儿童教育改革所关注的东西。

考点 3 瑞吉欧教育体系中教师的作用

在瑞吉欧教育体系中，教师是儿童的伙伴、养育者和指导者。

费利皮尼在论述瑞吉欧教育体系中教师的作用时，曾将"聆听"的动作行为作为瑞吉欧教师角色的中心。聆听指的是对儿童全心全意的关注，指的是通过实录的方式将所观察的事实作为与儿童和家长沟通的依据。聆听的真正含义是能引导儿童主动地学习。费利皮尼认为，教师应该成为"时机的分配者"，是儿童学习活动的"资源提供者"，而不是法官。教师应以一种游戏和尊重的精神对待儿童的学习，满腔热忱地"接住儿童扔给教师的球"。

在瑞吉欧，无论是从教师与儿童和家长之间的互动关系，还是从时间的发生方面说，教师所采取的行动都是螺旋式进行的。例如，瑞吉欧的教师们一般采用一种范围较大的时间单位（星期、月份甚至整个年份）中的每日时间循环评价儿童的所作所为。

在学习活动中，教师和儿童是共同建构者，这是瑞吉欧教师的一个重要角色。这种角色承担着极为复杂、精细和多层面的任务。例如，教师应从集体成员中的每个个体的想法出发，构架出集体的活动，并能引导小组儿童进行学习。

当然，瑞吉欧的教师们并不认为他们的角色是容易扮演的，或者能有明确的条例说明教师应该做些什么和应该怎么做。然而，他们是有信心和有安全感的，他们认为，他们是属于整个教育体系的一分子，而瑞吉欧教育体系是建立在与儿童的共同行动之上的，因此，他们深信这是一种良好的学习方式。

考点4 对瑞吉欧教育体系的评价

瑞吉欧教育系统涉及了后现代主义的各个主题，它抛弃了现代主义的统一的观点，抛弃了被认可的一般性、连续性、确定性，以及通过客观的方法论去发现可证实的真理；接受并倡导差异性、复杂性、不确定性，以及通过多种视角，历史地和强调情景特异性地思考和评价问题。瑞吉欧教育系统反映了早期教育工作者的这种世界观的变化，并向人们展示了他们对儿童、儿童期、早期教育机构、成人与儿童的关系、教师的职业身份等问题的崭新的理解。

三、海伊斯科普课程(高宽课程) 【单选】 ★

考点1 海伊斯科普课程的理论基础

美国海伊斯科普课程(高宽课程)是一个以皮亚杰的认知发展理论为基础的课程方案。

海伊斯科普课程的发展经历了三个阶段。

在第一阶段，课程设计者将其关注点放在为儿童进入小学做好准备的知识和技能方面，教师有明确的教学目标，这些目标都出自对课程内容的相当传统的看法。课程设计者在前数学、前科学和前阅读等方面制订了有序的计划，鼓励儿童按程序进行学习。

在第二个阶段，海伊斯科普课程设计者接受了儿童处于不同发展阶段的观点，尝试把那些代表该发展阶段水平的技能教给儿童。1963年，美国《当代心理学》杂志刊登了评论亨特著作《智慧和经验》的文章，亨特的这本书曾激起了教育在帮助儿童的真正潜能获得发展中的作用的争论。文章的作者认为，亨特对当时在美国还鲜为人知的皮亚杰的研究做了出色的介绍，他们开始运用皮亚杰理论组织课程的进程，从原先强调对儿童学业技能的训练，转变为强调根据每一个儿童的发展水平去促进其发展。但在这一阶段，课程设计者运用的是教儿童皮亚杰式的任务的方法，通过提问那些已知答案的问题进行教学，儿童还没有获得真正意义上的主动。

在第三个发展阶段，皮亚杰的“儿童作为知识建构者”的思想在课程中得到了体现，那就是说，强调教师通过直接和表征的经验，以适合儿童发展水平的方式帮助儿童增强认知能力，而不是通过教皮亚杰式的技能去加速儿童的发展。从那时起，课程设计者将儿童看成是主动学习者，认定儿童能在其自己计划、进行和反应的活动中获得较好的学习。

真题面对面

[2019统考，单，1分]以皮亚杰认知发展理论为基础的课程方案是(　　)

A. 蒙台梭利课程　　B. 瑞吉欧课程

C. 五指活动课程　　D. 高宽课程

答案：D

考点2 海伊斯科普课程的目标、内容和方法

1. 目标

在海伊斯科普课程发展的第二个阶段，课程设计者强调的是运算要素，他们将皮亚杰的研究结果

看作课程目标的直接来源，他们制定的总目标是教“皮亚杰式技能”，课程目标是依据日内瓦研究课题——分类、排序、时间关系和空间关系而制定的。每个方面的具体目标都是按照从简单到复杂、从具体到抽象以及从动作水平到言语水平的顺序提出的。

第三个发展阶段以后的海伊斯科普课程，其总目标依然是认知性的，但是，与上一阶段相比较，课程目标发生了几个方面的变化：

(1)那些被称为是“认知发展的关键经验”的东西基本保留，但增加了“主动学习”这一部分，课程设计者强调他们的意图是将结构化的目标隐含在儿童活动的背景之中，这一改变是向建构主义方向的明显转变。

(2)具体的目标领域也发生了一些变化，如数概念的目标已从排序中分离出来。具体包括——对应、点数5以上的物体以及比较数量；空间关系增加了装拆物体、重新安排和改变物体的空间位置、从不同的空间角度观察季节的变化、认识钟表和日历；语言目标也扩充了对别人讲述自己有意义的经验、用言语表达自己的情感等交往方面的技能。

(3)考虑了儿童社会情感方面的目标。

2. 内容

海伊斯科普课程的设计者们认定，主动学习是儿童发展过程的核心，他们根据这一信念和皮亚杰论述的有关前运算阶段儿童最为重要的认知特征，确定了49条关键经验，以此作为制订课程和进行评价的指标。这些关键经验包括创造性表征、语言和文字、主动的社会关系、运动、音乐、分类、排序、数字、空间和时间等几个方面，每个方面由一些具体的关键经验组成，以此作为有效促进课程中计划制定和评价的指标。

事实上，这些关键经验并非课程的目标，它们可以通过适合儿童不同发展水平的多种活动来获取，这些活动可以由教师组织，也可以由儿童自发开展。包含关键经验的活动不是相互排斥的，任何一个单独的活动都可以包含几种关键经验。事实上，关键经验不是作为教学的日程，或是特定活动的“菜单”，而是教师了解儿童活动中的知识内容和智力活动过程的提示物，它给教师实施课程提供一种方式，把教师从对工作手册和工作程序表的服从中解脱出来。总之，关键经验可被教师用作为安排和解释课程的一种组织化的工具，是教师指导儿童活动以及评价儿童发展的框架。

3. 方法

海伊斯科普课程的实施是由“计划—做(工作)—回忆”三个环节以及其他一些活动组成的。“计划—做(工作)—回忆”这三个环节是课程实施的最重要部分，通过这些环节，儿童有机会充分表达自己所参与活动的打算，也能使教师密切地参与到整个的活动过程之中。

在“计划时间”，教师给予儿童表达自己想法和打算的机会，通过让儿童做他们自己决定做的事，使儿童体验独立工作的感受以及与成人和同伴一起工作的快乐。在计划制订出来以前，教师与儿童反复讨论计划，帮助儿童在其头脑中形成自己的想法，以及如何实施其计划的概念。对教师而言，与儿童一起决定计划，也为他们鼓励儿童的想法，提出更好的建议，并了解和估计儿童的发展水平和思维方式等提供了机会。

“工作时间”占日常活动最多的时间。在这段时间中，儿童进行他们计划的项目和活动，对材料进行探究，学习新的技能，尝试自己的想法，教师则是鼓励、指导和支持儿童的活动，设置问题情景，并参与儿童的讨论。

“回忆时间”是三个环节中的最后一个环节，通常在整理和收拾时间之后。在回忆时间中，儿童与教师一起回忆和表述工作时间的活动。回忆可以通过讲述活动的过程，重温儿童在活动中所遇到的问

题，通过绘画表现活动中所做过的事情等方式进行。

除了“计划—做(工作)—回忆”这三个环节，海伊斯科普课程中还有其他的活动。例如，在小组活动时间里，儿童运用教师选择和提供的材料进行活动，在此活动中，教师根据特定的关键经验观察和评价儿童；户外活动时间，除了活动身体以外，还可以让儿童在户外尝试工作时间的想法；集体活动时间，给儿童提供参与大组活动、交流和表达思想、尝试和模仿他人想法的机会，如唱歌、律动、演奏乐器、讨论问题等。

考点3 海伊斯科普课程中教师的作用

在海伊斯科普课程中，教师主要是儿童解决问题活动的积极鼓励者。课程的设计者们根据皮亚杰理论中已被广为接受的原理，认定经验是由儿童自己在主动的活动中获得的，主动学习是儿童发展过程的核心，因此，他们将儿童主动活动作为编制课程的中心。在这一前提下，教师作为儿童主动活动的鼓励者是合乎逻辑的。

具体来说，教师可以通过以下方法鼓励儿童主动地去解决问题：

(1)提供丰富的材料和活动，使儿童能对材料和活动进行选择；

(2)明确要求儿童运用某种方式决定计划和制定目标，并在完成目标的过程中找到和评判不同解决问题的办法；

(3)通过提问、建议和环境设计，为儿童创造与其思维发展、语言发展和社会性发展有关的关键经验的活动情景。

由于海伊斯科普课程并没有结构化的教学内容，因此对教师的要求很高。教师必须在教师组织的活动与儿童自发的活动之间求得平衡，这就是说，既要使活动符合每个儿童的兴趣，又要能有力地支持儿童获得课程关注的各种关键经验。

考点4 对海伊斯科普课程的评价

与其他一些课程模式不同的是，海伊斯科普课程不要求购置和使用特殊的材料，作为典型的教育方案，它唯一的花费在于为儿童设置学习环境。在发展水平较低、缺少资源的国家，材料可以来源于自然、家庭废弃物及其他一些“开发性”材料。对教师来说，虽然课程的实施最初很难，但一经掌握，教师则会很自如和轻松。海伊斯科普课程依据发展理论和早期儿童教育实践，多年来，在众多的学前教育方案中，是一种一直能高质量地服务于儿童的有系统、有组织的教育方案。

海伊斯科普课程被人认作“适宜儿童发展的教育实践”的一个例证，对早期儿童教育做出了理想的陈述，并通过三十多年的深入研究，已经取得了明显的成效。也许更重要的是，这一课程能使教育者自身得到很好的教育和训练。

四、陈鹤琴的五指活动课程 【单选】 ★

考点1 课程目标

陈鹤琴先生认为，课程是达到目的的工具，而确定目的，首先要确立儿童是主体的思想。他指出儿童、教师和教材是教育的三大要素。作为教师首先要测量儿童的个性，希望他们达到怎样的目的，然后选择最适宜的教材，使用最适宜的方法，以达到所希望的目的。五指活动课程的目标有：

(1)做人：要有合作的精神、同情心、服务的精神。

(2)身体：要有健康的体格，养成卫生习惯，并有相当的运动技能。

(3)智力：要有研究的态度，充分的知识和表意的能力。

(4)情绪:能欣赏自然和艺术美,养成快乐精神,打消惧怕的情绪。

考点 2 课程内容

陈鹤琴打破了按学科编制幼稚园课程的方式,以大自然、大社会为中心选择和组织课程内容,形成他所谓的"五指活动"。

(1)健康活动:饮食、睡眠、早操、游戏、户外活动、散步等;

(2)社会活动:朝夕会、周会、纪念日、集会、每天的谈话、政治常识等;

(3)科学活动:栽培植物、饲养动物、研究自然、认识环境等;

(4)艺术活动:音乐(唱歌、节奏、欣赏)、图画、手工等;

(5)语文活动:故事、儿歌、谜语、读法等。

选择幼儿园课程内容应遵照的标准是:

第一,凡儿童能学到的东西,就有可能作为幼儿园的教材,但有时在"能学"的标准之下,还要有点限度,比如,有些东西儿童虽然能学,不过学习会妨碍他身心的发育,那就不必勉强他学习。

第二,教材需以儿童的经验为依据。

第三,凡是使儿童适应社会的就可取为教材。

考点 3 课程的编制原则与方法

1951年,陈鹤琴发表了《幼稚园的课程》一文。在这篇文章中,他批判了欧美国家所实行的完全从儿童出发,缺乏系统性的单元教学的课程编制模式,提出了适合我国国情的幼稚园课程编制应遵循的十大原则以及三种编制的具体方法。

1. 课程编制的原则

(1)课程的民族性:课程应是民族的,不是欧美的;

(2)课程的科学性:课程应是科学的,不是封建迷信的;

(3)课程的大众性:课程应是大众的,不是资产阶级的;

(4)课程的儿童性:课程应是儿童化的,不是成人化的;

(5)课程的连续发展性:课程应是连续发展的,而不是孤立的;

(6)课程的现实性:课程应符合实际需要,而不能脱离现实;

(7)课程的适合性:课程应适合儿童身心发展,促进儿童健康;

(8)课程的教育性:课程应培养儿童五爱、国民公德和团结、勇敢等优良品质;

(9)课程的陶冶性:课程应陶冶儿童性情,培养儿童情感;

(10)课程的言语性:课程应培养儿童说话技能,以表达自己的情感和思想。

根据以上十大原则,陈鹤琴修订了原定的教育单元,加入了五爱教育内容,形成了九项内容构成的课程结构:节日、五爱教育、气候、动物、植物、工业、农业、儿童玩具、儿童卫生。

2. 课程编制的方法

课程编制原则是比较宏观的,它的指导性比较强,但操作性比较差。陈鹤琴还提出了三个具体的课程编制方法:圆周法、直进法和混合法。

(1)圆周法:幼稚园每个年龄班预定的教育单元内容相同,研究的事物也相同,但所选教材的难度和分量应根据儿童年龄的不同而有所变化,各班要求由浅入深。

(2)直进法:就是将儿童生活中接触的事物,按照事物的性质和内容的深浅而分布在各个不同的年龄班中。例如,小班研究猫和狗;中班研究羊和牛;大班研究马和虎。即不同班的课题和要求不相同。

(3)混合法:是指在编制课程时以上两种方法均可采用,即课题和要求有相同或不同。混合法是编制课程时采用最多的一种方法。

考点4 课程的组织与实施

陈鹤琴认为,幼儿园课程可以从自然环境和社会环境中选择儿童感兴趣的而且又适合儿童的人、事、物作为中心,以单元主题来组织,各项活动都围绕单元进行,使各科之间构成内在联系,形成整体。这种课程内容组织的方法,陈鹤琴称为"整个教学法",即把儿童应学的东西整个地、有系统地教给儿童,后来称为"单元教学法"。

在课程实施方面,陈鹤琴强调:

(1)采用游戏式教学法,以自动代替被动,使儿童在游戏中、在活动中学习,以求事半功倍。

(2)采用小团体的教学方法,区别对待,分组实施,使处于不同发展水平的幼儿都有所长进。

(3)通过环境的创设和材料的提供引起幼儿的学习动机。

此外,陈鹤琴还提出了比较法、比赛法、替代法、观察法等,通过多样化的方法,生动、形象、具体地向幼儿进行教育。同时教学中都以"做"为出发点,在做的过程中去学,在做的过程中去教,在做的过程中求进步。

五、张雪门的行为课程

考点1 行为课程的目标

张雪门认为,课程固然需要注意到社会生活的意义,但绝不可凭着成人主观的意见。因为成人的需要不是儿童的需要,成人的经验不是儿童的经验。"儿童所反应的是他自己环境里的社会,但绝不是成人的社会。"因此,幼稚生时期满足个体的需要实甚于社会的希求,幼稚园的课程目标就是要满足儿童心身的需求,养成儿童"扩充经验的方法与习惯,培养其生活的能力与意识,从而使幼儿的身心得到全面的发展"。

九一八事变后,面对国家民族危亡的现实,张雪门提出,要"把社会的需要组织在课程里面;而在另一面又正合儿童的生活,容易引起他们的动作",因此在其课程目标中兼顾了社会需要和儿童身心发展的需要。到1933年,张雪门先生把其幼儿教育定为改造民族的幼稚教育,最终拟订成这样的课程目标:"铲除我民族的劣根性;唤起我民族的自信心;养成劳动与客观的习惯态度;锻炼我民族为争中华之自由平等而向帝国主义作奋斗之决心与实力。"他确立了以社会需要为远景,以儿童个体发展需要为近景的幼稚教育任务,把儿童置身于其可接触的生活环境中充分发展,体现了幼稚园课程对儿童自身价值的尊重。

考点2 行为课程的内容

在行为课程的内容方面,张雪门先生使用了"教材"一词。那么,作为教材的经验其来源如何呢?张雪门先生认为有三个方面:一是本身个体发展而得,二是和自然环境相接触而得,三是从社会环境交际而得。

根据这一认识,张雪门先生把行为课程的内容划分为:

(1)儿童自发的诸般活动,即儿童自身发展中所进行的一些活动;

(2)儿童的自然环境,即儿童周围生活中一切有关自然界的事物与知识,如植物、动物、旅行,儿童对各种自然现象的活动;

(3)儿童的社会环境,即儿童现在生活与未来生活相关的社会生活知识,如家庭、临近的地方、各种职业活动等。

从教材的科目来看，张雪门先生认为，行为课程主要包括手工、美术、言语、常识、故事、音乐、游戏和算术。行为课程的内容就是儿童周围生活的自然环境与社会环境中能为儿童所接受并有助于其身心发展的各种经验。

第一章

考点 3 行为课程的组织

张雪门先生认为，幼稚园课程的组织与中小学、大学等有所不同，它有自己的特点与要求。具体有三点：

(1)整体的。幼稚园的课程与中小学的课程有所不同，它不应是分科的，而应是整体的，是“一种具体的整个活动”。“幼稚生对于自然界和人事界没有分明的界限；他看宇宙间的一切的一切，都是整个儿的。花开、鸟啼、客人来，凡能够引起他注意的，没有一样不当作自己的生活看待”。

(2)偏重于儿童个体的发育。“幼稚生时期，满足个体的需要，实甚于社会的希求……我们编制课程时，原不能忽略社会的希求，但须极力注意儿童现在的需要和能力”。

(3)注重儿童的直接经验。“幼稚园的课程，须根据于儿童自己直接的经验”，虽然这种经验不如传授的经验整齐、经济，但对于儿童来讲，通过直接的学习价值更大。

考点 4 行为课程的实施

张雪门先生经过多年的实验研究及不断改进，确立了运用设计教学法来拟订行为课程计划，并采用单元教学来进行，具体包括：

1. 动机

行为课程把激发儿童的学习动机放在第一位。张雪门认为“人的行为固然千殊万变，可是他的动机不外乎两种，第一种是由于内心的需求，第二种是由于外界的刺激”，所以行为课程实施首先要诱导儿童自发的动机，有时也需要教师利用环境、设备、语言等来引起儿童的动机。

动机引起后，在目的尚未决定前，还必须经过“环境的估量”，它包括四个方面：第一应估量儿童的动机是否合于教育的目的；第二应考虑儿童固有的经验和能力；第三是师资自身的智能问题；第四是幼稚园现有的空间和经费问题。否则，即便有了动机，也只能放弃。

2. 目的

行为课程的目的，并不是儿童自己学习的目的，而是指教师企图希望儿童在这一行为中所获得的效果。从目的的内容来看，涉及所获得的知识、技能、兴趣与态度、习惯等。*如教师选择饲养动物的单元，其目的在于鼓励儿童研究动物的形态与生活、饲养的方法，并了解动物与人类的关系等。*教师只有确定了教学目的后，才能有效地指导儿童在课程中的行为，教学也才能有一定的标准。

3. 活动

为了达到教学的目的，张雪门先生认为必须认真设计“活动的要领、参加的人数、活动的时间和地点及每一小段的程序”等。这一步骤主要是计划预设活动，所以只做大体轮廓的估量，在之后的行为实践中，就应做详细的计划，以便切合实际需要。

4. 活动过程

张雪门先生指出：“活动如何开始？如何展开？如何结束？在组织课程时，是一种极重要的估量。”然而它只是行动的要点，尚缺乏具体的内容，所以必须拟订具体的活动过程，便于教师进行指导。

5. 工具及材料

张雪门认为，这一项的估量，虽然仍旧根据固有的各种科目拟订具体应用的工具和材料，但由于行为不是机械的，所以也有一定的变化。然而，“在线索范围以内，力求切合动作上的需要，当然是准备上的必要了”。

行为课程是起于活动而终于活动的有计划的设计，实施过程中采用单元教学法，彻底打破了各科的界限，在各教材中选择与学习单元相关的材料加以运用，使各科教材自然地融化在儿童的实际生活中。也正如张雪门先生所说真正的单元活动就是行为课程，真正的行为课程没有不是单元活动。我们若在形式上讲，叫作单元活动；若在实质上讲，就可以叫作行为课程。

真题面对面

[2018统考，单，1分]下面关于经典课程方案的列举，不正确的是(　　)

A. 行为课程　　B. 瑞吉欧课程　　C. 隐性课程　　D. 五指活动课程

答案：C

核心考点回顾

1. 幼儿园课程的性质与基本特点有哪些？(参见本书P005)
2. 幼儿园课程的类型有哪些？(参见本书P009)
3. 幼儿园课程目标制定的依据有哪些？(参见本书P017)
4. 幼儿园课程实施的取向有哪些？(参见本书P024)
5. 幼儿园课程评价的类型有哪些？(参见本书P029)

达标测评

建议用时	实际用时	测评总分	实际得分
30分钟	____分钟	40分	____分

一、单项选择题(每小题1分，共6分)

1. 某次美术活动“画熊猫”的教学目标之一是让幼儿掌握画圆和椭圆的技能，这一目标属于幼儿园的(　　)

A. 活动目标　　B. 月计划目标　　C. 周计划目标　　D. 学期目标

2. 在幼儿园课程目标确立的依据中，(　　)是基础和前提。

A. 对当代社会生活的研究　　B. 对儿童的研究

C. 对学科知识的研究　　D. 对幼儿园的研究

3. (　　)是根据学习者的心理发展特点，以适应学习者需要的一种组织课程内容的方法。

A. 直线组织法　　B. 逻辑组织法

C. 心理组织法　　D. 螺旋式组织法

4. 幼儿园课程评价中，相对评价、绝对评价和个体内差异评价的类型划分的主要依据是(　　)

A. 评价主体　　B. 课程评价的方法

C. 评价的功能和进行的时间　　D. 评价的参照体系

5. 幼儿在户外活动时玩吹泡泡游戏，回到活动室后还意犹未尽，林老师就把预定的谈话内容改为“我和泡泡玩游戏”，这体现课程实施的(　　)

A. 忠实取向　　B. 目标取向　　C. 创生取向　　D. 相互适应取向

6. 在课程系统运作的过程中进行的，作用在于诊断课程，为使课程调整和改进得更为合理、完善的评价是(　　)

A. 终结性评价　　B. 形成性评价　　C. 内部评价　　D. 效果评价

二、名词解释(每小题2分，共4分)

1. 核心课程

2. 综合课程

三、简答题(每小题5分，共15分)

1. 简述幼儿园课程目标的四种基本取向。

2. 简述影响幼儿园课程实施的因素。

3. 简述幼儿园课程评价的类型。

四、案例分析题(共15分)

中(2)班的张老师正在组织幼儿开展美术活动，活动室外突然飘起了雪花。这对于南方的幼儿来讲是非常稀奇的，很多幼儿很少甚至从未见过真实的下雪的情景。因此，不少幼儿开始按捺不住，不时往外张望，甚至有个别幼儿已经离开座位跑到了活动室外。张老师看到这些之后，明确要求幼儿必须先画完画，不能往外看，更不准跑出去。就这样，很多幼儿心不在焉地画完了画。但此时，外面的雪停了。

(1)幼儿园课程实施有哪三种取向?(3分)

(2)案例中，张老师的做法属于哪种课程实施取向？并结合案例说明理由。(12分)

参考答案及解析

一、单项选择题

1. A　[解析]某一教育活动目标，它表述的是一个具体的教学活动所期望达到的成果，是月(或几周)目标在每日教学过程的具体反映，可以说是实现课程总目标的最小单位。题目中教师通过“画熊猫”这一具体活动使幼儿掌握画圆和椭圆的技能，故这一目标属于幼儿园的活动目标。

2. B　[解析]从幼儿园课程目标确立的依据来看，主要有对儿童的研究、对当代社会生活的研究和对学科知识的研究。其中，对儿童的研究是基础和前提。

3. C　[解析]心理组织法是根据学习者的心理发展特点，以适应学习者需要的一种组织课程内容的方法。该方法强调儿童的心理发展特点、经验、兴趣、需要，对调动儿童学习的积极性、主动性作用很大。

4. D　[解析]根据评价的参照体系分类，可以将课程评价分为相对评价、绝对评价、个体内差异评价。

5. D　[解析]课程实施的相互适应取向是指教师可根据课程实施中的具体情况适当、适时加以调整。题干中林老师把预定的谈话内容改为“我和泡泡玩游戏”是课程实施的相互适应取向。

6. B　[解析]形成性评价也称过程评价。它是在课程系统运作、发展过程中收集课程各个要素的相关材料，加以科学分析和判断，以此调整和改进课程方案，使正在运作中的课程更为完善的一种评价方式。

二、名词解释

1. 核心课程是指围绕社会问题来组织内容，目的在于通过课程使儿童获得完整的生活经验，增强儿童对生活的适应性。

2. 综合课程是指打破传统分科课程的知识界限，组合两个或两个以上的学科领域构成的课程。

三、简答题(参考答案)

1.(1)普遍性目标取向;(2)行为目标取向;(3)生成性目标取向;(4)表现性目标取向。

2.(1)教师;(2)幼儿;(3)环境。

3.(1)从评价的功能和进行的时间上划分,可以把课程评价分为形成性评价和终结性评价;
(2)从课程评价的方法划分,可以将课程评价分为定性评价和定量评价;
(3)根据评价主体的不同,可以将课程评价划分为内部评价和外部评价;
(4)根据评价对象的范围,可以将课程评价划分为整体评价、局部评价、单纯评价;
(5)根据评价的参照体系分类,可将课程评价分为相对评价、绝对评价、个体内差异评价。

四、案例分析题(参考答案)

(1)①忠实取向;②相互适应取向;③创生取向。

(2)张老师的做法属于课程实施的忠实取向。案例中张老师看到不少幼儿开始按捺不住,不时往外张望,甚至有个别幼儿已经离开座位跑到了活动室外之后,明确要求幼儿必须先画完画,不能往外看,更不准跑出去。表明了教师这一角色的实质是课程专家所制订的课程变革计划的忠实执行者。课程实施的忠实取向视为线性地实施预定的课程计划的过程,使课程变革成为一个机械的、技术化的程序。

测评结果建议

亲爱的考生:

利用阶段测试,可以巩固复习成果,同时起到查漏补缺的效果,实现高效备考的目标。针对不同的测评成绩及时调整备考策略,是我们探索出的一套行之有效的备考方法。

以下应对方案适用于各章末尾的“达标测评”,期望您“对号入座”,科学备考。假如您的正确率在70%以下,说明目前您的基础知识还不达标,掌握得不太全面,建议您静下心来,保持空杯心态,若能结合山香教育“系统精讲班”系列网课协同复习,会为您的考编打下更加坚实的基础;假如您的正确率在70%到90%之间,建议您再抓一下关键考点,若能结合山香教育全能备考“提升篇”系列图书协同复习,会使您的学习事半功倍;假如您的正确率在90%以上,那么恭喜您测评基本达标,建议您保持学霸的学习模式,开启下一章的学习。小香祝您早日圆梦!

——山香教育

第二章　幼儿园游戏与指导

思维导图

- 幼儿园游戏与指导
  - 幼儿游戏概述
    - 游戏的概念
    - 幼儿游戏的特点（重点）
      - 想象和真实的统一
      - 自由和约束的统一
      - 轻松和紧张的统一
      - 过程和结果的统一
    - 幼儿游戏的价值（重点）
      - 促进幼儿身体的发展
      - 促进幼儿认知的发展
      - 促进幼儿的社会性发展
      - 促进幼儿的情感发展
    - 幼儿游戏的种类
    - 幼儿游戏理论
    - 游戏在幼儿园教育中的地位
  - 室内区域游戏环境的创设
    - 幼儿园室内活动区的类型
    - 游戏区域的空间布置的特点
    - 幼儿园各室内区域游戏的组织指导策略
  - 户外游戏环境的创设
    - 户外游戏环境的构成
    - 户外游戏环境的创设原则
    - 幼儿园户外游戏环境的创设
    - 户外游戏的组织指导
  - 非游戏活动游戏化
    - 非游戏活动游戏化和教学游戏
    - 教学游戏的编制和实施
  - 各类玩具与游戏材料的选择与利用策略
    - 玩具的选择原则
    - 幼儿园各年龄班游戏材料的选择
    - 幼儿园玩具的利用（重点）
      - 充分研究玩具和幼儿
      - 给予幼儿充分的时间和机会进行自主选择和探索
      - 通过多种方式引导、促进幼儿反思
      - 根据幼儿的需要及课程的需要调整玩具
      - 抓住收放玩具的契机，引导幼儿学习
  - 各类游戏活动的观察、分析与评价
    - 角色游戏的观察、分析与评价
    - 结构游戏的观察、分析与评价
    - 规则游戏的观察、分析与评价
  - 幼儿游戏的指导
    - 角色游戏
    - 结构游戏
    - 表演游戏
    - 智力游戏
    - 音乐游戏
    - 体育游戏

浙江考向

高频考点	常考题型	能力层级	考查热度
幼儿游戏的特点	单选、论述	理解	★★★
幼儿游戏的价值	单选、简答	理解	★★★

续表

高频考点	常考题型	能力层级	考查热度
幼儿游戏的种类	单选、判断	识记	★★
幼儿园玩具的利用	简答	理解	★★★
各年龄段角色游戏的特点与指导要点	单选、简答	理解	★★★

核心考点

第二章

第一节　幼儿游戏概述

一、游戏的概念

张燕在《幼儿园游戏探新》中指出：游戏是儿童为了寻求快乐而自愿参加的一种活动，其实质在于儿童的主体性、自主性能够在活动中实现。我们一般认为，游戏是一种主动、自愿、愉快、假想的社会性活动，是学前儿童获得知识的最有效手段。

真题面对面

[2021 临海，单，1.28 分]游戏的实质在于儿童的主体性、自主性能够在(　　)中实现。

A. 活动　　B. 教学

C. 游戏　　D. 主题活动

答案：A

二、幼儿游戏的特点 【单选、论述】 ★★★

考点 1　想象和真实的统一

幼儿的游戏是现实生活与想象活动的和谐结合。"想象"和"真实"构成了幼儿游戏的重要因素。

1. 幼儿的游戏活动充满想象借助于想象

幼儿可以"假装"——把椅子当作火车，把一个空纸杯假想成一个装满东西的杯子，把一块积木假想成一辆正在行驶中的汽车。游戏似乎具有点石成金的魔术效力，可以让幼儿把任何东西变成他们所想要的东西。一根棍子，既可以被当作"枪"用来瞄准"敌人"，也可以被当作"马"来骑。想象或虚构可以使幼儿摆脱材料、情境的限制，根据自己的需要改变行动方式，满足自己的愿望；使幼儿能够在自己所能控制的环境中改造和理解现实，把困惑、恐惧、沮丧转换为理解、掌握和愉快。

例如，研究发现因病住院治疗的患儿更喜欢玩医疗玩具，因为这种游戏可以帮助他们降低因住院引起的恐惧与焦虑，更好地理解医院的环境。

2. 幼儿在想象中反映真实，追求真实

想象或虚构虽然是幼儿游戏的特点，但是幼儿的游戏也从未脱离过"真实"。游戏是在假想的情境中反映周围的"真实"生活的。幼儿在游戏中根据自己的现实生活经验，借助于想象和玩具或其他游戏材料，创造性地反映现实生活。例如，"医院游戏""娃娃家游戏"和"商店游戏"等都是幼儿通过模仿和想象，以物代物，以人代人，在假想的情境中创造性地反映着现实生活。幼儿年龄越大，越要求游戏像

“真的”。例如，虽然是在假装“打针”，但是也必须先给皮肤消毒，再“打针”。

3. 幼儿的游戏是想象和真实的和谐统一

借助于想象，幼儿在游戏中能够把“假的”当作“真的”，但是他们在心理上维持着“假装”与“真实”之间的界限：“我是妈妈，但只是在假装妈妈，我不是真的妈妈。”“我假装小石头子儿是米饭。”正是这种想象和真实的和谐统一，使幼儿能够在“真”与“假”的空间中灵活地穿梭往来，满足在现实生活中不能实现的愿望。

考点 2 自由和约束的统一

第二章

自由往往被看作游戏活动的本质。但是，游戏中不仅有自由，也有规则的约束。幼儿的游戏是自由和约束的和谐统一。

1. 有规则，才有游戏

任何游戏都是“有规则的”游戏。如果没有规则和儿童对规则的特殊态度，就不会有游戏。例如，当幼儿扮演角色，把自己想象成为母亲，他就得服从“母亲”这一人物的行为规则；当医生的一定要像“医生”，不能做“护士”的事情。规则来自游戏所反映的真实情境。在游戏中只有符合实际生活规则的行为才能被幼儿所接受。

幼儿游戏的发展规律表现为由“明显的想象情境”与“隐蔽的规则”所构成的游戏发展到由“明显的规则”和“隐蔽的想象情境”所构成的游戏。前者是角色游戏的特征，后者是规则游戏的特征。

2. 规则来自游戏的需要

在游戏中的规则不同于实际生活中由成人强加给他的规则。游戏中的规则是由幼儿自己制定的，是一种积极的自我限制。游戏的乐趣不在于无限扩张的自由之中，而在于有规则约束的自由之中。

考点 3 轻松和紧张的统一 【单选】 ★

“轻松”“嬉戏”“愉快”往往被看作游戏的特点，“紧张”“认真”和“严肃”则被看作工作的特点。但是，幼儿在游戏中往往是非常认真、专注，甚至是“紧张”和“严肃”的。

游戏确实可以使人放松，但是这种放松恰恰是通过“紧张”获得的。例如，在“丢手绢”的游戏中，游戏者往往是很“紧张”的，他们非常注意丢手绢者的一举一动，做好了当手绢丢在自己的身后能够立即站起来跑的准备。

游戏是轻松和紧张、嬉戏和认真的统一。幼儿往往以“工作”的精神对待游戏，这也正是人们说“游戏就是幼儿的工作”的原因之所在。

真题面对面

[2019统考，单，1分]丢手绢游戏最能体现的幼儿游戏特点是(　　)

A. 想象和真实的统一　　B. 自由和约束的统一

C. 过程和结果的统一　　D. 轻松和紧张的统一

答案：D

考点 4 过程和结果的统一

手段和目的、过程和结果往往是人们区分工作和游戏的依据。人们往往把对于目的、结果的追求看作工作的特征，而把“无目的”“专注于行动的过程而不在于结果”“对手段的注意超过了对目的的注意”等看作游戏的特点。这种二分法往往导致理解上的混乱。

1. 游戏是“目的在自身”的活动

游戏不是“无目的”的活动，而是“目的在自身”的活动。游戏就是游戏的目的，游戏者不追求游戏活动以外的目的。例如，两个人下棋，谁都希望自己赢而不希望自己输。“赢”就是游戏者游戏的目的，也是游戏者要追求的结果。幼儿在游戏中不是不追求“结果”，而是不追求游戏活动以外的结果（如小红花或糖果）。

2. 游戏是过程和结果统一的活动

为了达到目的，游戏者会使出浑身解数或“策略”，即手段服务于游戏的目的。对于游戏者来说，游戏的过程就是在实现游戏的目的。没有游戏的过程，也就没有游戏的结果。手段和目的、过程和结果在游戏过程中是统一而不是对立的。由于手段和目的、过程和结果在游戏过程中是统一的，因此，游戏者在游戏过程中拥有考虑手段与目的联结的多种可能性的自由。例如，滑滑梯，可以由上往下滑、坐着滑、侧着身子滑、蹲着滑等。这种手段与目的联结的多种可能性使得幼儿游戏的方式方法具有灵活性和多样性。

第二章

三、幼儿游戏的价值 【单选、简答】 ★★★

游戏是幼儿的第一心理需要，幼儿从事、喜爱游戏几乎是与生俱来的。游戏融合了多方面的发展潜能，可以切实地满足幼儿发展的需要，并对幼儿的发展具有重要的价值。作为幼儿教育工作者，必须充分认识游戏的价值，把游戏与培养21世纪所需要人才联系在一起，把游戏与幼儿身心健康发展紧密联系在一起。许多研究表明，游戏对幼儿的身体、认知、情感及社会性的发展具有重要的意义。

考点1 促进幼儿身体的发展

1. 促进幼儿身体的生长发育

专门的体育游戏对促进幼儿身体的生长发育效果显著。在我们的生活中也发现，身体健康的幼儿比身体不健康的、营养不良的幼儿更喜欢游戏。我们经常会这样说一个孩子：“玩得满头大汗，身体特别结实。”游戏为幼儿身体的正常发育提供了许多必要的动作和运动的机会，锻炼了幼儿的身体，增强了幼儿的体质。

2. 促进幼儿基本动作和技能的发展

幼儿的游戏总是与身体运动和肢体动作的练习密切相关的。幼儿在游戏中会反复练习各种基本动作，如抓、爬、滚、跑、跳、攀登、投掷等。例如，幼儿玩的“老鹰捉小鸡”游戏，能够锻炼幼儿的大肌肉活动能力。在游戏中，幼儿不断地跑、跳、闪，这就为幼儿的身体发展提供了许多必要的动作和运动，使幼儿的四肢肌肉的协调和灵活性得到发展。另外插塑、搭积木、穿珠等游戏，能够发展幼儿的手部小肌肉活动能力，促进幼儿眼手协调技能的发展，可以为幼儿以后学习书写等奠定发展基础。

3. 促进幼儿身体动作协调能力的发展

运动能力发展过程的基本问题是如何控制运动。运动控制与协调能力的发展对于规则复杂的游戏以及体育运动来说都是必要的基础。幼儿在游戏时总是多次重复一种运动，而且，他们又总是用各种不同的方法来进行这种运动，因此游戏对于运动控制与协调能力的发展具有积极的意义。如幼儿在玩篮球游戏时，传球会根据对方传球的位置和速度对自己的动作做适当的调整。

4. 促进幼儿身体适应能力的发展

幼儿身体适应能力的发展，包括机体对外界环境的各种变化，如冷、热、干燥、潮湿、风雨、噪声等环境的适应能力以及机体对各种疾病的抵抗能力和病后恢复能力。在户外进行的游戏可以使幼儿直接接触到充足的阳光、新鲜的空气，增强幼儿对环境变化的适应能力，促进幼儿的身体健康。幼儿在游戏中能提高神经系统和运动系统的生理机能，加强自身的调节能力，增加对一些疾病的抵抗力和对气候变化的适应能力。

考点 2 促进幼儿认知的发展

1. 丰富幼儿的知识，培养其学习能力

（1）游戏能丰富幼儿对事物的认识

游戏的过程是一个自然学习各种知识的过程，这种学习是幼儿建立在好奇心基础上的，由自己观察和探索来得出结论的学习，是一种主动的发现式的学习，这也是当代教育家倡导的最有价值的学习。例如，幼儿玩水时，感知水的流动、溶解、浮力等特性，以及小桶、水壶等工具与水的关系；幼儿玩滑梯时，通过爬上和滑下的身体运动，体验高低变换的感受，理解"高""低""上""下"等方位概念。

皮亚杰认为，儿童在游戏中主要获得物理知识和数理逻辑知识。物理知识是指反映事物本身性质的知识，如物体的形状、大小、质量、密度、色彩等；数理逻辑知识是指反映事物之间关系的知识，如数概念和空间概念就属于这一类，数字反映的是事物之间的数量关系，而空间概念反映的是事物之间的空间方位关系。

（2）游戏能够丰富幼儿的社会性知识和经验

幼儿通过社会性游戏，如联合游戏和合作游戏等，与同伴和教师进行交往，在群体中获得有关日常生活、文化、政治等各种社会性知识，获得社会性交往的体验，懂得交往的规则，掌握交往的技能等，这是幼儿发展所必需的知识前提和经验基础。例如，幼儿学习《小兔乖乖》这篇故事，教师为加深幼儿对故事的理解，请幼儿分别扮演自己感兴趣的角色，这不仅提高了幼儿的学习积极性和学习效率，而且通过游戏内容幼儿初步感知了世界中的善与恶的复杂性，懂得了要相互关心，理解了妈妈的辛苦。另外，通过角色分配，幼儿也知道游戏中需要相互配合，需要适当牺牲自己的利益以成全集体活动。

（3）游戏能够加深幼儿对周围事物的认识

无论是游戏中的物体操作，还是角色扮演，都是对现实生活的反映，幼儿在游戏中把自己对生活的认识和感受充分表达出来，并且时常重复，使幼儿对周围事物的认识得以加深和巩固。

总之，游戏使幼儿增进了对周围事物的认识，获取了物理知识、数理逻辑知识和社会性知识，并在动手操作与思维的过程中，加深了对事物的认识，增长了知识。所以，游戏是幼儿认识世界和改造世界的途径，是获取知识的有效手段。

2. 促进幼儿思维能力的发展

（1）为幼儿提供积极思维的机会

在强调幼儿主动性和创造性的游戏中，幼儿需要不断地进行思考，不断地解决问题。在游戏中幼儿的思维活跃，尤其是计算游戏、语言游戏、猜谜语等智力游戏更能促进幼儿积极思考。例如，在"医院"的角色游戏中，扮演医生的幼儿要决定给病人吃什么药、打什么针等。扮演护士的幼儿要有针、药，要知道怎么注射。

（2）促进幼儿具体形象思维和抽象逻辑思维的发展

象征性游戏是幼儿从具体形象思维向抽象逻辑思维过渡的重要途径。象征性游戏中以物代物的形式是记忆、想象、思维等多种心理成分参与的心理过程，如幼儿以半边皮球当帽子，首先对当前刺激物（半边皮球）的外形特征进行感知分析，发现它与不在眼前的物体（帽子）的相似之处。以此为支柱，把不在眼前的物体的意义（帽子）来命名当前刺激物（半边皮球），这包括知觉、原有信息的重组、意义的转换（假装）、想象等心理过程。幼儿在象征性游戏中扮演不同角色，使用各种游戏材料，使象征性心理功能得到发展，促进感知向思维过程过渡，大大促进幼儿智力的发展。

(3)促进幼儿发散性思维的发展

游戏，尤其是象征性游戏，与幼儿的发散性思维有着密切的关系。发散性思维是一种从已有信息中产生大量变化的独特的新信息的思维方式，要求对问题寻求尽可能多的答案，思维具有流畅性、变通性和精致性三种特性。游戏能够促进幼儿发散性思维发展的原因在于，游戏可以使幼儿变换各种方式来对待物体，不仅扩大了幼儿与材料之间相互作用的机会，也使幼儿的思维方式变得灵活而不刻板。

(4)促进幼儿问题解决能力的发展

解决问题的能力是指综合运用已有的知识和认知能力，对一个不熟悉的问题情境进行分析，寻求解决办法的心理活动能力，它是认知能力的重要部分。20世纪70年代，布鲁纳等以3～5岁的学前幼儿作为被试研究了游戏对幼儿解决问题能力的影响。结果表明，在游戏组和观察原理组，能够解决问题的人数非常接近。在完成这项指定任务的过程中，游戏组幼儿比其他各组有较明确的目标，有较好的主动性和坚持性，游戏可以为幼儿提供没有压力，但需要坚持和毅力的良好的解决问题的环境，这也是幼儿解决问题的心理条件，在游戏环境中，有利于孩子思考问题和处理问题，并取得成果。可见游戏能促进幼儿解决问题能力的发展。

3. 促进幼儿想象力和创造力的发展

(1)促进幼儿想象力的发展

虚拟性或象征性是游戏的普遍特征，并以“假装”或“好像”为标志，给幼儿提供自由想象的充分空间，促进幼儿想象力的发展。幼儿在游戏中不仅以物代物，而且可以一物代多物或多物代一物，不仅自己扮演角色，而且可以自己扮演多个角色或多人扮演同一角色。幼儿在游戏中进行多种想象，这些想象从物到人，从动作到背景都极富创造性，甚至成人想象不到的他们也能想象到。例如，幼儿会把自己想象成火车司机，把小椅子或积木想象成一节节的车厢，把其他小朋友想象成乘客。幼儿会把一种物品想象成多种物品来使用，如枕巾可以当棉被，也可以当衣服；床可以当舞台，也可以当医院；小朋友可以当司机，也可以当警察等。

(2)促进幼儿创造力的发展

福禄贝尔认为，儿童有这样的本能：在孩子身上存在着活动的冲动和建造的冲动。他认为，游戏是内心的需要和冲动的内部表现，是儿童的天性，正是在游戏中，最能表现儿童的创造性和自动性。在游戏中，孩子的各种潜能会被激发出来，最能表现儿童的创造力。幼儿在想象过程中发展创造性想象的能力，它是幼儿创造力发展的重要基础，因而游戏也能促进幼儿创造力的发展。

4. 促进幼儿语言的发展

在游戏过程中，语言自始至终伴随着游戏的进行，游戏为幼儿提供了语言实践的良好机会。游戏是轻松、愉快的，在这种氛围中，孩子可以较为自由地表达自己的想法和愿望。在角色游戏中，幼儿借助言语的交流来丰富和完善游戏，实现对社会生活中人们行为准则的模仿和再现，在与其他游戏成员的交往中他们发展了语言，同时建构和运用了一些生活中常用的礼貌用语。在表演游戏中幼儿把自己的生活经验与游戏内容结合，用自己的话来表达故事情节，锻炼和发展幼儿的语言表达能力。在语言游戏中，孩子的吟唱、富有创意的改编有助于充分感知语言的韵律，从语音、语法规则、语义等方面理解语言。

考点3 促进幼儿的社会性发展

1. 为幼儿提供社会交往的机会，发展幼儿社会交往的能力

游戏是幼儿交往的途径。幼儿在游戏中熟悉周围的人和事，了解他人的想法、行为和情感。以游戏为主要形式的同伴交往活动，可以促进幼儿社会能力的发展，使幼儿有机会学习与掌握各种社会交往技能。孩子的游戏常常离不开游戏伙伴。在与游戏伙伴的交往中，孩子懂得如何表达自己的意愿以及如何回应他人，以游戏材料为媒介，学习分享、协商、轮流、谦让、公平竞争、忍耐等交往规则。

2. 有助于幼儿克服自我中心化，学会理解他人

在游戏中，幼儿通过不断扮演不同的角色，掌握一些社会行为规范，逐渐摆脱"自我中心"意识，能学习不同角色间(如幼儿与长辈，医生与病人，营业员与顾客等)的交往方式等。从中学到一些解决矛盾纠纷的能力，学习调节自己的行为，获得初步的群体意识与合作精神。同时，游戏活动中，同伴间的冲突常常不可避免，每一次冲突的产生以及解决为孩子经验的积累、心理的发展都提供了机会。正是在一点一滴的交往中，幼儿明白了怎样与人相处，也慢慢地开始习惯遵循一些行为规范。

3. 使幼儿学习社会角色，增强社会角色扮演的能力

游戏是幼儿学习和掌握社会角色的一个途径。在游戏中，幼儿可以扮演多种不同的角色，这个过程，有助于幼儿理解社会角色的特征。游戏为幼儿提供了多种角色扮演的机会、丰富的角色扮演情境，使幼儿能表现不同角色的语言、行为和神态，逐渐掌握角色扮演的技能，这有助于幼儿在今后的现实生活中将自己对角色的理解展现出来，从而实现角色的转换，增强社会适应的能力。

4. 有助于幼儿掌握社会行为规范，形成良好的道德品质

在角色游戏中，幼儿通过扮演角色，模仿现实生活中人们的行为，从而形成亲社会行为。同时游戏都是有规则的，有些是内隐的规则，有些是外显的规则。游戏以其生动活泼、自由自发的特点吸引着幼儿，使他们在游戏中更愿意、更积极主动地理解和遵守规则。在形成亲社会行为和遵守规则的基础上，幼儿通过与他人交往、扮演角色，模仿社会生活中人们的文明行为，形成良好的道德品质，产生道德行为。幼儿在无拘无束的游戏中，潜移默化地认识什么是应该做的、什么是不应该做的，通过对是非、善恶、美丑、真假的判断，掌握文明的行为规范，形成良好的品德。

5. 有助于幼儿增强自制力

在现实生活中行动的果断性、对无意义行为的自我控制能力、遵守规则、克服困难等意志品质，是幼儿社会性构成的重要方面。游戏是磨炼意志的场所，在游戏中幼儿为了达到某种目的，需要遵守一定的规则，克服一定的困难，这样就逐步培养了幼儿的自制力和勇敢的精神。

考点 4 促进幼儿的情感发展

1. 丰富幼儿积极的情绪情感体验

幼儿在游戏中按自己的意愿，自由自在地活动。游戏为儿童提供表达各种情绪的安全场所，能保障幼儿心理的卫生和健康。在轻松愉快的游戏气氛中，容易通过自我的努力而成功，从而产生愉快和满足等情绪；在游戏中幼儿积极主动地活动，没有强制的目标，减少了为达到目标、完成任务而产生的紧张，游戏满足了幼儿的需要和愿望，幼儿便产生快乐、欢笑、自信、满足等积极的情绪。

2. 发展幼儿的成就感，增强自信心

在游戏中，幼儿享有充分的自由选择、自主决策的权利，可以根据自己的想法和愿望来行动，这可以使幼儿更容易产生成就感。同时，幼儿在游戏中没有任何来自外界的压力和强迫，幼儿的情绪是放松的，这可以使幼儿更容易正确地对待输赢，克服困难去解决问题，重新获得胜利和成就感。

3. 发展幼儿审美情绪和情感

幼儿在玩具的选择和使用、环境及场面的布置等方面都感受到了美，特别是音乐游戏、表演游戏对幼儿感受美、表现美的能力发展有着更为重要的作用。音乐是情感的艺术，幼儿在音乐游戏中时常会获得丰富的美与丑、善与恶的情绪体验。"小兔乖乖"中兔妈妈的唱段唤起了幼儿温柔、亲切的情感；"狼来了"的音乐则引起幼儿对凶残者的敌视；"小兔识破狼的诡计"的乐曲，又给幼儿带来胜利的喜悦。表演游戏，则要求幼儿按角色表现出自己爱憎的态度。如表演动物游戏时，幼儿从故事情节里感受到老牛的勤劳、绵羊的善良、大象的厚道；认识到狐狸的狡猾、野狼的凶残、老鼠的贪婪……这样就使得幼儿懂得什么样的行为是好的，什么样的行为是坏的，增强辨别真假、善恶、美丑的能力。这些游戏都有助于培养幼儿对自然、社会、艺术的审美能力，发展幼儿的美感。

4. 可以消除幼儿消极时的情绪情感

游戏是幼儿表达自我情感的自然媒介，幼儿在玩的过程中有机会发泄郁积起来的紧张、挫折、不安、攻击性、恐惧、迷惑和混乱等情感。幼儿通过游戏发泄自己郁积的感情，并由自己加以控制和扬弃。例如，本来孩子很怕打针，但通过玩“医院”游戏，孩子给娃娃打针，宣泄不愉快的回忆，从而减轻了心理压力。使幼儿的心理处于健康的状态。

四、幼儿游戏的种类 【单选、判断】 ★★

幼儿游戏的种类长期以来都未达成定论，不同的研究根据不同的理论各自从不同的角度对游戏进行了分类，因而出现了各种各样的游戏分类。现在学界比较一致的看法是：要将学前儿童游戏的形式和内容全部概括进来进行分类必须择取一定的角度和标准作为分类的依据。

考点 1 从教育的作用上分

幼儿游戏从教育的作用上分，可以把游戏分为六类，这六类按游戏的内容、性质和特点，又可以分为两大类：(1)创造性游戏；(2)规则性游戏。创造性游戏是幼儿创造性地反映现实生活的一种游戏形式。规则性游戏又称教学游戏。规则性游戏是一种由两人以上参加的，按一定规则从事的游戏。其中创造性游戏的类型包括：角色游戏、结构游戏、表演游戏等。规则性游戏的类型包括：体育游戏、智力游戏、音乐游戏等。

角色游戏

学前儿童以模仿和想象，通过扮演角色，创造性地反映周围现实生活的一种游戏，又称想象性游戏。

结构游戏

儿童利用积木、积塑、泥、沙等结构材料进行建造的游戏。

表演游戏

儿童根据故事、童话的内容，运用动作、表情、语言扮演角色，进行创造性表演的游戏。

体育游戏

以身体练习为主要内容，以发展基本动作为目的的游戏活动。

智力游戏

以生动、新颖、有趣的游戏形式，使儿童在轻松愉快的活动中，增进知识、发展智力的游戏。

音乐游戏

在歌曲或乐曲伴奏下进行的游戏。

真题面对面

[2021 绍兴,判断,1 分]角色游戏、建构游戏、表演游戏都是规则游戏。

答案:×

考点 2 依据儿童认知特点分类

以认知发展为依据的游戏分类主要以皮亚杰的理论为代表。皮亚杰根据游戏与认知发展的关系,把游戏分为练习性游戏、象征性游戏和规则游戏三种相互之间呈等级关系的游戏类型。

皮亚杰认为结构性游戏不是一种独立的、具有可明确划分发展阶段的游戏类型(如同练习性游戏、象征性游戏和规则游戏一样)。但是也有研究者提出了不同的看法。例如,以色列心理学家史密兰斯基认为结构游戏是幼儿游戏的一个重要类型,应包括在认知型游戏的系列中。巴特勒等也认为结构游戏在 2~4 岁时最为普遍。

第二章

1. 练习性游戏

练习性游戏,亦称感知运动游戏或机能性游戏。它是儿童发展中最早出现的一种游戏形式,其动因来自感觉器官所获得的快感,由简单的重复运动所组成。例如,奔跑、跳跃、攀登、拨浪鼓、骑木马、敲打和摆弄物体等。这类游戏往往以独自游戏或各自游戏的形式发生,随着儿童年龄的增长这类游戏的比例逐渐下降。

2. 象征性游戏

象征性游戏是处于前运算阶段(2~7 岁)儿童常进行的一类游戏。它是把知觉到的事物用它的替代物来象征的一种游戏形式。儿童将一物体作为一种信号物来代替现实的客体,这就是象征游戏的开始。象征性游戏的初级阶段就是以物品的替代而获得乐趣,随着儿童年龄的增长和知识经验的不断丰富,儿童的象征功能也在不断发展。他们会通过使用替代物并扮演角色来模仿真实生活。这时的象征性游戏就进入角色游戏阶段,最常见的“过家家”“医院”“商店”“公共汽车”等游戏,都借助了一些替代物品通过扮演角色并反映种种社会生活、场景和人物。象征性游戏是学前儿童最典型的游戏形式。它对儿童人格和情绪的发展都能发挥一定的功效。基于它的这一功效,现代的游戏治疗也是通过这种游戏形式得以实现的。

3. 结构性游戏

结构性游戏又称建构游戏或造型游戏,是指儿童运用积木、积塑、金属材料、泥沙等各种材料进行建构或构造,从而创造性地反映现实生活的游戏。这类游戏有三个基本特点:

(1)以造型为基本活动,往往以搭建某一建筑物或物品为动因,如搭一座公园的大门、建一个汽车的模型等。(2)活动成果是具体的造型物品,如门楼、飞机、坦克、卡通形象等。(3)它与角色游戏存在着相互转化的密切关系。

一般认为结构游戏的发展呈现了如下的顺序:1.5 岁左右,儿童开始简单堆叠物体;2~3 岁时,儿童往往先动手后构思,主题不明,成果简单、粗略、轮廓化;3~4 岁儿童逐渐能预设主题,成果的结构相对复杂,细节相对精细;5 岁以后儿童结构游戏中的计划性有所增强,并可以多人分工、合作完成大型的建构;5~8 岁时,结构性游戏的比例达到了顶峰。

4. 规则性游戏

规则性游戏是一种由两人以上参加的,按一定规则从事的游戏。规则可以是由成人事先制定的,也可以是按照故事情节要求的,还可以是儿童按他们假设的情节自己规定的。这类游戏一般是 4~5 岁

以后发展起来的。研究表明，幼儿中期的儿童能按一定的规则进行游戏，但是也常常会出现因为自己的兴趣或好恶而忘记或破坏规则的现象。幼儿晚期的儿童，不仅能较好地开展这类游戏，还能较好地理解并坚持游戏的规则，并运用规则约束参加游戏的所有成员。幼儿中晚期经常开展的体育游戏、智力竞赛等都属于规则性游戏，这类游戏可以一直延续到成年。

真题面对面

[2021 临海，单，1.28 分]幼儿刚能灵活上下楼梯，就开始在楼梯上玩跑上跑下的游戏。这种游戏属于(　　)

A. 感觉机能性游戏　　B. 象征性游戏

C. 结构游戏　　D. 规则游戏

答案：A

考点 3 依据游戏的社会性特点分类

这种分类以帕登的研究为代表。帕登认为儿童之间的社会性互动随着年龄的增长而增加，他把游戏分为以下六种。

(1)非游戏行为。儿童在 0~2 岁时，没有同任何事物或任何人进行游戏，在房间里闲荡，跟随成人。

(2)旁观游戏。儿童 2 岁以后开始观看其他儿童的游戏，他的兴趣集中在别人的游戏上，而没有参与到游戏中去。

(3)独立游戏。2 岁半以后能自己玩玩具，进行游戏，不参与别人的游戏，似乎没有意识到其他儿童的存在。

(4)平行游戏。2 岁半至 3 岁半以后的儿童，在其他儿童的旁边游戏，也许选择一个和旁边儿童一样的玩具、材料和活动，虽然把主要精力放在自己的游戏上，但其游戏的方式却类似于其他儿童。

(5)联合游戏。3 岁半至 4 岁半以上的儿童，在小组里与同伴交换材料，一起游戏，但事先没有确定游戏的目的。

(6)合作游戏。4 岁半以上的儿童，在小组中大家共同游戏，有预期的目的和目标，如要搭建一个城堡或比赛谁跑得更快。

真题面对面

[2021 临海，单，1.28 分]磊磊处于(　　)阶段，和自己玩相同积木的小朋友离开不会影响他。

A. 单独游戏　　B. 平行游戏　　C. 联合游戏　　D. 合作游戏

答案：B

考点 4 依据儿童行为表现分类

从儿童游戏所倚重的行为表现可分为：语言游戏、动作技能游戏、想象游戏、交往游戏、表演游戏。

1. 语言游戏

语言游戏指儿童时期运用语音、语调、词语、字形而开展的游戏，如合着语音、节奏的变化而展开的拍手游戏、绕口令、接龙等。随着儿童对语言规则以及语义的理解，儿童会用同音、谐音、多义、相关等语言技巧娱乐。这些游戏是以一定的语言元认知为前提的，既是一种游戏，也是一种元语言活动。

2. 动作技能游戏

动作技能游戏指通过手脚和身体其他部位的运动而获得快乐的游戏活动，既可以是一种户外进行的身体大幅度的运动，如相互追逐、荡秋千、滑滑梯、骑三轮车、攀登等，也可以是在室内桌面上进行的串珠、夹弹子、弹弹子、挑游戏棒、拍纸牌等相对精细的活动。这类游戏可以有简单的规则，也有纯机能性的，纯粹满足动作机能的快感。

3. 想象游戏

想象游戏又被称为象征游戏、戏剧游戏、角色游戏、假装游戏、假想游戏。这些名称的含义虽然有细微的差异，但它们常常被互换使用。这类游戏的主要特征就是：

(1)儿童将事物的某些方面做象征性的转换，如以玩具或玩物代表实物(用一块积木代表电话、将小板凳当火车等)；

(2)以某个动作代表真实的动作(张开双臂跑代表飞机在飞、双脚并拢往前跳代表小兔子在跳)；

(3)以儿童自己或其他儿童代表现实或虚构的角色(扮演妈妈、医生、司机、营业员、小白兔、卡通人物等)。

想象游戏以儿童的想象为转移。随着儿童生活经验和想象力的丰富，社会生活中的各种角色都可能成为儿童游戏中所扮演的角色，爸爸、妈妈、医生、司机、营业员、动画或卡通形象都是儿童在游戏中乐于扮演的角色。

4. 交往游戏

交往游戏指两个以上的儿童以遵守某些共同规则为前提而开展的社会性游戏。这类游戏以参与者之间的行为互动为其特点。在使用游戏材料方面采用协商分配或轮换的形式。交往游戏按交往的性质可分为合作游戏和竞争游戏，对于指导儿童与他人交往方面有很重要的价值。在游戏中儿童常遇到自己与他人的需要或情感相冲突的局面，因而可以发展他们的言语和非言语的沟通技能，还可以培养负责任、耐心、愿意分享、合作等品质。

5. 表演游戏

表演游戏又称为戏剧游戏，它是以故事或童话情节为表演内容的一种游戏形式。在表演游戏中，儿童扮演故事或童话中的人物，并以故事中人物的语言、动作和表情进行活动。这种游戏也是以想象为基础的，但与想象游戏不同的是：

(1)在表演游戏中，儿童的想象必须受故事情节的约束，不能过于主观随意；

(2)表演游戏是以儿童的语言、动作和情感发展为基础的。一些经典的童话故事往往成为学前儿童常玩不衰的表演游戏，如《拔萝卜》《小兔子乖乖》《三只小猪》《彼德与狼》等。

易混点辨析

考生可结合以下内容来理解表演游戏和角色游戏的相同点和不同点：

表演游戏和角色游戏有其相同点，即都是幼儿做扮演角色的游戏，以表演角色的活动为满足。

二者的区别在于表演游戏中，幼儿扮演的角色是以一定的故事或童话为依据，情节内容也是对故事或童话情节内容的反映；而在角色游戏中，幼儿扮演的角色既是生活印象的再现，又是幼儿自由创造的表现。

考点5 依据教育的目的性分类

游戏可以是一种儿童自发、自愿的活动，没有任何的功利和目的。但同时，游戏也可以成为一种有

效的教育手段，利用游戏的手段，达到教育的目的和功效。因此，依据游戏中的教育目的性成分，可以将儿童的游戏分为自发游戏和教学游戏。

1. 自发游戏

自发游戏是儿童自己发起的、自愿参加的、自主支配的游戏。它一方面反映了儿童的认知特点和社会性等方面的发展水平，另一方面也反映了儿童的兴趣爱好。儿童的自发游戏对于儿童创造性的发展是极有价值的。游戏的主题、材料、规则都是儿童自己规定、自己确立的，这些都源于儿童创造性的萌芽和发展。

儿童的自发游戏是儿童的权利，应得到尊重。当然儿童的自发游戏有时也需要成人加以适当的引导，使游戏的题材和内容更加健康、有趣、积极。

2. 教学游戏

教学游戏是指在学前教育机构中，游戏被作为一种教育手段和教育组织形式而加以运用。教学游戏就是根据幼儿园教育大纲和课程的要求，有目的、有计划地进行设计和开展的游戏。

它是以预先编好了主题情节、预先规定了规则的形式介绍给儿童的，教学游戏追求一定的教育目的。教学游戏一般包括四部分，即游戏的目的、玩法、规则和结果。

第二章

真题面对面

1.［2019杭州，单，1分］皮亚杰认为，2～7岁阶段幼儿出现的主要游戏类型是（　　）

A. 练习性游戏　　B. 象征性游戏　　C. 规则游戏　　D. 建构游戏

2.［2018杭州，判断，1分］根据儿童在游戏中的社会参与程度，可将游戏分为独自游戏、平行游戏、合作游戏。

答案：1. B　2. ×

五、幼儿游戏理论

考点1 早期的传统理论

19世纪和20世纪初较有影响的游戏理论主要有：霍尔的“复演说”，认为游戏是远古时代人类祖先的生活特征在幼儿身上的重演，不同年龄的幼儿以不同形式重演祖先的本能特征。席勒和斯宾塞的“精力过剩说”，把游戏看作是幼儿借以发泄体内过剩精力的一种方式。彪勒的“机能快乐说”强调游戏是幼儿从行动中获得机体愉快的手段。格罗斯的“生活预备说”把游戏看作是幼儿对未来生活的无意识的准备，是一种本能的练习活动。拉扎鲁斯—帕特瑞克的“娱乐—放松说”则认为游戏不是源于精力的过剩，而是来自放松的需要。博伊千介克的“成熟说”，反对生活准备说，认为游戏不是本能，而是一般欲望的表现。引起游戏的三种欲望是：（1）排除环境障碍获得自由，发展个体主动性的欲望；（2）适应环境，与环境一致的欲望；（3）重复练习的欲望。游戏的特点与童年的情绪性、模仿性、易变性、幼稚性相近。由于有童年，才会有游戏。

考点2 当代的游戏理论 【判断】 ★

1. 精神分析理论

弗洛伊德认为游戏也有潜意识成分，游戏是补偿现实生活中不能满足的愿望和克服创伤性事件的手段。游戏使幼儿能逃脱现实的强制和约束，发泄在现实中不被接受的危险冲动，缓和心理紧张，发展自我力量以应付现实的环境。埃里克森从新精神分析的角度解释游戏，认为游戏是情感和思想的一种健康的发泄方式。在游戏中，幼儿可以“复活”他们的快乐经验，也能修复自己的精神创伤。这一理论已被应用于投射技术和心理治疗。

2. 认知动力说

皮亚杰认为游戏是幼儿认识新的复杂客体和事件的方法，是巩固和扩大概念、技能的方法，是使思维和行动结合起来的方法。幼儿在游戏时并不发展新的认知结构，而是努力使自己的经验适合于先前存在的结构，即同化。他还认为幼儿认知发展的阶段性决定了幼儿特定时期的游戏方式。在感知运动阶段，幼儿通过身体动作和摆弄、操作具体物体来进行游戏，称为练习游戏。在前运算阶段，幼儿发展了象征性功能（语词和表象）就可以进行象征性游戏，他们能把眼前不存在的东西假想为存在的。以后，可以进行简单的有规则的游戏。真正的有规则游戏出现在具体运算阶段。

第二章

考点 再拔高

▼ 游戏的认知本质

皮亚杰认为，从认知活动的本质来看，游戏的特征是“同化”超过了“顺应”。

皮亚杰认为“同化”和“顺应”是机体与环境相互作用的两种方式。所谓“同化”，从生物学的意义上来说，意味着“接纳”和“整合”，是把环境因素纳入有机体原有的结构中去。所谓“顺应”，是有机体在环境因素的作用下使自身发生变化以适应环境。

由于儿童早期认知结构发展的不成熟，往往不能保持同化与顺应之间的协调或平衡。这种不平衡有两种情况：(1)顺应超过同化：外部影响超过自身能力，表现为主体对客体的模仿。(2)同化超过顺应：主体自身的兴趣与需要超过外部影响而占据主导地位，主体只是为自我的需要与愿望去转变现实而很少考虑事物的客观特征。这是游戏的特征。在皮亚杰看来，一种活动的性质是模仿还是游戏，取决于同化和顺应在认知结构中所占的比例。

3. 学习理论

桑代克认为游戏也是一种学习行为，遵循效果律和练习律，受到社会文化和教育要求的影响。各种文化和亚文化对不同类型行为的重视和奖励，其差别将反映在不同文化社会的游戏中。

上述游戏理论从各自不同的角度解释了游戏的实质和功能，对我们从不同侧面全面认识游戏现象有一定启示。

真题面对面

[2019 杭州，判断，1分]杜威认为，从认知活动的本质来看，游戏的特征是“同化”超过了“顺应”。

答案：×

六、游戏在幼儿园教育中的地位

1. 游戏是幼儿园的基本活动

游戏是学前儿童的主导活动，其开展时间长，对幼儿学习与发展的价值意义大。《幼儿园工作规程》《幼儿园教育指导纲要（试行）》明确提出幼儿园教育应当“以游戏为基本活动”，肯定了游戏在幼儿园教育中的地位与作用。但在具体的实践教学中仍然存在重教学轻游戏的现象，忽视了儿童自主性的发展。儿童的自发游戏和教师组织的教学游戏在幼儿园教学中应该具有相同的作用，两者共同组成幼儿园的基本活动。儿童自发的游戏是儿童最喜欢的游戏，这种游戏虽然缺少明确的发展目标，但却具备发展的全部趋势。经常参加这种游戏活动，有助于儿童的心理健康和个性的和谐发展。教师为实现特定的教育目标而创编的游戏，可以有目的、有计划地促进儿童的发展。但为了取得更长久的发展，教学游戏的设置应该尽可能活泼有趣，使其更适合幼儿园的孩子。

2. 游戏是幼儿园课程的核心

游戏与幼儿园课程的关系是双向的，一方面课程可以生成游戏，另一方面，游戏可以生成课程。游戏与幼儿园课程之间是密不可分的。游戏是幼儿园课程的核心，它可以丰富幼儿园课程，使其变得更生动活泼、贴近儿童和具有灵性。如果缺少了游戏，幼儿园课程便不能成为完整的课程。

3. 游戏是幼儿园教育的主要途径和方法

游戏这种形式更符合儿童的心理需要和认知特点，因此游戏应该成为幼儿园教育的主要途径和方法，即教学游戏化，从而体现寓教于乐的基本原则。

第二节　室内区域游戏环境的创设

幼儿园班级活动室是幼儿室内游戏的主要场所。为幼儿创设室内游戏环境的主要任务是对活动室进行合理的功能规划，为幼儿创设丰富多样的游戏环境。

一、幼儿园室内活动区的类型

不同的物质环境所能支持开展的课程模式有所不同，提供给幼儿的学习支持和学习经验迥然有异。我国幼儿园课程改革所倡导的尊重幼儿、以游戏为基本活动、支持并引导幼儿主动学习等课程理念所需要的物质环境形态是以活动区的方式来组织的室内空间。

活动区是投放有丰富材料，能够支持幼儿开展特定类型的学习与游戏活动的相对独立的小空间。在这样的空间中，幼儿可以自主选择游戏材料和游戏伙伴，以自己的方式探索周围事物。角色（表演）游戏区、积木区（建构区）、阅读区、美工区是幼儿园班级常设的基本活动区。教师可以根据幼儿园办园条件和活动室的具体情况创设其他活动区，如沙水区、电脑区、音乐舞蹈区、木工区等。

角色（表演）游戏区	角色游戏和表演游戏都是幼儿喜欢的游戏活动，由于这两种游戏都涉及角色扮演，因此可以使用同一区域开展活动。“娃娃家”游戏是最基本的角色游戏
积木区（建构区）	积木区所需空间较大，可作为集体活动的区域，提供以原色的中型积木最佳，将积木区安置在远离通道的位置，使幼儿能够全身心地进行建构活动，同时避免幼儿的建构物被来往的幼儿碰倒
阅读区	阅读区应设置在安静、采光较好的位置，一般可以设置在美工区附近，便于幼儿在阅读过程中，将自己的所想，利用美工材料表达出来
美工区	美工区需要足够的光线和水源，一般应当将其设置在自然采光条件好并靠近水源的地方
益智玩具区	益智玩具区需要一个相对安静的环境，设置时应远离角色（表演）游戏区和积木区
沙水区	沙水区应当放置在离水源比较近的地方，方便幼儿取水
电脑区	电脑区的设置要结合班级人数和室内空间大小进行电脑的配置，一般配置1～3台电脑为宜
音乐舞蹈区	音乐舞蹈区的活动比较热闹，一般将其远离阅读、美工、益智游戏区。该区域要播放音乐，所以应当设置在离电源较近的位置，同时注意电源插头应放在幼儿够不到的地方，以免出现触电危险
木工区	为了解决安全问题，木工区一般应设置在户外或室内阳台、拐角等远离人群的地方，幼儿进入木工区必须要有成人的现场指导，同时要和幼儿一起制定木工区活动规则，教师在幼儿进入木工区前，向幼儿讲解和示范各种工具的正确使用方法

二、游戏区域的空间布置的特点

1. 区隔性

区隔性指的是游戏区域的划分要清楚，这样便于学前儿童选择活动和教师观察。区域间要留有通道，方便他们走动。在进行区域的分隔时，可用矮柜、桌子、储物柜、能移动的屏风、放开和收拢的帐篷、随时拉开和关闭的布帘等物分隔。这样，学前儿童可以任意选择地方，还可以将地方变大或变小，不用时能随时收起来，使他们游戏行为更主动。还可以利用泡沫地块、地毯等物，给人一种视觉上的自然区分。此外，双层空间也是一种区隔的好方法。

2. 相容性

相容性指的是游戏区域的分布要考虑各个区域的活动特性，尽量合理化，使各活动之间相互协调和互不干扰。把安静的区域与活动性较强的区域分开，如益智区要远离角色区；把可进行关联活动的区域安排在一起，如角色区可以相邻建构区，学前儿童在建构区的活动有时会演变为象征性游戏，这样他们可以随时用两边的玩具做游戏。

3. 立体性

立体性指的是区域的布置要形成从下至上，从四周到中间互为补充的一种立体格局。如可以充分利用墙面空间，在墙面上粘贴区域标志，布置幼儿作品；还要利用好地面空间，学前儿童非常喜欢在地面上坐一坐、墙角边跪一跪。总之，要努力营造自然活泼的游戏活动环境，满足他们的心理需求。

三、幼儿园各室内区域游戏的组织指导策略

1. 根据室内空间及班级人数设置活动区的数量

室内游戏活动区的设计布置非常重要。一般而言，要根据室内可用空间（包括活动室、走廊、阳台等）及班级人数的多少来确定活动区的数量。室内空间上，如果活动室的空间比较大，可以采用活动区边缘的设置方法，把活动区设置在活动室的四周，便于为集体活动提供开放的、能够和各活动区形成良好互动的中心场所；如果活动室的空间比较小或是形状不规则，就要考虑不同活动区的结构方式，如可以将空间大的积木区作为集体活动的场地。室内活动区的数量以4～6个为宜。可以根据班级人数及空间面积适当增减，如30人左右的班级可以设5～6个区域，并根据班级情况、教学计划、季节变化随时调整区域内容。每个活动区的活动面积一般不小于6平方米。活动区开口向外，相邻的活动区之间用低矮的玩具柜或材料架隔开，分隔活动区的玩具柜或材料架不要太高，以免挡住幼儿观察其他区域幼儿活动的视线。

2. 根据幼儿兴趣及活动内容确定活动区的种类

幼儿园要为幼儿创设多种活动区，意味着幼儿可以根据自身的兴趣和需要决定进入喜欢的活动区，在活动区里自主决定做什么和怎么做。兴趣和需要是幼儿主动学习的基本条件，当幼儿能够自主选择和自主决定做一件事情时，活动的积极性和主动性最高。因此，在确定活动区种类时，要考虑幼儿的兴趣和需要。做中学、玩中学是幼儿学习的特点，活动区既是幼儿的“游戏区”，又是幼儿的“学习区”。幼儿在活动区的活动既是游戏活动，又是“教”与“学”的活动。在确定活动区种类上，不仅要考虑幼儿的兴趣、需要，还要结合活动区的内容进行有选择性的创设。如有的幼儿特别喜欢玩角色游戏，教师在班级里创设了超市、医院、麦当劳等数量很多的角色游戏区，阅读区、美工区都被这些角色游戏区所代替，这种设置方法一味地满足幼儿的兴趣和需要，不考虑活动区的活动内容，体现不出活动区的教育性。在确定活动区种类上，既要考虑儿童的兴趣和需要，也要根据全面发展的教育原则，尽量避免多

次重复出现同一类别的活动区。

对活动区的命名上，应选择对幼儿来说有意义的玩具或游戏材料的名称来为活动区命名，如用“建构区”就不如“积木区”更能够让幼儿理解和喜欢，“角色扮演区”就不如“娃娃家”“理发店”等让幼儿一目了然，知道区域的功用。

3. 合理规划活动区并明确标识区域界限和规则

活动区的规划要考虑活动区活动之间的相互联系和互不干扰。从活动区的性质来看，活动区可以分为安静的活动区和吵闹的活动区。安静的活动区主要包括美工区、阅读区、益智玩具区等，吵闹的活动区主要包括积木区、角色扮演区、音乐舞蹈区等。在安排活动区的位置时要遵循动静分开的原则，把安静区和吵闹区分开，需要用水的活动区如美工区靠近盥洗室，用眼较多的活动区如阅读区要放在自然采光条件较好的地方，娃娃家、积木区相对喧闹且幼儿流动性大，应当安排在一起，并留出较大的空间便于幼儿走动和游戏。还可以充分利用班级空间，把不同性质的活动区分别设置在活动室、睡眠室、走廊、封闭的阳台等，有条件的幼儿园可以通过架设阁楼、坡道等把楼层较高的活动室空间变成多层空间。

室内区域的边界要明确，便于幼儿确认游戏场地和行为规范。一般来说，要用低矮的玩具柜和材料架进行分隔。每个活动区的活动应当建立规则，用图标或文字进行标识，规则应方便幼儿自行识别和操作。

4. 提供丰富安全的玩具和游戏材料，注意存放及更新

为幼儿提供玩具和游戏材料是开展区域游戏活动的基本条件，玩具和游戏材料是幼儿的“教科书”。幼儿园应当保证必要的资金为幼儿提供丰富多样的玩具和游戏材料，玩具和游戏材料是幼儿直接接触和摆弄的物品。为幼儿提供的玩具和游戏材料应当安全、卫生。玩具和游戏材料的丰富多样能够为幼儿提供选择游戏的多种可能性，满足幼儿不同的游戏兴趣和需要。玩具和游戏材料的种类、数量和难易程度要适合幼儿的身心发展特点和认知需要。对年龄小的幼儿适合提供模拟的实物、逼真程度较高的玩具，数量上应为他们提供人手一份的玩具，便于他们进行平行游戏。对年龄大的幼儿适合提供适量的半成品类材料，便于他们团队合作进行创造和改装。

存放有序的玩具和游戏材料有益于增进幼儿对环境的控制感，培养他们良好的习惯。室内的玩具和游戏材料存放要有规律、固定、有秩序，便于幼儿存放和使用。

一般的方法：把玩具与游戏材料放在低矮、开放式的玩具柜和材料架上，把相同的物品放在一起；玩具和游戏材料的位置摆放要固定；一般选用透明的塑料容器存放玩具和游戏材料，在容器外贴上玩具和游戏材料的标签，小班的玩具容器贴上图片，中大班适合贴上比较抽象的文字符号。教师应当注意对玩具和游戏材料进行有计划的更新和替换。

5. 鼓励幼儿参与活动区设置，并为其设置“备用区”

教师是幼儿园环境创设的主导，幼儿是活动的主体，是游戏的主人，自然也是游戏环境创设的主人。因此，教师在创设室内环境时，要关注幼儿的参与度。幼儿参与布置的游戏环境是幼儿可以进行探索、发现和操作，让幼儿自身有事可做的环境，而不是教师准备好现成的场地和材料，使幼儿只能看到一个现成结果的环境。为了给幼儿留出自由支配的空间和材料，可以设置一些“备用区”给幼儿自主安排。只有符合幼儿年龄特征的游戏环境，幼儿才是最感兴趣的；只有符合幼儿需要的游戏环境，幼儿才是愿意参与的。

第三节　户外游戏环境的创设

一、户外游戏环境的构成

集体活动区	为保证幼儿活动的安全，集体活动场地以草地、土质或沙质等地面为宜，经济条件较好的幼儿园可以将集体活动场地全部软化，铺设塑胶地面或人造草坪，也可以有部分自然草坪。没有条件的幼儿园可以保留土质地面，不要用水泥和砖块硬化，除非是专门的车道
器械设备区	主要由攀登架、滑梯等大型组合运动器械以及秋千、跷跷板、转椅等中型玩具设备组成，主要用于练习和发展幼儿基本动作，锻炼幼儿身体活动能力。器械设备应放置在草坪、土质地面或沙地上，以保证幼儿的安全
种植养殖区	在种植区，幼儿通过观察播种、浇水、施肥、结果、采摘等种植活动，帮助幼儿理解植物生长的过程，理解植物的生长与外界环境之间的关系。养殖区可以让幼儿亲自动手学会饲养小动物，承担喂养的任务，培养幼儿的爱心
玩沙玩水区	幼儿园建设沙池时，应选择沙粒不同、质地不同的沙子，提供玩沙的工具和器皿。幼儿园可以根据条件为幼儿创设戏水池、水渠、水车等，也可以把不同的玩水区连接起来，使幼儿能够在玩水时观察到水的不同造型、水的流动速度与流量大小等
休闲娱乐区	幼儿园户外游戏场地有许多闲置的空间，如长廊、花棚、亭子、游戏小屋等，可以放置桌椅等供幼儿和家长休闲娱乐使用。将这些闲置的空间进行合理的设计和连接，供幼儿自由玩耍，既为幼儿营造了自由游戏的条件，又增加了幼儿游戏的乐趣

二、户外游戏环境的创设原则

户外游戏环境的创设原则

室内和户外对于幼儿来说都是重要的生活、学习、游戏的环境，但是室内和户外环境在空间的利用与功能上存在着诸多差异，由此创设室内和户外环境的方法也有所不同。在户外游戏环境创设上需要遵循以下原则：

考点 1　安全性原则

据统计，因幼儿好奇心强、活泼好动、运动能力差、感知觉水平低，在户外运动性游戏中，跌落是最常见的意外事故，其次是碰撞、挤压伤，而最危险的则是幼儿身上的衣帽、绳带等，与器具发生勾挂、绑缚、缠绕造成的意外。这就对户外活动环境提出了高要求，在户外游戏设备的设计、制造和安装方面，应当有一系列严格的规定。

1. 地面安全

户外游戏的地面应当使用安全耐用、无毒、经济，便于保养和维护的材料。平坦的草地、泥地、沙地等是安全、自然、环保、经济的户外游戏地面。在户外游戏场地，最常见的意外是幼儿从游戏设备上掉落到坚硬的地面，因此，凡是可能导致跌落的游戏设备下均应铺设有一定厚度的柔软的或有弹性的材料，高的平台和斜坡应设有栏杆等。

2. 器械、设备和材料安全

开展户外活动前，要求教师对活动场地及设施都要提前检查，消除安全隐患，并向幼儿交代清楚活动规则及有关安全事项，增强幼儿的自我保护意识。游戏器械和设备应有严格的检查制度，注意结构体是否弯曲、松动、折断，边缘是否隆突、尖锐，基础是否破裂、松动等，并做好记录。在游戏的组织安排上考虑空间大小、人数与游戏的难度，以免造成拥挤和冲撞。同时要注意开展卫生保健工作，带领幼儿活动前减少所穿衣服，活动后加衣服。在活动时注意调节运动负荷，幼儿出汗要及时擦干，教师要四处巡回走动及时纠正幼儿的危险动作，聆听幼儿交谈、评价，发现问题要及时给予指导帮助。

考点 2 适宜性原则

幼儿正处在身体、智力迅速发展以及个性形成的重要时期，有多方面的发展需要。幼儿园户外环境创设应与幼儿身心发展的特点和发展需要相适宜。如幼儿天性好奇，有强烈的探索愿望，教师应为幼儿创设情境，使幼儿能发现问题、解决问题，提高思维水平和动手能力；幼儿知识经验少，需要学习感性知识，如需要感知雨，教师应给幼儿准备雨伞或雨衣、雨靴，下雨时，幼儿可以在雨中散步；需要感知春天，教师可以开展观察活动，让幼儿观察春天的动物、植物和人们生活、生产方式的变化。幼儿的身心特点和发展需要还会随着其年龄增长而发展变化，因此环境创设不是一次就可以完成的，它是一个设计→实施→修正→再实施→再修正的螺旋式发展过程。户外游戏场地设计要充分考虑全园不同年龄段幼儿的特点和需要，比如在材料投放上，投放能引发幼儿游戏活动兴趣的材料。有趣味性的材料是指符合幼儿的想象、思维和情感等心理特征，以及幼儿动作、体能等生理特征，能引发幼儿主动参与活动的材料。如在为小班幼儿投放材料时应注意色彩、大小，以简单易玩，数量充足，供推、拉、滚的器具为主，是能独自游戏的材料；为中班幼儿投放的材料主要是一物多用的，能与其他材料组合改变玩法，能与同伴合作游戏的材料，具有一定难度和挑战性的材料；为大班幼儿投放的材料可以是半成品，能够给予幼儿更多创造空间的材料。

考点 3 趣味性原则

户外游戏环境规划一定要根据3～6岁幼儿的特点和需要设计，既要在安全的前提下，满足幼儿各种游戏活动如钻、爬、跑、跳等的需要，充分挖掘现有空间条件，又要使环境充满童趣，有童话般的感觉，让幼儿充分享受户外游戏的乐趣。

如小班幼儿肢体动作发育尚不完善，容易摔跤，可以为他们设计一个专门的半开放的软游戏区，铺设不同颜色的软垫、塑胶地面或人造草坪，幼儿既可以跑跑跳跳，也可以爬爬坐坐，适当投放一些小型玩具如皮球、沙包、小汽车等。户外大型玩具滑梯、秋千等处的地面也应该软化处理，可以铺上不同动物图案的软垫，幼儿落地时与动物软垫接触，避免跌落时心情沮丧；树林、山坡、草坪等应该尽可能保留土质地面，幼儿可以在土质地面上观察蚯蚓等动物的生活，可以在地面上种植各种植物花卉；在地面的设计上软硬兼有，幼儿园专门为幼儿设计的车道要硬化地面，地面及两侧尽可能加入各种路标，让幼儿感受到真实的路况车道。户外游戏场地在设计上，以开放性空间设计为主，也可以设计部分封闭或半封闭的空间，以利于幼儿的自由活动或交往活动，如游戏小屋、小迷宫、小城堡等。绿化方面，栽种各种高大的乔木和低矮的灌木，保证夏季户外游戏活动有绿荫，栽种各种花卉，让幼儿园像个大花园，如果有条件，可以设计绿色长廊，栽种紫藤、茑萝、葡萄等藤蔓类植物，并架设秋千一类玩具；在沙池、水池、大型玩具旁栽种高大、枝叶茂密的乔木；提供山洞、小城堡、游戏小屋一类充满神秘感的设施。

考点 4 多样性原则

户外游戏活动环境的多样性表现在：材料的多样性和活动的多样性两个方面。材料的多样性是指材料可以由幼儿根据自己的想法和意愿加以操作、组合和改造。多样性的材料可以为幼儿提供丰富多样的感知觉刺激，提高幼儿游戏的兴趣和复杂性。在游戏活动环境的创设上应当注意利用多种材料，如绳子、轮胎、木材、泥、沙、呼啦圈、小推车、小皮球等多样化的材料，同时根据不同年龄幼儿的需要投放不同的游戏材料。例如，中、大班幼儿好奇心强，喜欢新奇、刺激，利用废旧物品自制不同功能的活动器械，既安全又具有创造性，比如可以利用易拉罐来踩梅花桩、搭高楼，利用报纸来制作奔跑的风筝等。

活动的多样性可以保持幼儿的游戏兴趣和丰富幼儿的学习经验，鼓励幼儿的探索、想象、交往和合作，促进幼儿身心健康和协调发展。如各年龄班利用不同的材料(摇铃、光盘、易拉罐、彩条、小红旗、自制棒)编排了同一题材、不同形式的轻器械操。针对不同年龄班的特点，活动的侧重点不同。如针对大班幼儿动作发展比较协调，理解能力增强，有一定的自控力等特点，多采用竞赛性的游戏，以激发幼儿的积极性，提高练习的效果，培养幼儿积极的进取精神和集体责任感、荣誉感；为中班幼儿创设游戏的情景，让幼儿扮演其中的角色，激发他们参与游戏的兴趣。

第二章

考点5 经济性原则

经济性原则是指创设幼儿园户外环境应考虑幼儿园自身经济条件，勤俭办园，因地制宜办园。农村幼儿园经济条件有限，一般户外面积都较大，在创设户外游戏环境时可根据本园需要，就地取材，一物多用。农村幼儿园用三合土铺的活动场地，就比水泥地省钱又安全，更适合幼儿玩耍。家庭中有各种各样的废旧材料，如各种各样的包装纸箱、饮料瓶、碎布、蛋糕盒、挂历纸等。在幼儿园的积极发动下，教师先根据材料制作出一件玩具，然后引导幼儿一物多思。如教师引导幼儿利用雪碧瓶做成小跨栏、梅花桩。横着可以滚着玩，也可以做成桌球杆。在幼儿园户外环境设计中，每个幼儿园户外空间各异、面积大小不一。在进行游戏环境规划时应该因地制宜地合理利用空间，比如原来低洼的地方可以设计成小河、沟渠，并架设上晃悠悠的桥索。幼儿园户外空间小，可以通过开辟楼顶活动空间，立体地利用户外空间。购买综合大中型玩具，靠墙边摆放。在高大的树木间设计秋千、摇椅、跷跷板等方式合理利用空间。针对幼儿人数多，户外活动场地小，幼儿园可以通过轮流、交替进行户外活动的方法使其得到改善。

考点6 可接近性原则

可接近性原则指的是创设户外游戏活动环境时，要考虑将户外活动区域与活动室紧密连接在一起，室内外活动区之间有开放、宽阔的通道以便幼儿能自由、迅速、安全地从室内走到户外。如果幼儿园由于客观条件没有合适的户外活动空间，可以考虑利用屋顶平台，或者利用社区内的绿地和公共活动场所带领幼儿进行户外游戏活动。

“全纳性”是“可接近性”原则的一种重要体现。随着特殊儿童的回归主流和全纳教育的开展，越来越多的特殊儿童进入普通学校，为这些特殊儿童创设户外游戏活动的条件，也是全纳教育的组成部分。户外游戏环境的创设也要考虑为特殊儿童参与户外游戏创造条件。

三、幼儿园户外游戏环境的创设

户外游戏环境具有自然性、趣味性、挑战性和变化性的特点，在创设户外游戏环境时要力求与自然的亲近与和谐，让幼儿接触自然，尊重环境，在富有趣味的玩具和设施中舒展身心，享受游戏带来的快乐。在创设户外游戏环境时，要注意以下几个方面：

1. 创设前要考虑户外空间密度、下水道、地面表层及场地的相互关系

游戏场地的大小取决于在同一时间使用场地的幼儿人数。由于场地会受到地形及有序区域数量和面积等因素的影响，仅靠计算每个幼儿所需的面积来决定游戏场的大小是不实际的。户外场地较小的游戏环境容易造成更多的社交互动，利于幼儿之间的同伴合作。在户外场地空旷的游戏环境里，幼儿容易出现无所事事、漫无目的的行为。

在户外环境创设前，要根据原有场地的地下管道进行地表设计，绿化场地要避开下水道等管道，戏

水池、游戏池等要方便接入水龙头。

在室内外游戏场地的衔接上，可以通过长廊将室内外游戏场地连接起来，户外游戏区域之间要有多个通道，避免区域之间的相互干扰和危险隐患。

2. 户外游戏环境以开放性空间设计为主，也可提供部分封闭的活动空间

户外游戏环境的开阔性、自然性决定了其在设计时以开放性空间设计为主，如车道、器械区、种植区、沙水区等都要有若干进口和出口，便于幼儿合作和分享，有利于教师观察幼儿在各活动区里的活动状况。户外游戏环境虽主要以开放性空间为主，但是也可设计部分封闭或半开放的游戏区，给予幼儿私密空间，如户外的游戏小屋、小迷宫、小城堡等。

3. 利用园所自然因素，因地制宜创设户外游戏场地

户外游戏环境的突出特点是自然性。每所幼儿园的户外空间大小、形状、面积都不同，在进行户外游戏环境创设时，要在园所原有自然条件的基础上因地制宜，合理创设。

如原有的沙地和泥地表层，可以设计成沙土区，泥质地面上可安置大型器械；如果幼儿园户外空间太小，可以创设立体空间，如在墙壁上设计攀岩，将大型器械放置在墙边，利用树木设计秋千、摇椅等。有的幼儿园户外有山坡和石洞，可以利用山坡创设滑梯、攀岩，在石洞中创设游戏小屋或小城堡等幼儿喜欢的神秘游戏区。

四、户外游戏的组织指导

考点 1 组织小班幼儿户外游戏的方法

1. 组织和指导小班幼儿户外自由游戏的方法

(1)游戏前的准备工作

①充足适宜的户外游戏时间

在小班幼儿入园后最初的几周里，为缓解幼儿焦躁不安的情绪，可以组织幼儿进行户外游戏，让宽敞开放的空间给孩子们一种安全、自由的感觉，让简单有趣的游戏及大型玩具将孩子们想家的注意力转移开来，使孩子们慢慢走出因分离而产生的焦虑情绪。为避免大中班幼儿对小班幼儿的碰撞，可适当错开大中班幼儿户外游戏的时间，小班幼儿注意力集中时间短，每次户外游戏时间一般不超过15分钟。

②安全舒适的户外游戏地点

小班幼儿走路蹒跚，易摔跟头，户外游戏场地应选择在相对较安全的橡塑地面上或草坪上，这样孩子们可以尽情地爬、跑，甚至可以坐下来休息，不必担心因摔跟头而擦破皮或跌痛手脚。另外，由于小班幼儿注意力易分散，喜欢远离成人独自玩耍，可以选择园内靠墙的一角作为游戏场地，这样幼儿不易受到大活动场地上喧哗声的影响，也不会因躲在角落里被老师忽视。小班孩子特别喜欢玩沙水游戏，在选择户外游戏场地时，选择靠近沙水区的场地，这样当组织孩子们自主游戏时，便于孩子们能很快来到沙水区。由于小班幼儿的大肌肉群发育不太完善，在玩球类活动时应该安排在比较平坦的塑胶跑道上进行，不必担心跌倒，手腕、膝盖等身体部位擦破皮，发生流血事件。

③多样可变的户外游戏材料

在为小班幼儿选择游戏材料时，要根据游戏的人数确定材料的数量，一般而言，小班幼儿的游戏材料应是人手一份。由于户外自由游戏幼儿可以自由选择游戏的材料，教师还应该准备丰富多样的游戏材料。小班幼儿玩具材料的体积要大，颜色要鲜艳，形象要生动，使幼儿见了玩具材料就能产生强烈的游戏愿望，同时也便于幼儿操作，还可以选用一些自制的玩具器械，更能吸引幼儿的游戏兴趣。

④户外自由游戏前的规则示范与讲解

要想确保小班幼儿户外游戏的安全，就要使幼儿明白并遵守活动规则，教会幼儿正确使用器材。所以，教师要根据情况有针对性地讲解器材的使用和户外活动的规则。

（2）游戏组织中的注意事项

①户外游戏场地安排相对要固定。教师可根据场地的大小安排活动内容，让每个活动中的幼儿都有适当空间。一定时期内要让场地内的部分活动项目相对固定，不能变化太频繁，以星期或月为单位对活动项目调整比较合适。同时，可留有一定的场地，让幼儿自主讨论、决定项目内容，或提供小型器材让幼儿选择。

②以清晰明确的指导语告诉孩子可以游戏的区域以及游戏时应遵守的规则。

③教师要在兼顾其他孩子安全的前提下积极参与到孩子的活动中去，和孩子做游戏。教师要分散在需要特别留意的危险地点参与游戏。

④自由活动结束前提前5分钟通知孩子，让孩子有心理准备。活动结束时以辨识度高的信号吸引孩子排队。

2. 组织和指导小班幼儿户外集体游戏的方法

（1）小班初期，选择简单的集体游戏活动，以教师动作示范为主

刚入园时，幼儿对集体游戏不熟悉，相互之间也不认识，交往显得被动。户外集体游戏时，教师应以动作示范为主，选择内容简单、易于理解的游戏。

（2）小班中期，选择体能性游戏，锻炼幼儿身体活动能力

随着时间的推移，幼儿进入小班中期，已经能够适应集体游戏了，教师可以根据幼儿身心发展特点，选择一些内容明确、目标性较强的练习走、跑、跳的游戏。

（3）小班后期，适当增加游戏难度，加强幼儿对游戏规则的理解

规则是游戏前就决定的，并且每个参加者都同意的，游戏中如果违反规则就会受到惩罚，甚至被取消游戏资格。由于规则游戏要求游戏者必须遵守规则，并具有竞赛性，因此，规则游戏在幼儿游戏发展过程中出现得较晚。

总之，小班户外游戏的组织要根据幼儿生理、心理及个性发展的特点，以增强幼儿体质、提高幼儿动作的灵敏性和协调性、促进幼儿潜能发展为出发点，采用多种有趣的形式，展示游戏独特的教育作用和教育价值，培养幼儿勇敢、活泼、愉快开朗的性格，促使幼儿全面和谐地发展。

考点2 组织中班幼儿户外游戏的方法

1. 组织和指导中班幼儿户外自由游戏的方法

幼儿户外自由游戏时，可以根据自己的兴趣爱好和身体素质，自由选择玩具，享受自由玩耍的乐趣。自由游戏对培养孩子的自主性、善于思考、独立克服困难都有极大好处，同时教师对游戏的组织和指导不容忽视。

（1）确定中班幼儿户外游戏的观察位置

户外空间广阔，尤其是自由游戏时，幼儿分散大，教师需要确定自己的观察和指导位置。教师站立的位置，视线范围要宽阔，必须密切留意幼儿自由游戏的整个过程，确保幼儿安全活动。在组织幼儿进行器械性自由游戏时，教师要站在特别需要留意安全的设备旁边，如攀登架、滑梯斜坡旁。当发现幼儿在这些设施上使用不当，如在滑梯口处玩耍，或站着滑下来，从下面往上爬，在攀登架上单手攀爬做出危险动作等，教师站在这些位置上能及时阻止，防止意外，当幼儿突然需要帮助的时候能够迅速地采取行动。

(2)引导中班幼儿自主选择游戏

自由选择是自由游戏的起始部分。幼儿缺乏经验，游戏的目的性不明确，需要成人的引导。游戏开始时，教师要帮助幼儿协调各活动区的人数，对不同经验能力的幼儿提供相应的帮助，指导在选择游戏方面有困难或交往能力欠佳的幼儿，使他们也能及时地参加相应的活动。在游戏开始前，教师可以以制定者和建议者的身份，引导幼儿选择活动并开始游戏。在引导幼儿选择游戏时教师要遵循“给予引导，但不强求；给予帮助，但不干预；给予建议，但不评比”的原则。在引导过程中教师可以介绍材料，提示或建议活动的方法，唤醒幼儿已有的知识经验，激发幼儿游戏的动机，在鼓励幼儿自由选择的同时，共享幼儿自由选择获得的快乐。鼓励的方法有很多，如语言提示。教师也可以通过身体语言，如点头的方式，鼓励幼儿大胆选择。在鼓励和支持过程中教师必须向幼儿明确每个幼儿享有合理的、自由选择游戏的权利，并表明自己的支持态度，使幼儿在宽松自如的氛围中学会选择，敢于选择，培养自我，享受个性的自由快乐。

(3)多种方法参与游戏

游戏开始后，教师主要是以游戏伙伴的身份与幼儿共同游戏。在这个过程中，教师要按照幼儿身心发展特点指导幼儿的自由自选活动，同时教师还要发现幼儿的兴趣，调整游戏内容，将指导的计划性和随机性结合起来。当发现幼儿游戏进行不下去时，通过情景性的角色扮演参与到幼儿游戏之中，比简单的语言提问或建议有效得多。教师以参与者的身份加入游戏，给游戏带来不同的玩法。在参与游戏过程中，教师要注意激发幼儿之间积极的相互作用，创造良好的游戏气氛。

(4)引导幼儿自评游戏

在游戏结束时，教师可以对幼儿游戏活动的情况做小结，也可以对游戏活动的质量给予评价，如幼儿游戏的新玩法、新创意等，还可以进一步提出深入开展游戏的新要求，激发幼儿的新需要。对于中班幼儿来说，幼儿有了一定的归纳总结能力，可以让幼儿根据自己的表现进行自评，教师做最后的总结。

2. 组织和指导中班幼儿户外集体游戏的方法

(1)投放适宜的半成品和一物多玩的游戏材料

中班幼儿由于知识经验的丰富，想象思维能力的提高，可多提供半成品或一物多玩的游戏材料，有助于幼儿的主动性、创造性的增强。还可以根据幼儿的需要不断变动材料的投放与组合，提高幼儿游戏的兴趣。户外游戏时，有趣的玩具器械会引发幼儿活动的热情和积极性。

(2)示范讲解游戏的玩法，帮助幼儿掌握游戏规则

户外集体游戏一般都有固定的玩法和规则，学会后才能玩得尽兴。集体游戏要求幼儿之间合作与配合，因此教师要给幼儿做适当的示范、讲解，帮助幼儿掌握集体游戏的玩法，理解并掌握规则。*如“说反话”的游戏，教师要求幼儿能够根据口令做出相反的动作，如口令为“向前走”，幼儿应该向后走；教师要求“给前面的小朋友捶捶肩”，小朋友应该“转身给后面的小朋友捶捶肩”。如果遇到幼儿做出相同口令的动作，教师要提醒幼儿违反了游戏规则，并给予相应的惩罚措施。*

(3)观察游戏过程，引导幼儿自己解决游戏中出现的问题

中班幼儿能掌握较为复杂的动作，而对创造性的大动作把握起来仍有困难，他们喜欢集体游戏，对合作性运动有兴趣，对竞赛性的游戏只重过程，目的性不强。教师要注意观察幼儿在游戏中发生的各种纠纷和可能出现的意外。在指导户外集体游戏中，让幼儿学会掌握游戏规则和简单的游戏技能，帮助幼儿进一步与同伴交往，学会在游戏中自己解决简单的问题。

考点 3 组织大班幼儿户外游戏的方法

户外游戏中教师往往袖手旁观或放羊式让幼儿玩器械，游戏如果缺乏教师的指导，将直接影响幼儿的发展，教师必须对户外自由游戏加以组织和指导。

1. 组织和指导大班幼儿户外自由游戏的方法

（1）准备充足的游戏材料，给予大班幼儿更多自由选择的机会

大班幼儿游戏经验相当丰富，在游戏中能主动选择自己喜欢的游戏，一般会选择主题新颖、内容丰富的游戏，喜欢与同伴一起游戏，游戏人数越多，幼儿玩得越开心，在游戏中自我解决问题的能力不断增强。教师在指导大班幼儿进行户外自由游戏时，应准备丰富多样的游戏材料，以半成品为主，也可以让幼儿自己发现游戏材料，引导幼儿和老师一起准备游戏的材料和场地，在指导中教师尽量多用语言，在游戏中给予幼儿自由选择的机会，鼓励幼儿在游戏中创造新玩法。

（2）游戏中幼儿挑战高难度玩法时，教师要及时指导、正确示范

大班幼儿不喜欢玩重复性的简单游戏，喜欢挑战高难度，创造新玩法。如比赛谁跳得高时，幼儿不再局限于从地面往上跳，而是喜欢选择距离地面较高，有障碍物的台上往下跳。当教师发现幼儿在做高难度动作如做跳跃类游戏时，需要提醒幼儿不要从较高处往坚硬的地面上跳，最好在塑胶地面或在草地上进行。在幼儿跳跃时要求落地要轻，注意下肢关节要弯曲，除了连续跳跃动作形式外，其他单一的跳跃动作如立定跳远、由较高处往下跳等，为了保持身体的平衡，在落地时，可以让幼儿学会顺势向前跨一步或走几步。教师在游戏中的动作示范，可以减少幼儿盲目挑战带来的不良后果。

（3）教师要善于观察，引导幼儿自评游戏

教师是幼儿游戏的观察者、指导者和合作者，善于观察是幼儿教师应具备的专业素质。教师观察时不宜固定在某一个位置，只关注某一个游戏活动。在关注大部分幼儿的同时也要兼顾个别幼儿，也不能只关注某个或某几个幼儿。因此，教师在观察时要选择合适的位置，便于观察幼儿的表现、指导幼儿的活动，在自由游戏中对幼儿无目的观望、不参与活动、频繁交换器材、干扰别人活动等行为应特别关注。在游戏结束后适当的总结和评价，可以让幼儿对游戏把握更充分。大班幼儿已经能够使用连贯的语言对自己在游戏中的表现进行评价。教师应给予幼儿自评的机会，鼓励幼儿大胆表达自己对游戏的看法；幼儿自评后教师可做总结，并提出新的要求。

2. 组织和指导大班幼儿户外集体游戏的方法

（1）选择适宜的户外集体游戏活动，明确游戏规则

大班幼儿喜欢变化性大、竞赛性强、运动量大的游戏，他们掌握了基本的技巧动作，会动脑筋完成有一定难度的动作，如玩一些创造性强或几种运动器械组合，需同时完成几个动作的游戏。在组织和指导幼儿户外集体游戏时，教师一定要遵循幼儿的身心发展规律，力求人人参加，同时注重个体差异，合理安排活动内容，使每个幼儿身心都得到健康、和谐、全面的发展。在选择游戏活动时要注意游戏是否适合幼儿发展，如拔河、举重等，这些憋气类运动很容易使幼儿的心脏瓣膜受损，影响幼儿心脏的发育和健康，尽量不要进行此类活动。

（2）游戏难度适中，不断增强幼儿游戏活动的信心

大班幼儿喜欢挑战高难度和新玩法的游戏，同样是钻、爬游戏，对于大班的幼儿应增加钻、爬的难度，可以让幼儿练习手脚着地爬、肘膝着地爬、后退爬并将钻与爬的动作有机地结合起来，以激发幼儿活动的兴趣。对于技巧性强的动作需要幼儿有稳定的情绪，动作到位。游戏难度不要太大，如在设计接力游戏中，如果将某些平衡动作设计进去，幼儿在速度竞争的意识下很容易慌张，不但不能很好地完成动作，还容易发生意外事故。指导幼儿游戏时，对不同性格和能力的幼儿采取不同的方法。对运动能力强、自信心十足的幼儿可通过肢体语言（竖起大拇指）或身体上的接触（拍拍肩膀等）加以鼓励；对身体活动能力差、动作迟钝、性格内向、自信心不足的幼儿多用鼓励和肯定的语言与其交流，鼓励幼儿战胜困难，增加信心。

(3)激发幼儿的探索欲望，培养其创造性意识

在游戏过程中不仅要使幼儿心情愉快，积极主动地参与游戏，培养他们勇敢、机智、果断的品质以及胜不骄、败不馁的态度，还应该注重激发他们的探索欲望，培养他们的创造性意识。

(4)引导幼儿创编游戏的新玩法，积极开展新游戏

大班幼儿喜欢玩规则游戏，规则游戏有一定的玩法和要求，幼儿只有学会了玩法，明确了要求，才能顺利地开展游戏。因此，在开始一个新的游戏之前，教师要以简明生动的语言、适当的示范，帮助幼儿学会游戏的玩法，掌握游戏的规则。在幼儿学会后，要鼓励幼儿独立地、积极地开展规则游戏。大班幼儿在掌握规则和玩法后，教师可以鼓励幼儿适当改编和创造新玩法，让幼儿在创编新游戏过程中相互合作和协商。

(5)指导幼儿做好游戏的整理工作

户外集体游戏结束后要指导幼儿做好整理活动，整理活动包括身体上的放松、材料的整理、游戏评价三个方面。

①身体上放松：教师可带领幼儿散步或做小运动量的放松性活动，使幼儿的肌肉神经系统和器官逐渐放松，恢复平静。

②材料整理：教师可和幼儿一起收拾整理游戏材料，养成良好的游戏习惯。

③游戏评价：游戏结束后，教师要做好游戏总结，如哪些幼儿游戏中的表现好，好在哪里；哪些幼儿表现不好，原因在哪里；并对在游戏中幼儿所表现出来的善于探索、遵守游戏规则、勇敢、坚强、帮助别人完成动作等优良品德进行表扬鼓励。注意总结评价的时间不宜过长。

第四节 非游戏活动游戏化

一、非游戏活动游戏化和教学游戏

用游戏的方法来组织非游戏活动，使非游戏活动游戏化这种想法由来已久，而且做法也各有不同。在我国，使非游戏活动游戏化的最常见的做法是编制教学游戏。

考点1 教学游戏的概念 【单选】★

教学游戏，顾名思义，是教学与游戏的有机结合，是教师根据教学的目的、利用游戏的因素和形式所编制和组织的具有一定的游戏性的教学活动。正如《教育大辞典》指出，教学游戏，是“根据教学大纲，将教学内容和生动有趣的游戏结合起来的教学方法”。“游戏因素与非游戏因素相结合”是教学游戏的本质特点。

真题面对面

[2019杭州，单，1分]教学游戏的本质特点是( )

A.教学活动中融入游戏活动

B.游戏活动中融入教学活动

C.游戏因素与非游戏因素相结合

D.融入教学目标的有规则的游戏

答案：C

考点2 非游戏活动游戏化的目的和原理

1. 非游戏活动游戏化的目的

非游戏活动游戏化的根本目的是调动作为学习活动主体的幼儿参与教师设计与建构的教学活动

的积极性，使学习活动主体化，而不是仅仅为了让幼儿"高兴"。

在非游戏活动中添加游戏因素，是使非游戏活动游戏化的主要方法。游戏因素的选取要考虑教学活动的内容和由教学活动内容所决定的幼儿的学习活动所需要的条件（如是否需要以操作为基础的直接经验）以及适宜的学习方式（接受学习还是发现学习）等。游戏因素作为教学活动的外部形式必须与教学活动的内容和谐统一，避免为游戏化而追求游戏化的倾向。一味在形式上追求多种游戏因素的运用而不考虑游戏因素与教学因素的有机结合，只是用教学活动的外部形式或游戏因素去吸引和刺激幼儿，只会使幼儿处于毫无意义的激动与兴奋状态之中，强化的是幼儿对外部驱力的依赖而不能真正培养幼儿的学习兴趣，而且也会导致教学游戏的庸俗化。

非游戏活动游戏化成功的关键不在于外部的游戏形式，不在于选取多少数量的游戏因素，而在于是否能使幼儿在学习活动中占据主体地位，能否使他们真正产生以兴趣性体验、自主性体验、胜任感体验为主要成分的游戏性体验，使来自外部的教学要求转化为幼儿自身的学习需要。

2. 非游戏活动游戏化的原理

利用游戏的形式或因素使非游戏活动游戏化，其原理在于利用幼儿喜欢游戏的心理或"游戏性动机效应"来提高幼儿参与教师发起、建构的非游戏活动的主动性和积极性。利用幼儿的游戏性动机来组织非游戏性的教学活动，提高幼儿参与活动的积极性和教学活动的效益，历来是幼教工作者感兴趣的问题。

非游戏活动的游戏化，通过把幼儿喜闻乐见的游戏因素与一定的教学因素有机地结合起来，可以使来自外部的教学要求转变为幼儿自身的活动要求，使幼儿在这种活动过程中产生一定程度的游戏性体验。幼儿在活动过程中对活动本身所产生的积极的情感体验，不仅有利于提高教学活动的效益，而且能够激发幼儿的学习兴趣，对幼儿的后续学习产生积极的影响。

二、教学游戏的编制和实施

利用规则游戏的形式编制教学游戏是在我国幼儿园教学实践中最常见的一种使非游戏活动游戏化的方法。利用规则游戏的形式编制的教学游戏按所适用的幼儿园课程领域或教学功能来分，可以分为语言游戏、数学游戏、科学游戏、体育游戏和音乐游戏等。除此之外，还有专门发展智力的智力游戏或心智训练游戏。下面我们将主要讨论这种教学游戏的编制和实施问题。

考点 1 教学游戏的编制方法

利用规则游戏形式编制的教学游戏，从结构上来说，包括游戏的目的、游戏的任务、玩法、规则和结果等因素。游戏的目的是成人通过游戏期望完成的教学目标；游戏的任务是对幼儿在游戏过程中要做的事情的规定；游戏的玩法，是对幼儿动作的要求（如学兔子跳，双脚并拢一齐向前蹦）；游戏的规则，是关于动作的顺序以及在游戏中被允许和被禁止的动作的规定；游戏的结果是幼儿在游戏过程中所实际获得的经验（包括对活动本身的情绪体验）。根据这种结构特点，利用规则游戏的形式编制教学游戏包括以下几个步骤：

1. 确定教学游戏的目的

游戏的目的，对教师而言，是成人通过游戏所要完成的教学任务；对幼儿而言，是教师对幼儿提出的任务要求，直接指向于幼儿的活动过程。应当根据课程的目标与内容确定游戏的具体目的。同时，根据本班幼儿的一般发展水平，筛选出适合集体活动的"教学目标和内容"。

在确定目标时，要遵循发展性教学的原则。维果斯基指出，"教学的重要特征即教学创造着最近发展区这一事实，教学激起与推动一系列内部的发展过程""只有走在发展前面的教学才是良好的教学"，否则

"只是充当发展尾巴"。教学不应当跟在发展的后面,不应当在已达到的发展水平上进行,应当在没有完全成熟的,但是正在形成的心理功能的基础上进行。教学应当促进儿童从现有的发展水平向最近发展区过渡;正确处理发展与教学之间的关系,使活动的难度(任务)与幼儿的能力相匹配;要反对和避免为游戏而游戏的现象。

2. 构思游戏的玩法

在确定了教学游戏的目标之后,就要开始考虑和构思游戏的玩法。

构思游戏的玩法,主要是要选择与教学任务、内容相适应的游戏动作。游戏动作是对幼儿在活动过程中的操作要求。游戏动作可以分为自由动作和规定性动作。自由动作对幼儿的动作不加任何预先的限制性、鼓励幼儿独创性。例如,在音乐游戏"抢椅子"中,幼儿的动作是听音乐自由地做动作。规定动作是有限制性的动作。例如,在体育游戏中让幼儿学小兔子跳,必须要求幼儿双脚并拢一齐向前跳跃。

对游戏动作的限制性程度要根据具体的教学任务与内容而定,以有利于发挥幼儿活动的主动性、积极性为宜。

在有些情况下,适当限制动作可增加活动的趣味性(如蒙上眼睛跟着小铃走),但是还要考虑幼儿身心发展的实际可能性。

3. 拟定游戏的规则

在以规则游戏为形式编制的教学游戏中,教师所制定的游戏规则直接影响幼儿参与活动的积极性和主动性,影响着游戏的趣味性。因此教师要注意所拟定的规则的合理性。

一般来说,在规则游戏中,规则可以分为以下几种类型:角色行为规则(老鹰—小鸡);竞赛性规则(传球赛:丢了球怎么办);内容与玩法规则(小熊过桥:只可在桥上滚球)。这些规则可以帮助我们思考规则的制定与选择。

教师在制定游戏规则时,要注意以下问题:

(1)规则要合理,符合幼儿的身心发展水平。规则的制定既要考虑游戏任务的需要,但也必须考虑幼儿身心发展的特点和水平。如果规则过难,超过了幼儿身心发展的水平,就会出现幼儿屡屡违规的现象。教师不得不一次次让幼儿停止游戏,再三说明和提醒幼儿遵守规则,结果导致幼儿对游戏丧失兴趣。反之,合理的规则既可以帮助教师引导幼儿完成既定的学习任务,又可以使幼儿产生愉悦的游戏性体验。

(2)规则要明确、严谨。例如,"追捉游戏"是追者拍打被追者身体的任何一部分就算捉到了,还是必须用手抓牢才算捉住,必须明确规定,否则会出现争议。

(3)尽量不使用制约幼儿行为的纪律性规则。在制定游戏的规则时,不要制定限制幼儿积极性的纪律性规则。例如,"保持安静""不许说话""不许离开座位"等。这种纪律性规则过于"强硬",会破坏活动的游戏气氛,削弱幼儿对于活动所可能产生的游戏性体验。

(4)不宜设立物质奖励或制定惩罚性规则。如果设立物质奖励或使用惩罚性规则来刺激幼儿游戏,会使幼儿因担心和害怕而产生心理压力,影响幼儿参与游戏的主动性和积极性,降低幼儿对活动本身的兴趣。

(5)规则不能过于复杂繁琐,一般以2~3条为宜。

4. 添加游戏因素

适当地添加游戏因素可以增加活动的趣味性。添加游戏因素时,要注意使所选用的游戏因素符合幼儿身心发展的年龄特点。同时要避免形式主义,不要"堆砌"游戏因素。

以体育游戏的编制为例。体育游戏(亦称活动性的游戏)是以一定的体育任务为目的,以走、跑、

第二章

跳、投掷等基本动作为活动方式的一种教学游戏，如“老鹰捉小鸡”“抢红旗”等。

在为年龄较小的幼儿设计体育游戏时，往往采用模拟动作的构思方式以激发幼儿的兴趣。模仿型的体育游戏通过让幼儿模拟人们生活中的各种动作、各种物体的运动方式、动物的生活习性和动作来达到发展幼儿基本动作的目的。模仿型的体育游戏在添加游戏因素时要注意所模仿的对象的动作要与期望幼儿学习的动作相符。同时，还可以添加“角色扮演”等游戏因素以增加活动的趣味性。在中大班则可以增加“比赛”等游戏因素。

5. 概括出游戏题目

游戏题目对于幼儿来说就是游戏任务。游戏题目要简洁明了，带有趣味性，为幼儿喜闻乐见的事物。同时要能反映出游戏的主要内容和特点。

6. 提出游戏建议

最后，要考虑游戏过程中可能出现的问题，针对这些问题提出注意事项，也可以提出其他的玩法。为了便于对游戏的理解，不仅要有关于游戏的玩法的文字说明，最好配上简单的说明图。在游戏的建议中，还应当包括对游戏的环境或场地、所需要用的材料等的建议。

7. 教学游戏的写作格式与要求

教学游戏的写作格式一般包括以下内容：

(1)游戏名称：游戏名称要简洁明了，点名游戏任务，具有趣味性。

(2)游戏目的：以对本班幼儿的发展水平的分析为根据，目标要明确合理。

(3)游戏的玩法：与幼儿的发展水平和教学内容相匹配。

(4)游戏的准备：对所需场地和材料的说明。

(5)游戏的进行：说明向幼儿交代游戏任务的方式、要遵守的游戏规则。

(6)游戏建议：考虑到可能出现的问题。

考点 2 教学游戏的实施

教学游戏的编制只是为成功的教学活动提供了必要的基础。教学活动的成功还取决于教师对教学活动的实际组织。教师在与幼儿互动过程中表现出来的态度(例如对待游戏的热情程度)、方式方法等都会影响到幼儿参与活动的积极性和主动性。同一个教学游戏方案，在不同的教师那里，可能会产生完全不同的实际效果。在教学游戏的实施过程中，教师应当注意以下问题。

1. 转变角色

幼儿一般都喜欢老师和他们一起玩。教师参与或领导游戏(如在“老鹰捉小鸡”中当鸡妈妈)会使幼儿非常兴奋。教学游戏的特点在于它以游戏任务的形式提出了教育目的与要求，从而改变了教学过程中的师生关系：使教师从“教者”变成了游戏的组织者与参与者。正是这种角色转变，使教师和幼儿成为平等的玩伴关系，缩短了师生之间的距离，使教师的要求更容易为儿童所接受。因此教师在组织幼儿的游戏活动时要注意转变自己的角色，热情地对待、参与幼儿的游戏，而不是把自己看作是一个“教者”或仅仅把自己置于一个“指挥者”的地位上。

2. 注意讲解游戏玩法的方法

在教学游戏中，“任务”往往以命题的形式出现，带有明显的趣味性，如“捕鱼”“老猫睡觉醒不了”等，非常容易被幼儿理解和接受。通过讲解游戏的玩法(如扮演角色，模仿性动作，新异性动作，比赛等)，可以使幼儿对活动过程产生直接兴趣，激发幼儿参与活动的欲望。

教师在向幼儿讲解游戏的玩法时，一方面要注意自己的说话方式，用适宜于幼儿的理解能力的讲解方式(包括辅之以适当的动作)向幼儿说明游戏的玩法，语言力求简洁明了、易懂。另一方面，要用自己的热情和兴趣去感染幼儿，使幼儿对活动过程产生直接兴趣，激发幼儿参与活动的欲望。

3. 尽量减少对幼儿行为的直接干预

幼儿在游戏活动过程中积极主动地游戏，教师应当注意减少对幼儿活动直接干预，主要通过游戏规则等间接调节幼儿的行为，使幼儿逐渐注意到游戏规则，逐渐提高幼儿遵守规则的意识。

4. 注意幼儿的年龄特点

利用游戏规则来调节幼儿的行为，也要注意幼儿的年龄特点。例如，小班幼儿对游戏的动作、角色、情节都很感兴趣，但对游戏的结果则不那么注意。因此，小班的体育游戏，往往是大家做同一动作、共同完成一个任务，如“快把皮球捡回来”是要求大家共同跑着去追皮球并把它捡回来。他们对跑的动作和过程感兴趣，而对谁先捡回皮球则不那么关心。

小班幼儿模仿性强，抑制力差，为小班幼儿设计的游戏一般不分组，规则简单，不带有限制性，易于幼儿遵守。

大班幼儿对周围事物的认识和理解能力提高，有一定的抑制能力，动作更加协调灵活。大班游戏经常可以分组进行，有时也要求各自进行不同的动作，并且要克服一定的困难才能达到游戏的目的。

在幼儿游戏的过程中，不要过于强调遵守游戏规则而一次次地让幼儿停止游戏而使幼儿“扫兴”。对于年龄较大的幼儿，在游戏过程中发生的关于“规则”的问题可以让他们自己通过协商来解决。

要尽可能调动每个幼儿参与活动的积极性，让每个幼儿都有机会参与活动。要让每个幼儿都能体验到游戏的快乐。

在组织幼儿游戏的过程中，教师要有“教育目标”意识。但这种目标不能过于狭窄，注意力不要仅仅放在预定的教学任务的完成上，如掌握某种特定的知识技能，应当把游戏活动过程本身看作是幼儿相互交往的过程。在这个过程中，可能发生各种不同的观点和看法的碰撞与交锋。因此这种过程本身就是有意义的，隐含着超越有限的、预定好的知识技能的学习的机会。教师应当重视幼儿在游戏过程中产生的问题，判断这些问题对幼儿学习与发展的意义，并进行适宜的引导。

考点 3 好的教学游戏的特征 【单选】 ★

1. 采用的游戏因素符合幼儿的年龄特点

不同性质的游戏因素对于幼儿的身心发展的水平与能力的要求不同。因此，不同性质的游戏因素具有不同的年龄适宜性。例如，角色扮演比较适合小班和中班的幼儿。

例如，“躲藏—寻找”、听和猜、丢手绢等游戏都要求幼儿能够在思维活动上“去中心化”，根据对对方可能的反应的判断来选择合适的行为方式；竞赛性游戏要求幼儿理解“输”和“赢”的意义；以小组为单位（包括性别分类）的竞赛性游戏要求幼儿具有团队意识与竞赛意识。采用这些游戏因素编制的教学游戏更适合中、大班的幼儿。

2. 采用的游戏因素与教学内容相匹配

采用什么样的游戏因素与形式还应当考虑与教学内容的“匹配”问题。如果让幼儿学习的内容适宜于采用材料操作和定向探索性游戏的方式，就不要用直接教学的方式来告诉幼儿；如果这种知识经验是幼儿通过自己的活动不能发现的（例如关于事物的名称等“陈述性知识”），则应当选择直接告知的方式，并采用以规则游戏为形式编制的教学游戏加以练习、巩固。

3. 任务的难度与幼儿已有的经验相匹配

任何教学游戏都包含着一定的“任务”或“课题”，好的教学游戏应当与幼儿的已有经验形成“合适的距离”，既不是太难，又不是太容易，能够对幼儿构成一定的挑战，体现教学促进与引导发展的原则。

4. 考虑每个幼儿实际参与和心理参与的可能性

教学游戏的编制与组织要考虑尽可能让更多的幼儿都有机会参与游戏。例如，在以材料操作为基础的定向探索性游戏中，要为每个幼儿提供实际动手的机会；在规则游戏中要注意调动作为“旁观者”的幼儿在心理上参与到游戏的积极性。

5. 幼儿自己能够判断活动的结果

好的教学游戏应当能够让幼儿对活动的结果进行自我判断，而不是由教师来充当裁判，来告知幼儿做“对”还是做“错”了。

真题面对面

[2019统考，单，1分]好的教学游戏的特征不包括(　　)

A. 有较多幼儿参与的可能性

B. 幼儿自己不能够判断活动的结果

C. 任务难度与幼儿已有经验相匹配

D. 符合幼儿的年龄特点

答案：B

第五节　各类玩具与游戏材料的选择与利用策略

一、玩具的选择原则

不同年龄阶段幼儿的玩具选择既有一些需要遵循的共同原则，也有各年龄段自身的特点。在选择玩具和游戏材料时，成人应注意以下原则：

1. 玩具应符合安全卫生标准

玩具是幼儿在日常生活中经常性地直接接触的物品，因玩具而造成的伤害事故是幼儿伤害事件的主要类型之一。安全卫生应是为幼儿选择玩具时考虑的首要原则。

(1)查看玩具产品是否具有合格认证。不同国家或地区的玩具安全标准有所差异。

(2)从材料、大小、形态与结构、结实程度等几个方面，根据幼儿的年龄和能力进行粗略判断。安全的玩具应是用无毒无害的材料做成，边缘光滑，突出部件和运动部件不会脱落，耐摔打、耐重击、耐咀嚼，不会因正常使用或合理可预见的滥用而产生致使幼儿窒息、割伤、吞食、辐射、化学元素和重金属中毒等风险。

对于不同年龄和能力的幼儿而言，安全玩具的特征会有所不同。在某个年龄段属于安全的玩具，在另一个年龄段可能就是极其危险的。例如，玻璃弹珠、塑料嵌插纽扣等一些小玩具对于中大班幼儿是很好的锻炼手部动作的玩具，但是对于婴儿、学步儿来讲就是危险物品，因为他们很可能会把玩具放入口中而导致误食，甚至窒息。因此，在判断一件玩具是否安全时，一定结合幼儿的年龄和能力来进行分析。

2. 玩具应符合幼儿的年龄特点和个体特点

不同年龄的幼儿在兴趣与需要、经验与能力以及发展与教育的重点等方面都有所不同，即使相同年龄的不同个体之间也存在较大差异，因此他们喜欢玩、能够玩、需要玩的玩具各有不同。幼儿喜欢某一件玩具，愿意玩并能有所收获，也正是因为该玩具的某些特征符合幼儿的需要和兴趣，幼儿在操作过程中能够获得成功感、控制感与快乐。因此，成人应从幼儿的年龄特点和个体特点出发选择玩具。

玩具的大小、重量、结构与形态、复杂程度不同，决定了操作使用方式的不同，并蕴含着不同的操作任务，对幼儿的身体运动能力、认知水平、语言能力等提出了不同的要求与挑战。因此，在判断玩具是否符合幼儿的年龄特点和个体特点时，可以考察玩具的大小、重量、结构形态、复杂程度、操作方式、操作任务是否与幼儿的年龄特点和个体特点相匹配。具体如下：

(1)玩具的大小与重量

幼儿对玩具大小和重量的要求并非如人们普遍认为的年龄越大的幼儿需要的玩具越大，年龄越小玩具越小。年龄小的幼儿手掌小、手部肌肉力量弱，手部动作的协调能力和控制能力不强，而且容易往嘴里塞东西，因此，过于细小和沉重的玩具不适合给年龄较小的幼儿玩。玩具的大小和重量应便于幼儿拿取、抓握和把玩。

(2)玩具的结构与形态

年龄较小的幼儿适合玩完整的、零件数量较少的、没有突出部件的玩具。年龄较大的幼儿适合玩结构较复杂、零部件较多的玩具。

(3)玩具和游戏材料的逼真程度

模拟实物的、逼真程度较高的玩具适合年龄较小的幼儿，如玩具娃娃、玩具汽车等。开放程度较高、逼真程度较低的玩具和游戏材料适合年龄较大的幼儿，如积木等。

(4)玩具和游戏材料所含任务的难易程度

难度适中的玩具和材料能够给幼儿提出一定挑战，但幼儿通过自身的努力和成人的支持能够成功完成任务。成人可以在分析玩具的大小、结构、操作方式等因素的基础上，判断玩具含有什么任务以及该任务对幼儿的动作技能和认知提出了怎样的挑战，然后判断任务的难易程度是否与幼儿的年龄和能力相适应。

3. 玩具应是幼儿可操作、可控制的

仅供幼儿观赏的材料是看具、赏具，而非玩具。玩具应是幼儿可操作、可控制的。可操作和可控制是玩具能够激发幼儿的兴趣，吸引幼儿的注意，鼓励、引导、支持幼儿主动学习的主要原因之一。研究表明，不同年龄的幼儿都喜欢可操作、可改变、可控制的玩具。

(1)玩具应该富有变化。一件玩具可以有不同的方式和操作结果，尤其是不可预见的、出乎意料的操作结果，选择的多样性与结果的不确定性提供了较大的参与可能，给幼儿较大的探索和想象空间，因而，能较大程度地激发幼儿的好奇心，调动幼儿的主动性，促使幼儿去探索。

(2)玩具的变化应是幼儿的动作所引起的反应，也就是玩具的反应与幼儿的动作之间存在因果关系，这种玩具就是幼儿可参与、可控制的，而非由玩具的内在程序所控制。

例如，两辆外观完全相同的小汽车，其中一辆是程控车(打开开关后自动开动，并播放音乐，遇到障碍物自动转弯)，另一辆是回力车(将车向后滑动，松手后冲出去，打开车门才会播放音乐)。两辆汽车相比较，幼儿更喜欢回力车，因为他们可以抠一抠、按一按、拖一拖，这些动作可以改变、转换玩具车的状态，而面对程控车，幼儿只是看客。

4. 玩具应具有教育意义

无论成人是否意识到、是否认可，幼儿在玩玩具的过程中在自觉或不自觉地学习，玩具就是幼儿的“教科书”，实现了润物细无声的教育作用。因此，成人在为幼儿选择玩具时，应注意玩具的教育性，并自觉反思自己的教育观念和价值取向。

(1)玩具应能向幼儿提供丰富的感知觉刺激和经验，帮助幼儿认识和理解周围的自然世界和社会生活，发展他们的身体运动、认知、语言等方面的能力，促进他们的社会交往和情感发展。

(2)玩具应以正确的方式向幼儿传递正确的概念或观念。玩具所蕴含的概念和观念应是正确的，并且玩具的颜色、形状、各组成部分之间的关系以及玩法应恰当，能以正确的方式呈现这些概念和观念。

(3)玩具应摒弃刻板印象，消除偏见与歧视，以开放的、尊重的、包容的方式向幼儿呈现多样的人类社会和文化。

二、幼儿园各年龄班游戏材料的选择

小班游戏材料的选择	(1)小班幼儿的体育活动设施以单一功能的运动设施和便携材料为主。 (2)角色游戏材料主要围绕“娃娃家”主题，以真实物品或类似真实物品的玩具为主。 (3)图书以画面和情节都较简单的图画书为主。 (4)益智玩具以侧重发展感知觉、分类和排序能力等玩具为主，如串珠、套筒类系列玩具、简单的拼图。 (5)建构材料的积木数量可比中大班少一些，形状较简单，插装类材料的插装方式简单，插装零件较大，易于幼儿把握
中班游戏材料的选择	(1)中班幼儿体育活动设施增加多功能综合的运动设施和便携材料，提高任务难度，增加绳类材料。 (2)角色游戏材料增加幼儿日常生活中经常接触到的有一定生活经验和社会认知为基础的社会类主题，如“商店”“医院”“理发店”“餐馆”等，并增加低结构化的材料。 (3)建构游戏材料的种类和数量可增多，可提供中型和大型积木，积木形状可更丰富
大班游戏材料的选择	(1)体育活动设施以复杂的、多功能综合的运动设施和便携材料为主，任务应以多样且富有挑战性为主，并增加合作性、竞争性较强的户外团体游戏设施。 (2)角色游戏材料以社会类主题为主，以低结构化的、可转换的、可改变的材料为主，可增加废旧材料。 (3)建构游戏材料的种类和数量增多，积木形状多元化，并可增加采用铆接、磁力链接等连接方式的插装类材料，增多大型和细小的建构材料。 (4)益智玩具中的棋类、逻辑推理类玩具增多，任务难度加大，如拼图的切割块数可增加至50片左右

三、幼儿园玩具的利用 【简答】★★★

幼儿园玩具的利用

玩具的功能与价值的发挥在很大程度上依赖于玩具的使用，玩具使用的主体、时间、方式等都会影响幼儿活动的性质以及幼儿在活动中获得的经验，乃至课程的性质与质量。因此，幼儿园班级应充分、合理利用玩具。

1. 充分研究玩具和幼儿

研究玩具是充分合理利用玩具的首要前提。任何玩具都蕴含了一定的经验和价值，教师应深入分析玩具的结构与特征及其蕴含的任务对于幼儿学习和教师教学所具有的意义，探索玩具的可能玩法，并从发展目标和教学目标出发来选择、调整、改进、使用玩具。

教师还应认真观察、分析幼儿操作使用玩具的行为。幼儿选择了哪些玩具，选择多少，玩的时间长短，在与玩具互动中有怎样的行为与言语，遇到哪些问题，能否和如何解决这些问题等信息，不仅反映了幼儿的学习方式与学习需要，而且体现出玩具是否适宜，这些信息将为教师调整玩具、指导幼儿提供重要依据。

2. 给予幼儿充分的时间和机会进行自主选择和探索

(1)幼儿园应向幼儿开放班级里所提供的游戏材料，允许幼儿使用，而不是将玩具束之高阁。班级中应提供配套低矮的、开放的玩具柜，将玩具放置在固定位置，便于幼儿独立取放玩具。同时游戏材料应向所有幼儿开放，允许幼儿独立选择和使用。

(2)应鼓励和支持幼儿自主选择和探索玩具。现代社会需要能够自主选择、自主决策、自我负责的个体。这种决策能力和责任意识只有在发挥与应用的过程中才可能得以发展。在自主选择和探索玩具的过程中，幼儿在考虑相关因素之后做出有目的的选择，幼儿从自己的兴趣需要、知识经验出发，以不同的方式作用于物品，以不同的方式解释着周围的世界，以不同的方式建构着自己对周围世界的理解和认识，从而发挥并发展着个体的积极性、主动性、自主性、独特性和创造性。

3. 通过多种方式引导、促进幼儿反思

幼儿在操作玩具中获得的是零散的、粗浅的直接经验，只有通过反省抽象才能发现其中的关系，对经验进行重组和改造，形成概念与体系。因此，仅有玩具和操作还不能构成主动学习，主动学习要求幼儿对操作以及操作中获得的经验进行反思。但反思不是所有幼儿在所有情景下自发完成的过程，是需要成人的介入和引导的。教师可以通过提问、描述儿童行为、提供示范、提供游戏材料等多种方式方法来引导和促进幼儿的反思。反思的重点可指向幼儿在游戏中表现出的行为、行为导致的结果、游戏中出现的问题与困惑、内在的情感体验等多个方面。

4. 根据幼儿的需要及课程的需要调整玩具

玩具与材料的特征主要依据幼儿的兴趣与需要以及课程的需要。教师可以深入观察幼儿操作玩具的游戏行为，了解幼儿在游戏中表现出的兴趣与学习需要，从幼儿的兴趣和需要出发来调整玩具。但这并不是一味盲目地追随幼儿的兴趣，而是要结合教育目标和学习目标来进行分析和筛选。因此，课程的需要是教师调整玩具时要考虑的另一个重要因素。围绕课程主题，在课程活动的各个环节，教师可以适时地调整玩具来丰富扩展幼儿的经验，促进幼儿对经验的重组和表征。

教师可以采用多种策略调整玩具，如轮替呈现玩具、更换玩具、增加新玩具、改进和完善原有玩具等，还可以通过列举玩具清单，统计分析幼儿玩具的使用率和选择率，探索改进玩具的策略。

5. 抓住收放玩具的契机，引导幼儿学习

玩具的收放是玩具使用过程中的一个重要环节，这一环节蕴含了丰富的学习机会与教育价值。

(1)合理有序地收放玩具能够有效减低玩具的损耗程度；

(2)让幼儿养成良好的生活习惯和学习习惯，养成秩序感和责任意识；

(3)在收放玩具的过程中幼儿还能获得多个领域的经验，如把积木收放在玩具柜中，需要幼儿按照积木的形状，大小进行匹配和分类，还需要幼儿考虑积木大小与柜子大小的关系，感知空间的方位关系和大小关系等。

为引导和支持幼儿收放玩具，需要班级和教师提供两个基本条件和要求：一方面，班级中应提供充足的、适合的物质条件，包括适合幼儿身高和动作水平的低矮的、开放的玩具柜，便于幼儿独立存放；幼儿能够识别的适宜标志，帮助幼儿确定玩具存放的固定位置。另一方面，教师应设计合理的规则，对幼儿的玩具收放行为提出要求，在规则设计中渗透学习任务。

真题面对面

[2019 统考，简答，5分]简述玩具利用的策略。

答案：详见内文

第六节　各类游戏活动的观察、分析与评价

一、角色游戏的观察、分析与评价

幼儿进行角色游戏的过程，是他们的兴趣和需要得到充分满足的过程，同时也是充分发挥他们的主动性和创造性的过程。为了提高角色游戏的质量，在游戏的过程中单纯依靠幼儿的自主操作是不够的，很多时候还需要教师的观察与评价。

考点 1　角色游戏的构成与发展

对于角色游戏的构成要素及其发展，不同学者有不同的看法。综合已有研究可以看出，学者主要从角色扮演、以物代物、社会性互动三个方面来考察角色游戏的发展。

1. 角色扮演

角色扮演是指儿童借助语言、动作、物品等媒介装扮他人或他物。角色扮演是角色游戏的核心要素，其发展主要体现在角色转换、角色意识、角色分配与轮流、主题与情节几个方面的发展。

（1）角色转换

角色转换反映的是装扮行为与儿童自己和行为主体（行动者）之间的关系。儿童最初扮演的角色都是指向自己的，装扮行为的主体是儿童自己。例如，躺在沙发上闭上眼睛假装睡觉，睡觉这一行为的主体还是儿童自身。皮亚杰认为符号表征能力的发展是游戏产生与发展的基础，因此，他认为这种以自身为行为行动者的自我指向的装扮行为并不是真正的象征性游戏，真正意义的象征性游戏产生于2岁左右。但是，许多学者认为，自我指向的装扮行为是婴儿期最早出现的象征性游戏，因为此时的装扮行为已经与儿童的真实需求发生分离。虽然睡觉这一行为的主体还是儿童自己，但是睡觉并不是儿童的真实需要，只是假装睡觉。此时有假装行为，有情景的转换，但没有出现角色的转换。随后，儿童开始假装他人或其他物体，装扮行为的主体不再是儿童自身，如张开双臂、口中发出嘟嘟声、在屋子里跑来跑去学开飞机或者像妈妈一样抱着娃娃、摇晃娃娃、哄娃娃睡觉。

（2）角色意识

早期儿童没有明确的角色意识，所表现出的装扮行为大多是儿童受玩具和游戏材料的刺激和诱发，按照社会约定的方式使用这些材料而表现出相应的角色行为。此时的儿童关注的重点在于物品以及成人使用物品的行为，而非这种行为的主体即社会性角色。接下来，儿童能够在游戏开始时提出所要扮演的角色名称，如说出“我要演妈妈”之类的话，但在游戏过程中，常常出现忘记自己在扮演谁，很容易为其他事件或玩具材料所吸引而发生角色扮演的中断或转移，从而一会儿表现出妈妈的角色行为，一会儿又表现出医生的角色行为。

4～5岁儿童有比较明确的角色意识，并能坚持某一角色，围绕同一角色做出装扮行为，如一位中班4岁9个月的女孩在娃娃家扮演妈妈，她轻轻摇晃宝宝，把宝宝放在小床上用棉被盖好，然后提着包去上班，下班后在教室里转来转去假装逛街，然后又回到家。

（3）角色分配与轮流

年幼儿童在角色游戏中玩的多是独自游戏或平行游戏，较少产生游戏互动，更没有明确的角色分配意识。例如，在娃娃家，两个小朋友都抱着娃娃玩，彼此之间没有交流和分工。随后，儿童可以分配角色。例如，在玩之前会说“你当妈妈，我当爸爸”，但是角色轮流的意识差。到大班（5～6岁）时，儿童可以自主分配角色，且具有较强的角色轮流意识和能力。例如，几个大班小朋友要玩警察抓小偷的游戏，其中一位

男孩坚持扮演警察，但其他小朋友强烈反对说“你上次就演的警察，这次不能再演了，其他人演”。

(4)主题与情节

受儿童社会交往范围、社会经验和社会认知的影响，角色扮演的主题遵循由近及远的规律发展。儿童最初的装扮行为开始于他们所熟悉的家庭生活中的人物与情节。幼儿园小班主要是围绕娃娃家主题来投放玩具材料，创设角色游戏区。随着儿童社会交往范围的扩大、社会认知和社会经验的积累与提高，儿童的角色游戏主题也逐渐从家庭扩展到更广泛的社区和社会。例如，幼儿园中大班的儿童会对商店、医院、餐馆等角色游戏主题表现出更强的兴趣。

在游戏情节方面，儿童最初的装扮行为所表现的事件是单一的、重复的。进入中班之后，游戏情节开始有明显的内在逻辑线索，并且情节逐渐丰富，但情节的提出具有较强的随意性。如娃娃家中只有一位女孩，没有同伴与她一起游戏，于是她提出娃娃生病发烧了，然后抱着娃娃来到小儿医院请医生给娃娃看病。随后，儿童开始能够预先对游戏情节进行一定的计划和设计。

第二章

2. 以物代物

从指代物在功能与形式上与想象物之间的关系来看，儿童在角色游戏中使用的替代物在功能与形式上与被替代物的一致性越来越低，实际物品对儿童以想象和表征为基础的装扮行为的支持作用越来越小。

最初，儿童只能够转换情境，在无真实需要的情况下使用真实物品。例如，1岁5个月的小鱼儿拿起爸爸的手机说“喂，噢(停顿，沉默一会)，啊”，或者拿起空杯子装作喝水的样子。此时，儿童没有真正打电话或喝水的需要，但是游戏中使用的物品并没有发生转换，所以只是脱离真实需要情境的、基于表征的一种假装行为。

随后，儿童能够用与真实物品相一致的玩具进行装扮行为，这在2～3岁的儿童中间非常常见。在这个阶段，只有真实物品或类似真实物品的玩具才能引发儿童的装扮行为。

接下来，儿童可以利用形式上与真实物体相似但功能不一样的物品展开装扮游戏。例如，用香蕉假装电话听筒，用细纸筒假装麦克风。香蕉和电话听筒、细纸筒与麦克风在外形上相似，但功能完全不同，不过这对儿童的想象与模仿并不构成障碍。

随后，儿童可以用形式与功能完全不同于真实物体的物品来进行装扮。例如，可以跨在扫把上骑大马，倒骑椅子当作开火车，把积木当电话。扫把与大马、椅子与火车、积木与电话在形式和功能上不存在任何的一致性。此时，儿童的表征能力更强，可以无需具体实物的支持进行转换和替代，甚至可以不用任何物品仅用言语和肢体动作来完成。

3. 社会性互动

在角色游戏中有两种性质的社会性互动，一种是儿童之间的真实身份的同伴互动，如一位幼儿对另一位说“我要用这个玩具，你不要动”；另一种是儿童所扮演的角色之间的互动，如一位幼儿扮演妈妈，另一位扮演孩子，妈妈对孩子说“乖宝宝，吃了药就不咳嗽了”。在较初级的角色游戏中，儿童只是专注于自己的游戏材料和角色扮演，表现出的多是独自游戏或平行游戏，儿童之间偶尔会有真实的同伴互动，但很少有角色之间的交往。进入中班之后，儿童开始能够分享对角色的理解与对情节的设计，出现合作扮演。例如，在前述例子中，当妈妈说“乖宝宝，吃了药就不咳嗽了”时，扮演孩子的幼儿会假装咳嗽并把药水喝掉，这两名幼儿所表现出的装扮行为是互补的、相互支持的。

总体上，儿童的角色游戏发展呈现∩型的发展曲线。通常在儿童1岁半至2岁时开始出现装扮行为，4～5岁时达到高峰，在角色扮演、以物代物、社会性互动等方面都更为成熟，并发展至社会性角色扮演游戏。

考点 2 角色游戏观察与评价的原则

在对角色游戏进行观察与评价的时候，有如下一些原则需要评价者注意和把握：

1. 基于真实游戏情境

角色游戏是幼儿根据自己的意愿进行的活动，他们可以在游戏中真实地展现自己。因此教师在观察和评价时要充分考虑游戏的情境，观察幼儿在情境中无意表现出来的一些精彩情节，并且及时地给予积极的评价。

有时教师在观察游戏的过程中会发现幼儿在游戏过程中存在的一些问题。例如，超市的货架混乱、餐厅的顾客抱怨服务人员上菜速度慢等，对于这些问题，在评价时可以直接叙述这些问题，让幼儿通过自主讨论来解决和改正。

2. 全面把握游戏活动

幼儿在角色游戏中始终处于动态的活动之中，游戏的情节会随着幼儿的参与而不断发生变化。因此，在评价时不能仅凭幼儿一时的表现就做出判断，教师需要充分了解游戏活动的情况，在收集有效信息的基础上进行分析，然后再进行评价。例如，幼儿由于缺乏相关的生活经验而在游戏中发生纠纷，教师可以为幼儿提供参观的机会，丰富幼儿的经验。

3. 尊重幼儿的自主性

在角色游戏中，幼儿是活动的主体，他们对游戏的情节与内容以及自己在游戏中表现出的行为、遇到的问题和获得的感受都有自己的体验和观点。角色游戏是评价的对象，但幼儿应当成为评价的主体。教师应当给予幼儿表达的机会，充分倾听幼儿，了解幼儿对游戏过程和结果的体验和认识。

考点 3 角色游戏观察与评价的方法

1. 自然观察

角色游戏是学前期的典型游戏。儿童可以利用任意物品在任何地点开展角色游戏，如在户外他们抓几根小草就能玩过家家，用便携运动器械中的飞盘做锅烧蘑菇汤，等等，只要成人足够细心，注意倾听儿童就能发现角色游戏的影子。因此，成人对儿童角色游戏的观察不应仅仅局限于幼儿园室内的角色游戏区，而应在日常生活的各个场景中有意地观察并发现儿童的角色游戏。

2. 标准化评价

一些学者尝试编制了标准化的假装游戏评价工具，以提供客观、有效、可靠的游戏评价结果，克服观察性评价的主观性。在这里重点介绍《符号性游戏测验》和《儿童自发假装游戏评价》。

（1）符号性游戏测验

符号性游戏测验用于评价12～36个月大的幼儿的功能性游戏技能的发展。在测验过程中，按照规定程序向幼儿呈现4套玩具材料，但是对幼儿使用玩具材料的时间没有限定，当幼儿明显对玩具材料没有兴趣了，或者明显不会有新的玩法时，呈现下一套材料。测验者观察并在记录纸上记录幼儿出现的游戏行为，包括触觉探究（如把勺子放进杯子里）、功能性自我指向的使用（如幼儿自己用玩具杯子和汤匙喝）、功能性玩具娃娃指向的使用（如用玩具杯子和汤匙喂娃娃喝）。总体测验时间持续约15～20分钟。根据记录的游戏行为，计算原始总分，并可将原始分数转换为发展年龄和标准分数。

（2）儿童自发假装游戏评价

《儿童自发假装游戏评价》是常模参照的标准化游戏评价，在一对一的施测背景下评价儿童的自发假装游戏能力。这一评价工具测量3～7岁儿童如何自主发起、维持30分钟（4～7岁）或18分钟（3岁）的假装游戏。在施测时，在两把成人椅子上盖一块布，搭建一个“小屋”，儿童和评价者坐在小屋前的地板上。

评价分成两个片段,15分钟的传统—想象性游戏和15分钟的符号性游戏。两个游戏段都使用性别中立、发展适宜的玩具。传统—想象性玩具是一组农场玩具。符号性游戏片段使用的材料为低结构物品,如锡罐橡木塞、餐巾纸、盒子。这一15分钟片段分为3个5分钟。第一个5分钟,向儿童呈现材料,并告诉儿童可以随意玩这些玩具。第二个5分钟,评价者借用一个玩具娃娃示范5个游戏动作。第三个5分钟,评价者再次扮演被动的角色。

二、结构游戏的观察、分析与评价

考点 1 结构游戏评价的内容与标准

搭建行为以及表征行为是构成结构游戏的两个关键要素。搭建行为是指幼儿把积木颗粒按一定的方式组合在一起的行为,如把一块块积木首尾相连拼接在一起。表征行为是指幼儿用组合在一起的积木来表示某个物体,如把首尾相连的积木当作火车轨道。下面就从这两个方面来考察建构游戏的发展。

1. 搭建行为的发展

幼儿积木游戏的发展经历了不同阶段,但对于经历了哪些阶段目前尚无定论。在研究文献中引用最多的是约翰逊的七阶段划分。约翰逊通过多年对儿童使用单元积木的观察,于1933年最早发表了结构游戏的阶段划分。她将结构游戏划分为以下7个阶段:

阶段1:搬运。非常小的婴儿对积木的反应与对其他物品的反应一样,他们倾向于用自己的感官去探索物品,因此,我们可以看到他们拨弄、敲打、啃咬积木,把积木装进盒子里再倒出来然后再装进去。他们还经常把积木从一个地方搬运到另一个地方。这一阶段的幼儿尚未表现出明显的建构行为。

阶段2:堆叠。这一阶段的幼儿喜欢沿水平方向或垂直方向把积木连在一起或摞在一起,并且不断地重复这一动作。但是,不同幼儿的堆叠行为存在一些差异,有的只是单纯地重复堆叠,如把积木摞高直到积木坍塌,有的则会关注积木是否摆放整齐,会把积木调整成一条直线。

阶段3:架空。这一阶段的幼儿会将两根垂直放置的积木拉开一定距离,在垂直积木上面放置一根横木。这就要求两根垂直积木之间的距离适当,或者横木的长度适当。

阶段4:围拢。幼儿调整积木放置的方向,将积木围拢在一起形成一个闭合的空间。随着幼儿不断尝试错误,不断重复,幼儿能够逐渐建构不同大小以及不同形状如圆形、方形、椭圆形的闭合空间,甚至是一系列联合的闭合结构。

阶段5:模式与对称。这一阶段的幼儿建构出稳定的、对称的结构。他们可能会命名自己建构的结构,也可能不会。此时的幼儿能够比较明确自己需要什么样的积木,如他们会和同伴协商要某块积木或到玩具柜中寻找自己想要的某块积木。总之,这一阶段的幼儿开始运用自己对空间关系的理解来进行积木建构。

阶段6:早期表征。这一阶段的幼儿能整合前面所学技能,建构出更为复杂的结构,并且能够在建构过程中或之后对搭建出的结构进行命名。

阶段7:后期表征。这一阶段的幼儿能够在建构之前就提出自己想要搭建什么,表现出明显的目的性和计划性。幼儿能够调动已有经验,来表征所熟悉的周围事物的结构与细节。

也有学者将幼儿的建构行为归纳为如下:

(1)非建构行为

在约翰逊的第一阶段"搬运"中,幼儿表现出的行为不只是搬运。除了搬运,还有拨弄、敲打、啃咬等行为,这些行为都不是建构行为,所以可以归纳为非建构行为。如幼儿把积木当作刀用来切菜,一直在玩角色游戏。

(2)堆叠、平铺、围拢

由于这些建构行为不是完全按先后顺序出现，它们可能出现在同一年龄的不同儿童身上。因此，本书将这些结构并列。

(3)简单架空

幼儿最初的架空只有一层，即使只有一层，架空结构也是幼儿积木建构水平的质的飞跃，需要幼儿协调两根垂直积木之间的距离和水平积木的长度。随着幼儿搭建技能的熟练，架空结构向垂直或水平方向发展，他们能将多个架空结构垂直连接或水平连接在一起表征某一事物，但此时的架空结构大多在三层左右，以实体结构为主，即垂直面用堆叠结构、水平面以平铺结构来搭建。

(4)简单组合

在复杂的架空结构出现之前，儿童有一个阶段会整合堆叠、平铺、围拢与简单架空来表征事物。

(5)复杂架空

复杂的架空结构有这样几个特征：

第一，朝水平和垂直两个方向发展。

第二，从实心结构逐渐发展到空心结构。

第三，层数比较多。

(6)复杂组合

此时的幼儿能够以复杂架空为主，按照一定的空间关系将其他结构组合在一起表征某一个主题。

2. 表征行为的发展

随着幼儿对周围事物的结构、形式、位置等空间关系的认识和理解以及抽象思维能力的发展，积木游戏中的表征行为经历了以下三个发展阶段：

(1)无表征的操作阶段

此时的幼儿只是单纯地玩弄积木，其中没有转换和表征，表现出的是纯粹的玩物游戏。

(2)简单表征阶段

把单一的或组合的积木想象成某物。例如，把一块三角形积木想象成小船，或把三角形积木放在长方形积木上做小汽车，把首尾相连的积木说成是火车。但此时的表征多发生在建构之后，而且多由外在的成人提问引发。例如，成人问“你搭的是什么”，此时幼儿才会思考并回答“这是大高楼”。

这一阶段的幼儿对所表征事物的整体形状和基本构成部分有所认识，如知道楼房要房顶和主体，楼房是长方形的。但是，对于细致的组成部分及其相互的位置关系缺乏经验和抽象概括。

(3)复杂表征阶段

这一阶段的儿童的表征更为复杂，具体有三个表现：

一是目的性和计划性更强，他们会在建构之前就有明确的目的，要建构什么事物，如他们会说“我要建立交桥”；

二是出现联合的表征，儿童会与同伴共同建构某事物，如“我们一起建动物园吧，我来建恐龙馆，你来建爬虫馆，怎么样”；

三是对真实细节的表征。幼儿搭建的“假日酒店”有台阶、门、阳台、阳台护栏、阁楼，楼顶还有大招牌。这些都是对楼房这一事物的细节的表征。

考点 2 建构游戏评价的方法与工具

目前没有标准化的建构游戏评价工具，只有观察性评价。成人可以根据以下问题对儿童建构游戏进行

观察：

(1)儿童用积木做什么？用到了什么积木？用了多少块？

(2)儿童是否能用语言描述他正在做的？是如何描述的？

(3)儿童是否一次又一次地重复建构同样的事物？搭建了什么结构？

(4)儿童在搭建过程中遇到了怎样的问题？如何解决问题？

(5)儿童如何与同伴互动？

对儿童建构游戏的观察记录可以采用轶事记录方法，也可以采用检核表的方式。

三、规则游戏的观察、分析与评价

观察是指导幼儿游戏的前提，也是对游戏进行正确评价的保证。观察和分析幼儿规则游戏的活动状况及发展水平，既能够看到幼儿的认知发展水平，又能够帮助幼儿“去自我中心”，提高社会交往水平。

考点 1 规则游戏的观察

测评游戏的工具很多，早期游戏研究者习惯从某一角度评价幼儿的游戏水平。如帕顿的社会参与量表和斯米兰斯基改编自皮亚杰的游戏认知量表等都是单一尺度的游戏评价量表，如下表所示。

帕顿/皮亚杰游戏观察记录表

姓名：　观察日期：

游戏的社会—认知量表			
社会 认知	独自的	平行的	群体的
练习性游戏	独自—练习性游戏	平行—练习性游戏	群体—练习性游戏
结构游戏	独自—结构游戏	平行—结构游戏	群体—结构游戏
角色游戏	独自—角色游戏	平行—角色游戏	群体—角色游戏
规则游戏	独自—规则游戏	平行—规则游戏	群体—规则游戏

目前没有专门针对幼儿规则游戏的观察和测评工具。皮亚杰曾对幼儿玩“弹珠游戏”进行研究，发现幼儿要到5～8岁才真正会玩规则游戏。皮亚杰主要从幼儿规则意识和规则行为两方面来描述幼儿规则游戏的发展。幼儿在进行规则游戏中，规则意识的发展水平及实践规则的行为可以作为观察和评价幼儿规则游戏的具体参考指标，如下表所示。

儿童规则行为和规则意识的发展

发展阶段	规则行为	规则意识
第一阶段(3岁左右)	运动/个人性质	“动”即快乐
第二阶段(3～5岁)	自我中心性质	规则神圣不可侵犯
第三阶段(5～7、8岁)	协作	
第四阶段(11～12岁)	规则的汇集与系统化	可变的规则

1. 儿童规则行为发展

皮亚杰发现，儿童规则行为的发展需要经历四个阶段。

第一阶段，3岁左右以动作为中心的玩物阶段。这一阶段幼儿只是按照自己的兴趣用各种方式和方法来玩弹珠。弹珠对于幼儿来说只是一种玩具,幼儿的动作毫无规则,不会按照规则来弹弹珠。游戏的方式主要是独自游戏。

第二阶段,3~5岁以自我为中心的游戏阶段。这一阶段幼儿虽然能在形式上模仿年长幼儿的游戏动作,但是他们在一起各玩各的,规则还不是交互的、可以交流的。他们不在乎输赢,游戏中没有竞争,没有互相控制,每个人都是游戏的赢家。

第三阶段,5~7、8岁的初步合作阶段。大约从5~6岁开始,儿童能够开始顾及他人并注意与他人的关系。他们开始会与他人比较,并协调自己和玩伴的不同意见。他们开始比较彼此的表现并考虑对手的意图,标志着"去自我中心"能力的发展。

第四阶段,11~12岁的规则协调阶段。这一阶段是规则的汇集和系统化阶段。儿童对规则本身发生了兴趣,同一群体中的儿童对于某一游戏的规则及其各种不同的变化以及规则的细节都非常清楚,而且能够达成一致认识,表明儿童能根据游戏中可能出现的情况,通过协商制定或修改规则,以适用于不同的情况。

2. 儿童规则意识的发展

儿童规则意识的发展存在三个阶段。

第一阶段,"动即快乐"阶段。这一阶段儿童只是因为对仪式化的动作感兴趣而不断重复和模仿游戏的动作。"机能快乐"成为驱动儿童游戏的动力。游戏规则对于儿童来说没有任何实际意义,不具有来自外部的强制性约束的作用。这种无意识的表现与规则行为的第一阶段的表现是相对应的。

第二阶段,"规则神圣不可侵犯"阶段。这一阶段儿童开始注意到游戏的规则并模仿别人的规则行为,虽然在规则的实践中,儿童仍然存在自我中心的倾向,但他们开始接受这些规则,认为这些规则是"神圣不可侵犯"的。儿童一般不肯对这些规则做出任何修改,而且认为对于规则的任何修改都是错误的。因为规则来自长者,来自权威,表现出"他律"的道德特征。这一阶段包括规则行为的第二阶段和第三阶段的前半部分。

第三阶段,可变的规则阶段。在此阶段儿童已经不把规则看作神圣不可侵犯不可改变的东西,他们已经能够认识到规则来源于大家集体协商和讨论的结果,是社会和集体成员都认可和同意的结果。由于规则是"社会同意"的产物,因此参与决定、同意规则的人应当遵守和尊重规则,规则由外在的规则变为自主的规则。这一阶段对应于规则行为发展的第三阶段后半部分和第四阶段。

根据皮亚杰对儿童规则游戏的观察和评价,将幼儿规则行为和规则意识作为评价幼儿规则游戏水平的主要指标,设置了幼儿规则游戏发展水平观察记录表。观察者在对幼儿进行规则游戏时,根据幼儿行为、语言和动作表现在规则行为和意识栏里打上相应的对号,做出标示。具体表现部分可用文字或视频进行记录。

考点 2 规则游戏评价中需要注意的问题

规则游戏对儿童的发展具有独特的价值和意义。但在组织、评价规则游戏时涉及规则游戏的年龄适宜性评价、游戏策略的评价、规则游戏结果的评价等问题。

1. 规则游戏的年龄适宜性评价

规则游戏是否适宜于学前儿童?儿童是否具有规则游戏的能力?不同年龄段儿童的规则游戏评价方法是否相同?关于规则游戏的发展阶段及儿童规则游戏的能力等内容在皮亚杰的儿童规则意识和规则行为发展阶段中已经提及。一般而言,规则游戏的内容和方法来自社会传递,但规则游戏能力的成熟要以儿童对规则游戏的意义的理解为基础。规则游戏对幼儿来说具有重要的发展价值,幼儿在规则游戏过程中,能够学到的东西比他们在课堂上学到的更多。尤其对于4~5岁幼儿,他们能从规则游戏中受益。幼儿玩规则游戏，是为了促进个体认知和社会性发展，而不是为了获取游戏玩法和习得游戏规则。从这个角度来说，评价者在评价不同年龄段儿童规则游戏时，要把握的评价前提是：规则游戏对于儿童的发展，主要的不是具体玩法和规则的掌握程度，而是游戏过程中所蕴含的认知和社会性发展的机会。

2. 规则游戏中游戏策略的评价

成熟的规则游戏是策略游戏，游戏结果蕴含着游戏者的心智与技能。研究发现，年龄较小的幼儿（小班和中班的幼儿）不在乎输赢，也不会在游戏中运用策略。如赛跑中，每个人都是胜利者；“猜猜我是谁”的听辨游戏中，常常有幼儿泄露答案，其他人对此并不表示抗议等。对于这些不正确的玩法，在规则游戏评价时是否视作游戏水平低？要不要教给幼儿游戏策略？

幼儿的心智特点决定了游戏行为和游戏表现。游戏策略具有一定的可观察和可模仿性。研究发现，对于成人的某些游戏策略示范，幼儿很容易就会模仿。如小班幼儿在玩“猜猜我是谁”的听辨游戏中，教师采用“变音”的策略，模糊幼儿视听，幼儿很快就学会了这一“变音”策略。但若干星期后，小班幼儿在游戏中运用策略的水平上并没有提高，反而有明显的回落，表明小班幼儿并没有真正理解策略动作的意义，只是一种简单的机械性的模仿而不是源自内在的心智发展。因此，在评价规则游戏的策略使用上，应该根据不同年龄幼儿的特点，顺应幼儿的玩法而不是硬性地去加以纠正和进行外在的策略训练。

随着幼儿游戏经验的积累，由幼儿自己发现或感悟出来的游戏策略才标志着幼儿认知和社会性方面的整体发展，由此，我们要为幼儿提供游戏的机会，让他们积累游戏的经验，学会等待，而不是拔苗助长。

3. 规则游戏结果的评价

规则游戏伴随着竞争性，最终分出输赢。竞争性和输赢的结果是规则游戏的特点之一。如何看待幼儿在规则游戏中的竞争以及输赢的结果，是规则游戏评价中的难点。在对待规则游戏输赢结果和竞争性问题上，有人强调淡化游戏的竞争性和结果性，有人认为规则游戏的竞争性和结果性恰恰适应了现代社会对人才的要求，竞争是有价值的，幼儿应当从小学会竞争。实际上，幼儿游戏中的竞争不同于成人社会经济生活中的竞争，也不同于幼儿在实际生活中的竞争。在游戏中，游戏者不是为了得到什么具体的物质利益，游戏过程本身就使他们快乐。游戏是超越“功利”而趋向于“审美”的。

游戏中的输赢只是暂时的，没有永远的赢家。对于幼儿来说，意识到竞争或输赢，标志着认知和社会性发展上的进步。游戏中竞争对幼儿的影响是积极的还是消极的，与成人或教师如何对待和处理游戏中的竞争和输赢有关。因此，我们在对规则游戏结果的评价上，不能局限于可见的输赢结果，而是要深度剖析如何有效利用游戏结果，引导幼儿正确理解遵守规则的意义，正确看待输赢，这比简单地分出输赢对于幼儿来说更具现实意义。

考点 再拔高

▼ 幼儿园游戏活动评价的要求

1. 幼儿是评价的主体，教师是评价的支架

幼儿是游戏的当事人，理所当然是评价的主体。教师应以幼儿为主体，鼓励幼儿大胆、清楚地表达自己的想法和感受，尝试说明、描述简单的事物或过程；以帮助幼儿在与他人的互动中，将外在经验内化为自身的经验。教师不应急于将答案及解决问题的方法告诉幼儿，应引导幼儿在已有经验的基础上，就一个问题展开对话和讨论，以自己的方式来解决问题，对于一个问题不仅知道它“是什么”，而且还要明白“为什么”“怎么办”。这样才能丰富幼儿已有的经验，发展幼儿的实际能力。

2. 每次评价有重点，避免面面俱到

评价游戏不能面面俱到。游戏中幼儿出现的问题会很多，如果教师希望面面俱到、立刻解决，其结果只能是每个问题都“蜻蜓点水”，而不能得到深入的分析和解决。因此，教师应针对幼儿的最主要问题，重点进行评价。在评价中应关注幼儿的游戏过程，帮助幼儿积极主动地参与，充分表达自己的观点，并逐渐在与教师和同伴的互动讨论过程中，主动建构自己的知识和经验。

3. 承认和关注幼儿的个体差异

游戏中，每个幼儿在自己已有经验的基础上表达他们对生活的理解，由于经验、性格、环境等的差异，表达的侧面有所不同，但不能用游戏开展的好与不好来评价幼儿游戏的水平。幼儿游戏本身没有质量好坏、水平高低之分。因此，教师要承认和关注幼儿的个体差异，避免用单一的标准评价不同的幼儿，在幼儿面前慎用横向的比较。切忌对幼儿说类似于“游戏好的小朋友，下次要玩得更好”“今天玩游戏表现好的，老师发给他颗五角星”“这次表现不好的小朋友，下次只能看别人游戏”等有伤幼儿自尊的语言。

真题面对面

[2019统考，单，1分]以下不属于幼儿园游戏活动评价要求的是（　　）

A. 幼儿是评价的主体，教师是评价的支架

B. 每次评价有重点，避免面面俱到

C. 重点点评幼儿在游戏中表现的好坏，并给予奖惩

D. 承认和关注幼儿的个体差异

答案：C

第七节　幼儿游戏的指导

游戏是幼儿自主的活动，并不是说幼儿的游戏不需要教师的指导。相反，教师在幼儿游戏中起着很重要的作用。教师对幼儿游戏的指导必须以保证幼儿游戏的特点为前提。否则，一切指导都可能是徒劳的，甚至可能成为幼儿发展的障碍。教师对幼儿游戏的指导包括以下几个方面：

(1)尊重幼儿游戏的自主性；(2)以间接指导为主；(3)按幼儿游戏发展的规律指导游戏；(4)按各种类型游戏的特点指导游戏；(5)正确评价幼儿的游戏；(6)使游戏成为幼儿园的基本活动。

这里主要介绍按各种类型游戏的特点指导游戏。

由于不同种类的游戏有着不同的特点，所以，教师对游戏的指导还应考虑到游戏的种类。

幼儿自发的游戏和教学游戏有着本质的区别，因而组织、指导的办法也会有所差异。

(1)教学游戏要为特定的目标服务，有明显的成人制定的规则，教师对活动的控制、干预强；(2)幼儿的自发游戏没有外在的强制性目的，完全是幼儿自主的活动，教师对游戏的控制、干预要弱得多。因此，教师应在活动中把握好自己干预游戏的“度”，考虑到不同类型游戏的特点，施以不同的指导。

真题面对面

[2018统考，简答，5分]简述教师对幼儿游戏的指导策略。

答案：详见内文

考点 再拔高

▼ 教师介入幼儿游戏的重要性、时机和方法

1. 教师介入游戏的重要性

(1)教师介入儿童游戏能提高儿童游戏的安全性。教师是儿童安全游戏的保护者，承担着为儿童安全游戏保驾护航的使命，教师从儿童游戏的内容、场地、材料和儿童的游戏过程几方面进行密切的关注，同时在管理中将定期检查与随时检查相结合，专人检查与教师即时检查相结合，从而可以将活动中不安全的可能性降到最低限。另外，教师在游戏中通过有意识地培养儿童的自我保护意识和运动能力，能提高儿童主动的安全意识和防范能力。

(2)教师介入儿童游戏可以提高儿童游戏的水平，尤其是儿童的角色意识、社会行为规范和积极情感。在教师有目的、有意识的环境创设、材料投放和指导下，能提高儿童游戏的能力。

2. 教师对幼儿游戏的介入时机

成人对游戏干预时机的选择主要取决于两个因素：一是幼儿客观的需要，即看幼儿的游戏行为是否自然顺畅，是否需要帮助；二是成人的主观心态和状况，即成人希望幼儿在游戏中表现出的水平、态度和情绪体验，也包括成人是否具备投入幼儿游戏的热情和精力。在介入之前，成人一定要仔细观察，选择适宜的时机再介入。

(1)当幼儿游戏出现困难时介入

当幼儿不知道自己该做什么游戏、如何去游戏时，教师的介入是引导幼儿开始游戏的关键。

(2)当必要的游戏秩序受到威胁时介入

当必要的游戏秩序受到威胁时，教师可用游戏口吻自然地制止幼儿的干扰行为，并提出活动建议。

(3)当幼儿对游戏失去兴趣或准备放弃时介入

这时教师的介入可以帮助幼儿拓展游戏内容，提高游戏技能，进一步激发幼儿的游戏兴趣。

(4)在游戏内容发展或技能方面发生困难时介入

在这种情况下，教师可以作为游戏同伴介入游戏给予幼儿示范，或者让幼儿相互启发，相互影响，以帮助幼儿克服困难，拓展游戏。

3. 介入的方法

教师可以采用参与式介入、材料指引介入和语言指导介入等方法，介入幼儿游戏过程。

(1)参与式介入

参与式介入是教师以游戏者的身份，介入幼儿游戏。一般采用的有平行式介入法、交叉式介入法。平行式介入法指教师在幼儿附近，和幼儿玩相同的或不同材料和情节的游戏，目的在于引导儿童模仿，教师起着暗示指导作用。教师一般以平行角色的身份或教师的身份来参与游戏。交叉式介入法是指教师以角色的身份参与游戏，以游戏情节需要的动作、语言来引导儿童游戏的发展。

(2)材料指引介入

材料指引是通过教师为儿童提供材料，引发游戏的兴趣，促进游戏的延续和提升的方法。

(3)语言指导介入

语言指导是教师通过运用“询问式”“建议式”“鼓励式”“澄清式”“邀请式”“角色式”“指令式”等不同形式的语言指导幼儿游戏的方法。鼓励式的语言有时能潜移默化着学前儿童的行为，最终帮助幼儿根据游戏的需要自主地对游戏的内容进行调整以顺应游戏的发展。

真题面对面

1.[2018统考,单,1分]教师介入幼儿游戏的恰当时机是( )

A. 幼儿兴趣正浓时　　B. 游戏井然有序时

C. 幼儿打算继续时　　D. 游戏内容发展有困难时

2.[2018杭州,单,1分]在幼儿园"快递公司"角色游戏中,教师扮演"寄快递的人"却假装不知道要怎样正确寄快递,吸引"工作人员"主动前来介绍,在这里,教师使用了( )

A. 交叉式介入法　　B. 平行式介入法

B. 垂直介入法　　D. 情感性鼓励

3. [2021临海,简答,6分]简述教师介入游戏的重要性。

答案:1. D　2. A　3. 详见内文

第二章

重难点解读

教师介入游戏的时机:幼儿不知道做什么或如何做时、秩序受威胁时、内容或技能发生困难时、失去兴趣或准备放弃时。

教师介入的方法:(1)参与式介入分为平行式和交叉式,平行式介入指教师在幼儿附近与幼儿玩相同或不同的材料,起到暗示作用;交叉式介入指教师以角色身份参与。(2)材料指引介入指教师提供材料。(3)语言指导介入。

一、角色游戏

考点 1 角色游戏组织与指导的原则

(1)主体性原则,允许幼儿自由选择游戏及游戏中的角色;

(2)个性化原则,体现层次性,满足幼儿的发展需要;

(3)开放、随机性原则,适时介入给予指导。

考点 2 角色游戏的指导环节与要点

1. 角色游戏前期准备

丰富幼儿的生活经验,提供适合的场所以及丰富的游戏材料,提供充足的游戏时间。

2. 角色游戏过程中的现场指导

(1)鼓励和启发幼儿按照自己的意愿自主确定游戏主题;

(2)教会幼儿分配游戏角色;

(3)观察、参与幼儿游戏,尊重幼儿个体差异性,给予适宜的指导。

3. 角色游戏结束环节的指导

(1)愉快地结束游戏,培养幼儿对游戏的兴趣;

(2)引导幼儿收拾游戏材料和场地,培养幼儿良好的习惯;

(3)评价游戏,丰富幼儿的游戏经验,提升游戏水平。

考点 3 各年龄段角色游戏的特点与指导要点 【单选、简答】 ★★★

幼儿的游戏水平具有年龄差异性。在角色游戏中,小班幼儿以模仿为主,大班幼儿则以创造为主。教师应针对幼儿的年龄特点和游戏水平,有针对性地进行指导。

1. 小班角色游戏的特点和指导要点

(1)小班角色游戏的特点

①幼儿处于独自游戏、平行游戏的高峰期,主要与游戏材料发生联系,与伙伴之间的交往少;

②角色意识不强,对操作游戏材料或模仿成人动作较感兴趣;

③游戏主题单一、情节简单。

(2)小班角色游戏的指导要点

重点在于如何使用游戏材料。

①教师根据幼儿的游戏特点和社会经验,为幼儿提供的玩具种类少,但每种玩具的数量较多,避免幼儿因相互模仿而争抢玩具,满足幼儿平行游戏的需要;

②教师以游戏者的身份介入游戏,引导、培养幼儿的规则意识,让幼儿逐渐学会在游戏中进行自我管理;

③通过游戏评价不断丰富游戏经验。

2. 中班角色游戏的特点和指导要点

(1)中班角色游戏的特点

①幼儿认识范围不断扩大,游戏的内容与情节较小班不断丰富;

②处于联合游戏阶段,游戏主题丰富,但不稳定,幼儿会经常"换场";

③希望与别人交往,但欠缺交往技能,常与伙伴发生冲突;

④角色意识较强能够按照自己选定的角色开展游戏。

(2)中班角色游戏的指导要点

重点是引导幼儿解决游戏冲突。

①教师应结合幼儿的社会经验,为幼儿提供丰富且富有变化的游戏材料,鼓励幼儿不断丰富游戏主题;

②仔细观察并认真分析幼儿发生冲突的起因,以游戏者的身份介入游戏,指导游戏;

③通过幼儿讨论等形式展开游戏评价,增长游戏经验,丰富游戏内容;

④指导幼儿在游戏中逐渐掌握社会规则和交往技能,逐渐学会独立解决问题。

3. 大班角色游戏的特点和指导要点

(1)大班角色游戏的特点

①随着幼儿对社会生活认知的不断积累,游戏经验丰富,主题新颖,内容丰富,游戏所反映的人际关系较为复杂;

②处于合作游戏阶段,喜欢与伙伴共同游戏;

③能按照自己的愿望主动选择游戏主题,并有计划地开展游戏;

④在游戏中独立解决问题的能力增强。

(2)大班角色游戏的指导要点

①与幼儿一起准备游戏环境,侧重语言引导,培养幼儿的自主性;

②认真观察游戏,给幼儿提供必要的条件和机会以及适当的引导;

③允许并鼓励幼儿在游戏中进行创造,培养幼儿的创造性;

④通过多种形式开展游戏讲评,让幼儿在分享中取长补短、开拓思路,发挥游戏的教育作用。

真题面对面

[2022 金华兰溪,简答,5 分]简述小班与中班角色游戏的区别。

答案:详见内文

二、结构游戏

考点1 为游戏创造良好的条件

1. 引导幼儿认识建构材料，丰富幼儿相关经验

引导幼儿认识建构材料的形状、颜色、大小等特征，熟悉材料的操作方法，会选用建构材料去构造物体，会灵活使用材料。教师在日常生活中注意丰富幼儿的生活经验，积极培养幼儿仔细观察周围事物的习惯。

2. 教会幼儿构造的基本技能，培养他们的独立构造能力

结构游戏的基本技能有以下几个方面：

(1)会运用排列与组合、接插与镶嵌、黏合、螺丝旋转等方法构造物体；

(2)会灵活选用结构元件和辅助材料表现物体的基本特征；

(3)会设计结构方案，能按计划有目的、有步骤地进行构造活动，并能在实践中修改、补充方案；

(4)会根据实物和平面图进行构造；

(5)会在集体建造活动中分工合作，建筑较复杂的建筑物等。

3. 提供丰富的结构材料和进行结构游戏的场所

材料和环境的准备是幼儿进行结构游戏的基础，教师应保证游戏时间，提供丰富的结构材料和进行结构游戏的场所，在物质条件上满足幼儿进行结构游戏的需求。

4. 培养幼儿良好的行为习惯

通过结构游戏，教师要注意培养幼儿认真、耐心、细致的工作态度和爱护玩具、爱整洁、爱劳动的良好习惯。

考点2 结构游戏的组织指导

(1)通过引入投放材料、出示范例、创设情境来激发幼儿参与结构游戏的兴趣；

(2)通过讨论“建造什么？怎么建造？用什么建造?”来启发引导幼儿设计建构活动；

(3)运用竞聘、轮流等方法指导幼儿通过分工合作完成建构活动；

(4)观察、分析幼儿建构活动水平；

(5)找准时机，运用整体建构和重点拼搭示范、环境刺激启发、介入共玩、语言启发、榜样暗示、图片范例提示等指导方法推进建构活动；

(6)注重幼儿作品的展示欣赏和评价。

考点3 各年龄段结构游戏的特点与指导要点

1. 小班结构游戏的特点和指导要点

(1)小班结构游戏的特点

①小班幼儿在结构游戏中对结构的动作感兴趣，没有特定的目的，只是无计划地摆弄结构元件；

②常常喜欢把结构元件垒高然后推倒，不断重复，从中体会乐趣；

③在成人的指导和示范下能初步完成作品；

④但由于幼儿手指力量不够，所拼插的作品牢固性差，拼插中对颜色选择较随意，对大型作品缺乏耐心，主题很不稳定。

(2)小班结构游戏的指导要点

①引导幼儿认识结构材料，有意识地构造简单的物体给幼儿看，提供模仿的机会；带领幼儿参观中、大班幼儿的建构活动，引起幼儿对建构活动的兴趣。

②为幼儿安排场地，准备足够数量的结构玩具。

③在游戏中指导幼儿学习基本的构造技能，建构简单的物体。

④建立结构游戏简单的规则，如爱护材料。

⑤教给幼儿整理和保管玩具的简单方法，使幼儿学习参与、整理玩具，培养爱护玩具的习惯。

2. 中班结构游戏的特点和指导要点

(1)中班结构游戏的特点

①目的比较明确，能初步了解结构游戏的计划；

②对操作过程有浓厚的兴趣，关心结构成果；

③能围绕结构物开展游戏，会按主题进行构建，初步利用材料美化结构物；

④能独立地整理玩具。

(2)中班结构游戏的指导要点

①丰富幼儿的生活经验，增加幼儿对事物结构造型方面的知识；

②引导幼儿学习设计结构方案，有目的地选材，学会看平面图进行构造；

③可采用示范、讲解相结合的方法，也可用建议和启发的方法，指导幼儿掌握结构技能并会应用技能塑造物体；

④鼓励幼儿独立地进行创造性的建构活动；

⑤组织结构活动小组(3～4人)进行集体建构活动，引导幼儿共同讨论、制定方案，进行分工，友好合作开展活动；

⑥组织幼儿评议结构成果，鼓励他们独立、主动地发表意见，促进幼儿语言表达能力和创造性思维的发展。

3. 大班结构游戏的特点和指导要点

(1)大班结构游戏的特点

①结构游戏的目的性、计划性和持久性增强，建构内容丰富，使用材料增多，有一定的独立构造能力；

②能合作选取丰富多样的材料，围绕主题大胆动手、尝试，灵活应用多种技能进行一定的设想规划，围绕主题进行较复杂的建构；

③希望自己的作品有新意，追求结构的逼真和完美。

(2)大班结构游戏的指导要点

①丰富幼儿的结构造型知识和生活印象，引导幼儿为结构活动收集素材；

②指导幼儿学习表现物体的细节和特征，准确表现游戏的构思和内容，使用结构材料和辅助材料美化构造物；

③指导幼儿制订计划(包括协商确定主题，商量结构步骤及方法，如何分工合作等)；

④重点指导幼儿掌握并应用新的技能，帮助他们实现自己的构思；

⑤教育幼儿重视结构成果，欣赏自己及伙伴的作品，发展评价、分析自我以及别人的能力；

⑥引导幼儿开展参加人数多、持续时间长的大型结构活动。

在活动过程中，不断鼓励幼儿进行创造性思维并为他们提供材料，帮助他们克服困难。教师也可以参加幼儿的活动，与他们共同完成结构任务。

三、表演游戏

考点1 表演游戏的指导原则

(1)游戏性先于表演性，要确保所组织的活动是“游戏”而不是单纯的表演；(2)游戏性与表演性应当很好地融合、交织在一起。

考点2 组织和指导表演游戏的注意事项

(1)选择适合表演的文艺作品。选择表演的文艺作品要有教育意义，其情节要易于为儿童掌握和表演。

(2)激发儿童对表演游戏的兴趣。

(3)为儿童准备简单的表演服装和道具。

(4)帮助儿童组织表演活动。最初可先组织部分儿童练习表演，之后，再组织全班儿童参加表演游戏，可以同时组织几组，让儿童轮流当观众与演员。在表演过程中教师要注意儿童表演的逼真性和教育性，还应特别注意吸引一些胆怯儿童参加表演游戏，教他们学会担任角色，充分发挥表演游戏对所有儿童的教育作用。

考点3 中、大班幼儿表演游戏的特点与指导要点

1. 中班表演游戏的特点和指导要点

(1)中班表演游戏的特点

可以自行分配角色，但角色更换意识不强。游戏的目的性、计划性差，以一般性表现为主，以动作为主要表现手段。

(2)中班表演游戏的指导要点

①教师应为中班幼儿提供适宜的游戏时间和空间，并注意材料的结构化程度；

②为幼儿准备封闭或半封闭的空间，这个空间最好在一定时间内是固定的，给幼儿认同感和安全感，保证幼儿有不少于30分钟的游戏时间；

③为中班幼儿提供的材料要简单易搭，以2～4种为宜；

④在游戏最初的开展阶段，教师要帮助幼儿做好分组工作，讲解角色更换原则；

⑤不要过多干预幼儿的游戏，不要急于示范，要耐心等待幼儿协商、讨论，提醒幼儿坚持游戏主题；

⑥在游戏展开阶段，教师应帮助幼儿提高角色表现意识，可以参与游戏，为幼儿提供适当的示范。

2. 大班表演游戏的特点和指导要点

(1)大班表演游戏的特点

①能独立完成角色分配任务，有很强的角色更换意识；

②游戏的目的性、计划性较强，能自觉表现故事内容；

③具有一定的表演意识，但尚待提高；

④具备一定的表演技巧，能灵活运用多种表现手段，但表演水平尚待提高。

(2)大班表演游戏的指导要点

①教师可以为大班幼儿提供种类较多的游戏材料以鼓励和支持他们进行多样化探索；

②在游戏的最初阶段，教师除了提供时间、空间和基本材料外，应尽可能少地干预幼儿；

③随着游戏的展开，教师应及时为幼儿提供反馈，提高幼儿表现故事、塑造角色的能力，反馈重点是如何塑造角色。

四、智力游戏

考点1 智力游戏的组织与指导原则

(1)选择和编制合适的智力游戏；

(2)帮助幼儿构建规则意识；

(3)培养幼儿的游戏策略意识，而不是教给幼儿游戏的策略。

考点2 各年龄段智力游戏的特点与指导要点

1. 小班智力游戏的特点和指导要点

(1)小班智力游戏的特点

小班幼儿玩的智力游戏比较简单，符合3～4岁幼儿身心发展的特点。

①游戏任务容易理解，易于完成；

②游戏方法明确具体；

③游戏规则要求低，通常只有一个规则；

④游戏趣味性大于实际操作性，启发性大于知识性；

⑤游戏注重幼儿的兴趣及参与意识的培养，激发幼儿学习知识的愿望。

(2)小班智力游戏的指导要点

①游戏所涉及的知识要适应小班幼儿的接受能力；

②要选择规则简单、趣味性较强的游戏，对少数智商较高的幼儿，可以让他们玩一些难度较大的游戏；

③教师应熟悉智力游戏的目的、难点、重点、规则和游戏中的相关知识，以发挥其开发智力的作用。

2. 中班智力游戏的特点和指导要点

(1)中班智力游戏的特点

中班幼儿玩的智力游戏有一定的难度，符合中班幼儿身心发展的特点。

①游戏任务性大于娱乐性，注重趣味性及幼儿实际操作能力的培养；

②游戏方法复杂多样；

③游戏规则带有更多控制性，要求相对提高；

④注重幼儿在完成游戏任务的同时，遵守规则，并在游戏中给幼儿一定的知识概念。

(2)中班智力游戏的指导要点

①使幼儿在智力游戏中产生愉快的情绪，注意激发幼儿学习的积极性，努力完成任务的坚持性，以及思维的敏捷和灵活性；

②注意培养幼儿动手动脑的能力，以发展幼儿智力为最终目的；

③应考虑中班幼儿的生活经验与接受能力，难度适当，不能过难或过易；

④在为幼儿选择智力游戏时，要循序渐进，由易到难，激发幼儿思考，鼓励幼儿积极参加智力游戏。

3. 大班智力游戏的特点和指导要点

(1)大班智力游戏的特点

大班幼儿玩的智力游戏综合性提高，符合大班幼儿的发展特点。

①知识性大于娱乐性，创造性增强；

②游戏任务较为复杂，有时一个游戏多项任务；

③游戏方法多且难度较大；

④游戏规则可以改变，幼儿可以在活动中通过协商制定新的规则。

(2)大班智力游戏的指导要点

①在选择智力游戏内容时，应注意游戏本身的趣味性和吸引力，使幼儿愿意积极参加游戏；

②智力游戏的内容应有一定的难度，幼儿通过动脑思考后完成游戏任务，以发展幼儿的智力；

③组织智力游戏时，教师主要依靠语言讲解游戏，并要求幼儿独立开展游戏，培养幼儿独立思考的能力；

④教师对幼儿游戏的引导应多于指导；

⑤幼儿在智力游戏活动中应遵守规则，同时允许幼儿制定新规则。

五、音乐游戏

考点 1 音乐游戏的指导原则

“漫不经心的娱乐”原则：强调幼儿自身的参与和感受，从幼儿身心特点出发，让幼儿在亲身参与和感受中体会音乐的魅力和内涵。

“幼儿主体、教师引导”原则：

(1)在了解幼儿的基础上，以促进幼儿的发展来设计游戏，确定游戏主题。

(2)充分发挥幼儿的想象力,与他们共同设计音乐游戏。

教师应细心地观察孩子的表现,使游戏活动更具指导性。教师还要使幼儿感受到音乐游戏的快乐,而不是单纯地指导他们如何进行游戏。教师要以幼儿为主体,帮助幼儿建立规则意识。当幼儿没有兴趣继续进行游戏时,教师可以参与到游戏中去,通过一些示范活动与鼓励,重新激发起幼儿游戏的兴趣。此外,教师还要在音乐游戏中扮演多种角色,灵活处理突发事件。

考点 2 音乐游戏的指导内容

1. 自娱性音乐游戏的指导

自娱性音乐游戏的特点是"自发性、趣味性、随机性",这决定了教师的指导应当少之又少,基本上只提供游戏材料,或者间接指导,尽量不干涉幼儿游戏。教师应创设丰富的音乐环境,提供自娱性音乐游戏的平台。音乐环境一般包括小舞台和音乐区,教师要用心布置该区域,调动幼儿积极性。

2. 教学性音乐游戏的指导

教师要通过选择合适的、有趣的内容,通过教师的感染力来激发幼儿游戏的兴趣,注重游戏过程中的音乐体验,给幼儿充分地表现自我的机会。

六、体育游戏

1. 幼儿体育游戏的指导原则

(1)经常化原则,避免"三天打鱼,两天晒网"。

(2)适量的运动负荷原则,通过合理安排及注意调节幼儿练习时身体和心理所承受的负荷量,保证幼儿在运动后取得超量恢复的最佳效果。

(3)多样化原则,灵活运用多种途径、多种组织形式和方法进行体育活动。

(4)全面发展原则,保证体育游戏既能促进幼儿身心发展,又能使身体各部位、各器官系统得到全面协调的发展。

2. 幼儿体育游戏常用的指导方法

幼儿体育游戏常用的指导方法:讲解法、示范法、练习法(重复练习法、条件练习法、完整练习法、分解练习法、循环练习法)、语言提示和具体帮助法、游戏法(比赛法、领做法、信号法)。

核心考点回顾

1. 幼儿游戏的特点有哪些?(参见本书P049)
2. 幼儿游戏对幼儿认知发展的意义有哪些?(参见本书P052)
3. 依据游戏的社会性特点为依据的游戏分类有哪些?(参见本书P057)
4. 角色游戏观察与评价的原则有哪些?(参见本书P082)

达标测评

建议用时	实际用时	测评总分	实际得分
30分钟	____分钟	40分	____分

一、单项选择题(每小题1分,共3分)

1. 幼儿根据《拔萝卜》《三只蝴蝶》《小兔子乖乖》《彼得与狼》等故事或童话开展的角色扮演游戏,称之

为(　　)

A. 角色游戏　　B. 语言游戏　　C. 交往游戏　　D. 表演游戏

2. 下列不属于中班幼儿结构游戏特点的是(　　)

A. 希望自己的作品有新意,追求结构的逼真和完美

B. 目的比较明确,能初步了解结构游戏的计划

C. 对操作过程有浓厚的兴趣,关心结构成果

D. 能独立地整理玩具

3. 幼儿教师在幼儿园游戏区域的空间布置中经常把安静的区域与活动性较强的区域分开,把可进行关联活动的区域安排在一起。这体现了幼儿园游戏区域空间布置的(　　)

A. 区隔性　　B. 相容性　　C. 立体性　　D. 经济性

二、判断题(每小题1分,共2分)

1. 无规则游戏就是幼儿想怎么玩就怎么玩,教师不需要进行指导。(　　)

2. 教师不应提供给幼儿带有尖角和锋利边缘的粗糙玩具和具有发射能力的枪炮、弓箭等玩具。(　　)

三、简答题(每小题5分,共20分)

1. 简述户外游戏环境的创设原则。

2. 简述玩具选择的原则。

3. 简述幼儿游戏的特点。

4. 简述幼儿园各室内区域游戏的组织指导策略。

四、案例分析题(共15分)

今天是中(1)班"美美餐厅"开张营业的第一天,来就餐的客人很多。小宝忙着上菜(小朋友剪的蔬菜纸片)。贝贝则忙着给客人拿餐具。招待了几位客人后,菜没了。小宝跑来向教师求助:"老师,菜没了。"教师随手拿起了一小盒雪花片说:"这不还有嘛!"小宝和贝贝就用这些"蔬菜"去招待客人了,过了一会儿,小宝又说:"菜没了。"贝贝听到后,看看刚才放雪花片的盒子,说:"嗯,真是没有菜了!"接着他想起了什么似的,回头对小宝说:"有了,我去买菜。"只见他跑向玩具架,又端了一盒雪花片回来,边跑边兴奋地说:"菜买回来了!菜买回来了!"于是小宝又开始给客人上菜,贝贝则继续给没有餐具的客人分餐具。分到最后,餐具也没有了,贝贝对没有餐具的两位客人说:"餐具没有了,你们用手拿着吃吧。"客人当当说:"啊!用手拿着吃有细菌呀!"另一位客人瓜瓜则伸出两个手指说:"这样吃!"只见他把手指当成筷子。夹起一片雪花片"啊呜啊呜"地吃起来。当当看到后,也连忙伸出手指,夹起一片雪花片吃起来,边吃边和瓜瓜咯咯地笑。

请你阅读上述观察实录,结合游戏理论分析观察实录中幼儿贝贝和瓜瓜的行为表现,并给出教师的回应策略。

参考答案及解析

一、单项选择题

1. D　[解析]表演游戏又称为戏剧游戏,它是以故事或童话情节为表演内容的一种游戏形式。在表演游戏中,儿童扮演故事或童话中的人物,并以故事中人物的语言、动作和表情进行活动。题干中幼儿扮演《拔萝卜》《三只蝴蝶》《彼得与狼》等中的角色,体现的是表演游戏。

2. A　[解析]中班结构游戏的特点包括:(1)目的比较明确,能初步了解结构游戏的计划;(2)对操作过

程有浓厚的兴趣，关心结构成果；(3)能围绕结构物开展游戏，会按主题进行构建，初步利用材料美化结构物；(4)能独立地整理玩具。A项属于大班结构游戏的特点。

3. B [解析]相容性指的是游戏区域的分布要考虑各个区域的活动特性，尽量合理化，使各活动之间相互协调和互不干扰。把安静的区域与活动性较强的区域分开，如益智区要远离角色区；把可进行关联活动的区域安排在一起，如角色区可以相邻建构区，学前儿童在建构区的活动有时会演变为象征性游戏，这样他们可以随时用两边的玩具做游戏。

二、判断题

1. × [解析]无规则游戏是发挥幼儿游戏的主动性，给幼儿一定的自由，但是教师也要给予适时的支持和引导。

2. √ [解析]我们不应提供给幼儿带有尖角和锋利边缘的粗糙玩具和具有发射能力的枪炮、弓箭等玩具；室外的运动设备应定期进行卫生和安全检查，并且成人要让幼儿学会正确使用玩具。

三、简答题(参考答案)

1. (1)安全性原则；(2)适宜性原则；(3)趣味性原则；(4)多样性原则；(5)经济性原则；(6)可接近性原则。

2. (1)玩具应符合安全卫生标准；
(2)玩具应符合幼儿的年龄特点和个体特点；
(3)玩具应是幼儿可操作、可控制的；
(4)玩具应具有教育意义。

3. (1)想象和真实的统一；
(2)自由和约束的统一；
(3)轻松和紧张的统一；
(4)过程和结果的统一。

4. (1)根据室内空间及班级人数设置活动区的数量；
(2)根据幼儿兴趣及活动内容确定活动区的种类；
(3)合理规划活动区并明确标识区域界限和规则；
(4)提供丰富安全的玩具和游戏材料，注意存放及更新；
(5)鼓励幼儿参与活动区设置，并为其设置“备用区”。

四、案例分析题(参考答案)

(1)游戏是幼儿的自发学习。在观察实录的游戏中，贝贝看到老师拿雪花片当菜，在接下来的游戏中，也将雪花片当作菜，这是一种自发的学习。瓜瓜把手指当成筷子，夹起一片雪花片“啊呜啊呜”地吃起来，也是一种自发的学习。

(2)教师的回应策略：中班角色游戏重点是引导幼儿解决游戏冲突。①教师应结合幼儿的社会经验，为幼儿提供丰富且富有变化的游戏材料，鼓励幼儿不断丰富游戏主题；②仔细观察并认真分析幼儿发生冲突的起因，以游戏者的身份介入游戏，指导游戏；③通过幼儿讨论等形式展开游戏评价，增长游戏经验，丰富游戏内容；④指导幼儿在游戏中逐渐掌握社会规则和交往技能，逐渐学会独立解决问题的能力。观察实录中，教师首先应该为幼儿提供足够量的“菜”，启发幼儿想象没有菜了，可以怎么办？其次，教师可以扮演卖菜的角色，丰富游戏主题。再者，在指导的过程中，让幼儿学会独立解决问题。最后，在游戏结束时，组织幼儿讨论游戏中遇到的问题，增长幼儿游戏经验。

第三章　学前儿童健康教育

思维导图

- 学前儿童健康教育
  - 学前儿童健康教育的目标和内容
    - 学前健康教育概述
    - 学前儿童健康教育的目标
    - 学前儿童健康教育的主要内容
      - 儿童身体健康教育：体育锻炼、生活卫生习惯、饮食与营养、安全自护
      - 儿童心理健康教育
  - 学前儿童健康教育的基本理论
    - 健康教育的知、信、行模式
    - 健康行动模式
    - 计划性行为理论
    - 心理场论模式
    - 健康信念模式
    - 社会学习理论
    - PRECEDE/PROCEED模式
  - 学前儿童动作与运动能力的发展阶段与特点
    - 学前儿童身体生长发育的主要规律
    - 学前儿童动作与运动能力的发展（重点）
      - 从整体到局部规律（由整体到分化）
      - 首尾规律（从上至下）
      - 近远规律（由近及远）
      - 大小规律（由粗到细，或者说由大到小）
      - 无有规律（从无意到有意）
  - 学前儿童健康学习的特点与教育原则
    - 学前儿童健康学习的特点
    - 实施学前健康教育应遵循的原则（重点）
      - 主体性原则
      - 科学性原则
      - 发展性原则
      - 整合性原则
      - 全方位渗透原则
  - 学前儿童健康教育活动的主要类型及途径
    - 学前儿童健康教育活动的主要类型
    - 学前儿童健康教育活动的途径
  - 学前儿童体育活动的设计与组织
    - 学前儿童体育活动的目标
    - 学前儿童体育活动的内容
    - 学前儿童体育活动常用的基本方法
    - 学前儿童体育活动的组织形式与指导（难点）
      - 合理地安排早操的时间和地点
      - 早操活动的内容应丰富多样
      - 早操活动的形式应灵活多样
      - 早操活动应遵循人体生理机能能力变化的规律
    - 学前儿童体育活动应遵循的规律与原则
  - 学前儿童健康教育活动的设计与组织
    - 学前儿童身体保护和生活自理能力教育活动的设计与组织
    - 学前儿童安全自护教育活动的设计与组织
    - 学前儿童饮食营养教育活动的设计与组织
    - 学前儿童心理健康教育活动的设计与组织
  - 学前健康教育活动的评价
    - 学前健康教育评价的理论模式
      - 外貌模式
      - CIPP模式
    - 学前健康教育评价的原则
    - 常用的学前健康教育活动的评价指标
    - 学前健康教育活动评价的内容

浙江考向

高频考点	常考题型	能力层级	考查热度
确定学前健康教育目标的依据	单选、判断	识记	★★
学前儿童健康教育的内容	单选、简答	理解	★★★

续表

高频考点	常考题型	能力层级	考查热度
婴儿动作与运动能力发展的规律	单选	理解	★★
实施学前健康教育应遵循的原则	单选	识记	★★
学前儿童体育活动的组织形式与指导	单选	识记	★★
学前儿童体育活动应遵循的规律与原则	单选、简答	理解	★★★

核心考点

第一节　学前儿童健康教育的目标和内容

一、学前健康教育概述　【单选、名词解释】　★★

1.幼儿健康的特性

幼儿健康是指幼儿期各个器官、组织的正常的生长发育,能较好地抵抗各种急、慢性疾病;性格开朗,情绪乐观,无心理障碍,对环境有较快的适应能力。幼儿健康的获得需要成人的关心和教育,也需要幼儿力所能及的自我努力。幼儿健康具有以下特性:

(1)幼儿健康主要包含身心层面的健康,对于幼儿个体而言,身体的健康与心理的健康不可截然分开,尽管两者的外在表现常常并不一致。

(2)幼儿健康首先指向幼儿身体器官组织的构造正常,各个生理系统的主要功能的良好发挥,能有效抵抗各种疾病。

(3)幼儿各个器官的大小、重量的变化以及身高、体重的增加速度,不同的幼儿可以不完全一致,同一幼儿在不同时期也可以不一致,但总体发展水平必须保持在正常范围内,与同年龄幼儿的发展水平接近。

(4)幼儿心理健康的重要前提是智力发展正常,这是因为正常的智力水平是幼儿生活、学习、交往的基本条件。

(5)幼儿心理健康的重要标志是情绪反应适度、社会适应良好,主要表现在能较快适应托幼机构新环境、新生活。

总体地看,无论是幼儿的身体发育还是心理的发展都应呈上升趋势,否则应视为不健康。

2.幼儿园健康教育

本书所指的幼儿园健康教育与教育部2001年颁布的《幼儿园教育指导纲要(试行)》中的“健康”含义相同,主要是指:在幼儿园中,根据幼儿身心发展特点,以提高幼儿健康认识、改善幼儿健康态度、培养幼儿健康行为、保持和促进幼儿健康为目的的系统的**教育活动**。

真题面对面

[2018统考,单,1分]幼儿园健康教育是指,在幼儿园中,根据幼儿身心发展特点,以提高幼儿健康认识、改善幼儿健康态度、培养幼儿健康行为、保持和促进幼儿健康为目的的系统的(　　)

A. 认识活动　　B. 教育活动　　C. 游戏活动　　D. 自主活动

答案:B

第三章

二、学前儿童健康教育的目标

考点1 确定学前健康教育目标的依据 【单选、判断】★★

1. 儿童身心发展特点是确定儿童健康教育目标的根本依据

儿童健康教育的总目标依据儿童群体发展的一般规律，但即使是同一年龄阶段的儿童，其身心发展也很可能存在一定的差异。因此，任何时候，教育者都应明确儿童身心发展的特点是确定儿童健康教育目标的根本依据。同时也应明确不同的儿童身心发展的状况很可能是不一致的，即使是同一儿童，其不同时期的生长发育速度也是不一致的，儿童健康教育目标的制定者必须首先进行深入的儿童健康教育理论与实践的研究。

2. 儿童教育和健康教育的总目标是确定儿童健康教育目标的直接依据

儿童健康教育的对象是儿童，儿童健康教育又是健康教育的基础。因此，儿童健康教育的目标必须既遵循儿童教育的总目标，又遵循健康教育的总目标。

3. 社会发展与要求是确定幼儿园健康教育目标的重要依据

教育是社会发展的产物，任何社会都将人才培养的理想作为教育的目标，以期造就合乎社会需要的主体。在以体力劳动为主的社会，需要劳动者具有健壮的体魄；而在以脑力劳动为主的社会，不仅要求劳动者具有良好的身体素质，而且要求劳动者具有健全的心理素质。这些要求都及时地反映到健康教育的目标中，即从单一地关注主体的身体健康转向关注主体的身心健康。因此，社会发展与要求是确定幼儿健康教育目标的重要依据。

第三章

考点2 学前健康教育的总目标

《纲要》明确指出学前健康教育的总目标是：(1)身体健康，在集体生活中情绪安定、愉快；(2)生活、卫生习惯良好，有基本的生活自理能力；(3)知道必要的安全保健常识，学习保护自己；(4)喜欢参加体育活动，动作协调、灵活。

考点3 学前健康教育目标的层次

学前健康教育目标是使儿童的身心发展达到预期的健康水平，它包含着健康教育的终极目标、分类目标、年龄阶段目标以及教育活动设计的目标等层次。

1. 终极目标

学前健康教育的终极目标包括：

(1)促进儿童身体的正常发育，增强儿童的体质，促进儿童身心健康发展；

(2)培养儿童对体育活动的兴趣和积极参加体育锻炼的习惯，发展儿童的基本动作，同时培养儿童活泼、开朗、勇敢、不怕困难等心理品质；

(3)帮助儿童获得基本的健康常识，培养良好的生活习惯以及自我保护的初步意识和能力。

2. 分类目标

这是对健康所涉及的内容进行归类(如“生活习惯”“饮食与营养”“人体认识与保护”等)，然后据此确定相应的目标。如“生活习惯”的目标可以确定为：

(1)培养儿童良好的作息、睡眠、排泄、盥洗、整理等卫生习惯；

(2)帮助儿童了解初步的卫生常识和建立有规律的生活秩序；

(3)帮助儿童学会多种讲卫生的技能，逐步提高儿童生活自理能力。

3. 年龄阶段目标

小、中、大班儿童的身心发展各有其典型特征，学前健康教育目标应充分考虑儿童的年龄特点，对不同年龄段的儿童提出不同层次的要求。

(1)小班

①学习洗手、洗脸、整理衣物,喜欢自己进餐、如厕、入睡,有一定的独立性,养成喝水的习惯。

②了解自己身体的各种器官及功能,知道身体不舒服时要告诉成人,并乐于接受疾病的治疗;爱吃各种食物;接受成人有关的提示,学习避开活动中可能出现的危险因素。

③日常生活中愿意与人交往,知道轮流玩,初步体验与老师、小朋友相处、共同游戏的乐趣。

④愉快地参加户外活动,在有趣的游戏中充分锻炼,自然协调地走、跑,并初步掌握跳、爬、钻、投掷、平衡、攀登等基本动作。

(2)中班

①形成基本的生活自理能力。学会使用筷子,能独立有次序地穿、脱衣物、鞋袜和整理床铺,正确使用手绢、毛巾(餐巾)、便纸等,有做事的成功感。

②了解自己身体的主要器官及功能,乐意配合疾病的预防和治疗;爱吃各种食物,知道不同的食物有不同的营养;在活动中学会保护自己,对危险的标志与信号能做出及时的反应。

③主动与人交往,会使用礼貌用语;能与同伴合作,会谦让,能感受同伴的喜与忧;愿意参加各类活动,大胆地表达自己的见解,保持积极、愉快的情绪;初步学会简单评价同伴的行为。

④积极主动地到自然环境中充分活动,不怕寒暑;在跳、爬、钻、投掷、平衡、攀登等各种有趣的活动中发展动作的协调性。

(3)大班

①保持仪表整洁,能与同伴保持环境整洁,会动手整理自己的生活场所;养成良好文明的进餐、睡眠、排泄、盥洗等生活、卫生习惯。

②了解身体主要器官及自身生长的需要,并初步掌握自我保健的有关常识和简单方法;对食物的营养有初步的认识,具有初步的自我控制饮食的意识;学习沉着地处理日常生活中可能出现的紧急情况。

③能文明、大方地与人交往,以积极恰当的方式参与或发起活动;尊重别人的意愿,能够控制自己的情绪和行为;学习解决活动中同伴间的纠纷,并学会评价自己与他人;愿意学习同伴的优点,与同伴建立起友好的关系。

④精力充沛地坚持参加各种体育锻炼,动作协调、灵活,具有对环境气候的适应能力,体验创造性地进行体育活动的乐趣。

4. 教育活动设计的目标

教育活动设计的目标是上述目标的具体化,也是教师实施学前健康教育在操作层面的具体要求。

学前健康教育的过程是围绕着终极目标,制定出分类目标,再分解至年龄阶段的目标,通过具体的教育活动达成目标。

三、学前儿童健康教育的主要内容

考点 1 学前儿童健康教育的内容 【单选、简答】 ★★★

学前儿童健康教育的内容随着"健康"和"健康教育"内涵的扩展而扩展,主要内容大致包括儿童身体健康教育和儿童心理健康教育两大方面。

1. 儿童身体健康教育

(1)体育锻炼;(2)生活卫生习惯;(3)饮食与营养;(4)安全自护。

2. 儿童心理健康教育

(1)学习表达和调节自己情绪的方法;(2)培养社会交往能力;(3)锻炼独立生活和学习的能力;(4)学习养成良好的习惯;(5)性教育;(6)预防心理障碍和行为异常。

考点 2 选择学前健康教育内容时应注意的问题

1. 教育的内容与目标要保持一致

学前健康教育内容的选择应该根据教育目标,教育目标要以教育内容为依据才能得到落实。事实上,学前健康教育的目标已经界定了学前健康教育的内容,并且提示了内容的要点。学前健康教育的目标是选择学前健康教育内容的基准。例如,对小班初入园儿童,教师制定并提出了"情绪稳定,对幼儿园环境有兴趣和愿意与同伴交往并参加本班的活动"的培养目标,在教育内容的选择上,应紧密围绕目标,可以选择木偶表演《乖宝宝上幼儿园》、学习歌曲《我上幼儿园》等内容。值得注意的是,"条条大路通罗马",实现相同的健康教育目标可以选择不同的健康教育内容,应体现同一健康教育目标下健康教育内容的多元化。

2. 教育内容与儿童身心发展及生活经验相关联

学前健康教育内容的选择还要与儿童身心发展及生活经验相关联,任何背离儿童身心发展规律的目标最终都无法达成。儿童身体各器官各组织的发育还不成熟,功能不完善,心理正处于发展阶段,思维水平相对较低。在选择学前健康教育的内容时,要符合儿童身心发展的水平,紧密联系其生活经验,针对儿童的健康现状及其发展趋势,儿童才感兴趣,教育效果也比较理想。例如,大班的儿童普遍出现换牙现象,教师可设计"换牙了"这个健康教育活动,开展健康教育,儿童容易理解,教育效果突出,但如果将此内容放到小班去进行,则意义不大,效果也不好。不过,有时同样的健康教育的内容也可在不同年龄班开展,但教育目标和对儿童的具体要求不一样,教师应该根据儿童的年龄特点和个体差异,选择适宜的教育内容。

3. 教育内容与儿童的接受能力相吻合

一般来说,学前儿童健康教育内容的深浅、难易应符合学前儿童自身的接受能力。在实施的过程中,将必要的内容以学前儿童可接受的方式呈现出来显得十分重要。例如开展"身体的秘密"活动时,幼儿对看不见、摸不着的内部器官的认识和保护感到困难,如果教师安排幼儿"量身高""比照片""触摸心跳"等,通过亲身感受、动手操作等来认识,可以丰富幼儿的感知经验,更加激发幼儿探索身体奥妙的积极性,而且会使得深奥、抽象的问题变得通俗易懂。

4. 教育内容适当考虑社会因素

社会环境是影响儿童身心健康的重要因素之一,如可针对社会治安问题,教给儿童一些最基本的防身策略。

5. 教育内容要为儿童一生发展服务

学前健康教育要体现终身教育的理念。教育的根本目的是使儿童能够一生持续地学习,有尊严地、有质量地生活,不仅是未来的生活,也包括现实的生活;是让他们能够为自己所处的环境做出充分的贡献,并且有能力把握自己的人生。

6. 教育内容要具有时代性

当前社会发展迅速,新生事物层出不穷,在学前健康教育内容的选择上,应体现一定的时代特点,和儿童当前生活紧密结合。例如,目前,手机已经普及到每个家庭,儿童非常熟悉,教师在开展儿童安全自护教育时,完全可以将使用手机求救列入教育内容。

考点 再拔高

▼ 学前儿童健康教育的方法

1. 动作与行为练习法

动作与行为练习法是指让幼儿对已学过的生活技能、动作行为等进行反复练习，加深理解，形成稳定的技能和良好行为习惯的方法。

2. 讲解演示法

讲解演示法是指教师边讲解边结合动作演示，或以实物、模型演示，具体而形象地向幼儿传授有关健康的知识和技能，提高幼儿对健康的认识水平。

3. 情境表演法

情境表演法是指通过现场或录像向幼儿展示生活情景，让幼儿观察和分析情景中所涉及的健康问题。

4. 感知体验法

感知体验法是指让幼儿通过各种感官来认识和判别事物的特性。

5. 讨论评议法

讨论评议法是指幼儿参与健康教育的过程中，让他们提出问题，发表自己的看法和意见，最后得出结论，形成共识。这种方法有效地帮助幼儿表达自己的真实想法，在讨论、评议中提高他们辨别是非的能力和对健康的认识水平。

6. 讲解示范法

讲解是教师用语言组织幼儿的活动，知道他们在理解和掌握活动的名称及练习内容，领会动作的要领和做法的一种方法。示范是指教师以个体的动作为范例，使幼儿看到所要练习和掌握的动作或技能的具体形象、结构和完成的先后顺序等。

7. 练习法

练习法是指通过讲解示范后，在幼儿初步建立与活动有关的表象或概念的基础上，让幼儿在教师的指导下进行各种身体练习，以实现身体锻炼活动目标的一种方法。

8. 语言提示和具体帮助法

前者是指在幼儿进行身体练习时，教师用简短明确的语言提示和指导幼儿正确完成动作或进行活动方法；后者是指教师直接而具体地帮助幼儿改正错误，掌握正确练习要求和方法。

9. 游戏法

游戏法是指以游戏的形式组织幼儿进行锻炼的方法。

真题面对面

[2021 临海，单，1. 28 分]在学前儿童健康教育活动中，幼儿园教师让幼儿自己发现问题，发表自己的看法和意见，解决问题并得出结论，使用了(　　)

A. 讲解演示法　　B. 情境表演法

C. 感知体验法　　D. 讨论评议法

答案：D

第二节　学前儿童健康教育的基本理论

一、健康教育的知、信、行模式

英国健康教育委员会主任柯斯特提出了健康教育的知、信、行模式，试图揭示卫生信息与健康增进之间的关系。

1. 理论概述

知是知识学习和接受有关健康的信息的过程；信是相信传播的信息，并且形成一种信念；行就是将已知并且相信的东西付诸行动。知是基础，信是动力，行是目标。为了达到目标，就要使接受信息者知和信。从知到信再到行，三者之间只存在因果关系，不存在必然性，受信者可以知而不信，也可以信而不行。

2. 在学前健康教育中的应用

培养学前儿童的卫生行为习惯，增强儿童自身保护健康的能力，是学前健康教育的最终目标。其中，健康知识的传授是学前健康教育的一个重要方面。学前儿童的健康态度、信念的确立以及健康行为和习惯的养成，一般来说是建立在正确的健康知识的基础之上的。因此，提高学前儿童对健康的认知水平，有利于将其行为引向正确的方向。

健康态度和行为是建立在一定的知识基础上的，接受的信息越多，掌握的知识越多，态度和行为的倾向性就越显著。学前儿童往往并不了解自己不健康生活习惯的危害性或者健康生活习惯的价值。以认知为切入口实施健康教育，能帮助或强化学前儿童认识正确的健康知识，这是帮助其形成健康的态度信念进而建立健康行为的基础。

二、健康行动模式 【单选】 ★

健康行动模式的创始人唐纳斯倡导健康教育需要从强调认知转变为强调情感。他认为，尽管健康教育的认知领域十分重要，成功的健康教育无疑应该以正确的知识和理解为基础，但是只有对于健康有关问题的认识和理解，对于其健康行为的改变是不够的，健康教育需要更多地考虑情绪情感领域的问题，从而改变学前儿童的态度和价值观。

1. 理论概述

根据健康行动模式，有三个系统对个体准备遵循的健康行动产生重要作用：信念系统、动机系统以及从来自一般的社会规范到来自集体或个人的各种压力所产生的效应系统。这三个系统都可以引发某种与健康有关的决策和行动。

对于学前健康教育而言，强调情感领域比强调认知领域能够更为有效地达成健康教育的目的。学前儿童不仅需要获得并且相信事实或者信息，而且要有信念和动机去做。态度、动机和价值观的形成常常与学前儿童所处的环境有关。其中，家庭、幼儿园对学前儿童形成价值观和态度具有强有力的影响。*例如，学前儿童的挑食态度和行为往往与家庭成员尤其是母亲的挑食行为具有很高的一致性，而在幼儿园中通过集体的影响也能够对个体挑食行为的改变起到一定的作用。*

2. 在学前健康教育中的应用

唐纳斯指出了健康教育的一个重要策略：以情感为切入口，通过儿童态度的转变，影响其行为。由于学前儿童认知水平不高，情感易被激发，容易受到周围环境的影响，模仿能力强，因此利用周围环境中的健康教育因素，激发学前儿童产生共鸣，有利于学前儿童产生认同感，从而驱使其发生健康行为。

例如，针对换牙期个别儿童容易出现恐惧心理的现象，教师请儿童来谈谈换牙时候的经历和想法，通过集体讨论，使个别胆小的儿童认识到换牙是大家都在经历的事情。老师还可以请一些比较勇敢、开朗的儿童来谈谈换牙时的轻松感受，有利于打消胆小儿童的恐惧心理，进而转化为“换牙代表自己又长大了”的自豪心理。同样，考虑到家庭成员言语行为对儿童健康动机的重要影响力，可以通过家园沟通、为家长开设讲座等形式，使家庭和幼儿园在促进学前儿童建立健康行为中形成合力。

真题面对面

[2018统考，单，1分]健康行动模式的提出者唐纳斯倡导健康教育需要(　　)

A. 从强调认知转变为强调情感　　B. 强调行为的计划性

C. 强调个人生活空间的转变力的作用　　D. 强调健康信念

答案：A

三、计划性行为理论

20世纪70年代初期，菲什拜因和艾甄提供了一个新的研究个体对健康行为所持态度的模式——计划性行为理论。

1. 理论概述

计划性行为理论强调行为是已经计划的，人们通常处于相当理性的状况下，能系统地利用他们可获取的信息，在决定他们是否采用一种指定行为之前，一般会考虑行为背后的意义，行为意向是主要的行为预兆。

个体对已知的事物具有很多的信念，所见的事物也具有很多不同的性质或特征。个体对事物的态度受对该事物性质的信念和对这些性质的评价制约。个体对健康行为所持的态度包括：行为信念、对行为结果的评估、客观规范、规范信念、顺应的动机。个人实施行为的意向来自对该行为所持的态度和客观规范的综合思考。如果个人预知到实施健康行为会有一个积极的结果，他就会对行为的实施有一个积极的态度；反之，如果个人预知到实施健康行为的结果是消极的，他的态度也将是消极的。如果与个人相关的他人对实施该行为态度乐观，而个人也受到迎合这种态度的激励，那么会有一个积极的客观规范。相反，若是相关的他人对实施该行为的态度消极，而个人还是有迎合的意愿，那么这一经验对个人来说将会成为一种消极的客观规范。

2. 在学前健康教育中的应用

计划性行为理论超越了传统模式中健康态度与健康行为的直线关系，呈现了知、情、行之间非线性的复杂机制，揭示了健康行为意向是健康行为形成的决定因素。

计划性行为模式主张将个人意图对行为的影响置于首位，强调个人实施健康行为的意向取决于其态度和客观规范的衡量结果。尽管学前儿童对已知事物具有许多不同的信念，但是学前儿童对这些不同信念所持的态度主要受到客观规范和权威因素的左右。家庭养育者以及社会客观规范对于学前儿童的信念建立、健康行为养成起着关键作用。例如，在幼儿园进行身体锻炼时，教师倡导在体育锻炼过程中培养其勇敢、坚韧的品质，如果家长因为担心孩子摔跤而减少其户外锻炼的机会，或者降低锻炼的难度，那么来自外界的不一致影响力就可能导致学前儿童不稳定的健康行为。作为影响学前儿童健康行为的重要因素，养育者不仅需要言行一致、以身作则，为学前儿童树立良好的客观规范，而且应该对学前儿童生活环境中的相关行为进行客观评价，树立正确的客观规范。此外，学前健康教育需要开展家庭、幼儿园、社区三位一体的教育，将家长、社区作为整个学前健康教育计划的一部分，这有助于学前

儿童建立正确的客观规范。

四、心理场论模式

社会心理学家勒温，1942年用心理场的场内力学的观点解释环境中影响群体行为的各种因素。根据这种理论，勒温提出行为除了起源于个体或群体的具体特征以外，更受到环境的影响。

1. 理论概述

根据心理场论的基本观点，勒温提出了一系列基本概念，如生活空间、行为与移动、力与力场、紧张与张力系统等。生活空间就是“场”，它包括人及与之有关的心理环境，是在特定时间内影响个人心理因素的总体。行为与移动，其中行为是指人在生活空间中的移动，移动是指人对某个目标的接近或避拒。力与力场，具有方向、强度和支点各种性质。紧张与张力系统，是指任何生活空间或场都存在相反的力。两个或更多的正力对不同的目标，或正力与负力对同一个目标，其结果就会出现一种紧张状态。勒温把场应用于社会心理学的研究中，认为团体作为一个不可分割的单位，其中每个成员的心理活动均处在团体其他成员的心理场之中，解释了个体行为受到环境影响的制约。

力场论中对张力系统的阐述，揭示了健康教育的发生机制：个人生活空间中的两股力量，或者在单独条件下，或者是在相互依赖的条件下彼此抗衡，其中转变力量产生向目标方向转化的压力。当转变力量强而抵制力量弱时，行为会朝目标方向转化；当抵制力量强而转变力量弱时，就不会出现预期的行为；当两者相等时，也不会发生转变。这一机制有助于解释健康教育中的言行不一现象的复杂原因。

2. 在学前健康教育中的应用

力场论不仅可以解释健康教育中的言行不一现象的复杂原因，其张力系统所揭示的健康教育的实施以及发生机制，还为学前健康教育提供了策略：增强转变力；减少抵制力；同时增强转变力和减弱抵制力。

心理场论中所包含的系统论思想，强调必须在动力场或生活空间的具体情景中考察人的行为和心理事件，突出团体在每个成员的心理活动的心理场作用。这一思想在学前健康教育中的运用，表现在利用群体力量影响个体的机制，必须关注影响儿童健康行为的环境因素。例如，针对不爱吃蔬菜的孩子，还可以通过爱吃蔬菜的同伴们的影响来使之改变。

五、健康信念模式

健康信念模式是一个试图解释与预测健康行为的心理模式。

1. 理论概述

健康信念模式最初是由在美国公共健康部工作的社会心理学家霍克鲍姆、罗森斯托克以及科格斯在20世纪50年代创立的，目前主要被应用于探测多种多样的长期或短期健康行为。健康信念模式是用社会心理学方法解释健康相关行为的重要理论模式，它以心理学为基础，由刺激理论和认知理论综合而成。这一模式指出，健康信念是人接受教育、采取保健行为的关键，而健康信念的形成受到动机、对预防危害的重要性的认知以及对建议的信任程度等因素的影响。健康信念模式将健康行为的产生概括为三个不同阶段，这三个阶段分别是个人的认知、修饰因素和行为的可能性。

（1）个人的认知

个人的认知包括疾病对个人的威胁性等。例如，如果儿童认为饭前洗手对健康是有益的，同时儿童还认识到饭前不洗手容易生病，则会养成饭前洗手的行为习惯。因此，这里有两个认知，即个人对疾病的易受性的认知以及个人对疾病的严重性的认知，并且合并为疾病对个人的威胁性的认知。而这两个认知交互作用结果所产生的认知,成为修饰饭前洗手行为的必要条件。

(2)修饰因素

当认知的知觉或条件存在时,个人对于行为的最终决定因素来自学前儿童生活环境中的各种不同的修饰因素。例如,一个家中没有饭前洗手习惯的儿童,要建立饭前洗手习惯会比较困难。如果这个儿童在学前健康教育课程中获得了知识,掌握了饭前不洗手对健康造成的威胁性,那么该儿童的认知结构的改变是否能改变其行为,往往是来自家庭、同伴的压力以及幼儿园获得的健康知识等综合影响的结果。有时家庭的修饰因素的影响远远超过学前教育机构的影响力。

(3)行为的可能性

大众传媒以及其他来源所倡导的行动也被用来解释这些行为。例如,如果洗手液的广告经常出现,那么就会鼓励儿童养成洗手行为。经过商业包装的广告、传媒对学前儿童认知所产生的影响不可忽视。

2. 在学前健康教育中的应用

加强学前儿童在学前健康教育课程中的认知水平,改变学前儿童的认知结构,有利于提高学前儿童个人对疾病的易受性以及个人对疾病的严重性和主观威胁性的认知。例如,如果学前儿童认为肥胖对健康的威胁是非常严重的,同时学前儿童还认识到高热能食品的过量食用会导致肥胖,则会减少高热能食品的摄入。

由于学前儿童的好奇心强,模仿性强,因此可以广泛应用“行为榜样”的作用。行为榜样可提供如何行动的信息,促进认识。儿童身边的成人、同伴、媒体形象都可作为他们的榜样。通过优化这些来自学前儿童生活环境中的各种不同修饰因素,使之成为个人改变或维持健康行为的最终决定因素,这样不仅可以改变儿童的行为,而且有利于增强其健康行为的持久性。

六、社会学习理论

社会学习理论的创始者班杜拉认为,个体的行为、其他个人的因素(思想、情绪反应以及期待等)和环境对行为所造成的结果之间,存在着相互持续的交互作用。

1. 理论概述

班杜拉认为,影响行为的最重要因素是持续的、相互的交互作用或其结果的反馈。例如,环境可能对行为具有决定性的影响力,而情绪反应等个人因素可能是控制行为的主要因素。

社会学习理论认为,个人学习是由直接表现出的反应以及间接观察到其他人反应的影响而获得的,几乎所有的学习均发生于经由观察他人的行为与其结果,而且观察学习能力能够加快个人的学习过程。一种新行为获得的学习方法如下:

(1)由直接的经验学得

个人从自己的行为及其结果获得学习。假如学生从老师那里获得有关个人问题(如个人清洁)的忠告,那么他所表现的行为将与他所受到的忠告相一致。当学前儿童表现出个人清洁行为时能够得到老师亲切的肯定,那么他就会继续表现出个人清洁卫生行为;反之,当他的个人清洁行为并没有得到老师的肯定,那么他就可能无法保持个人清洁行为。

(2)由观察学得

个人通过观察同伴行为及其行动的结果能够很快地学得。事实上,这种情况发生得更多。当学生观察到同伴的个人清洁行为受到老师肯定和表扬时,他就更容易表现出和同伴一样的行为;反之,当同伴的行为受到老师的批评或者惩罚时,个体就不容易表现出和同伴一样的行为。

2. 在学前健康教育中的应用

社会学习理论对健康教育具有重要意义。树立榜样、示范，让儿童观察学习，是学前健康教育中常用到的手段。例如，体育活动中的动作示范、个人卫生行为的动作示范，是常用的健康教育方式。对大多数教育行为，教师都会采用直接示范的方式，让儿童通过直接观察学习；同时，结合榜样及时对其肯定和表扬，给予儿童示范和强化。

此外，尽管学前教育中强调运用学前儿童的多种感知觉，但并不是每一种经验都是有意义的、需要亲自体验的。对于某些不适合运用亲自体验方式进行学习的内容，就可以利用观察学习进行教育。

七、PRECEDE / PROCEED 模式

该模式是由美国学者劳伦斯·格林提出的，1968 ~ 1974 年被称为 PRECEDE 模式，20 世纪 80 年代以后被称为 PROCEED 模式。

1. 理论概述

PRECEDE 模式是指在教育 / 环境的诊断和评价中应用“倾向因素”“促成因素”和“强化因素”。该模式将健康教育视作对目标人群的问题诊断并且进行干预；该模式中包含社会 / 行为科学、管理和教育等元素，强调影响健康和健康行为的原因很多，因此需要进行评估，从而确保适度的干预。

PROCEED 是指执行教育和环境干预，运用政策、法规和组织等手段，将实践工作者从教育干预上升到必要的政策、管理和经济活动，使社会系统环境更加有利于引导健康的生活方式，培养拥有更加完整的身体、精神和社会健康的人。

PRECEDE / PROCEED 模式的目的是将注意力集中在结果而非投入。这将迫使健康教育计划制定者在制订计划时首先从结果开始考虑，然后回过头来考虑导致结果的原因，干预直接锁定到那些导致结果的原因。在计划过程中必须遵循以下两个原则：

（1）参与原则，是指成功发生改变在于定义其优先问题和发展目标的目标人群的活动参与。健康教育的原则在于健康教育行为必须是自愿行为。

（2）环境原则，健康和健康行为受到媒体、社会政策以及社会规则的影响。

2. 在学前健康教育中的应用

PRECEDE / PROCEED 模式体现了大健康教育观，从过去的“生物医学模式”转变为“生物—心理—社会模式”，把健康教育放在更广阔的背景中，用多维视角综合考虑种种影响健康的因素。例如，对于口吃儿童，除了寻找可能的生理原因（如舌系过短）以外，还必须从心理因素、社会因素中寻找原因。紧张往往是导致儿童口吃的重要原因，模仿也可能使儿童发生口吃，需要通过减缓压力和紧张源、消除不良的语言环境，进行综合矫治。

PRECEDE / PROCEED 模式从倾向因素、促成因素和强化因素三个方面设计教育干预，体现了健康教育的新概念——传播与教育并重，使早期健康教育更趋向合理和完善。从这一模式出发，学前健康教育不能靠说教，而应创建一种健康的生活，使儿童习惯这种生活，形成动力定型，从而养成健康行为习惯。在当前媒介对于儿童生活影响力越来越大的背景下，倡导健康生活的社会舆论，有助于形成儿童的健康行为。

第三节　学前儿童动作与运动能力的发展阶段与特点

一、学前儿童身体生长发育的主要规律 【单选】★

考点1 生长发育是连续性和阶段性的统一

生长发育从幼稚到成熟是一个连续、统一的过程。在这个连续的过程中，还存在着阶段性，每一阶段有其自身特点。这些阶段之间相互联系，前一阶段是后一阶段发育的基础，后一阶段是前一阶段发育的延续，如果前一阶段出了问题，就会影响后一阶段的发育。

考点2 生长发育的不均衡性

1. 生长发育的速度不均衡

各年龄阶段生长发育的速度不同，有快有慢，呈波浪式。在人的生长发育过程中，共有两个生长发育的高峰，分别是2岁以前和青春期。

2. 身体各部分的生长速度不均衡

在生长发育过程中，身体各个部分的生长速度不同，因而身体各部分的增长幅度也不一样。每一个健康的儿童在迈向身体成熟的过程中，头颅增长了1倍，躯干增长了2倍，上肢增长了3倍，下肢增长了4倍。从人体整个形态上看，则从新生儿时期较大的头颅、较长的躯干和短小的双腿，逐步发展为成人时较小的头颅、较短的躯干和较长的双腿。

3. 人体各系统的发育不均衡

人体各系统的生长发育是不均衡的，有四种不同的发育趋势。神经系统发育最早，儿童在6岁时脑重已达成人的90%；肌肉、骨骼和一般内脏器官发育趋势和身长、体重的增长规律相似，也呈波浪式；淋巴系统的发育也比较早，到11岁以后就逐渐退化；而生殖系统的发育，在出生头12年里几乎没什么发育，到青春期迅速发育，并很快达到成人水平。可见，各系统的发育是不均衡的，但这种不均衡恰恰是机体整体协调发展的需要。

考点3 生长发育具有程序性

生长发育遵循由上到下、由近到远、由粗到细、由简单到复杂的规律。例如，出生后运动发育的规律是：先抬头、后抬胸、再会坐、立、行（由上到下）；从臂到手，从腿到脚的活动（由近到远）；从全掌抓握到手指拾取（由粗到细）；先画直线后画圈、图形（由简单到复杂）。

考点4 生长发育具有个体差异性

生长发育有其一般的规律，但每个儿童生长发育又有自身的特点。由于先天遗传以及后天环境条件的不同，个体在整个生长时期都存在着广泛的差异，呈现出高矮、胖瘦、强弱、智愚的不同。

考点5 生长发育具有相互关联性

学前儿童身体各系统的发育时间和速度虽然各有不同，但机体是统一的整体，各系统的发育并非孤立地进行，而是互相联系、互相影响、互相适应的。因此，任何一种对机体起作用的因素，都可能影响到多个系统。例如，适当的体育锻炼不仅能促进骨骼肌肉的发育，而且也能促进呼吸系统、循环系统和神经系统发育。

二、学前儿童动作与运动能力的发展

考点 1 婴儿动作与运动能力发展的规律 【单选】★★

1. 从整体到局部规律(由整体到分化)

儿童最初的动作是全身性的、笼统的、弥漫性的,之后动作逐渐分化、局部化、准确化和专门化。例如,满月前儿童受到痛刺激后,哭喊着全身乱动;3岁孩子拿着笔认真画画时,不仅是手动,身体的动作、面部的动作也来帮忙;同样的动作,幼儿做得慢而不够准确,而且付出的努力相对较大,成人则做得又快又好。这是“从整体到局部规律”的表现。

2. 首尾规律(从上至下)

儿童动作的发展,先从上部动作开始,然后到下部动作。婴儿最早出现的是眼的动作和嘴的动作。半个月内的婴儿,双眼协调动作就已经出现。上肢动作发展早于下肢动作。6个月婴儿手的动作已经有较好的发展,而腿的动作还未发展。儿童先学会抬头,然后能俯撑、翻身、坐和爬,最后学会站和行走,也就是从离头部最近的部位的动作开始先发展。这种趋势也表现在一些动作本身的发展上。例如,婴儿学爬行,先是依靠着手臂匍匐爬行,然后才逐渐运用大腿、膝盖和脚来爬行,即也服从“首尾规律”。

3. 近远规律(由近及远)

儿童动作的发展先从头部和躯干的动作开始,然后发展双臂和腿部的动作,再然后是手的精细动作。也就是靠近中央部分(头和躯干,即脊椎)动作先发展,然后才发展边缘部分(臂、手、腿)的动作。例如,婴儿看见物体时,先是移动肩肘,用整只手臂去接触物体,然后才会用腕和手指去接触并抓取物体。这种从身躯的中央部位再到远离身躯中央的边缘部位的发展规律,即“近远规律”。

4. 大小规律(由粗到细,或者说由大到小)

动作可以分为粗大动作和精细动作。儿童动作的发展,先从粗大动作开始,而后才学会比较精细的动作。粗大的动作是指活动幅度较大的动作,也是大肌肉群的动作,包括摇头、翻身、坐、爬、走、跑、跳、踢、平衡等。大肌肉动作常常伴随强有力的大肌肉的伸缩和全身运动神经的活动,以及肌肉活动的能量消耗。精细动作是指小肌肉动作,如吃、穿、画画、剪纸、玩积木、翻书、穿珠子等。从四肢动作说,是臂和腿的动作先发展,以后才逐渐发展起手和脚的动作。例如,婴儿先是用整只手臂和手一起去抓物体,以后才会用手指去拿东西。动作发展的这种规律,称为“大小规律”。

5. 无有规律(从无意到有意)

婴儿最初的动作是无意的,以后越来越多地受到心理有意的支配。例如,初生婴儿已会用手紧握小棍,这是无意的、本能的动作,几个月以后,婴儿才逐渐能够有意地、有目的地去抓物体。学前儿童的动作最初是从无意动作向有意动作发展,以后则是从无意动作为主向有意动作为主的方向发展,即服从“无有规律”。

真题面对面

[2016统考,单,1分]儿童最早发展的是身体的中部动作,然后是双臂和腿部动作,最后是腕、手及手指动作。这表明儿童动作发展遵循了(　　)

A. 首尾律及近远律　　B. 近远律及大小律

C. 近远律及从无意识到有意识的规律　　D. 首尾律及从无意识到有意识的规律

答案:B

第三章

考点 2 儿童动作与运动能力的发展

1. 粗大动作技能的发展

粗大动作是指由大肌肉控制的动作，包括四肢及全身的运动。在此将着重阐述儿童的跑步、跳跃能力的发展。

（1）走路、跑步能力的发展

3岁时，儿童的步履是简单的、没有变化的，他们能够沿着直线走路或跑动，但在跑动时还不能轻易地拐弯或停止。随之，走路与跑步的距离逐渐拉长，也产生对地面的平衡感。4岁时，儿童能够跳跃，单脚跳动，他们比起一年前跑得远多了，也快多了。到5岁时，儿童变得相当灵活，走起路来较有节奏，并能够避开障碍物。

（2）跳跃能力的发展

儿童很快就能够做更多的事情，而不仅仅是走路。对于细小的运动也能更加灵巧，运动的方法也会增加许多变化和花样。例如，将近3岁时，儿童开始蹦蹦跳跳，但此时的动作比较笨拙，无法跳得好，跳出的距离也很小。儿童满4岁后，可在原地跳起，其高度有30厘米，距离可达60至85厘米，但要越过障碍物则还有困难。

跳跃的一个变化方式是跑步跳。这比跳跃要困难，因为跑步跳是在跑步之中加入跳跃或单脚跳的动作。3岁时会做跑步跳的儿童只有17％，4.5岁时达60％，5.5岁时达80％以上。幼儿园中常用韵律来配合儿童做跑步的动作。由于是比较难做的动作，所以个体差异很大，并且女孩往往比男孩跳得顺、跳得好。

2. 精细动作的发展

（1）手部精细动作的发展

儿童期，儿童的手眼协调和小肌肉的控制迅速改善，这使得他们能越来越熟练地运用双手。可以说，儿童末期是手、手指末端的细致部分开始发展的时期。我们知道，手指运动对日后在日常生活中自立能力的发展影响深远，这集中体现在穿衣行动及饮食行动等各方面。

关于穿衣方面，儿童从玩弄穿在自己身上的衣物开始，如拨弄纽扣、穿袜子等。这些游戏行为，可能带来不久后的穿衣动作。儿童2岁前就已学会脱袜子、鞋子，4岁左右能够自己脱掉上衣、衬衫。对于凹凸扣，因为要解开它与手指头的动作没有很大的关系，只要一拉就可以脱了，所以儿童很早就会做了，可是要扣上就比较困难。3.5岁就能自己脱、扣纽扣的儿童占50％，4岁时达60％～80％，而且女孩比男孩要早，个体差异相当大。

（2）手动能力的发展

儿童的手指不只是可以自由地活动，还会渐渐地做一些需要用力操作的动作，如要拧干毛巾，就必须有手指头及手掌的握力，才能拧得干。儿童刚开始拧毛巾时，常因力气不够，拧出来的毛巾总是湿湿的。可是，一旦他们的手指力量发展到一定程度，就可以拧干毛巾。儿童4、5岁就会做拧干毛巾的动作，但要到6岁时才基本可以做好。

第四节 学前儿童健康学习的特点与教育原则

一、学前儿童健康学习的特点

1. 环境依赖性

环境是重要的潜在课程。幼儿的可塑性大，对环境的依赖性很强。由于学前儿童健康教育的最终目的是形成健康行为，因此环境潜移默化的影响非常重要。

(1)物理环境

物理环境包括幼儿园室内外环境。室外环境有大型玩具，体育器材，植物角，幼儿园的建筑、地面、绿化面积、空间大小等，这些环境既影响着幼儿的身体发育、心理感受，决定着他们活动的类型、空间和选择的运动项目，还会影响到孩子的互动、合作和个性发展，对幼儿养成良好的运动兴趣和习惯以及身体健康、心理健康和社会适应有着直接或间接的影响。室内环境包括班级的环境创设、玩具设备卫生、房间布局、区域环境的创设等，这些环境对幼儿养成良好的卫生习惯和生活自理能力等都会有着不同的影响。比如，在盥洗间里，有教孩子正确洗手的示意图；在卫生间里，有教孩子正确擦屁股的示意图或儿歌；在专门设置的生活区里，有教孩子穿脱衣服的示意图，还有相关的材料，这些都非常有利于幼儿健康心理行为的养成。

(2)心理环境

幼儿园的心理环境就是指幼儿园的心理氛围。在良好的心理氛围中，幼儿快乐、轻松自在，不仅会享受自由自在的童年生活，而且易于养成良好的健康行为。

2. 生活性

"教育即生活""生活即教育"的特点在学前儿童健康教育中特别突出。幼儿正是在生活当中学会了如何培养刷牙、洗手、穿脱衣服、午睡、就餐等基本的卫生习惯和生活自理能力，然后又将这些习惯和生活自理能力运用到生活当中，提高生活质量，产生积极的自我意识和较高的自我效能感，构建自己良好的个性。所以，生活性是学前儿童健康教育的重要特点之一。

3. 群体性

幼儿有着群体趋同性，容易受到社会环境的影响，其健康行为的养成也容易受到同伴的影响，有些影响是正面的，有些则可能是负面的。比如，一名幼儿在家偏食严重，在幼儿园中，由于受到其他同伴的影响和社会氛围的压力，他往往会先压抑自己的需要，然后努力改正，最后形成不偏食的健康行为。所以，不少家长反映，孩子到幼儿园后毛病减少了。当然，也有些幼儿在家里的习惯很好，比如饭前便后洗手，在幼儿园里发现有同伴不这么做，也会模仿这些不良行为。计划性行为理论启发我们，群体对某种行为的评价和接受程度，会影响当事人的行为。所以，教师如何发挥群体的良性塑造作用、避免群体的负面影响是进行学前儿童健康教育必须思考的问题。

4. 长期性

健康行为的养成不是一朝一夕的事情，而是一个长期的过程。我们会发现，假如教师急于求成，对幼儿有过高要求，结果是欲速则不达。所以，一定要充分认识学前儿童健康教育的长期性这一特点。在实施学前儿童健康教育时，要循序渐进，分阶段、分步骤、有计划地帮助幼儿养成健康的行为。

5. 渗透性

渗透性是学前儿童健康教育的又一特点。学前儿童健康教育渗透在生活、环境和各项活动中，若只是在健康教育活动中进行健康教育，而在其他活动中罔顾健康教育。那么，幼儿健康行为的养成就可能成为一句空话。

二、实施学前健康教育应遵循的原则 【单选】★★

1. 主体性原则

从教育的角度看，任何教育只有通过受教育者的内化才能完成，学生是教育活动的主体，在教育界已基本达成共识。实施学前健康教育，无论是目标的制定，内容的选择，还是方法的运用，均应体现出以儿童为主体。例如,应该根据儿童的兴趣和身心发展特点来制定目标,选择内容,运用儿童喜爱的方法,促使儿童从“要我学”变成“我要学”“我爱学”。

2. 科学性原则

开展学前健康教育还要讲究科学性原则。目标的制定要科学,教育内容的选择要科学,教学方法要科学。要教给孩子正确的健康知识,概念要鲜明,数据要可靠,不能违背科学事实,如把细菌叫作虫子。还要帮助儿童养成正确的健康行为、习惯,须知错误的健康行为、习惯一旦养成,则很难纠正。

3. 发展性原则

学前健康教育要为孩子的现实发展负责,同时更要为孩子的终身发展担负责任,应使每个孩子在原有水平上得到发展。

(1)学前健康教育目标的制定、内容的选择,要考虑略高于儿童现有水平,同时又是儿童经过努力可以完成的;

(2)要注重个别差异,活动的组织,以小组、个别活动为主,集体活动为辅,从而加强对个别学生的指导,实现每个儿童的发展;

(3)学前健康教育不仅仅要促进孩子现实的发展,同时更要为孩子的终身发展担负责任,不能只顾眼前学到了什么或眼前是否快乐。

4. 整合性原则

在开展学前健康教育时,应该具有整合的观念,不可人为地割裂有益于儿童发展的整体经验。

(1)可以在本领域内整合学前健康教育的课程,如整合儿童身体保健和儿童心理保健的内容;

(2)也可以进行超领域的整合,如整合学前健康教育领域和科学教育领域的内容,整合学前健康教育领域和艺术教育领域的内容等,实现课程的整合,更好地促进儿童发展。

事实上,儿童身心发展的特点决定了幼儿园任何领域的教育都应该把儿童的健康放在第一位,开展学前健康教育必然要和其他领域的课程相融合。例如,开展儿童唱歌、绘画活动时,要讲究卫生,注意保护发声器官,形成正确的姿势。

5. 全方位渗透原则

学前健康教育应渗透于儿童的一日生活之中,“一日生活即课程”。学前健康教育活动的形式多种多样,可以是教师精心设计的健康教学活动,即“上健康课”,更应该重视日常生活中的健康教育,二者相结合。

同时,学前健康教育还应该取得家庭和社区的积极配合、支持。家庭和社区是十分重要的课程资源,“幼儿园应与家庭、社区密切合作,与小学相互衔接,综合利用各种教育资源,共同为儿童的发展创造良好的条件。”学前健康教育的实施,要积极争取家长的理解和支持,努力创设和利用环境,开展幼儿园、家庭和社区一体化教育,三者相互协调、相互补充,全方位促进儿童的身心健康发展。

真题面对面

[2018统考,单,1分]下列不属于实施儿童健康教育应遵循的原则的是(　　)

A. 客观性原则　　B. 科学性原则

C. 发展性原则　　D. 全方位渗透原则

答案:A

第五节　学前儿童健康教育活动的主要类型及途径

一、学前儿童健康教育活动的主要类型

考点 1　体育活动

1. 学前儿童体育活动的内涵

学前儿童体育的性质类似于学校体育，但又具有其独特性。学前儿童体育是在遵循0～6岁儿童身心发展的特点和规律的基础上，融保育与教育为一体的特殊的教育领域。学前儿童体育活动以游戏为基本活动形式，注重个体差异，不搞达标和测验。因此，学前儿童体育的目的在于培养学前儿童自主参与体育锻炼的兴趣和良好习惯，体验运动的快乐，增强体质，发展幼儿的身心素质和初步的运动能力，提高其健康水平，为幼儿一生的可持续发展奠定基础。

2. 学前儿童体育活动的基本内容

具体内容参看“第六节 学前儿童体育活动的设计与组织”

考点 2　身体保护和生活自理能力教育活动

1. 学前儿童身体保护和生活自理能力教育活动的内涵

学前儿童身体保护和生活自理能力教育活动是指培养幼儿科学地认识、使用、养护和锻炼身体器官以及生活卫生、进餐、着装、睡眠、盥洗等基本生活能力的教育活动。学前儿童身体保护和生活自理能力教育既是健康教育的领域，又是现代健康生活方式的重要组成部分。对于学前儿童身体保护和生活自理能力教育的认识，需要打破仅仅局限于生活技能和行为习惯养成的教育模式，建立以健身为主、全面育人的价值观和目标观，发展幼儿的全面素质。学前儿童身体保护和生活自理能力是人类生存能力的重要内容，是儿童生存和健康发展的重要基础。

2. 学前儿童身体保护和生活自理能力教育活动的内容

学前儿童身体保护和生活自理能力教育涉及的内容很多，主要有生活卫生、清洁卫生、环境卫生、器官保护卫生等方面。

(1)生活卫生方面

这是指幼儿在基本生活方面应养成的习惯，主要内容有：

①进餐。了解基本的食物和营养知识，掌握基本的进餐技能，如使用和存放餐具的方法、合理的咀嚼方法。

②着装。注意衣着卫生，衣服脏了要及时换洗，能根据气温变化和活动量的大小增减衣服；掌握基本的穿、脱、叠、放衣鞋的技能，培养独立着装的能力和习惯。

③睡眠。姿势要正确，早睡早起，有规律地作息，每天保证必需的睡眠时间；独立安静地入睡，不玩玩具，不蒙头睡觉；睡前把衣鞋放在固定的地方。

(2)清洁卫生方面

清洁卫生是指儿童在料理自己方面应养成的习惯。主要内容有：每天早晚洗脸一次；饭前便后洗手；手脸脏了随时洗；饭后漱口、擦嘴；每周剪指甲一次；每周洗头发2～3次，头发长了要及时理发，不用金属发卡；每天换洗内衣、鞋袜；注意保护皮肤；每周洗澡一次；定时大便。

(3)环境卫生方面

环境卫生是指儿童在对待周围环境方面应养成的习惯。主要内容有：东西要放在固定地点，摆放

要整齐；不乱丢果皮、纸屑；不随意乱写乱画；不随地大小便；不随地吐痰。

（4）器官保护方面

这是指幼儿在保护自我身体器官方面应养成的习惯，主要内容包括眼保健、声带保健、口腔保健、耳保健、鼻保健、皮肤保健等。

考点3 安全自护教育活动

1. 学前儿童安全自护教育活动的内涵

学前儿童正处于生长发育的重要时期，在好奇、好动、好探索的心理需求驱使下，他们往往会表现出大胆的举动。而身体各系统发育的不完善及对周围事物缺乏全面认识的能力，决定了在他们的行为中隐藏着诸多的安全隐患。如果成人对幼儿的照料稍有疏忽，极易发生安全事故。因此，学前教育阶段把儿童的安全放在首位，重视对学前儿童进行安全教育，采取有效措施消除安全隐患，是整个学前教育的重要组成部分。

2. 学前儿童安全自护教育活动的任务

学前儿童安全教育的内容涉及面较广，凡是儿童所及之处皆有安全与否的问题，都有指向明确的内容要求。学前儿童安全教育的主要任务有以下几个方面：

（1）帮助儿童树立有关安全的意识

学前儿童活泼好动、好奇心强，又不懂得该为和不该为的区别，容易发生各种意外伤害事故。所以，在对儿童进行安全教育的过程中，帮助他们建立安全的意识是十分必要的。教师应从儿童自我保护能力较弱的特点出发，有意识地通过看图画、读儿歌、讲故事、做小实验、互相讨论等形式，全面地进行安全教育，让儿童了解、适应周围的环境，懂得周围各类危险因素的危害。

（2）引导儿童学习必要的安全常识

教师可以结合儿童的生活实际，帮助他们了解一定的安全常识，包括：了解水、电、火、煤气（天然气）、刀具、常用药品的使用等方面的安全知识和注意事项；获得应对意外事故，尤其是火灾、雷击等的常识，懂得及时避开危险场所；知道常见的各种标记或特殊的电话号码，遇到突发事件时会求助；丰富生活内容，学习在复杂的社会生活中保护自己。

（3）培养儿童良好的生活习惯

儿童期的神经细胞反应时间短，容易形成条件反射，即容易养成习惯。教师应利用这一特点，多进行正确行为的强化练习，持之以恒，帮助儿童养成良好的行为习惯，减少意外伤害事故的发生。同时，也要教育儿童学会分享、合作等良好的交往方式，以避免儿童之间由于不合群、好攻击而造成的伤害事故。

（4）激发儿童参加体育活动的兴趣

儿童生长的局限性致使其身体肌肉的活动无力，肌肉组织内储氧量不够，肌肉弹性、张力也较缺乏。因此，儿童动作的平衡能力、灵活性都达不到自我保护的要求。为此，应注意激发儿童参加体育活动的兴趣，给儿童提供足够的时间和空间，合理地组织有一定强度和密度的体育活动，增强体质，以提高儿童的自我保护能力。

考点4 饮食营养教育活动

1. 学前儿童饮食营养教育活动的内涵

学前儿童饮食营养教育活动就是帮助幼儿建立合理的饮食环境，督促幼儿自觉形成良好的饮食卫生习惯的一系列有计划、有组织、有系统的教育活动。

2. 学前儿童饮食营养教育活动的内容

学前儿童饮食营养教育的重点在于让学前儿童了解人的成长与身体健康必须依靠食物；懂得身体需要多种营养素，喜欢吃多种不同的食物；初步了解烹调食物的基本方法，养成良好的饮食卫生习惯；了解不同地区饮食文化的多元性。学前儿童饮食营养教育活动的具体内容有以下几个方面：

(1)认识食物的名称、形状、色彩、性质

在学前儿童接触食物的过程中，让他们学习食物的正确名称，观察食物的各种形状、质地，欣赏食物的天然色彩及食物经过加工调配组合后的色彩。

(2)知道营养素与人体健康的关系

让学前儿童了解人体需要的基本营养素，这些营养素可以从哪些食物中获得，以及各种营养素与人体健康的关系，从而形成广泛摄取食物、保持身体健康的饮食营养意识。

(3)建立良好的饮食行为习惯

让学前儿童了解不良的饮食行为习惯对人体健康的危害，通过反复提醒、练习，帮助他们建立良好的饮食行为习惯，如饭前洗手、饭后漱口、安静用餐、不吃不洁食物、不乱吃零食等。

(4)掌握饮食的方法和技能

让学前儿童在饮食过程中掌握基本的方法和技能，如正确使用勺子、筷子的技能，从而提高学前儿童的饮食自理能力。

(5)了解民间饮食文化及风俗习惯

可以结合各种节日，让学前儿童品尝我国以及各国民间流传至今的食品，通过故事了解民间的饮食文化和风俗习惯，培养他们对祖国饮食文化的热爱，同时扩大他们的视野，了解多元饮食文化。

(6)养成健康文明的饮食礼仪

从培养现代人的角度，让学前儿童从小懂得在群体中应有的饮食礼仪，如在进餐过程中讲究餐桌卫生，在自助餐和聚餐中能按需取食和点餐，不浪费食物等，同时可以让学前儿童学习和使用一些基本的进餐礼貌用语。

(7)知道简单的处理和烹调食物的方法

让学前儿童了解食物的来源及加工制作、保存的方法；通过走访参观，让学前儿童了解食物是从哪里来的；通过动手操作，使学前儿童对食品制作有所了解；通过观察讨论，使学前儿童掌握食物的贮存方法等，从而丰富学前儿童的生活经验。

考点5 心理健康教育活动

1. 学前儿童心理健康的标准

学前儿童心理健康的重要标志是情绪反应适度、自我体验愉悦、社会适应良好、心理发展达到相应年龄组儿童的正常水平。一般认为，学前儿童的心理健康可以从动作、认知、情绪、意志、行为及人际关系等方面衡量。

(1)动作发展正常

动作是反映儿童生长发育的指标，也是制约儿童心理发展的因素之一。皮亚杰认为，动作是儿童智力的起源。个体动作的发展与脑的形态及功能的发育密切相关，因此，学前儿童躯体大动作和手的精细动作的发育水平处于正常范围是心理健康的基本条件。

(2)认知发展正常

一定的认知能力是学前儿童学习与生活的重要前提。这是因为，正常的认知水平是儿童与周围环境取得平衡和协调的基本心理条件。从客观方面看，学前儿童的认知发展水平会表现出一定的个体差异，但如果儿童的认知水平明显低于同年龄儿童，且不在正常的范围内，那么该儿童的认知能力是低下的，心理也是有问题的。

(3)情绪积极向上

积极的情绪状态反映了中枢神经系统功能的协调性，也表明个体的身心处于良好的平衡状态。学前儿童的情绪具有很大的冲动性和易变性，但随着年龄的增长，情绪的自我调节能力有所增强，稳定性逐渐提高，并开始学习合理地宣泄消极情绪。如果某个学前儿童经常处于消极的情绪状态，整天闷闷不乐或一触即发、暴跳如雷，那么该学前儿童的心理是不健康的。

(4)人际关系融洽

学前儿童之间的交往是维持心理健康的必要途径。心理不健康的学前儿童，其人际关系往往是失调的，或自己远离同伴，或成为群体中不受欢迎者。心理健康的学前儿童乐于与人交往，能与同伴合作，游戏中能够谦让。

(5)性格特征良好

性格是个性中最核心、最本质的表现。它反映在对客观现实的稳定态度和习惯化的行为方式中。心理健康的学前儿童，一般具有热情、勇敢、自信、主动、合作等性格特征，而心理不健康的学前儿童常常具有冷漠、胆怯、自卑、被动、孤僻等性格特征。

(6)没有严重的心理卫生问题

学前儿童不健康的心理往往以各种行为方式表现出来，诸如吸吮手指、遗尿、口吃、多动症等。心理健康的学前儿童应没有严重的或复杂的心理卫生问题。

2. 学前儿童心理健康教育活动的内容

学前儿童心理健康教育活动主要是帮助他们学习表达和调节情绪的方法，学习社会交往的技能，养成良好的习惯，进行性教育，预防和矫治一些常见的心理障碍和行为异常，培养学前儿童自我保护的能力并提高其心理健康水平。

(1)学习表达和调节自己情绪情感的方式

①正确认识、理解、评价触发情绪反应的情境，明确只有合理的需要和目的才能得以满足或达成，而不合理的需求和目的必定受阻。

②学会用语言和非语言(神态、表情、动作等方式)表达、调节积极的和消极的情绪。

③培养学前儿童控制、调节情绪的能力。学习用自我说服、诉说、注意转移、忘却、宽容等方法调节情绪；学习合理疏泄愤怒、畏惧、忧虑、委屈、厌恶等消极情绪；体验学习并表达成功后的愉快与欣喜的感受。

(2)学习锻炼社会交往的能力

①学习感知和理解他人的情感。理解他人的愿望和情感，懂得用语言和非语言的方式安慰、同情、鼓励、谅解他人，对他人的情绪情感能做到和谐适度的反应。

②学习轮流分享、合作互助的技能。培养学前儿童学习、分享同伴玩具、食品、快乐的技能。在生活和游戏中学会合作互助，乐于助人，自己有困难会请求帮助。

③有初步的公平竞争的意识和行为。在竞赛性的活动中，逐步理解公平竞争的含义。正确面对输赢，并懂得要通过努力获得成功。

④正确认识、评价和调节自我。能达成与同伴及相关成人、周围现实环境的协调和适应。

⑤懂得基本的礼貌礼节。见面、道别要使用礼貌用语，知道称呼、问候他人，尊重他人；学会看望病号、待客、恭贺喜事、拜访答谢亲友等基本礼节。

(3)学习锻炼独立生活和学习的能力

①学习日常生活独立自理,自己的事自己做,不依赖他人;

②在学习和游戏中有主见,学会独立思考并解决问题;

③独立操作并完成任务,学习自我保护的常识和技能;

④帮助学前儿童体验独立自主获得成功的愉快情感,培养良好的独立个性心理品质。

(4)学习养成良好的习惯

习惯是一定情况下比较固定的、完成某种动作的自动化的倾向,是一种信念和行为的定势,具有稳定持久的特点。培养学前儿童良好的习惯对其一生将会产生积极的影响。学前教育阶段主要是培养学前儿童良好的生活习惯、卫生习惯和行为习惯。

(5)进行合适的性教育

①性别认同和性别角色。正确的性别认同和性别角色意识,有利于学前儿童更好地适应社会生活,形成健康的性心理基础。

②科学简洁的性知识。对于学前儿童的提问和疑惑,我们应该以科学求实的态度,简洁地回答孩子。

③正确处理学前儿童的性游戏。对学前儿童的性游戏不能粗暴制止、更不能羞辱,否则会损害学前儿童性心理的健康发展。应因势利导,帮助学前儿童形成健康的性心理。

④纠正学前儿童玩弄生殖器和大腿摩擦等不良习惯。

(6)预防心理障碍和行为异常

教师要依照心理健康的标准,通过调查、观察、筛查和诊断等方法,及早发现学前儿童的各类行为问题、心理障碍和心理疾病。确定问题的性质,采取有针对性的措施,进行早期教育、早期干预或早期治疗。

"三级预防"是预防学前儿童发生心理障碍和行为异常的基本策略。一级预防:防止心理障碍和行为异常的发生,增进健康,即病因预防,从根本上杜绝心理障碍和行为异常的发生,并提高心理健康水平。二级预防:早期发现和及时治疗心理障碍和行为异常,防止疾病进一步发展。三级预防:为了疾病的康复,减少复发和残疾程度,尽量恢复病儿的生活自理能力。其中,一级预防是最重要、最基本的防病保健康的预防措施。

二、学前儿童健康教育活动的途径

1. 专门的健康教育活动

专门的健康教育活动是实施幼儿园健康教育的重要途径。按照教育活动组织的严密程度和教师指导方式的不同,幼儿园专门的健康教育活动大致可分为正规性和非正规性两种形式。正规性健康教育活动是教师有目的、有计划、有组织地对幼儿实施各种能够促进其身心健康的活动(如体育课、心理健康课等)。非正规性健康教育活动(如幼儿园户外体育活动等)一方面可以作为正规性健康教育活动的延伸,另一方面,由于其自身具有丰富的活动内容,且活动形式又丰富多样,它又具有正规性健康教育活动所不能替代的重要作用。

2. 日常生活活动

幼儿园健康教育活动应结合日常生活活动来进行。例如,午饭后幼儿的散步活动,作为幼儿一日生活中一种经常性的活动,便是幼儿身体锻炼的一种方式。至于一些生活、卫生习惯的培养,如盥洗的顺序、方法和技能,穿脱衣服的知识和技能等,必须结合幼儿的日常生活来进行,才能达到更好的教育效果。

3. 其他领域的教育活动

实施幼儿园健康教育活动应结合幼儿园其他领域的活动来进行。例如，将枯燥单调的健康知识编成幼儿喜欢的儿歌和歌曲；或让幼儿到田间去认识蔬菜，来培养他们爱吃蔬菜的习惯等。这种将幼儿园身体保健的教育结合语言、音乐和科学等方面的活动来进行的方式，同样可以达到健康教育活动的目标。再如，社会科学教育活动中的参观，音乐活动中的舞蹈、律动等，本身就是幼儿身体锻炼的良好途径。

4. 家庭的配合和社会的支持

幼儿园健康教育活动应争取家庭的配合和社会的支持。因为幼儿园健康教育的有关内容与家庭生活密切相关，家长应当成为幼儿园健康教育活动的合作者。另外，幼儿园的健康教育也不能忽视社会的影响，如电视媒体的影响等。

第六节 学前儿童体育活动的设计与组织

一、学前儿童体育活动的目标

学前儿童体育活动目标就是幼儿园体育工作所要达到的预期目的，它揭示了体育活动影响儿童发展的预知变化，是儿童发展的努力方向，也是幼儿园实施体育活动应当完成的任务。

考点1 学前儿童体育活动的总目标

(1)激发学前儿童参加体育活动的兴趣，提高学前儿童对体育活动的积极性、主动性和创造性，开发学前儿童的运动潜能。

(2)激发学前儿童活泼、愉快的情绪和乐观开朗的性格，培养学前儿童坚强、勇敢、不怕困难的意志品质和主动、乐观、合作的态度。

(3)促进学前儿童身体正常发育、机能协调发展，提高机体对环境的适应能力。

考点2 学前儿童体育活动的年龄阶段目标 【单选】 ★

1. 小班体育活动的目标

(1)能上体正直、自然地走和跑；能向指定方向走和跑；能在指定范围内四散跑、追逐跑；能步行1千米左右，连续跑约半分钟；能一个跟着一个走，走成一个圆；能较轻松地双脚交替跳着走。

(2)能较轻松自然地双脚同时向前跳、向上跳；能从25厘米的高处自然地跳下。

(3)能双手用力将球向前、上、后方抛；能单手自然地将沙包等轻物投向前方。

(4)能在平行线(或窄道)中间走；能在宽25厘米、高(或斜高)20厘米的平衡木(或斜坡)上走。

(5)能在65~70厘米高的障碍物(如绳子、皮筋、拱形门)下钻来钻去；能手膝着地(垫)自然协调地向前爬；能倒退爬；能钻爬过低矮障碍物；能在攀爬架上爬上爬下，或从网的一侧爬越至另一侧(必要时教师可以帮助)。

(6)初步学会听各种口令和信号并做出相应动作；能边念儿歌或边听音乐做模仿或简单的徒手操。

(7)会玩滑梯、攀登架、转椅等大型体育活动器械并注意安全；会骑小三轮自行车；会推拉独轮车；会滚球、传球、抛接球和原地拍皮球；会利用球、绳、棒、圈等小型多样的体育器材进行身体锻炼。

(8)喜欢并愿意参加体育活动；初步掌握体育活动的有关知识和规则，团结合作，爱护公物；能合作收拾某些小型体育器材。

2. 中班体育活动的目标

(1)能听信号按节奏上下肢协调地走和跑;能听信号变速走、变速跑;能听信号变化方向走;能前脚掌着地走、倒退走;能跨过低障碍物走;能绕过障碍物跑;能快跑20米左右,走跑交替(或慢跑)200米左右;能在一定范围内四散追逐;能步行1.5千米左右,连续跑约1分钟;能听信号切段分队走、一路纵队走。

(2)能自然摆臂连续纵跳触物(物体离学前儿童举手指尖20厘米左右);能双脚熟练地向前跳或双脚在直线两侧行进跳;能立定跳远,跳距不少于30厘米;能双脚站立由高30厘米处往下跳,落地轻;能助跑跨跳平行线,跳距不少于40厘米;能单、双脚轮换跳,单足连续向前跳。

(3)能肩上挥臂投掷轻物;能自抛自接低(高)球;能两人近距离互抛互接大球;能滚球击物;能左右手拍球。

(4)能在宽20厘米、高(或斜高)30厘米的平衡木(或斜坡)上走;能原地自转至少3圈不跌倒;能闭目向前走至少10步。

(5)能熟练协调地在60厘米高的障碍物(如圈、拱门)下较灵活地侧钻;能手、脚着地(垫)协调地向前爬;能手脚熟练协调地在攀爬架、攀登网或肋木上爬上爬下;能团身滚。

(6)能较熟练地听信号集合、分散、排成4路纵队(包括切段分队);能随音乐节奏准确地做徒手操和轻器械操。

(7)会玩跷跷板、秋千等各类大型体育活动器械;会骑小三轮车、带辅轮的小自行车;会用球、绳、棒、圈及其他废旧材料(如易拉罐、可乐瓶、报纸等)开展小型多样的体育活动。

(8)具有一定的抵御寒、暑、饥、渴的能力和抵抗疾病的能力。

(9)喜欢并能较积极地参加体育活动,初步养成参加体育活动的习惯;能较自觉地遵守体育活动的规则;互助合作、爱护公物,能及时收拾小型体育器材。

3. 大班体育活动的目标

(1)能轻松自如地绕过障碍进行曲线走和跑;能快跑25米左右或接力跑;能走、跳交替(或慢跑)300米左右;能步行1.5千米以上,连续跑约1分半钟;能听信号左右分队走。

(2)能原地蹬地起跳连续纵跳触物(物体离学前儿童举手指尖25厘米左右);能双脚熟练地改变方向(前、后、左、右、转身)跳;能从35~40厘米高处自然跳下,落地轻稳;能立定跳远,跳距不少于40厘米;能助跑跨跳平行线,跳距不少于50厘米;能助跑跳远,跳距不少于40厘米;能助跑屈膝跳过高度约40厘米的垂直障碍,能连续向前跳跃多个高40厘米、宽15厘米的障碍。

(3)能半侧面单手投掷小沙包等轻物约5米远;会肩上挥臂投掷轻物并投准目标(如直径不少于60厘米的标靶,投掷距离约3米);能抛接高球,或两人相距2~4米互抛互接大球。

(4)能在宽15厘米、高40厘米的平衡木上交换手臂动作(叉腰、平举、上举等)或持物走;能两臂侧平举,闭目自转至少5圈,不跌倒;能两臂侧平举单足站立不少于5秒钟。

(5)能熟练协调地侧身、缩身钻过50厘米高的障碍物(如拱形门等);能手脚交替协调熟练地在攀登架或肋木上爬上爬下,能在单杆或其他器械上做短暂的悬垂动作;能在攀登绳(棒)上爬高约1.5米;能熟练地在垫上前滚翻、侧滚翻。

(6)能熟练地听各种口令和信号并做出相应的动作;能听信号迅速地集合、分散、整齐列队、变化队形;能随音乐节奏有精神地做徒手操和轻器械操,动作有力、到位。

(7)会玩低单杠、秋千、脚蹬车或其他大型体育活动器械,会踩高跷、跳绳50次以上、跳皮筋;会运球、传接球;用脚踢(带)球;会用球、绳、棒、圈、积木、报纸、轮胎或其他废旧材料开展各种身体锻炼活动。

(8)具有较强的抵御寒、暑、饥、渴的能力和抵抗疾病的能力。

(9)热爱体育活动,有积极参加各种身体锻炼的习惯;能自觉遵守体育活动的规则和要求,合作、负责、宽容、谦让、爱护公物;有较强的集体观念;敢于克服困难,能体验克服困难取得胜利后的愉悦;能独立或合作收拾各种小型体育器材。

考点3 具体体育活动目标的制定

体育活动的目标作为体育活动的出发点和归宿,直接影响着教师对体育活动内容的选择和编排,并影响着体育活动的过程、方法及环境和材料的布置和利用,也影响着体育活动的评价。

制定具体的体育活动目标时,必须按照学前儿童的发展水平和实际的条件,充分考虑体育活动的内容和形式的不同,有针对性地制定。制定体育活动目标有以下三个具体要求。

(1)一个个具体体育活动的展示及其目标的实现是达成年龄目标的必然环节。因此,在制定具体的活动目标时,应紧扣年龄阶段目标。

(2)活动目标的内容应从发展学前儿童的认知、情感及动作和技能等方面全面考虑,体现活动功能的综合性。在表述时,每一方面尽量分别阐述,避免交叉,但也应考虑突出重点,不必面面俱到。

(3)表述要具体、明确、操作性强,宜采用学前儿童行为目标表达方式,即以学前儿童应习得的各种行为来表达活动的目标。

真题面对面

[2017统考,单,1分]能半侧面单手投掷小沙包等轻物约5米远,能相距2~4米远互抛互接大球。该体育活动目标适合(　　)

A. 大班　　B. 中班　　C. 小班　　D. 托班

答案:A

二、学前儿童体育活动的内容

考点1 基本动作

1. 走

走是学前儿童从爬到直立后在发展上最重要的一次飞跃,是人体移动位置最自然、最省力的活动,是锻炼身体的手段之一,是幼儿园一项重要的体育活动内容。

走时,全身运动的肌肉占60%,测定学前儿童正常速度走时,心率可达120次/分左右,可促进学前儿童的生长发育。

(1)学前儿童走的能力发展

①小班:小班学前儿童头重脚轻,腿部力量差,靠上体前倾移动重心,步幅小,速度不均匀,因而走跑分不清,走的步伐不均,落地重,走时注意力分散,东张西望,走不成队,不能形成整齐的队伍走,不能一个跟一个走。

②中班:学前儿童有变化,上下肢较协调,动作较平稳,但步伐不匀,节奏感不强。

③大班:学前儿童动作发展好,走得轻松、自然、平稳有力、协调,走时基本能控制速度,但不具备齐步走的能力。横队走不齐,纵队能走齐。

(2)走的动作要领

上体正直,自然挺胸,目视前方,肩臂放松,以肩为轴,两臂前后自然摆动,弧度随步幅而定,步幅要大而均匀,抬腿的方向要向正前方,落地要轻而柔,脚尖向前(不要形成内八、外八)。

(3)各年龄班走的要求及内容

	小班	中班	大班
要求	上体正直、自然走,不要求整齐	上体正直,下肢协调走,两臂前后自然摆动,走得自然、轻松、有节奏,落地要轻	步伐均匀,有精神地走
内容	①听信号向指定方向走; ②一个跟着一个走	①听信号有节奏地走; ②听信号变速走	①听信号改变方向走; ②一对一对整齐地走
参考游戏	①跟着小旗走; ②开火车、开飞机; ③找找小动物	①听鼓声走、信号灯; ②风声和树叶	①看谁走得对; ②找朋友; ③两人三足

(4)教学建议

①学前儿童走须轻松自然,教学重点是腿的动作和躯干的正直,抬腿不过高,不过低,落地轻。胸挺直,有利于胸腔发育、姿势健美。

②采用多种手段和方法教学,发展学前儿童走的能力。有情节、有角色地走(一般是听着音乐走)的体育游戏是学前儿童感兴趣的活动。此外,可以根据不同的需要,变化多种走的形式,如用前脚掌走,轻轻走,倒退走,侧着走,大步走,模仿走,听着音乐走,朗诵儿歌走,踩着皮筋走,曲线走,走窄道,变速走等等,激发学前儿童练习的兴趣,还可以加上手的动作,不让学前儿童感到单调。

③用散步、游览的方式发展学前儿童走的能力。

④在日常生活中培养学前儿童走路的正确姿势。

⑤教师、家长做学前儿童的表率。

2. 跑

跑是人体移动位置最自然、最快的方式,是锻炼身体的有效手段,是幼儿园开展最广泛的体育活动内容之一。快跑心率达180次/分,慢跑心率达140~150次/分,强度变化大,是发展学前儿童的速度、耐力、平衡及灵敏性的重要内容。

(1)学前儿童跑的能力发展

①小班:跑的步幅小,速度慢,步伐不均匀,上下肢不协调,身体不平衡,耐力差,跑动中控制身体的能力差,不易立刻停止、转弯、躲闪障碍。

②中班:动作协调、自然,能听信号改变方向,速度快,追逐跑,一个一个跑。

③大班:灵敏、协调、控制力高,转、停顿灵活。

(2)跑的动作要领

上体前倾,两手半握拳,屈肘在体侧,前后自然摆动,眼向前看,呼吸自然有节奏,腿向后蹬地有力,向前摆腿方向正,幅度大,膝关节放松,前脚掌先着地,脚尖向前,落地轻。

(3)各年龄班跑的要求及内容

	小班	中班	大班
要求	自然跑	上下肢协调,轻松跑,摆臂跑	上体稍前倾,两手半握拳,屈肘在体侧,前后自然摆动,用前脚掌着地跑

第三章

续表

	小班	中班	大班
内容	沿场地周围跑；听信号向指定方向跑；在指定的范围内四散跑	一路纵队跑；四散追逐跑；快跑，10～20米内；走跑交替，100～200米内	听信号变速、改变方向跑；快跑，20～30米内；走跑交替，200～300米内
参考游戏	跑跑跑，跑成一个大皮球；老猫睡觉醒不了；小孩小孩真爱玩；踩影子	老狼老狼几点钟；捉星星；抓尾巴；红绿灯	走地道；人、枪、虎；扎绳解绳比赛

（4）教学建议

①跑的内容和教材要多样化。不同形式的跑，其教育作用是不同的。20米快跑主要是发展速度；接力跑主要是培养集体荣誉感和协同活动能力；四散追逐跑可发展速度、耐力、灵敏性。

②跑的教学重点是腿的动作。"步子大，落地轻"是腿动作的基本要求。

③跑要遵循人体活动规律。跑之前要充分做好准备活动，以防受伤；跑后要充分做好放松、整理活动，有利于学前儿童消除疲劳。

④跑的过程中观察孩子，掌握好活动量。跑的游戏活动中，要随时观察学前儿童脸色、情绪、呼吸、汗量等，以便调节、掌握好运动负荷；特别是体质差的孩子。

⑤培养孩子正确的呼吸。指导并教会学前儿童口鼻混合呼吸，呼吸时不要张大嘴巴，逐渐使其呼吸自然而有节奏。

⑥注意跑的方向。圆圈跑时靠近圆心的一侧腿负担较重，如果只顺着一个方向跑，时间长容易造成脊柱两侧和下肢发育不均衡。因此，要经常变换圆圈跑的方向。

⑦小班的孩子不要求速度和节奏。主要是通过各种游戏进行跑的活动，小班一般不竞赛。

⑧中、大班可多组织些竞赛活动，培养积极性和进取心。

3. 跳

学前儿童通过参加各种跳跃活动，不仅增强了腿部肌肉力量，发展了弹跳力、灵活性、协调性，提高了动作的稳定性和平衡能力，而且还有利于培养学前儿童勇敢、果断、顽强的意志品质和活泼开朗的性格。

（1）学前儿童跳的能力发展

①小班：困难，起跳难，两脚不容易同时离开地面，四肢配合不好，摆不起来，腾空时间短，落地易失去平衡。

②中大班：跳跃能力发展很快，动作协调，能熟练掌握立定跳远，双脚向上、向下跳，单双腿连续跳，但落地动作不稳。

（2）跳的动作要领

跳跃动作包括预备、起跳、腾空、落地四个阶段。预备阶段包括原地和助跑两种方式。原地预备动作是屈膝、体前倾、两臂后摆；助跑动作要求是中速、短距、步不乱。起跳有单脚和双脚两种：单脚起跳时，起跳腿用力蹬直，后腿很快跟上去；双脚起跳时，两腿用力蹬地，摆臂跳起。腾空阶段要保持身体平衡。落地要屈膝缓冲，保持平衡。

（3）各年龄班跳跃的要求及内容

	小班	中班	大班
要求	轻轻跳起，自然落下	屈膝摆臂，蹬地跳，落地轻，保持平衡	屈膝、摆臂，用力蹬地跳起，保持平衡

续表

	小班	中班	大班
内容	①双脚同时向上跳; ②从高15～25厘米处向下跳; ③双脚向前行进跳	①原地纵跳触物; ②双脚在直线两侧行进跳; ③双脚立定跳远,距离不少于30厘米; ④双脚站立在20～30厘米处向下跳; ⑤助跑跨跳不少于40厘米	①原地纵跳触物,物体离学前儿童高举的手指尖20～25厘米; ②从高30～35厘米处向下跳; ③立定跳远不少于40厘米; ④助跑跨跳不少于50厘米; ⑤助跑屈腿跳过30～40厘米的高度; ⑥跳绳、跳皮筋
参考游戏	①铃儿响叮当; ②小鸟找食; ③小白兔种青菜; ④小白兔采蘑菇	①种萝卜; ②小青蛙跳田埂; ③老虎捉猴子; ④玩溜溜布	①小伞兵; ②小青蛙捉虫子; ③跳房子

(4)教学建议

①跳跃教学的重点是起跳和落地

起跳是决定跳跃远度和高度的主要因素;落地轻、稳,保持平衡,是保证跳跃活动安全的重要条件。

②全面完成教育任务

不同的跳跃内容,对学前儿童所起的作用不一样,如从高处往下跳,可改进落地动作和提高平衡能力;跳绳可发展弹跳力、动作速度;侧跳、跳皮筋除发展弹跳力外,对发展灵巧性也有较好的效果;跨跳可以较好地培养学前儿童的勇敢精神。

③克服孩子害怕的心理,保护安全

年龄小、体质差的学前儿童跳跃时,常会产生一些畏惧心理。如从高处往下跳怕摔倒;跳“小河”怕掉到“河”里;跳高怕被绊倒等。教师要帮助学前儿童克服这些心理障碍,培养勇敢、果断等意志品质。

4. 投掷

幼儿园投掷活动内容包括滚、抛、传、接、拍、击、拨等内容。这些内容里,像滚球、拍球等动作,并不是投掷的典型动作。但是,因为学前儿童投掷大部分是运用小球、小棒等器材进行投掷,所以把一些非投掷的典型动作列入投掷教材。

(1)学前儿童投掷能力的发展

①小、中班:学前儿童掌握的投掷动作还很少,动作不够协调,多余动作多,力量小,不准确。做肩上挥臂动作时,往往只是靠一臂之力,出手晚,投不远。

②大班:学前儿童投掷能力逐渐有所提高,逐渐能用上转体和蹬地的力量,动作比较协调,但出手角度仍偏小,投掷方向不稳定。

(2)投的动作要领

肩上投掷:左脚在前,右脚在后相距一小步距离,重心落在后脚上,右手握住投掷物高举过头,然后右腿蹬地,身体重心移到左腿的同时,迅速挥臂投物。

拍球:两脚自然站立,腿稍弯曲,上体稍前倾;带球时手在球的后上方,球在身体侧面。

接球:看准来球的方向主动迎球;要有正确的手势;接球后要注意缓冲。

(3)各年龄班投掷的要求及内容

	小班	中班	大班
要求	滚、抛、拍和接滚动的球	肩上挥投掷物和接抛来的球	行进间拍球，变化形式拍球和集体接力拍球。肩投不仅要投远而且要投准
内容	①滚接大皮球； ②双手抛大皮球； ③拍皮球	①自抛自接高、低球； ②两人近距离抛球； ③投远； ④左右手拍球	①2～4米间抛接大球； ②花样拍球； ③边走边拍，边跑边拍； ④投远，投准
参考游戏	①熊猫滚球； ②学拍皮球； ③快快接住它	①投过小河； ②运西瓜； ③火箭上天	①花样拍球； ②打雪仗； ③皮球真听我的话； ④看谁投得准

(4)教学建议

①常讲多练，运用各种游戏方法

运用多种游戏方式和方法发展学前儿童上肢、腹、背等部位的肌肉力量，并注意与跑、跳等动作相结合练习。这样，不仅提高了练习兴趣，而且还增加了运动负荷，同时又使身体得到全面锻炼。

②贯彻循序渐进的原则，逐步提高难度

在投掷游戏活动中，既要注意投掷物由轻到重，又要注意投掷距离由近及远、靶子由大到小，逐步提高要求。如抛接球动作应先由教师在近距离抛接，稍有弧度，球正好落在学前儿童手中，待学前儿童初步掌握接球的手形，再逐步增加远度和变化落点。

③不能长期运用一只手抛

投掷游戏活动中，应尽可能让学前儿童双手都得到锻炼，使之均衡发展。

④常变换投掷物，增加孩子的兴趣

为了提高学前儿童活动积极性，可不断变化投掷物和投掷目标。如投掷物可用沙包、小球、纸标、纸团、玩具手榴弹、塑料片、木棒等，目标物可用各种不同的图像。

5. 钻爬与攀登

钻爬与攀登是生活中重要的实用技能，是学前儿童所喜爱的体育活动。

(1)学前儿童钻爬、攀登能力的发展

①小班：爬得自然、协调，有兴趣，钻时容易碰着障碍物，攀登手脚不协调，有危险性，很容易在中途放手。

②中、大班：钻爬与攀登表现出协调、灵活、速度快。

(2)动作要领

钻的方法一般有两种：正面钻和侧面钻。正面钻的要求是：面向障碍物，低头、弯腰、屈腿，身体尽量缩小，两脚交替向前移动，从障碍物下面钻过。侧面钻的要求是：身体侧向障碍物，屈膝下蹲，腿前伸，低头、弯腰，移动身体重心，同时转体钻过障碍。

爬的动作种类很多，有手膝着地爬、手脚着地爬、肘膝着地爬以及俯卧在地上的匍匐前进等。无论哪种形式的爬，都要求做到抬头，动作灵活、协调。

攀登动作可以由两只手握上一格横木，然后两脚先后登上同一格横木练习开始，逐步过渡到两手两脚交替向上攀登。

(3)各年龄班钻爬与攀登的要求及内容

	小班	中班	大班
要求	①学会低头过障碍; ②手膝协调向前爬; ③能在攀登架上爬上爬下	低头缩身,手脚协调地钻爬和攀登	在中班基础上,协调灵敏地钻爬和攀登障碍
内容	①钻过70厘米高障碍物; ②两手两膝着地向前爬; ③在攀登架上爬上爬下	①钻过直径为60厘米的圈; ②手脚着地屈膝爬; ③手脚协调地攀登	巩固提高
参考游戏	①小猫钓鱼; ②蚂蚁搬豆	①小猫搬家; ②网鱼	①小猴摘桃; ②猫捉老鼠; ③钻山洞

(4)教学建议

①钻、爬和跑、跳相结合。钻、爬时四肢和躯干肌肉负荷较大,在教学和活动时宜与跑和跳等活动结合起来,既可提高活动兴趣,又可调节运动负荷,避免身体局部疲劳和增加全身的运动负荷。

②注意安全。钻、爬有一定的危险性,教学和组织活动时一方面注意安全保护和帮助,另一方面要通过示范和语言提示等方法增强学前儿童的信心和勇气。

③利用现有的地形、场地,多给孩子练习机会。

④钻、爬,活动开始前如果老师不能做示范,就要请能力强的孩子做示范。

6. 平衡

平衡能力是指在任何变化的条件(情况)下,身体保持相对稳定的能力。它不是单一的动作练习,而是通过多种动作练习所形成的一种基本能力。平衡能力的强弱,又将直接影响人们其他活动能力的发展。

(1)学前儿童平衡能力的发展

在坐、立、行、跑、跳等各项身体活动中,都离不开平衡,平衡对安全至关重要。一般情况下学前儿童平衡能力差,越小越差,特别是重心位置提高了,就更害怕;5、6岁发展很快,能滑冰、骑双轮自行车。

(2)动作要领

窄道走要求上体正直,不晃动,头正颈直,眼往前下看,两臂自然摆动,动作自然;旋转要求两脚转换做轴心,可加手的动作;单脚站立要求膝关节直,另一脚离开地面时,腿自然弯曲;其中,窄道走、旋转属于动力性平衡练习,单脚站立属于静力性平衡练习。

(3)各年龄班平衡的要求及内容

	小班	中班	大班
要求	自然走,身体不左右摇晃	上体正直,上下肢协调	上体正直,步子均匀,上下肢协调,动作自然
内容	①在宽15~25厘米平行线内走; ②在15~20厘米斜坡上走上走下	①原地转1~3圈; ②闭眼走5~10步; ③在高20~30厘米,宽15~20厘米的平衡木上走	①单脚站立5~10秒; ②单脚站,闭眼转; ③在有间隔的物体上走,在平衡木上变换动作走

续表

	小班	中班	大班
参考游戏	——	①小小侦察兵； ②唐老鸭盖房子； ③种小树	①小小飞行员； ②学体操

(4)教学建议

①通过各种有情节的游戏进行，让学前儿童被情节所吸引，减少孩子的紧张，提高效率。

②在有一定高度时，鼓励孩子勇敢，又要有一定帮助。

③在有间隔物上走，以孩子的小步为适。

④创造、利用现有的条件、环境，多给孩子练习机会。

⑤坚持循序渐进的原则。使用的器械由低到高，由宽到窄；练习动作由易到难，由简到繁，由少到多；旋转速度由慢到快，旋转圈数由少到多，逐步提高要求，不可操之过急，否则，不仅会使学前儿童产生害怕心理，而且还可能出现伤害事故。

第三章

考点 2 体育游戏 【名词解释】★

学前儿童体育游戏是幼儿园体育活动中最重要的内容。它是以基本动作为主要内容，以游戏活动为主要形式，以增强学前儿童体质为主要目的的一种活动。它具有以下三层含义：

(1)以各种身体动作的练习为基本内容，主要包括各种基本动作的练习、提高身体素质的练习以及运动技术动作的练习(如拍球、踢球等)。

(2)以游戏活动为基本形式，一般具有一定的情节、角色、规则、娱乐性、竞赛性、自主性和创造性。

(3)以发展学前儿童身体素质和基本活动能力为主要目的。

1. 各年龄班体育游戏的特点

小班	中班	大班
①游戏的动作、内容、情节简单，角色少，为便于相互模仿； ②游戏规则简单且和内容联系在一起； ③对结果不太注意，一般不竞赛	①游戏的动作、内容、情节比小班复杂，角色增多； ②游戏的规则比小班复杂，带有一定的限制性、惩罚性； ③开始注意游戏的结果	①游戏动作增多，难度加大，角色更复杂，要求孩子动作灵敏、协调； ②规则加深； ③喜欢竞争性活动，喜欢有胜负结果的游戏

2. 学前儿童体育游戏的组织和指导

(1)游戏前的准备

①熟悉教材，根据学前儿童年龄特点制订计划

教师要全面研究游戏，深入了解游戏的目标、内容、活动方式、规则等。对学前儿童情况的分析也应全面，除了解学前儿童健康状况，分析动作、体力和品德表现外，还要注意学前儿童智力情况和心理动态，以便在游戏过程中进行全面教育。计划的内容应包括目标、内容、教学重点难点、组织教法和教学步骤。计划可详可略，要根据教师和其他具体情况而定。

②物质准备

游戏场地要平整清洁，事先把场地布置好，所画界线要清晰鲜明，有些幼儿园用白宽布带、塑料布条、皮筋等作为起点线、终点线、投掷区等，既方便又实用，还可以根据需要移动。游戏用的玩具、教具和头饰

(袖标或胸饰)等要清洁,色彩鲜艳,数量充足,易损坏的玩教具要有备用的。安防的器械要牢固,并要考虑安放的位置。

教师可以吸引年龄稍大的学前儿童参加物质准备工作,如做标志、布置场地、安放轻的器械。物质准备不仅是游戏顺利进行的保证,而且具有品德教育和美育意义。

③其他准备工作

有的游戏主要角色和做示范的学前儿童要事先培养,有的儿歌需要先教,有的游戏情节也应先给学前儿童讲述。还要督促、检查和帮助学前儿童整理服装、鞋子(脱去多余衣裤、手套、围巾等)。

(2)游戏开始

①集合学前儿童

在短时间内,用简便的方法集中学前儿童的注意力,把他们组织起来是保证游戏顺利进行的前提。对年龄小的学前儿童,可通过出示玩具、头饰等吸引他们参加;对稍大一些的学前儿童可用语言或口令把他们组织起来;在室外分散活动时,可利用信号(如拍手、摇铃鼓等)集合学前儿童。另外,采用过渡性游戏来组织学前儿童,集中注意力,是一种行之有效的好方法。如果学前儿童对游戏队形不熟悉,可以先在地上画好线,便于学前儿童排队。

②分队(组)和分配角色

合理地分队(组)和分配角色,能充分发挥学前儿童的积极性和主动性。竞赛性游戏分队时,要使各队力量均衡。分队(组)的方法有教师分配法、点将法、报数法、自由结合法等。

分配角色的原则是:学前儿童能胜任;有利于游戏的顺利进行;对学前儿童有教育作用。

(3)游戏进行中

①讲解新游戏

一般需要把游戏的名称、游戏中的角色、游戏的玩法、游戏的规则与要求、游戏的结果向学前儿童讲明。其中特别是玩法、规则与要求都要讲清楚,否则会影响游戏的顺利进行。讲解要运用生动、形象的语言,语言简明扼要,学前儿童化;声音洪亮;讲解可结合示范进行(教师自己示范或请学前儿童示范)。小、中班要求示范,大班根据情况也可讲完就做。

②学前儿童游戏,教师观察指导

学前儿童游戏时,教师要全面与个别相结合地观察学前儿童,并运用鼓励、引导、参与、帮助、纠正、保护等具体手段指导学前儿童,使学前儿童主动、积极地开展游戏。

③小结讲评

对前段时间的游戏情况,教师可运用交流、演示、讲评(包括提出新的玩法和要求)等方法,对游戏进行阶段性小结讲评,鼓励学前儿童继续游戏。

④游戏进行中应注意的问题

第一,调节活动量,注意孩子的发展。在游戏进行中,教师要善于观察与调整游戏的活动量。如发现运动量不足或过大时,应采取增减活动的进展或程度、比赛的次数,扩大或缩小场地,或者是进行轮流活动和短时间的休息(休息时可评定学前儿童执行规则方面的情况,以及提出注意安全等方面的问题)。另外,还要对体质强弱不同的学前儿童区别对待。

第二,注意动作的发展。在游戏进行中,学前儿童往往被游戏的内容、情节或比赛的胜负所吸引,而忽略了动作的正确姿势,教师应对学前儿童采取有效措施或补充一些必要的规定来限制错误动作。

学前儿童在游戏进行中出现错误动作时,教师可以用简短的语言提醒学前儿童注意,但不要经常让学前儿童立即停止游戏，纠正动作。最好是在游戏间歇时，教师指出错误动作，强调正确姿势。还可以让做得好的学前儿童示范表演，这样既不破坏游戏进行的情绪，又能巩固做得好的学前儿童的动作，还能让大家向他学习。

第三，注意培养学前儿童遵守规则，重视品德教育。通过游戏培养学前儿童集体主义精神，使他们学会控制自己的行为，遵守纪律等优良品德。让学前儿童遵守规则，必须使学前儿童了解规则，自觉自愿地遵守规则，而不是消极地被规则所限制。如进行“捕鱼”的游戏，让学前儿童在指定的大圆圈里四散跑，教师就可以向学前儿童说明，这个大圆圈是“鱼池”，鱼离不开水，如果跑出圆圈就算被捉到了。这样讲解学前儿童就容易理解和遵守规则。在游戏中如果出现了违反规则的现象，教师一定要分清原因，有针对性地进行教育。小班学前儿童的理解力、记忆力和控制自己的能力比较差，尤其在学习新游戏时，要求他们严格地执行规则是有困难的，所以教师最初不宜过于严格地要求他们，应循序渐进地逐步提高要求。中、大班学前儿童如果是为了比赛的胜负而忽略了规则，教师就应在比赛中及时提醒，在游戏结束时评议执行规则的情况，在下次玩之前进一步明确规则要求。

第四，注重安全问题。在游戏过程中，教师还要把学前儿童的安全问题重视起来。由于学前儿童体力较弱，身体的灵活性、协调性以及独立活动能力差，易兴奋，自我保护能力较弱，缺少安全卫生知识。因此，在活动量较大、动作较难、组织纪律不好、场地不平整或进行器械练习时都易发生伤害事故。所以教师在组织体育游戏时要严谨，要消除一切不安全的因素。

(4)游戏结束

提前或延迟结束游戏，其效果都不好，因而在学前儿童感到满足并还有余兴的情况下，是游戏结束的最好时机。结束活动主要有三项内容：

①整理活动。激烈的游戏结束后要做整理活动，使学前儿童身体和情绪逐渐恢复平静。

②讲评。讲评包括两方面：一是对学前儿童在游戏活动中表现的评议。讲评应以表扬优点为主，表扬要具体、准确，对个别表现较差的学前儿童不要当众训斥和恐吓，要在游戏后做细致的教育工作。二是教师对游戏效果和指导工作的自我评议。要从游戏的全面任务完成情况来讲评教育效果，不能单纯看锻炼效果和情绪负荷。

③组织部分学前儿童帮助教师收拾、整理场地与器材。

3. 学前儿童体育游戏的创编

(1)学前儿童体育游戏创编的原则

灵巧性	学前儿童的走、跑、跳、投、爬等基本动作已基本完成，但动作的准确性、协调性还比较差，在体育游戏的设计中要多安排或穿插进行有益于发展学前儿童灵活应变能力、精确能力、协调能力的游戏内容。
趣味性	体育游戏的趣味性，是体育游戏具有生命力的重要因素。因此，应选择学前儿童熟悉和喜爱的角色，安排简单有趣的情节，使孩子对体育游戏十分感兴趣。
智慧性	教师在设计体育游戏的过程中，应该在规则允许的范围内尽可能多地留有完成游戏的多种方法的选择余地，这样就能不断地拓展学前儿童的想象空间和创造空间，提高他们的智力水平。

教育性	体育游戏的教育性原则主要体现在培养学前儿童自信、自强的品质和团结友爱的集体主义精神及优良道德风貌的塑造上。一个好的体育游戏应该既能表现个人价值，又能体现集体力量。
安全性	由于学前儿童控制自己行为的能力较弱，教师也无法完全事先预料游戏过程中会发生什么事情。为确保安全，必须在所有游戏道具的使用和场地布置上考虑周全。

(2)学前儿童体育游戏创编的方法

①制定目标

制定游戏目标，是学前儿童体育游戏创编最重要的一环。制定目标，首先，必须从学前儿童已有的水平出发，最终促进学前儿童达到新的发展水平。其次，目标必须明确而具体，从发展学前儿童哪些基本活动能力和哪些身体素质，培养学前儿童哪些能力和良好的个性品质等几个方面来选择确定，避免单纯以身体发展为唯一目标，以及太抽象、太笼统、不具体、不切实际的要求。

②选择内容

学前儿童体育游戏，主要是以身体活动为主要内容。它包括：走、跑、跳、投、钻、爬、攀登等基本动作；利用各种球、绳、圈、棍、沙包、攀登架等大、中、小型运动器械的体育游戏活动；利用水、土、沙子、石头、冰雪、山坡、田野等大自然环境的各种体育游戏活动；各种民族、民间地域性体育游戏活动。

③确定设计方法

学前儿童体育游戏设计可以从角色、情节入手，结合游戏名称、活动方式、动作过程、规则、结果等开展。

角色是学前儿童体育游戏中不可缺少的重要部分。在比较简单的学前儿童体育游戏中，可以只设计一个角色；在较复杂的体育游戏中，也可选择多个角色。角色安排方面，可以设计同一角色或不同角色共同完成一个任务，也可以选择不同角色相互对抗。

情节可以以学前儿童熟悉的生活为题材，也可以以电视、电影、画报、报刊中的童话故事为题材，还可以以成人的各种活动为题材。另外，部分体育游戏没有复杂的情节，甚至没有任何情节。

游戏名称应该生动、直观、形象，符合学前儿童认知水平，并具有体育特征。

游戏方法是游戏过程中的主要部分。游戏应该集合成什么队形、分成多少人一队、开展游戏的具体方法和结构以及游戏的开始到结束的顺序等，都要表述完整。

游戏规则应力求简单、具体、明确，从而有利于游戏的开展与进行。它随着年龄及动作要求的变化而变化，具有很大的可变性和灵活性。

④学前儿童体育游戏的基本格式要求

游戏的名称；适用于哪个年龄阶段的学前儿童；游戏的目标；游戏的准备（包括场地、器材、能力基础）；游戏的方法；游戏的规则；注意事项及活动建议；画场地示意图。

考点 3 基本体操

学前儿童的基本体操，是锻炼幼儿身体，促进幼儿机体协调发展的一种形式简便、易于普及的动作练习。根据学前儿童的年龄特点，基本体操可以分为婴儿体操和幼儿体操，为 3～6 岁儿童选用的是幼儿基本体操。

1. 学前儿童体操的内容与特点

学前儿童体操包括学前儿童操和排队、变换队形两部分。

(1)学前儿童操

学前儿童操可分为模仿操、徒手体操、轻器械体操等不同类别。

模仿操是将日常生活中常见到的各种活动、成人的劳动、自然界的各种现象、动物的动作与姿态，或是军事训练中的动作等挑选出来，编成很形象的体操动作，让学前儿童进行模仿练习，有目的、有针对性地来促进学前儿童身体的发展。它适合于年龄较小的学前儿童做，而且深受学前儿童的喜爱。

模仿操又分为动物模仿操、游戏模仿操、运动模仿操、生活模仿操、劳动模仿操、军事模仿操等。如模仿拍皮球、洗手绢的动作，模仿摘苹果、射击的动作，模仿太阳高照、刮大风的自然现象，模仿小兔跳、小鸟飞、大象走的动作等。模仿操的特点是：形象性强，常常与儿歌相配合，学前儿童容易理解、容易记忆；对动作准确性的要求不高，只要模仿得像即可，学前儿童容易学会和掌握；形式和内容丰富多样，自由活泼，学前儿童可以自由发挥。

徒手操是指学前儿童通过头颈、上肢、下肢、躯干等部位的协调性配合，根据人体各部位运动的特点，按照一定的程序，有目的、有节奏地进行各种举、振、屈与伸、转、绕与绕环、蹲、跳跃等一系列单一或组合动作的身体练习。徒手体操可分为：徒手操、拍手操、健美操、韵律操、武术操等。它的特点是：身体姿势端正，队列排得较整齐；做操动作的方向和角度要基本保持集体一致；动作要有节奏、要合拍，并要尽可能正确和准确等。

徒手体操的基本动作

头颈动作

屈：前屈、后屈、侧屈；
转：左转、右转；
绕环：左右绕环。

上肢动作

举：平、上举（侧上举、前斜上举）、侧下举、后举；
振：（肩为轴，臂做弹性动作）平振、上振、下振、后振；
屈、伸；
绕环：向前绕环、向后绕环、向左、向右绕环、等于或大于360度以上的绕环。

躯干动作

屈：前屈、后屈、侧屈（左、右侧屈）；
转：左转、右转；
绕环：向左、向右绕环。

下肢动作

蹲：全蹲、半蹲；
踢腿：向前踢、向后踢、向侧踢；
弓步：前弓步、侧弓步。

跳跃动作

有双足跳、单足跳、左右开合跳、前后开合跳、交换跳等。

轻器械体操，是指在学前儿童徒手操的基础上，手持较轻的器械所做的各种体操动作。轻器械操除了具有徒手体操的动作要求以外，还需要根据所持器械的特点，做一些特殊的体操动作，如哑铃操需做各种击铃动作，小旗操需做刚劲有力的挥臂动作，铃鼓操需做拍鼓、摇铃的动作，球操需做托球、举球的动作等。轻器械体操，可分为手持轻器械和辅助轻器械体操。

学前儿童经常做的手持轻器械体操有：哑铃操、小旗操、手铃操、球操、铃鼓操、圈操、棍棒操、花操、彩带操等；也可以利用一些废旧物品或生活用品来做操，如易拉罐操、纸棒（板）操、树叶操、手绢操、扇操、泡沫板操、救生圈操、皮筋操、筷子操等。

辅助轻器械体操有：竹竿操、椅子操、垫子操等。

轻器械体操的特点是：提高了动作的难度，加大了体操的运动量；具有色彩、声响及动作的多变性，易激发学前儿童兴趣；能培养学前儿童愉快、活泼的情绪。

各年龄班学前儿童体操的特点及教学要求如下：

①小班：以模仿操为主，每套操4～6节，每节四四拍或二八拍，节奏较慢，活动量较小；学习一两套徒手操过渡。

②中班：以徒手操为主，学习简单的轻器械操，动作有一定的难度；每套操7～8节，每节二八拍，节奏有快有慢，活动量比小班增大。

③大班：以徒手操为主，学习较难些的轻器械操，可适当增加一些韵律操和辅助器械操等；动作变化较多，动作难度较大；每套操8～9节，每节两个或四个八拍，节奏变化较多，快慢相间，活动量较大。

学前儿童体操的教学建议如下：

①把生动形象的讲解和示范结合。教师的示范动作要正确、优美；讲解要形象生动、有趣；注意示范的位置和方向，以每个孩子能看见为原则，动作示范方向主要是镜面示范，辅以其他方位的示范。冬天，要让孩子背向风，夏天，让孩子背阳。

②重视培养学前儿童做操时身体的正确姿势，以及做动作时的力度。首先要抓好动作的部位、路线和幅度，逐渐要求部位准、路线对、有一定的幅度。

③教师要随机予以指导，用口头提示和具体帮助的方法及时纠正其错误动作。

④学会正常的呼吸。上走吸气，下走呼气，不让孩子憋气，一般是臂举起，扩胸，展体时吸气；臂落下，含胸，体前屈时呼气。

⑤操节在一定时期更换，以激发学前儿童做操的兴趣。

(2)排队和变换队形

排队和变换队形，也称基本队列队形练习。它是指全体学前儿童按照统一口令，站成一定的队形做协调一致的动作。

各年龄班排队和变换队形的内容

内容＼班次	小班	中班	大班
排队	稍息，立正，看齐（向前看齐，两臂放下），齐步走，跑步走，立定	在小班的基础上，增加了原地踏步、跑步走	在中班基础上，增加了向左（右）转，便步走，左（右）转弯走
变换队形	一个跟一个走圆圈	听口令切段分队走	听口令左右转弯分队走，螺旋走，蛇形走，开花走，等等

2. 学前儿童体操的创编 【单选】★

(1)选择和创编学前儿童体操的基本要求

①学前儿童体操的动作应简单易做，活泼欢快。

可将反映学前儿童年龄特点的点头、拍手、跳跃等动作融合到操节之中。器材要选择学前儿童熟悉和容易使用的，特别是要有声响、能敲击、摇晃、挥动出不同节奏的器材，音乐也要选择孩子熟悉、理解和节奏明快的乐曲或歌曲。要避免动作、队形、音乐、器材上的成人化。

②要注意学前儿童身体的全面锻炼与发展。

一套较好的学前儿童体操动作，应注意能全面地锻炼学前儿童的身体，因而，要将学前儿童身体各部位（如头颈、四肢、躯干等）的动作有机地组合起来，锻炼学前儿童的肌肉、骨骼、关节、韧带，使学前儿童动作的灵敏性、平衡能力、柔韧性和协调性得到全面的、协调的发展。

③合理地安排动作程序及活动量。

编排成套的学前儿童体操的程序是：由上肢或四肢伸展的动作——扩胸、转体的动作——腹背的动作——下肢及全身的动作——放松、整理的动作。其动作的速度应该由慢到快，再由快到慢。整套动作的活动量也应由小到大，再由大到小。

④注重兴趣性，要有美感。

所选编的学前儿童体操的动作、配乐、儿歌、器械应是学前儿童感兴趣的、爱做、爱听、爱看的；一套体操设计的再合理，如果动作不能引起学前儿童兴趣，他们就不爱做，勉强他们去做，他们也会“身在心不在”“出操不出力”，锻炼效果差。所选编的动作、配乐、器械、儿歌还应符合审美要求，使学前儿童能感受到美，有利于学前儿童健美体态的形成和审美意识的发展。

第三章

（2）创编学前儿童体操的步骤与方法

①确定目的。

编操要有明确的目的。明确完成什么任务，给什么年龄的学前儿童编，他们做早操能力和身体发展怎样，什么时间用，是早操、准备活动还是节目表演使用。如果是早操，就属于保健操，且每天都要做，因此编排的操节动作要全面，以便全面锻炼幼儿的身体。如果是准备活动操，则所选用的动作随意性较大，只要求能起到准备活动的作用。假如是表演操，则在锻炼身体的同时，更应强调操节的艺术性和表演效果。

②选择操型，确定风格。

首先要选择什么类型的操，是徒手体操还是轻器械操；如果选定轻器械操则要进一步确定用什么器械。操型选定之后还应确定操的风格，是欢快活泼的，还是平稳流畅的；是刚劲有力的，还是柔和优美的；是突出民族风格的模仿操，还是融有现代舞动作的健美操。

③确定操的名称、内容和节数，设计动作。

确定操的名称、节数、内容、顺序，每节操的组合数和节拍数，再逐节设计。

设计动作是主体工作，设计每节操首先要设计好主要动作的性质、幅度、方位、路线、速度、数量。如设计体前屈运动时先要确定是弹性屈伸，还是只是屈；要确定屈的次数、幅度和力度，还要考虑是单纯的体前屈，还是与转体动作组合。一节操应保证主要动作的次数，协同和支撑动作应有利于加大主要动作的幅度与力度，提高锻炼效果。处理好主次关系是编操的重要问题，目前编操中不突出主要动作是一个普遍问题。

设计动作时要注意发挥和发展肌肉的弹性。适当加“花”，如安排一些击响动作或呼声以振奋精神、活跃气氛和加强动作力度；或增加一些模仿动作或造型以激发兴趣、增强美感、丰富动作内容。如模仿“小猫理胡须”动作时，可以发出“喵！喵！”的声音；模仿划船动作时，可发出“摇啊摇”的声音；做扩胸动作时，可以发出“嘿！嘿！”的声音等。适当采用“换位”和变单人动作为双人动作等方法以丰富动作素材、加大负荷，提高动作的趣味性。

设计器械操动作时要充分发挥器械的功能特点，不要把它编成持器械做体操基本动作。如设计竹竿操时要发挥它的丰富动作和模仿功能；可用竹竿仿划船、举重、舞棍、耍枪；模仿竹竿舞中的击竿、跳竿等动作。又如“可乐罐”操，可将敲击、摇晃、抖动等动作渗透到每一节操中。

④编写、选择儿歌或配乐。

选择各种学前儿童所熟悉的儿歌或音乐。用现成的歌曲做配乐时，无论是先找到歌曲还是先设计动作，歌曲的速度和节奏都应与动作一致，曲调应与动作的风格一致。配乐还应符合学前儿童的审美趣味与审美能力。最好是自己创编配乐。

⑤绘图，撰写说明，总结经验。

考点4 器械活动

1. 学前儿童体育运动器械的分类

(1)固定性运动器械

分类	概念
滑行类	指顺着斜面由高处往下做滑行动作的运动设备，如各类滑梯、小滑板等
摆动类	指悬挂在空中，可以做前后或左右摆动动作的运动设备，如秋千、浪船等
旋转类	指围绕着一个中心轴做旋转运动的设备，如转椅、宇宙飞船等
颠簸类	指用于做上下颠簸运动的设备，如摇马、跷跷板等
攀登类	指用手和脚做攀爬上升或登高的运动设备，如各类攀登架、攀网、肋木等
钻爬类	指用于做钻和爬的动作练习的运动设备，如铁架地道、“海洋球”池等
弹跳类	指专门用于做弹跳动作练习的运动设备，如蹦蹦床、充气城堡等

(2)中、小型可移动性运动器械

该类运动器械主要是指一些能够搬动或可以移动的中、小型运动器械。主要包括平衡木(板或长凳子)、拱形门、投掷架、木制台阶、小梯子、垫子、小三轮车、脚踏车、摇摇车、小手推车、滑板车等。

(3)手持各种小型体育活动器械，以及各种自制的体育活动器械

主要包括各种大小球类(皮球、塑料球、气球、乒乓球、木制球、学前儿童羽毛球、学前儿童保龄球等)、棍棒、橡皮筋、跳绳、塑料圈(藤圈)、小哑铃、小凳子、小椅子、沙包、毽子、小高跷、小竹马、铁环、各种小飞镖、陀螺等。

2. 学前儿童体育运动器械的作用

通过各种类型运动器械的游戏活动，能调动学前儿童参加体育活动的积极性、主动性，逐步提高学前儿童动作的灵敏性、协调性、稳定性，发展其肌肉力量和平衡能力，促进学前儿童身体及各种身体机能能力的发展和提高；发展学前儿童空间感觉、知觉及定位、定向的能力和判断能力；培养学前儿童勇敢、顽强、不怕困难的意志品质和团结互助、遵守纪律的优良品德；培养学前儿童活泼开朗、合群的良好性格；促进学前儿童自我意识、独立生活和各种活动能力的发展和提高。

考点5 有关冰、雪、水等的活动

学前儿童机体正处在生长发育的重要阶段，神经系统的调节机能不够完善，有机体对环境的适应能力较差，很容易因为自然因素的变化而影响身体健康。而自然界中的阳光、空气、水和冰雪的不断变化，随时会以不同的刺激作用于人体，只有坚持让学前儿童有机体经常经受各种不同刺激的作用，使其能随着这些自然因素的变化而改变自己的生理活动，以提高对自然环境变化的适应能力。幼儿园适时地对学前儿童开展三浴及冰雪锻炼，不仅能促进学前儿童的生长发育，提高健康水平，同时，还可以培养学前儿童克服困难的勇气和坚强的意志品质。

冰雪天，可以组织学前儿童玩滚雪球、堆雪人、打雪仗、踩雪印的游戏；有条件的幼儿园还可以组织学前儿童滑冰。这是冬季组织学前儿童充分利用自然环境条件进行身体锻炼的极好内容。

幼儿园为学前儿童提供的玩水活动，包括徒手在水箱中玩水、运用各类用具（玩具）玩水和在水池中戏水；有条件的幼儿园，应当组织学前儿童游泳，充分利用水锻炼学前儿童身体。

考点 6 学前儿童体育专项启蒙训练

有条件的幼儿园可以开展如游泳、武术、溜冰、乒乓球、滑板等专项体育启蒙训练。这些训练项目以教练指导为主，教师指导为辅。

真题面对面

［2017统考，名词解释，3分］学前儿童体育游戏

答案：详见内文

三、学前儿童体育活动常用的基本方法

考点 1 示范法

示范法是教师（或学前儿童）以正确的动作作为范例，使学前儿童了解动作的形象、结构、要领的一种方法。

由于学前儿童以具体形象思维为主，认识和理解事物则更多地依赖于生动鲜明的形象，所以示范在学前儿童体育教学中具有重要的地位。

根据不同的分类标准，示范可分为完整示范和分解示范；个人示范和集体示范；正面示范、侧面示范、镜面示范和背面示范；动作示范和活动方式示范等。教师应根据教学需要，采用适当的示范方式。

在运用示范法时应注意以下几点：

1. 要有明确的目的性

教师每次示范，都应明确所要解决的问题，应根据教学任务和学前儿童具体情况来考虑示范什么，怎么示范；让学前儿童观察什么，怎么观察。

2. 示范要正确并力求轻松、优美、熟练

高质量的示范不仅能使学前儿童建立正确的动作形象，而且还可以得到学前儿童的赞扬和佩服，激发学前儿童学习的积极性。尤其是第一次示范常会给学前儿童留下深刻、鲜明的印象。教师一般不宜模仿学前儿童的错误动作，因为学前儿童好奇、爱模仿，看了错误示范常会跟着学。有时可让动作做得好的学前儿童出来示范，帮助学前儿童树立起学习的信心。

3. 注意示范的位置和方向

示范的位置必须有利于学前儿童的观察。教师除了根据不同的队形，选择示范的位置外，还应注意不要让学前儿童面向阳光、风向和容易分散学前儿童注意力的事物站立。示范的方向（示范面）要根据动作的特点和让学前儿童观察的部位而定。例如，为了显示动作的左右距离，则采用正面示范；为了表示动作的前后部位，则采用侧面示范；方向路线变化比较复杂的动作，可采用背面示范，但因为背向学前儿童做示范不易了解学前儿童练习的情况以便及时指导，所以一般不常用，在学习小武术、韵律操、舞蹈等方面路线较复杂的动作时，可让做得较好的学前儿童站在前边做背面示范，教师在旁指导；镜面示范即示范者面向学前儿童，动作方向与学前儿童左右相反，像镜子一样反映学前儿童的动作，教师应时常采用镜面示范。

4. 示范与讲解相结合

为了运用多种感官感知教材，以扩大直观教学的效果，在体育教学中，示范与讲解是经常互相结合运用的。在具体结合时是先示范后讲解，还是先讲解后示范，或是边示范边讲解，这就需要教师事先考虑，在教学过程中根据具体情况灵活运用。

考点 2 讲解法

讲解法是教师用语言向学前儿童传授体育知识、技能、组织教学和进行思想教育的一种方法。在运用讲解法时应注意以下四点：

1. 讲解的内容不仅要正确，而且要符合学前儿童的接受能力

(1)讲解的内容必须正确可靠，这是保证讲解质量的首要条件；(2)需要教师能够把抽象的东西讲得浅显易懂，语言要生动形象，可借助表情和姿势说话，要有感染力和鼓动性，语言的高低强弱，语流的速度、间隔应和学前儿童的心理节奏相适应。

2. 讲解要简明扼要，重点突出

由于学前儿童有意注意集中的时间较短，所以，在教学中要用最简洁的语言达到最大的讲解效果，而不能讲得过多、过细、占用时间太长。这就需要教师把握住教材的难点、重点，了解学前儿童的水平，根据教学任务，确定讲什么，并把它概括成精练的语言使字字句句讲在点子上。*例如，讲立定跳远的动作要领时，预备姿势和腾空动作方法，可以通过示范传授给学前儿童，重点讲起跳和落地动作的方法、要领。起跳只要用“腿蹬直，臂摆起”六个字，落地也只要讲“屈腿”两个字就行。*在教学中，适当使用口诀、儿歌或顺口溜，有助于做到语言的精练。

3. 讲解要富有启发性

启发的目的就是调动学前儿童学习的积极性和主动性。要做到这一点，教师必须熟悉教材和了解学前儿童。在练习前，可以有意识地设下“悬念”，让学前儿童带着问题去学习；也可以采用提问或讨论的方式来启发学前儿童动脑筋、想问题，提高学习兴趣。但如果教师的提问是“是非式”的，或是由教师设框框，学前儿童套框框，这就毫无启发的作用。

4. 讲解要注意时机和效果

当学前儿童正在做练习，特别是在情绪高涨地进行游戏，或注意力分散、东张西望、叽喳说话时，教师背向学前儿童以及调动队伍时，除了适当地做简短的提示外，一般不做讲解。在教学过程中什么时候讲解最有利，最能收到效果，教师必须做到恰到好处。当学前儿童注意力集中，情绪较稳定，或是有疑惑时讲解，才能收到较好的效果。

考点 3 练习法

练习法是根据教学任务，有目的地反复做某动作的方法。它是掌握技能、发展基本活动能力和锻炼身体、增强体质的基本方法。幼儿园常用的练习法主要有以下四种：

1. 重复练习法

重复练习法是指在不改变动作结构和练习条件下反复做一个练习的方法。如反复做某一节操或某一个游戏。它是幼儿园普遍使用的比较简便的方法。使用此练习法，应根据教材特点和学前儿童体力以及心理特点确定重复次数，注意突出教学重点。

2. 变化练习法

变化练习法是指变化动作结构和练习条件的方法。如改变动作的要素、动作的形式或组合，变换练习的环境、器材的高度和器材的重量等。这种方法的优点是能较好地激发练习兴趣，巩固与发展动作和提高运动能力。在运用时应注意：所变换的条件、环境、器材等，必须符合学前儿童的实际情况和

项目特点，必须有利于教学任务的完成，而不应无限地、盲目地改变环境，增加条件和加大难度，所变化的条件，应是大多数学前儿童通过努力能够完成的。

3. 条件练习法

条件练习法是变化练习法的一种，它是设置一定的具体条件，要求学前儿童按规定的条件做动作。如向上跳摸物，有一定高度的物就是“条件”。这种练习法的优点主要是：

（1）激发学前儿童的兴趣。如原地双脚向上，动作比较单调乏味。但挂上花皮球、小铃铛、色彩鲜艳的画片，学前儿童就会兴致勃勃地跳起触摸。

（2）把抽象的要求具体化。如投沙包要有一定出手角度。这个抽象的要求学前儿童是不能理解的，如果在投掷线前挂起一根有一定高度的绳子，要求学前儿童投沙包时，要使沙包从绳子上面飞过。这就是把抽象要求具体化了，学前儿童容易理解，也易做到。

（3）便于掌握正确动作和提高运动能力。如为了让学前儿童掌握立定跳远起跳时的摆臂动作，可以让学前儿童跳起能摸身前的物体。设置的条件要符合学前儿童的能力和动作规格要求，并能引起学前儿童的兴趣。

第三章

4. 完整练习法和分解练习法

完整练习法是把教材完整地进行练习的方法，**分解练习法**是把完整的教材分解成几个部分，按部分逐次地进行练习，最后再组合成完整的动作进行练习的方法。完整练习法的优点是能使学前儿童完整地掌握教材，它一般用于掌握较容易的动作或游戏和复习教材时，它的缺点是不易掌握教材中较困难的部分或较复杂的教材。*如学习投沙包和“人、枪、虎”等较复杂的教材时，用完整练习法就费时间，效果还不理想。*分解法的优点是把复杂的教材简单化，使学前儿童较易掌握，能较好地保证掌握教材的质量。一般用于较难的教材和改进较薄弱的环节，或强化重点环节。在学前儿童体育教学中分解法不常用。在使用这种方法时要十分注意，分解动作时不要破坏教材的完整性。要注意把分解练习法和完整练习法结合运用。

在使用练习法时，应注意：

（1）灵活运用多种练习方法，激发学前儿童练习的兴趣。灵活多样的练习方法能调动学前儿童练习的兴趣，并能帮助学前儿童正确掌握练习的内容和动作技能，增强学前儿童的体质。

（2）练习的目的要明确，要求要具体。不同的练习内容及练习性质要有不同的要求，不同的练习阶段，要求要有变化，并注意逐步提高。每次练习要分清主次，突出重点和难点。

（3）练习时，教师要注意观察、了解学前儿童的表现，可及时给予帮助和指导。

（4）练习过程中，要注意贯彻循序渐进的原则，耐心、细致，不要操之过急。对不同学前儿童的练习既要有一般要求，又要注意区别对待和因人施教。此外，要合理安排好练习时间，注意动静结合，并及时了解学前儿童的体力等状况，灵活地调整练习的内容和过程，保证练习具有合理的运动量。

（5）注意培养学前儿童在活动中积极思考的习惯。把练习过程与思维活动结合起来，逐步培养学前儿童在活动中积极思考的习惯，及时了解学前儿童在练习中的情绪、品德等诸方面的情况，并加以有针对性的引导，促使学前儿童在练习中得到全面发展。

考点 4 游戏法与比赛法

游戏法是通过游戏的方式，在规则许可的范围内，充分发挥个人的主动性和创造性，以达到教学目的的一种方法。在幼儿园体育教学中，游戏法是最常用、最有效的一种主要方法。它突出的优点是能引起学前儿童浓厚的兴趣，产生强烈的练习欲望，以提高教学的效果。身体锻炼活动中采用游戏法常常可以利用以下几种形式：

(1)直接将有情节的体育、动作性游戏作为身体锻炼的主要内容；

(2)在活动的开始或结束部分，可让学前儿童进行各种模仿性动作的练习；

(3)用游戏的口吻或利用头饰、玩具或新颖、变化的活动器械来吸引学前儿童，激发学前儿童参加身体锻炼的欲望和积极性；

(4)对中、大班学前儿童来说，在活动过程中适当增加一些竞赛成分，能增加活动的趣味性；

(5)适当给学前儿童自由活动的时间，鼓励学前儿童在自由活动中创造新的玩法。

比赛法是在规定的比赛条件下，充分发挥已掌握的各种动作，互相竞赛以决胜负的一种方法。它和游戏法有着密切联系，主要区别在于比赛法具有更严格的规则和“竞争”因素。参赛者情绪高涨，对体能要求高。所以，比赛法一般在大、中班采用。

运用这两种方法时应注意目的明确，要求具体，教育及时，发展智力和培养能力，控制运动负荷，严格规则，讲评公正。

考点 5 口头指示法和具体帮助法

口头指示法是指在学前儿童练习时，教师用简明的语言提示和指导学前儿童活动的方法。如学前儿童排队走步时教师提醒学前儿童：“挺胸、抬头”“迈大步”；练习跳远时教师提示：“摆臂”“腿蹬直”等。它的优点是明确、具体、及时和针对性强。它不仅用于指导做动作和组织教学，而且还用于品德和安全教育。用语言指示时，必须简单明确、要求具体，所用语言应是学前儿童懂得的和熟悉的，声音要有感情和鼓动性。声音不要太大和太突然，以免惊吓学前儿童，影响教学。在提示学前儿童遵守纪律和纠正不正确行为时，不准用训斥、埋怨和恐吓的语言和口吻。

具体帮助法是指教师直接地、具体地帮助学前儿童掌握动作的方法。它多用于个别指导时，如学前儿童初练踏“石”过“河”时，教师就可一只手帮助他踏“石”，一边保持平衡和掌握动作节奏，同时还可以给予语言信号“嗒、嗒、嗒”。用具体帮助法时首先应注意要顺其用力方向给予助力；其次要注意教师站的位置和给予助力的身体部位，最后助力大小要适当。

考点 6 领做法

领做法是指教师边示范讲解、边组织学前儿童按教师要求进行练习的方法。这种方法能较好地调动学前儿童的视觉、听觉、运动觉等多种感官并通过两个信号系统的共同活动来建立有关动作的概念和整个活动过程的条件反射，提高学习和活动的效率。

考点 7 信号法

信号法是指用口令、哨音、音乐、鼓声、拍手等声响来帮助和指导学前儿童进行身体锻炼的方法。口令是身体锻炼活动中常用的信号，在组织学前儿童排队、队形变换及做操时经常使用。使用时应做到声音洪亮、清晰、有节奏、有感情，并正确分清动令和预令。其他信号有利于增强动作的节奏感，活跃活动的气氛，培养学前儿童分辨信号的能力。在使用时，应注意根据动作的特点和活动情节的变化，改变信号的节奏和速度。

幼儿园身体锻炼的方法是多种多样的。在具体开展活动时，应注意综合运用多种方法，并根据学前儿童的情况、活动的内容和组织形式、学前儿童的活动方式及场地、器械等具体情况灵活运用。

四、学前儿童体育活动的组织形式与指导 【单选】 ★★

1. 体育课

体育课是一种有目的、有计划、有组织的体育活动。它以身体的练习为主要内容，注重学前儿童身体的全面发展，有目的、有计划地提高学前儿童的身体素质，发展学前儿童的基本活动能力，增强学前儿童的体质，同时也包含一定的教学活动，重视促进学前儿童智力和良好个性品质的发展。因此，学前儿童体育课是实现学前儿童体育任务的基本途径之一。体育教学活动并非每天都进行，在现今的幼儿园中，各年龄班的体育教学活动一般每周安排1～2次，并大多采用游戏的方式来进行。

学前儿童体育课不仅需要认识的参与，而且更需要学前儿童身体的直接参与。在学前儿童的体育教学活动中，既要考虑和遵循学前儿童认识的特点和发展规律，还必须遵循人体生理机能活动变化的规律以及动作机能形成的规律。学前儿童体育课还必须符合学前儿童的生理、心理特点和发展水平，以游戏作为主要的活动方式，要增强每个学前儿童的体质，愉悦身心，使每个学前儿童的体质在原有水平上得到一定的提高，没有统一的达标要求。

学前儿童体育课的指导：

(1)做好活动前的准备工作。包括学前儿童的知识准备，活动前的场地、器材和玩具的配备与布置，熟悉活动计划，做好活动前学前儿童及场地的安全、卫生工作。

(2)教师的情绪、语调和态度等将直接影响学前儿童的情绪和兴趣。因此，教师要注意自身言行对学前儿童情绪、兴趣的影响和感染，要以积极的态度和高昂的情绪投入活动的组织和指导中去，并有执行活动计划的高度责任心和灵活性。

(3)灵活运用多种指导方式，既面向全体，又应注意个体差异，做好个别教育。

(4)控制好活动的时间。一般小班为15～20分钟，中班为20～25分钟，大班为30分钟左右。

(5)重视在活动中发展学前儿童的智力，并通过建立活动常规，利用活动的有关内容，培养学前儿童良好的品质和个性，促进学前儿童身心全面健康地发展。

(6)注意做好活动后的复习辅导和检查评价工作，总结经验教训，不断提高自身的组织指导能力和教育质量。

2. 早操活动

早操是幼儿园在早晨开展的、以基本体操为主要内容的一种体育活动的组织形式。它是幼儿园作息制度中不可缺少的一部分，它在增强学前儿童体质进行教育和一日生活的组织上都具有一定意义。

学前儿童早操活动的指导：

(1)合理地安排早操的时间和地点。

寄宿制托幼单位一般在起床后、洗漱前进行早操为好，全日制单位一般在早饭前或上课前进行。北方冬季气温严寒，可以改在课间进行。各个班级所用的具体时间不做统一要求。早操时间一般是10～30分钟不等。早操一般是全班学前儿童在老师带领下，随着音乐伴奏声，从教室进入操场，在规定的场地上开展相对统一的早操活动。一般在户外进行。

(2)早操活动的内容应丰富多样。

基本体操除了选用现成的、由专门人员设计的以外，教师可以自行为本班编创具有一定特色的基本体操，甚至可以指导和帮助中、大班幼儿自己设计简单的基本体操。

(3)早操活动的形式应灵活多样。

由于幼儿园各自的户外场地、运动器材、管理方式等不同，开展早操的类型也不同，一般包括：全园全体学前儿童一起进行早操，统一音乐，不同内容；根据不同年龄分批进行早操，不同音乐，不同内容；有的年龄组独立，有的年龄组在一起，根据分合，选用不同音乐，不同内容。

(4)活动的全过程应遵循人体生理机能能力变化的规律，尤其是活动量的安排，应由小到中等，再由中等到小，绝不能过大。

真题面对面

[2019统考，单，1分]以下关于幼儿园早操活动组织策略的表述，正确的是(　　)

A. 早操活动的时间段一年四季不能变更

B. 不同年龄段儿童做操时间不需要统一

C. 早操活动的单次持续时间不能超过15分钟

D. 基本体操的内容一年内最好不要更换

答案：B

3. 户外体育活动

户外体育活动是幼儿园体育活动的重要组织形式之一。它具有活动内容丰富、活动时间频繁、灵活性大、学前儿童自主性强等特点，有利于教师发挥指导作用和贯彻区别对待等教学原则，也有利于发挥学前儿童的主动性、积极性，更好地培养他们的独立性和创造性。同时，能充分利用自然力量——空气、阳光进行体育锻炼。

学前儿童户外体育活动的指导：

(1)保证学前儿童足够的户外活动时间。根据学前儿童心理、生理特点，户外活动一般安排上、下午各一次。具体时间可根据不同地区、不同季节，灵活安排。

(2)提供充足的活动器械和活动内容，提供学前儿童充分的自由活动的机会和条件。

(3)活动前应向学前儿童提出活动的具体要求和注意事项。

(4)启发学前儿童在活动中积极思考。

(5)灵活运用多种活动和指导方式开展学前儿童的户外体育活动，尤其应加强对学前儿童自选活动的指导，避免活动的失控。为此，教师一方面应限制学前儿童的不当或过分活动；另一方面，又要调动那些消极活动的学前儿童积极参与活动，达到锻炼身体的目的。教师要控制和调节学前儿童活动时的运动负荷量。

(6)注意户外运动时间的内容与其他形式的身体锻炼活动的密切配合。

(7)保证户外体育活动的安全和卫生。

4. 其他形式的学前儿童体育活动

除了早操活动、体育课、户外体育活动这三种最常见的学前儿童体育活动的组织形式外，还可以开展运动会、三浴锻炼、室内体育活动、远足活动、野趣活动等其他形式的体育活动。

(1)运动会(体育节)

幼儿运动会可以提高幼儿参与体育锻炼的兴趣，使教师了解幼儿体育学习与锻炼的效果，增加幼儿相互交往和交流的机会，增进团队精神。

实施幼儿运动会应该注意以下几个方面：①面向全体，人人参与，重在娱乐；②重在平时，不搞突击；③体育竞赛中应以集体和合作的项目为主，注重团队精神的培养；④注意运动卫生和运动安全，专职人员做好防范意外的充分准备；⑤事先通知家长和其他参与人员，使他们了解如何配合教师、支持幼儿活动的重要事宜；⑥幼儿运动会一般安排在春、秋两季，也可以和两季的节日整合起来进行。

真题面对面

[2019统考,单,1分]幼儿园运动会的实施与指导策略中,不正确的是(　　)

A. 面向全体,人人参与

B. 重在参与和娱乐,满足幼儿的表演欲和参与积极性

C. 以集体和合作项目为主,注重团队精神的培养

D. 重在运动会前突击训练

答案:D

(2)三浴锻炼

三浴锻炼主要包括空气浴、日光浴和水浴。三浴锻炼可以通过自然界中的空气、日光和水给幼儿机体带来的不同刺激,增强幼儿对环境变化的适应能力,提高身体素质,培养积极的个性品质。

实施三浴锻炼应该注意以下几个方面:①根据当地气候和季节特点以及幼儿园条件等客观情况,认真制定、适时调整锻炼的时间和具体内容;②注意锻炼的循序渐进性;③专职人员做好安全保障工作;④培养幼儿安全意识,建立必要的安全行为规范。

(3)远足

远足活动可以结合春游、秋游、参观访问等活动进行,主要强调幼儿徒步持续行走一段距离。远足活动组织中应注意:①根据幼儿实际情况,循序渐进;②注意安全教育,防止幼儿过度疲劳,路途较远时,必须准备应急药品或有医务人员随行;③结合沿途景象进行随机教育。

(4)室内体育活动

室内体育活动是指在教室或专门的体育活动室内进行的体育活动。由于特殊地域的气候条件、特殊运动项目的要求或出于对特殊器械维护的考虑,有些体育活动安排在室内进行更有利。而且,室内体育活动条件保障了幼儿在阴雨、寒冷、炎热的季节继续锻炼的需求。

室内体育活动实施中应注意以下几个方面:①根据场地大小安排幼儿人数,避免过于拥挤;②要求幼儿注意安全,不干扰他人活动;③教师要提供适宜的室内活动器械,以及准备能够引发和丰富幼儿创造性活动的材料和音乐;④可以组织指导幼儿自己布置和整理场地、器材。

(5)野趣活动

野趣活动是指利用周围环境中可锻炼身体的因素,进行挑战自我、回归自然的身体活动。大自然中可用于锻炼身体的自然环境和因素有很多,如宽阔的大草原、疏密不同的树林、高低起伏的山坡、形状各异的小桥等。幼儿在大自然的怀抱中用自己喜欢的方式尽情玩耍,既强健身体,又陶冶情操。

野趣活动实施中应注意以下几个方面:①活动环境应体现安全性、适宜性和挑战性的特点;②根据不同季节、天气状况设计野趣活动主题;③携带外出必备物品,如遮阳帽、茶水、医药箱等;④外出活动前需进行安全教育;⑤外出活动的安排需及时告知家长,得到家长的支持与配合;⑥渗透环保教育,培养幼儿良好的社会公德。

五、学前儿童体育活动应遵循的规律与原则 【单选、简答】★★★

考点 1 学前儿童体育活动应遵循的规律

体育活动需要学前儿童的身体直接参与,分析学前儿童在体育活动过程中生理和心理变化特点及其影响因素,考虑学前儿童身体及动作在运动过程中的变化特点。在学前儿童体育活动设计中,应遵循三个规律:人体机能适应性规律;人体生理机能活动能力变化的规律;动作技能形成的规律。

1. 人体机能适应性规律

工作阶段

身体承受运动负荷，吸氧量增加，人体其他器官和系统功能也发生剧烈的变化，体内能源储备逐渐被消耗。但同时恢复过程也在进行，只是消耗过程占优势，身体机能的能力逐渐下降，称之为工作阶段。

相对恢复阶段

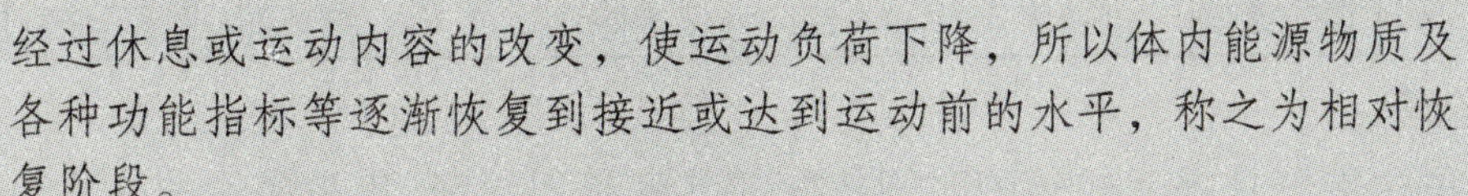

经过休息或运动内容的改变，使运动负荷下降，所以体内能源物质及各种功能指标等逐渐恢复到接近或达到运动前的水平，称之为相对恢复阶段。

超量恢复阶段

人的机体经过合理休息、物质和能量储备，可恢复到原来水平，甚至超过原有的水平，从而提高了机体的工作能力，称之为超量恢复阶段。

复原阶段

如果间隔时间过长，失去了超量恢复阶段的效果，机体的工作能力又复原到运动前的水平，这时称之为复原阶段。

机体适应活动产生的体内一系列变化的过程，是由工作阶段进入相对恢复阶段和超量恢复阶段，最后到复原阶段。这就是人体机能适应性规律。

开展学前儿童体育活动，要有效地提高他们的身体的机能能力水平，增强体质，一定要合理地安排运动负荷和休息。实践证明，运动阶段消耗过小或过大，超量恢复的效果均不好；练习间隔时间过长或过短，也影响超量恢复的效果和运动能力的提高。因此，教师要根据儿童不同年龄、不同体质、不同的练习内容等情况，合理地确定运动阶段的生理负荷量和练习的间隔时间，争取收到更好的锻炼效果。

儿童体内能量物质的储备较少，身体机能较弱，但相对恢复得较快。教师根据其特点和身体机能适应性规律，应合理安排运动负荷和确定体育锻炼的间隔时间。

真题面对面

［2019统考，单，1分］学前儿童身体机能适应过程的阶段排序正确的是（　　）

A. 工作阶段—超量恢复阶段—相对恢复阶段—复原阶段

B. 工作阶段—相对恢复阶段—减量恢复阶段—复原阶段

C. 工作阶段—相对恢复阶段—超量恢复阶段—复原阶段

D. 工作阶段—减量恢复阶段—相对恢复阶段—复原阶段

答案：C

2. 人体生理机能活动能力变化的规律

人体在运动过程中，生理机能活动能力是不断变化的，而且有一定规律。一般在开始时，能力逐步上升，然后达到和在一定时间内保持较高的水平，最后又逐渐下降。这个过程可分为上升、平稳和下降三个阶段，这个变化过程是一个客观规律（见下图）。

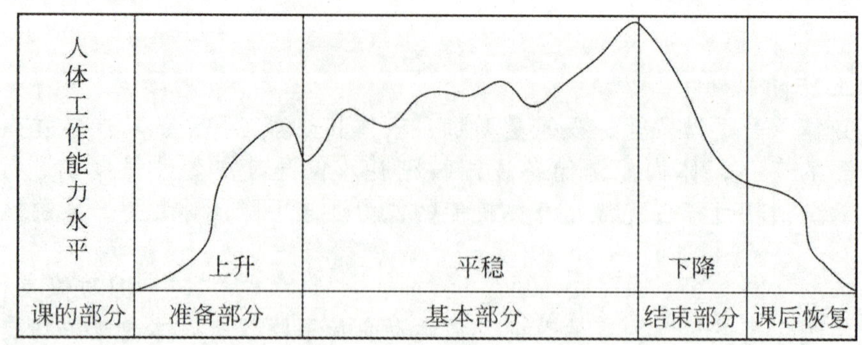

（1）上升阶段

这一阶段的主要任务是用较短的时间将学前儿童组织起来，集中他们的注意力，吸引和激发学前儿童参与活动的愿望和积极性，使学前儿童在身体运动前做好心理和生理上的准备，并通过一些准备性的身体活动，提高机体的活动能力，以适应运动量较大的身体活动。

（2）平稳阶段

这一阶段中，学前儿童各器官的活动能力已经逐步达到了较高水平，人体工作能力处于最佳状态，大脑皮层具有最适宜的兴奋性。这时，身体运动的效率高，能适应一些较激烈的运动，而且，学习和练习动作的效果也较好。由于学前儿童神经细胞和肌肉组织都容易疲劳，所以保持相对较高水平和练习动作的效果也较好，保持相对较高水平的时间也短。但如果学前儿童在此阶段中情绪愉快，再加上活动量不是很大，那么学前儿童的疲劳现象出现得也会晚一些。这一阶段持续的时间长短因人而异，与每个人的年龄、体质状况、心理状态以及活动的具体情况有关。

根据这个规律和学前儿童的特点，教师可以将运动强度较大的或难度较大的内容安排在此阶段，同时应注意活动内容与方式的多样化，注意动与静的交替，急与缓的结合，身体不同部位的练习也应交替运行，运动负荷的安排要逐步加大和有节奏，以激发和保持学前儿童积极高昂的活动情绪。

（3）下降阶段

学前儿童经过一段时间的身体运动后，尤其是在进行较大的活动量的运动之后，体内消耗的能量较多，身体开始出现疲劳的感觉或现象，机体的活动能力逐渐下降。此时，教师应组织学前儿童逐渐地结束活动，可安排简单的、动作比较缓和的活动性游戏等。尤其是在激烈的运动之后，更应重视这一环节。它有利于消除学前儿童身体疲劳，使学前儿童的身体得到放松，促使能量的恢复，并使学前儿童的情绪逐渐平稳下来，有益于学前儿童的身心健康以及随后活动的安排。

在学前儿童体育活动中，身体生理机能活动变化的上述三个阶段中，上升阶段短而快；平稳阶段延续时间较短，承担急剧变化的能力较低；下降阶段恢复较快。

3. 动作技能形成的规律

动作技能也称运动技能，是指人体在运动中，有效地掌握和完成专门的动作的能力，或指按一定的技术要求完成动作的能力。

动作技能的形成是一个复杂的过程，是条件练习的建立与巩固的过程。激发活动者的兴趣，提高其活动的积极性，使大脑皮层处于最适宜的兴奋状态，并且具备掌握该动作所需的基本素质和技能，是形成动作技能的重要条件。

实践证明，动作技能的形成与提高，大致包括粗略地掌握动作；改进提高动作；动作趋于稳定、运用自如等相互联系的三个阶段。要加速学前儿童掌握动作技能的过程，取得动作技能形成良好效果，就必须遵循动作技能形成的规律。

考点2 学前儿童体育活动的原则

1. 经常化原则

经常化原则是指幼儿园体育活动应融贯在幼儿的一日活动之中，应避免“三天打鱼，两天晒网”的现象。在具体落实这一原则时应注意：

（1）每日让幼儿进行适当的身体锻炼活动，且保证幼儿“每日户外体育活动不得少于1小时”。每天坚持进行身体锻炼，能促进幼儿身体的正常发育和机能的协调发展，增强体质；同时，满足幼儿运动、娱乐、表现、交往等身心各方面的需要，促进幼儿心理和社会性的健康发展。

（2）动静交替安排幼儿的一日生活。一日生活如果安静活动过多，则容易导致神经细胞的疲劳；而一日活动中，如果身体运动过多（表现为身体练习间隔时间过短，运动时间过长），则容易发生机体过度疲劳，影响恢复的效果。因此，根据大脑皮层镶嵌式的原则，安排和组织幼儿的一日活动要注意动静交替、急缓结合，这样不仅有利于保护幼儿的身心健康，也有利于提高幼儿每日身体锻炼的效果。

2. 适量的运动负荷原则

这既是人体机能适应性规律的要求，也是人体生理机能能力变化规律的要求。

在身体锻炼时贯彻这一原则应注意：

（1）要根据身体锻炼的内容、运动项目的特点及幼儿年龄的差异，合理地确定身体锻炼时的“量”，包括练习的距离、练习的次数、练习的时间和间隔时间、持续活动的总时间、练习的密度、活动的强度等。一般要求“强度小些，密度大些（约50%～70%），时间短些，强调节奏”，有助于身体锻炼保持合理的负荷。

（2）根据人体生理机能活动能力变化的规律，我们在贯彻合理运动负荷原则时，要注意使身体锻炼活动的运动量由小到大逐步上升，并在活动结束前逐步下降。

（3）在组织指导时，教师要注意精讲多练，并严密安排好身体锻炼的组织环节，避免过多的排队及不必要的调队等；要克服因器材少、活动内容贫乏或分组太少而导致的等待时间过长的弊病。但也要注意讲练结合、动静交替，避免活动量过大。要善于调动幼儿参与体育锻炼活动的主动性和积极性，但也要严格控制幼儿活动过度。另外，教师应注意根据个别幼儿体力的状况，实施区别对待，既要有一般要求，又要注意因人而异。同时，根据季节、气温、营养、卫生等条件灵活安排活动量。

（4）教师要注意合理安排和调节幼儿的心理负荷。一般在一次身体锻炼活动中，要注意新旧内容的合理搭配，避免因新授内容过多而造成认识负荷过大，新授内容的难度要适中，活动中幼儿所提的要求要合理，以防止不合理的意志负荷出现。在安排活动时，其前半部分宜安排认识负荷较大的内容进行活动，后半部分宜安排趣味性强、较激烈的活动内容或形式，使情绪负荷达到高峰。要避免因情绪高潮出现过早而影响后面活动的顺利开展。此外，教师要注意自己的教态和教法，努力用自己积极的情绪、饱满的精神、富有兴趣和启发性的讲解及准确、优美的动作示范去感染和激发幼儿的积极情绪。尊重和热爱儿童，以鼓励表扬为主，不恐吓和随便训斥儿童。

（5）要利用测心率和观察幼儿在活动中的表现等方法，了解运动负荷是否合理，以便灵活地调节活动的内容和方法。在活动中，心率在每分钟130～160次左右是比较合理的运动负荷参考数据（恢复正常心率的时间约3～5分钟）。从儿童表现的症状以判断运动量是否合适，可参考下表：

运动中	时间、程度表现	适度疲劳	中度疲劳	非常疲劳
	面色	稍红	相当红	十分红或苍白
	汗量	不多	较多	大量出汗

续表

运动中	呼吸	中速、较快	显著加快加深	呼吸急促、表浅、节奏紊乱
	动作	动作协调、准确,步态轻稳	协调性、准确性和速度均降低	动作失调、步态不稳、用力颤抖
	注意力和反应力	注意力集中,反应正常	能集中注意力,不够稳定,反应减弱	注意力分散,反应迟钝
	精神状态	情绪愉快	略有倦意	精神疲乏
运动后	食欲	饮食良好,食欲增加	食欲一般,有时略有降低	食欲降低,进食量减少甚至有恶心、呕吐现象
	睡眠	入睡较快,睡眠良好	入睡较慢或睡眠一般	很难入眠,睡眠不安
	精神状态	精神爽快,情绪好,状态稳定	精神略有不振,情绪一般	精神恍惚,心悸,厌倦练习

真题面对面

[2019统考,单,1分]在体育活动中,说明幼儿已经非常疲劳的表现是( )

A. 面色十分红或苍白,躯干大量出汗　　B. 肩部出汗较多

C. 面色稍红　　D. 动作准确

答案:A

3. 多样化原则

多样化原则是指幼儿园体育活动应灵活运用多种途径、多种组织形式和方法来进行。虽然幼儿园体育活动得以展开的途径、组织形式和组织方法是多种多样的,但各种组织形式和方法都各具特点,任何一条途径、一种组织形式或一个教育方法都有其他途径、组织和方法所不能替代的作用。因此,想用一条途径、一种组织形式和方法去完成全部的幼儿体育活动的任务是不现实的。为此,开展幼儿园体育活动需要多条途径、多种组织形式和方法相互补充、相互配合、灵活运用,才能共同来实现幼儿园体育活动的目标。

4. 全面发展的原则

全面发展的原则有两层含义:一是指幼儿园体育活动应促进幼儿身心全面发展,即体育活动不仅要促进幼儿身体的健康发展,而且要促进幼儿心理的健康发展;不仅要增强幼儿的体质,而且要促进幼儿在认知、情感、态度、社会性和个性方面的良好发展。二是指在幼儿的身体锻炼活动中,应尽量使幼儿身体的各个部位、各器官系统的机能、各种身体素质和基本活动技能等,都能得到全面协调的发展,尽量避免身体锻炼的片面性和不平衡性。

幼儿园体育活动除了应遵循上述主要的活动原则外,还应遵循和贯彻直观性原则、兴趣性原则、幼儿主体与教师主导相结合的原则、有组织的教育活动与幼儿自选自由活动相结合的原则,等等。只有将幼儿体育活动固有的原则与幼儿园教育活动的一般原则和规律有机地结合起来,灵活运用,才能更好地实现幼儿园体育活动的目标。

真题面对面

[2019统考,简答,5分]简述体育活动实施与指导原则。

答案:详见内文

第七节 学前儿童健康教育活动的设计与组织

学前儿童健康教育活动的主要类型包括体育活动、身体保护和生活自理能力教育活动、安全自护教育活动、饮食营养教育活动、心理健康教育活动。关于学前儿童体育活动的设计与组织已在第六节呈现，本节主要介绍学前儿童身体保护和生活自理能力教育活动、安全自护教育活动、饮食营养教育活动、心理健康教育活动的设计与组织。

一、学前儿童身体保护和生活自理能力教育活动的设计与组织

考点1 学前儿童身体保护和生活自理能力教育活动实施的原则

1. 全面性原则

学前儿童全面发展的培养目标要求在实施每个具体的教育活动时，从内容、形式和方法上都要考虑全面性的问题。在学前儿童身体保护和生活自理能力教育中，既不能顾此失彼，也要注意不要因为活动的繁多而使习惯的培养被忽略。

2. 主体性原则

教师要改变把学前儿童当作管理对象的观点，认识和尊重学前儿童在健康教育活动中的主体地位，为学前儿童创设条件，让他们在熟悉、喜爱、有趣的情景中自然而然地学习某种行为，引导和组织学前儿童参加活动的准备、实施和评价等过程，发挥其主体能力。在良好习惯的养成中，要尊重学前儿童的年龄特点，允许学前儿童的反复和遗忘，耐心帮助学前儿童。

3. 安全性原则

身体保护和生活自理能力的练习，与一些特定的环节和设备相关。在进行教育尤其是练习的时候，需要十分重视学前儿童的安全问题。适宜的场地、时间、内容，以及练习过程中学前儿童接受教育的实际状况，都要给予全面的关注，以保证学前儿童的身心健康。

考点2 学前儿童身体保护和生活自理能力教育活动的指导建议

(1)要充分认识身体保护和生活自理教育对学前儿童当前和未来发展的重要意义。建立以健身为主、全面育人的价值观和目标观，按照身心综合能力结构理论，培养学前儿童的身体保护和生活自理能力。冲破仅限于生活技能和行为习惯培养的旧教育模式。

(2)教师、家长、保育员要密切配合，认识并尊重学前儿童在健康教育活动中的主体地位。

(3)要充分利用电视、录像等现代媒体，帮助学前儿童认识五官，了解自己的五官发育和健康状况，这是发展自我保健意识的认识基础。

(4)在游戏活动和教育活动中渗透身体保护和生活自理教育活动，发挥教育活动的整体效益。

(5)要克服成人在生活自理教育中的错误做法。

①认为生活自理能力是生活小事，没有认识到它是人类生存能力的重要内容，没有认识到学前儿童生活自理教育的深远意义。

②过度护理。在生活中学前儿童能学会的不教，能做的事不让做。视过度护理为疼爱，没认识到这是对孩子心理的伤害，对自理行为的剥夺。

③教育方法上管教、斥责多，鼓励、诱导少，嫌孩子做得慢，做得不好，特别在学前儿童出现失误或显得“笨拙”时更是责怪的多，影响学前儿童自信心、自尊心的发展。

(6)生活技能的教学应坚持在生活中教学与专门教育活动相结合，以生活中教学为主的原则。专门的教育活动可采用以下方法：

①游戏法:如“帮助布娃娃穿衣服”“给小花猫洗脸”“小小儿科大夫”等。

②比赛法:组织个人或小组比赛生活技能,可以与走、跑、跳、爬、钻等活动结合做。

③分步学习法:较复杂的技能可分解成几步,分别学习。

④表演法:组织个人或小组轮流表演生活技能。可表演单个技能,也可表演由铺被、脱衣到起床、穿衣、叠被等一整套技能。表演法要注意尽可能让所有学前儿童都有机会参加表演。

⑤评价法:组织学前儿童相互评价生活技能,评价的标准要简单、具体。

(7)眼保健教育中应抓好以下几个环节:

①帮助学前儿童掌握正确的阅读姿势与习惯,选择好看电视的位置、距离,控制看电视的时间;

②为孩子提供合乎卫生标准的桌椅和照明;

③成人要以身作则;

④让学前儿童了解自己的视力习惯。

(8)牙保健教育应着重帮助学前儿童认识自己的牙齿,认识龋齿的危害及形成原因,学习漱口刷牙的技能,并养成漱口刷牙、少吃甜食等口腔卫生习惯。

(9)皮肤保健教育应在做好学前儿童皮肤清洁教育的同时,加强皮肤的锻炼,其中触觉训练更应加强。

二、学前儿童安全自护教育活动的设计与组织

考点 1 学前儿童安全自护教育活动实施的原则

1. 倡导安全氛围

各种社会媒介的宣传,电视、广播、网络、报刊、书籍等形式的安全知识的传播,能帮助学前儿童逐渐改变其不良的生活行为,以避免意外事故的发生。同时,父母的言传身教是学前儿童行为塑造的重要途径,应当强调父母在教育中发挥的关键作用,以身作则,注意营造良好的安全生活环境。幼儿园要严格按照国家的相关规定,把安全教育纳入教育教学内容之内,对学前儿童实施交通安全、饮食安全、使用设施安全和防火、防电、防中毒、防溺水、防雷击等方面的教育。

2. 重在自我保护

有研究表明,导致悲剧发生的重要原因是学前儿童欠缺安全防范知识、安全意识和安全习惯,加之自我保护能力差。教育者加强对学前儿童的保护固然重要,但更为重要的是加强学前儿童自我保护能力的培养。这是解决问题的关键,也是安全教育的要求。教师和家长应对学前儿童加强行为规范的教育,培养他们独自应对环境、适应环境的能力。要启发和诱导学前儿童,让他们认识到什么是安全的、什么是不安全的,以及不安全的后果。要采用学前儿童乐于接受的形式,使学前儿童有兴趣接受安全教育。

3. 发挥教育合力

预防伤害是一项社会性很强的系统工程,它应该是全社会、全方位、全面性的协作。要有医学、行为学、环境学、教育学等多个学科,公安、司法、行政等多个部门的参与;要有学前儿童、家长、教师、医生、心理学家、警察等的共同努力。只有这样,才能做好学前儿童伤害的防范和教育工作。

4. 实现模式转变

(1)由急救型向预防型转变。在学前儿童生活与学习环境发生改变时要特别予以关注,做好心理安全和事故防范工作。在日常生活中,要确保学前儿童有一个安全的环境,保管好火种、煤气、农药、有毒药品和烟花爆竹等危险品,对这些物品的出售、保管、使用、检查等环节都要做好安全防范工作,保证学前儿童居家安全、校园安全、出行安全和社会安全。

(2)由封闭型向开放型转变。以往的安全教育存在着以教师为主、较随意进行的状况。现在的安全教育必须改变只由老师在幼儿园里进行教育的状况，可以采取多种形式，利用园内外的诸多资源，对学前儿童进行生动、活泼、具体、有效的安全教育。

(3)由纪念日型向经常型转变。除了一些节假日、特别日的安全教育以外，要对学前儿童进行饮水安全、饮食安全、交通安全、用电安全、游泳安全、游戏安全、消防安全、活动安全、园舍安全、设施安全等长效性的、经常性的教育。

(4)由常规型向探索型转变。要提高学前儿童安全教育和健康保护的科技含量，建立和健全"预警系统"，培养社会、学校、家庭和学前儿童对不安全事件的快速反应能力，提高全社会的避难能力和救护能力。

(5)由简单报道型向正面引导型转变。媒体对学前儿童安全事故应从客观的角度予以报道，探究原因和教训，减少对学前儿童的暗示和误导，提高学前儿童的判断能力、选择能力和明辨是非的能力。

考点 2 学前儿童安全自护教育活动的指导建议

安全自护能力是人类生存能力的重要内容，应从学前儿童开始，在做养护工作的同时，有目的、有计划、有步骤地帮助他们发展此项能力。要注意他护与自护教育相结合，特别应注意培养学前儿童心理自护能力，培养他们敢于同困难做斗争的精神。

三、学前儿童饮食营养教育活动的设计与组织

考点 1 学前儿童饮食营养教育的原则

学前儿童饮食营养教育是长期性的教育工作，同时又是关于学前儿童身心健康的工作，因此其重要性不容忽视。在学前儿童饮食营养教育中，我们要遵循以下原则：

1. 需要性原则

需要性原则是指饮食营养教育应关注学前儿童发展的需要。饮食营养教育活动的内容来源于学前儿童的生活，来源于学前儿童的需要，是学前儿童最熟悉的，也是学前儿童身心发展所必需的。但由于环境的不同、年龄的差异，学前儿童的饮食行为、饮食态度和健康状况等不尽相同。学前儿童饮食营养教育活动应从学前儿童的实际出发，让学前儿童了解食物与人类健康之间的关系，形成主动、持久、稳定、自觉的行为和态度。

2. 可行性原则

可行性原则是指饮食营养教育活动应适合学前儿童的身心发展特点。饮食营养教育的内容、方法等是否适合不同年龄阶段的学前儿童，是否为不同发展水平的学前儿童所认知、所接受，这是教育活动开展前必须认真考虑的问题。比如，小班学前儿童入园不久，认知水平相对较低，生活经验不丰富，独立生活能力较弱，在进餐中他们往往表现出挑食、偏食的问题。饮食营养教育的内容应偏重于兴趣的激发和习惯的培养，而教育方法则可以选择故事法、榜样法和练习法等。再如，中大班的学前儿童认知水平有了较大的发展，生活经验越来越丰富，独立生活能力也增强了。对他们进行的饮食营养教育可以加强认知性和操作性，通常可以更多地采用实践操作法、情景法等。

3. 安全性原则

安全性原则是指饮食营养教育应保证学前儿童的安全和健康。饮食营养教育的内容有许许多多，在对内容的选择过程中应将学前儿童的安全和健康放在首位。例如，冰淇淋是学前儿童喜爱和感兴趣的食品，但由于多食冰淇淋会影响学前儿童的食欲和消化吸收，就不宜作为教育内容。

4. 一致性原则

一致性原则是指饮食营养教育对学前儿童的要求应前后一致、家园一致。饮食营养教育非一朝一

夕的事，教育者要注意在教育中对学前儿童的要求始终如一，不应随意改变，同时家庭中的教育要求也要与幼儿园的教育要求统一起来，这样才能取得好的效果。例如，要培养学前儿童饭前洗手的饮食习惯，家长和教师就应该同时要求，并坚持要求，不要轻易放弃要求。

5. 直接性原则

直接性原则是指饮食营养教育应尽可能是学前儿童直接感知的。在活动中，要尽可能让他们多探究、多试验、多模仿、多创造。通过看、听、闻、摸、尝多种感官的协同作用来促进学习。例如，认识豆浆的活动，教师可以请学前儿童参与制作豆浆的过程中，比较黄豆和豆浆的不同形态，观察豆浆的颜色，品尝豆浆的口味等。通过多种感官的直接感知，学前儿童会更愿意接受不同的食物。

6. 序列性原则

序列性原则是指饮食营养教育应注意循序渐进。一般而言，个别的学习经验应该是先前经验的自然发展，后续的学习能使先前的经验得到加深和扩展。在饮食营养教育中，需要先让学前儿童对各类食物有一个初步的认识，然后才能培养其合理搭配食物的能力。因此，我们在选择饮食营养教育内容时，应注意其间的逻辑顺序。

7. 整合性原则

整合性原则一是指饮食营养教育的内容、方法、场所和途径等选择应尽可能全面而整合。饮食营养教育是让学前儿童了解各种食物及其对人体生长发育、维护健康的作用和影响的活动，所以在教育中应拓展视野，建立整体的饮食营养教育观念。同时，饮食营养教育除正式的教育活动外，还可以渗透于幼儿园一日活动的其他环节中，甚至是家庭教育中。饮食营养教育活动应整合园内、园外一切可利用的资源，既可以在幼儿园园内进行，也可以走进社会，在农场、工厂、超市中进行。另外，在饮食营养教育活动中，教师应根据学前儿童的年龄特点、认知特点、兴趣爱好和个体差异等因素，合理地选择多种教育方法，提高学前儿童对饮食营养知识的理解，帮助他们养成健康的饮食营养习惯。

整合性原则二是指在饮食营养教育中可以将各领域的教育内容整合起来。学前儿童饮食营养教育不仅属于学前儿童健康领域的教育内容，在饮食营养教育中，教师更应将学前儿童教育中的语言、艺术、科学、社会各个领域有机整合，建立和形成完整的教育模式。

考点 2 学前儿童饮食营养教育的方法

讲解演示法	讲解演示法是指教师具体而形象地向学前儿童讲解粗浅的饮食营养知识，并结合实物或模型加以演示，从而帮助学前儿童尽快掌握有关的知识和技能，提高学前儿童对饮食营养的认知水平。
行为练习法	行为练习法是指学前儿童对已经学习过的基本动作、基本生活技能进行反复练习，从而加深印象，形成稳定的行为习惯。
讨论评议法	讨论评议法是指教师通过安排语言交流活动，让学前儿童参与饮食营养教育过程，为他们提出问题、发表意见、自己得出结论提供机会，从而帮助他们掌握饮食营养知识。

实践操作法	实践操作法是指教师设计多项与饮食营养教育有关的活动，让学前儿童参与，使他们在亲身实践的过程中自觉接受教育。实践操作法的运用，使学前儿童的饮食营养教育活动变得更为直接和生动，有效提高了学习的参与性。

游戏法	游戏法是指教师利用学前儿童喜闻乐见的游戏方式，丰富他们关于营养的感性知识，培养学前儿童良好的饮食习惯，寓教育于游戏之中。

情景表演法	情景表演法是指教师或学前儿童就特定的生活情景、故事情节等加以表演，然后让学前儿童思考、分析情景中所涉及的饮食营养教育的问题。

四、学前儿童心理健康教育活动的设计与组织

考点 1 学前儿童心理健康教育活动实施的原则

1. 注重情感体验

情感是一种由内而外、潜移默化的过程。引导儿童感受不同的生活场景，体验各种不同的情绪情感是十分必要的。在这种体验的过程中，儿童或快乐，或生气，或担忧，或痛苦。这些情感“节目”在童年时期都被合适地演出后，可以增强其未来的社会适应能力，对其心理健康会产生长远的影响。

2. 注重环境创设

创设良好的环境，是心理健康教育实施的前提条件。这里所说的环境是一个全方位的概念，它既包括儿童生活的物质层面的环境，也包括直接影响儿童心理发展的精神层面的环境。

幼儿园的物理环境是影响学前儿童心理健康的一个主要方面。它包括幼儿园的自然环境（如声、光、绿地、空气等）和人工设施（如房屋建筑、玩具、活动场地等）。幼儿的活动空间是影响幼儿心理健康的重要物理环境因素。人员密度过高的幼儿活动室，有可能使幼儿的攻击性行为增多，社会交往行为减少，不主动参与活动的比率提高。此外，幼儿园室内的光线太弱，光照不足，幼儿整日生活在阴暗、潮湿的环境中，情绪会感到十分压抑，也会对他们的心理健康造成不良影响。

宽松、愉快的生活气氛和充满关爱的精神环境，能使幼儿经常处于积极的情绪情感状态。良好的生活环境，合理、有规律的作息制度，无压抑感、充满关爱、激励的情感气氛，能使幼儿感到安全和愉快，产生亲切感，易于接受教育影响。在这样的环境中生活和学习，幼儿才能思维敏捷、想象丰富、活泼开朗、充满自信和创造力。

3. 注重多途径影响

心理健康教育的实施，需要通过多样化的形式、多种类的活动、多途径的操作，才能形成合力，共同影响儿童，帮助儿童成长。

（1）移情训练，即让幼儿站在别人的立场上思考问题，引导幼儿采纳他人的观点，使幼儿能够更好地从他人角度出发，获得情感共鸣，并逐步摆脱自我中心，从而增加积极情感的体验。

（2）角色扮演，即通过有意识的角色任务，如“娃娃家”“理发店”等各种角色扮演游戏，培养幼儿帮

助他人、与人交往的能力。这些角色扮演游戏能够帮助幼儿学习分享、合作、谦让、互助等行为，体验到愉快的情感。

(3)模拟活动，即利用社区、家庭、幼儿园的资源，让幼儿体察、了解、培养亲情、友情、关爱等社会性情感，促进儿童的心理健康。

考点2 学前儿童心理健康教育的方法

榜样示范法

在心理健康教育中，树立榜样，让学前儿童通过模仿从无意到有意、从自发到自觉学习榜样的行为和习惯，这是心理健康教育的一种行之有效的方法。

情景演示法

情景演示法是指让学前儿童以表演的方式，思考和表现在不同的社会情景中做出行为对策的教育方法。

行为练习法

行为练习法是指让学前儿童对已经学过的技能和行为进行反复练习，加深学前儿童对某个行为或技能的理解和掌握，从而形成稳定的行为习惯。

讲解说理法

讲解说理法是指向学前儿童传递、讲授有关心理健康的一些粗浅的知识，以提高学前儿童的认知水平，帮助学前儿童改善对心理健康的态度。

讨论评议法

讨论评议法是组织学前儿童参与心理健康教育的过程，通过提出问题、发表意见、共同交流而取得较一致的认识。

考点3 学前儿童心理健康教育活动应注意的问题 【简答】 ★★

1. 教师及周围成人自身心理素质的提高

心理健康问题已引起社会各界的广泛关注。由于生活节奏加快、工作压力增大等原因引发的心理问题困扰着人们，在一定程度上也影响了人们的生活质量和工作态度。教师群体也面临着这一倦怠、焦虑等心理隐患。而教师和家长的心理健康与否，直接影响着身边的孩子。因此，要对学前儿童进行心理健康教育，教师和家长包括周围的其他成年人首先应注意提高自身心理健康水平。

(1)能够调整自己的情绪，合理排解工作、生活压力，保持自信、乐观、开朗、向上的良好心态；

(2)对自己有正确的评价，生活目标切合实际，保证人格的完整与和谐；

(3)具有良好的社会适应能力，融洽和谐的人际关系，良好的行为习惯，给学前儿童以积极的正面的影响；

(4)尽量不要在孩子面前宣泄不良情绪，不应因为自己心情不好影响孩子，更不应该向孩子发泄。

2. 渗透在日常教育工作中

学前儿童心理的发展受多种因素影响，并且具有连续性，因此要在一日生活的各个环节关注学前儿

童的心理健康教育，并保持要求的一致性。这需要教师、保育员及其他幼儿园工作人员的支持，也需要家长的配合。例如，教师在集体活动中教育孩子要互相帮助团结友爱，分餐时保育员装作不小心扭伤了腰，教师赶紧跑过去提供帮助，并要求学前儿童也表示关心。整个教育过程自然而连贯，学前儿童也得以应用巩固所学内容。

3. 善于观察，适时疏导

学前儿童在成长过程中渐渐学会了将情绪由外露转为内隐，如伤心时不哭出声音来、受了委屈不敢表现出来等，但又由于情绪调节能力不足而强制压抑。或有时由于缺乏必要的语言表达能力，不懂得如何表达自己的情感体验，影响情绪和精神状态。这就需要教师善于观察，熟悉每个孩子的个性特点和表达方式，及时发现孩子的反常情绪，适时帮助其疏导情绪，以爱心来呵护孩子的心灵。教师可以通过讲道理、讲故事帮助孩子调整心态，或教给适当的方法来合理宣泄，或者转移其注意力防止过度沉溺某一不良情绪。

4. 师生平等，尊重学前儿童人格，不要妄下结论

学前儿童虽小，但在人格上和教师是平等的，要尊重每个孩子，保护他们健康成长。不要随便下结论，如指责某学前儿童有“多动症”，或断定某学前儿童是“自闭症”。这会对孩子的幼小心灵造成严重伤害，而且影响其社会性的发展。

当然，如果发现某一学前儿童有一些症状与学前儿童易患心理疾病的表现相似，教师应及时提醒家长带孩子去医院检查，以免错过最佳治疗年龄。即使学前儿童真的患有某方面心理疾病，教师也应尊重并保护其隐私，尽量为其提供正常的交往环境，并在家长的配合下尽可能帮助治疗，促进其健康发展。

5. 正确看待学前儿童个性差异

随着年龄增长，学前儿童逐渐有了个性萌芽，表现出明显个性倾向。这是学前儿童心理发展的自然规律，教师应根据这种差异因材施教，使每一个学前儿童都得到全面和谐的发展。不要因学前儿童个性有差异而表现出对一部分孩子偏爱，更不要因此认为某些孩子发展不正常，如因为气质的差异，学前儿童有的热情而暴躁、有的活泼而好动、有的沉静而迟缓、有的敏感而细腻，这都是正常的心理特征。不要因为某学前儿童较活泼就认为其“多动”，也不要因为某学前儿童特别敏感而认定其“抑郁”。教师的态度和暗示对学前儿童的自我评价影响极大，因此一定要慎重、公平、公正地对待每一个孩子。

6. 幼儿园与家庭、社会密切配合

学前儿童的思想很单纯，对这个世界的认识，基本上还是一片空白，而且缺乏明辨是非的能力，所以对于周围成人的教育容易全部接受，对周围成人的言行举止，尤为注意，教师或家长一句不雅的话，沿途路人的一个动作，都可能误导孩子。学前儿童是在幼儿园、家庭、社区的合力作用下成长的，只有各方面力量保持一致，才能促进其心理健康发展。如果各方面要求相冲突，会大大削弱正面教育的力量，甚至使学前儿童养成某些不良心理品质，增加教育的难度。

真题面对面

[2017统考，简答，5分]简述实施学前儿童心理健康教育应注意的问题。

答案：详见内文

第三章

第八节　学前健康教育活动的评价

一、学前健康教育评价的理论模式

理论模式	主要观点	代表人物
外貌模式	强调考察评价的全貌，主张适宜的评价必须进行详尽的描述，并进行适宜的判断，只有把描述和判断相结合，才能完成对课程的全面、完整的评价	斯塔克
CIPP评价	CIPP是由背景评价、输入评价、过程评价和成果评价等四种评价的英文名称第一个字母组成的缩写形式。该评价模式强调收集关于需要、资源、课程方案的选择等方面的信息，向决策者提供有用的信息，尤其有利于制订新的课程计划	斯塔费尔比姆

第三章

二、学前健康教育评价的原则

1. 单项评价和综合评价相结合

单项评价是指对评价对象的某个侧面进行的评价判断，**综合评价**是指对评价对象进行完整性的价值判断。单项评价可以为评价对象某一方面健康教育工作的改进提供依据；但是由于学前健康教育是一个多层次的系统工程，因此综合评价能够获得更加完整、系统的信息。在实际评价中，单项评价和综合评价往往是互相补充设置、相互转化的。

2. 定性评价和定量评价相结合

定量评价是采用数学的方法，收集和处理数据资料，对评价对象做出定量的评价结论。**定性评价**则是不采用数学的方法，而是评价者在对评价对象的谈话、观察的基础上，直接得出定性的评价结论。由于定量评价和定性评价各有利弊，在进行学前健康教育评价时必须采用定性和定量相结合的方法，获得较完整的信息。

3. 筛查性评价和诊断性评价相结合

筛查性评价是以简单、快速的方法，对集体或者个体学前儿童进行评价的方法。**诊断性评价**的结果可以作个体或者群体发展的结论。在对学前儿童心理发展进行评价时，往往是在筛查性评价的基础上，进一步实施诊断性评价。

4. 形成性评价和终结性评价相结合

形成性评价是指在学前健康教育过程中进行的评价，目的是获取反馈信息，及时调整和改进健康教育活动。**终结性评价**是在某一项教育活动告一段落时，对最终结果进行的价值判断。评价的目的是改善健康教育工作，促进学前儿童的身心发展。所以，任何评价既是形成性评价，也可以理解为终结性评价。

5. 绝对评价与个体内差异评价相结合

绝对评价是在被评价对象的集合外，预先确定一个客观标准，将评价对象与该客观标准进行比较，判断其是否达到标准程度的评价。**个体内差异评价法**是将被评价对象中每个个体的过去和现在相比较。由于学前儿童身心发展既有一定的共同规律，又有明显的个体差异性，因此仅仅运用绝对评价的方法是不客观的，要实现绝对评价与个体间差异评价相结合。

6. 自我评价和他人评价相结合

自我评价是评价者根据一定的标准对自己进行的评价。他人评价是由被评价者之外的他人进行的评价。严格的他人评价能够得到比较客观的信息。由于自我评价和他人评价各有优缺点，因此越来越多的人将自我评价和他人评价结合起来使用。

三、常用的学前健康教育活动的评价指标

(1)学前健康教育活动是否适应学前儿童的需要、兴趣、接受能力；

(2)学前儿童参与健康教育活动的程度；

(3)学前健康教育活动所选定的目标和各级分目标的合适程度；

(4)各级目标轻重缓急安排的顺序的合理程度；

(5)学前健康教育活动的策略和实施措施是否正确和合理，是否适合教育对象以及其他各方面的客观情况。

四、学前健康教育活动评价的内容

1. 对学前健康教育活动准备工作的评价

(1)评价学前健康教育活动是否适应不同年龄和发展水平的学前儿童的需要、兴趣和接受能力，以及学前儿童参与健康教育活动的程度等。

(2)评价学前健康教育活动计划所选定的目标和各级分目标的合适程度，各级目标轻重缓急安排的顺序的合理程度。具体地说，是否根据《纲要》所提出的健康教育领域总目标，是否根据不同年龄进行目标分级，是否在目标选定时考虑了螺旋式上升的特点，是否从目标指向的紧迫性、针对性、即时性等因素考虑各级目标的轻重缓急。

(3)评价学前健康教育活动所确定的策略和实施措施是否正确和合理，是否适合教育对象以及其他各方面的客观情况。具体地说，评价学前健康教育活动是否具有可行性、教师是否做好准备等。

2. 对学前健康教育活动设计和实施过程的评价

(1)评价学前健康教育活动的设计质量。具体地说，评价教育活动设计是否考虑到学前儿童的经验水平和学习特点，教育活动设计是否考虑到教育材料的可获得性，教育活动设计是否考虑到与整个幼儿园课程的整合。

(2)评价学前健康教育活动实施过程中的组织领导、分工和协调情况。学前健康教育活动的实施往往需要教师、保育员协作完成。近年来，随着利用家庭、社区和幼儿园资源进行立体式健康教育模式的倡导，健康教育活动实施中的组织、领导、分工和协调，成为学前健康教育活动目标实现的重要保障。

(3)评价学前健康教育活动实施过程中所选择和组织的教学内容和材料、运用的方法和技术、采用的教育途径和组织形式等方面的质量和效果。在体育活动中，丰富的运动材料、适宜的活动空间以及合理的运动规则，有助于孩子获得足够的运动，获得充分的锻炼。一般来说，衡量学前儿童体育活动的标准是高密度(60％～70％)、低强度，时间不能太长。多媒体技术的运用适合学前儿童思维具体形象性的特点，能够激发学前儿童的学习兴趣，尤其适合形象性、动态性教学内容的呈现。

(4)评价学前健康教育活动实施过程的效率和成本效益等方面的问题。这是对学前健康教育资源利用有效性的考虑。

3. 对学前健康教育活动所产生的近期影响的评价

近期影响是指在健康教育活动实施基本结束后一年之内，通过观察、调查或者测量而得到的结果，

第三章

包括学前儿童对有关健康知识和技能的掌握状况，学前儿童对健康问题的价值观、态度和信念的变化状况，学前儿童卫生习惯和行为的变化状况。对于学前教育机构而言，学前儿童的健康状况是衡量健康教育影响力的根本因素，即通过学前儿童的生长发育、患病率和死亡率的指标进行判断。

4. 对学前健康教育总目标的评价

这是指从宏观上评价学前健康教育活动所产生的社会价值和效益，评价社会对学前教育机构健康教育的参与和支持程度等。

核心考点回顾

1. 确定学前健康教育目标的依据有哪些？(参见本书P101)
2. 选择学前健康教育内容时应注意哪些问题？(参见本书P103)
3. 学前儿童体育活动常用的基本方法有哪些？(参见本书P136)
4. 学前儿童体育活动的原则有哪些？(参见本书P145)

达标测评

建议用时	实际用时	测评总分	实际得分
50分钟	____分钟	60分	____分

一、单项选择题(每小题1分，共5分)

1. 跳跃的教学重点是(　　)

A. 助跑和起跳　　B. 起跳和平衡　　C. 起跳和落地　　D. 落地和平衡

2. 确定儿童健康教育目标的根本依据是(　　)

A. 健康教育的总目标　　B. 儿童身心发展特点

C. 儿童体育活动目标　　D. 儿童教育目标

3. 在认识面包的活动中，教师请儿童参与到制作面包的过程中，比较面粉和面包的不同形态，观察面粉的颜色，品尝面包的口味等。教师遵循了儿童饮食营养教育的(　　)

A. 可行性原则　　B. 安全性原则　　C. 序列性原则　　D. 直接性原则

4. 编排幼儿体操时，整套动作的活动量应(　　)

A. 由小到大　　B. 由大到小

C. 由小到大，再由大到小　　D. 由大到小，再由小到大

5. 能快跑20米左右，走跑交替(或慢跑)200米左右。这属于(　　)幼儿体育活动的目标。

A. 小班　　B. 中班　　C. 大班　　D. 学前班

二、简答题(每小题5分，共15分)

1. 简述选择学前健康教育内容时应注意的问题。
2. 简述常用的学前健康教育活动的评价指标。
3. 简述选择和创编学前儿童体操的基本要求。

三、案例分析题(共15分)

晨间体育活动开始了，活动前我要求孩子们在指定的区域玩游戏，如玩圈的和玩布制玩具的小朋友在塑胶跑道上玩，跳绳的在中间。活动开始了，孩子们根据自己的喜好选择了布条、飞盘、塑料圈和跳绳开始玩游戏。不一会儿，我发现孩子们不仅没有在规定的区域玩，甚至有了打闹行为，一会儿争抢

玩具，一会儿又是告状：××小朋友把我打了，××小朋友把我撞了……一眼望去都是孩子们无休止的疯跑、打闹，孩子们乱成一团，怎么叫停都停不下来。

根据材料分析出现该问题的原因。

四、活动设计题（共25分）

请设计一节大班健康活动《我的心情我做主》，要求写出：活动设计意图、活动目标、活动准备、活动重难点、活动过程。

参考答案及解析

一、单项选择题

1. C [解析]跳跃教学的重点是起跳和落地。

2. B [解析]学前儿童健康教育目标的确定，首先要考虑到儿童身心发展的特点，这是确立学前儿童健康教育目标的根本依据。

3. D [解析]直接性原则是指饮食营养教育应尽可能是儿童直接感知的。在活动中，要尽可能让他们多探究、多试验、多模仿、多创造。通过看、听、闻、摸、尝多种感官的协同作用来促进学习。通过多种感官的直接感知，儿童会更愿意接受不同的食物。

4. C [解析]编排幼儿体操时，整套动作的活动量应由小到大，再由大到小。

5. B [解析]能快跑20米左右，走跑交替（或慢跑）200米左右属于中班幼儿体育活动的目标。

二、简答题（参考答案）

1. (1)教育的内容与目标要保持一致；(2)教育内容与儿童身心发展及生活经验相关联；(3)教育内容与儿童的接受能力相吻合；(4)教育内容适当考虑社会因素；(5)教育内容要为儿童一生发展服务；(6)教育内容要具有时代性。

2. (1)学前健康教育活动是否适应学前儿童的需要、兴趣、接受能力；(2)学前儿童参与健康教育活动的程度；(3)学前健康教育活动所选定的目标和各级分目标的合适程度；(4)各级目标轻重缓急安排的顺序的合理程度；(5)学前健康教育活动的策略和实施措施是否正确和合理，是否适合教育对象以及其他各方面的客观情况。

3. (1)学前儿童体操的动作应简单易做，活泼欢快；
(2)要注意学前儿童身体的全面锻炼与发展；
(3)合理地安排动作程序及活动量；
(4)注重兴趣性，要有美感。

三、案例分析题（参考答案）

根据孩子的反应我做了以下的原因分析：

(1)教师观念的问题。晨间体育活动就是教师给幼儿提供一定的材料，让幼儿自由地玩耍，在整个过程中教师只是材料的提供者、幼儿游戏的旁观者、幼儿冲突的裁判者。

(2)材料的问题：①材料较单一、种类少，不能满足孩子身体锻炼的需要。第一，在提供的材料中只有布制玩具、塑料圈以及跳绳三类，种类和数量不足，因此出现争抢打闹现象。第二，所提供的材料，不能满足孩子跑、平衡、投掷、钻爬能力发展的需要。②投放材料时没有考虑到个体差异和孩子的能力与水平。晨间体育活动投放的材料不能是一成不变的，应该是教师根据班级幼儿的特点以及能力与水平的差异有计划、有层次的投放，以满足不同幼儿的发展需要，促进每个幼儿得到健康的发展。③没有深入挖掘材料的玩法，孩子们玩法单一，兴趣渐失。孩子们对游戏材料只有单一的玩法，如孩子们玩圈除了跳圈还是跳圈，跳绳除了跳还是跳，时间一长，孩子们就失去了兴趣。

(3)教师的指导。在晨间体育活动中，教师应是观察者、引导者。我们支持、鼓励幼儿自发地使用材料，根据幼儿在活动中的表现，随时给予一定的帮助、指导。当发现幼儿对某一材料的某一玩法兴趣减弱时，教师应充分发挥材料的作用，进行更深层次的指导，以保持孩子对游戏活动的兴趣。而在活动中“我”没有对幼儿的活动进行适时的指导，也没有对幼儿的活动进行具体的评价，幼儿对游戏材料不知怎样玩或只能进行单一的玩法。

四、活动设计题(参考答案)

我的心情我做主(大班)

(一)设计意图

我们拥有好的心情，会让我们多一点笑容而改变形象，而我们的笑容就像快乐的信使，能照亮所有看到它的人。一个笑容就像穿过乌云的太阳，一个笑容能帮助我们了解一切都是有希望的，世界是有欢乐的。于是，我设计了幼儿心理健康教育活动《我的心情我做主》，旨在让幼儿从小学会保持较好的情绪，激发幼儿乐观向上的生活态度，体验理解、原谅、帮助等积极行为给自己及他人带来的愉悦感受，引导幼儿形成快乐生活的良好情感。

(二)活动目标

(1)了解人的喜、怒、哀、愁等基本情绪；

(2)初步学会用正确的方式排解不开心的情绪；

(3)培养开朗的性格和乐观的情绪。

(三)活动准备

半圆形座位，轻音乐，相关课件，爱心包、手鼓各一个，大表情卡一套(喜、怒、哀、愁)，心形颜色卡及小表情卡人手一套。

(四)活动重难点

重点：了解人的喜、怒、哀、愁等基本情绪。

难点：学会用正确的方式排解不开心的情绪。

(五)活动过程

1.跟随音乐表演《表情歌》

导语：宝贝们，让我们跟随音乐一起来表演《表情歌》，好吗?

2.引导幼儿了解人的基本情绪特征、分类及成因

导语：宝贝们，毛毛、妮妮、琪琪、安安遇到了一些事情。让他们产生了不同的心情，我们一起来看大屏幕。仔细观察他们到底遇到了什么事情，心情怎么样?

(1)观看多媒体课件

了解不同的情绪。

(毛毛)喜：妈妈告诉毛毛，星期天要带他到游乐园玩，毛毛脸上露出了甜甜的笑容。

(妮妮)怒：妮妮的玩具被小伙伴摔坏了，她很生气。

(琪琪)哀：在回家的路上琪琪不小心和妈妈走散了，她非常伤心。

(安安)愁：上幼儿园的时间到了，安安因不会系鞋带而发愁。

小结：每个人在遇到各种各样的事情时，都会有不同的感受，比如喜、怒、哀、愁，这种感受叫心情。

(2)玩“击鼓传爱心包”游戏，表达感受过的喜、怒、哀、愁

①交代游戏玩法：听到手鼓响，幼儿从左往右开始传递装有喜、怒、哀、愁表情卡的爱心包，手鼓声停，手上持有爱心包的幼儿从中抽出一张表情卡，然后与大家分享一件与这张表情卡相符的事件。

②幼儿游戏，鼓励幼儿结合生活经验联想喜、怒、哀、愁的心情经历，并用语言或动作表达心情特征，教师根据幼儿的讲述在磁性黑板上分类罗列。

(3)操作活动：给心情配色

导语：我们认识了喜、怒、哀、愁几种心情。请大家给不同的心情配色，好吗？

①请幼儿思考，表情娃娃喜、怒、哀、愁分别配什么颜色卡最合适？(引导孩子好心情配暖色，坏心情配冷色)

②请幼儿按自己的意愿为表情卡喜、怒、哀、愁配颜色卡，并说出配色的原因。

3. 引导幼儿为自己的心情做主

导语：你最喜欢哪种心情？是什么原因让你喜欢这种心情的？

(1)充分讨论自己最喜欢的心情及理由

小结：“喜”是一种好心情，好心情利于我们健康成长，还能带给别人快乐；而“怒”“哀”“愁”是坏心情，坏心情不仅不让人喜欢，还会对我们身体产生不好的影响，我们在心情不好的时候，会吃不下饭，睡不好觉，身体越来越差，同时还会妨碍别人，所以我们要尽量让自己保持好心情，做一个快乐的人！

(2)说说自己不同心情时候的做法

①当你心情很好的时候你会怎么样？

②心情不好时你会用什么方式让自己心情好起来？

(3)学习处理生活中的不愉快

观看多媒体课件。

①一群小朋友很开心地邀请瑶瑶参加游戏，瑶瑶因为心情不好而粗暴拒绝，这群小朋友也变得很不开心。

②佳佳过生日收到很多玩具，他将玩具带到幼儿园，和小朋友一起分享他的快乐。

提问1：谁做得对，为什么？(重点引导幼儿去理解瑶瑶——心情不好时确实不想参加游戏，但不能对同伴发脾气，否则就会影响别人的情绪)

提问2：如果你是瑶瑶，你会怎么做？

方法一：告诉小朋友“我现在不想玩，过一会儿再说”。

方法二：告诉小朋友“我心情不好，只想去情绪角唱歌”。

方法三：愉快地接受邀请，因为和小朋友一起玩一定会让自己快乐起来。

(4)讨论如何做自己心情的主人

导语1：你喜欢开心的自己还是不开心的自己？如果你想买玩具妈妈不给你买；如果你想和别人交朋友，别人却不愿意。你会开心吗？那么当你不开心的时候。你将会用什么办法调整情绪？

导语2：当别人心情不好时，如何帮助别人有一个好心情？

4. 游戏“心情碰碰碰”

玩法：两名幼儿一组，手拉手对站，当听到舒缓的音乐响起，就闭上眼睛想一种自己最喜欢的心情。并用表情表现出来，然后轻轻地捏一下对方的手指尖，互相猜心情(根据表情判别)，并给对方讲述想的那件事。如果对方讲的是不开心的事，就要想办法帮助对方，让对方心情好起来。

第四章　学前儿童语言教育

思维导图

- 学前儿童语言教育
  - 学前儿童语言教育的目标和内容
    - 学前儿童语言教育的目标
    - 学前儿童语言教育的内容（重点）
      - 谈话活动
      - 讲述活动
      - 听说游戏
      - 文学活动
      - 早期阅读活动
  - 学前儿童语言教育的基本理论
    - 完整语言教育观
    - 整合教育的观念
    - 活动教育观
  - 学前儿童语言能力的发展阶段与特点
    - 0～3岁儿童语言能力的发展
    - 3～6岁儿童语言能力的发展
    - 学前儿童语言的获得理论
    - 依据学前儿童语言发展的特点进行语言教育
  - 学前儿童语言学习的特点与教育原则
    - 学前儿童语言学习的特点
    - 学前儿童语言教育原则
  - 学前儿童语言教育的途径与方法
    - 学前儿童语言教育的途径
    - 学前儿童语言教育的方法（重点）
      - 示范法
      - 视听结合法
      - 游戏法
      - 表演法
      - 练习法
  - 不同类型学前儿童语言教育活动的设计与组织策略
    - 学前儿童语言教育活动设计与组织的原则
    - 学前儿童语言教育活动设计与组织的步骤
    - 学前儿童语言教育活动的指导
    - 学前儿童文学作品学习活动的设计与实施
    - 学前儿童谈话活动的设计与实施
    - 学前儿童讲述活动的设计与实施（难点）
      - 感知理解讲述对象
      - 运用已有经验自由讲述
      - 引进并学习新的讲述经验
      - 巩固和迁移新的讲述经验
    - 学前儿童听说游戏活动的设计与实施
    - 学前儿童早期阅读活动的设计与实施
  - 学前儿童语言教育活动的评价
    - 学前儿童语言教育活动评价的原则
    - 学前儿童语言教育活动评价的作用
    - 学前儿童语言教育活动评价的内容

浙江考向

高频考点	常考题型	能力层级	考查热度
学前语言教育目标的层次结构	单选	识记	★★

续表

高频考点	常考题型	能力层级	考查热度
学前语言教育的内容	单选、简答	识记	★★★
3～6岁儿童语言能力的发展	单选	识记	★★
学前儿童语言学习的特点	单选	识记	★★
学前儿童讲述活动的设计与实施	单选、简答	理解	★★★
学前语言教育活动评价的内容	单选、简答	理解	★★★

核心考点

第一节　学前儿童语言教育的目标和内容

一、学前儿童语言教育的目标

考点 1　学前语言教育目标制定的依据

1. 根据我国社会发展的需要

(1)在我国社会经济发展的现阶段,语言是学前儿童全面发展不可缺少的重要组成部分,也是体现儿童发展水平提高的一种重要标志。同时,中华民族几千年的优秀传统文化也需要通过儿童教育特别是语言教育传承下去。

(2)语言教育目标要适应我国生产力发展水平对人才培养的要求。在我国科学技术迅猛发展的今天,语言作为交际工具、思维工具和学习工具,其作用越来越重要,并成为高素质人才不可缺少的基本能力。

(3)学前语言教育目标的制定还需有一定的前瞻性,今天的儿童是祖国未来的栋梁之材。所以,教育要为儿童终身发展打下良好的基础。

2. 根据儿童身心发展的特点

儿童语言教育是以促进儿童身心发展为根本目的的,因而必须尊重儿童身心发展的规律。尊重儿童身心发展的特点,意味着我们在制定教育目标时,必须注意儿童的语言发展特点和需要,根据他们身心发展的客观进程来实施教育。

3. 根据语言的学科特性和儿童语言学习的特点

语言作为一门学科或儿童教育课程中的一个方面,有其独特的教育功能和逻辑结构,儿童语言学习也有其特殊性。所以,在制定学前语言教育目标时必须充分考虑语言的学科性质及其对儿童的教育功能和价值,尊重儿童语言学习特点。

考点 2　学前语言教育目标的层次结构　【单选】 ★★

学前语言教育目标一般可以分解为总目标、年龄阶段目标和具体活动目标三个不同的层次。

1. 学前语言教育总目标(终期目标)

学前语言教育的终期目标有时也称为学前语言教育目标。它是语言教育所期望的最终结果,是学前阶段语言教育任务要求的总和。可以将总目标划分为四个方面:倾听、表述、欣赏文学作品和早期阅读,并从以下方面实施。

第四章

(1)倾听部分

认知目标——懂得别人对自己说话时要注意倾听。

情感、态度目标——喜欢听，并积极有礼貌地听别人对自己说话。

能力与技能目标——能集中注意力、有礼貌、安静地倾听；能听懂普通话，能分辨不同的声音和语调；能理解并执行别人的指令。

(2)表述部分

认知目标——懂得用适当的音量说话，有积极的表述愿望。

情感、态度目标——喜欢与他人交谈，在适宜的场合积极、主动、有礼貌地与人交谈。

能力与技能目标——会说普通话，发音清楚，语调准确，能运用恰当的语句和语调表述意见和回答问题。能用完整、连贯的语句讲述图片和事件。

(3)欣赏文学作品部分

认知目标——懂得文学作品中运用的是规范而又成熟的语言；阅读和聆听文学作品能增加知识，明白事理，并能感受到语言艺术的美。

情感、态度目标——乐意聆听和阅读文学作品，积极参与文学作品学习活动。

能力与技能目标——理解文学作品的内容，体会文学语言的美，积累文学语言；初步了解文学常识，会区别不同类型的文学作品及其构成要素；能用动作、语言、美术、音乐等不同表现方式，积极反映对文学作品的理解；学会编构故事、表演故事以及诗歌、散文的欣赏与仿编活动等。

(4)早期阅读部分

认知目标——懂得口语与文字和图书的对应与转换关系。

情感、态度目标——对图书和文字产生兴趣，喜欢认读常见的简单的独体汉字。

能力与技能目标——掌握阅读图书的基本方法；能集中注意阅读图书，倾听、理解图书内容；能学会制作图书并配以文字说明；了解汉字的书写风格，主动积极地认读常用字；能按规范笔顺书写自己的姓名和一些常见的独体汉字。

真题面对面

[2017统考，单，1分]在中班《小熊请客》语言教育活动中，其中的一条目标是“理解故事内容和情节”，这是儿童语言教育中的(　　)

A. 态度目标　　B. 情感目标　　C. 能力目标　　D. 认知目标

答案：C

2. 学前语言教育年龄阶段目标

学前语言教育年龄阶段目标，即幼儿某一年龄的语言教育目标。对幼儿所要达到的语言培养总目标是需要一步一步地落实到不同年龄儿童的身上，所以，总目标中的内容，在不同年龄的幼儿身上应当有不同的体现，这样才能在教育实践中循序渐进地促进儿童的语言发展。

在教育过程中，我们常常将学前语言教育的年龄阶段目标用活动类型的方式进行分类表述，以便教育工作者在计划某一学期的教育工作时有参照指标。下述的年龄阶段目标是从不同类型语言教育内容的角度，将学前语言教育目标分解到每一个年龄阶段。

(1)小班

①谈话活动

学会安静地听同伴说话，不随便插嘴；喜欢与同伴交谈，愿意在众人面前讲话；能听懂并愿意说普

通话；在教师的引导下，学习围绕主题谈话，能用短句表达自己的意思；初步学习常见的交往语言和礼貌用语。

②讲述活动

能够运用各种感官，按照要求去感知讲述内容；理解内容简单、特征鲜明的实物、图片和情境；愿意在众人面前讲述；能正确地讲述内容的主要特征或主要事件；能安静地听老师或同伴讲述，并用眼睛注视讲述者。

③听说游戏

乐于参加游戏活动，在游戏中大胆地说话；发准某些难发的音，初步掌握方位词及人称代词，学习正确运用动词；在游戏中尝试按照规则运用简单句说话；养成在集体活动中倾听别人讲话的习惯，能听懂并理解较简单的语言游戏规则。

④文学作品学习活动

喜欢欣赏文学作品，愿意参加文学活动，对文学作品的语言感兴趣；能初步感受文学作品的语言，了解故事、诗歌和散文是不同体裁的文学作品；学习理解文学作品的情节内容或画面情节，能用语言、动作、表情等方式表达自己对文学作品的理解；在文学作品原有的基础上扩充想象，仿编诗歌、散文中的一句或续编故事结尾。

⑤早期阅读活动

喜欢看书，了解看书的基本方法，能初步看懂单幅儿童图画书的主要内容；能用口头语言将儿童图画书的主要内容说出来，开始感受语言和其他符号的转换关系；对文字感兴趣，能在成人的启发下认读最简单的文字；在活动中以描画图形的方式练习基本笔画。

（2）中班

①谈话活动

能集中注意力，耐心地倾听别人谈话，不打断别人的话；乐意与同伴交流，能大方地在众人面前说话；能说普通话，较连贯地表达自己的意思；学会围绕一定的话题谈话，不跑题；学会用轮流的方式谈话，不抢话，不乱插嘴；继续学习交往语言，提高语言交往能力。

②讲述活动

养成先仔细观察，后表达的习惯；逐步学会理解图片和情境中展示的事件顺序；能主动地在众人面前讲述，声音响亮，句式完整；学习按照一定的顺序讲述实物、图片和情境的内容；能积极地倾听别人的讲述内容，善于发现异同，并从中学习好的讲述方法。

③听说游戏

在游戏中巩固练习发音，正确运用代词、方位词、副词、动词、连词和介词等；能说简单而完整的合成句；能听懂并理解多种游戏规则；学习较迅速地领悟游戏中的语言规则，并能及时做出相应的反应。

④文学作品学习活动

喜欢不同形式的文学作品，主动积极地参加文学活动；了解文学作品语言与日常生活语言的不同，进一步感受文学作品的语言美；学习理解文学作品的人物形象，感受作品的情感基调，能运用较恰当的语言、动作、绘画形式表达自己的理解；能根据文学作品提供的线索，扩展想象，仿编或续编一个情节或一幅画面。

⑤早期阅读活动

能仔细观察图画书画面的人物情节、看懂单页多幅的儿童图画书的内容，增强预知故事情节发展和结局的能力；懂得爱护图书，知道图书的构成，有兴趣模仿制作图画书；在阅读过程中初步了解汉字的由来和简单的汉字认读规律，并有主动探索汉字的愿望；喜欢描画图形，尝试用有趣的方式练习汉字的基本笔画。

（3）大班

①谈话活动

能主动、积极、专注地倾听别人谈话，迅速掌握别人谈话的主要内容，并从中获取有用的信息；能主动地用普通话与同伴交流，态度自然大方；能围绕话题谈话，会用轮流的方式交谈，并用恰当的语言表达自己的情感，与同伴分享感受；逐步学会用修补的方法延续谈话，进一步提高语言交往水平。

②讲述活动

通过观察，理解图片、情境中蕴含的主要人物关系和思想感情倾向；有重点地讲述实物、图片和情境，突出讲述的中心内容；在众人面前讲话态度自然大方，能根据场合的需要调节自己讲话的音量和语速；讲话时语言表达流畅，不停顿，用词用句较为准确。

③听说游戏

在游戏中学习正确运用反义词、量词和连词等，并能说完整的合成句；养成积极倾听的习惯，迅速把握和理解游戏中较复杂的多重指令；不断提高倾听的精确程度，准确掌握和传递有细微差别的信息；游戏中按照规则迅速调动个人已有的语言经验编码，并进行迅速的语言表达。

④文学作品学习活动

乐意欣赏不同体裁、不同风格的文学作品，在文学活动中积累文学语言，并尝试在适当场合运用；在理解文学作品人物、情节或画面情境的基础上，学习理解作品的主题或感受作品的情感脉络；初步感知文学作品语言和结构的艺术表现特点，开始接触文学作品的艺术语言构成方式；依据文学作品提供的想象线索，联系个人已有经验扩展想象，并创造性地进行表述。

⑤早期阅读活动

能与同伴合作制作图画书，进一步了解图画书的构成；清楚图画书中的画面与文字的对应关系，开始有兴趣阅读图画书中简单的文字；积极学认常见的汉字，进一步了解汉字认读的规律，提高观察模拟的能力，并注意在生活中运用已获得的书面语言；掌握基本的书写姿势，在有趣的图形练习中做好写字的准备。

3. 学前语言教育活动目标

学前语言教育的具体活动目标一般由教师自己制定，它是指在某一具体的教育活动中要达到的目的。有时候，具体活动目标是一次活动中要完成的任务，但也有可能是一组相近的活动或一个主题系列活动的目标，它们使具体的教育内容紧密地联系在一起。无论哪一种活动，都含有一定的要求并通过教师的活动计划和教育实践得以体现。应当说，具体活动目标是为年龄阶段目标、语言教育目标服务的，是总目标和年龄阶段目标的最终分解和具体化，语言教育正是通过每一个具体活动落实到儿童身上。因此，具体活动目标的积累便构成了年龄阶段目标，乃至语言教育目标。每一次具体活动目标的实现，都向完成年龄阶段目标和语言教育目标迈进了一步。

在学前语言教育目标落实到每个儿童的过程中，必须注意以下三点：

（1）高层次目标要准确地转化为若干个低层次目标；

（2）具体的教育过程中，教师要把握各个层次教育目标的内涵以及相互间的关系；

（3）教师要根据目标来选择相应的教育内容，确定恰当的教育方法，从而确保目标的实现。

二、学前儿童语言教育的内容 【单选、简答】★★★

学前儿童语言教育的内容是幼儿园为幼儿提供的语言形式、语言内容和语言运用的基本知识、基

本态度和基本行为方式的总和，是幼儿学习语言、获得语言经验的载体。学前儿童语言教育的内容既包括教师通过有目的、有计划地组织的专门活动内容，也包括渗透在从幼儿入园的问候、晨间谈话，到幼儿离园时的道别等各个环节之中以及其他领域活动中的语言教育内容。

考点 1 专门的语言教育内容

专门的语言教育内容，是为幼儿提供与语言进行充分互动的环境，使他们有机会对在日常生活中获得的零碎语言经验进行提炼和深化，达到对语言规则的理解和有意识地运用。专门的语言教育内容是根据既定的语言教育目标，通过有计划地安排和组织幼儿系统学习语言的专门语言教育活动来呈现的。

专门的语言教育内容分别蕴含在谈话活动、讲述活动、听说游戏活动、文学活动和早期阅读这几种形式的活动之中。

1. 谈话活动

谈话活动创设的是日常口语交往情景，要求幼儿调动自己已有的经验。围绕一定的话题倾听他人的意见，表达自己的想法。谈话活动的重点目标在于培养幼儿运用口头语言与他人交际的意识、情感和能力，内容涉及两个方面：(1)围绕自己熟悉的人或事进行谈话；(2)就某一熟悉的场景发表个人的观点和想法。

2. 讲述活动

讲述活动主要为幼儿创设正式的口语表达情景，使幼儿有机会在集体面前表达自己对某一图片、实物或情景的认识、看法等，学习表述的方法和技能。这类活动培养幼儿认真倾听的习惯和完整、连贯、清楚的表述能力，促进其独白语言的发展。内容涉及：(1)用简单明了的语言，把某一实物的特征、功用解说清楚；(2)用比较恰当的语言讲述图片或影片中的主要人物、事件；(3)用生动形象的语言，讲述处在某一情境之中的人物的形态、动作。

3. 听说游戏

听说游戏为幼儿提供一种游戏情景，使幼儿在游戏中按一定规则练习口头语言，培养幼儿在口语交往活动中的快速、机智、灵活的倾听和表达能力。听说游戏涉及以下语言教育内容：(1)巩固难发的音和方言干扰音，练习声调和发声用气；(2)扩展、丰富词汇量，练习词的用法在游戏中尝试运用某些结构的句子，锻炼语感。

4. 文学活动

文学活动从某一具体文学作品入手，为幼儿提供一个全面学习语言的机会，使他们在理解感受作品的过程中，欣赏和学习运用文学作品提供的有质量的语言。文学活动着重培养幼儿的欣赏文学作品能力以及利用文学语言表达想象、表达生活经验的能力。文学活动涉及的语言教育内容包括：(1)在欣赏幼儿诗歌、散文的基础上，仿照某一首诗歌或一篇散文的框架，编出自己的诗歌或散文段落；(2)童话故事和生活故事的学习、表演或仿编和续编；(3)文学作品表演一般是在幼儿欣赏理解作品的基础上，引导幼儿通过对话、动作、表情进行故事表演，体验作品的情节变化和人物情感的变化。

5. 早期阅读活动

早期阅读活动利用图书、绘画，为幼儿创设一个书面语言环境，使幼儿有机会接触书面语言，了解语言的基本文化内涵。早期阅读活动重点培养幼儿对书面语言的兴趣，引导他们逐渐产生对汉字的敏感性，丰富他们前阅读和前书写的经验。早期阅读活动的内容包括为儿童提供三个方面的阅读经验，即前图书阅读经验、前识字经验和前书写经验。冠以“前”字，是表示与那种正式的、大量的、系统的书面语言学习有根本的区别。

(1)前图书阅读经验

一般而言，图书是书面语言的载体。但儿童阅读的图书，是由文字和图画两种符号系统构成的，具有图文并茂的独特内容。我们可以利用儿童感兴趣的、丰富多彩的图画书籍来帮助儿童学会阅读图书，提高阅读的能力。

在儿童阅读图书的过程中，至少要帮助儿童学习几种行为经验：①翻阅图书的经验；②读懂图书内容的经验；③理解画面和文字与口语有对应关系的经验；④图书制作的经验等。

(2)前识字经验

在各年龄班早期阅读活动中，前识字的活动提供有关文字信息，但是绝不应当要求幼儿机械记忆和认读那些文字，尤其给幼儿规定一定的识字量，我们反对在幼儿园里专门集中地让儿童识字。

早期阅读活动向儿童提供的前识字经验包括：①知道文字有具体的意义，可以念出声来，可以把文字和口语对应起来；②理解文字的功能；③粗晓文字的来源；④知道文字是一种符号，它与其他符号系统可以转换；⑤知道文字和语言的多样化；⑥了解文字的构成规律等。

(3)前书写经验

尽管儿童期不要求儿童学习写字，但是获得一些有关汉字书写的信息仍然必要，这可以为儿童进入小学正式学习书写做好准备。

在早期阅读活动中，儿童要学习的前书写经验包括：①认识汉字的独特书写风格，如能将汉字书写区别于其他的文字；②知道汉字的基本框架结构，如左右结构、上下结构等；③了解书写的最初步规则，学会按规则去写字；④知道书写汉字的工具，知道使用铅笔、钢笔、圆珠笔、毛笔书写时的不同要求；⑤学会用正确的书写姿势写字等。

真题面对面

1. [2021 临海，单，1.28分]早期阅读活动能够为幼儿提供三种经验，其中不包括(　　)

A. 前图书阅读经验　B. 前绘画经验　C. 前识字经验　D. 前书写经验

2. [2021 临海，单，1.28分]幼儿通过对话、动作、表情进行表演，体验作品和人物情感变化属于(　　)

A. 谈话活动　B. 文学作品表演　C. 辩论活动　D. 讲述活动

3. [2021 绍兴，简答，4分]简述幼儿前识字经验包含的内容。

答案：1. B　2. B　3. 详见内文

考点 2　渗透的语言教育内容

专门的语言教育内容是必要的，这是因为专门的语言教育活动和内容为幼儿提供一种比较正式的语言交际环境，使幼儿在教师的直接指导和参与下进行比较系统的语言学习，以获得满足其全面发展的最基本的语言知识、能力和情感态度。而渗透的语言教育内容的核心，是促进幼儿与教师、同伴之间的有效言语交流。所以，从某种意义上说，渗透的语言教育内容更加重要。

渗透的语言教育内容通常出现在以下几种情景之中。

1. 日常生活中的语言交往

语言是日常生活中建立良好人际关系的工具，可以起到指导和调节人际关系的作用。从幼儿语言学习的内容上来看，日常生活中的语言交往，可以帮助幼儿学习在不同场合运用恰当的语言形式进行表述和交流，同时又将社会文化习俗的学习与语言的学习结合在一起。具体而言，渗透在幼儿的日常生活过程中的语言教育，可以帮助幼儿获得以下的语言经验：(1)注意倾听、理解和执行生活常规以及成人的指令性语言；(2)学会运用礼貌语言与他人交往；(3)学习运用语言向他人表达自己的需要和要求，对他人提出的要求做出恰当的应答；(4)学习运用恰当的语言解决与同伴之间发生的冲突。

2. 自由游戏中的语言交往

在自由游戏中，语言成为幼儿与同伴进行交往、合作、分享的工具，也成为指导和调节自己选择游戏内容、游戏伙伴和游戏材料等行为的工具。具体而言，渗透在自由游戏中的语言教育可以帮助幼儿获得以下语言经验：(1)学习运用玩具结合动作自言自语，进行自娱或自我练习；(2)学习自主选择游戏的内容、伙伴、材料等；(3)学习通过协商等语言方式，解决与同伴在游戏内容、材料的选择以及游戏规则的制定过程中出现的矛盾冲突。

3. 其他领域活动中的语言交往

在其他领域的活动中，语言也是儿童学习的工具，发挥着重要的作用。在参与其他领域活动，如数学学习或者音乐活动时，语言交往有利于幼儿正确感知和理解学习的内容，增强对幼儿学习内容的认识和表达能力，增加学习的有意性和目的性。具体而言，渗透在其他领域活动中的语言教育可以帮助幼儿获得以下经验：(1)集中注意倾听教师布置活动任务；(2)学习运用语言指导观察和操作并思考事物之间的相互关系，指导表达对观察对象的感受和认识；(3)理解语言与其他活动内容之间相互关系，学习运用语言促进相关领域知识的掌握和能力的提高，提高学习的效率。

4. 随机渗透在日常生活环节中的语言学习

随机渗透在日常生活中的语言学习，主要是指一些教师充分利用各种生活环节，给幼儿提供的自由宽松的环境，鼓励幼儿积极进行语言交流，增强练习听、说和读的基本技能，养成对语言和文字的学习兴趣，得到语言和文学的熏陶。

第二节　学前儿童语言教育的基本理论

一、完整语言教育观　【单选】★

全语言教育，也称之为整体语言教育、完整语言教育，是近年来语言教育当中较重要的一种理论思潮，兴起于20世纪80年代的一种教育哲学。它建立在近年对儿童语言的发展和语言研究成果的基础之上。在学前语言教育中树立完整语言教育的观念，就是强调学前语言教育目标应当是完整的，学前语言教育的内容应当是全面的、完整的，学前儿童语言的教育活动应当是真实的、形式多样的交流情景。

它是一种教育哲学观念，是关于语言和语言学习、学习者和学习、教师和教学、课程的一些观点和信念，是对教育、教育历程及其相关的个人与群体的新的思考方式。应该视学习者为一个完整的个体，并且在整体的情境中，以语言学习所有要学习的事物，应保证幼儿语言学习目标和内容的完整性。

1. 学前语言教育目标是完整的

完整的语言教育目标应该包括培养儿童语言的听、说、读、写四个方面的情感态度、认知和能力。对学前儿童来说，主要是培养他们的听、说能力和良好的听、说行为习惯，同时使他们获得早期的读、写技能，为他们进入小学进行正规的读写训练做前期准备。在所有的目标中，培养儿童的语言运用能力，特别是提高学前儿童的语言核心操作能力应当成为语言教育的重点。

2. 学前语言教育内容是全面的

全面的语言教育内容是指在学前语言教育中，既要引导学前儿童学习口头语言，也要引导学前儿童学习书面语言；既要让学前儿童理解和运用日常交往语言，也要引导学前儿童学习文学语言。整合的语言教育内容是指在选择和编排语言教育内容时，要把语言视为一个整体，而不是将教学切割成分离的技能成分。

倡导者们指出，语言是一个整体，不应当被肢解成语音、词汇、语法、句型，把语言分割成一个个独立的成分，会使语言丧失其完整性。古德曼认为："学校把完整的（自然的）语言，拆成抽象而细碎的小片段，认为幼儿学习简单细小的事物会学得比较好。这样的想法，乍看似乎很有道理，于是我们把语言拆成单字、音节及单独的语音。不幸的是，这么一来，我们也同时把语言变成了一些与儿童的需要和经验无关的抽象事物，而忽略了语言最重要的目的——意义的沟通。"另一位美国全语言教育思想的研究者Genesee也持同样观点。他强调语言教学应从整体着手，听、说、读、写应同时教。语言中的音、部首、字、词、片语、子句和句子都是语言的片段，而片段的综合永远不等于整体。

真题面对面

［2019统考，单，1分］在学前儿童语言教育的理论取向中，主张给儿童提供丰富的读写环境，并将听、说、读、写整合在一起的是（　　）

A. 基本技能教学取向　　B. 全语言教育取向

C. 基于文学作品的教学取向　　D. 平衡化的语言教育取向

答案：B

第四章

3. 儿童语言的学习是先功能后形式的学习

在儿童语言发展过程中，语言功能先于语言形式，儿童先知道语言是可以用来满足交际需要的，然后再去选择合适的语言。儿童在他们未完全掌握成人的语言之前就已经能够与人交谈，在掌握语法规则之前已经能够说出较长的句子。儿童使用语言是因为他们有交际的需要，对语言形式的正确掌握发生在根据交际需要不断地试用语言形式、不断纠正语言错误之后。在这个过程中，成人的积极反馈和对儿童语言错误的宽容态度起了相当大的作用。

4. 学前语言教育活动过程应该是真实的、形式多样的

完整语言教育观强调教育活动的真实性，即教师在组织活动时应着眼于创设真实的双向交流情境，使语言教育的过程成为教师与儿童共同参与、积极互动的过程。因为，儿童的语言必须在一定的情境中使用才能真正得到发展和体现。

语言教育提倡以教师和儿童共同参与的活动作为语言教育的基本形式，活动的形式应该多样化。教师要为儿童提供动脑、动口、动手的生活环境和学习材料，促使儿童成为主动的学习者。在专门的语言教育活动、日常语言教育活动中，随时随地开展语言教育活动，展现给儿童一个完整的、真实的语言学习环境。

二、整合教育的观念

儿童语言学习与语言教育，尤其是当今学前语言教育，已经步入了整合观的阶段。新的生活方式对新型人才的突出要求，便是与他人沟通交流的能力，谁具备了交际能力，谁便能在未来的生活与发展中获得更多的机会和更大的成功。从这一点出发，儿童从小学习和掌握的语言，应是活的语言，具有明显应变色彩的语言，并且是与他们其他方面发展相辅相成、互为支柱的语言。因此，陈旧的、单纯的语言形式训练的观念和方式均已无法适应需要，而在整合观指导下的学前语言教育已脱颖而出。

整合的语言教育观念意味着把儿童语言学习看成一个整合的系统，充分意识到儿童语言发展与

智能、情感等方面发展是整合一体的关系。在儿童语言发展过程中，他们对每一个新词、每一种句式的习得，都是整个学习系统调整、吸收与发展的结果。离开了儿童发展的其他方面，语言学习是不可能成功的。与此同时，儿童语言学习的每一点收获，都对他们的其他方面发展起到良好的促进作用，儿童其他方面的发展同样也离不开语言的发展。基于这样的观念，在开展学前语言教育的时候，始终将其作为学前儿童教育整体中的一部分来看待，加强学前语言教育与其他方面教育之间的联系。把语言学习与其他方面的知识学习和能力发展割裂开来，对学前儿童进行纯语言教学的做法是不合适的，不应采纳。

易混点辨析

完整语言教育观与整合的语言教育观的区别：

完整的语言教育目标应该包括培养儿童语言的听、说、读、写四个方面的情感态度、认知和能力。

整合的语言教育观念意味着把儿童语言学习看成一个整合的系统，充分意识到儿童语言发展与智能、情感等方面发展是整合一体的关系。

1. 语言教育目标的整合

整合教育首先表现在语言教育目标的整合上，要求在制定学前语言教育目标时，既要考虑语言各组成成分的情感、能力和知识方面的培养目标，也要考虑语言教育与语言相关的其他领域的目标，同时还需要考虑语言教育目标在其他领域的教育中的实现，使语言教育目标成为以促进儿童语言发展为主线，同时促进儿童其他方面发展的整合的目标体系。只有树立了整合的语言教育目标意识，才能实现语言教育内容和方式的整合。

2. 语言教育内容的整合

美国儿童语言学家卡洛·乌尔福克和伦奇在他们的语言学习整合观模式中指出，儿童语言发展有赖于三种知识的整合习得：社会知识、认知知识和语言知识。因此，当代学前语言教育内容是以这三种知识为主的整合。学前语言教育内容的整合，要求教育工作者在设计、选择教学内容时，充分考虑社会知识、认知知识和语言知识的有效结合，考虑学习内容在这三个方面都对学前儿童具有积极的挑战意义，考虑儿童在学习时获得整个语言学习系统的调整和接纳。在这里特别指出，语言教育内容的整合是渗透在教育各个方面的语言学习机会的整合。正如语言教育中融有其他方面的教育一样，其他方面的教育也从不同角度对儿童语言学习提出了要求，并帮助儿童提高不同情境不同活动性质条件下语言的应变能力。

3. 语言教育方式的整合

目标与内容的整合意味着语言教育方式的整合走向。整合方式的突出特点是以活动的组织形式来建构语言教育内容，其中包括专门的语言活动和与其他活动结合的语言活动。

在这样的学习中，一方面是语言知识，另一方面是认知知识，再一方面是社会知识，三方交融汇合在语言操作实践中得以锻炼，并继续对环境产生良性反馈作用。语言教育内容与方式的整合，构成良好的语言教育环境，儿童不再单纯为学说话而学说话，不再被动地接纳教师传授的语言知识，他们在整合的语言教育环境中获得的是语言和其他方面共同发展的机会，他们是主动探求并积极参与作用的语言加工创造者。

三、活动教育观

考点 1 活动教育观的含义

儿童语言教育的活动观具体体现在教育过程之中，就是要求教师为儿童提供更多的充分操作语言的

第四章

机会，鼓励儿童以多种方式操作语言和发挥儿童在操作语言过程中的主动性。活动教育观的含义包括以下几个方面：

1. 提供儿童充分操作语言的机会

儿童的语言发展是通过儿童个体与外界环境中各种语言和非语言材料的交互作用才得以逐步获得的。儿童发展需要外界环境中的人、事、物的各种信息，但这些信息不是由成人强迫儿童接受的，而是在没有压力、非强迫的状态下，儿童通过自身积极与之相互作用而主动获得的。学前语言教育便是引导儿童积极地与语言及其相关信息进行相互作用的过程。

2. 通过多种形式的操作，促进儿童语言的发展

儿童语言的发展有赖于认知的发展，而认知的发展主要依靠儿童自身的动作。儿童正处于动作思维向具体形象思维发展的阶段，对客观事物的认识主要依赖于自身的各种操作活动，通过动手、动脑和手脑并用的操作来与环境发生交互作用。在亲身体验中增强儿童操作语言的积极性，获得愉快成功的体验。在对操作材料的探索中激发学习的内在兴趣和动机，变被动学习为主动学习，真正实现以活动的形式促进儿童语言的发展。

3. 要注意发挥儿童在活动中的主体作用和教师在活动中的主导作用

所谓学前儿童的主体作用是指在活动组织设计时充分考虑内容和形式，以适应儿童的发展水平和需要；学前儿童在活动过程中始终有积极的动机、浓厚的兴趣和主动参与的精神，而不是消极被动的受教者；活动为每个参与者提供适合他们发展特点与需要的环境条件。

教师在儿童活动中从旁引导，扮演着促进儿童积极参与、良性发展的角色。教师在语言活动中的主导作用主要通过以下几个方面来体现：

(1)活动前为儿童创设良好的语言教育环境，如语言材料、操作材料、适当的氛围等，来体现教师有关教育的目标设想，来安排和组织儿童与一定的语言材料以及相关的信息材料相互作用。

(2)在活动过程中教师通过提示、提问、讲述或暗示、示范等方法，指导儿童感知和探索，帮助儿童找到获得知识的途径，从而引导儿童完成学习任务。在儿童与环境相互作用的关系中，教师往往成为一种中介力量，设计环境让儿童与之交流，同时指导儿童去与环境交流。

(3)根据儿童不同的特点，因材施教，同时帮助他们找到行之有效的学习方法，顺利完成学习任务。教师的主导作用便发生在对全班提出统一要求时，根据自己对每个儿童发展特点的了解，有针对性地给予指导，争取让每个儿童都得到进步。

(4)在活动结束时，教师及时点评，总结学前儿童活动的成果，找出孩子们的闪光点。对学前儿童的活动提出新的要求，使儿童明确更高的目标，为下个环节的活动奠定基础。

考点 2 活动教育观的理论依据

1. 儿童的发展有赖于其自身的活动

语言学习从本质上说是一种行为活动，它是儿童当前认知机能与其当前所处的语言及非语言环境相互作用的结果。可以说，智慧起源于个体对周围环境的动作，儿童的语言则起源于他的智慧发展。一方面语言发展以最初的认知发展为前提，认知发展的顺序性和普遍性决定了语言发展的顺序性和普遍性；另一方面，语言和符号功能的发展也促进了认知发展。

2. 同化和顺应是儿童认知和语言发展的两种机制

一方面将外界的新信息融入自身的认知结构之中，即同化作用。通过同化，儿童将陌生的事物纳入原有的认知结构，从而达到对事物的理解。同化的直接结果是促进原有认知结构内容量的扩大。

另一方面又不断地改变原有的认知结构或建构一种新的认知结构以容纳新鲜的刺激，从而达到对

第四章

外界环境的适应。这一过程便是顺应。顺应包括两个方面：其一是对原有认知结构的改造，使其可以接纳新的信息；其二是创造一种新的结构，以接纳新事物。顺应作用促使认知结构发生质的变化，从而导致认知的发展。儿童是主动的探索者，其活动受当时的兴趣和需要支配，即活动是由儿童主动发起的，而非被动地接受他人的安排。

3. 儿童认知与语言发展的影响因素

影响儿童认知与语言发展的四个因素有成熟、物质环境、社会环境和平衡化。

(1)成熟

成熟主要指神经系统和内分泌系统的发展对认知发展的影响。成熟是儿童认知发展的生理基础，为认知的发展提供可能性。如果认知发展未曾达到一定水平，外界的新信息就不可能引起认知的同化和顺应机能发生作用。

(2)物质环境

物质环境的经验是儿童通过与外界物质环境的相互作用得到的经验。物质环境经验可分为简单联系、物质经验和数理逻辑经验三种。

(3)社会环境

社会环境的作用，主要指儿童参与的社会生活、语言信息的交换和文化教育的影响。每一个儿童的活动都不是发生在真空之中，而是发生在一定的社会环境之中的，是在与他人交互作用的过程中进行的。关于社会的知识和经验是由成人传递的，而成人传递的知识同样要通过儿童自身的同化和顺应，才能使儿童吸收，并为其服务。

(4)平衡化

平衡化是对上述三个因素之间的相互作用所达成的协调。任何认知结构的形成，都要经过不断的同化和顺应。这是一种自动调节，需要经过同化和顺应两种活动的不断平衡。同化和顺应失去平衡，就出现失衡。当儿童在认识过程中出现不平衡状态，便会主动地去做必要的同化和顺应，以达到新的平衡。这种新的平衡是发生在低层次的平衡被打破以后，在高一级的水平上建立起来的，因此，平衡的倾向作为一种过程，总是把儿童的认识水平推向更高阶段，从而推动儿童认知的发展。

真题面对面

[2022金华兰溪，简答，5分]简述语言教育中的活动教育观。

答案：详见内文

第三节　学前儿童语言能力的发展阶段与特点

一、0～3岁儿童语言能力的发展

0～3岁是婴儿生理和心理发展最迅速的阶段，是儿童语言真正形成时期，也是儿童语言发展最迅速的阶段。

考点 1 儿童语音的发展特点

语音是口头语言的物质载体，是发音器官发出的表达一定语言意义的声音。在儿童掌握语言之前，有一个较长的言语发生准备阶段，称为“前言语阶段”，一般把儿童从出生到能够说出第一个具有真正意义的词之前的这一时期(0～1岁)，划为前言语阶段，它是一个在语言获得过程中语音的核心期。

从儿童开始进入正式的学说话阶段，到讲出第一批有真正意义的概括性的词的时期（2～3岁），划为言语发生阶段，它标志着儿童开始发生言语，又称为言语发生阶段；2～3岁是儿童基本掌握口语阶段，这一阶段将持续到入学前。

1. 语音发生发展阶段

（1）非自控音阶段（出生～20天）

发音器官为语音的发生做好最基本的物质准备。

（2）咕咕出声阶段（21天～5个月）

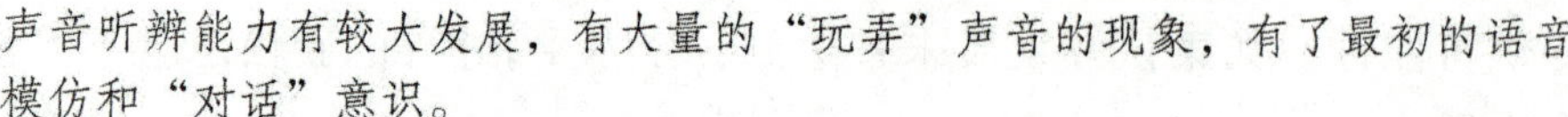

声音听辨能力有较大发展，有大量的“玩弄”声音的现象，有了最初的语音模仿和“对话”意识。

（3）牙牙学语阶段（6个月～1岁）

连续发音的节奏感加强，发音的形式变得丰富多彩，出现许多类似语言的语调。这阶段显著的特征是婴儿模仿发音的能力大大提高。

（4）学说话阶段（1～1.5岁）

连续音节和类似词的音节增多，能说出一些单词，无意义的音节减少，这是一个由无意义的音节过渡发展到词音的过渡阶段。

（5）积极言语发展阶段（1.5～6岁）

开始由单词句、双词句向完整句发展，集中的无意义的发音现象消失，发音和发出的词和句子整合在一起。但由于发音器官发育尚未成熟，会出现许多语音“错误”。

2. 语音发展的特点

（1）前语言感知能力的发展

前言语阶段，感知语音的能力是儿童获得语言的基础。最近的研究表明，汉语儿童前言语阶段的感知能力分成三种水平层次：

①辨音水平（0～4个月）：学会分辨言语声音和其他声音的区别，获得辨别不同话语声音的感知能力。大约两个月后，开始比较清楚地感知“语音学”意义上的单纯的语音，能感知由发声位置和方法变化造成的语音差别。

②辨调水平阶段（4～10个月）：能注意一句话或一段话的语调，从整块语音的不同音高、音长变化中体会所感知的话语声音的社会性意义，并且给予相应的具有社会性交往作用的反馈。

③辨义水平（10～18个月）：能将人们说话时语音表征和语义表征联系起来，去分辨一定语音的语义内容。开始学习通过对声、韵、调的整体感知来接受语言，为正式使用语言与人交往做好“理解在先”的准备。

（2）前语言发音能力的发展

前语言发音是指婴儿正式说话前的各种语音发声，类似于说话之前的语音操练。这个过程大致分为四个阶段：

①单音发声阶段（0～4个月）

婴儿的发音从发射性声音开始，哭叫是婴儿第一个月的主要发音。在这个月内，婴儿还学会了调

节哭叫的音长、音量和音高,能用几类不同的哭声表示饥饿、疼痛等意思,表达要抱、要吃奶等需求。这些哭声大多只有父母才能明白其中的含义。两个月时,婴儿出现嗝嗝作声的情况,在早晨睡醒之后,吃饱了舒服躺着时,会发出愉快的自言自语的声音。

②音节发声阶段(4~10个月)

大约从4个月起,婴儿发音出现明显的变化。一方面婴儿发音有了明显的指向性,较多的是对成人的社会性刺激作出反应,另一方面发音内容与以前不同,出现了许多辅音和元音的组合,从单音节发音过渡到重叠多音节发音的过程。

③前词语发声阶段(10~18个月)

进入前词语发声阶段的婴儿能发出一连串变化不同的辅音加元音的音节,句子中仿佛包含若干声韵母组成的音节,发音有语言的感觉。

④特殊的"小儿语"发音阶段(1~1.5岁)

婴儿说话呈现特殊的"小儿语"式发音,有明显的旋律和抑扬顿挫的音调变化,有时候很像成人说话。在发音上常常表现出特殊的策略:一是省略音,即省略词首或词尾辅音。如xingxing(星星)说成xixi(西西)。二是替代音,即用浊辅音替代清辅音。如gege(哥哥)说成dede(得得)。用擦音替代词首的塞音,如cha(茶)说成ta(他)。三是重叠音,即单音重复,如"凳凳"等。重叠音出现是儿童早期语言发展的重要现象,两岁是叠音词使用的高峰期,一般来讲,名词的叠音现象最多,延续时间最长。

(3)前语言交际能力的发展

①产生交际倾向(0~4个月)

婴儿出生后不久就有前语言交际的现象。他们能用不同的哭声表达需要,吸引成人的注意。这段时间,婴儿的交际倾向主要产生于生理需求,如尿布湿了、身体不舒服了、肚子饿了等。婴儿最先用哭声唤来成人帮助他们解决问题,这种成功的经验促使婴儿调整哭声,更好地吸引成人注意。由此,婴儿逐渐发展交际的兴趣,产生交际的倾向。

②学习"交际"规则(4~10个月)

大约4个月左右的婴儿,在与成人的交往中,开始出现这样的变化:对成人的话语逗弄给予语音应答,似乎开始进行说话交谈。在与成人对话时,婴儿出现与成人轮流"说"的倾向,即成人说一句,婴儿发几个音,待成人再说一句,婴儿再发几个音。语言交往中出现对话规则的雏形表明婴儿开始敏锐地感觉到语言交往的基本要求。当对话结束后,婴儿会发一个音或几个音来再次主动引起下一段对话,从而使交流保持下去。由此可见,婴儿的前语言交际已有明显的社会性成分。

③扩展交际功能(10~18个月)

10个月以后,婴儿的前语言交际具有语言交际的功能。虽然他们还不会用说话的方式表达意见,但已能够通过一定语音和动作表情的组合,使语音产生具体的语言意义。从交际的倾向看,这个时期的婴儿有坚持表达个人意愿的情况。当婴儿用某种声音表示自己的需要而未得到成人理解时,婴儿会重复自己的行为,直至成人弄明白。从交际的习惯看,婴儿开始创造相对固定的"交际信号"。不同的婴儿用各自经常重复的声音表达某种意思。如有的婴儿用yi-yi的发音说明发现好玩的东西。

(4)发音紧缩现象

1周岁以后,婴儿出现发音紧缩现象,在前言语阶段能发出的或没有的语音都不能发出,无意义的连续音节大大减少,往往用动作和手势示意,独处时也停止了自发发音活动,出现一个短暂的相对沉默时期。

(5)2~3岁儿童语音发展的特点

从1岁半开始,儿童发音器官逐渐成熟,语音逐渐稳定和规范,发不出的语音逐渐减少,儿童的无

第四章

意义发音现象已经消失，唇音已基本没有问题，但是需要舌头参与的音（舌尖、舌面、舌根等音），由于言语听觉和运动觉的分化不足，还存在不同程度的困难，尤以舌尖音最为突出，如 zh、ch、sh、r 等发音容易与 z、c、s 相混淆；将后鼻音 ang、eng、ing 发成前鼻音 an、en、in。个别儿童甚至发 f、n、g、k、h、e 等音也会出现错误。

考点 2 儿童词汇的发展特点

词汇是指词的总汇，是儿童正确理解语言和使用语言的基础，是言语发展的标志之一，反映儿童的智力发展水平。学前儿童获得词义的过程比获得语音、语法的过程缓慢，严格地说，词义的发展贯穿人的一生。

一般而言，学前儿童只掌握基本的口语词汇，他们对词汇的掌握主要表现在词汇数量的增加、词类范围的扩大，以及对词义理解的确切和加深等方面。

（1）从 9 个月开始真正理解语言

研究表明，从 9 个月开始，婴儿才真正理解成人语言。往往可以用“话语反应判定法”来判定婴儿是否真正理解成人话语。如果婴儿在一定情境下对语言刺激做出合适而又恰当的反应，就说明婴儿对该话语有了理解。如当问“妈妈在哪里?”时，婴儿把目光或头转向妈妈或用手指向妈妈，这就是合适的反应。

（2）1～1.5 岁阶段

①儿童到 1 周岁左右，一般能听懂 20 个左右的词，但能模仿说出的词却只有几个，因此，儿童对言语的“理解”总要比说出的词早些。即便有些词儿童能模仿，但是很不清晰、不完整，常常要成人借助情景才能搞懂。婴儿一般较早掌握的是具体的名词。

②在成人影响下，这一时期的儿童头脑中关于词和具体事物情景的联系越来越多，儿童能理解更多的词和简单的句子，以声音代物是他们说话的一个明显特点。如用“汪汪”来称呼狗，用“喵喵”来称呼猫，用“嘘嘘”声代表小便。因为声音是物体或活动的鲜明特征，容易记住，成人对儿童说话时常以声代物，儿童很快学会这种说话方式。

③在儿童理解和使用新词时，时常出现词义“泛化”“窄化”“特化”的现象。

（3）1.5～2 岁阶段

1 岁半以后是儿童语言发展最迅速的时期，此时儿童能说出的词量大大增加。词汇量的迅速增加，为儿童的语言发展创造了有利条件。这一阶段是儿童掌握词汇的第一个关键时期。

①词汇量迅速增加，儿童掌握新词的速度递增，以每月平均说出 25 个新词的速度递增，2 岁时可达 300 个左右。

②词语理解摆脱具体情境制约，词语理解能力不断提高。儿童能脱离具体情境，准确地把词与物体、动作联系起来。如命令幼儿把玩具狗拿过来，他就能准确无误地把玩具狗从一堆玩具中挑选出来，而不会再把毛茸茸的东西误以为狗。这说明词的称谓功能开始形成。随着儿童对词义理解的加深，词的概括性也逐渐形成。如儿童从只认穿红衣服的娃娃，发展到把穿不同衣服的娃娃都叫娃娃。“娃娃”一词由具体变得概括。由此可见，儿童对词语的理解不再受物体的非本质特征干扰，变得更加准确、概括。

（4）2～2.5 岁阶段

①2～3 岁是儿童词汇迅速增长的时期，儿童对语言的理解力迅速增加，能理解 900 多个词汇，词的泛化、窄化和特化现象明显减少，对词义的理解日益加深，词的概括程度进一步提高。

②求知欲强烈，对新词感兴趣。到了 3 岁左右，儿童的好奇心、求知欲越来越强烈，对周围事物表现出浓厚的兴趣，经常会问“这是什么”之类的问题，他们从成人的答案中学到很多新词。

考点3 儿童语法的发展特点

(1)单词句阶段

单词句是指用一个词代表的句子,一般出现在1岁至1岁半。如孩子说“妈妈”一词时,既可能代表要妈妈抱,也可能代表请求妈妈帮他捡一下东西,还可能代表要妈妈给他吃东西……

单词句所用的词不是单独和某种对象相联系,而是和某种情境相联系。单词句的含义不够明确,语音也往往不够清晰,不能完全表达孩子的意思,常常要辅以表情和动作,又可称为“言语动作”。理解孩子说话时,成人除了根据孩子说话时的表情和动作外,还要结合说话情境来推断意思,所以,一般只有与孩子亲近的人才能听懂。

(2)双词句阶段

双词句又称电报句,是由两个单词组成的不完整句,有时也由三个词组成,一般出现于1岁半到2岁。如“妈妈抱抱”“饼饼没”等。电报句的特点是语句断续、简略,结构不完整,句子的成分常常缺漏,主要使用名词、动词、形容词等实词,省略连词、介词、助词等虚词,类似省略的电报语言。但是双词句已经具备句子的雏形,表达的意思比单词句明确。

(3)能运用多种简单句,出现复合句

简单句是指语法结构完整的句子。2岁以后,简单句增加。2~3岁儿童主要使用的简单句是主谓结构句,句子由行动主体和行动动作两个部分组成,如“积木掉了”“宝宝睡觉”。谓宾结构句,由动作和动作对象组成,如“坐车车”“找娃娃”。

婴儿使用的句子中也出现复合句,但简单句占90%,复合句占10%左右,复合句数量少,比例小。

(4)句中含词量增加

随着年龄增长,儿童说话所用的句子有延伸趋势,即句中含词量增加。大约在25~27个月,儿童开始出现三词句,28~30个月,出现四词句,个别语言发展迅速的儿童甚至出现五词句和六词句。

(5)疑问句增多

2岁左右,儿童开始使用疑问句,并呈迅速增长趋势。疑问句在儿童成长的社会化过程中具有十分重要的作用。提问是儿童与社会进行信息交换的主要途径,儿童通过提问来获取外界信息,成人通过回答来把握儿童认知和语言发展水平。儿童提问的内容、方式和理解问题的程度,反映儿童认知和语言发展达到的水平。疑问句的出现可以提高儿童的语言水平,发展儿童的认知能力和情感表达能力。

(6)接尾策略

接尾策略是指儿童不管实际情况,只选用问句末尾的一些词作答,主要发生在1岁半至2岁半,3岁左右这种语言现象消失。如成人问“吃了没有”,孩子即使刚吃完饭,他还是接答“没有”。这样答话和情景不符的现象和前后矛盾的回答,就是接尾策略在起作用。

(7)抽象句子规则,进行系统整合

当一种新的语言现象出现后,儿童总是把它纳入原有的语言框架,力图用原有的规则去解释、同化,这是儿童认知惯性的表现,也就是对句子规则的系统整合。如老师说“布娃娃有两只眼睛,两只耳……”老师未说完,儿童就接上去说“两只鼻子,两只嘴巴”,显然儿童是用原有的经验进行归纳。这种认知惯性有时是成功的,有时又是失败的,失败的原因是原有的规则不能同化新的语言现象,出现了特例,它破坏原有的平衡,使系统失去同化能力。成人要帮助幼儿从特例中概括出新的规则,并进行整合,来构建新的平衡,形成新的系统。

(8)说话不流畅,表达常有“破句现象”

儿童说多词句的句子时,常有说话不流畅、结结巴巴的现象。有时一句话“破句现象”严重,说话显得气喘吁吁，似乎有口吃症状。事实上，这是儿童语言学习过程中的正常现象。因为儿童学习许多新词后，要把新词有条理地运用和组织成句子，还有一定的困难，他们的思维速度跟不上说话速度，说话跟不上思想，想说的东西太多，一下子选不出恰当的词，但又很心急想把它说出来，于是说话就显得不连贯，表现犹豫不决或经常重复同一单词或语句，这种情形看起来像口吃。对3岁孩子而言，说话不流畅、重复都是正常的自然现象，成人要正确对待这种现象，如果处理不当，会引起儿童语言发展危机，造成语言发展缺陷。

二、3～6岁儿童语言能力的发展 【单选】 ★★

考点1 语音发展的特点

3～6岁是语音可塑性最大的时期，儿童语音逐渐定型。

语音辨别能力方面：音位知觉有一定的发展顺序（先元音后辅音）；两岁左右才能分辨清浊对立的语音；词的语音表象的建立。

发音能力：2.5岁到4岁是语音发展的飞跃期。发音能力的发展晚于辨音能力的发展；儿童发声母比发韵母更困难；儿童有其特殊的发音策略（省略音、替代音、重叠音）。

语音意识：儿童自觉地辨别发音是否正确、自觉地模仿正确发音，并自觉地纠正错误发音的一种能力，两三岁时开始出现，也称为小结巴现象。

考点2 词汇发展的特点

（1）词汇数量随年龄增长而增加。（2）词类范围不断扩大，儿童先掌握实词，后掌握虚词。其中实词中最先大量掌握的是名词。儿童最早获得的是专有名词，然后逐渐获得普通名词、相对词等。（3）词义理解的深化。（4）不同词类词义的发展各有特点。

考点3 语法发展的特点

（1）句型的发展：①从不完整句到完整句；②从简单句到复合句；③从无修饰句到修饰句；④从陈述句到非陈述句。

儿童最初的句子结构是不完整的。儿童的不完整句大多发生在2岁以前，主要是单词句和双词句。大约在2岁以后，儿童逐渐出现比较完整的句子。完整句的数量和比例随年龄的增长而增长。到6岁以后，儿童98%以上使用完整句。完整句又可以分为简单句和复合句、陈述句和非陈述句、无修饰句和修饰句。

（2）语句结构的变化：从混沌一体到表达内容、词性、结构层次的逐渐分化；从松散到逐步严谨；由压缩、呆板到逐渐扩展和灵活。

（3）句子含词量的增加。

（4）语法意识的出现。

真题面对面

[2022台州温岭，简答，5分]简述3～6岁儿童语法发展的特点。

答案：详见内文

考点4 前阅读能力发展的特点

儿童在识字前，已经具备阅读能力，只是他们的阅读材料不是文字材料而是图画材料，阅读的方式除了自己看以外，还可以借助成人的帮助来阅读。这样的阅读活动，是真正意义的阅读活动的准备期，我们把它称为前阅读能力。儿童的阅读能力发展，大致经过三个阶段：

1. 分析阶段

这一阶段的儿童，由于生活经验不足和理解能力的限制，对图画的理解往往是单个的、局部的，对图画内容的表达常常是在“给事物命名”阶段，即说出“这是什么，那是什么”。

2. 综合阶段

这一阶段的儿童，在第一阶段的基础上，开始能够把图上的内容经过组织后表达出来。从表达内容看，不再是对事物进行命名，而是能够表达图画中事物之间的联系，表达开始带有情境性。但他们的表达还不连贯，还不能准确而迅速地把看到的内容表达出来。

3. 分析综合阶段

在第二阶段基础上，儿童阅读画报时，开始能够完整地理解画面的内容，能够把看到的和说出的统一起来，从而达到把看到并理解了的图画内容向准确而迅速地说出的语句过渡的程度。这一阶段的表达不仅具有情境性，而且具有了连贯性，表现为流畅地表达的特征。

考点 5 学前儿童早期识字、书写行为的特点

1. 早期识字行为的发展

儿童早期识字行为的发展，作为阅读能力发展的一个部分，与他们的口头语言发展密切相关，但不能与早期阅读等同而言，有不少家长和教师对此有些误解。已有的研究结果告诉我们，儿童识字行为的发展，可以分为萌发阶段、初期阶段、流畅阶段。

2. 早期书写行为的发展

学前儿童学习书写的方式与学习识字和阅读图书相似，都要通过尝试和探索的过程。他们先觉得好玩而在纸上涂涂画画，慢慢地了解了写字的各种形式，开始试着写出类似字的东西。只有知道了写字用途之后，学前儿童才能够真正学习写出跟成人一样的字来。即儿童首先了解书面语言是有意义的；然后认识写字是一再重复使用少数几个笔画；进而发现这些笔画有许多变化方式；经过探索儿童进一步认识到形成字的笔画只能有限度地变化；最后发现写字有次序和方位的规则。这些基本的书写策略的形成过程，同样是儿童汉语书写行为发展的一般规律。

三、学前儿童语言的获得理论 【单选】 ★

1. 后天环境决定论

后天环境决定论，强调环境和学习对语言获得的决定性影响，这一理论是在美国心理学家华生的行为主义心理学的基础上提出的。他们把语言看作是一种习惯，认为儿童学习语言是对成人语言的模仿，儿童语言只是成人语言的简单翻版，否定或轻视儿童在语言获得中的主动性及其先天因素的影响。由于无法解释为什么儿童可以说出他从来没有听过的一些话语，为了克服机械模仿说的缺陷，人们又提出了“强化说”和“选择性模仿说”。

2. 先天决定论

先天决定论强调先天禀赋的作用，认为语言获得不是后天学习的结果，这一观点同后天环境论恰巧针锋相对。其中较有影响的是乔姆斯基的“先天语言能力说”和勒纳伯格的“自然成熟说”。

乔姆斯基认为，语言是由无限多个句子构成的，句子的无限性决定了儿童不可能对一种语言的所有句子都进行模仿；但是儿童却可以听懂或说出他从未听到过的句子。这就从根本上否定了儿童是通过模仿学习语言的这种经典性理论。他还认为，儿童生来就具有一个语言学习装置，这个装置具有一套语法系统和语言分析能力。当儿童接触一定数量的成人语言之后，就会利用这种装置对语言现象进

行分析，尽快地选择词和句子，而不管这些词是以哪种语言听到、说出和理解的，这样儿童就学会了各种具体的语言。

3. 先天与后天相互作用论

（1）皮亚杰的认知说

先天与后天相互作用论，其代表性观点是皮亚杰的认知相互作用论．他认为认知结构是语言发展的基础，语言结构随着认知结构的发展而发展，个体的认知结构既不是环境强加的，也不是人脑先天具有的，而是来源于主体和客体之间的相互作用。皮亚杰认为，语言的习得不是本能的、自然的过程，强调智力成长和语言发展之间的关系，关注儿童的经验背景和成长中的智力对其交往能力的影响。

（2）社会交往说

社会交往说认为儿童是在和成人的语言交往实践中获得语言的。布鲁纳等人指出，和成人交往是儿童获得语言的关键因素。意思是说儿童与成人相处时，成人会自然地给儿童解释语义，把儿童的不成熟的句子，扩展成完整的句子，一步步提高儿童的表达水平。

社会交往说是布鲁纳、贝茨等学者的理论主张。他们认为语言获得不仅需要先天的语言能力，而且也需要一定的生理成熟和认知的发展，更需要在交往中发挥语言的实际交际功能。因此，他们特别重视儿童与成人语言交往的实践，并认为儿童和成人语言交际的互动实践活动，对儿童语言的发展起着决定性的作用。

现在的一批学者综合前人研究之长，又提出了新的理论。他们承认语言发展要受到先天、后天多种因素的影响，这些先天的能力和社会的、认知的、语言的因素是相互依赖、相互作用、互为因果的，语言发展在很大程度上是语言规则的获得。

第四章

真题面对面

1.［2019统考，单，1分］认为儿童语言主要是在社会交往中学习和发展的代表人物是（　　）

A. 斯金纳　　B. 班杜拉　　C. 乔姆斯基　　D. 布鲁纳

2.［2017统考，单，1分］儿童语言的获得不是后天学习的结果，而是生来就具有一个语言学习装置。这种观点的代表人物是（　　）

A. 勒纳伯格　　B. 乔姆斯基　　C. 布鲁纳　　D. 皮亚杰

答案：1. D　2. B

四、依据学前儿童语言发展的特点进行语言教育

考点 1　学前儿童语音教育

1. 学前儿童语音教育的基本内容

（1）培养学前儿童辨析性的听音能力；（2）教会学前儿童正确发音；（3）培养学前儿童的言语表情；（4）培养学前儿童言语交往的文明修养。

2. 学前儿童语音教育的途径

（1）在日常生活中练习发音；（2）开展听说游戏活动，学习正确发音；（3）利用儿歌、绕口令练习发音；（4）教师示范与讲解正确、规范的发音。

3. 各年龄班语音教育

（1）小班

小班是语音教育的关键期，培养学前儿童正确发音是小班语音教育的重点任务。小班语音教育的

重点应该放在听力和发音练习上。小班学前儿童语音练习的方式要轻松自然，内容和方式要丰富多彩、生动活泼、趣味性强。要尽量在日常生活和游戏中进行。时间不宜太长，一般控制在10分钟左右。

(2)中、大班

中、大班学前儿童的言语器官已发育成熟，正确发出全部音节的生理条件已经具备，特别是语音意识的发展，学前儿童已经能意识到自己和别人语音中出现的问题，随时调整和修补自己与别人语音中的“错误”。因此，学前儿童也就同时产生了清楚正确说话的愿望。

中、大班学前儿童在发音方面存在的问题，主要是少数学前儿童对个别容易混淆的音发不准，因此语音教育的重点是对个别学前儿童发音的矫正。正音工作要渗透在学前儿童教育活动和日常生活的各个环节中进行，同时还要取得家长的支持与配合。

中、大班还应注重学前儿童语音修养能力的培养，如清楚地吐字吐词，自如地调节声音的强弱，富有感染力和表现力的表达，表述时善于调整好自己的呼吸，掌握最初步的艺术发声方法。

考点2 学前儿童词汇教育的途径

1. 丰富学前儿童词汇

(1)为学前儿童提供的新词应以实词为主；(2)学前儿童通过与成人或同伴的自然交往来学习新词。

2. 帮助学前儿童正确理解词义

(1)让词和词所反映的事物同时出现；(2)借助有关材料为学前儿童提供词汇的直观信息；(3)引导学前儿童联系上下文或根据自己已有经验理解词义。

3. 帮助学前儿童正确运用词汇

(1)经常为学前儿童提供正确用词的典范，包括用词命名和语法规范；(2)针对学前儿童经常错用或误用的词汇及时反馈；(3)为学前儿童创设适宜的环境，鼓励他们大胆使用已理解的词汇。

考点3 学前儿童语法教育的途径

(1)在日常生活中培养学前儿童清楚完整的表述能力；(2)用口头造句的形式培养学前儿童说完整句；(3)用竞赛、游戏等提高学前儿童说完整句的积极性。

第四节 学前儿童语言学习的特点与教育原则

一、学前儿童语言学习的特点 【单选】 ★★

学前儿童语言学习的特点，受其心理年龄特征制约。

考点1 在主动模仿中学习语言

幼儿对环境中的语言刺激十分敏感，并有强烈的学习说话的积极性，且以模仿的形式出现。模仿的对象可以是生活中的成人语言，也可以是同伴的语言，还可以是电影、电视、广播中人物的语言，甚至是广告语。模仿语最多的还是最接近的成人语言，如父母和老师的语言。但是幼儿只根据自己的能力，按照自己的兴趣去选择对象进行模仿。据专家研究，幼儿的语言模仿有四种不同的方式：

1. 即时的、完全的模仿

如在幼儿交谈中，常听到某一幼儿说了“鸡肉是肉”，另一幼儿马上说“牛肉也是肉”，这种情况常发生在幼儿初期。

第四章

2. 即时的、不完全的模仿

如老师说："这个玩具小兔子是软软的。"幼儿模仿说："小兔子是软软的。"这种情况也常发生在幼儿初期。

3. 延迟模仿

幼儿从各种途径自然而然地接受语言，不立即模仿说出，只是隔一段时间后，或在类似情境出现时，才模仿说出相类似的语言。如幼儿在家模仿老师上课说话就是一例典型。当然，这种模仿经常不是原汁原味，已被幼儿无意识地增加或遗漏了一些。

4. 创造性模仿

幼儿模仿他人句子的句型或词语，根据需要更换谈话内容，这既有模仿因素，又有创造的因素。创造性模仿是整个幼儿期模仿说话的主要形式。

考点 2 在具体运用中学习语言

研究表明，幼儿在教育教学活动中，在与周围人们的交往中，随时随地学习语言，积累丰富的词汇和听说经验，使其语言得以较快地发展。

1. 在主动求知中学习语言

心理知识表明幼儿期有着强烈的求知欲，他们总是不断地在向成人提问"这是什么""那是为什么"。成人或者直接用语言予以回答，或者引导幼儿积极地观察，组织幼儿开展讨论、交流，寻求结论。这样，使幼儿不但获得了知识，同时也掌握了相应的词语、句子，学习了语言。

2. 在主动交往中完善语言的表达

幼儿和成人、同伴在一起，说话的内容除请求外，多为告知，而告知的内容又常常是其自身感知过或思考过、有直接经验的事物或现象。在这类交往中，幼儿的语言会得到成人或同伴及时、不断地补充和修正，从而使自己的语言更趋完善。

考点 3 游戏活动是幼儿语言实践的最佳途径

游戏是幼儿的主导活动，也是其愉快而自主的实践活动。在游戏中幼儿可自由地支配自己，自主选择项目，愉快地和同伴交往、合作。作为思维的武器和交际工具的语言，始终伴随着幼儿的游戏进程。所以，游戏是为幼儿提供语言实践的最佳途径。

在游戏中，幼儿初期的孩子常凭借出声的自言自语来调节自己的行为，思考游戏的过程，这正是语言社会化的基础。与同伴共同游戏，更是幼儿语言实践的好时机。在游戏中，角色分配，内容确定，规则遵守，都需要幼儿陈述自己的观点，听取别人的意见，统一玩法。在这一过程中语言得到了实际练习。另外，在游戏中，幼儿随角色进行语言对答、协调等，又极大地锻炼了幼儿的语言。

有研究表明，在集体面前说话不多或有口语缺陷的幼儿，通过游戏疗法，可以极大地改变原有的状态，使其语言能力得到很大的提高。

二、学前儿童语言教育原则

根据儿童学习语言的特点，语言教育必须坚持以下基本原则：

1. 面向全体儿童

幼儿园语言教育一方面要面向全体儿童：

（1）教师在确立幼儿园语言教育目标时，必须依据本班儿童语言发展的年龄特征；

（2）教师在选择幼儿园语言教育的材料时，必须考虑全体儿童的普遍经验；

（3）教师在对儿童语言的效果进行评估时，必须参照儿童已有的语言经验和已有的语言发展状况；

（4）教师在组织儿童开展各种语言活动时，必须保证每个儿童都有机会练习运用语言，使每个儿童都有机会把自己想说的话说出来。

另一方面要照顾到儿童语言发展的个体差异，就是教师要为每个儿童的语言学习与发展提供平等的机会。对于那些不愿说话、语言发展差的儿童，先要找出原因，采取针对性的措施，发展其语言。在集体面前，教师要尽量少地批评他们，以免伤害他们的自尊心，可以通过降低谈话难度等方式照顾个别儿童的需要。

2. 发挥儿童学习语言的主体性

语言教育必须发挥儿童学习语言的主动性，只有儿童成为语言学习的主人，才有可能取得预期的成效。要想在语言教育中充分发挥儿童的自主性，最根本的是建立一种平等而民主的师生关系。

（1）教师要为儿童学习语言提供榜样。教师在日常会话和教育活动中要注意自己的语言，说普通话，语言既要规范，又有礼貌，努力做到语音正确，语法规范，用词恰当，表达完整、连贯、清楚，为儿童学习规范的语言提供榜样。教师除了自己作为儿童语言学习的榜样外，还可以为儿童树立同伴榜样，鼓励儿童互相学习彼此的良好言语行为。

（2）教师作为儿童的交际对象对儿童语言进行指导。儿童语言教育必须为儿童提供理解和运用语言的实践机会，使他们在主动积极的言语交往活动中学习语言，发展口语表达能力，通过师生间平等的交往，儿童可以练习其口语表达技能，并依据教师的反馈对自己的言语行为有所了解；另外教师还应创设条件，鼓励儿童之间展开真正的言语交往，在实践的过程中提高语言表达能力和口语交际技巧。

（3）教师作为教育者为儿童主动学习语言创造条件。第一，提供良好的语言范例。教师通过自己的良好言行，在儿童中树立榜样，通过为儿童提供普通话音像资料等方式，为儿童接触和模仿创造语言环境。第二，提供丰富多样的语言活动材料，如录音、录像设备，各种儿童图书或画册，常用汉字卡片或标签，纸，笔，以激发儿童学习和运用语言的兴趣。第三，创设言语交际情境，鼓励儿童与周围人进行言语交往。

3. 加强语言教育与其他领域教育的联系

加强各领域教育的联系可从两个方面考虑：一是立足于语言教育的目标和内容，通过设计语言教育的延伸活动，完成一些其他领域的教育目标。这里的延伸活动在形式上与语言教育的关系并不十分明显，但在其内容上是与儿童学习的文学作品直接相关的。二是从其他领域的教育目标和内容出发，在教育过程中适当渗透语言教育的因素。总之，教师要尽量从儿童教育的整体经验出发，综合考虑语言教育及与之相关联的其他领域教育因素，为儿童设计综合性的语言教育活动。

第五节　学前儿童语言教育的途径与方法

一、学前儿童语言教育的途径

考点 1 日常生活中的语言教育

日常生活中的语言教育是指充分利用儿童在园的一日生活环境，有计划地为儿童提供丰富的、更加自由宽松的语言交际环境。鼓励儿童积极、主动地利用已有的学习和生活经验进行自由的集体、小组或个别交流，使他们在交流的过程中练习听、说、读的基本技能，培养对文学作品的欣赏能力。

在日常生活中，儿童有大量的语言交往机会，这种交往没有固定的组织形式，不受时间、地点、人数、内容的限制，于是儿童语言实践的机会也很多。儿童的语言正是在这种交往过程中，在丰富多彩的生活实践中不断发展的，因此，日常生活中的语言教育是发展儿童语言的重要途径。

日常生活中语言教育的常见活动形式：听一听、玩一玩、说一说和读一读。

考点 2 游戏活动中的语言教育

这里所说的游戏活动是指儿童在课余时间自主参与的各种游戏活动，它渗透着丰富的语言教育内容。这些活动主要包括四种形式：创造性游戏、区域活动、阅览室和图书角活动。

考点 3 教学活动中的语言教育

1. 语言教学活动

语言教学活动是指教师为儿童提供一种比较正式的语言交际环境，使儿童在教师的直接指导下进行比较系统的语言学习，以获得基本的语言知识、能力和情感态度。

语言教学活动是以语言教育为主要目的而组织的教育活动，它对儿童的语言学习和发展具有独特的作用。语言教学活动相较于其他教育活动有不同的特点：①在语言教学活动中，儿童学习的主要对象是各种语言知识以及语言文学作品所反映的思想内容。②在语言教学活动中，儿童学习语言的过程不是顺其自然，而是融入了许多教师的指导。

学前儿童的语言教学活动包括谈话活动、讲述活动、听说游戏活动、文学活动、早期阅读活动等几种类型。这几种类型的活动分别为儿童创设不同性质的语言交际环境，使儿童在这些环境的共同作用下得到语言知识、技能和情感态度的全面发展。

2. 其他领域教学活动

幼儿园除了语言教学外，还有其他领域的教学活动，这些教育活动虽然不是以语言教育为主要目的，但其中包含、渗透着语言教育的因素，儿童在这些活动中也在不断地学习新词新句，尝试用语言与同伴或周围成人交往。因此，教师可以在这些教育活动中对儿童进行适当的语言教育。但是，在其他领域教育中进行语言教育时，要注意避免语言教育“喧宾夺主”，影响其他教育目标的实现。

二、学前儿童语言教育的方法

学前语言教育的方法是根据儿童语言发展的理论、儿童学习语言的规律、儿童语言教育的目标以及多年的儿童语言教育实践经验归纳出来的。一般的方法有：示范法、视听结合法、游戏法、表演法和练习法等。

1. 示范法

示范法是教师通过自身的规范化语言，作为儿童语言学习的榜样，让儿童始终在良好的语言环境中自然地模仿学习。有时也可以由语言发展较好的儿童来示范。

示范法的具体运用要注意：(1)教师的示范语言一定要规范到位；(2)教师要把握好示范的时机和力度；(3)教师要恰当地运用“显性示范”和“隐性示范”的手段。

2. 视听结合法

视听结合法是依据“直观法”和“观察法”的要求提出来的。视听结合法是指教师提供材料让儿童直接感知物体，并配合教师的语言讲解帮助儿童学习语言。

视听结合法的具体运用要注意：(1)教师提供给儿童感知的物体应该是儿童熟悉认识的；(2)教师讲解的语言要通俗易懂。

3. 游戏法

游戏法是指教师运用有规则的游戏，训练儿童学习语言的一种方法。游戏法的运用能提高儿童学习兴趣，促进儿童各种感官和大脑的积极活动。

游戏法的运用有的需要配合教具(实物、图片)来进行,有的就是纯语言的游戏,如练习发音、学习反义词、练习组词和造句等游戏。随着儿童年龄的增长,应逐渐减少直观材料。

4. 表演法

表演法是指在教师的指导下,儿童学习表演文学作品以提高口语表达能力的一种方法。

表演法的具体运用要求:(1)必须在儿童理解、熟悉文学作品的基础上进行表演;(2)鼓励儿童在表演中大胆地创作;(3)要为全体儿童提供参与表演的机会。

5. 练习法

练习法是指有意识地让儿童多次使用同一个言语因素(如语音、词汇、句子等)或训练儿童某方面技能技巧的一种方法。

在儿童语言教育中,口头练习是大量的。练习法的具体运用要求:(1)练习的方式要多样化;(2)练习要求要逐步提高。

第六节　不同类型学前儿童语言教育活动的设计与组织策略

一、学前儿童语言教育活动设计与组织的原则

1. 教育活动中经验的连续性原则

所谓经验的连续性是指在设计与组织教育活动时,既要了解儿童已有的语言经验,又要考虑在此基础上为儿童提供新的语言经验,使其语言能力得到进一步发展。设计与组织任何一组或一个语言教育活动,教师都必须注意学前儿童的语言经验。只有以儿童语言经验为设计的基本出发点,才能保证设计与组织的活动是符合儿童语言发展需要的,才能使设计与组织的活动对儿童语言发展真正起到促进作用。

2. 教育活动中主客体交互作用的原则

主体和客体交互作用在语言教育活动过程中的具体体现是:主体(儿童)具有参与语言活动的主动性和积极性,客体(即多种语言教育内容和适合的教育方式)从客观上能引起儿童的兴趣,激发儿童的情感,能起到促使儿童主动参与活动的作用。通过主体和客体不断地交互作用,促使儿童语言获得有效的进步。

学前儿童具有语言发展的先天潜能,对周围环境中的语言刺激特别敏感,并有主动、积极学习和运用语言进行表述的愿望和需要,这为组织语言教育活动提供了十分有利的先决条件。为使儿童更加主动、积极地参与活动,每次活动的语言内容和方式必须达到激发儿童听说兴趣和帮助儿童学习正确表述的目的。

3. 教育活动相互渗透的原则

语言是一种符号系统,语言教育活动主要是语言符号系统的活动,是以语言教育为主要目的而组织的教育活动。但是,由于儿童认识过程的直观形象性,因此,在设计和组织语言教育活动时,学前儿童主要吸收的是语言信息材料,但也必须依靠那些与语言有关的其他符号系统,如将美术符号、音乐符号甚至动作符号等自然地糅合在语言教育活动中。这种有机的糅合实际上就是相互渗透。语言教育活动是以语言符号系统操作为主的活动,也是多种符号系统参与的活动。活动中除了语言,还可能有音乐、美术、动作等不同领域活动因素并存。在设计与组织语言教育活动时,有美术、音乐、动作等符号系统参与活动,更有利于儿童主动积极地学习和掌握新的语言信息,有助于他们对语言内容的理解与获得,从而促进

儿童语言能力的提高。

4. 活动内容和活动方式相适应的原则

语言教育活动的内容是多方面的，活动的方式也是变化无常的，他们之间存在着一定的关系。在教育实践中，不同的活动内容可以选择相同的活动方式，同一个活动内容也可以选择不同的活动方式。

二、学前儿童语言教育活动设计与组织的步骤

语言教育活动的设计是非常具体的工作。不同类型的活动有不同的设计方法，不同的教师也可以有不同的设计思路。但是，既然有共同的观念和相同的原则，语言教育活动便存在着一定的规律，有一个设计的一般步骤。

1. 确定活动目标

确定语言教育活动目标是语言教育活动设计中最重要的一环。活动目标的恰当与否，将对整个活动设计产生决定性影响，包括影响活动设计的方向、范围和程度。教师应根据本班儿童发展水平来确定语言教育活动的具体目标，然后根据目标去选定语言教育内容，改变过去那种先有教育内容或是先定教材再定教育目标的现象，避免本末倒置。

为了使学前语言教育活动的目标能够起到龙头作用，教师在制定活动目标时应做到以下几点：

(1)目标应着眼于儿童的发展，既要适应儿童已有的发展水平，符合儿童语言发展的规律，又要把促进儿童语言发展作为落脚点；

(2)活动目标的内容和要求在方向上要和终期目标、阶段目标保持一致；

(3)活动目标的内容应包含知识与技能、过程与方法、情感态度和价值观三个方面。

2. 选择活动内容

活动内容是语言教育内容的具体化，教师确定活动目标时必须结合活动的内容进行考虑。语言教育活动内容是实现教育目标的手段，是将目标转化为儿童发展的中间环节，也是活动设计和实施的主要依据。因此，活动内容的选择是一个完善的语言教育活动设计的核心。学前教育不同于小学教育，它没有统一的教材，教育内容完全由教师自己选择，教师要想使选择的活动内容能够真正体现活动目标，促进儿童语言的发展，应该做到：根据目标来选择教育内容；根据儿童心理发展的特点选择内容；在选择内容时，要了解儿童已有的经验，在儿童新旧经验间建立联系。

3. 策划活动流程

学前语言教育活动是作为一个过程展开的。它可以看作是教师开展语言教育活动和学前儿童进行语言学习活动的时间流程，实际上就是教育内容、教师的指导活动和儿童的学习活动如何展开的过程。在策划整个活动流程时，一方面应综合体现教育目标、教育内容和教育方法，还要体现语言教育活动各类结构的特点，同时也要为活动过程的实施留有余地；另一方面还应考虑到在活动展开时不同活动方式的采纳。所谓活动方式是指活动环境和条件、活动方法、活动形式三者的有机结合和综合体现。

4. 拟定活动方案

前面已从目标、内容和活动流程等各种角度探讨了语言教育活动，其目的是探索其活动设计的基本规律。为了实现学前语言教育的目标，使语言教育活动更具目的性和计划性，教师在确定活动目标、选择活动内容和策划活动流程的基础上，还应认真拟定一份合理的语言教育活动方案。从形式上看是将活动目标、活动内容、活动准备、活动流程形成书面语言载体，实质上它包含着一定的教育指导思想和理论观点，使教育实践活动沿着预定的轨道、朝着预期的目标前进。教师拟定活动方案时还应注意，

千万不要使其成为教师具体实施语言教育活动的桎梏，而应是教师进行再创造的基础，使儿童成为真正的受益者。

三、学前儿童语言教育活动的指导 【单选】 ★

活动设计的方案是一份完整的静态计划。而活动的组织实施，则由于儿童的参与，成了一系列动态发展的过程。整个活动过程中，需要解决好不少问题，**如教师如何全面实施计划，如何最大限度地调动儿童学习和发展的主体性和积极性，如何使儿童有更多的机会参与活动，如何使全体儿童在各自的基础上获得语言的发展等**。对待和处理好这一系列问题，是一种高水平教育艺术的体现。因此，每一位教师必须认真对待，灵活掌握，及时调整自己的语言、态度和情感，以发挥最大的组织作用。

1. 直接指导

教师通过语言示范、启发提问、讲解、评价等手段，直接指导儿童的活动。根据儿童语言经验及语言水平的实际状况，一般对小班儿童或语言发展较差的儿童，或难度较大的语言教育活动，教师较多地运用直接指导方式。

2. 间接指导

教师通过自身语言潜移默化的影响、语言提示、眼神或手势的暗示等手段，引导儿童主动、积极地参与语言活动。这种间接指导方式，对年龄稍大的儿童或语言发展较好的幼儿宜多采用。

3. 环境条件的利用（借助教具指导）

从本质上讲，利用环境条件也是一种间接指导。教师利用语言活动的设备、教具和学具，**如幻灯片、电视、录像、VCD、图片、头饰、实物等**，引起儿童学习的兴趣，调动他们主动、积极参与活动的愿望，帮助儿童在活动中提高语言能力。

根据儿童的水平和活动过程的实际情况，教师要灵活运用以上三种指导手段，使儿童始终处于活动的最佳状态，达到活动目标。

另外，教师自身的语言修养，即语音是否准确，吐字是否清晰，用词是否得当，表达是否简练而有条理，语调是否生动而有感染力等，都能对儿童语言的发展起到十分显著的示范指导作用。

学前语言教育活动是促进儿童语言发展的重要手段，但不是唯一的手段。为全面提高儿童运用语言的能力，还需要十分重视对儿童日常生活中语言的指导，以真正实现学前语言教育的目标。

四、学前儿童文学作品学习活动的设计与实施

学前儿童文学作品学习活动是学前儿童喜闻乐见的活动形式，学前儿童欣赏优秀文学作品能培养学前儿童的语言表达能力。

考点 1 学前儿童文学作品学习活动的目标和内容

具体内容参看本章第一节“学前儿童语言教育的目标和内容”。

考点 2 学前儿童文学作品学习活动的基本类型

学前儿童文学作品学习活动主要包括文学欣赏和文学创造两种类型。

1. 文学欣赏活动的设计与实施

（1）文学作品的传递

文学作品的传递方法有：成人口述作品（作品浅显易懂或儿童具有一定的相关知识经验）；结合教具演示（内容具有较强的知识性，恰恰儿童在这样的经验上比较欠缺，不易理解作品内容）；播放录音、录像和情境表演（唤起儿童脑中的表象和情感体验）。

(2)多通道参与，相互作用

主要有以下几种方法：作品欣赏与教学媒体相结合；作品欣赏与音乐活动相结合；作品欣赏与游戏相结合；作品欣赏与美术活动相结合。

(3)通过形象的解释帮助儿童理解作品

在文学作品中，教师可以选择形象鲜明并为儿童所喜爱的角色，通过对作品形象的解释分析，帮助儿童更好地去理解作品的内涵。

(4)采用适宜的提问方式

针对儿童的经验提问；针对细节提问；针对作品主题或情节提问；针对作品中的语言提问；针对生活原型与作品形象进行比较的提问。

2. 文学创造活动的设计与实施

(1)复述和朗诵

教师可以采用如下方式来帮助儿童进行有效的复述：①有变化地反复欣赏同一个文学作品；②参与和作品有关的系列活动；③积累不同语境中的表达经验；④成人的语言榜样；⑤在音乐伴奏中学习朗诵；⑥在日常生活中自由分散地利用玩具和道具练习复述和朗诵，互相评议、互相模仿。

(2)表演

表演一般由复述自然转入，可以分层次进行：情境对话；根据作品或自创作品进行出声或不出声的表演，包括个人的哑剧表演；主要人物形象的立体动态塑造；作品段落的表演；完整作品形象的表演。

(3)创编

儿童的作品创造是作品与儿童各种经验的结合。创编大致可分为四种类型：扩编和续编；仿编；转换编构；独立完整编构。扩编是通过想象和联想，对原作品某些部分进行扩充。续编是让儿童根据故事的开头和发展编出结尾或者是情节高潮部分，或者在原有诗歌的基础上继续编出新的段落。仿编活动是儿童在文学欣赏、理解文学作品内容及构成的基础上的一种创造性学习活动。转换编构是指我们可以安排将艺术符号相互转换的活动，将画面或乐曲转换成故事或诗歌。独立完整编构是不凭借语义和作品，只凭儿童独立想象和联想构思而成的，如同绘画中的意愿画。

考点 3 学前儿童文学作品学习活动中作品选择的要求

学前儿童文学作品是学前儿童文学作品学习活动开展的依据和载体，是教育活动的灵魂。文学作品学习活动的成功与否，很大程度上取决于文学作品的选择恰当与否。选择文学作品时，要考虑到学前儿童爱玩的天性，也要考虑到学前儿童的学习时间有限的客观因素，要保证他们在短短的半小时内学习到丰富的语言知识，选择适合他们学习的、有价值的文学作品就显得格外重要。

1. 选择作品形象鲜明生动的文学作品

学前儿童文学作品中的形象一般是活泼聪明的小动物，或者是童真化了的人，但是不论是外部形象的描写，还是语言对话的编写，都要力争做到抓住外部特征、打造内心世界，要让作品中的形象跃然纸上，仿佛能和儿童来进行游戏一样"活"。就如大家耳熟能详的儿歌《小兔子乖乖》："小兔子乖乖，把门儿开开，不开不开，我不开，妈妈不回来，谁来也不开。小兔子乖乖，把门儿开开，就开就开，我就开，妈妈回来了，我就把门开。"从大灰狼和小兔子简单的对话中，学前儿童可以看到一只机智可爱的小兔子与一只阴险狡诈的大灰狼之间展开的隔门搏斗，形象富有感染力和想象力，学前儿童不禁产生想去帮助小兔子赶走大灰狼的冲动，同时也会学习到自己在家时不让陌生人进屋的自我保护方法。

2. 选择内容结构简单、情节明了有趣的文学作品

学前儿童认识事物时只能看到事物的表面，教师在引导其进行文学作品学习时，不能超越其理解能力，以免事倍功半，甚至让学前儿童对文学作品学习产生厌恶情绪。选择的文学作品结构要简单，比如儿歌，要选语句重复率高、节奏感强的作品，而故事则要选人物关系不复杂、一听即懂的，情节上切忌绕弯复杂，要单纯且充满童趣。例如童谣《小老鼠》："小老鼠，上灯台，偷油吃，下不来。喵喵喵，猫来了，叽里咕噜滚下来。"作品采用了拟人和夸张的手法，刻画出了一只幽默滑稽的小老鼠形象，结构简单，情节有趣，利于学前儿童背诵记忆。

3. 选择语言浅显易懂的文学作品

语词的组合可以变化多端，表达的意思自然可以变幻莫测，但是抽象的语言表达是不适合学前儿童学习的。学前儿童喜欢的文学作品的特征往往是用词浅显形象、具体，句子形式简单、较短，主动句多于被动句，口语化表达。

4. 选择与学前儿童已有经验相关的文学作品

学前儿童在文学学习活动中遇到困惑时，会向教师询问，此时教师一般会用学前儿童已有的生活经验来进行解释。例如，教师引导孩子们学习古诗《村居》，教师念到"忙趁东风放纸鸢"一句时，大部分学前儿童是不懂"纸鸢"的意思的，因为他们从未听过这个词，理解起来存在困难，教师此时就会启发学前儿童进行联想，当起风的时候，小朋友们会去放什么呀，那天老师带着孩子们放了什么……孩子们就会想起和爸爸妈妈、老师一起放风筝的经历，自然也就知道了古诗中的"纸鸢"就是"风筝"的意思。这样一来，学前儿童就充分利用了自己的已有生活经验，加深了对作品的理解和兴趣。

5. 选择经典、传统的文学作品

经典学前儿童文学作品经过了时间沙漏的筛选、不同国度文化的熏陶，饱含着丰富的人生哲理，散发着真、善、美的人性光辉。通过学习诵读经典，可以陶冶性情，培养良好的情操，学会宽容、善良、诚实等人性美德，在他们的幼小纯洁的心灵中撒播文明的种子。同时还能培养学前儿童的形象思维、想象力和创造力，培养良好的学习习惯和学习方法。如寓言故事《刻舟求剑》就向学前儿童传达了我们要考虑自然界的动态变化、思维不能僵化的道理；世界经典童话普希金的《渔夫和金鱼的故事》告诉学前儿童追求好的生活处境没有错，但关键是要适度，像老婆婆那样过度贪婪的人，结果必定是一无所获。

考点4 学前儿童文学作品学习活动的特点

1. 学前儿童文学作品学习活动是围绕文学作品开展的一个系列活动

（1）围绕文学作品教学开展活动

学前儿童文学作品的学习必须首先从文学作品教学入手，围绕作品教学开展活动。在学前儿童文学作品的学习活动中，儿童学习的内容是具体的文学作品，文学作品是语言艺术的结晶，每一个故事或每一首诗歌都具有丰富而独特的语言信息，它既可以满足儿童了解社会生活现象的愿望，又可以得到语言艺术美的熏陶。与其他语言教育活动相比，在文学作品学习活动中儿童感受的活动对象具有形象生动、信息量丰富的特点。在学前儿童文学作品学习活动中，儿童首先通过与活动对象的交互作用学习理解文学作品；通过聆听、诵读、阅读图画、观看表演或观看动画等形式，让儿童将书面语言信息转化为口头语言信息；然后通过系列活动，让儿童完全理解和掌握文学作品所蕴含的丰富的信息。

（2）整合相关内容，开展一个主题、多种形式的系列活动

学前儿童的文学作品学习活动从文学作品教学出发，常常需要整合其相关领域的内容，开展多种形式的系列活动，使得儿童在各方面有更多机会认识作品中表现的社会生活内容，有助于儿童对作品的感知、理解，这是学前儿童文学作品学习活动的一个基本特征。

在学前儿童文学作品学习活动中，教师应树立通过一个文学作品，开展系列活动，给儿童提供各种层面的学习机会，促进儿童全面发展的观念。文学作品本身的特点决定了其包含丰富的语言信息，一

个文学作品，对儿童而言，则是不同层次的学习。

2. 学前儿童文学作品学习活动发展的是儿童的完整语言

完整语言的观念是当前国内外学前语言教育的一种新思潮，是教育专家对儿童语言发展和语言学习的研究结果。所谓完整语言，是指听、说、读、写四种语言能力的协调发展。儿童自出生起就获得了学习人类语言的条件，所以在儿童语言发展的关键期间，为帮助儿童更好地获得语言发展，我们有必要给他们提供完整语言的学习机会。在文学作品学习活动中，儿童通过倾听理解某一文学作品（听），然后将自己对文学作品的理解和对语言的感受用语言表达出来（说），并通过视觉阅读文学作品（读）和绘画、折纸、泥工等儿童特殊的书写方式（写），将自己对文学作品的理解和感受以各种方式表达。教师应提供尽可能丰富的语言环境，不仅要促进儿童口头语言的发展，而且要帮助他们做好学习书面语言的准备；不仅要提高儿童的口语交往水平，而且要锻炼儿童语言的机智性和灵活性，同时培养他们对艺术性结构语言的敏感性。

通过学前儿童文学作品学习活动，发展儿童完整语言有四个方面的内容：（1）通过对文学作品的学习，发展儿童语言倾听和理解能力；（2）通过对文学作品的学习，丰富儿童语言词汇，规范儿童口头语言的表达，提高儿童日常交往语言的水平；（3）通过对文学作品的学习，培养儿童对书面语言的浓厚兴趣，提高儿童对艺术性结构语言的敏感性，并用自己特有的书写方式表达对作品的理解；（4）通过对文学作品的学习，使儿童会听会说普通话，学会创造性想象和表达语言。

3. 学前儿童文学作品学习活动整合、渗透于其他教育活动中

由于加德纳的多元智能理论对教育观念的冲击和儿童语言学习系统理论的影响，当代学前语言教育出现了整合教育的趋向，把儿童语言学习看成一个整合的系统，充分认识到儿童语言发展与其他方面发展是整合一体的关系。在儿童语言发展过程中，他们的每一个新词、每一种句式的习得，都是整个学习系统的调整、吸收与发展的结果。学前语言教育应与其他方面的教育密切结合，内容上与社会、健康、艺术、科学四领域整合，渗透在生活和游戏活动中，即与其他领域教学活动整合、与生活环节有机结合、渗透在游戏活动中。

考点5 学前儿童文学作品学习活动的设计与组织

教师在设计和组织学前儿童文学作品学习活动时，要遵循学前儿童语言发展的规律，贯彻好学前儿童文学教育的基本理念，组织好学习活动过程，按照一定的规范性的活动结构开展，把握好以下四个层次：

1. 第一层次：学习文学作品

学前儿童文学作品学习活动的第一步就是要将优秀的文学作品传递给学前儿童。教师要结合文学作品的难易程度、幼儿园的客观教学条件和学前儿童的年龄段来考虑采用何种方式组织学习活动。可以采用直观教学方式，充分运用幻灯片、图片、录像、多媒体等视觉教育手段；教师也可以直接讲述、录音，辅之玩具或教具来进行教育；更可以观看动画片、情景剧或哑剧来认识作品的内容。如果文学作品浅显易懂，没有运用这些辅助教育手段，可由教师直接诵读，但也要注意语气的夸张和对活动气氛的渲染。第一层次的学习要将重点放在开发儿童的理解能力上，作为整个活动首要环节，要确保学前儿童对文学作品有个初步的了解。

在这一环节中，教师要注意以下三点：

第一，在学前儿童初次接触文学作品时，不要过分诵读、讲述该作品，避免反复啰嗦，降低学前儿童对作品的兴趣，甚至使他们产生厌烦情绪。一般情况下，故事类作品的讲述以两遍左右为宜。

第二，不要逼迫学前儿童对文学作品的内容进行机械记忆，而要强调和启发学前儿童对文学作品

的理解与想象。

第三，善于运用三个层次的提问（描述性提问、思考性提问和假设性提问）对学前儿童进行引导，促进学前儿童热烈讨论，才能让他们理解作品的情节发展脉络、人物的性格特征和主题，还要注意与学前儿童的已有生活经验相结合，让他们对暗含的语言知识有直观的认识。

2. 第二层次：理解体验作品

在学习完文学作品之后，教师有必要组织一些与作品内容相关的活动，帮助学前儿童亲身感知作品的精神世界和情感基调。根据具体作品实际，灵活设计相关内容的活动，在学习的过程中，借助学前儿童爱动爱模仿的特征，以动作表演形式引导学前儿童体验作品的美好意境。如大班散文诗欣赏《落叶》中写道："落叶落在沟里，小蚂蚁爬过来，把它当作小船。"此时学前儿童模仿教师表演的"爬""划船"的动作，仿佛自己变成了可爱又顽皮的小蚂蚁，坐在落叶上划呀划，体验到小蚂蚁发现树叶时新奇、喜悦的心情，从而让学前儿童联想到秋天的世界充满了活力和爱。这种模仿表演游戏，会启发学前儿童主动进行联想，在欢乐的情绪中，对作品的理解和感悟又更上了一个层次。

3. 第三层次：迁移作品经验

文学作品向学前儿童展示的是建立在学前儿童生活经验基础的间接经验，学前儿童获得的间接经验将会存在于他们的短时记忆系统，随着时间的推移，这些经验将会逐渐被学前儿童忘记。所以，为了让这些间接经验内化为学前儿童自己的经验储存，达到学前儿童的已有直接经验与作品的间接经验双向迁移的效果，围绕作品内容组织设计相关活动显得十分必要。又如散文诗《落叶》，在学前儿童理解了作品内容的基础上，教师可以引导学前儿童想象："如果你是一片落叶，你要落到哪里去？会遇到哪些可爱的小动物呢？"学前儿童可以用口头表达或绘画的方式来迁移作品的经验，教师要鼓励学前儿童大胆表达自己的想法，并自己表演出来。不难想象，学前儿童一定是争先恐后地向大家展示。学前儿童在这样的活动中，不仅进一步理解了文学作品，还为接下来的创造性活动打下了基础。

4. 第四层次：创造性表现作品

经过之前三个层次的学习，学前儿童已经对文学作品进行学习、体验和迁移，已经很好地理解作品。但是这还不够，因为文学作品学习的目标是借助文学学习活动的契机，创造机会让学前儿童锻炼思维能力和语言表达能力，第四个层次的学习活动将会在巩固已学作品内容的同时，很大程度上帮助达成文学学习活动的目标。通过创造性活动，例如，学前儿童续编童话故事、仿编诗歌、散文，进行故事表演等促进学前儿童的发展，要注意这些活动都要围绕已学文学作品的内容展开。一般可从三个方面着手：

（1）指导学前儿童艺术地再现文学作品

学前儿童再现文学作品的方式有：复述、朗诵、表演、用音乐或美术再现其思想内涵和情感氛围。其中，复述、朗诵和表演与学前儿童的语言提升关系较大，是教师教学中常采用的方式。在再现文学作品的过程之前，教师需要带领学前儿童温习文学作品的内容，也可先由教师示范再现，之后鼓励学前儿童开动脑筋，借助作品的一些词句，加上自己的理解和情感表达，如表情、动作、声调的变化等，将原来的内容进行加工，再以艺术的形式呈现出来。这样一来，被学前儿童使用的词汇和句子才会转化成学前儿童所有，才会丰富学前儿童的口语表达。

（2）指导学前儿童仿编文学作品

在实际活动中，学前儿童仿编文学的内容包括诗歌、散文、谜语的仿编。所谓仿编的过程就是对文学作品进行再造或仿造的过程。学前儿童在学习完作品之后，都会察觉到这些待仿编的作品都十分押韵，且结构对照工整，学前儿童需要联系自己身边的事物来构思出与前文相仿的内容，通过换词或换句式的来完成仿编，保证仿编句子的主旨不偏离前面的内容。

(3)指导学前儿童创编文学作品

与文学作品的仿编相比,作品的创编对学前儿童来说更具有挑战性。要求学前儿童在充分感知文学作品和进行仿编的基础上,在生动形象的图片的提示下,结合个人经验,尽量进行联想,从而创编出诗歌、散文和故事的活动过程。

考点 再拔高

▼ 儿童故事活动设计与组织指导

儿童故事是文学作品的组成部分,具有"情节生动、语言优美与富有想象"等特点,所以使得它备受孩子们的喜爱。由此,故事教学也便成了学前儿童语言教学的重要内容。

1.儿童故事的选材要点

儿童故事教学活动首要问题是选材问题,儿童故事教学所选的故事除了要遵循文学作品的文学性、教育性等一般特点以外,还要考虑故事本身的一些条件。

(1)主题单一明确,有一定的教育意义。儿童故事活动中所选的作品主题应只有一个,且简单明确,易于儿童理解;作品内容健康明朗,对儿童有一定的思想教育意义。

(2)情节具体生动有趣,有起伏,按一般顺序记叙。

(3)人物形象鲜明突出,易于儿童理解、喜欢。

(4)故事要有针对性,针对本班儿童实际情况,关注本班儿童思想状况,及时选择相关的主题的故事进行教育。

(5)故事要利于训练儿童创新思维,留给儿童发挥想象的空间。

2.儿童故事活动过程设计

(1)导入:创设情境,引出故事。教师常见的导入手段有:直观教具引入、猜谜引入、表演引入、提问引入等。

(2)教师生动有感情地讲述故事。

(3)理解故事。通过挂图、教具、故事表演和描述性、思考性、假设性的三层次提问等方式,帮助儿童理解故事的主题、情节、人物性格特征等。

(4)围绕故事开展一系列创造性语言活动。为帮助儿童理解掌握故事,教师可以在理解或延伸环节安排活动,如故事表演游戏、复述故事、创编故事、续编故事。

由于儿童编故事需要一定的生活知识经验做基础和语言表达能力,更需要儿童充分的艺术想象力和思维能力以及故事图示结构的理解,不同年龄的儿童编构故事能力差异导致儿童故事续编具有年龄班特点。

①小班:编结局,即儿童根据个人对故事语言、情节、人物、主题的理解,在故事即将结束时为故事想象编构一个结局。

②中班:编高潮和结局,即编"有趣情节"。教师在讲述故事时到高潮部分时戛然而止,提醒儿童想象可能编构的部分。

③大班:编完整故事。由于大班已经比较普遍地掌握了故事编构的情节开展方式,所以大班儿童可以编构完整故事,只要儿童编构的故事基本具有语言、情节、人物和主题等构成要素即可。

教师应给儿童提供一些背景材料,以助于儿童编构故事。创编和续编虽然对儿童的创造想象有共同的促进作用,但创编的难度更大,对儿童的知识、能力的要求更高,故在儿童故事编构教学中,小、中班应以续编为主,大班以创编为主。

真题面对面

[2017统考,单,1分]下列不属于儿童故事选材要求的是(　　)

A. 主题简单鲜明　　B. 结构条理清楚　　C. 形象鲜明突出　　D. 情节复杂多变

答案:D

考点6 幼儿园文学作品教育活动存在的问题

当前,在强调让儿童主动学习、探索学习的课程改革之下,出现了各种不同类型、不同结构化的课程方案。我们发现许多幼儿园都在做园本课程,目的是凸显幼儿园的特色。加之现代媒体的迅速发展,儿童文学作品教育受到了前所未有的挑战,学前儿童文学作品教育的地位被削弱,创造性文学作品教学大为缺失。具体的表现有:

1. 以早期阅读代替故事教育

早期阅读活动重在给儿童提供阅读经验,而文学作品教育活动重在利用故事、诗歌等潜移默化地教育儿童。两者之间虽有交叉之处,但是所强调的重点是不同的。如果将二者混为一体,不仅是学前教育的缺憾,也是儿童的悲哀,因为他们失去的将是宝贵的精神食粮。

2. 将儿童文学作品教育活动等同于让儿童吟诵、复述、背诵等

我们常常看见的文学作品教育就是让儿童吟诵、复述、背诵,诸如此类的方法。它停留在"教师讲故事—儿童听故事—教师提问故事的名字、人物、情节与故事的中心思想"这种一贯的程序上,或者是教师朗诵诗歌或放录音,然后分段解释诗歌内容,最后再完整地欣赏一遍诗歌,跟着老师学习朗诵诗歌。这样的教学活动几乎成为模式,随处可见。它完全忽略了儿童对文学作品理解的心理特点,忽略了儿童叙述中对故事或诗歌、散文结构的掌握,缺乏对文学作品建构的指导。

从儿童心理特点来看,儿童理解一篇新作品要经过这样三个阶段:感知(透过语言的品味而感知形象);体验(经由形象的分析而体验思想感情);理解(通过思想感情的领悟实现对内容的把握)。因此,简单的吟诵、复述等方法是很难使儿童理解作品的意义和思想感情的。相关故事理论研究也强调,故事是一种结构,通过这个结构,形成一种对儿童所生活的这个现实世界的解释,使儿童融入这个世界,并且鼓励他们去发挥自己的解释力。听完故事的儿童在复述的时候,总是会在原有故事的框架上加入自己的发挥,这正是他们创造力、想象力的体现。他们还会让自己置身其中,把自己当成故事的主人。儿童们对文学作品的渴望其实就是这种双重力量的体现。文学作品的功能是把儿童将要生活的世界的规则告诉儿童,是儿童理解这个世界的方式,而不是简单地表现在一种方法、形式上的接受。

3. 缺乏对儿童文学作品教学理论与实践的研究

目前大多数幼儿园实施主题教育活动。这种课程模式打破了学科的界限,注重了知识间的横向联系。但由于缺乏以儿童认知发展规律的科学认识为基础的系统、可操作的文学作品教育活动方案,造成幼儿教师对文学作品教育活动的认识不足和无所适从。

4. 儿童文学作品的整体功能挖掘的不够充分

儿童文学作品以其特有的形象思维的力量直接影响人的思想、感情、意志、个性,它对处于成长过程中的儿童影响深远。儿童文学作品的整体功能一般概括为对儿童的知识启蒙、智力启蒙、人生启蒙。简言之,对儿童启蒙的内容就是"认识世界,了解生活,明白事理"。知识启蒙是文学作品的表层功能,通常表现为让儿童通过文学教育获得某些信息,学习某些知识经验,懂得某些道理,掌握某些词句。智力启蒙和人生启蒙是文学作品的深层功能,它们能够锻炼儿童的推理判断和联想能力,注重激发儿童的创造性思维和创造潜能。然而，现实中文学作品教育对故事作品整体功能的挖掘是很不够的。

因此，幼儿园文学作品教育活动的目的是引导儿童积极主动地学习语言文学作品，感知语言文学作品，并能创造性地运用所学的语言。教师要能贯彻文学教育的基本理念，组织好教育过程，就需要具有某种规范性的活动结构。

五、学前儿童谈话活动的设计与实施

谈话是帮助学前儿童学习在一定的范围内运用语言与他人交流的活动。在各种类型的语言教育活动中，谈话具有促进儿童语言发展的独特功能。它根据一定的语言教育理论，一定的语言教育目标和内容，将一部分语言教育理论、教育目标和内容以及任务付诸实施，对儿童的语言发展产生影响。

考点1 谈话活动的目标和内容

具体内容参看本章第一节“学前儿童语言教育的目标和内容”。

考点2 谈话活动的基本特征

1. 谈话活动应拥有一个儿童感兴趣的话题

谈话活动着重在于一个“谈”字，但谈什么却是一个需要深究的问题。一般来说，谈话活动应该围绕一个具体、有趣、贴近儿童生活经验的话题进行。中心话题可以从客观上主导儿童谈话的方向，限定儿童交谈的范围，使儿童的交谈带有一定的讨论性质。

2. 拥有较丰富的谈话素材

谈话所涉及的素材必须是儿童知识经验范围以内的，取材于儿童参观、游览、日常生活中的观察、教育活动、游戏、电影或电视中所获得的知识经验。儿童的知识越丰富，谈话的素材积累得越多，谈话的内容便越丰富。

3. 注重谈话的多方交流

这是谈话活动和讲述活动最主要的区别之一。谈话活动注重的是儿童的交往语言和对白语言，侧重于师幼间、同伴间的信息交流与补充。谈话活动可以是儿童与其他同伴交谈、与老师交谈，也可以是儿童在集体面前谈论。

4. 谈话活动应拥有宽松自由的交谈气氛

在谈话活动中，谈话的语境比较宽松自由。谈话活动中没有统一的答案和看法，也没有一致的讲述经验和思路，主要目的是鼓励儿童大胆地与他人交谈，用语言表达自己的意见和看法，但同时它不要求儿童一定使用准确无误的句式、完整连贯的语言来表达。

5. 谈话活动中教师起间接引导的作用

教师往往以参与者的身份参加谈话，给儿童以平等的感觉，但是这并不表明谈话可以成为任意的无计划交谈。教师的间接引导主要体现在用提问的方式引出话题或转换话题，引导儿童谈话的思路，把握谈话活动的方式；用平行谈话的方式对儿童作隐性示范。

考点3 谈话活动的主要类型

1. 日常生活中的谈话

这是谈话活动中的一种重要形式。随着语言教育改革的不断深入，人们越来越深刻地意识到，日常生活中的谈话是发展儿童口语的重要途径，它带有极大的情境性和感情色彩，交谈的话题极其丰富，交谈的对象经常变化，交谈可以在任何情况下开始或结束，不受时间、空间、年龄对象的限制。这种谈话活动在三个年龄班都适用。日常生活中的谈话主要包括日常个别谈话和日常集体交谈两种形式。

2. 有计划的谈话活动

这是教师制订一定的计划和教育活动方案，依据事先确定的话题，有目的地组织儿童进行的活动。谈话的话题可以各式各样，凡是儿童熟悉的或是与他们的生活紧密相关的，都可以加以选择。这些题目可由教师拟定，在大班也可以请儿童参与拟定。

由于这类活动需要事先进行精心设计和准备，因此，在指导活动过程中，教师要注意以下两点：

(1)要努力创设良好的语言环境，鼓励每个儿童都能积极地发表自己的看法和见解。

(2)要增加儿童语言交往的密集度。

活动过程中，教师不仅要让儿童自己说，还要让他们积极地与同伴交谈、与教师交谈，在交谈中学习他人有用的经验，不断提高语言运用能力。由于有计划的谈话活动对儿童的有意注意、有意记忆及言语能力的要求较高，因此，不太适合小班初期的儿童，可以从小班下学期开始进行。

3. 开放性的讨论活动

讨论活动是一种特殊的谈话活动形式。说其特殊，是由于它在话题形式、语言交往和教师的指导上都有其开放性的特点。

讨论活动的话题一般都是开放性的问题，同时讨论所涉及的事物应是与儿童已有的生活经验相符合，但对儿童来讲又有一定的难度。例如，讨论的话题是“假如你有一朵七色花，你最想做的事是什么？”这个话题可以让儿童自由想象，随意发挥，没有固定的答案。

讨论活动是一种开放性的语言交往活动。在讨论中，儿童可以就自己的观点去与他人进行充分的语言交往。儿童既要清晰地向对方表达自己的看法，又要善于倾听他人的见解并进行分析、反驳或接纳，从而使语言交往延续下去。这种语言交往对象可以是一一对应的，也可以是在小群体中进行。可见，讨论活动对儿童语言能力、思维能力都提出了很高的要求，因此，一般在中班以后才适合开展这项活动。

教师的指导态度要开放。与讨论的问题相对应，教师对儿童提出的看法也应采用开放的态度。不要一味地从成人的角度去评判儿童的某些看法合不合理。教师要将指导的重点转向儿童的语言交往能力，而对儿童的某些富有想象力和创造力的想法应该采取接纳和鼓励的态度。例如，儿童说：“人不会飞，是由于人没有翅膀，但人可以从小天使那儿借到一双翅膀，这样就可以像小鸟一样飞在高高的蓝天上了。”这样的答案教师不但要接受，还要在评议时给予积极的鼓励，引导其他儿童能像这个孩子一样，勇于创新、富于想象，并大胆地在集体中表述出来。

考点 4 谈话活动设计与实施的步骤 【单选】 ★

1. 创设谈话情境，引出谈话话题

教师需要营造出一个宽松自由的谈话氛围，创设生动、有趣的谈话情境：用实物或直观教具创设谈话情境；用语言创设谈话情境；用游戏或表演的形式创设谈话情境。教师需要注意创设谈话情境的方式，注意创设的情境与谈话话题之间的关系。

2. 鼓励儿童围绕话题自由交谈

教师应当放手让儿童围绕话题进行自由的交谈；鼓励每位儿童积极参与谈话，真正形成双向的或多向的交流；适当增加儿童做动作的机会；注意自由交谈中的个别差异。在活动过程中，教师不能袖手旁观，其职责是教师必须在场；教师参与谈话，还可以简单发表个人见解。

3. 引导儿童围绕中心话题逐步拓展交谈内容

这是谈话活动的重点内容和核心。在儿童运用已有的知识经验充分地交谈后，教师要适时地将儿童集中起来，以提问或启发的方式帮助儿童学习新的谈话技能和谈话规则，掌握正确的谈话思路和方法。

4. 教师隐性示范新的谈话经验

在通过逐层深入拓展儿童谈话内容的基础上，教师可以通过隐性示范向儿童提供谈话范例，帮助儿童掌握新的谈话经验，使儿童的谈话水平进一步提高。例如，“我喜欢的图书”，教师可以谈一谈自己喜欢哪一本书，喜欢的原因是什么。

考点 再拔高

▼ 学前儿童谈话学习核心经验的内涵及发展阶段

内容	核心概念		学习与发展目标		
	概念	示例	初始阶段	稳定阶段	拓展阶段
谈话：是指两个或两个以上的人就某一主题进行的交谈	良好的倾听习惯和能力（在他人谈话的时候能够主动、安静、有礼貌地倾听）	(1)能安静地倾听讲话； (2)能听懂别人谈话的内容； (3)不插话、不抢话	(1)能在较短时间内安静地倾听他人谈话； (2)听懂对方的语言，跟随对方谈话内容的变化而转移注意力； (3)在教师的提示下不插话或抢话	(1)初步自主地集中注意力倾听他人谈话； (2)在谈话中做出目光、表情或口头语言上的回应； (3)能根据声音、语气、语调辨别不同的谈话对象	(1)能充分理解他人意思，初步听懂话语中的隐含意思； (2)关注谈话对象中所提到的细节； (3)会对他人谈话的内容表达自己的认同与否，对他人的谈话进行评论和提问
	掌握并运用交流和表达的规则（遵守谈话中的基本规则）	(1)说话双方轮流说话； (2)采用礼貌用语； (3)发言时进行示意	(1)在教师的提示下认真倾听他人发言； (2)能大方、清晰地回答他人的问题； (3)在成人的提示下会使用礼貌用语； (4)知道发言的时候要示意	(1)在谈话中会通过举手请求等方式进行示意； (2)在教师的提示下会遵守轮流发言的规则； (3)会主动地与熟悉的人发起谈话； (4)能主动参与到他人的谈话中去； (5)能初步根据对象和情景的不同调整声音的大小和语气	(1)在交谈过程中能主动使用礼貌用语； (2)能初步根据谈话场合、对象的不同，运用不同的语气、语速甚至词汇帮助对方理解； (3)在阅读过程中，能根据图画书的结构做出合理的预期
	初步运用谈话策略（能够采用多种辅助手段帮助交流和表达，能围绕主题发起、修补和维持谈话）	(1)会采用表情、语气、动作、目光等辅助表达； (2)围绕主题开展谈话； (3)主动发起谈话，维持谈话	(1)随机或偶然参与到他人的谈话； (2)会借助动作、表情、图画等方式来辅助自己的表达； (3)谈话过程中主题不稳定，谈话中常常更换主题	(1)主动通过观察、表达自己意见等方式参与到他人的谈话； (2)通过提问、提议等方式主动发起谈话； (3)有意识地运用动作、姿势、表情等方式辅助表达； (4)谈话过程中具有多个稳定的谈话主题； (5)谈话内容主要是学前儿童自身态度、经验的表达	(1)会与陌生人主动发起谈话； (2)谈话过程中初步采用解释、补充等方式对自己的表达进行修补； (3)会通过观察对方的理解程度，采用追问、重复、回忆以往经验的方式帮助他人理解； (4)能够根据指定主题谈话

第四章

真题面对面

[2019杭州,单,1分]小红能初步自主地集中注意力倾听他人谈话,表明她在谈话的学习与发展方面已处于(　　)

A.初始阶段　　B.稳定阶段　　C.拓展阶段　　D.萌芽阶段

答案:B

考点5 学前儿童谈话活动设计和实施应注意的问题

1.话题必须有趣、新鲜,并带有一定的讨论性质

谈话活动的话题是谈话的中心,谈话活动应该围绕一个具体、有趣、贴近儿童生活经验的中心话题进行。中心话题可以从客观上主导儿童谈话的方向,限定儿童谈话的范围。话题的选择和确定是谈话活动成功与否的先决条件,谈话活动的话题带有一定的讨论性质,可以引起儿童的兴趣和注意力,同时也给儿童自由表达以及修补与改正他人观点和认识的机会,讨论本身就带有民主、自由、宽松的特点,符合谈话活动的基本特征。幼儿园谈话活动的话题应该符合以下两个条件:

(1)儿童对谈话的话题具有一定的熟悉度

学前儿童谈话活动是建立在儿童已有经验的基础上的,话题应是儿童所熟悉的内容,是儿童共同关心的内容,这样才能保证大多数儿童都能主动参与到谈话中来。

(2)儿童对谈话的话题具有一定的新鲜感

话题要有一定的时代性和阶段性,具有新闻效应。教师要善于从儿童日常谈话中捕捉信息,知道哪些是儿童近阶段特别感兴趣的、共同关心的,儿童参与谈话的人数有多少,分析谈话的话题是否有价值,对儿童的发展是否有利,然后再考虑有没有必要将其确定为集体谈话活动的话题。

2.谈话活动一定要为儿童创设一个宽松自由的语言交往环境

无论儿童的语言表达能力和表达水平如何,无论是有直接经验还是间接经验,儿童都可以在谈话活动中畅所欲言,教师不要做任何的评价和规定,只要让儿童充分体验与教师和同伴语言交流的乐趣就可以了,这才是最为重要的,符合《纲要》的精神和要求。为此,应做到以下两点:

(1)话题内容的扩展和见解自由

谈话活动中没有标准答案或统一的观点和认识,也没有任何一致的谈话要求和谈话经验,儿童有没有直接经验都无所谓,如果没有直接经验也可以根据自己的想象、意愿和不同感受,直截了当地表达,与大家分享。如大班谈话活动“独自在家”,有些儿童有直接经验,当然是有话可谈,但是教师在活动实施的过程中也注意给一些没有这些生活经验的儿童以机会,让他们想想如果今后自己一个人在家,应该怎样做,还可以想些什么办法帮助独自在家的同伴克服恐惧、变得勇敢起来。这样即使没有直接经验,儿童在教师的启发引导下,也可以利用自己的知识经验和认知能力进行想象,做出正确的判断和结论,自由发表自己的意见。

(2)语言表达自由,不强求规范、严谨

谈话活动的主要目的是鼓励儿童大胆、自由地与他人交谈,自由地表达自己的观点和认识,因此,在儿童表达时对语言的要求在其次。如果在谈话活动中,教师一味地去纠正和指出儿童用词造句或表达内容上的对错,势必会降低儿童表达的积极性。谈话活动不要求儿童一定要使用正确的词汇、准确无误的句式、合乎情理的知识经验、完整连贯的表达,只要大多数儿童能主动积极地参与到谈话活动中来就已经达到谈话活动的目标了。

3. 教师在谈话活动中起间接引导作用

在谈话活动中教师的角色是谈话活动的平行参与者、间接指导者，应给儿童以平等、亲切的感受。在谈话过程中教师可以隐性示范正确的谈话内容，可以以提问或发表不同意见的形式拓展谈话话题，影响和把握谈话的进程，使谈话不流于无序的过程，使儿童的表达紧扣中心话题。

六、学前儿童讲述活动的设计与实施 【单选、简答】 ★★★

讲述活动以培养学前儿童独立构思和表述一定内容的语言能力为基本目的，给儿童提供积极参与命题性质的实践机会。讲述活动是学前语言教育的一种重要形式，在学前语言教育中占有重要地位。

考点 1 讲述活动的目标和内容

具体内容参看本章第一节“学前儿童语言教育的目标和内容”。

考点 2 讲述活动的基本特征

1. 讲述活动拥有一定的凭借物

与主要围绕已有经验进行交谈的谈话活动不同，讲述活动需要针对一些凭借物来开展活动。所谓凭借物即儿童在讲述活动中的对象，这决定了儿童讲述的内容范围和指向。这里所说的凭借物主要是指讲述活动中教师为儿童准备的或儿童自己参与准备的（如图片、情景、实物等）。

2. 讲述活动的语言是独白语言

讲述活动的语言交流有别于其他类型的语言活动，它要求儿童使用的是独白语言，是培养锻炼儿童独白语言的特别途径。所谓独白就是需要说话的人独自构思和表达对某一方面内容的完整认识。这是一种复杂、周密的口头语言表达形式，它需要儿童用完整、连贯的语言将内心的感受和体验准确无误地表达出来，并能得到他人的理解。

3. 讲述活动具有相对正式的语言情境

与宽松、自由的交谈不同，讲述活动为儿童提供的是一种相对正式、规范的语言运用场合。它不仅要求儿童能在小组中发表自己的见解和观点，还要求儿童能在集体面前用规范的语言大胆地表达自己的认识。这种正式主要表现在：

（1）语言规范。儿童需要使用较为完整、连贯、清楚的语言进行表达。

（2）环境规范。一般是在专门的教育活动中和正式的语言学习环境中开展活动。

4. 讲述活动中需要调动儿童的多种能力

讲述时，儿童需要感知理解一定的凭借物，借助对这一凭借物的认识和已有的生活经验，构思组织自己的独白语言，从独立完整地编码到独立完整地发码。而且，不同讲述内容有不同的思维方式，也有不同的逻辑顺序，这对儿童的观察力、记忆力、想象力和思维能力的要求都是极高的。如果儿童缺乏这些能力的配合，那么讲述的水平也不会提高。

考点 3 讲述活动的主要类型

1. 从讲述的内容来分，可分为叙事性讲述、描述性讲述、说明性讲述和议论性讲述

叙事性讲述	叙事性讲述即用口头语言把人物的经历、行为或事情的发生发展、变化讲述出来。叙事要求说清楚人物、事件、时间、地点和原因，并且要求说明事情发生、发展的先后顺序。学前阶段只要求儿童简洁、清楚地按顺序讲述事件即可。

描述性讲述	描述性讲述即用生动形象的语言，把人物的状态、动作或物体以及景物的性质、特征具体描述出来。

说明性讲述	说明性讲述用简单明了的语言，把事物的形状、特征、用途等解说清楚的讲述形式。如讲述“我喜欢的玩具”，要求说明玩具是什么样的，什么材料做的，什么玩法等。

议论性讲述	议论是讲道理或论是非。议论性讲述通过摆观点、讲事实来说明自己赞成什么或者反对什么。学前阶段，因为儿童的逻辑思维水平不高，议论能力还不强，因此，只能进行初步的议论性讲述。

2. 从讲述对象的特点来分，可分为看图讲述、实物讲述和情景表演讲述

(1)看图讲述

在讲述活动中使用图片来帮助幼儿讲述，是人们所熟知的看图讲述。讲述的对象都是图片，即平面的具体画面。这类凭借物表现的是情景静止瞬间的暂停现象，在指导幼儿观察、理解并进行讲述时，需要帮助他们联想图片之外活动的形象和连接的情节。看图讲述根据图片的运用和对幼儿语言上的不同要求，还可以分为描述性的看图讲述、创造性的看图讲述、排图讲述、拼图讲述、绘图讲述等。

①描述性的看图讲述要求儿童不仅能观察到图片上的对象和现象的主要特征，而且能观察到细节部分，事物之间的关系和联系，并能恰当地运用语言进行细致的描述，讲清楚图片上表现的是什么内容，还要求儿童根据画面描述对象的心理状态。

②创造性的看图讲述要求儿童不仅要讲出图片的主要和次要内容的特征和相互关系，而且，要根据图片上提供的线索，编成简短的有情节的故事。还要求儿童根据自己的想象，创编出超出画面的内容，并用连贯性的语言把这些事件表述出来。即要求儿童不仅要讲出画面上的内容，而且还需要讲出与画面内容有关，但在画面上没有表现出来的内容。

③排图讲述是训练儿童判断和推理等思维能力的一种看图讲述形式。它主要是通过给儿童提供一套无序号的图片，让儿童根据画面的内容，结合自己的理解与想象，按照画面中所呈现出来的简单情节的可能发生顺序，将无序的图片排出一定的顺序，构成一个完整、连贯的情节，并将故事的内容讲述出来。

④拼图讲述是看图讲述的一种，是看图讲述的拓展。拼图讲述的特点是教师不直接提供讲述的凭借物，而是向儿童提供各种构图材料，如积塑玩具、贴绒图片、磁铁图片、七巧板、立体图片，其中有人物、动物、花草树木、天气状况及不同的地点等，以及一张大的背景图，儿童根据一定的主题自由构思，将这些图片摆放在背景图上，拼出各种各样的画面，然后展开丰富的想象，构成一个个完整的、有情节的故事，并将它们清楚地表达出来。在培养儿童口语表达能力的同时也锻炼了儿童的创造性思维能力。

⑤绘图讲述，从广义上讲是将绘画、泥工、折纸等手工活动与讲述结合起来的一种活动。与拼图讲述不同的是，绘图讲述是儿童自己制作讲述的材料，然后将这些材料组合成一个有情节的内容并讲述出来。而拼图讲述则注重“拼”，儿童把老师提供的各种材料拼成一个完整的画面并讲述，儿童的讲述材料仍然有一定的参照物，而绘图讲述是没有参照物的，它要求儿童根据自己的生活经验，结合自己掌握的有关知识，独立绘图、独立构思，对儿童的想象力、创造力、绘图能力、编构故事的能力都有一定的要求。它既保留了拼图讲述“动手、动口、动脑”的优点，又发展了儿童独立思考、创造性思维的能力，使儿童在动手操作和讲述中体验到自由创造的乐趣。

(2)实物讲述

实物讲述是以实物作为凭借物来帮助儿童讲述的一种活动，具有真实可信的特点。实物包含真实的物品、玩具、教具、动植物、日常生活用品和外在的自然景物等。指导儿童感知理解实物并进行讲述时，最重要的是帮助儿童把握实物的特征。在观察中或观察后，要求儿童将实物的基本特征、用途和使用的方法等多方面的内容清楚地描述出来。

(3)情景表演讲述

情景表演讲述是要求儿童凭借对情景表演的观察与理解来进行讲述的一种活动。在某种情景表演后，在老师的帮助下，儿童将表演中的情节、对话和内容较完整、连贯地表达出来。这种讲述包括真人表演的情景、用木偶表演的情景、真人与木偶共同表演的情景、通过录像或电脑展示的一段情景等，它们都体现了“角色表演”和“连续活动”的特点。

第四章

考点 再拔高

▼ 看图讲述选择图片时的年龄要求

1. 小班

主题明确，线索单一，角色不宜太多。画面大，画面中角色的动作、神态、表情明显，背景简单，色彩鲜艳，主要突出角色特征。图片的篇幅少，一般为1～2幅。

2. 中班

主题明确，线索较复杂，前后图片之间有一定联系，角色较小班略为增多，形象突出，有一定的动作和表情，能从图片中了解角色的心理活动。中班可选用多幅图，但不宜超过4幅，前后图片之间有一定联系。

3. 大班

主题鲜明、生动，图片与图片之间有一定的衔接，画面内容能为幼儿提供想象的空间，角色的心理活动能从画面中反映出来，能根据图片中的内容，激发幼儿联想画面以外的线索，使幼儿通过观察分析讲出画面上各个事物之间的相互关系。大班可用多幅图，但不宜超过6幅。也可使用立体(活动)教具讲述，还可让大班幼儿进行排图讲述。

考点 4 讲述活动设计与实施的步骤

1. 感知理解讲述对象

感知理解讲述对象，主要是通过观察的途径进行。这里所说的观察，大部分是通过视觉汲取信息，许多看图讲述、实物讲述、情景表演讲述，都是先让儿童仔细观察图片、实物、情景表演来感知理解讲述对象。这些主要是通过视觉通道获得的，但也不排斥从其他感觉通道去获得认识，如听觉、触觉、味觉、嗅觉等。

2. 运用已有经验自由讲述

在儿童感知理解讲述对象的基础上，教师指导儿童运用已有的经验进行讲述。这一步骤要求教师尽量放手让儿童自由讲述，给他们以充分的机会，实践并运用已有的经验讲述。它是儿童讲述自由发挥的阶段，教师要改变过去讲述活动中几个人讲多数人听的被动、单调的局面，儿童自由讲述对活跃活动气氛，帮助教师了解每个儿童的讲述水平，提高儿童参与活动的积极性都起到重要作用。组织儿童运用已有经验自由讲述的方式有很多，主要包括集体讲述、分组讲述、个别交流等。

3. 引进并学习新的讲述经验

新的讲述经验，是每次讲述活动学习的重点。通过前两个层次的铺垫，教师可以根据本次活动目标的要求，帮助儿童学习新的经验。新的讲述经验主要是指讲述的思路和讲述方式。

4. 巩固和迁移新的讲述经验

讲述活动中，仅仅引进新的讲述经验是不够的，还需要提供儿童实际操练新经验的机会，以利于他们更好地获得这些经验，因此，讲述活动的最后一个步骤是巩固迁移新的讲述经验。

总之，在四个步骤的讲述活动组织中，有一个内在的完整的组织程序。可以说，儿童每一次学习新的讲述经验，都在活动中获得操练、实践，以利于巩固、迁移，并且在下一次讲述活动中再次尝试运用。通过这种“滚雪球”的积累过程，儿童的讲述能力会不断得到发展。

真题面对面

1.［2018统考，单，1分］给儿童充分机会分组讲述或个别交流所体现的讲述活动设计和实施的步骤是（　　）

A. 运用已有经验自由讲述　　B. 感知理解讲述对象

C. 引进并学习新的讲述经验　　D. 巩固和迁移新的讲述经验

2.［2017统考，简答，5分］简述讲述活动设计和实施的步骤。

答案：1. A　2. 详见内文

七、学前儿童听说游戏活动的设计与实施　【单选】 ★

听说游戏是一种特殊形式的语言教育活动，它是用游戏的方式组织儿童进行的语言教育活动，含有较多的规则游戏的成分，能够较好地吸引儿童参与到语言学习的活动中去，并使儿童在积极愉快的活动中完成语言学习的任务。其活动目标是以培养儿童倾听和表述能力为主，活动的内容主要集中在听和说的理解和表达方面。

考点 1　听说游戏的目标和内容

具体内容参看本章第一节“学前儿童语言教育的目标和内容”。

考点 2　听说游戏活动的基本特征

1. 在游戏中蕴含着语言教育目标

听说游戏有明确的语言教育目标，包含对幼儿语言学习的具体要求。教师通过对听说活动的设计和组织，将近阶段根据幼儿语言发展水平和语言学习需要所提出的语言教学任务，落实到每一位幼儿接受理解和尝试掌握的教育过程中去。

2. 游戏规则即是语言学习的重点内容

教师在设计听说游戏时，根据具体的语言教育目标，选择适当的语言学习内容，并将本次活动的语

第四章

言学习重点转化为一定的游戏规则，游戏规则可能是竞赛性质的，也可能是非竞赛性质的。当幼儿参与听说游戏时，他们必须遵守一定的游戏规则，按照规则进行游戏，并在这样的活动中锻炼听说能力。

3. 在活动过程中逐步扩大游戏的成分

听说游戏活动兼有游戏和活动的双重性质，从活动人手来安排内容，逐步扩大游戏的成分，最后随着幼儿熟悉水平的提高，编成自主进行的游戏。如听说游戏活动开始时，教师需要帮助幼儿理解活动的内容，交代游戏的规则，并且示范游戏的玩法，然后教师带领幼儿开展游戏。在幼儿熟悉游戏规则，逐步掌握游戏玩法之后，再放手让幼儿独立进行游戏。应当说，听说游戏活动开始时以活动的方式进入，而最后又以游戏的方式结束，教师的主导作用在开始时体现得十分鲜明，而后随着幼儿熟悉水平的提高而逐渐减少，直至幼儿完全自主地进行游戏。

考点 3 听说游戏的主要类型

语音练习的游戏	词汇练习的游戏	句子和语法练习的游戏	描述练习的游戏
这类游戏是以练习儿童正确发音，提高儿童辨音能力为目的的一种活动，它的形式和结构都比较简单。	这类游戏是以丰富儿童词汇和正确运用词汇为目的的活动。	学前儿童将从简单句过渡到复合句水平。儿童理解和掌握并熟悉运用它们都需要经过一定的练习。	这类游戏是以训练儿童用比较连贯的语言，具体形象地描述事物，提高口语表达能力为目的的活动。

真题面对面

［2021 临海，单，1.28 分］听说游戏中的描述练习的游戏是以练习用简单、生动、形象的语言描述事物特征，发展幼儿(　　)为目的的游戏。

A. 连贯性语言　　B. 一致性语言　　C. 积极性语言　　D. 象征性语言

答案：A

考点 4 听说游戏活动设计与实施的步骤

1. 创设游戏情境，引发儿童兴趣

可用物品、动作或语言创设游戏情境。

2. 阐述游戏规则，明确游戏玩法

教师在阐述游戏规则的时候需要注意：(1)用简洁明了的语言讲解；(2)要讲清楚听说游戏的规则要点和游戏的开展顺序；(3)要用较慢的语速进行讲解和示范。

3. 教师指导儿童游戏

教师指导儿童游戏，有利于儿童在活动过程中熟悉游戏规则，进一步明确和掌握游戏的玩法，掌握在游戏中运用语言交往的基本思路，从而为独立开展听说游戏做好充分准备。

4. 儿童自主游戏

此阶段中，教师已从游戏领导者的身份退出，处于旁观的地位。在观察儿童游戏时，注意对个别不熟悉规则的儿童进行及时的指导点拨，帮助这些儿童尽快地加入游戏的队伍中去，真正成为游戏活动的一员。同时，教师也需要注意发现儿童在游戏过程中可能出现的矛盾与纠纷，及时予以解决，以免因角色分派不当或其他问题影响游戏顺利进行。此外，教师在场本身便对儿童产生一定的激励作用，可

以使他们意识到自己所参与活动的价值，而当教师给说对的儿童以点头、微笑以及拍手的鼓励时，这些体态语言能在更大程度上激发儿童活动的积极性，保持参加游戏的兴趣。儿童自主游戏活动可以根据每一个听说游戏的具体要求来考虑适当的活动形式。如以集体活动的形式进行游戏，全班儿童均可参与其中；以小组形式开展游戏，教师可让儿童自己结合，并选择适当的场地进行活动；同时，也可以以一对一结伴的方式进行游戏。采用何种活动形式，取决于儿童参与活动的最佳效果。哪种方式能够促使儿童更主动积极地活动，哪种形式有利于儿童口语练习，教师都应在设计活动时予以充分考虑，进行周到的策划。

八、学前儿童早期阅读活动的设计与实施 【单选、简答】 ★★

学前儿童早期阅读活动，是有计划、有目的地培养儿童学习书面语言的教育活动。这种早期阅读活动，向儿童提供集体学习的环境，帮助儿童接触书面语言，发展他们学习书面语言的行为，培养他们对书面语言的敏感性，为进入学龄期的正式书面语言学习打下良好的基础。早期阅读是儿童语言学习的一个不可缺少的部分，对促进儿童语言发展具有重要的价值。

考点 1 早期阅读活动的目标和内容

具体内容参看本章第一节“学前儿童语言教育的目标和内容”。

考点 2 早期阅读活动的基本特征

1. 需要丰富的环境

阅读环境包括精神环境与物质环境。教师要努力为学前儿童创设丰富的阅读物质环境，包括为儿童提供阅读的时间和空间，同时，还要为儿童创设宽松、自由的阅读氛围。

2. 与讲述活动紧密相连

早期阅读活动为学前儿童提供了众多含有具体意义、形象生动的阅读内容，儿童在阅读过程中不仅要理解图书的主要内容，还要将图书的主要意思以口头表达的形式表现出来，这是阅读活动的一个主要目标。

3. 应具有整合性的特点

早期阅读活动是一种整合教育，它贯穿于各种活动中，应与语言教育活动和其他领域的教育活动紧密结合起来。

4. 需要图文并茂的阅读材料

儿童的认识特点决定着早期阅读活动必须为儿童提供有具体意义的、生动形象的阅读内容。有趣的图文并茂的故事，有实在意义并有一定规律可循的文字，能帮助儿童将阅读内容与口头语言连接起来，并产生表征意义的联想。

5. 具有鲜明的文化和语言背景

任何一种语言，都有其独特的文化背景，书面语言尤其如此。在幼儿园进行早期阅读活动，应当充分考虑儿童母语的特性及其文化的特色，帮助儿童学习认识母语的文化和语言背景。例如，有关汉字的起源、历史的信息、对汉字框架结构的认识、汉字独特的手写工具——毛笔的尝试运用等，都能有效地帮助儿童感受祖国语言的文化气息。

考点 3 早期阅读活动的主要类型

(1)根据阅读训练的目的不同可分为：认知性阅读、理解性阅读、鉴赏性阅读、批判性阅读、浏览性阅读、查阅性阅读、参考性阅读。

(2)根据阅读在幼儿园一日活动中的不同渗透可分为：生活活动中的阅读、语言活动中的阅读、艺术活动中的阅读、社会活动中的阅读、亲子活动中的阅读、数学活动中的阅读、科学活动中的阅读、游戏活动中的阅读、体育活动中的阅读等。

(3)根据早期阅读活动所处的空间不同可分为：幼儿园阅读教育活动、户外阅读教育活动、家庭阅读教育活动。

考点4 早期阅读活动的设计与组织

在实践中，早期阅读活动实际包含了“狭义”与“广义”之分，正式与非正式之分。作为一种前阅读概念的“早期阅读活动”，它不仅仅是指单纯的“读书”，而应当是一种多种形式相结合的活动。根据儿童阅读活动的特点，它包括了“听—读”活动、“读—说”活动、“读—写”活动、“读—做”活动等。

1. 充分利用教育资源，创设良好的阅读环境

(1)早期阅读教育资源的利用

①幼儿园内的资源。班级提供的阅读材料，包括图书、画报、报纸、杂志等；班与班之间可相互交流的阅读材料；儿童自制的阅读材料，包括儿童自制图书、漫画、创编的故事、合作的板报以及其他自制的可供阅读的作品；园内可供儿童阅读的自然、人工环境；园级的阅览中心(图书馆)等。

②家庭阅读资源。家庭中的阅读材料，除了图书、画报、报纸、杂志外，还包括收藏品，如邮票、古董、字画、门票等；家庭与家庭之间(邻里之间)可相互交流的阅读资料；在电脑、电视等多媒体活动中的阅读材料。

③社区阅读资源。社区中的阅览室、橱窗提供的阅读材料；社区各单位团体中可利用的阅读环境和阅读材料。例如，社区小学的阅览室、中小学的实验室、单位团体的陈列室；商场、邮局、理发店、医院等的标记、标志、商标广告等；社区中的自然、人工环境(包括雕塑、警示牌、温馨提示等)。

以上这些都可以成为儿童阅读的对象，关键在于我们怎样去利用它们，挖掘它们的阅读价值。

(2)早期阅读环境的创设

教师在创设早期阅读环境的时候一定要注意提供丰富的阅读材料，而不仅仅是“书”。因此，这些丰富的阅读材料不仅仅出现在图书区，而应当根据儿童发展的需要出现在儿童活动的各个区域。

教师在选择阅读材料时应注意以下基本标准：

①内容方面。

是否是儿童周围生活中的；

是否是儿童感兴趣的；

是否对儿童有启示作用的；

是否属于优秀的文化；

是否涵盖认读教育、历史教育、文学阅读教育、自然常识教育、道德伦理教育等。

②种类方面。

动用多种感官的视听资料：录音、录像等。

来源于周围生活的社会性资料：广告、符号、标志等。

便于操作的活动性资料：文字拼图、图文接龙卡等。

展示自我的儿童自制资料：各类图书、自录录音带、标志、工具书、儿童自己创编的故事等。

生动有趣的象形资料(异形图书)：体现长颈鹿特征的“长形书”、教你怎样煎鸡蛋的“蛋形书”、描绘蚕的生长过程的“桑叶形书”等。

起参考作用的工具资料：各种图文并茂的动物知识图典、交通工具知识图典、花卉知识图典、用具知识图典等。

③形式方面。

材料的外观形式，是否色彩丰富、形状各异等；

材料的操作形式，是否具有方便性、灵活性、可变性，是否刺激儿童的多种感官，是否利于师生、生生、亲子共同活动等。

④功能方面。

能提供大量的运用阅读基本技能的机会；

能帮助儿童理解阅读在现实生活中的价值；

能激发儿童与人交往；对儿童今后的发展有潜在的积极影响。

2. 早期阅读教育活动的设计与指导

我们认为，在早期阅读活动的指导过程中教师必备的观念是：幼儿园的每个教师都是"阅读指导者"；幼儿园的许多教育和生活活动都蕴含着阅读教育；早期阅读教育要将听、说、读、写（画）能力结合起来；阅读活动类型多种多样，不同的阅读活动具有各自不同的目的。

（1）早期阅读活动设计与实施的步骤

①儿童自己阅读。在阅读活动开始时教师首先创设让儿童自己阅读的机会，让儿童自由地"接近"阅读活动的内容，观察认识阅读对象，获得有关的信息。让儿童自己阅读并不意味着教师可以撒手不闻不问，而是要更巧妙地起到引导作用。可以说，儿童是在教师的具体指导下开始观察认识活动的，教师可以用提问的方式，用问题引导儿童的思路，提出观察的要求，提示他们观察认识的途径，或以操作演示等方式引导儿童完整地、安静地阅读。

②教师与儿童一起阅读。在儿童自己阅读之后，教师可视具体情况选择小组或集体的形式，带领儿童一起阅读。其目的是在儿童自己观察认识接触到的书面语言信息的基础上带领儿童进一步学习理解这些书面语言信息。在这一环节中，教师可按照自己的理解和设想，将要求儿童掌握的书面语言知识信息贯穿到阅读的过程中去。教师的作用在于帮助儿童明确此次阅读的内容，并正确地掌握书面语言的信息。

③围绕阅读重点开展活动。每次阅读活动均有一定的重点，事先教师应做到心中有数。在师幼共同阅读后，教师可以多种形式组织儿童围绕阅读重点开展活动，如讨论、表演、游戏、再创造等，着重帮助儿童深入地掌握学习内容和正确的学习方式，加深对所学内容的印象。

④归纳阅读内容。归纳阅读内容是总结性的活动环节，它的主要作用在于帮助儿童巩固消化所学的内容，是整个活动中不可缺少的组成部分。归纳阅读内容方式有多种，如游戏式、对话式、竞赛式、展示欣赏式等。教师在归纳总结时还应注意激发儿童主动参与的积极性，对儿童未能掌握的问题，以巧妙的方式引导儿童发现它们，并继续思考学习。

⑤阅读活动的延伸。延伸活动的目的是保持儿童的学习兴趣，帮助儿童在生活中应用。延伸活动可以在区角中进行，也可以在日常生活活动或其他教育活动中开展，还可以在家庭亲子活动中实施。

真题面对面

［2019统考，简答，5分］简述幼儿园图画书阅读活动的组织策略。

答案：详见内文

（2）早期阅读教育活动的指导要点

①幼儿园阅读活动的指导

作为早期阅读教育的指导既要合乎儿童学习的基本规律，又不能对不同的儿童、不同的活动用同一个模式、同一种方法。应该在注重实践活动和活动中的师生互动、亲子互动、生生互动的阅读教育活动指导大前提下，重视以下早期阅读教育活动的指导要点。

第一，尊重差异——为每个孩子提供合适阅读的环境。

环境可以是教师为本次教育活动特意创设的，也可以是利用班级环境的游戏活动区、幼儿园内的活动环境等。

根据不同儿童的需要及阅读特点，教师可采用自然阅读等指导方法，让儿童在丰富多彩的阅读情景中，通过自己的感官，产生阅读兴趣和求知欲，主动地去阅读。例如，班级图书角、各活动区材料、到阅览中心、到书城、供应图片、卡片、拼图等，让儿童按照自己的意愿和方法去阅读、去探索。

第二，激发兴趣——让每个孩子尝到阅读带来的快乐，对阅读产生浓厚的兴趣。

兴趣是最好的老师，激发兴趣是最重要、最有效的指导之一。应当常常利用不同的情景来激发儿童的阅读兴趣，如问题情景、材料情景、故事情景、场地情景（书店、图书馆）等。因此，教师可采用情景教学法，根据教育目标和内容，设置或选择一定的情景，通过情景感染提出问题，引导儿童对问题进行思考，激发学习兴趣，掌握知识，达到目标。

还可采用图文对照法，在活动中采用文字与图意对应，依字配图，有图就有字，图文并茂，图词搭配，依图组句，适合儿童形象思维的特点，诱发儿童的学习兴趣，发展儿童观察力和想象力。

另外，还可采用竞赛法、演示法等提高儿童兴趣。即教师在组织教学活动中，将儿童分成几组，采用竞赛的方法，提高儿童参与活动的积极性。例如，分组竞赛找标记、抢答等；教师利用图片、图画、挂图、视听和范品进行演示，让儿童从范品中对事、人、物获得感性认识。

第三，促进交流——使每位教师、家长和儿童自己投入到阅读活动的指导过程中。

阅读能力的提高是在不断地交流和交往活动中完成的。这样的活动包括教师引读、师幼共读、儿童自读、亲子阅读、幼幼同读等。例如，在师幼共读、教师引读活动中，教师可采用讨论等方法，儿童根据教师指出的问题，在集体中相互交流个人的看法，相互启发，相互学习，使儿童能积极参加教育活动，以小组为宜，让每个儿童都有表现的机会。在幼幼同读中，可采用“本班交流”“跨班级交流”的形式，即在实施早期阅读教育的过程中，不仅本班儿童可以相互交流，还可引导大班儿童将自己制作的阅读材料（如结构图、自制图书等）带到中小班去，既可以由大的孩子带领小孩子阅读，也可以让小孩子自己阅读这些材料。这种跨班级的阅读活动加强了儿童之间的交流。

第四，鼓励应用——与儿童的生活紧密联系，在儿童的生活中去运用。

儿童的阅读过程实际上是一个积累过渡的过程，它积累的是生活经验，运用的是阅读综合技能，发展的是终身学习的能力。因此，教师可采用自然阅读法等。例如，带儿童去春游、野炊时，可引导儿童根据自己的观察理解，给农作物挂上自己设计、制作的爱护植物的提示或环保标志。这实际上也是一种阅读活动。

让儿童在活动中自己选择阅读材料、阅读的方式、阅读的伙伴，因此儿童能主动思考和运用，充分发挥他们的主体性。

②对家庭亲子阅读活动的指导

第一，直接指导。

定期培训：用家长座谈会、家长在学校的时间，使家长全面了解早期阅读教育的目标、途径、内容与方法，使家长明确儿童早期阅读对其发展的重要性。

小组指导：这主要针对亲子阅读中普遍存在的问题，利用接送孩子的时间进行小组辅导。

材料展示：阶段展示孩子的阅读材料，让家长了解儿童在园的阅读情况，拓宽家长对孩子进行阅读教育的思路。

经验交流：组织家长进行家庭阅读经验交流，丰富家长教育孩子的方法。

第二，间接指导。即利用家园联系栏、家长信箱或家长开放日、印发阅读资料等方法帮助家长了解和学习家庭教育经验。

第三，个别指导。由于儿童的阅读兴趣、习惯、态度和能力各有差异，为收到最佳的教育效果，使每个儿童都能有所发展，可针对不同的家长作具体的个别辅导。例如，教给家长观察自己孩子的方法，以便其针对自己孩子的情况采取相应的方法，根据亲子阅读中不同的阅读情况由教师写留言或评语；指导家长共做亲子活动材料，如制作不同主题的“我们自己的书”等等。

第七节　学前儿童语言教育活动的评价

一、学前儿童语言教育活动评价的原则

1. 客观公正性原则

客观公正性原则是指实施语言教育评价时，必须采取客观、公正、实事求是的态度，而不能凭主观臆断或掺杂个人的情感因素，妄加评论或指责。客观公正性是进行语言教育活动评价的最基本原则。实践证明，活动评价如果是客观的，就可以促进语言教育活动的开展与改进工作，反之则会阻碍语言教育活动的开展，使得活动评价失去其真正的意义。

在活动评价中要做到遵循客观公正性原则：

（1）要求评价者根据客观公正的评价方法和手段，依据教育目标来实施评价，评价标准一旦确定，就不能任意改动。

（2）要求制定的标准应适合每一个评价对象，否则，就不能称为客观公正的标准。

（3）要求在实施评价的过程中以客观公正的态度对待每一个评价对象，不能因评价者本人的好恶而使评价结果出现偏差。如果评价者不能以客观公正的态度对待评价对象，在评价过程中包含主观成见或个人情感色彩，则会产生不良的后果。

2. 连续全面性原则

教育实践是一个不断运动、全面发展的过程，教育评价必须是连续不断地对语言教育活动的各个组成部分和各个构成要素进行全面的评价。这就要求评价者既要对学前儿童语言发展的情况进行评价，又要对教师的教学进行评价；既要对语言教育目标进行评价，又要对语言教育内容和方法进行评价；既要对教具、学具的选择和利用进行评价，又要对教师与儿童之间的互动情况进行评价；既要对静态的活动要素进行评价，又要对动态的活动要素进行评价。同时评价者所用的评价方法和评价工具还应有连续性，对学前语言教育的评价记录资料还应妥善安置、形成制度，只有这样才能保证评价的连续性和全面性。

3. 诊断有针对性原则

教育评价的目的是改进教与学，所以对教育目标的达成既要有量的显示，也要有质的评定。不仅要能看出是否达到目标的数量和程度，还要能看出达到的各种具体情况，以便找到原因，有针对性地进行教育教学。如对儿童普通话发音的评价，在新入园时用语音测查的方法来了解每一个儿童的发音情况，对未发准音的儿童做出记录并分析其原因，这样就能有针对性地进行个别辅导。

4.参照性原则

参照性原则是指制定的语言教育评价标准要有一定的依据。

(1)要依据国家有关法律法规,这是确定语言教育评价的根本依据。

(2)要依据学前儿童语言发展的基本规律。根据儿童在每一个年龄阶段应有的语言发展水平做出恰当的规定,不可任意提高或降低评价的标准。

(3)要依据语言教育的目标。目标不但是语言教育活动的指南,而且也是语言教育评价的指南和参照依据。在评价过程中,那种脱离目标另定标准的做法是不可取的,是缺乏科学性的典型表现。

二、学前儿童语言教育活动评价的作用

1.反馈作用

反馈就是将教育成果信息返回给教师,用以调整改进教育过程。评价作为一种反馈就是将教育成果信息返回给教师,做出相应的改进措施,从而提高语言教育教学的顺利实施。评价作为一种反馈—矫正系统,主要判断语言教育整体结构中的每一个环节是否有效;如果无效,则必须及时采取改正和补救措施,以确保教育的有效性。通过评价,可以反馈与确认教师的教育和儿童的学习是否有效;可以激发教师改进和调整语言教育活动的动机,强化成功经验、消退失败经验等。根据评价结果的信息反馈,可以大大提高教师自我教育评价和改进教育工作的能力。

2.诊断作用

诊断是语言教育评价的一个基本作用。通过评价,可以诊断学前儿童在语言教育整体运行中的语言发展状况;可以诊断儿童学习语言时在知识经验和能力技能上的准备程度以及已有的语言发展水平,由此来决定儿童语言教育的目标和内容。通过评价,可以诊断儿童语言教育活动的实际效果,还可以诊断本班儿童在语言方面的兴趣、个性、语言能力等方面的差异,以便教师因材施教和有的放矢地进行个别指导。总之,要通过语言教育评价来诊断语言教育内容和目标的适合程度,内容与儿童语言发展水平的适合程度,内容和方法与儿童兴趣点的适合程度,然后,根据评价所得到的诊断结果,及时调整语言教育内容,改进语言教育方法。

3.增效作用

教育评价在语言教育整体运行中具有增效作用。若能做到在语言教育过程中每走一步都做出评价,并以此为基础再走下一步,就可以避免许多“无效劳动”,使教师和儿童的时间和精力花在能取得实效的活动上。经常性的评价还可为学期或学年总评价积累素材,进行客观的归纳和总结。虽然增加了教师暂时的负担却换取了长远的效应,教师多付出的劳动量能随着评价体系及工具的建立和完善而逐渐减少。

当前在语言教育改革比较困难的情况下,语言教育评价还可以作为剖析语言教育实践、形成语言教育整体结构和运行机制的一种手段。例如,教师或园长可用语言教育整体结构四要素来对照本班或本园的语言教育实践,从中发现薄弱环节和不足之处并予以加强和改进;也可用各种评价工具对儿童语言能力的发展、儿童语言学习过程的设计和实施、语言教育目标和教育内容等进行检验,从而发现优点,找出缺点并加以改进。

三、学前儿童语言教育活动评价的内容 【单选、简答】 ★★★

语言教育活动的评价涉及许多方面,但概括起来主要是两个方面,一个是对幼儿的评价;另一个是对活动本身的评价。

考点 1 对幼儿的评价

教育活动评价是以引起幼儿身上出现的变化或幼儿在活动中的表现为着眼点。具体说可以分为两个角度：一是从幼儿学习效果的角度，对目标达成情况进行分析和评价，称为静态的评价；另一个是从幼儿在活动中的表现对幼儿的参与活动程度进行分析和评价，称为动态的评价。

1. 对目标达成的评价

在对语言教育活动目标达成情况进行分析和评价时，要有整体观念。关于语言教育活动的目标，可以从三个层面来认识：第一层是指《纲要》提出的语言教育目标，这一层的目标对幼儿在语言教育这个领域的发展做了全面的规定；第二层是指幼儿园语言教育各种活动类型的目标，这层的目标对幼儿的语言在某一方面的发展做了规定；第三层是指幼儿园语言教育具体活动的目标，这一层的目标对幼儿在每一次活动之后应产生的变化提出了要求。这三个层面的目标在语言教育目标系统中相互联系、相互渗透。

2. 对幼儿参与活动程度的评价

对幼儿评价的另一个方面，是对幼儿参与活动程度的分析与评价，这是一种动态的评价。通过对幼儿在活动中的表现，可以了解活动设计和活动组织的情况，也可以了解幼儿语言发展的状况。因此，重视观察幼儿在活动中的表现是关键。关于幼儿参与活动的程度，可以分为三个等级：理想的等级是主动积极地参与，处于中间的是一般参与，最不理想的是未参与。

主动积极是幼儿参与教育活动的最佳状态，在这种状态下，幼儿有着强烈的学习动机，有着浓厚的学习兴趣。从外在表现看，幼儿的注意力集中，对于教师的指导用语和同伴的发言都能专心倾听。当教师提问时，幼儿纷纷举手发言，乐意在集体面前表述自己的观点或叙述一件事情。当分组活动时，幼儿的情绪非常高涨，活动气氛异常活跃。如果某一个教育活动在组织过程中，幼儿能主动积极参与，就说明该活动从目标的制定到内容的选择都是恰当的，与幼儿的语言发展状况有着高度的适应性。当然，也可以说明幼儿的发展状况是良好的。

一般参与是幼儿参与活动程度的中间状态。在这种状态下，幼儿仍然进行着学习活动，但基本上属于被动学习。在教师的不断提醒下，能够集中一定的注意力倾听教师的话语和同伴的发言。当老师提出问题时，并不积极主动地举手发言，但是当老师点到名字时，也能站起来回答老师的问题，并且能够在集体面前表述自己的观点。在一般参与的状态下，通过教师的精心组织，基本上可以达到教育活动的目标，也能够完成教育任务。但是，这种状态的出现说明活动目标的制定和活动内容的选择与幼儿语言发展的状况还缺乏高度的适合性，还需要加以改进。

未参与是幼儿参与活动程度的最不理想状态。在这种状态下，幼儿对于正在进行中的活动毫无兴趣，当教师发出指令或是同伴发言时，他们不能集中注意倾听，或是东张西望，或是与同伴打闹嬉耍，或是昏昏欲睡。这种状态的出现，说明教师事先在设计活动方案时，从活动目标的制定到活动内容的选择都是不恰当的，需要舍弃而重新设计。

考点 2 对活动本身的评价

对活动本身的评价也可以说是对教师教学工作和教学效果的评价。虽然通过对幼儿的评价能在一定程度上反映教师教学的质量，但是教学质量并不能在对幼儿的评价中得到全部的体现。因此，为了科学地准确地评价教育活动的效果（包括教师教学的效果和幼儿学习的效果），除了要对幼儿进行评价以外，还要对教师的教学（即活动本身）进行评价。这个内容的评价主要涉及教育目标、教育内容、教育方法、教育组织形式、教学环境材料的利用、教师与幼儿之间的互动等。

1. 目标的评价

(1)在评价教育活动的目标时，主要分析这一活动目标的提出是否以幼儿园语言教育的目标和各个活动类型的目标为依据；

(2)是否从本班幼儿的实际情况出发，提出恰当的教育要求；

(3)在目标中是否包含了认知、情感、能力等三个方面的内容；

(4)整个活动的设计与组织是否围绕教育目标而进行。

2. 内容的评价

(1)在评价教育活动的内容时，主要分析内容的选择与目标的要求是否相一致；

(2)活动内容是否符合科学性和思想性；

(3)内容的分量是否适当，有无过多或过少的情况；

(4)内容的组织是否分清了主次、突出了重点，是否抓住了关键内容；

(5)内容的布局是否合理，各要点之间的衔接是否自然流畅；

(6)与幼儿的发展状况是否适合。

3. 方法的评价

(1)在评价教育活动的方法时，主要分析方法的运用是否刻板划一；

(2)方法的选择与运用是否随着活动目标、活动内容及幼儿实际而变化；

(3)各种具体活动的方法与幼儿学习方式的适合情况如何；

(4)有没有采用有效的方式保障幼儿积极参与教育活动。

4. 组织形式的评价

(1)在评价教育活动的组织形式时，主要分析在活动展开过程中，是否适当地进行了集体活动—分组活动—个别活动的组合与变换；

(2)是否只是局限于采用一种特定的活动形式；

(3)在活动的组织过程中，有没有考虑到因材施教的问题；

(4)在分组时，是否考虑到人际关系以及幼儿的情感因素。

5. 环境材料的评价

在语言教育活动中，常常需要创设和利用一些有助于幼儿学习的环境、材料、教具和学具。

(1)在对其进行评价时，主要分析是否创设或选择了适合于活动内容和幼儿实际的环境材料；

(2)利用这些环境材料是否适合于教育活动的展开；

(3)选择的材料、学具等是否适合于幼儿的操作；

(4)教具和学具是否做出若干组合；

(5)是否最大限度地利用了环境、材料、教具和学具的所具有的功能。

6. 师幼互动评价

教师与幼儿的互动情况，对教育活动的效果有直接的影响。

(1)在评价教师与幼儿的互动关系时，主要分析是否正确发挥了教师的主导作用；

(2)是否创造条件使幼儿成为活动的主体；

(3)教师与幼儿在活动过程中的交往是否和谐融洽，是否积极主动地相互交往；

(4)幼儿的注意力、兴趣、情绪、意志、性格等非智力因素是否得到充分的激发。

真题面对面

[2018统考，简答，5分]简述语言教育活动本身的评价内容。

答案：详见内文

核心考点回顾

1. 学前儿童语言学习的特点有哪些？(参见本书P179)
2. 学前儿童语言教育的原则有哪些？(参见本书P180)
3. 讲述活动的主要类型有哪些？(参见本书P196)
4. 学前儿童语言教育活动评价的内容有哪些？(参见本书P206)

达标测评

建议用时	实际用时	测评总分	实际得分
50分钟	____分钟	60分	____分

一、单项选择题(每小题1分，共5分)

1. 能主动、积极、专注地倾听别人谈话，迅速掌握别人谈话的主要内容，并从中获取有用的信息。这是(　　)儿童谈话活动的目标。

A. 小小班　　B. 小班

C. 中班　　D. 大班

2. 学前儿童语言教育的总目标可以分为(　　)、表述、早期阅读和欣赏文学作品四个方面。

A. 谈话　　B. 游戏

C. 倾听　　D. 讨论

3. (　　)是一个完善的语言教育活动设计的核心。

A. 确定活动目标　　B. 选择活动内容

C. 策划活动流程　　D. 拟定活动方案

4. 要求幼儿用简单明了的语言说明玩具是什么样的、什么材料做的、怎么玩等。这种方法属于(　　)

A. 议论性讲述　　B. 说明性讲述

C. 叙事性讲述　　D. 描述性讲述

5. 喜欢看书，了解看书的基本方法，能初步看懂单幅儿童图画书的主要内容是对(　　)年龄段的要求。

A. 小小班　　B. 小班

C. 中班　　D. 大班

二、简答题(每小题5分，共15分)

1. 简述幼儿语言模仿的四种方式。
2. 简述早期阅读活动的基本特征。
3. 简述学前儿童语言教育活动评价的原则。

三、案例分析题(共15分)

杰杰小朋友总喜欢到“聊天吧”和好朋友一起聊天，每次杰杰都大方地向好朋友介绍自己收集的“宝贝”，如小贝壳、小贴纸、小玩偶等，分享新买的玩具，交流喜欢的动画片和图书情节，以及和爸爸妈妈一同外出旅行的趣事等。当好朋友提出问题时，杰杰能认真倾听，非常乐意与他们一起讨论，耐心解答。杰杰生动、有趣的讲述，吸引了越来越多的小朋友，"聊天吧"可真热闹啊！

(1)请结合《指南》中语言领域目标，分析案例中杰杰语言发展的典型表现。(6分)

(2)请提出进一步提高杰杰语言表达能力的策略。(9分)

四、活动设计题(共25分)

请根据故事《下雨的时候》设计小班幼儿的语言教育活动方案。要求写出活动目标、活动准备及活动过程等。

附故事：

下雨的时候

一天，小白兔在草地上蹦蹦跳跳，它看看花，采采蘑菇，玩得真高兴。忽然，刮起风，下起雨来。

小白兔连忙摘了一片大叶子，顶在头上当作雨伞。小白兔淋不到雨了。

小白兔走呀走，看到前面有一只小鸡，被雨淋得"叽叽叫"。小白兔说："小鸡，小鸡，快到叶子下面来躲雨吧。"小鸡说："谢谢你。"它们一起在叶子下面躲雨。

它们走呀走，又看见前面有一只小猫被雨淋得"喵喵叫"。小白兔和小鸡一起叫："小猫，小猫，快到叶子下面来躲雨吧。"小猫说："谢谢你们。"它们一起在叶子下面躲雨。

过了一会儿，雨停了，太阳出来了。小猫、小鸡和小白兔三个好朋友一起做游戏，它们玩得真高兴。

参考答案及解析

一、单项选择题

1. D [解析]大班幼儿谈话活动的目标包括：(1)能主动、积极、专注地倾听别人谈话，迅速掌握别人谈话的主要内容，并从中获取有用的信息；(2)能主动地用普通话与同伴交流，态度自然大方；(3)能围绕话题谈话，会用轮流的方式交谈，并用恰当的语言表达自己的情感，与同伴分享感受；(4)逐步学会用修补的方法延续谈话，进一步提高语言交往水平。
2. C [解析]学前儿童语言教育的总目标可以分为倾听、表述、欣赏文学作品和早期阅读四个方面。
3. B [解析]语言教育活动内容是实现教育目标的手段，是将目标转化为儿童发展的中间环节，也是活动设计和实施的主要依据。因此，活动内容的选择是一个完善的语言教育活动设计的核心。
4. B [解析]说明性讲述即用简单明了的语言，把事物的形状、特征、用途等解说清楚的讲述形式。
5. B [解析]小班早期阅读活动的目标包括：(1)喜欢看书，了解看书的基本方法，能初步看懂单幅儿童图画书的主要内容；(2)能用口头语言将儿童图画书的主要内容说出来，开始感受语言和其他符号的转换关系；(3)对文字感兴趣，能在成人的启发下认读最简单的文字；(4)在活动中以描画图形的方式练习基本笔画。

二、简答题(参考答案)

1. (1)即时的、完全的模仿；(2)即时的、不完全的模仿；(3)延迟模仿；(4)创造性模仿。
2. (1)需要丰富的环境；(2)与讲述活动紧密相连；(3)应具有整合性的特点；(4)需要图文并茂的阅读材料；(5)具有鲜明的文化和语言背景。
3. (1)客观公正性原则；(2)连续全面性原则；(3)诊断有针对性原则；(4)参照性原则。

三、案例分析题(参考答案)

(1)语言领域目标：倾听与表达：认真听并能听懂常用语言；愿意讲话并能清楚地表达；具有文明的

语言习惯。案例中当好朋友提出问题时，杰杰能认真倾听，并非常乐意与他们一起讨论，耐心解答，体现出他良好的倾听能力。杰杰生动、有趣的讲述，吸引了越来越多的小朋友，体现出他良好的表达能力。

(2)策略：①为幼儿创设自由、宽松的语言交往环境，鼓励和支持幼儿与成人、同伴交流，让幼儿想说、敢说、喜欢说并能得到积极回应。②为幼儿提供丰富、适宜的低幼读物，经常和幼儿一起看图书讲故事，丰富其语言表达能力，培养阅读兴趣和良好的阅读习惯，进一步拓展学习经验。

四、活动设计题(参考答案)

下雨的时候(小班)

(一)活动目标

(1)在成人的帮助下，感受关心同伴的快乐；

(2)乐意学说故事中的对话；

(3)懂得与小伙伴之间正确相处。

(二)活动准备

下雨的背景图一张，插图动物小鸡、小猫、小兔各一只，小白兔头饰一个，若干图片。

(三)活动过程

1.情景表演，引起兴趣

(1)教师："小朋友，你们瞧，我是谁？"小兔们，我们一起去草地上玩，好吗？(放录音：小兔跳)

(2)听"打雷下雨"声。

教师："哎呀！不好啦，下雨了！这么大的雨，我们该怎么办？"(幼儿发言讨论避雨的办法)你们瞧！地上有许多树叶，可以请它来帮忙吗？

(引导幼儿把树叶当伞顶在头上)

(3)教师：小白兔，我们快回家吧！

你们听到谁在叫呀？它怎么了？为什么叫？小鸡被雨淋湿了，它会怎么样？

我们快想办法帮助它呀！(引导幼儿集体学说对话)

我们快往前走吧！小白兔，你们看那是谁呀？

(小猫)小猫被雨淋得"喵喵叫"，我们该怎么办？(引导幼儿集体学说对话)

(4)雨停了，我们找个地方休息一下。(幼儿回座位)

2.幼儿看图片，学对话

老师把刚才在草地上的事编成了一个很好听的故事，你们想听吗？

教师边讲述边出示图片。

提问：(1)故事的名字叫什么？(2)故事里有谁？(3)下雨了，小白兔想了什么办法避雨？(4)小白兔走呀走，看见了谁，说了什么话？(我们一起来说说)(5)小白兔和小鸡顶着大叶子往前走遇到了小猫，它们是怎么对小猫说的？

3.活动总结

听了这个故事以后，你最喜欢故事里的谁？为什么？(讨论)

第五章 学前儿童社会教育

思维导图

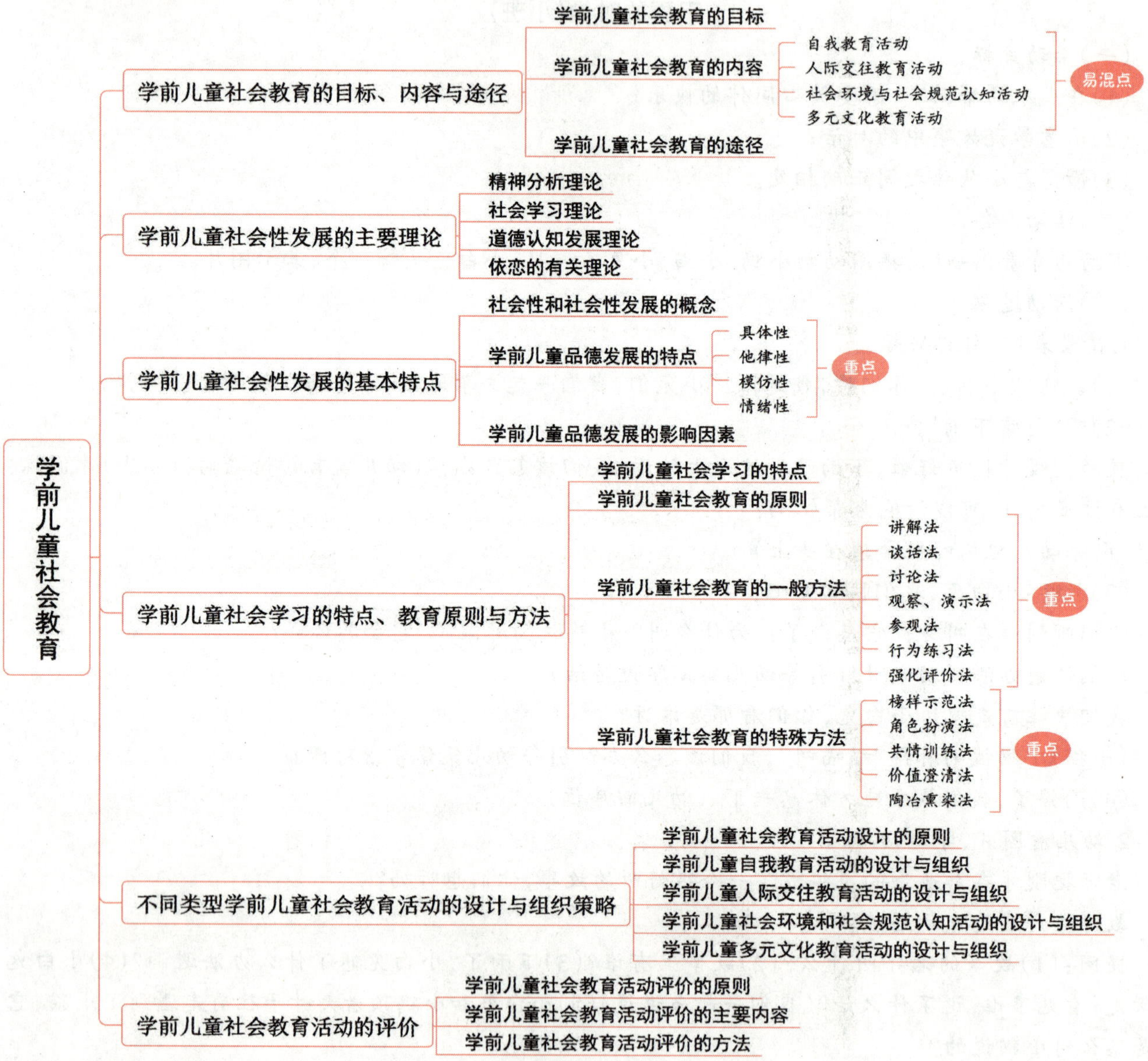

- 学前儿童社会教育
  - 学前儿童社会教育的目标、内容与途径
    - 学前儿童社会教育的目标
    - 学前儿童社会教育的内容（易混点）
      - 自我教育活动
      - 人际交往教育活动
      - 社会环境与社会规范认知活动
      - 多元文化教育活动
    - 学前儿童社会教育的途径
  - 学前儿童社会性发展的主要理论
    - 精神分析理论
    - 社会学习理论
    - 道德认知发展理论
    - 依恋的有关理论
  - 学前儿童社会性发展的基本特点
    - 社会性和社会性发展的概念
    - 学前儿童品德发展的特点（重点）
      - 具体性
      - 他律性
      - 模仿性
      - 情绪性
    - 学前儿童品德发展的影响因素
  - 学前儿童社会学习的特点、教育原则与方法
    - 学前儿童社会学习的特点
    - 学前儿童社会教育的原则
    - 学前儿童社会教育的一般方法（重点）
      - 讲解法
      - 谈话法
      - 讨论法
      - 观察、演示法
      - 参观法
      - 行为练习法
      - 强化评价法
    - 学前儿童社会教育的特殊方法（重点）
      - 榜样示范法
      - 角色扮演法
      - 共情训练法
      - 价值澄清法
      - 陶冶熏染法
  - 不同类型学前儿童社会教育活动的设计与组织策略
    - 学前儿童社会教育活动设计的原则
    - 学前儿童自我教育活动的设计与组织
    - 学前儿童人际交往教育活动的设计与组织
    - 学前儿童社会环境和社会规范认知活动的设计与组织
    - 学前儿童多元文化教育活动的设计与组织
  - 学前儿童社会教育活动的评价
    - 学前儿童社会教育活动评价的原则
    - 学前儿童社会教育活动评价的主要内容
    - 学前儿童社会教育活动评价的方法

浙江考向

高频考点	常考题型	能力层级	考查热度
学前儿童社会教育活动的类型	单选	识记	★★
学前儿童社会教育内容选择的原则	单选	识记	★★

续表

高频考点	常考题型	能力层级	考查热度
学前儿童品德发展的特点	单选、简答	理解	★★★
学前儿童社会教育的原则	单选、简答	掌握	★★★
学前儿童社会教育的一般方法	单选、名词解释、简答	识记	★★★
学前儿童社会教育的特殊方法	单选	理解	★★

核心考点

第一节　学前儿童社会教育的目标、内容与途径

一、学前儿童社会教育的目标

学前社会教育是教师有目的、有计划地对儿童施加教育影响，引导他们积极主动地参与活动，并促进其社会认知、社会情感和社会行为等方面健康发展的过程。其目的性和计划性主要表现在：教师在开展学前教育时制定教育目标、确定教育内容、选择教育方法，以及对教育效果的评价上。其中教育目标的制定，是学前社会教育的起点和归宿，也是整个社会教育课程设计的首要环节。

考点 1　学前儿童社会教育目标制定的依据

1. 以学前儿童的社会性发展水平为依据

以儿童的社会性发展水平为制定社会教育目标的依据，首先必须掌握儿童社会性发展的特点和需求，根据他们的发展进程来进行教育。有关儿童社会性发展的研究，已经为我们提供了丰富的信息。所以，目标制定者就要经常阅读新的研究报告，把握儿童社会学习在不同年龄阶段的特点，有的放矢地制定学前社会教育的目标。除此之外，由于受遗传、家庭、环境以及儿童自身个性特点等多种因素的影响，儿童的社会性发展表现出显著的个体差异。因此，在制定社会教育目标时，尤其是对于制定具体教育活动目标的教师而言，需要经常观察儿童，以便真正地了解儿童的社会性发展水平，从而制定出科学、合理、可行的社会教育目标。

2. 以一定社会的培养目标为依据

学前社会教育要关注社会的发展，关注社会的未来乃至全世界的未来，其目标的制定要能反映社会的要求和愿望。在我国现阶段，随着社会经济的发展和改革的深化，人们的很多观念发生了变化，如拜金主义、官本位、社会达尔文主义等不良思想都可能给儿童的社会性发展带来有害的影响。因此，针对这一社会现实，幼儿园必须在教育上采取一系列措施，调整社会教育的目标，如强调合作分享、乐于助人、爱护环境等优良品质，将社会的要求融入社会教育之中。最重要的是要引导儿童增加对社会现实的了解，明白某些不当行为的严重后果，如不注重保护环境会带来什么严重影响等，使儿童从小养成良好的习惯。

3. 以学前社会教育学科的发展为依据

课程目标的制定还需要考虑学科发展的需要，把握学科本身的知识体系。为了在制定课程目标时更好地解决这一问题，应当积极地向学科专家学习。

第五章

考点2 学前儿童社会教育目标的层次结构

根据目标的概括性程度，可以将学前社会教育目标分为三个层次，即社会教育总目标、年龄阶段目标和活动目标。越是高层次的目标，其概括性越高，越是低层次的目标，其概括性越低、目标越具体、越具有验证性。

1. 学前社会教育总目标

学前社会教育总目标是社会教育所期望的最终结果，是学前阶段社会教育任务和要求的总和，是对儿童社会教育目标最为概括的陈述，是其他层次目标的依据和基础。《纲要》将社会领域作为幼儿园教育的五大领域之一，进一步以社会需求、儿童发展以及学科等因素为依据，明确提出了社会领域的教育目标。我们将其作为学前社会教育的总目标：(1)能主动地参与各项活动，有自信心；(2)乐意与人交往，学习互助、合作和分享，有同情心；(3)理解并遵守日常生活中基本的社会行为规则；(4)能努力做好力所能及的事，不怕困难，有初步的责任感；(5)爱父母长辈、老师和同伴，爱集体、爱家乡、爱祖国。

2. 学前社会教育年龄阶段目标

学前社会教育的年龄阶段目标是总目标在各年龄段上的具体体现，也是对幼儿园各年龄班儿童社会性发展提出的具体要求。

我们对学前社会教育年龄阶段目标表述如下：

(1)小班社会教育目标

①引导儿童初步了解自己身体主要部位的特征和功能，初步懂得自我保护；

②引导儿童知道自己是幼儿园的小朋友，初步萌发儿童的独立性和最基本的自我控制能力；

③引导儿童逐步熟悉集体生活环境，认识集体中的同伴与成人，初步了解他们与自己的关系，使儿童初步适应集体生活；

④使儿童保持愉快的情绪，不爱哭、不怕生，愿意与他人交往，鼓励儿童积极参与集体生活；

⑤引导儿童初步掌握日常生活中常用的礼貌用语，使儿童能初步有礼貌地同他人交往，见了老师和长辈会问好；

⑥使儿童初步了解和掌握基本的卫生要求，养成初步的卫生习惯；

⑦使儿童初步懂得主要的交通安全常识；

⑧培养儿童初步的学习习惯，引导儿童遵守最基本的学习活动规则；

⑨激发儿童从事简单的自我服务劳动的兴趣，引导儿童初步了解父母和老师的劳动；

⑩教育儿童初步懂得不提无理要求、不无故发脾气；

⑪引导儿童与同伴共同活动，不争夺或独占玩具。

(2)中班社会教育目标

①使儿童能初步认识自己与他人的异同；

②使儿童能初步了解自己与他人的情绪，初步懂得同情和关心他人；

③萌发儿童最基本的自我控制能力，引导儿童初步懂得不损害同伴；

④引导儿童初步了解周围主要的社会机构、设施，初步知道它们与人们生活的关系，萌发儿童最初的爱家乡的情感；

⑤引导儿童初步了解重大的节日，并使儿童感受节日的快乐；

⑥初步激发儿童与他人交往的愿望，引导儿童在与同伴及成人交往中，能初步准确地使用礼貌用语；

⑦引导儿童初步懂得与他人合作，初步懂得分享和谦让；

⑧引导儿童了解周围成人的劳动，鼓励儿童学做一些力所能及的事，初步养成爱劳动、爱惜劳动成果的习惯；

⑨鼓励儿童大胆表达自己的见解，使儿童初步能克服困难，完成任务，鼓励儿童能有始有终地做一件事；

⑩引导儿童初步学会评价自己与同伴，引导儿童初步承认错误，改正缺点；

⑪引导儿童初步养成诚实、守纪律等良好的品德行为；

⑫引导儿童初步感受民间艺术及我国的传统文化精神。

（3）大班社会教育目标

①使儿童初步了解自己的成长及成人为此付出的劳动，激发儿童爱父母和老师及其他长辈的情感；

②引导儿童初步学会控制自己的情绪和行为，初步学会紧急情况下的应变办法；

③引导儿童了解自己所在的集体，初步懂得应做对集体有益的事，培养儿童初步的集体荣誉感和责任感；

④引导儿童主动、准确地使用礼貌用语，能以恰当的方式与他人交往，和同伴友好相处；

⑤引导儿童主动照顾、关心小班和中班的小朋友；

⑥引导儿童了解周围的社会生活，让儿童初步了解社会机构、社会成员和他们的劳动及其与人们生活的关系，萌发儿童尊敬、热爱劳动者的情感；

⑦引导儿童初步了解我国的民族及丰富的物产，萌发爱祖国的情感；

⑧引导儿童初步了解国家间的友好往来，萌发爱好和平的情感；

⑨引导儿童初步学会分辨是非，初步懂得应向好的榜样学习，萌发初步的爱憎感；

⑩使儿童初步能遵守各项规章制度，初步会以规章制度对照自己与他人的行为，引导儿童喜欢从事力所能及的劳动，初步懂得爱惜劳动成果，爱惜公物；

⑪引导儿童初步感知家乡的自然和人文景观，初步了解我国主要的自然人文景观、萌发对民族文化的喜爱及保护自然社会环境的初步意识；

⑫引导儿童初步感知世界著名的人文景观及优秀艺术精品，萌发对世界文化的兴趣。

3. 学前社会教育活动目标

学前社会教育活动目标是总目标和年龄阶段目标的具体化，是教师通过一定的方法和途径可以直接实现的目标。教育活动目标一般由教师自己制定，其最为主要的特点是可操作性强，可以通过具体的教和学的行为，通过师幼及其与环境的相互作用得以实现。教育活动目标是否充分反映整个社会教育的目标，教育活动目标是否与整个社会教育目标相对应，是否存在空缺或无效重复，都会在一定程度上影响学前社会教育的质量，影响儿童社会认知、社会情感和社会行为的发展。

第五章

考点 3 学前儿童社会教育目标的分类结构

分类结构是教育目标的组合构成，是指对社会教育目标进行横向的归聚和划分，从而确定其不同类别。一般从目标内容的角度出发对学前社会教育目标的横向结构进行划分，即对社会教育总目标所涉及的具体内容加以分析、归聚和整合，从而确定若干个相对独立的类别。进而再对每一个类别进行深入的分析研究，确定社会教育目标的分类结构，也是总目标的具体化。我们从总目标中分化出自我意识、人际交往、社会环境与社会规范认知和多元文化四大类别。各大类别的目标陈述如下：

1. 自我意识

（1）引导儿童初步了解有关自己成长的最基本的知识；

（2）初步培养儿童的自信心、自尊心及独立性，以及最基本的自我控制和应变能力；

（3）引导儿童正确认识自己，能够进行准确的自我评价；

（4）学会用恰当的方法表达自己的爱好、需求、情绪和情感。

2. 人际交往

(1)愿意与他人共同游戏、活动并友好相处;

(2)善于与人交往,懂得问候、交谈、与人合作及参与活动的技巧,掌握几种交往策略;

(3)能主动帮助弱小同伴,乐于帮助有困难的小朋友、老人和残疾人,经常自愿地与他人分享玩具、食物等;

(4)鼓励儿童主动地参与各项活动,培养诚实、勇敢、守纪等基本品质,培养儿童开朗的性格;

(5)引导儿童初步了解自己所在的集体,使儿童逐步适应并喜欢集体生活,初步产生对集体的关心喜欢之情。

3. 社会环境与社会规范认知

(1)知道自己的成长与家人的关系,感激父母长辈的辛勤养育之恩;

(2)初步了解家庭、幼儿园,认识周围不同职业人们的劳动及其与自己生活的关系,尊重他们的劳动,产生初步的热爱劳动者的情感;

(3)引导儿童初步了解并逐步掌握基本的交通规则、学习活动规则、生活规则等;

(4)引导儿童初步了解并掌握基本的公共卫生规则,树立环境保护意识;

(5)逐步懂得正确与错误之分,激发儿童初步的是非感、爱憎感。

4. 多元文化

(1)初步感受具有代表性的社区文化;

(2)初步了解祖国传统的民俗节日、人文景观、少数民族和文化精品等,对祖国的传统文化感兴趣;

(3)初步感受世界著名的人文景观及优秀的艺术作品,对世界文化感兴趣;

(4)初步了解世界是由许多国家和民族组成的,萌发热爱和平的情感;

(5)愿意接触或了解不同国家、不同种族的外国人,感受他们的风俗习惯。

二、学前儿童社会教育的内容

考点 1 学前儿童社会教育活动的类型 【单选】 ★★

1. 自我教育活动

(1)自我教育活动的含义

儿童的自我教育活动包括自我认识活动、自我体验活动和自我控制活动。自我认识是主体“我”对客体“我”的认知与评价,主要包括个体的自我概念和自我评价。自我体验,是自己对自己怀有的一种情绪体验。自我控制是自己对自身言语和行动的控制和制约。

(2)自我教育活动的内容

学前儿童自我教育活动主要包括以下几方面的内容:

①帮助儿童认识和接纳自己,增进儿童的自我价值感和自信心。如从表面上认识自己,知道自己的特点;让儿童从内心层次认识自己,明白自己的优点和缺点,比较全面客观地认识自己;引导儿童接纳自己的优缺点。

②帮助儿童学习认识、理解和适当地表达自己的情绪,控制自己的行为。如生气了,可以告诉别人“我生气了”,也可以暂时不理人、有控制地哭,但是不能打人、骂人、摔东西等。

③帮助儿童学习自由选择、自我决断,培养其独立性、自主性和自己对自己的行为负责的意识。

④支持、鼓励儿童大胆地表达自己的意志、想法和态度。

⑤帮助儿童主动地参与各项活动,体验与同伴交往的快乐。

⑥帮助儿童努力做好力所能及的事，不怕困难，有初步的责任感。

2. 人际交往教育活动

(1)人际交往教育活动的含义

人际交往教育活动是指教师通过创造一定的情境和条件，引导学前儿童学习某种人际交往能力的教育活动，其目的在于通过为学前儿童提供交往的机会，构建人际交往的平台，培养儿童关心、理解、尊重和赞赏他人的人际交往态度。在活动中，教师要鼓励儿童以积极主动的心态交往，并学习与掌握交往的技能，逐渐学会与人友好相处，以适应未来的社会生活。

(2)学前儿童人际交往教育活动的主要类型

①亲子交往

亲子交往主要是指子女与父母间的人际交往活动。如教师可以在“六一”儿童节、“三八”妇女节、重阳节、母亲节、父亲节等一些节日中，将学前儿童的父母请到幼儿园，积极参与儿童的活动；也可以组织儿童和家长一起参加外出游玩、参观；还可以开展亲子运动会、亲子联谊会等活动，让儿童与父母产生积极互动，促进亲子交往，增进亲子了解，密切亲子关系。

②同伴交往

同伴交往是指以同伴为交往对象的活动。交往双方都处于同年龄水平，大多采用直接交往和平行交往的形式，但是在低年龄儿童交往中非语言交往、单向交往也时常出现。同伴交往比较能够体现儿童的人际交往水平，如“六一”儿童节开展“大带小”的游园活动，就充分体现了儿童的交往水平。在同伴交往活动中，主要培养儿童同伴之间人际交往能力，引导儿童参与同伴间的合作、分享、协商、互助等活动，逐步学会移情体验、换位思考，了解与接纳别人的想法。如在“怎样当哥哥姐姐”的活动中，大班儿童不仅要在生活上照顾好小班儿童，帮他们系鞋带、背包等，还要教弟弟妹妹如何观察、感知周围世界，更要随时随地纠正他们一些不正确的社会行为，如乱扔垃圾等。

③师幼交往

教师是儿童在幼儿园里的主要交往对象之一。师幼交往活动一般都是以个体与个体、个体与群体、下行交往和语言交往为主要形式，有时也会有平行交往、上行交往、非语言交往和间接交往等交往类型。幼儿园应加强师幼交往活动，培养学前儿童与教师交往的能力。与亲子交往活动有区别的是，师幼交往活动相对比较正式一些。

④与其他社会成员的交往

儿童生活在社会中，除了家长、同伴、老师之外，还需要与社会上其他的成人交往，如亲戚、营业员、售票员等各种行业的工作人员。如重阳节时组织儿童去敬老院慰问爷爷奶奶，可以学习如何与长辈交往。

(3)学前儿童人际交往活动的内容

①培养儿童乐意与人交往，学习互助、合作和分享，有同情心；

②培养儿童关心、理解、尊重和赞赏他人，学习并掌握基本的交往技能；

③帮助儿童学习协调自己与他人的兴趣和想法，学会与人友好相处。

考点 再拔高

▼ 幼儿园人际交往活动的实施要点

(1)设计具体的人际交往情境

情境创设一方面要依据活动目标和儿童的发展水平，另一方面要使儿童产生认知冲突，激发其学习、探索的欲望，从而了解什么是合理、得体的行为，什么是不得体、不礼貌的行为。

(2)介绍人际交往的技巧

①直接呈现法

通过展示、示范和直接教导的方式，让儿童直接了解人际交往技巧，让儿童感受这种交往技巧能够给人带来的快乐，从而使他们愿意使用交往技巧。

②间接呈现法

教师通过呈现一些反面事例，让儿童进行讨论，逐步引出人际交往技巧。注意：间接呈现法所运用的案例，最好是小动物或卡通人物的故事，要坚持正面教育的原则，不要使用本班儿童的案例，避免儿童之间简单的"贴标签式"地评价。

(3)引导儿童运用所学的人际交往技巧

教师要提供机会让儿童体验、实践和练习，从而学会使用，这是人际交往教育活动的核心环节，其主要目的在于让儿童知道这些交往技巧在哪些场合可以使用、可以对哪些人使用等，从而巩固自身的知识和经验，感受良好的人际交往带来愉快的情绪体验。

真题面对面

1. [2021浙江临海，单，1.28分]在幼儿园人际交往中，呈现一些反面事例，让幼儿讨论，引出人际关系技巧的方法是(　　)

A. 情境创设　　B. 理论学习

C. 直接呈现　　D. 间接呈现

2. [2018浙江统考，单，1分]开展"玩具分享日""小熊请客"等活动作为社会教育的内容，属于(　　)

A. 自我意识方面的教育　　B. 社会环境方面的教育

C. 社会文化方面的教育　　D. 人际交往方面的教育

答案：1. D　2. D

第五章

3. 社会环境与社会规范认知活动

(1)社会环境与社会规范认知活动的含义

社会认知的发展是学前儿童社会性发展的主要组成部分。它是依托于人的社会化进程，在社会化过程中摄取他人影响以摒弃自我中心的过程。认知发展具有社会属性。社会认知总是在一定的具体环境中进行的，学前儿童对社会环境的认知会对他们的认知结果产生巨大影响。由于学前儿童具体形象的思维特点，社会规范的认知更应该强调在社会环境中进行，并注重规范的直观性、情境性和易操作性。

(2)社会环境与社会规范认知活动的内容

学前儿童社会环境和社会规范认知活动的内容主要包括以下几个方面：

①社会环境的认知。儿童生活的特定的社会环境，如家庭、幼儿园、社区及公共场所等社会环境中特定的物质设施、人物关系、职业角色及行为准则。

②道德规范与行为准则的认知。如公德意识、环保意识、文明礼貌用语、文明行为规范以及日常卫生习惯等。

③观点采择能力的发展。区分自己与他人的观点，并进而根据当前或过去的有关信息对他人的观点做出准确推导的能力。

④理解人与环境之间相互依存的关系，形成爱护、保护环境的意识，逐渐萌发社会小公民的意识。

4. 多元文化教育活动

学前儿童多元文化教育主要是对幼儿进行世界文化的启蒙教育，应以本国文化为主、外国文化为辅，培养儿童公平、公正的意识。

学前儿童多元文化教育活动的内容主要有以下几个方面：

(1)民族文化。传统节日——春节、清明节、端午节、中秋节等传统节日等；少数民族的节日——傣族的泼水节、回族的开斋节，蒙古族的白节等；爱国主义节日——国庆节、建军节等；民间艺术——泥人、刺绣、青花瓷、国画、剪纸等；传统文化——汉字、诗词、戏剧、武术等；民间习俗，如婚嫁等。此外，还包括少数民族的名称、服饰、风俗习惯、饮食特色、历史传说等。

(2)世界文化。了解不同国家和民族的人的特点，如肤色、语言、生活习惯、风俗人情等，理解并尊重各国、各民族的差异。如国外的传统节日——情人节、复活节、万圣节、圣诞节、感恩节等；世界节日——三八妇女节、六一儿童节等；国外的"文学作品"——适合幼儿的童谣、儿歌、童话故事等。

考点 2 学前儿童社会教育内容选择的原则 【单选】★★

学前儿童社会教育内容的选择需要建立在对儿童发展的深刻理解，对教育目标的正确把握以及对社会文化生活的广泛认识的基础之上，所确定的内容应当在促进儿童自身发展的同时，有益于社会文化的进步与完善。总体说来，学前儿童社会教育内容的选择应当遵循以下原则：

1. 生活性与适宜性原则

生活性原则是指学前儿童社会教育的内容应当尽可能从儿童的生活出发，选择基于儿童生活经验与生活实际，并能丰富儿童生活经验的内容。适宜性原则是指要根据目标、儿童发展及社会文化发展的需要选择适合于教师与幼儿园实际并有助于幼儿发展，同时也能为幼儿所理解的学前儿童社会教育内容。生活性原则是从学习的经验基础角度提出的，适宜性原则是从学习的条件与发展水平角度提出的。对于幼儿来说，社会生活方面的内容主要是培养儿童基本的社会生活习惯与态度。

生活性与适宜性原则是基于儿童社会学习直观性的特点与学前儿童社会教育要适应和遵循儿童身心发展的规律的要求而提出的，即儿童的社会性学习需要以直接的生活经验作为基础。根据这两条原则，学前儿童社会教育内容的选择应注意：

(1)选择儿童生活需要，并为儿童所熟悉的内容，即选择儿童生活中经常体验到的内容。还要尽可能注重从当地的社会资源中挖掘和选择有价值的教育内容。

(2)选择儿童可以理解的、有益于儿童发展的并具有可操作性的内容。学前儿童社会教育的内容一定是儿童可以理解并有益儿童发展的内容，这样的内容对于儿童来说才是适宜的。这里的适宜并不只是强调对儿童已有水平的适应，而是基于已有水平的促进。

2. 全面性与基础性原则

全面性是指学前儿童社会教育的内容是广泛的，它涉及很多方面。从生活的维度看，它涉及个人生活、家庭生活、社会生活、社区生活、人类生活的内容；从心理结构的维度看，它涉及社会认知、社会情感、社会行为三方面的内容；从社会关系的维度看，它涉及儿童与自我的关系、儿童与他人的关系、儿童与社会的关系。如果要培养完整的儿童，学前儿童社会教育的内容要尽可能地涉及各个方面。基础性是指学前儿童社会教育的内容应是浅显的、具体的、启发性的知识，是儿童发展所必须学习的基础性知识。

这两条原则主要是根据培养健康与完整的儿童的目标而提出的。根据这两条原则，学前儿童社会教育内容的选择应当注意：(1)均衡地选择学前儿童社会教育的内容；(2)选择基础的、富有启发性的内容。

3. 时代性与民族性原则

时代性与民族性原则是指学前儿童社会教育的内容既要体现时代发展的特点，又要体现传统文化的特色。坚持这一要求才能使学前儿童社会教育的内容在适应时代变化的同时，又能发扬民族优秀的文化传统。

之所以强调时代性，是因为幼儿的社会学习以适应与参与社会生活为重要目标。不同的时代有着不同的社会生活内容与方式，孩子要适应当下的社会就需要了解与学习这些内容。对民族性的强调是因为社会的发展是有传承性的，儿童的社会学习不仅有时代的内容，也有超越时代的内容。如我国部分传统的风俗习惯、人伦礼仪，是不因时代发展而改变的。中国的传统节日，中国传统文化中仁、义、礼、智、信的道德内容，在今天仍是有教育价值的，这些内容我们要继承下来，保留在学前儿童社会教育的内容当中。尤其是随着全球化的推进，保留这些传统的民族文化内容不仅有助于儿童培养深厚的民族情感，还有助于世界文化的多元性与丰富性。根据这两条原则，学前儿童社会教育内容的选择应当注意：

（1）关注当下社会生活中出现的新事物、新情况、新问题，帮助学前儿童了解自己所生活的时代与世界。（2）挖掘优秀的传统文化内容，如我国的民间艺术、传统节日、民间风俗习惯、人文景观等。

记忆有妙招

盛势全集市民：**盛**（生活性）**势**（适宜性）**全**（全面性）**集**（基础性）**市**（时代性）**民**（民族性）

三、学前儿童社会教育的途径

学前儿童的社会学习与社会性发展是在一日生活中进行的，儿童生活中碰到的每件事情都可能影响他们社会性的发展。学前儿童社会教育的开展受到多种因素的影响，社会教育的途径也是多方面的，最主要的有三个方面：专门的教育活动、随机教育和家园合作及社区教育。这三方面的教育各有所长，却又互为补充，为学前儿童的社会性发展提供良好的支持和保障。

考点1 幼儿园专门的教育活动

幼儿园专门的社会教育活动是指教师依据《纲要》和《指南》，根据各年龄班儿童社会性学习和发展的特点，有目的、有计划地对学前儿童进行社会教育的各种活动。幼儿园专门的社会教育活动是学前儿童社会教育的重要途径，主要包括集体教学活动和区域活动两种形式。

1. 集体教学活动

幼儿园的集体教学活动是作为和幼儿园的一日生活活动、区域活动相配合，共同构成幼儿园生活的一类活动。幼儿园社会领域的集体教学活动是指教师有目的、有计划地组织班级所有儿童都参加的社会教育活动。包括教师预设的活动和生成的活动，主要的形式是单独的一节课或围绕一个社会教育的主题而展开系列活动，全班师生一起进行或分小组同时进行。集体教学活动是幼儿园实施社会教育的主要手段，也是学前儿童获得社会知识、发展社会技能、培养社会情感的重要途径。

2. 区域活动

区域活动是学前儿童最喜欢的活动之一。区域活动作为幼儿园教育活动的重要组成部分，是落实学前儿童社会教育目标的重要途径，对儿童的社会性和个性发展有独特的教育功能及教育价值。

（1）在区域活动中，儿童自由选择区域，自主发起、自由选择活动，有利于儿童自主性、独立性和主动性的发展；

（2）在区域活动中，儿童可以完全按照自己的兴趣、需要和水平选择适宜的活动，从而实现儿童个性化的发展；

(3)在区域活动中，儿童要学会轮流、分组、交流，有助于帮助儿童认识到自己和集体的关系，增强儿童的集体荣誉感和责任感，培养儿童团结互助的良好社会品质；

(4)在区域活动中，儿童有更多的与同伴交往的机会，有利于提高儿童的社会交往能力。

考点2 幼儿园的随机教育活动

儿童社会性的发展和教育是一个长期的过程。在这个过程中，除了教师专门设计和组织的社会教育活动以外，日常生活以及其他教育领域中随机的社会教育也是学前儿童社会教育的重要途径。

1. 日常生活中的随机教育

日常生活是指儿童从入园到离园这一过程中，除了集体教学活动以及区域活动之外的所有活动，如入(离)园、进餐、盥洗、如厕、做操、值日、娱乐等活动。幼儿园的一日生活中蕴含了许多社会教育的有利因素，教师应重视在日常生活中对儿童进行随机的社会教育。日常生活中的随机教育分为两类：一类是日常生活各环节中的随机教育；另一类是偶发事件的随机教育。日常生活中随机渗透的社会教育没有固定的模式，教师事先没有明确的教育目标，教师在活动中根据内容的进行和变化及儿童的需要随机进行，这就需要教师善于把握教育机会，在日常活动中引导儿童形成正确的社会认知、积极的社会情感和良好的社会行为习惯。

除了日常生活各环节的随机教育外，教师还应针对生活中的偶发事件进行随机教育。例如，某个儿童受伤或生病了，教师可以引导其他儿童对其进行关心和照顾，激发同伴之间的友爱之情。

2. 其他教育领域中的随机教育

《纲要》指出，幼儿园各领域的内容要有机联系，相互渗透。在幼儿园其他领域的教育活动中蕴含着丰富的社会教育契机，教师应注意将社会教育的有关内容和要求渗透到各个领域的教学之中。例如，在语言教育活动中，通过欣赏文学作品培养儿童判断是非的能力以及良好的个性品质；在健康教育活动中，通过让儿童参与各种体育运动，培养其勇敢、坚强、乐观的精神；在科学教育活动中，儿童在合作探究中学会了协作与交流；在艺术教育活动中，通过各种音乐及美术活动让儿童体验、表达社会情感，学习与同伴交流沟通等。其他领域教育活动除了其内容蕴含着丰富的社会教育因素以外，其组织形式也具有社会教育的价值。幼儿园教育活动的组织形式主要有集体活动、小组活动和自由活动三种类型。每一种形式都为儿童提供了社会学习的机会。例如，在集体活动中，儿童学会了有意识地倾听、跟随和模仿；在小组活动中，儿童要学会沟通、协作、轮流与秩序；而在自由活动中，儿童具有更多自由交往和自我管理的机会。

考点3 家园合作及社区教育

家庭和社区环境既是影响儿童社会性发展的重要因素，也是儿童社会教育的重要途径之一。儿童社会性的发展是幼儿园、家庭以及社区多方面教育合力的结果。《纲要》在社会领域的指导要点中提出："社会学习是一个漫长的积累过程，需要幼儿园、家庭和社会密切合作，协调一致，共同促进幼儿良好社会性品质的形成"。

1. 家园合作

家园合作是指在学前儿童的教育过程中，幼儿园和家庭双方积极主动地相互沟通、相互配合、相互支持，共同促进儿童身心健康发展。《纲要》指出："家庭是幼儿园重要的合作伙伴，应本着尊重、平等、合作的原则，争取家长的理解、支持和主动参与，并积极支持、帮助家长提高教育能力。"幼儿园和家庭在儿童社会性发展中都有着非常重要的作用。幼儿园通过专业的幼教人员根据国家的教育目标对儿童实施科学的教育；而家庭作为学前儿童生活、学习的主要场所，对儿童社会性发展的影响是潜移默化的，对儿童发展所起的作用是不可替代的。因此，家庭和幼儿园必须密切联系、相互配合，共同承担起儿童教育的重任。

2. 社区教育

社区是儿童成长和发展的重要环境，除了家庭和幼儿园，儿童的大部分时间是在社区度过的。社区作为整个社会的雏形，是儿童社会性发展的一个重要影响因素。社会教育是指社区内为儿童或全体居民提供的教育设施和教育活动，是多层次、多内容、多种类的社会教育。研究认为，社区与幼儿园的关系应为共建共享共发，即幼儿园充分利用社区资源；幼儿园为社区提供各种服务。《纲要》明确指出："充分利用自然环境和社区的教育资源，扩展幼儿生活和学习的空间。幼儿园同时应为社区的早期教育提供服务。"

第二节　学前儿童社会性发展的主要理论

一、精神分析理论

考点 1　弗洛伊德心理性欲理论

20世纪前期，奥地利心理学家弗洛伊德从自己的临床经验出发，提出了划分心理阶段的标准，具体规定了心理发展阶段的分期：

阶段	时期	表现
第一阶段	口唇期（0～1.5周岁）	吸吮、吞咽和咀嚼，减轻紧张感；"自我"开始出现
第二阶段	肛门期（1.5～3周岁）	肛门肌肉的训练能减轻紧张感；排便训练
第三阶段	性器期（3～6周岁）	快感集中于性器官；恋母、恋父情结—自居作用—"超我"开始发展
第四阶段	潜伏期（6～11、12周岁）	机体发展进入相当恬静时期，抑制所有性欲上的兴趣，主要发展社会和智力的经验，把儿童大量的能量导向情感安全领域；快乐来自外界
第五阶段	生殖期（青春期）	性再次萌芽，中心转到对异性的感情上，并会发展一种成熟的爱情关系

弗洛伊德认为人格有三个层次：本我、自我和超我。本我处于潜意识层面，按快乐原则行事；自我处在意识层面，按现实原则行事；超我是意识层面中的道德部分，体现在根据情境对自我进行约束。新生儿人格结构中的唯一成分是本我（伊底）。

考点 2　埃里克森心理社会化发展理论　【单选、判断】　★★

美国精神分析学家埃里克森认为，人格发展是一个逐渐形成的过程，必须经历八个顺序不变的阶段，其中前三个阶段属于学前儿童成长和接受教育的时期。

阶段	年龄	冲突	获得的人格
第一阶段	0～1岁	基本的信任感对基本的不信任感	信任感
第二阶段	1～3岁	自主感对羞耻感	自主性
第三阶段	3～6岁	主动感对内疚感	主动性
第四阶段	6～11岁	勤奋感对自卑感	勤奋感
第五阶段	12～18岁	自我同一性对角色混乱	自我同一性

备注：这里只具体列出前五个阶段。其他三个阶段分别为：亲密感对孤独感（成年早期）、繁殖感对停滞

感(成年中期)、自我整合对绝望感(成年晚期),不再赘述。

真题面对面

[2018统考,单,1分]埃里克森把个体人格和社会性发展划分为8个阶段,其中3~6岁儿童所处的阶段是(　　)

A. 基本的信任感对基本的不信任感　　B. 自主感对羞耻感

C. 主动感对内疚感　　D. 自我同一性对角色混乱

答案:C

二、社会学习理论 【单选】★

社会学习理论主要代表人物是班杜拉。班杜拉在建构其社会学习理论的过程中,行为主义所倡导的客观性原则和认知心理学对心理内部事件的重视都对他产生了很大的影响,他试图在社会学习理论中把个体生物因素和环境因素两者结合起来。社会学习理论区别于行为主义之处在于,它并不反对对个体内部因素(如认知因素)的研究,认为个体行为的变化是由个体的内在因素和环境因素相互作用所决定的。社会学习理论关于儿童人格和社会性发展的主要观点可以从以下两个方面来说明。

考点1 关于儿童行为的起源

班杜拉认为,个体社会性起源于以偶然强化为中介的直接学习和模仿。儿童的社会行为,如对他人的信任、对自己的攻击冲动的抑制、道德行为以及性别化行为等,不是性本能发展的产物,而是直接学习、模仿和强化的结果。

1. 直接学习

班杜拉认为,对于个体社会行为的掌握而言,与模仿相比,直接学习是一种更基本的途径。在直接学习中,儿童的某种行为所产生积极的或消极的结果直接决定着儿童是否重复这些行为。也就是说,儿童通过观察自己的某一行为所产生的后果,就会逐渐形成"何种行为在何种场合下是适宜的"的假设,这些假设指导着儿童日后的行为或行动。在通常情况下,儿童根据这些假设做出相应的行为时,又会得到肯定或否定的结果。肯定是一种强化,会激发儿童继续从事这类行为;反之,如果行为的结果是否定的,儿童就会设法抑制这类行为的发生或设法逃避这种否定的结果。

2. 模仿

班杜拉认为,模仿在儿童行为的习得中是一种更重要的途径或机制。因为人类社会的一些行为是无法直接学习的,而必须依靠模仿。例如,随着儿童年龄的增长,儿童必须学会怎样既坚持自己的权利,同时又服从社会要求。如果仅靠直接学习,那么可以想象,儿童在最终掌握这些社会规范之前不知要受多少惩罚。因此,儿童的许多行为是通过对现实的或象征性榜样行为的模仿而获得的。社会学习理论中的模仿概念与精神分析理论中的"自居作用"的含义有许多相似之处。精神分析理论所谓的"自居作用"是一种自我防御机制或适应性行为。弗洛伊德认为,儿童最初不懂社会规范,在与父母的交往中,由于害怕受到惩罚或失去父母的宠爱,就对父母的行为、态度产生一种认同的心理倾向。但是,在社会学习理论中,模仿作为儿童掌握社会行为的一种主要机制或途径,则是一个复杂的过程,它是由四个子过程组成,即注意过程、保持过程、动作表征过程、动机过程。

模仿学习的第一个子过程是注意过程,即儿童对模仿行为的注意。注意的产生是由一系列的变量决定的,其中包括榜样的吸引力、普遍性以及行为发生的环境等。例如,电视呈现给儿童的榜样之所以

第五章

对儿童有很强的影响力，其原因就在于这种媒体能够有效地唤起和保持儿童的注意。所以，心理学家认为，电视暴力具有增强儿童攻击性的作用。第二个子过程是保持过程。注意过的榜样事件必须被儿童记住，通过想象或言语表象使观察过的行为在记忆中得以重现。第三个子过程是动作表征过程。儿童在准确重现榜样行为之前，经常要进行一些尝试错误性的行为。第四个子过程是动机过程。这一子过程包括相应刺激的出现，以引发儿童观察过的榜样行为。

真题面对面

[2017统考，单，1分]在社会学习理论中，模仿作为儿童掌握社会行为的一种主要机制或途径，它由四个子过程组成，其中模仿学习的第三个子过程是(　　)

A. 动机过程　　B. 注意过程

C. 动作表征过程　　D. 保持过程

答案：C

3. 强化

在社会学习理论中，强化是儿童获得行为的又一重要机制。强化分为直接强化和替代性强化。直接强化是儿童自己行为所产生的结果对该行为以后重复发生的可能性的影响。在直接学习中，儿童行为的结果构成了对该行为的直接强化；替代性强化则是指榜样行为的结果对学习者的学习所起的强化作用。

考点 2 自我与社会学习

20世纪70年代末期以后，班杜拉的研究兴趣开始转移到个体自我效能感上来。所谓自我效能感，是指个人对影响其生活的事件能够施加控制的信念。自我效能感与人的行为动机之间有着密切的联系，这是因为人们对自己能力的判断影响着其对自己将来行为的期望。因此，自我效能感通过决定着人试图去做什么以及在做的过程中要付出多大的努力的预期，而对个体行为起着重要的引导作用。尤其是个体自己的行为与榜样行为之间存在差距时，其自我效能感就会对差距产生影响。例如，如果一个人觉得榜样的行为在自己的能力之内，那么，他就会设法去模仿这一行为；反之，如果他的自我效能感很低，觉得榜样行为超乎其能力之外，自己不具备出色完成活动的能力，就会产生消极的情绪，进而妨碍其采取积极的行动。因此，从自我效能感的功能来看，两个具有同样数学能力的人，如果其中一个具有较高的自我效能感，而另一个自我效能感较低，那么，在实际学习中，前者的学习效果要好于后者。

个体的自我效能感来源于两个方面：一是迄今在某一领域他所取得的成就。班杜拉认为，即使儿童也会形成关于自己能力的知觉。如果他能够成功地作用于环境，那么，这些成功便会导致他更加密切地关注自己的行为及其效果。因此，父母过分的保护会损害儿童的自我效能感，因为父母的这些行为会剥夺儿童的成功机会，从而也剥夺了儿童体验成功的机会。自我效能感的第二个来源是对他人活动效能的观察。在这方面，儿童同伴间比较对儿童自我效能感的发展有着重要的影响。儿童通过对同伴所能够完成的活动的观察，可以为自我评价提供参照。

三、道德认知发展理论

考点 1 皮亚杰的理论

皮亚杰把儿童的品德发展划分为以下四个阶段：

(1)自我中心阶段(2～5岁)

自我中心阶段是从儿童能够接受外界的准则开始的，但不顾准则的规定，按照自己的意愿去执行规则。例如,儿童在打弹珠游戏时总是自己玩自己的,按照自己的想象去执行规则。这是因为儿童还不能把自己同外在环境区别开来,而把外在环境看作是他自身的延伸。规则对于他来说,还不具有约束力。

(2)权威阶段(他律道德阶段或道德实在论阶段)(6~8岁)

这一阶段儿童的道德认知具有以下几个特点:

①儿童认为规则是不变的,不理解规则是由人创造的;

②评定是非时,总是抱极端的态度,非好即坏,非善即恶;

③判断行为好坏的根据是后果的严重性,而不看主观动机;

④把惩罚看作是天意和报应,而不是把惩罚看作是改变人的行为的一种手段。

(3)可逆性阶段(自律或合作道德阶段)(9~10岁)

这一阶段的儿童既不简单地服从权威,也不机械地遵守规则,他们已不把准则看成是不可改变的,而把它看作是同伴间共同约定的。该阶段的特征是:儿童一般都形成了这样的概念,如果所有的人都同意的话,规则是可以改变的。儿童已经意识到一种同伴间的社会关系,即应相互尊重。准则对他们来说已具有一种保证他们相互行动、互惠的可逆特征。同伴间的可逆关系的出现,标志着品德开始由他律进入自律阶段。开始以动机作为道德判断的依据,认为公平的行为都是好的。关于惩罚,认为只有有回报的惩罚才是合理的;能把自己置于别人的位置,判断不再绝对化,看到可能存在的几种观点。

(4)公正阶段(11~12岁)

这一阶段的公正观念是从可逆的道德认知中脱胎而来的。他们开始倾向于主持公正、公平等。公正的奖惩不能是千篇一律的,应根据个人的具体情况进行。也就是说,儿童不再刻板地按固定的规则去判断,在依据规则判断时应该考虑到同伴的一些具体情况,从关心和同情出发去进行判断。

考点 再拔高

▼ 哪个更坏

皮亚杰运用成对的故事,造成意图与效果之间的差异,看幼儿如何判断好坏。下面是皮亚杰采用的故事。

A. 一个叫约翰的小男孩在他的房间里,家里人叫他去吃饭。他走进餐厅,但门背后有一把椅子,椅子上有一个放着十五个杯子的托盘。约翰并不知道门背后有这些东西,他推门进去,门撞倒了托盘,结果十五个杯子都撞碎了。

B. 一个叫亨利的小男孩。一天,他母亲外出了,他想从碗橱里拿出一些果酱吃,他爬到一把椅子上,并伸手去拿。由于放果酱的地方太高,他的手够不着。在试图取果酱时,他碰倒了一个杯子,结果杯子掉下来打碎了。

当被试者听懂故事后,皮亚杰问被试者两个问题:(1)这两个孩子的过错是否相同?(2)这两个孩子中,哪一个更坏一些?为什么?

研究结果表明,年幼儿童往往只注重损坏的实际数量,并不注意动机的差异,认为打碎15个杯子的孩子"更坏"!

考点 2 科尔伯格的理论

科尔伯格在皮亚杰理论的基础上,运用**两难故事**对儿童道德判断进行研究,提出了自己的道德发展理论,将儿童的道德发展划分为三个水平六个阶段。

1. 前习俗水平

前习俗水平大约出现在幼儿园及小学中低年级。该时期的特征是：儿童道德观念的特点是纯外在的。他们为了免受惩罚或获得奖励而顺从权威人物规定的行为准则。根据行为的直接后果和自身的利害关系判断好坏是非。前习俗水平包括两个阶段：

(1)服从与惩罚的道德定向阶段

这一阶段儿童的道德价值来自对外力的屈从或对惩罚的逃避。他们衡量是非的标准是由成年人来决定的，对成人或准则采取服从的态度，缺乏是非善恶的观念，服从权威或规则只是为了避免惩罚，认为受赞扬的行为就是好的，受惩罚的行为就是坏的。他们会认为，海因茨不能去偷药，因为如果被人抓住的话会坐牢的。

(2)相对功利的道德定向阶段(相对功利取向阶段或行为的功用和相互满足需要定向倾向或朴素的利己主义的定向或操作与关系)

这一阶段儿童的道德价值来自对自己要求的满足，偶尔也来自对他人需要的满足。在进行道德评价时，他们开始从不同角度将行为与需要联系起来，但具有较强的自我中心性，认为符合自己需要的行为就是正确的。他们会认为，海因茨应该去偷药，谁让那个药剂师那么坏，便宜一点就不行吗。

2. 习俗水平

习俗水平是在小学中年级出现的，一直到青年、成年。这一阶段的特征是：个体着眼于社会的希望和要求，能够从社会成员的角度去思考道德问题；开始意识到人的行为必须符合群体或社会的准则；能够了解、认识社会行为规范，并遵守、执行这些规范。这一水平包括以下两个阶段：

(1)好孩子的道德定向阶段(寻求认可取向阶段或社会习俗的定向或人际协调定向)

这一阶段儿童的价值是以人际关系的和谐为导向，顺从传统的要求，符合大众的意见，谋求大家的称赞。在进行道德评价时，总是考虑到社会对一个"好孩子"的期望和要求，并总是按照这种要求去展开思维。他们会认为，海因茨应该去偷药，因为做一个好丈夫就应该照顾好自己的妻子。如果他不这样做，结果妻子死了，别人都会骂他见死不救，没有良心。

(2)维护权威或秩序的道德定向阶段(遵守法规取向阶段或秩序和法规定向或权威和社会权利控制的定向)

这一阶段儿童的道德价值是以服从权威为导向，包括服从社会规范，遵守公共秩序，尊重法律的权威，以法制观念判断是非、知法守法。儿童会认为，海因茨不应该去偷药，因为如果人人都违法去偷东西的话，社会就会变得很混乱。

3. 后习俗水平

该时期的特点是：个体不只是自觉遵守某些行为规则，还认识到法律的人为性，并在考虑全人类的正义和个人尊严的基础上形成某些超越法律的普遍原则。这一水平包括以下两个阶段：

(1)社会契约的道德定向阶段(社会法制取向阶段或社会契约取向阶段或墨守成规和契约定向阶段)

这一阶段仍以法制观念为导向，有强烈的责任心和义务感，但不再把社会规则和法律看成是死板的、一成不变的条文，而认识到了它们的人为性和灵活性，他们尊重法制但不拘泥于法律条文，认为法律是人制定的，不合时宜的条文可以修改。也就是说，他们认识到法律或习俗的道德规范仅仅是一种社会契约，它由大家商定，可以改变，而不是固定僵死的。他们会认为，海因茨应该去偷药，因为一个人生命的价值远远大于药剂师对个人财产的所有权。

(2)普遍原则的道德定向阶段(原则或良心定向阶段或良心或普遍原则定向或普遍伦理取向阶段)

这一阶段以价值观念为导向，有自己的人生哲学，对是非善恶的判断有独立的价值标准，思想超越

了现实道德规范的约束，行为完全自律。由于认识到了社会秩序的重要性与维持这种共同秩序所带来的弊病，看到了社会准则与法律的界限性，所以在进行道德评价时，能超越以前的社会契约所规定的责任，而且是以正义、公平、平等、尊严等这些最高的原则为标准进行思考，以普遍的标准来判断人们的行为。他们认为，海因茨应该去偷药，因为和种种可考虑的事情相比，没有什么比人类的生命更有价值。

考点 再拔高

▼ 海因茨偷药

这是科尔伯格向参加道德研究的儿童被试进述的一个两难故事。研究者的兴趣主要不在于儿童判断"是"或"不是"，而在于收集儿童回答的推理。被试必须说明海因茨为什么应该偷或不应该偷，从而分析不同年龄的儿童的道德发展水平。

故事是这样的：

海因茨的妻子患了特殊的癌症，生命垂危。医生认为只有一种药能救她，就是本城一个药剂师最近发明的镭。制造这种药要花很多钱，药剂师索价要高出成本的十倍。他花了200元制镭，而药索价2000元。海因茨到处向熟人借钱，一共才借了1000元。海因茨告诉药剂师自己的妻子快要死了，请药剂师便宜一点卖给他药，或允许他赊欠。但药剂师为了赚钱不肯卖给他药。海因茨走投无路，晚上竟撬开药店的门，为妻子偷了药。这个丈夫应该这样做吗？

四、依恋的有关理论

考点 1 早期的学习理论

早期的学习理论认为，依恋是儿童与母亲之间基于相互强化与报偿建立起来的双向社会关系。依恋产生有其特定的生物基础，即多拉德与米勒所谓的"第二驱力"。学习理论假设人们有强烈的本能需求，而主要驱力来自普遍存在的生理需求，如饥渴等。儿童必须通过建立与他人的社会关系来满足自身的需要，缓解由这些驱力带来的紧张感。这构成了儿童依恋的根本原因。

同时，儿童行为又形成了对父母抚养行为的报偿与强化。婴儿停止哭、开始笑等行为与其他健康发展的迹象构成了对父母的强化，是指活的精神上的报偿，从而促使特定养育行为重复出现。即使一些与孩子有关的刺激也可以使女性角色得到强化价值。这种强化催生了母亲对儿童的依恋。

考点 2 现代生物学与生态学理论

1. 现代生物学与生态学理论的主要代表人物

劳伦兹、威尔逊、凯恩斯、布朗芬·布伦纳。

2. 现代生物学与生态学理论的核心概念

习性学、发展心理生物学、发展生态学。

3. 现代生物学与生态学理论关于学前儿童社会性发展的基本观点

(1)儿童的健康发展与早期依恋的形成有重要联系，同伴关系在儿童社会化过程中有着不可替代的作用。

(2)人类行为有生物基因的继承性。

(3)在社会性发展中，生物成熟形成并保持经验；同时，经验的变化又会改变有机体的行为、生物状态和行为潜能，有机体在其整个一生中都具有适应性和主动性。

(4)个体发展的环境是一个由小到大、层层扩散的复杂的生态系统，每一个系统都会通过一定的方式对个体的发展施加影响。

4. 社会生物学的"亲情投资理论"

他们认为，依恋是母亲对儿童的亲情投资的结果，是为避免生殖高昂代价"作废"而做的抚养努力的产物。该理论认为，女性为生殖做出的牺牲是巨大的，每次生的孩子数量极其有限，分娩后其付出的代价已经相当高了，为了不致使自己的心血付之东流，她便在婴儿抚养上投入更多的精力和时间，结果形成了对婴儿的依恋。

5. 现代生物学与生态学理论对学前社会教育的启示

(1)重视建构儿童良好的早期依恋与同伴关系；

(2)引导儿童社会行为发展时要考虑到成熟水平与经验的匹配性；

(3)注意建构有教育意义的教育生态环境。

第三节　学前儿童社会性发展的基本特点

一、社会性和社会性发展的概念 【名词解释】 ★

人是具有各种生物属性的自然实体，同时，又是生活在一定时代、一定社会的社会实体。在人的生物属性和社会属性中，社会属性占有更重要的地位，但人的社会性并不是与生俱来的，而是后天逐渐形成和发展的。

社会性是作为社会成员的个体为适应社会生活所表现出的心理和行为特征，也就是人们为了适应社会生活所形成的符合社会传统习俗的行为方式，如对传统价值观的接受，对社会伦理道德的遵从，对文化习俗的尊重以及对各种社会关系的处理。社会性与个性相比，个性强调的是独特性，是个人的行为方式；社会性强调的是人们在社会组织中符合社会传统习俗的共性的行为方式。社会性发展(有时也称儿童的社会化)是指儿童从一个生物人，逐渐掌握社会的道德行为规范与社会行为技能，成长为一个社会人，逐渐步入社会的过程。它是在个体与社会群体、儿童集体以及同伴的相互作用、相互影响的过程中实现的。

社会性是一种静态形式，而社会性发展则是动态的过程，是一种逐渐建构的过程。新生儿只是一个具有人类生理结构的生物人，不具备社会属性。儿童社会性的发展是在他们同外界环境相互作用的过程中逐渐实现的。

第五章

易混点辨析

社会性与社会化的区别：

社会性：个体为适应社会生活所表现出的心理和行为特征。

社会化：儿童从一个生物人，逐渐掌握社会的道德行为规范与社会行为技能，成长为一个社会人，逐渐步入社会的过程。

社会性是一种静态形式，而社会性发展(社会化)则是动态的过程，是一种逐渐建构的过程。

[2014统考·名词解释，3分]社会化

答案：详见内文

二、学前儿童品德发展的特点 【单选、简答】★★★

学前儿童的品德发展具有具体性、他律性、模仿性、情绪性的特点。

1. 具体性

学前儿童思维的具体形象性的特点，制约了他们的品德发展。他们关于行为的认识是具体的、特殊的、肤浅的，只能根据人们行为的表面现象和某些外部特点以及行为的直接后果来判断行为的好坏。

2. 他律性

他律性道德占主导地位，学前儿童认为道德和道德规范是绝对的，来自外在的权威，不能不服从；判断是非的标准也来自成人。同时，他们只注意行为的外部结果，而不考虑行为的内在动机。到了幼儿晚期，一些自律道德开始萌芽，但主要还是按外在标准进行道德判断，内在自觉的调节刚刚开始。

3. 模仿性

爱模仿是学前儿童心理的年龄特点，周围的人、事、物、境都会成为他们模仿的对象，通过对榜样行为的模仿，学前儿童学习到良好的或不良的道德行为方式。扩大一点说，社会环境中的道德原型对学前儿童的品德发展起着重要的示范作用。社会环境包括社会文化、经济条件、榜样等。

4. 情绪性

学前儿童的道德行为常受其情绪的影响，他们对道德行为的判断在很大程度上取决于当时个体情绪的满足程度。当情绪满足时就会产生愉快的情感体验，这时对行为的判断也受到积极情绪的影响，认为是好的，就容易产生共鸣；否则就认为是坏的，甚至产生消极抵制的情绪。

真题面对面

[2022 台州温岭，简答，5 分]简述学前儿童品德发展的特点。

答案：详见内文

记忆有妙招

剧情访谈：剧（具体性）情（情绪性）访（模仿性）谈（他律性）

三、学前儿童品德发展的影响因素

1. 认知能力

无论是基于皮亚杰的理论，还是基于科尔伯格的理论，他们都强调了个体认知能力对道德成熟的影响。每一个道德阶段都需要一定的认知和换位思考能力。也就是说，对每一个道德阶段来说，个体的认知和换位思考能力是重要的条件。

2. 家庭及其父母

家庭是学前儿童接触到的最初的社会环境，社会的价值观念、道德规范以及各种社会化的目标在第一时间都是通过父母传递给儿童的，并且家庭中的各种因素和父母本身的特点都会影响学前儿童品德的形成和发展。

在关于父母对儿童的影响方面，我们特别要提到的是以往的研究都强调母亲的作用。事实上，父亲角色的作用同样不可忽视。父亲作为外界社会的代表，他把很多信息带给孩子，使孩子的注意力从家庭转向了社会，既培养了儿童的主动性，也丰富了幼儿的社会认知，同时，父亲在孩子眼里是社会秩序和纪律的象征，其社会价值观和行为习惯都会影响着孩子良好行为习惯的养成。

3. 游戏及其活动

游戏是学前儿童的主导活动，尤其是角色游戏在学前儿童社会性认知和社会能力发展中起着重要的作用。因为，角色游戏的过程，是学前儿童学习、模仿、练习所扮演角色的言行举止、情感体验的过程，通过玩游戏，学前儿童逐渐地学会商量、懂得谦让、示意友爱、快乐分享，而这些正是学前儿童品德发展的主要方面。

学前儿童在园的一日活动，更为学前儿童良好道德行为的获得提供了机会。学前儿童通过游戏、学习、运动和生活等不同形式的活动，从刚入园的小班儿童对于行为规则的不了解、不熟悉，到中班儿童开始用一定的规则要求来判断行为是非，再到大班儿童会把行为与道德规则相比较，并能体验到通过比较而产生相应的情绪状态，进而成为儿童今后行为的动机，这个过程是在丰富多样的活动中完成的。

4. 同伴及其交往

儿童对社会知识和道德行为的获得，在很大程度上是从模仿开始的，他们模仿的最好对象就是同龄的伙伴，这是任何成年人所无法代替的。

同伴交往对儿童品德社会化的影响作用主要体现在：(1)同伴间的相互影响能使儿童形成良好的社会行为习惯；(2)同伴作为一种社会模仿榜样影响儿童行为的发展；(3)同伴之间的交往有助于儿童道德情感的形成。

5. 社会榜样

榜样的力量是无穷的。为儿童提供正面的榜样，是形成儿童道德行为的关键途径。重视榜样的作用，本质上就是让儿童通过观察学习，习得和表现良好的行为。

6. 教师及其环境

儿童道德的他律性特点，表明了周围人对于儿童的重要性，而在这些人当中，教师又有着其特殊性。在儿童入园后，教师慢慢成了儿童心目中的新权威，逐渐取代了父母在其心目中的神圣地位，儿童从认识老师、喜欢老师到崇拜老师、模仿老师，这时，老师是“一切美好的化身”，儿童道德教育“润物细无声”的功效就是从这里开始的。

如果我们将教师对于儿童的影响看作是一种环境的话，那么，幼儿园的所有教育活动以及全部的物质及心理环境的创设，则是更大范畴的环境影响，它本身就是儿童道德教育的有效影响源。

第四节　学前儿童社会学习的特点、教育原则与方法

一、学前儿童社会学习的特点

1. 随机性和无意性

美国心理学家班杜拉认为人的行为可以通过观察别人的行为而获得。学前儿童随时都在观察，他们每天都在观察成人的言行举止和态度，观察周围环境中的一切，而且这种观察常常是在无意中、在成人未意识到的情况下发生的。由此可见，学前儿童社会学习是随机的和无意的，社会学习无处不在，无时不有。

一方面，在学前儿童生活过程中，很多方面都能成为学习的内容。如在和同伴游戏时，可以学习分享和交往的技能等；去小伙伴家串门，可以学习主人热情待客之道和一些交往的规则；外出游玩时，能了解家乡和祖国的名胜古迹，增进爱家乡、爱祖国的情感等。但是另一方面，学前儿童也可能在观察中

学到不良的行为。如看了日本科幻片《奥特曼》后开始出现攻击性行为；看到父母不尊重老人的行为，也对老人出言不逊等，这是值得我们注意的一个问题。

2. 长期性和反复性

在不了解或不理解学前儿童社会学习特点时，我们常常会期望教学前儿童掌握一种社会行为或形成一种社会情感就像教他们学儿歌一样，教几遍他就能学会。然而事实并非如此。美国心理学家埃里克森认为，儿童人格的发展是一个逐渐形成、贯穿人的一生的过程。他认为，每个阶段都有一个普遍的发展任务。由此可见，学前儿童社会态度、社会行为的学习是一个漫长的过程。社会学习是终身的，不是一蹴而就的。

心理学和教育学研究还发现，作为儿童社会性发展的核心——品德的形成是一个长期的、反复的、不断将外部规范逐步内化的过程。一种道德规范要转化为儿童的自觉行为，必须经过儿童自身的心理内部矛盾冲突，在活动和交往中反复体验和练习，才能逐渐成为其自身观念与行为的一部分。比如，当学前儿童刚学会说话时，他说话的积极性很高，妈妈让他叫“叔叔”他就叫“叔叔”，让他叫“阿姨”他就叫“阿姨”。随着年龄的增长，他开始能区分熟悉的人和陌生人，同时由于自我意识的发展，在陌生人面前开始感到害羞和拘谨，往往成人越让他叫人他就越不理人。而当学前儿童经常与不同的人接触和交往，逐渐学会了与陌生人交往的技能时，他又开始变得自信，愿意礼貌地叫人。可见，虽然成人对学前儿童的要求前后一致，但由于学前儿童的心理发展水平不同导致其行为表现的反复。另一方面，当环境条件发生变化时，已形成的良好观念或行为还可能反复。比如，幼儿园始终教育小朋友要遵守规则，但如果父母对学前儿童没有任何要求，任何事情都顺着他，那么先前好不容易培养起来的自控能力就会荡然无存。

因此，教师对学前儿童社会学习具有长期性和反复性这一特点要有充分的认识，并在教育实践过程中加以贯彻，才能使社会教育取得好的效果。

3. 情感驱动性

人本主义心理学家通过研究发现，促进儿童学习的关键并不在于教师的教学技巧、专业知识、课程计划等，而在于教师与儿童之间特定的心理氛围。这一观点尤其适合解释幼儿的学习，学前儿童常常是因为信任和爱这个世界他们才有丰富的模仿行为，因而他们的学习具有明显的情感驱动性。

在社会三方面——社会认知、社会情感、社会行为的发展过程中，社会情感起着驱动作用。学前儿童的社会认知还比较肤浅，他们对自我和他人行为的是非判断并不是建立在对社会规范的客观认识和理解的基础上的，在很大程度上取决于个人需要的满足，因而带有很大的情绪性。当他们的个人需要得到满足时就会产生愉快的情绪，这时对行为的是非判断也受到积极情绪的影响，认为是好的，容易产生共鸣，否则就认为是坏的，甚至产生消极抵制情绪。学前儿童的社会行为也常常直接受到情绪的驱使。在良好的情绪状态和情感氛围下，学前儿童更愿意按照成人的要求行动。强烈的情感共鸣以及共情还能促使学前儿童主动产生亲社会行为。而在不良的情绪状态或情感氛围下，学前儿童则不愿意表现出好的社会行为，更容易出现攻击、破坏等不良行为。

可见，学前儿童在社会学习过程中具有很强的情感驱动性。成人要注意通过营造良好的情感氛围来促进学前儿童社会性的发展。

4. 实践性

社会性不是天生就存在的，而是学前儿童在与成人、同伴之间共同生活、交往、探索、游戏等实践活动过程中发展起来的。埃里克森在其个性发展理论中指出，在学前儿童人格发展的每个阶段中，儿童与成人和同伴的交往是其人格发展的重要影响因素。

从学前儿童社会教育的目标看，多数是情感和行为目标，而每一种情感体验的产生和稳固，每一种行为的形成与稳定，都需要学前儿童亲身实践。分享行为的形成就是其中之一。学前儿童的天性并不是爱分享的，由于自我中心思维的作用，在开始时，对于自己特别喜欢的东西几乎每个学前儿童都不会主动分享。因此，需要创造很多让学前儿童学习分享、体验分享快乐的条件。比如，新年过后春游时，每个学前儿童带一两样食品分给其他小朋友吃，体验分享的快乐；每周中有一天，学前儿童可以带自己喜爱的玩具或图书，与其他小朋友分享。当学前儿童不断在练习中体验到快乐的情绪后，分享这一行为便慢慢巩固了。

二、学前儿童社会教育的原则 【单选、简答】 ★★★

1. 情感支持性原则

情感支持性原则是指教师在与儿童的日常交往中，积极地建立双向接纳和爱的情感联系，并在教育过程中有意识地以积极的社会性情感感染、激发儿童的社会性情感。

情感支持性原则核心的内容包括以下两个方面：

（1）建立接纳与关心的情感联系。在幼儿园中，教师是幼儿最主要的交往对象。教师对幼儿的基本情感态度和倾向对幼儿社会性教育效果影响至关重要。①教师必须爱孩子；②教师应积极接纳、尊重幼儿；③教师应对幼儿持有理解、支持的情感态度。

（2）积极的情感投入和情感激发。要培养幼儿积极、良好的社会性情感和行为，教师不仅应当在教育活动和日常生活中以积极、温暖、友善的态度对待幼儿，还应有意识地在教育过程中积极投入自己的情感，以此感染带动幼儿，对行为产生深刻影响。

2. 行为实践原则

行为实践原则是指教师在幼儿社会性教育中，不仅要重视向幼儿传递社会认知观念、技能、知识，而且必须为幼儿提供大量实践的机会，并对其行为实践进行指导。

对幼儿进行社会性教育时，教师不仅要使幼儿逐渐具有正确、积极的社会性认知和情感，更重要的是要让他们在实际的生活、活动中把相应的观念、认识、情感变为行动，尤其是能在以后相应的情境中自觉产生出适宜的社会行为。如果仅仅注重幼儿认知上的教育，而缺乏情感的打动，或行为上的实际锻炼、实践，则会造成幼儿在社会性发展上的言行不一，认知和行为严重脱节。

因此，教师要给幼儿提供大量的行为实践的机会。只有在实际的生活、活动过程中，幼儿才能进行社会知识经验、行为规则具体学习的实践，并将与规范和自己行为有关的社会知识转化为实际行动，通过实践逐渐养成习惯，内化成为一种品质。

行为实践还意味着教师应当避免看见幼儿产生什么问题就自己包办处理，而应当有意识地把问题展现给幼儿自己，让他们有机会协商、讨论，并在教师的引导下自己解决问题。

此外，应当特别注意引导、帮助幼儿将其在特定教育活动或情境中学到的认知、行为迁移到更广泛的日常生活情境中去。这一点非常重要。因为幼儿通常很少主动地将其在某一教育活动或情境中学得的认知、行为推广，迁移到其他相应场合。

社会性教育的目的是幼儿能够在不同的时间、地点、人物、情境等条件下，只要他人需要帮助，都能表现出同类的行为，而非仅局限于特定的情境，即助人行为要能成为幼儿行为习惯的一部分，成为幼儿一种内化了的行为品质。

3. 正面教育原则

正面教育原则（即正向引导性原则）就是要求教师就事论事地引导幼儿知道什么是对的，什么是错的，直接告诉他应该掌握的社会行为规范，慎用批评、惩罚等消极手段，以免给幼儿的心理发展造成不良影响。正面教育是幼儿园教育的最基本原则。由于幼儿正处于个性，尤其是自我意识形成的最初时期，他们的知识经验少，辨别是非能力差，他们常常通过观察来学习，他们的社会性发展是在熏染和生成中完成的，对各种影响容易接受或模仿，他们更多依赖外部评价来评价自我，因此更需要教师从正面加以引导。能否坚持正面教育反映出教师的儿童观和教育观。

真题面对面

[2019统考，单，1分]点心时间到了，阅读区的豆豆将手里的书往地上一扔就要离开。李老师看在眼里，提醒道：豆豆，请将书送回书架再离开，好吗？李老师的教育行为所遵循的社会教育原则是（　　）

A. 正向引导性原则　　B. 生活性原则

C. 实践性原则　　D. 发展性原则

答案：A

4. 一致性原则

（1）教师自身态度的一致性。教师应力求自己前后态度一致。教师如果对同一种行为的要求经常前后不能保持一致，不仅会让幼儿迷惑，无所适从，而且，正确或适宜的行为得不到应有的强化，消极行为得不到有效的抑制，幼儿难以形成良好的社会性行为。教师的要求态度前后不一致，更可能使幼儿潜在地“感到”可循可不循。这样，在幼儿中就难以形成自觉、系统的良好社会性行为。

（2）幼儿园园内教师间的一致性。幼儿园园长、各班带班和配班教师以及其他各类工作人员，在对待幼儿的社会性发展上都应持有一致的观念、态度和行为。幼儿园就是一个小环境，不同的工作人员实际上都会给予幼儿想不到的、潜在而深刻的影响。因此，一个班里两位带班老师之间、带班老师与配班老师之间的一致性是至关重要的。如果一个老师重视幼儿社会性的培养，而另一个老师不重视也不积极配合，甚至在自己与幼儿的交往、教育中施加消极的影响，这就将直接影响该班幼儿社会性的整体发展水平与状况。

（3）家园一致性。社会性发展是幼儿所面临的各种社会环境综合效应的结果，其发展的性质、水平、特点不仅受幼儿园各方面的影响，同时取决于幼儿的家庭环境，父母的教育观、教育态度以及行为方式等，取决于幼儿园教育和家庭教育的共同一致性。

5. 随机教育原则（生活教育原则）

随机教育原则是指教师在幼儿日常生活、交往中随时随地抓住一定的时间或时机对幼儿进行即时教育。换句话说，就是对幼儿日常生活、游戏、活动、交往中存在的偶发事件，情境中教育机会的充分利用，以发挥其潜在的教育意义。

随机教育是幼儿教育必不可少的重要组成部分，在幼儿社会性教育中尤其具有特殊重要性。因为，幼儿社会性发展是一种特殊的发展，它不等同于某一方面认知的发展或知识的获得，不可能仅仅通过几次专门的教育活动而实现。幼儿社会性的积极发展或消极变化甚至倒退，随时都有可能由于受到社会环境的影响而发生。社会性发展是一个长期的、连续不断的过程。

（1）教师必须认识到随机教育不是一种“捎带”教育，更不是可有可无的，而是渗透、延伸到日常生活中去的，是完整教育过程必不可少的部分；

（2）教师必须做一个善于发现教育时机的有心人，善于捕捉教育机会，甚至为加强、实现对幼儿的社会性教育，主动积极地寻找和创造教育机会；

(3)教师要有随机教育策略与方法的意识。既然随机教育是幼儿教育的一部分,也是有目的、有意识的教育过程,教师必须要有随机教育的策略和方法意识,注意方式方法。

真题面对面

[2018统考,简答,5分]简述学前儿童社会教育的原则。

答案:详见内文

三、学前儿童社会教育的一般方法 【单选、名词解释、简答】★★★

考点1 讲解法

1. 讲解法的概念

讲解法是指教师以口头言语对社会教育内容进行系统和生动的解释,以使儿童较系统地理解社会教育的内容和意义,掌握正确的行为准则和方法,也便于指导其行为。这是社会教育中最经常使用的一种方法。

2. 讲解法的优缺点

讲解法的优点是:(1)可以使儿童在较短的时间内获得较多的知识;(2)便于教师控制教育过程,有利于教师发挥主导作用;(3)主题明确,易于儿童直接接受;(4)反馈及时,教师可根据儿童的回答得到反馈,便于调整讲解的内容和方法;(5)有利于教师有目的地向儿童进行社会教育。

讲解法的缺点是:(1)儿童以听教师讲为主,没有充分的机会对所学内容及时做出反馈,儿童学习的积极性、主动性不易充分发挥出来;(2)讲解单调,儿童的注意力不易保持;(3)讲解的内容、方法统一,很难照顾到个别差异。

由于讲解法具有以上优点,简便易学,所以它现在是我国学前社会教育中用得最普遍的一种教育方法,其他许多方法需要和它配合使用。

3. 运用讲解法时应注意的问题

讲解的实用性	讲解的直观形象性	讲解的方式多样化
教师只对那些儿童不知道、无法实践或体验的、难以理解的内容进行专门的讲解。而对一些简单的或儿童已熟知的教育内容,教师就无需再去讲解。	因为儿童的语言发展水平比较低,对一些观念性的、概括性的内容很难理解。所以,教师在学前儿童的社会教育中,应当具体、直观、形象、简单明了地对他们进行讲解,使抽象的内容具体化,以利于儿童理解和接受。	儿童听讲的注意力不可能集中比较长的时间,难以倾听单调的讲解。教师的讲解要清晰、简练,避免不必要的口头语;准确,明白易懂;生动有趣、有感染力;速度适中、音量合适、声音注意抑扬顿挫;富有启发性和说服力,在角色上富于变化。

考点2 谈话法

1. 谈话法的概念

谈话法是指在学前社会教育中,通过师幼对话的方式对儿童进行教育的一种方法。教师可以向儿童提出问题,也可以解答儿童的问题,不受时间、地点和人物的限制。

2. 谈话法的优缺点

谈话法的优点是:(1)在课内、课外、个人或集体都可以采用;(2)谈话可充分调动儿童学习的积极、主动性,能够引起儿童的认识兴趣;(3)有助于发展儿童的思维能力和口头语言表达能力;(4)教师可以及时获得儿童学习的信息反馈,有利于教师根据儿童对社会教育内容的理解程度和疑难之处进行有针对性的引导。

但谈话法也有局限性,主要是花费的时间比较多,不易使全体儿童都参加到谈话中来等。此外,儿童需要一定知识准备才能采用这种方法。

3. 运用谈话法时注意的问题

(1)教师要在儿童社会教育的重点核心内容处采用谈话法。谈话法既然比较费时间,那么用它就要用在最能发挥它优势的地方。一般来讲,是在完成社会教育的重点任务时采用。

(2)谈话的问题是儿童熟知的。因为只有儿童熟悉和知道的内容,才能使他们积极地参与到话题中来,成为对话的一方,在谈话中获取新的社会知识,并且与教师在情感上产生共鸣。所以,只有儿童熟知的谈话主题才能实现教育的目的。

(3)教师要向全班的儿童提出问题,在大多数儿童都积极思考以后,再指名回答。

(4)教师所提出的问题应具体、明确、难易适度。这样才能使大多数儿童进入思考状态,在思考后参与交谈。教师在交谈中,不仅要注意举手要求回答问题的儿童,还要注意那些没有举手的儿童。

(5)问题提出后应留给儿童一定的思考时间。因为学前儿童年龄小、社会知识经验不多和思维能力发展有限,他们对谈话中的问题需要时间思考,对此教师不该急于求成,要给予等待。对他们提出的问题和表达的看法要给予积极的鼓励和关注,不论儿童说得好与不好,教师都要耐心倾听。这有利于谈话顺利进行下去,也训练了儿童交谈和倾听的能力。

(6)谈话的最后,教师应用准确的语言进行总结。谈话法在学前社会教育中虽然非常重要,但只有单调的一问一答谈话,很容易使儿童的注意力分散。因此,不要独立地采用谈话法,还应与其他方法结合使用,尤其是要和讲解法结合起来,对谈话的内容用准确的语言进行总结。

考点 3 讨论法

1. 讨论法的概念

讨论法是指在学前儿童的社会教育中,儿童在教师的指导下就社会性问题、现象互相启发、交换看法以获取知识的一种教育方法。讨论的具体方式有成对交换意见、分小组讨论、全班讨论三种。

2. 讨论法的优点

(1)讨论法最大的优点,就在于它能在一定时间内增加儿童口头表达自己认识的活动机会,尤其是成对交换、分小组讨论的形式,为儿童提供表达意见的机会更多,甚至不必考虑自己意见的对错;

(2)在与教师、同伴的讨论中,儿童的认识得以深化,情感能够自然流露出来;

(3)讨论法还可以使儿童听到各种不同的意见;

(4)有利于儿童在分析、比较各种意见中,提高独立思考的能力、分析问题、解决问题的能力和口头表达能力。讨论法是社会教育中常用的方法。

3. 运用讨论法时应注意的问题

(1)选好讨论的主题。讨论的主题应贴近儿童生活,也能引起儿童的兴趣。一般来说,采用讨论法比讲解法和谈话法更费时间,但是它更有利于吸引全体学生参加讨论、积极思考,调动他们学习的积极、主动性。

(2)要根据儿童年龄阶段进行讨论。只有当儿童具备一定讨论的口语表达能力和知识经验储备时，才能使讨论交流的问题顺利进行下去。年龄太小的儿童不适合运用讨论法。

(3)教师要引导讨论，不要当裁判、阻碍讨论。教师要创设平等、宽松的讨论气氛，体现师幼互动的关系。既然是讨论，就要让儿童自由地发言，敢想、敢问、敢说，让儿童把几种看法都讲出来，然后引导儿童分析、比较几种看法，从而得出正确的认识。**教师不要当裁判，匆忙裁定说："不对！""是这样吗？再想想！"一旦有个别儿童说出教师希望的答案，教师就马上结束讨论说："对了，好。"**这些做法都是不可取的。

(4)做好讨论的结束工作。讨论应该有个结论，教师可以结合讲解法做个讨论小结，起到强化讨论的主题、纠正一些错误认识和鼓励儿童的讨论热情的作用，以利于以后的讨论。

在学前社会教育的实际工作中，孤立地采用讲解法、谈话法、讨论法的情况并不多。在大多数情况下，学习社会性新知识和巩固旧知识，都是边讲解、边提问、边组织讨论，把三种教育方法结合在一起使用的。

考点 4 观察、演示法

1. 观察、演示法的概念

观察、演示法是指在学前社会教育中，教师依据社会教育目标，向儿童出示实物、图片、直观教具、录像等可以使他们感知的材料，使儿童通过观察获得相应的社会知识、社会情感及社会行为的一种教育方法。

2. 观察、演示法的优点

观察、演示法具有直观性、形象性、具体生动性，它有助于儿童了解社会教育内容。因为学前儿童的思维主要是以直观行动思维和具体形象思维为主，抽象逻辑思维是在学前儿童后期才逐步出现并开始发展的，因此，他们对社会规则的掌握需要依靠直观形象的帮助。同时，教师运用直观手段获得的表象，使儿童感到形象清晰、鲜明、生动有趣，印象深刻，便于记忆，容易巩固，容易引起学习兴趣和积极性，运用典型的具体事物可以使一些抽象的规则变得容易理解。

3. 运用观察、演示法时应注意的问题

观察、演示法大多与讲解法、谈话法等结合起来运用。运用观察、演示法教师应注意以下三点：

(1)要根据社会教育任务的实际需要，有目的、有针对性地运用观察、演示法，不能为演示而演示，也不能单纯为引起儿童兴趣而演示。

(2)观察、演示前，要做好充分的物质和心理准备；演示过程中，要尽可能地使每个儿童都观察到演示的对象与过程。演示要与教师讲解引导等其他教育方法结合起来使用，使儿童的感知与观察结合，而不只是停留在感知观察上。

(3)教具的运用要适当，避免儿童注意力的分散。

考点 5 参观法

1. 参观法的概念

参观法是学前儿童在社会教育过程中，教师根据一定的教育目标组织儿童到学前教育机构外观察社会现象，让儿童在对实际事物或现象的观察、思考中获得新的社会知识和社会规范的教育方法。

2. 参观法的优点

参观法能把儿童社会教育活动与社会生活紧密地联系起来，有利于生动、活泼地向儿童进行社会教育，是引导儿童认识社会的主要方法。教师对参观活动的组织、指导，是儿童观察了解成人社会、获得社会知识经验的重要保证。

3. 运用参观法时应注意的问题

(1)参观前要充分做好准备工作

教师要根据社会教育的任务、儿童的实际认识水平及当地的环境条件等,制订出参观的计划。此计划应包括参观的具体目标、对象、时间、地点;通过参观儿童应获得的知识;在参观中教师应如何引导儿童进行观察和学习等等。同时,教师还必须亲自到参观的现场察看,并要和现场有关人员商量好社会教育活动的参观安排。

(2)参观中要进行指导,注意儿童的安全

参观过程中,教师或参观现场的工作人员要根据儿童实际情况,因势利导地进行讲解,引导儿童注意观察对象的主要方面。教师还可以围绕参观的内容,启发儿童提出需要了解的问题,或主动地联想过去的知识经验,思考如何解决新问题,或教师给予解答。

(3)参观后要做好总结、巩固工作

参观之后的总结是非常必要的,教师通过谈话,能使儿童获得的知识更完美、更有条理。教师还可以让儿童进行绘画或游戏等活动,使他们把参观访问的结果巩固下来。

考点6 行为练习法

1. 行为练习法的概念

所谓行为练习法是指教师在学前社会教育过程中,组织儿童按正确的社会行为规范要求自己,通过参加各种活动和交往受到实际锻炼,以形成儿童良好的社会行为习惯的方法。这种方法是形成和巩固儿童社会行为最有效的方法。

2. 行为练习法的类型

儿童参加行为练习的方式是多种多样的,既有教师人为创设的情境进行行为练习;也有教师组织的多种实践活动练习。儿童良好的行为习惯、生活习惯,以及与人交往的社交能力,不是靠几次活动和说教就能奏效的,只有经过反复认识和练习,形成自觉行动,使儿童在不必懂得很多道理的情况下,能自觉地按正确的方法去面对周围世界,在实践中不断适应社会。

3. 运用行为练习法时应注意的问题

(1)要明确行为练习的目的和要求,要有严密的组织工作。开展什么活动,受到哪些锻炼,训练哪方面的社会行为和能力,事先都要有详细而周密的计划。

(2)要充分尊重和发挥学生的主动性和积极性,使儿童成为各种行为练习的主人,让儿童在练习中真正体验到快乐,达到练习的目的和效果。

(3)行为练习要循序渐进,练习的内容应为儿童所接受。

(4)行为练习要反复进行,做到持之以恒。儿童的日常生活,都是他们进行行为练习的机会,不要忽视这个环节,要坚持通过日常的学习、劳动和生活进行反复练习,使儿童形成各种习惯。

考点7 强化评价法

1. 强化评价法的概念

强化评价法是指通过对学前儿童社会行为的评价,对儿童进行社会教育的方法。儿童在社会生活中,经常受到各种环境的刺激和影响,有些可能是积极的、正面的影响,使儿童相应地形成良好的社会行为;有些可能是消极的、负面的影响,使儿童相应地形成不良的社会行为。也就是说,在儿童身上存在积极的和消极的两种影响。那么,儿童要想成为符合社会要求的人,就需要成人按照社会行为规则,不断对儿童的行为进行调整。还要用正确的评价,激发儿童上进心,促进他们良好社会性行为的形成和发展，同时也能抑制不良社会性行为的产生和蔓延，这是学前社会教育常用的一种方法。

2. 运用强化法时应注意的问题

(1)强化要及时

当学前儿童的言行符合社会要求时，教师要及时地称赞、表扬、点头、微笑、抚摸等等；当学前儿童的言行不符合社会要求时，教师要及时地规劝、否定、摇头、表情严肃、纠正等等。这样，儿童良好的言行得到保持，不良的言行会消退，强化才能真正具有教育意义。

(2)强化要恰如其分

过多地运用表扬和奖励不能使儿童或者集体感到光荣，容易使儿童对表扬和奖励产生满不在乎和无所谓的心理状态，有时运用得不好，强化还可能是一种干扰。而教师在运用批评、惩戒时，更要慎重。因为批评、惩戒是一种消极的方法，它的副作用大，容易使儿童产生消极情绪。所以，除非儿童所犯错误的性质和情节十分严重，不进行惩戒不行，一般情况下，不要轻易使用。

(3)以表扬、奖励为主

当儿童出现良好的言论或行为时，教师要用表扬、微笑、点头、竖起大拇指、轻轻拍肩、轻轻抚摸一下头、精神奖励等，促进儿童的上进心，激励他们严格要求自己，发扬优点、克服缺点，取得更大的进步。教师还应该把表扬、鼓励的重点放在那些经过努力做得好，或经常被忽视而自信心不强的儿童身上。

(4)严禁体罚、恐吓、辱骂或变相体罚

在学前教育机构中禁止体罚或变相体罚，教师也不能以劳动、恐吓和辱骂作为批评、惩戒的手段。

四、学前儿童社会教育的特殊方法 【单选】 ★★

考点1 榜样示范法

1. 榜样示范法的概念

榜样示范法是指在学前儿童社会教育中，教师用他人的好思想、好行动和英雄事迹去影响和教育儿童，使儿童形成良好社会品质的方法。因为儿童的模仿性很强，具体、生动、直观的典型易于感染儿童，激发他们向榜样学习的热情，对于如何做也有了示范。因此，设置一定的社会情境，树立一定的榜样，使儿童有意无意间进行模仿，可以有效地促进儿童良好社会品质的形成和发展。

2. 榜样示范法的类型

教师在运用榜样示范教育过程中，要选择有教育意义，而且又切合儿童实际的典型人物或事例。对儿童影响较大的榜样有以下三种：

(1)伟人和英雄模范人物

伟人和英雄模范人物的生平事迹和所建立的光辉业绩是具体、生动、形象的教育材料，儿童学习以后，不但会产生敬爱之情，而且会以此为榜样照着去做。

(2)教师本人

教师在学前儿童心目中有崇高的地位，教师的一言一行都在潜移默化地影响着儿童。因此，教师一定要严格要求自己，言行要符合社会的道德规范，用美的语言、美的行为、美的心灵来影响教育孩子，培养儿童良好的社会品质。

(3)同伴

同伴与儿童的年龄相近，他们中间出现的好榜样或有教育意义的事例更易被儿童所接受，特别是与儿童生活比较接近的那些平凡小事，产生的感染力更强。所以，教师要注意表扬儿童中的好人、好事，树立良好的学习榜样。

考点 2 角色扮演法

1. 角色扮演法的概念

角色扮演是指个人试着设身处地地去扮演另一个在实际生活情境中不属于自己角色的行动过程，从而形成角色所需要的某些经验和行为习惯。在学前儿童社会教育过程中的角色扮演就是教师要创设现实生活中的某些情境，让儿童扮演一定的社会角色，使儿童表现与这一角色一致的且符合这一角色规范的社会行为，并在此过程中使他们能够亲自体验他人的角色，从而更好地理解他人的感受和处境，体验他人在不同情境下的内心情感，以此掌握自己承担的社会角色所应遵循的社会行为规范和道德要求。

2. 运用角色扮演法时应注意的问题

在日常生活中，教师要创设教育情境，引导儿童进入角色，模拟社会生活，学着像所扮演的角色那样去感知、去体验，有助于他们行为的产生，从而使他们获得一种新的行为模式。在运用角色扮演法时，应注意以下六点：

(1)教师创设的教育情境使儿童能够熟悉和喜爱，让儿童承担的角色必须为儿童所认知和理解。例如，扮演妈妈、老师、司机、交通警察等等。

(2)角色扮演要有针对性。要根据教育目标和儿童社会性发展的水平来确定目标。例如，“我是大班哥哥姐姐”的活动中，儿童扮演哥哥姐姐的角色，他们做出与之相适应的行为，如礼貌对待弟弟妹妹，关心帮助弟弟妹妹，做弟弟妹妹的好榜样等。

(3)要充分发挥儿童的主动性、积极性和创造性，尊重儿童，让他们自主地选择角色、变化角色和创造角色，教师只能指导活动，不应经常去分配和导演角色。

(4)儿童扮演的角色应以正面角色为主，在反面角色的扮演中切忌让几个儿童经常扮演反面角色。

(5)教育者尽量与儿童平等地去扮演角色。

(6)情节要简单，内容要短小、活泼，对话、动作要多，适于表演。

考点 3 共情训练法

1. 共情训练法的概念

共情训练法是指通过一些形式让学前儿童去理解和分享他人的情绪体验，以使学前儿童在以后的生活中对他人的类似情绪能主动、习惯性地自然理解和分享的方法。

共情训练的方式是多样的，讲故事、续编故事、情境演示、生活情境体验、主题游戏等都可以被用来进行共情训练。

2. 运用共情训练法时应注意的问题

(1)提供的情境必须是学前儿童熟悉的社会生活或是学前儿童看得懂的，这样学前儿童才可能产生共情，否则可能出现误解。

(2)共情训练的基点应是唤起学前儿童已有的类似体验，使学前儿童已有的体验与当前的情境相关联，从而理解与分享。因此，教师应重视学前儿童情感体验的特点，充分利用学前儿童已有的体验，唤起学前儿童对情境的理解与情感共鸣。

(3)共情训练本身不是教育的目的，而是为了学前儿童以后在社会生活中对他人共情或自然而然地产生对他人的理解与共鸣。因此，注重学前儿童表现共情，要使他们不仅仅停留在同情与共鸣上，更要有良好的行为习惯。比如，不仅能理解生病小朋友的痛苦感受，更能自然地给予力所能及的关心和帮助。

(4)教师应与学前儿童一起真正投入情感，不能成为旁观者。教师的情绪对学前儿童往往具有很强的感染力，教师加入共情的情境中，会极大地感染他们。反之学前儿童会产生疑惑和矛盾，不利于共情的发生。

考点 4 价值澄清法 【单选】★

1. 价值澄清法的概念

美国心理学家、教育学家路易斯·拉斯教授在对传统的价值观教学法进行研究分析的基础上，提出了一种新的价值观教育法，即“价值澄清法”。它针对纷繁复杂的现代社会，家庭、学校传授的各种做人的行为规范和准则与儿童所见所闻的种种相背离的社会现象，以及现代社会中不断变化的各种刺激导致价值观的混乱，提出只有通过儿童心理内部价值澄清，才能建立自己清晰的价值观和恰当的生活方式。实践证明，这种方法不仅灵活、方便、简单，而且非常生动、有趣、可行，是当前对儿童进行价值观教育的一种非常有效的方法。

2. 价值澄清法的教育方法

(1)澄清应答法

澄清应答法是指教师通过与儿童的交谈引起儿童的思考，在相互的交流中不知不觉地让儿童进行内省、进行价值评价的方法。它是价值澄清中最基本、最灵活的方法。

教师在运用澄清应答法时，一般要注意以下四点：

①针对当时的具体情景，教师要适时、及时地与儿童进行澄清应答，引导和鼓励孩子进行价值思考。一般情况下，不是儿童的一言一行都应进行澄清应答，只有当儿童在待人接物的态度、抱负、目的、兴趣及对社会现象的评说时才用此法，目的是指示儿童价值观的方向。

②在澄清应答过程中，教师要对儿童的言行表示出一种认同的态度，但这样做并不是对儿童的言行完全赞成，教师在提问和回答时要尽量避免是非的评价与判断。这样做会使儿童觉得老师在注意他、尊重他，而不是忽视他、贬低他，这为以后的师幼交谈建立了宽松、融洽的气氛。

③教师要鼓励儿童对自己的兴趣爱好、选择、行动进行慎重的思考与评价。

④价值澄清应答的时间不宜太长，只要引发儿童进行有关价值思考就适可而止，要把思考的机会与答案留给儿童。

(2)价值表决法

价值表决法是指教师事先拟定一系列儿童关心的问题，让全体儿童一起来表示自己意见的一种方法。价值表决的目的就是通过向儿童提供公开自己价值观的机会，让儿童获得他对自己价值的态度。

运用价值表决法应注意：每次让儿童表决的问题不要太多，最好在十个以内；要面向全体儿童，让他们每个人都有表决的机会。

(3)价值排队法

价值排队法是指让儿童以三四种事物为对象，根据自己认为的重要性为它们排名次，并说明这样排的原因的一种方法。在儿童的日常生活中，他们常常会遇到做出选择的事情，价值排队法就是要为儿童提供这些选择的机会，训练他们对其价值进行分析、比较、筛选的能力，帮助儿童进一步了解各种事物的价值，并公开表达自己的选择。

设计价值排队的题目时，教师要注意：排名次事物的数量不能太多，最好不超过四个；排名次事物的内涵上不能相互交叉。

(4)展示自我法

展示自我法是教师或家长给儿童创造条件和提供自由发言的机会，让孩子们把与自己有关的事情讲出来给大伙听。需要注意的是，儿童每次讲时最好围绕一个题目进行。展示自我的目的就在于系统

地为儿童提供审视思索自己的机会，使他们逐渐学会分析自我、检查自我和发现自我。

价值澄清的方法很多，上述的几种是比较典型有效的方法。除此之外，教师可根据有关儿童获得价值观的原则，进一步地设计出一些切实可行的方法，并把多种方法结合起来灵活运用，以便达到预期的价值澄清效果，使儿童养成良好的价值观。

真题面对面

1. [2021 临海，单，1.28分]教师事先拟定一系列儿童关心的问题，让全体儿童一起来表达自己的意见。(　　)运用的目的就是向儿童提供公开自己价值观的机会，让儿童获得他对自己价值的态度。

A. 澄清应答法　　　　B. 价值表决法

C. 价值排队法　　　　D. 展示自我法

2. [2017，单，1分]教师通过与儿童的交谈引起儿童的思考，在相互的交流中不知不觉让儿童进行内省与价值评价的方法是(　　)

A. 价值表决法　　　　B. 澄清应答法

C. 价值排队法　　　　D. 展示自我法

答案：1. B　2. B

考点 5　陶冶熏染法

陶冶熏染法包括环境陶冶法和艺术感染法。

1. 环境陶冶法

(1)环境陶冶法的概念

环境陶冶法是指利用环境条件、生活氛围和教师本身的言行举止，对幼儿进行积极感化、熏陶，潜移默化地影响幼儿社会态度和行为的方法。优美的自然环境、良好的社会环境和教育者有意识创设的教育情境为幼儿社会性发展与教育提供了有利的条件。

(2)运用环境陶冶法时应注意的问题

环境陶冶法要求关注环境中的每一个细节，其功能的发挥离不开幼儿园全体保教人员的协同合作。使用环境陶冶法对幼儿进行社会教育要注意以下几点。

①环境陶冶法利用的是整个幼儿园环境条件、生活氛围，提供一个接纳、温暖及开放的环境是首要的条件。因此，幼儿园需要全园合作，步调一致地为幼儿创设良好的环境，营造关心友爱、温馨和谐、积极向上、安定有序的生活氛围，形成良好的幼儿园文化。

②潜移默化是环境陶冶法区别于其他方法的独特之处，因此要尽可能让环境说话，避免过多的言语说教。如区域划分明确，空间适宜；在每个区域的入口都张贴清晰明确的行为规范，用醒目的标示标记出哪些行为是可以接受的，尽量关注积极行为，避免“不要……”“禁止……”这样的字眼和句子。

③让幼儿参与环境创设。温馨舒适、充满童趣的幼儿园环境需要幼儿的积极参与，让幼儿动手画一画、剪一剪，亲身参与与自己息息相关的环境的创设之中，留下自己的印记，不仅能够让其体验到胜任的感觉，还可以激发幼儿的归属感，让幼儿感受到自己是团体有用的一分子。

④教师应主动和幼儿聊天，认真倾听幼儿的想法并做出回应，也可以通过拥抱或手势、口头鼓励，使幼儿感受到保教人员对自己的关心与爱护。

2. **艺术感染法**

（1）艺术感染法的概念

艺术感染法是利用音乐、绘画等艺术形式的感染力，渗透幼儿心灵，淡化说教，淡化教育的痕迹，而着重心灵的感染和熏陶，激发幼儿的情感，并使之化作行动的一种教育。艺术感染法的特点是以美诱人、以情感人、情感换位，以此来达到培养儿童对美好艺术的追求与爱好，促进儿童对人生的美好体验，通过审美体验提升审美素养，获得人文素质的提高，进而实现人格的自我塑造的目的。

艺术包括文学、音乐、美术、舞蹈等，这些都是人类智慧的结晶，也是幼儿教育的主要形式。因此，在教育中，要选择符合幼儿心理特点的、有趣的、有教育意义的故事、童话、图片等艺术作品，以具体、生动形象的方式帮助幼儿分清是非，明白道理，影响和塑造美好心灵，这对提高他们的道德认识是十分有利的。

（2）运用艺术感染法时应注意的问题

①在教育活动中，不应该单纯利用美育来影响儿童，要结合幼儿的特点来培养；②应充分挖掘生活资源，引导儿童在情境中学习；③熏陶渐染，培养幼儿的审美情趣；④循序渐进，提升幼儿的审美素养。

第五节　不同类型学前儿童社会教育活动的设计与组织策略

一、学前儿童社会教育活动设计的原则

学前儿童社会教育活动的设计，需要遵循以下五项原则：

1. **目标性原则**

学前儿童社会教育活动设计的目标性原则有两方面的含义：

（1）社会教育活动的设计要符合《纲要》等文件对幼儿园社会领域教育提出的要求；

（2）幼儿园每次举行的社会领域教育活动必须有明确而具体的目标。活动所选取的教学内容、采用的方法、教学的组织方式以及活动评价标准等都是以目标为依据的。因此，活动设计者要做到：

①“心中有目标”，也就是说，要熟练掌握《纲要》中提出的社会领域的教育目标；

②“处处体现目标”，也就是说，要树立强烈的目标意识，在组织活动时紧紧围绕目标来选择教育内容，确定教育方法，实施教育过程，并对教育活动进行评价。就具体的教育活动目标而言，目标的表述要具体、明确，目标的设计要具有较强的可操作性和可检测性。

2. **针对性原则**

针对性原则主要是从学前儿童社会领域教育活动设计的内容而言的，也有两个方面的含义：

（1）教育活动的设计针对社会领域教育的内容。

儿童社会领域教育的内容丰富，涉及面广，包括学前儿童自我教育、人际交往、社会环境与社会规范以及多元文化等各个方面。因此，教师在设计社会领域教育活动时，要针对具体的内容来设计。否则，社会领域教育目标就难以实现，同时也可能喧宾夺主，干扰其他领域教育目标的实现。

（2）教育活动的设计针对学前儿童的实际情况。

学前儿童社会领域教育活动的设计还要针对学前儿童社会性发展的实际水平、年龄特点以及所处的社会地域环境等。设计者在设计活动之前要充分考虑本班儿童的生活环境、地域特色、社会性发展现状以及个体差异等，有针对性地确立活动目标及活动内容，而不是照本宣科。

3. 活动性原则

所谓活动性原则，是指在设计社会领域教育活动时要注重“实践”，尽量鼓励学前儿童动手操作，如引导学前儿童积极地与人交往、动手、体验、观察、思考、表现，主动地发展社会性。活动是学前儿童心理发展的基础和源泉，这也就要求教师在开展社会教育活动时，要将学前儿童放在主体地位，将他们对现实的感知放在首位。要有目的、有顺序地将学前儿童引入社会生活，让学前儿童在现实的社会生活和社会情境中，感知、积累、探索，从而丰富社会认知、社会情感，发展社会行为。因此，教师在设计社会领域活动时要贯彻活动性原则，主要考虑这样三点：

(1)如何将真实的社会生活呈现在学前儿童面前；

(2)如何让学前儿童充分与社会生活接触，采用哪些方法引导学前儿童主动地观察、体验、思考、探索、发现；

(3)如何引导学前儿童在社会生活中练习社会行为。

4. 全体性原则

所谓全体性原则，是指活动的设计要面向班级全体学前儿童。不管是集体活动还是小组活动，都要努力使全体学前儿童在原有社会性发展水平上得到提高。贯彻全体性原则，教师就要在活动设计过程中充分了解孩子的个体差异，使每个孩子的社会性发展水平都能在原有基础上得到发展，实现真正的教育公平。教师在贯彻全体性原则时要避免走入一个误区，即“同步发展”或“共同发展”。也就是说，教师要尊重孩子的个体差异。

5. 整体性原则

学前儿童社会领域教育包括对学前儿童社会认知、社会情感、社会行为三个方面的教育。在设计活动时，要将这三者有机地结合起来并融入教育活动之中。

(1)要促进学前儿童社会性的整体发展，包括社会认知、社会情感和社会行为三个方面。

(2)教育资源和教育手段的整体性。

这是因为，学前儿童的社会性发展不是一朝一夕之功，不是单靠某一次活动可以完成的。因此，在设计社会教育活动时，教师要充分考虑活动前后的延续性，以及各种类型活动的渗透性，同时还要考虑合理利用家庭和社区的教育资源，增强学前社会教育的合力。

记忆有妙招

全标真活体：**全**(全体性原则)**标**(目标性原则)**真**(针对性原则)**活**(活动性原则)**体**(整体性原则)

二、学前儿童自我教育活动的设计与组织

1. 自我认识教育活动的设计与组织

幼儿园要通过一系列活动让学前儿童认识自己的一切，包括认识自己的生理状况，如身高、体重、相貌等；自己的心理特征，如兴趣、爱好、能力、性格等；自己与他人的关系，如自己与老师和同伴的关系、自己在集体中的位置与作用等。学前儿童主要是在人际交往中获得自我概念的，因而社会交往的成功与否对儿童自我的重新建构具有深远的影响。只有在社会交往中，通过人际间信息、观念的交流，个体才能获得丰富的信息，并将这些信息协调起来，构成统一协调的自我概念。因此，幼儿园可以设计丰富多彩的主题活动，促进学前儿童认识自我，逐步形成自我概念。

自我评价一般是通过社会比较实现的，是在自我概念形成的基础上对自己作出的某种判断。随着

学前儿童年龄的增长，其人际交往意识和能力也有了长足的进步，但往往会发生一些偏差。

2. 自我体验教育活动的设计与组织

自我体验，是自己对自己怀有的一种情绪体验。学前期自我情绪体验的内容十分丰富，主要有自信心、自尊心、责任感、成功感、自豪感、挫折感、羞耻心、内疚感等，它们都是儿童成长与今后成才不可缺少的社会性品质。幼儿园要精心设计和实施让儿童自我体验的活动，使其在丰富多彩的主题活动中感受到趣味性、愉快感、成就感等。例如，生活自理服务活动"我会自己洗……"系列主题，"谁的小手最能干"等，可以培养儿童的自信心、自尊心；为他人服务活动"幼儿园的小导游""帮助弟弟妹妹""妈妈的小帮手"等，可以培养儿童的成就感、自豪感。教师还可以通过故事教学、戏剧表演、角色游戏等活动形式，使儿童体验挫折感、内疚感、羞耻感等情绪情感。教师必须根据本班儿童的自我发展现状，有针对性地设计活动，实施教育。

3. 自我控制教育活动的设计与组织

自我控制是自己对自身言语和行动的控制和制约。自我控制表现为两个方面：

(1)发动作用，就是自己发动与支配自己的言语和行动，如坚持每天上学，坚持见面时和老师、同伴主动打招呼，坚持使用礼貌用语等，都是自我发动与支配的结果；

(2)制止作用，就是自己根据当时的情境，控制自己的言语和行动，如不乱穿马路、不践踏草坪、不乱扔垃圾等，都是自我抑制的结果。

学前儿童自我控制能力主要由自制力、自觉性、坚持性、自我延迟满足四个方面组成。学前儿童的自我控制能力相对较差，处于不断发展变化之中。

教师要有意识地设计和组织自我控制教育活动，如游戏"一个小宝两个样"，通过分析小宝在家和在幼儿园不一样的礼貌表现，帮助儿童认识自我控制的重要性和方法。又如通过观看儿童卡通片《邋遢大王》，使儿童了解个人卫生需要长期坚持。总之，自我控制教育活动对促进学前儿童的社会化进程具有重要的意义。

三、学前儿童人际交往教育活动的设计与组织

1. 创设人际交往情境

通过情境的创设，如朗诵诗歌、观看动画片、看图片、听故事、做游戏、猜谜语等，引发学前儿童参与的兴趣。通过教师创设的人际交往环境，让儿童在轻松、友好、快乐的交往氛围中积极与人交往。如大班社会活动"微笑"的设计者，就是通过观看小蜗牛微笑的卡片，以及欣赏微笑的故事，将儿童引入到人际交往活动中来。

2. 学习人际交往技巧

人际交往教育活动的主要目标就是帮助学前儿童掌握一定的人际交往技能技巧。因此，教师向儿童介绍人际交往技巧是非常重要的一个环节。介绍人际交往技巧可以采用两种方法：

(1)直接呈现法，就是让儿童直接接触人际交往技巧，如面带微笑、使用礼貌用语等，并让儿童感受到这种交往技巧能够给人带来快乐，从而使他们愿意使用交往技能；

(2)间接呈现法，这是指教师通过呈现一些反面事例，让儿童进行讨论，逐步引出人际交往技巧。

3. 运用人际交往技巧

儿童接触人际交往技能后，教师要提供条件和机会，让儿童学习使用。这是人际交往教育活动的核心环节，其主要目的在于帮助儿童掌握所学的人际交往技巧在哪些场合可以使用，对什么人可以使用等。在这一环节中，教师可以采用角色扮演法，如设计一些需要运用技巧的交往情境，让儿童分组或

集体表演，可以采用讨论法。例如，学习交往技巧后，组织儿童讨论怎么使用、在哪些场合使用等。

四、学前儿童社会环境和社会规范认知活动的设计与组织

考点1 学前儿童社会环境和社会规范认知教育活动的基本要求

1. 体现学前儿童在社会化过程中的主动性和主体性

学前儿童很早就表现出对社会环境和社会现象的好奇，并在此基础之上形成对社会规范的认知。近年来，研究者发现，学前儿童对社会环境和社会规范的认知，不再是简单地接受成人的传递和要求，只记住现行社会的行为规范就可以了，而是已经由社会规则被动的接受者变为主动探索者。他们在充分了解社会环境以及社会规范的基础上做出自己的判断、抉择，形成自己的见解。他们不是被动的个体，而是社会活动中积极的参加者。社会规范是通过主客体相互构建而形成的。从个体的角度出发，这个建构过程就是个体对外部世界的体验过程，是个体用自己的身心去感受、关注、欣赏、评价外部世界进而形成经验的过程。它必然是个体自主进行的活动，其他人无法代替个体的主体地位。它具有主观能动性，不是对道德认知原封不动地认可和接受，而是自主地感悟和发现，是道德情感的内化。它必然会引起道德认知在一定程度上外显为儿童的自主行动。因此，社会认知教育活动要充分体现学前儿童的主体地位，营造宽松和谐的氛围，让学前儿童以主动的和创造性的方式参与社会认知教育活动，在主动建构中形成社会道德规范。

2. 鼓励学前儿童与环境、材料产生积极互动

社会认知发展理论强调儿童在适应环境过程中的主动性。美国的海伊斯科普课程模式认为，儿童主要依靠动作、自主学习、直接作用于环境而获得经验。有学者认为，幼儿园要给儿童提供充分的活动和交往的环境，发挥儿童的学习自主性。特别是充分利用师幼之间、同伴之间的相互作用，这对儿童的社会环境和规范认知发展具有一定的促进作用。因此，我们在开展社会认知教育活动时，要鼓励儿童与环境、材料积极互动，精心选择和设计社会活动环境，发挥学前儿童社会认知的主动性。

3. 将游戏和体验作为社会环境和社会规范认知生成的途径

维果斯基认为，研究儿童心理不能脱离儿童具体的生活环境。其"社会建构主义"思想认为，游戏是促进儿童社会性发展的手段。教师可以组织儿童开展角色游戏，以增进儿童对社会规范的认知。比如，到娃娃家做客、文明乘车、带娃娃到医院看病就诊等，都可以丰富和强化儿童对文明礼貌行为规范和人际交往规范的认知。

目前，"体验"被学术界认为是社会规范与道德生成的一种重要方式和途径。"体验"就是让儿童亲身去经历，让儿童在实践的过程中动手动脑，使儿童在对社会环境和社会活动的直接"体验"中建构社会规范和道德价值观。

考点2 学前儿童社会环境和社会规范认知教育活动设计与组织的基本策略

1. 运用多种方式引出活动主题

所谓引出活动主题，是指教师在活动开始时，开门见山地告诉学前儿童本次活动中究竟要做什么，是参观某一社会环境，还是观看图片、影片，或者讲故事，来认识社会环境，学习相关的社会规范。在引出活动主题时，教师要灵活地采用多种方式，如唱相关的儿歌、直接告知等方式，激起学前儿童对活动主题的好奇心和参与活动的积极性。

2. 引导学前儿童充分观察认知对象

此环节的主要目的是在教师的指导下，使学前儿童对新的认知对象（如社会环境和社会规范）进行

第五章

初步的认知。外出参观、实地观察等，都是学前儿童社会认知和社会学习的主要形式。因此，在社会环境和社会规范认知教育活动中，教师要充分发挥观察的重要作用，让儿童在自己细致的观察中认识新的认知对象。例如，在活动“参观超市”中，教师要带领儿童到超市进行实地观察，观察商店里有哪些工作人员，有哪些种类的商品，是怎样摆放的，顾客又是如何购物的，在超市购物应遵守哪些社会规范等。

3. 组织学前儿童自由表达、表现自己的认知体验

通过前面的活动，学前儿童对新的认知对象已有初步的认识和了解。这时，教师有必要给儿童提供一个交流、讨论、对话的平台。以上述“参观超市”的活动为例，参观结束后，教师可以组织儿童进行对话交流：“我在超市里看到了什么，它放在哪个货架上。”“我在超市里看到顾客是如何买东西的。”“在超市中看到哪些不文明的行为，应该怎样做才是文明的行为？”此外，教师也可以让儿童把自己在超市里看到的不文明现象画出来或说出来，供大家交流评价。这样的表达、表现，有助于加深儿童对新的认知对象的认识。

4. 引导学前儿童正确认知社会环境和社会规范

在教育关系上，教师与儿童是平等的。按后现代教育理论的观点，教师是“平等中的首席”，应与儿童共同参与学习、思考、探究、体验。在这一环节中，教师与学前儿童共同沉浸在对话、交流与游戏之中。教师应用符合时代要求的社会规范来引导儿童，用自己对社会环境的认识来影响儿童。当学前儿童对社会环境和社会规范的认知发生冲突时，教师应对儿童进行合理而积极的引导。如对“在超市中不想购买的物品可不可以随手乱放”“图书馆里可不可以拨打和接听手机”等问题，当儿童争论不休的时候，教师要对儿童合理引导，启发儿童思考，从而使其找到真正的答案。

五、学前儿童多元文化教育活动的设计与组织

1. 在环境布置中营造多元文化的氛围

我们在布置和营造幼儿园的环境时，应该把民族文化和世界文化融合起来，注意在环境中渗透对学前儿童的多元文化教育。例如，有的幼儿园在墙上既张贴中国地图，又张贴世界地图；有的幼儿园在装修幼儿园环境时，把中国版图直接刻在活动场地上，这样让孩子们在游戏和自由活动中随时随地学习；有的幼儿园在环境布置中充分体现家乡的文化特色，如茶艺、布艺、地方戏曲、民族歌舞等。

2. 在日常生活中渗透多元文化

在学前儿童的日常生活中，处处都蕴藏着多元文化学习和教育的契机。不同的地区有不同的饮食结构和餐饮习惯。幼儿园在每天的餐饮活动时，可以让儿童品尝不同国家有代表性的食品，如日本料理、西餐、韩国烧烤等，直接感受其饮食传统所代表的各国文化；也可以让儿童尝试制作本国或外国食品，如学习包饺子、做汤圆、包粽子等；学习制作西餐，如水果沙拉、蛋糕、汉堡等，初步了解并比较东西方不同的饮食文化和饮食习惯。这样，将多元文化的教育内容有机地组合进幼儿园一日生活之中。

3. 在节日庆祝活动中感受多元文化

各种重要的节日、纪念日都是宝贵的多元文化教育资源，幼儿园要适时地加以利用。要注意从儿童的兴趣、需要、能力、经验和文化背景出发，不仅围绕着本国的节日，如中国的春节、端午节、中秋节、重阳节等开展活动，而且要适时精心挑选和利用各国具有代表性的重大节日，如圣诞节、母亲节、感恩节、万圣节等开展主题庆祝活动，使儿童有机会接触各个国家和地区不同的文化、不同的风土人情以及生活习惯，以形成学前儿童的多元文化意识，养成对多元文化的积极态度。

4.在学习和娱乐活动中体验多元文化

将多元文化与幼儿园课程紧密地结合在一起，渗透在不同领域的教育活动中。可以通过正规的社会教育活动、艺术活动、娱乐活动等形式，对儿童进行多元文化教育，帮助学前儿童了解人类不同文化之间的相似性和独特性，使儿童学会分享共同的文化，容纳和接受不同的文化。组织儿童在社会教育活动中了解我国各个民族和其他国家的文化，通过音乐活动、美术活动、戏剧表演活动、建筑活动等形式，通过故事、歌曲、图片、工艺品等资料收集，学会从不同的视角审视不同文化的特色以及他们之间的差异，利用不同的途径，如唱歌、舞蹈、绘画、木偶表演、观看卡通片等，了解各种不同的文化传统。

5.在社会教育活动日中挖掘和利用多元文化资源

幼儿园要创设“社会教育活动日”，充分利用大自然和社会的有效资源对儿童进行多元文化教育。儿童的周围环境中储藏着丰富的多元文化教育资源，只要合理挖掘和利用，就能开阔儿童的视野，扩展儿童的信息量，拓宽儿童学习的空间，提高教育的效果。例如，可以组织儿童到博物馆、海洋馆、美术馆、歌剧院等社会场所参观、游览，让他们亲身体验东西方文化的异同；还可以在社会活动日中将各民族的小朋友请进幼儿园，与儿童一起联欢，共同进行分享和体验活动。要鼓励拥有不同文化背景的家长给儿童讲故事，和儿童一起唱歌、装饰、绘画、制作；鼓励去国外工作或旅行过的家长，给儿童讲述他们的所见所闻，共同观赏他们拍摄的异国图像资料。

第六节　学前儿童社会教育活动的评价

一、学前儿童社会教育活动评价的原则

学前儿童社会教育活动评价的原则是指人们对学前儿童社会活动评价规律的认识，或者说是学前儿童社会教育活动评价的客观规律在人们头脑中的反映。它是指导实施学前儿童社会教育活动的行动准则。具体来说，学前儿童社会教育活动评价需要遵循以下几个原则：

针对性原则

是指对学前社会教育活动评价时，要讲究“务实”，即针对活动的特点进行评价，也就是说，要能理清教育活动设计的优点和不足以及具体的改进建议，避免言而无物。对学前社会教育活动的效果不能要求立竿见影，而要考虑其内隐性和后续性。

过程性原则

包含两方面的含义：一是指对学前社会教育活动的评价是一个动态持续的过程；二是指根据学前社会教育活动的特点，评价时应侧重对社会教育活动过程的评价，即活动过程对目标的还原和学前儿童的活动过程。

全面性原则	主要是指评价学前社会教育活动的内容要全面，不能以点带面、以偏概全。评价时要考虑到活动设计的目标、活动内容、活动过程、活动效果等，各方面因素统一于教师和学前儿童的互动活动之中。评价者不仅要评教师的表现，还要将学前儿童活动纳入学前社会教育活动的评价中来。

二、学前儿童社会教育活动评价的主要内容

1. 评价活动的目标

学前儿童社会教育活动的目标涉及学前儿童的社会认知、社会情感和社会行为习惯三个方面。对活动目标的评价主要包括：活动目标是否完整、是否分解到位、是否以学前儿童社会性发展水平等因素为依据、是否落实在活动内容和活动过程中、是否适当地确定了本次活动的重难点、是否明确、是否有层次、是否易于操作和是否可以检验。

2. 评价活动的内容

学前儿童社会教育活动的内容方面，评价者应当主要考虑：

（1）教师选择的教育内容是否符合学前儿童社会性教育的需要，是否符合学前儿童社会性发展的实际情况；

（2）对学前儿童来说，教育内容是否是学前儿童必需的，是否符合学前儿童的认知水平，学前儿童是否愿意接受。

3. 评价活动的准备

评价活动的准备包括物质准备、经验准备和思想准备三个方面。因此，评价者主要评价开展活动前，教师对于教学用具准备的充分程度和适用程度，学前儿童有关本次活动的经验丰富程度，以及参与本次活动的精神状态准备程度。

4. 评价活动的过程

活动的过程最能体现活动的质量和教师的教育能力，是学前儿童社会教育活动评价的最重要的内容。评价者在评价具体的社会教育活动前，必须亲临现场观察记录。在评价时需要考虑：

（1）教育过程是否面向全体学前儿童，是否尊重学前儿童的个体差异；

（2）学前儿童的主体地位是否得到体现，是否有机会自主观察、体验、表达和操作，学前儿童参与活动的积极性怎样；

（3）教师是否尊重和充分考虑了学前儿童的意愿，是否得到儿童的信任和依恋；

（4）运用的教育方法是否生动多样、灵活巧妙等。

5. 评价活动的效果

活动的效果是一次社会教育活动优劣的关键之处。评价者应当主要考虑：该活动是否完成了活动目标、学前儿童是否有愉快的情感体验，是否具有与目标相一致的社会性行为变化等。如中班自我控制教育活动“做个好赢家”的效果如下：学前儿童具有了做个好赢家的意识，能够很好地控制自己的笑声和兴奋，与同伴友好相处；在后来的游戏中，都能够以恰当的方式表达自己的情绪。可见，本次活动基本完成了活动预期的目标。此外，儿童在活动过程中都能够积极主动地参与，体会到合作的愉快和帮助他人的快乐，从而养成与人相处的良好品质，提高自我控制的能力。

三、学前儿童社会教育活动评价的方法

学前儿童社会教育活动评价的方法是指搜集评价信息的方法，主要有自然观察、谈话、问卷调查、情境测验、社会测量等几种方法。教师对每种方法都需要熟练掌握，因为在实际评价工作中需要综合使用，以全面系统地获得有关学前儿童社会发展的真实信息，从而做出正确的价值判断。

考点 1 自然观察法

1. 自然观察法的概念

自然观察法是指评价者在日常生活的自然状态下，有目的、有计划地对学前儿童的外显行为进行直接观察、记录，从而获得学前儿童社会性发展信息的方法。

2. 自然观察法的优点

(1)直观。观察者在自然状态条件下，直接观察教育现象的发生、发展过程，客观对象及其环境，与被观察者的联系直接、自然，可获得更为直接、具体和生动的感性认识。

(2)可靠。这是自然观察法区别于其他评价方法的亮点，它可以得到调查、访谈等方法无法得到的可靠消息，这是由学前儿童语言发展水平相对较低所决定的。

(3)广泛。这是指自然观察法可以收集学前儿童社会性发展内容的大部分信息，适用于广泛的研究范围。

但是自然观察法也有其自身的局限性，即费时、不可重复、无法解决“为什么”问题。

考点 2 谈话法

1. 谈话法的概念

谈话法是指评价者通过与学前儿童面对面的交谈搜集评价信息的方法。运用此种方法时，评价者需要对谈话内容进行记录，然后对谈话记录进行分析。

2. 谈话法的优缺点

谈话法常用于搜集学前儿童有关动机、态度、自我认识等方面的信息。通过谈话，教师能了解到学前儿童的性别角色意识的发展情况。谈话法能够弥补自然观察法的不足，比较快捷地了解学前社会教育活动中某些难以用行为表现出来的问题。

在运用谈话法时，评价者若对学前儿童的回答有疑问，或者想做进一步了解，可以继续及时地发问，以获得全面具体的解释。同时，谈话法的运用也给了学前儿童表达自己的机会，以帮助研究者对学前儿童社会教育活动的各个方面发展有更深入的了解。由于谈话法是一对一的交谈，因此，这种方法只适用于小样本的访谈；同时访谈法记录学前儿童的言语表达，所以其可评价的对象也较为局限。

考点 3 问卷调查法

1. 问卷调查法的概念

问卷调查法是由评价者根据评价目的和内容，选择或自编问卷向调查对象发放，以广泛搜集学前儿童社会性发展信息的一种方法。问卷调查多适用于向家长了解学前儿童在家庭环境中的社会性行为表现。学前儿童在不同的环境中，其行为表现是不同的。为了全面了解学前儿童的社会性发展状况，教师还需要了解学前儿童在家庭中的行为表现。

2. 问卷调查法的优缺点

问卷调查法的优点在于可以在短时间内收集大量的评价信息,但由于家长对调查目的以及问卷本身的误解,其结果的真实可靠性值得商榷。

3. 运用问卷调查法时应注意的问题

(1)做好家长工作。在发放问卷之前,需要让家长了解问卷调查的真正意图,建立对教师的信任,消除其顾虑,以获得真实有效的资料。

(2)问卷语言通俗易懂,便于家长正确理解。同时问卷的内容需涵盖所需了解的全部信息,回答方式尽量简便,目的在于一方面不占用家长太多时间;另一方面方便日后的整理和分析。

考点再拔高

▼ 投射法

投射法是一种间接地探察儿童心理的方法,主要用于测量儿童社会交往状况和性别意识的发展。投射法基本原理是假设个体有选择地对外界刺激赋予某种含义并做出适当反应,把自己的动机、需求、愿望投射于外在的言语、故事或图画之中,因而通过对这些外部表现的分析,就能揭示个体的心理活动。

投射法的实施往往非常简单,如画人测验,儿童只需几分钟至十几分钟就可完成,但其结果的分析处理却十分复杂。由于投射过程受到刺激特点、个人心理状态、环境等众多因素影响,分析结果的准确性难以把握。采用投射法的主试必须经过专门的训练,应具备较高的分析技巧。

测验开始时,给儿童一张16开的白纸和一支铅笔,然后告诉儿童:“请按你自己头脑里想的人物画一张站着的、全身的人物像。可以画成年的男人或者女人,也可以画男孩或者女孩,随自己的心意。”注意要告诉儿童不要画机器人、动画片里的人物和演戏跳舞的人,总之是画自己头脑里想的人。画人测验不限时间,画的过程中不可以用橡皮擦,必要的时候可以用纸的另一面重新画。最后,测试者可以对儿童的作品进行分析。

考点4 情境测验法 【单选】★

1. 情境测验法的概念

情境测验法是由评价者根据评价目的,预先设计好一定的情境诱发学前儿童表现出社会性行为并进行价值判断的方法。

2. 情境测验法的优点

因为情境测验是由评价者自己设计的,可以针对评价的需要、评价对象的实践情况、时间、地点、场地、材料等条件进行设计,可能会得到更多较为实用的真实信息,所以情境测验法对学前儿童个体的社会性发展评价有着更大的实用意义。

3. 运用情境测验法应注意的问题

(1)预先拟好测验方案,包括测验目的、内容、形式、步骤、记录表格、评分线索及标准;

(2)测验的情境不仅要能反映儿童某一方面社会性的发展,还应该尽量与学前儿童的日常生活保持相似,以确保所获得的资料的信度和效度;

(3)测验中认真做好记录,方便日后整理分析。

真题面对面

[2018统考，单，1分]评价者根据评价目的，预先设计好一定的情境诱发学前儿童表现出社会性行为并进行价值判断的方法是(　　)

A. 情境测验法　　B. 问卷调查法

C. 谈话法　　D. 自然观察法

答案：A

考点5　社会测量法

社会测量法是由美国心理学家莫雷诺1930年提出的一种测定团体人际关系的理论和方法，我们将其引入学前儿童社会性发展评价之中。通过同伴的判断，可以发现哪些孩子被同伴接受，哪些孩子被同伴排斥，哪些孩子处于无争议的同伴社交地位，由此了解儿童的社会行为。

社会测量法有很多种，用得最多的是同伴提名法、配对比较法和行为评定表。

核心考点回顾

1. 学前社会教育的总目标有哪些？(参见本书P214)
2. 学前儿童社会教育的途径有哪些？(参见本书P220)
3. 学前儿童社会学习的特点有哪些？(参见本书P230)
4. 学前儿童社会教育的原则有哪些？(参见本书P232)

达标测评

建议用时	实际用时	测评总分	实际得分
50分钟	____分钟	60分	____分

一、单项选择题(每小题1分，共6分)

1. 在回答"海因茨偷药"的两难问题时，皮皮认为海因茨偷药是不对的，因为偷东西犯法要坐牢，说明皮皮的道德属于(　　)

A. 以服从与惩罚为取向　　B. 以工具性目的为取向

C. 以"好孩子"为取向　　D. 以维护社会秩序为取向

2. 对幼儿日常生活、游戏、活动、交往中存在的偶发事件、情境中教育机会的充分利用，以发挥其潜在的教育意义。这是学前社会教育的(　　)

A. 情感支持原则　　B. 生活教育原则　　C. 实践性原则　　D. 一致性原则

3. 下列不属于小班社会教育目标的是(　　)

A. 引导儿童逐步熟悉集体生活环境，认识集体中的同伴与成人，初步了解他们与自己的关系，使儿童初步适应集体生活

B. 使儿童保持愉快的情绪，不爱哭、不怕生，愿意与他人交往，鼓励儿童积极参与集体生活

C. 引导儿童初步掌握日常生活中常用的礼貌用语，使儿童能初步有礼貌地同他人交往，见了老师和长辈会问好

D. 使儿童能初步了解自己与他人的情绪，初步懂得同情和关心他人

4. 选取“清明节”“端午节”等题材作为社会教育的内容。这属于(　　)方面的教育。

A. 自我意识　　B. 人际交往　　C. 社会环境　　D. 多元文化

5. 下列选项中不属于学前儿童社会教育中讨论法的优点的是(　　)

A. 能在一定时间内增加儿童口头表达自己认识的活动机会

B. 在与教师、同伴的讨论中,儿童的认识得以深化,情感能够自然流露出来

C. 可以使儿童在较短的时间内获得较多的知识

D. 有利于儿童在分析、比较各种意见中,提高独立思考的能力、分析问题、解决问题的能力和口头表达能力

6. 在学前社会教育中,教师以自身良好的思想和行为,影响幼儿的思想和行为的方法属于( )

A. 批评教育法　　B. 环境熏陶法

C. 榜样示范法　　D. 兴趣诱导法

二、名词解释(每小题2分,共4分)

1. 行为练习法

2. 共情训练法

三、简答题(每小题5分,共10分)

1. 简述在学前儿童社会教育中运用讲解法时应注意的问题。

2. 简述学前儿童社会学习的特点。

四、案例分析题(共15分)

小强是某幼儿园大班的孩子,在该幼儿园里,他是出了名的“身强体壮”的顽皮鬼,和其他小朋友矛盾不断,今天上午又挨了老师的一顿狠批。事情是这样的:前几天,小强所在的班刚转来了一个小朋友李明,李明个子也比较高,这样,小强和李明成为该班仅有的两个“高个”。小强主动找李明一块玩,可李明不太喜欢动,尤其不爱和小强这样风风火火的孩子玩。今天上午刚到班里,小强又找李明教他“玩魔术”,李明不同意,这样小强就动起手来……

在老师眼中,小强总是这样:主动和小朋友接触,可好景不长,一来二去,也就没人愿意和他玩了。然而,他自己仍别出心裁地玩得有滋有味。

据此案例回答问题:

(1)案例中小强的行为及他和小朋友们的关系说明了什么?请用幼儿社会性发展的有关知识回答。(4分)

(2)这种儿童的表现是什么?(5分)怎样帮助他处理好和伙伴的关系?(6分)

五、活动设计题(共25分)

根据小班幼儿的身心发展特点,组织一个关于“排队”的社会活动。要求写出活动目标、活动准备、活动过程。

附故事:

猴子过河

有一群小猴子来到河边,看见河对岸有一棵桃树,上面结满了又红又大的桃子。小猴子都想吃到桃子,于是它们争先恐后地挤上了独木桥。独木桥太窄了,小猴子们被挤得东摇西晃,一只小猴子快被挤到河里去了。一只老猴子急忙说:“快回来!要一个跟着一个排队过桥。”小猴子听了老猴子的话,一个跟着一个排好队,又快又稳地过了桥,它们都吃到了又红又甜的桃子。

参考答案及解析

一、单项选择题

1. A [解析]服从与惩罚的道德定向阶段儿童的道德价值来自对外力的屈从或对惩罚的逃避。他们衡量是非的标准是由成年人来决定的,对成人或准则采取服从的态度,缺乏是非善恶的观念。他们会认为,海因茨不能去偷药,因为如果被人抓住的话会坐牢的。

2. B [解析]随机教育原则(生活教育原则)是指教师在儿童日常生活、交往中随时随地抓住一定的时间或时机对幼儿进行即时教育。

3. D [解析]"使儿童能初步了解自己与他人的情绪,初步懂得同情和关心他人"是中班社会教育目标。

4. D [解析]题干选取的题材属于多元文化教育活动中民族文化的内容。

5. C [解析]讨论法的优点包括:(1)讨论法最大的优点,就在于它能在一定时间内增加儿童口头表达自己认识的活动机会,尤其是成对交换意见、分小组讨论形式,为儿童提供表达意见的机会更多,甚至不必考虑自己意见的对错;(2)在与教师、同伴的讨论中,儿童的认识得以深化,情感能够自然流露出来;(3)讨论法还可以使儿童听到各种不同的意见;(4)有利于儿童在分析、比较各种意见中,提高独立思考的能力、分析问题、解决问题的能力和口头表达能力。C选项可以使儿童在较短的时间内获得较多的知识属于讲解法的优点。

6. C [解析]榜样示范法是指在学前社会教育中,教师用他人的好思想、好行动和英雄事迹去影响和教育儿童,形成良好社会品质的方法。对儿童影响较大的榜样有以下三种:(1)伟人和英雄模范人物;(2)教师本人;(3)同伴。题干中教师以自身良好的思想和行为,影响幼儿的思想和行为体现了教师本人的榜样示范。

二、名词解释

1. 行为练习法是指教师在学前社会教育过程中,组织儿童按正确的社会行为规范要求自己,通过参加各种活动和交往受到实际锻炼,以形成儿童良好的社会行为习惯的方法。

2. 共情训练法是指通过一些形式让学前儿童去理解和分享他人的情绪体验,以使学前儿童在以后的生活中对他人的类似情绪能主动、习惯性地自然理解和分享的方法。

三、简答题(参考答案)

1. (1)讲解的实用性;(2)讲解的直观形象性;(3)讲解的方式多样化。

2. (1)随机性和无意性;(2)长期性和反复性;(3)情感驱动性;(4)实践性。

四、案例分析题(参考答案)

(1)案例中小强的行为及他和小朋友的关系说明:在社会性发展中,该儿童在同伴交往方面属于问题儿童,具有攻击性。

(2)这类儿童的表现:体质强、力气大、行为表现最为消极、不友好,积极行为很少;能力较强、聪明、爱玩、性格外向、脾气急躁、容易冲动、过于活泼好动、喜欢交往,在交往中积极主动但又很不善于交往;对自己的社会地位缺乏正确评价,往往估计过高。对没有朋友一起玩不太在乎。

教育方法:首先,要使他们了解受欢迎儿童的性格特点及自身存在的问题,帮助他们学习与他人友好相处。同时,教师要引导其他幼儿发现这些幼儿的长处,及时鼓励和表扬,提高这些幼儿在同伴心目中的地位。通过有效的教育活动达到促进儿童交往、改善同伴关系的目的。

五、活动设计题(参考答案)

小猴排队(小班)

(一)活动目标

(1)知道排队时不拥挤、不插队,学习正确的排队方法;

(2)感受排队给日常生活带来的便利;

(3)能专心地倾听,积极参与。

(二)活动准备

(1)根据故事《猴子过河》自制挂图。

(2)自备材料:①猴子手偶一个;②幼儿生活中排队的照片(教师自拍班级幼儿在玩滑滑梯、接水、下楼时排队的照片);③神奇摸箱三个(每只纸箱上留一个洞,大小以能伸进幼儿一只手为宜),小礼物三种,数量与幼儿人数相同。

(三)活动过程

1.看挂图,听故事《猴子过河》,了解猴子过不了河的原因

(1)教师借助图片讲故事,边讲边引导幼儿观察图片内容。

(2)引发幼儿思考猴子过不了河的原因。

教师:猴子为什么过不了河呢?它们怎样才能又快又稳地过去呢?

2.学习正确的排队方法,了解排队给生活带来的好处

(1)观看生活中小朋友排队的照片。

教师:小朋友在幼儿园生活时,是不是也需要排队呢?他们是怎么排队的?为什么要排队呢?不排队会怎样?

(2)教师请一组小朋友练习排队,同时运用猴子木偶演示正确排队的方法:后来的人要站到队伍的最后面,不能插队。

教师小结:在生活中,我们经常需要排队,排队时要一个跟一个,后来的小朋友要站在队伍的最后面,这样我们做事才会又快又方便。

3.练习排队的正确方法

(1)出示神奇摸箱。

教师:小朋友都很能干,学会了排队的本领,今天老师特意准备了礼物要送给小朋友。礼物就藏在这三个神奇摸箱里,想一想,这么多人都去摸礼物会怎样呢?怎么样才会不拥挤呢?

(2)幼儿分别排成三队取礼物,每人可以分别摸三种礼物。教师加强观察,帮助个别幼儿掌握正确的排队方法。

教师小结:今天,小朋友知道了在人多时要排队的道理,也学会了排队的正确方法。希望你们在生活中能坚持按正确的方法做个守规则的好孩子。

(四)活动延伸

(1)在日常生活中,鼓励幼儿主动运用排队的方法,同时教师可以在茶水桶、洗手池等经常需要排队的场所贴上小脚印,表示这是第一个到的小朋友所站的位置,帮助幼儿养成自觉排队的习惯。

(2)父母带孩子去公共场合时,要引导孩子学会排队,自觉遵守社会秩序,做个讲文明的好孩子。

第六章　学前儿童科学教育

思维导图

学前儿童科学教育
- 学前儿童科学教育的目标与内容
  - 学前儿童科学教育的目标
  - 学前儿童科学教育的内容
- 学前儿童科学教育的途径与方法
  - 学前儿童科学教育的途径
  - 学前儿童科学教育的方法
- 学前儿童科学教育的基本理论
  - 皮亚杰的知识分类理论（易混点）
    - 社会知识
    - 物理知识
    - 逻辑—数理知识
  - 布鲁纳的学习理论
  - 维果斯基关于概念形成的理论
- 学前儿童科学能力的发展阶段与特点
  - 学前儿童分类能力
  - 学前儿童比较、序列化和对应能力
  - 学前儿童的表征、模式认知
  - 学前儿童的守恒能力
- 学前儿童科学学习的特点与教育原则
  - 学前儿童科学学习的特点（重点）
    - 一般特点：好奇、好问；好探索；好活动；自我中心
    - 年龄段特点：3～4岁；4～5岁；5～6岁
  - 学前儿童科学教育的原则
- 不同类型科学教育活动的设计与组织策略
  - 集体活动中科学教育的设计与指导
  - 区角活动中科学教育的设计与实施
  - 自然角中的观察与照料活动
- 学前儿童数学教育
  - 学前儿童数学教育概述
  - 学前儿童数学教育的目标
  - 数学教育活动内容选择的要求
  - 学前儿童数学教育的设计与组织
- 学前儿童科学教育活动的评价
  - 学前儿童科学教育评价的内涵
  - 学前儿童科学教育评价的指标体系
  - 学前儿童科学教育评价的意义
  - 学前儿童科学教育活动评价的内容
  - 学前儿童科学教育评价的方式
  - 学前儿童数学教育的评价

浙江考向

高频考点	常考题型	能力层级	考查热度
学前儿童科学教育的内容	单选	识记	★★
学前儿童科学教育的方法	单选、简答	理解	★★★
皮亚杰的知识分类理论	单选	理解	★★
学前儿童科学学习的特点	单选、简答	掌握	★★★
学前儿童数学教育的目标	单选、判断	识记	★★
学前儿童数学教育的方法	单选	识记	★★

核心考点

第一节　学前儿童科学教育的目标与内容

一、学前儿童科学教育的目标 【单选】★

学前儿童科学教育目标是构成科学教育实践活动的第一要素和前提，它是教师进行科学教育的指导思想和制订计划的依据。学前儿童科学教育目标既是学前教育总目标的有机组成部分，又是学前阶段科学教育的特殊要求。

学前儿童科学教育的目标体系，是按一定的有序结构组织起来的。从纵向角度看，学前儿童科学教育目标具有一般的层次结构。从横向角度看，学前儿童科学教育目标具有不同的分类结构。

1. 学前儿童科学教育目标的层次结构

学前儿童科学教育的目标按其层次，可以分解为学前儿童科学教育的总目标、年龄阶段目标、单元目标和活动目标四个层次。

(1)学前儿童科学教育的总目标

学前儿童科学教育的总目标，是学前阶段科学教育总的任务要求，它原则性地指出在学前阶段进行科学教育的范围和方向，是科学教育所期望的最终结果，具有较强的特殊性和相对的独立性。学前儿童科学教育的总目标是学前教育总目标的一个组成部分，与总目标在方向上是一致的、相辅相成的。学前儿童科学教育的总目标，是在整个学前教育阶段中，通过一系列的科学教育活动的过程来实现的，因此，在学前阶段进行科学教育都应以总目标为指导思想。《纲要》明确提出了幼儿园科学教育领域的目标：

①对周围的事物、现象感兴趣，有好奇心和求知欲；

②能运用各种感官，动手动脑，探究问题；

③能用适当的方式表达、交流探索的过程和结果；

④能从生活和游戏中感受事物的数量关系并体验到数学的重要和有趣；

⑤爱护动植物，关心周围环境，亲近大自然，珍惜自然资源，有初步的环保意识。

(2)学前儿童科学教育的年龄阶段目标

①小班儿童科学教育活动目标

a. 知识方面

第一，引导儿童观察周围常见的个别自然物(动、植物和无生命物质)的特征，获取粗浅的科学经验，初步了解它们与儿童生活、与周围环境的具体关系；

第二，引导儿童观察周围常见自然现象的明显特征，获取粗浅的科学经验，并感受它们和儿童生活的关系；

第三，引导儿童观察日常生活中直接接触的个别人造产品的特征及用途，获取粗浅的科学经验，感受它们给生活带来的方便。

b. 方法技能方面

第一，帮助儿童了解各种感官在感知中的作用，学习正确使用各种感官感知的方法，发展感知能力；

第二，帮助儿童掌握根据一个或两个特征从一组物体中挑选出物体并归为一类的分类方法；

第三，帮助儿童学会通过目测等简单方法比较物体的大小和数量的差别；

第四，引导儿童用词语或简单的句子描述事物的特征或自己的发现，与同伴、教师交流；

第六章

第五，帮助儿童学习使用他们日常生活中常用科技产品的简单方法，参与简单的制作活动。

c.情感方面

第一，激发儿童对周围事物的好奇心，使其乐意感知和摆弄他们能够直接接触到的自然物和人造物；

第二，萌发他们探索自然现象和参与制作活动的兴趣；

第三，使其喜爱动植物和周围环境，并能在成人的感染下表现出关心、爱护周围事物的情感。

②中班儿童科学教育活动目标

a.知识方面

第一，帮助儿童获取有关自然环境中有生命物质、无生命物质及其与人类关系的具体经验，了解不同环境中个别动植物的形态特征和生活习性；

第二，帮助儿童了解四季的特征及其与人们生活的关系，观察简单的理化现象，获取感性经验；

第三，引导儿童获取周围生活中常见科技产品的具体知识和经验，初步了解它们在生活中的运用。

b.方法技能方面

第一，帮助儿童学会综合运用多种感官感知事物特征，发展观察力；

第二，帮助儿童学会按照指定的标准，对物体进行简单分类；

第三，帮助儿童学习运用简单的工具进行测量的方法；

第四，引导儿童用自己的语言描述自己的发现，并与同伴、教师交流；

第五，指导儿童学习使用常见科技产品的方法，运用简单工具进行制作活动。

c.情感方面

第一，发展儿童的好奇心，引导儿童探究周围生活中常见的自然现象、自然物和人造物，愿意参加制作活动；

第二，培养儿童关心、爱护动植物和周围环境的情感和行为。

③大班儿童科学教育活动目标

a.知识方面

第一，帮助儿童初步了解不同环境中的动植物及其与环境的相互关系；

第二，介绍儿童周围生活中的环境污染现象和人们保护生态环境的活动；

第三，帮助儿童获取有关季节、人类、动植物与环境等关系的感性经验，形成四季的初步概念；

第四，引导儿童探索周围生活中常见的理化现象，获取有关的科学经验；

第五，让儿童接触周围生活中的现代科学技术，及其在生活中的运用。

b.方法技能方面

第一，使儿童能主动运用多种感官观察事物，学会观察的方法，发展观察力；

第二，使儿童能按照自己规定的不同标准对物体进行分类；

第三，帮助儿童学习使用各种工具进行测量，掌握正确的测量方法；

第四，引导儿童用完整、连贯的语言与同伴、教师交流自己的探索过程和结果，表达愿望，提出问题和参与讨论，以及能够表达发现的愉快，能够和他人交流和分享；

第五，引导儿童学习使用常见科技产品的方法，运用简单工具和多种材料进行制作活动，能够发现物品和材料的多种特性和功能，并能表现出一定的创造能力。

c.情感方面

第一，激发和培养儿童好奇、好问、好探索的态度；

第二，激发儿童对自然环境和现代社会生活中的科技产品的广泛的兴趣，能自己发现问题、提出问题、寻求答案；

第三，使儿童喜欢并能主动参与、集中于自己的科学探索活动和制作活动；

第四，培养儿童主动关心、爱护周围环境的情感和行为。

以上所述各年龄班科学教育目标仅代表一般的情况，不能机械地、绝对化地理解。儿童的发展是一个连续的过程，不同年龄班的教育目标既要体现年龄的差异，也应体现连续性。教师可根据具体情况加以灵活改变。

(3)学前儿童科学教育的单元目标

学前儿童科学教育的单元目标一般有两种：一种是“时间单元”，是在一段时间内，如一个月或一周内要达到的目标，相当于“月计划”或“周计划”中的科学教育目标；另一种是“主题活动单元”，是在一组有关联的科学教育活动全部结束后所要达到的目标。在目前的整合课程模式下，“时间单元”的目标模式已不多见，但还是会在一些幼儿园看到。

(4)学前儿童科学教育的活动目标

学前儿童科学教育的活动目标一般是指一次具体的科学教育活动所要达到的目标，它是根据学前儿童科学教育总目标和年龄阶段目标或单元目标，并且结合具体教育活动内容的特点，以及儿童的特点制定的具体的、可操作的目标。虽然是具体教育活动的目标，但也应该能反映学前儿童科学教育总目标和年龄阶段目标的要求；而且教育活动目标应该体现和上层目标之间的联系，是上层目标的具体化。

以上四个层次，构成了一个金字塔式的学前儿童科学教育目标的层次结构。各阶段性目标之间是相互衔接的，体现了学前儿童心理发展的渐进性。下层目标与上层目标之间、局部目标与整体目标之间是协调一致的。每层目标都是上一层目标的具体化，低层次目标的实现最终能促使高层次目标的实现。

2. 学前儿童科学教育目标的分类结构

学前儿童科学教育目标的分类结构是指教育目标的组合构成，它是从学前儿童科学教育总目标中横向分解出来的，可以从各种角度去划分。科学教育的总目标是培养具有科学素养的人，因此，科学素养的划分就成为制定科学教育目标的主要依据之一。国际上通用的考察国民科学素养的标准包括三个方面：对科学技术术语和概念达到基本的了解；对科学的研究过程和方法达到基本了解；对科学的社会影响达到基本了解。国内外科学教育课程设计都非常重视受教育者科学素养的养成。学前儿童阶段养成对科学的兴趣和科学素养，是终身学习的重要基础。根据学前儿童身心发展的特点，以及当代社会发展的需要，学前儿童科学素养主要应包括三个方面：科学知识的获得；科学方法的学习以及科学情感态度的培养。以此依据来分类，学前儿童科学教育目标可以分成以下几个方面：

(1)科学知识的教育目标(知识方面)

科学知识是人类在了解自然时，希望获得的有关事实和理论的信息。科学知识会因为新的实验所带来的新的理解和新的问题而不断改变，不断扩增。学龄期儿童学习知识主要是直接掌握人类的认识及其成果，在学校中，教师通过教学对学生传授科学知识，可以缩短继承人类认识成果的过程。学前儿童对科学知识的学习，虽然因为其年龄特点而与学龄期的儿童很不相同，但是作为科学探索过程的必然结果，科学知识的获得是必然的，也是必需的。学前儿童在科学探索的过程中，不仅获得了知识经验，也在探索与获得知识的过程中发展了能力技能，培养了相应的情感。科学知识方面的教育目标，包括通过教育使学前儿童获取周围世界广泛的科学经验，或在感性经验的基础上形成初级的科学概念。

①科学经验

科学经验是指学前儿童在科学探索的过程中，通过他们亲自操作，以自身的感觉器官直接接触周围世界所获取的具体事实和第一手的经验，包括儿童对事物形状特征的认识、科学现象的理解等。例如，当

儿童在观察冰块、玩冰块的时候，就会感受到冰的性质：冷冷的、硬硬的、放到嘴里尝尝没有味道等，还会发现冰化成了水等。这些感受和发现都是科学经验。科学经验是科学知识的最低的层次。

②初级科学概念

概念是对事物或现象的内在、共同、本质特征的概括，是认识事物的高级形式，一般用词语来表示。在学前儿童科学教育中，儿童获得的概念还不是真正严格意义上的科学概念，而只能称为“初级科学概念”。

③科学经验和初级科学概念的关系

在学前儿童科学教育的目标中，获取科学经验与形成初级科学概念是学前儿童科学教育中有关科学知识目标的两个方面，是相一致的。有的人把这二者简单对立起来，或者只强调经验而忽视概念，或者只强调概念而忽视经验，这都是不对的。

一方面，我们反对脱离儿童的科学经验，向儿童灌输科学概念或者科学概念的名称，但并不反对在科学经验的基础上帮助儿童形成初级科学概念。相反，儿童获取科学经验要为形成概念服务。教师为幼儿提供丰富和广泛的经验，并帮助他们认识经验之间的内在联系并加以整理，为形成概念做准备。在条件具备时，教师要将儿童的经验上升为初级的科学概念。

另一方面，儿童初级科学概念的形成要建立在丰富的科学经验的基础上。教师应努力丰富儿童的科学经验，让儿童对同类事物有多样化的认识，只有这样，儿童在此基础上形成的概念才更具概括性和代表性，儿童对概念的理解才更深刻。

(2)科学方法的教育目标(方法技能方面)

科学的重要特征之一是其方法的科学性。科学方法，一般是指实证的方法，即通过科学观察到的事实和建立在事实基础上的合乎逻辑的推理获取知识的方法。具体地说，科学方法是指收集客观信息、整理加工信息和表达信息、交流信息的方法。在科学探究过程中，学前儿童在教师有目的、有计划的安排下，有自主发现问题、探索答案以及解决问题的机会，并且能够体会到科学、有系统地解决问题和追寻答案的过程，而且通过亲身探索体验，学习到一些重要的探究方法及能力。在学前儿童科学教育中科学方法方面的教育目标，是指学习探索周围世界和学习科学的方法，如观察、分类、测量、思考、表达交流和解决问题等，以及发展观察力、思维能力、创造力、动手能力和初步解决问题的能力。

(3)科学情感和态度的教育目标(情感个性方面)

从学前儿童发展的角度来看，科学教育的目标不仅在于促进儿童学习科学，其最终目的是通过科学学习，促进学前儿童全面和谐地发展。在科学教育中，科学情感、态度的培养，可以说是整个科学教育目标体系的核心内容。科学情感、态度指的是和认知过程相区别的，同人的特定需要相联系的，具有一定内在体验和外在表现的感性反映。主要包括对科学活动的看法，对科学活动的意识、思维活动和自觉的心理状态，及其在言行中的表现，它也是人在探索科学时的一种动力。学前阶段科学情感和态度的培养虽然只是刚刚起步，但却是儿童一生发展的奠基，也是学习科学的强大动力。学前儿童科学情感、态度方面的教育目标，是指对科学活动兴趣爱好的培养，特别强调好奇、进取、负责、合作、虚心、细心、耐心、信心、主动、喜欢创造、思考等态度和情感的培养。

在学前儿童科学教育中，情感的目标非常广泛。我们将其分为以下四个方面：

①发展儿童的好奇心和积极的科学态度；

②培养儿童对自然的积极情感和态度；

③培养儿童对科学技术及其对社会的作用的关注；

④发展儿童良好的个性品质。

考点再拔高

▼ 科学与技术

1. 什么是科学

(1)科学是人们对客观世界的认识,是反映客观事实和规律的知识体系。科学既是人们对客观世界的一种正确认识的知识体系,同时也是指人们用科学的方法探索世界、获取知识的过程;而且这两个方面是统一的、不可分割的。科学的认识过程导致科学知识的产生,科学知识来源于科学的认识过程。

(2)我们不能把科学理解成对世界的固定不变的"正确"解释,而应把科学理解成是一个开放的知识体系。随着人们不断地探索、研究和发现,科学也有一个不断修正自我的过程。在不同的时代、不同的认识水平下,人们对世界的"正确"认识都是不同的。由此可见,科学没有最终的结论,更没有永远正确的结论。即使是科学知识本身,也是一个不断发展的过程。因此,科学是科学探索过程与成果的统一。

2. 什么是技术

技术的性质主要表现为它是现实的生产力。生产力包括劳动者、生产工具和劳动对象三个基本要素。劳动者运用生产工具作用于劳动对象进行生产活动,为人类创造自己的生存条件。技术渗透到生产力的所有要素之中,是现实生产力的共同基础。也就是说,人们把科学原理转化为技术发明,通过在生产过程中的广泛应用,提高了劳动者的知识和技能,改进劳动的技术装备,同时也引起了劳动对象的变革。因此在现实意义上可以说,生产力各要素就是技术的不同表现形态,技术是在人们利用和改造自然的实践过程中形成的,它不同于科学这一以认识自然为主要任务的社会实践活动。

科学和技术的区别

科学	技术
以认识自然为目的	以改造自然为目的
回答"是什么""为什么"的问题	回答"做什么""怎么做"的问题
获得新知识(发现)	创造新产品(发明)
从实践上升到理论	将理论应用到实践中
从个别现象上升到一般原理	将一般原理应用于个别问题

从表中,我们不仅可以看到,科学和技术是两种不同的认识活动,同时我们也可以看到,科学和技术之间存在着相互联系、相互依赖、相辅相成的关系。人们改造自然的活动必须建立在认识自然规律的基础之上,而认识自然则是为了改造自然。科学的理论来源于实践,同时也要应用于实践之中;技术的发明,需要建立在对有关的科学原理的了解的基础上,同时也促进和丰富了人们的科学认识。

二、学前儿童科学教育的内容 【单选】 ★★

学前儿童科学教育的内容选择的要求

考点1 内容选择的要求

1. 科学性和启蒙性

科学性和启蒙性是学前儿童科学教育内容选择的首要要求。所谓科学性是指学前儿童科学教育的内容应符合科学原理，不违背科学事实。所谓启蒙性是指学前儿童科学教育的内容应是粗浅的而不是系统的科学知识，应是儿童可见、可直接探索的内容，不能超越儿童的发展水平和理解能力。

所以，我们必须从科学性和启蒙性两个方面的要求来选择学前儿童科学教育的内容，体现“科学启蒙”的特点。具体地说：

(1)科学启蒙就是要选择儿童可以直接探索的内容，让儿童通过自己直接的探索活动，在力所能及的范围内学科学；

(2)科学启蒙就是要选择儿童可以理解的内容，将复杂、深奥的科学道理寓于简单、明显的现象中，让儿童通过具体的经验获得对科学知识的粗浅理解；

(3)科学启蒙就是要选择儿童日常生活中熟悉的内容，引导其发现日常生活中的科学内容。

2. 时代性和民族性

所谓时代性是指学前儿童科学教育的内容应适当反映时代与科技进步的新知识。所谓民族性是指科学教育的内容应对保存、传播和发展我国的优秀民族文化传统有所体现。

学前儿童科学教育中的很多内容都可以体现时代性和民族性，我们在选择内容时，可以从以下几个方面加以考虑：

(1)结合儿童的生活向儿童介绍现代的先进科学技术，特别是我国在现代科学技术方面的成就；

(2)向儿童介绍科学技术的发展，让儿童在古今的对比中体会现代科学技术的先进和古代人民的智慧；

(3)引导儿童认识我国的具有民族特色的物产，或当地有名的物产。

3. 广泛性和代表性

所谓广泛性是指学前儿童科学教育的内容应尽量涉及多个方面，确保能让儿童获得广泛的科学经验。所谓代表性是指学前儿童科学教育的内容应能典型地反映某领域的基本知识结构。

在选择学前儿童科学教育的内容时，怎样才能做到广泛性和代表性的结合呢？

(1)从广泛的范围中选择内容。

(2)衡量所选内容的代表性。

(3)考虑各部分内容的均衡性。均衡的教育内容，既能体现代表性，也能体现广泛性，所以在选择内容、安排计划时，一定要考虑这一点。例如，认识植物的内容，不仅要认识树木，也要认识花草，还可以认识苔藓等低等植物；不仅要认识生长在陆地的植物，也要认识生长在水中的植物，这样就能使儿童获得广泛而又具有代表性的科学经验。

4. 地方性和季节性

所谓地方性和季节性是指学前儿童科学教育的内容应具有鲜明的地方特色和季节特点。

地方性和季节性是学前儿童科学教育内容选择的一个独特而又首要的要求。那么，在实践中应如何体现这一要求呢？我们认为，地方性和季节性的要求，不仅应该在选择内容时有所体现，更应该在编排内容时有所体现。

在选择教育内容时，不能照搬照抄现成的材料，而要注重从当地的自然和社会资源中挖掘和选择有价值的教育内容。结合当地、季节特点选择内容，要会灵活地替换教育内容，即用当地儿童熟悉的事物代替相应的教育内容。在编排教育内容时，则要根据当地的季节变化，安排教育内容的计划。

真题面对面

1.[2018统考,单,1分]王老师在组织幼儿进行“各种各样的昆虫”科学活动时,幼儿对七星瓢虫产生了浓厚的兴趣,其中有一位孩子问:“王老师,我看到身上有9个斑点的瓢虫,是不是就叫九星瓢虫?”王老师愣了一下,心想这个问题还真不确定,但是她机智地表扬了该幼儿:“你说得很有道理,9个斑点的就叫九星瓢虫啦。”王老师的做法违背了科学活动组织的(　　)

A. 开放性　　B. 趣味性　　C. 活动性　　D. 科学性

2.[2017统考,单,1分]在选择科学教育内容时,需要考虑现代科学技术的成就,这体现的科学教育内容选择的原则是(　　)

A. 民族性　　B. 时代性　　C. 代表性　　D. 启蒙性

答案:1. D　2. B

考点2 儿童科学教育的内容

1. 儿童常见的自然现象及其与人类、动植物的关系

儿童常见的自然现象包括:季节现象;气候现象(雨、雪、霜、雷电、彩虹等);物理现象(空气与风、电、光、声、磁等);化学现象。

2. 儿童周围的物质世界及其相互关系以及生态环境教育

儿童周围的物质世界即大自然,包括:有生命物质(动物、植物、微生物);无生命物质(岩石、沙、土、水等);宇宙和星球(日、月、星辰等)。环保教育应渗透于上述三项内容之中,主要包括:

(1)使儿童知道地球上的水资源是有限的,可以供人们饮用的淡水资源更加有限,懂得保护水资源,节约用水。

(2)认识几种珍稀动植物,知道它们数量减少的原因,懂得要爱护野生动植物。

(3)了解废弃物不处理对人类的危害,知道废弃物可以分类回收利用,变废为宝。

(4)了解土壤对动、植物的作用及土壤污染对人类健康的影响。

(5)初步了解植树造林对人类的重要意义,懂得保护森林的重要性。

(6)初步理解什么是环境污染,环境污染的具体体现及其对人类的影响,掌握保护环境的基本方法。

3. 儿童日常生活中常见的科技产品及其对人类的影响

其主要包括:家庭生活中的科技产品及其功用;社会生活中的科技产品及其和人类生活的关系等。

4. 人体的奥秘及其保护

以感官教育为主,主要包括:感官的结构和功能;感官的运用及感知能力的培养;保护感官。此外,还有初步的性别教育、性教育和安全教育等。

考点再拔高

▼幼儿园生命教育的内容

第一,认识生命。人是自然的实体,人类个体的存在、生长、发展变化、死亡等新陈代谢过程,具有丰富、美好、奇妙的内容。通过进行认识生命的教育,使学前儿童懂得人生存的重要条件及人生存在世界上的意义,满足学前儿童探索自身奥秘的兴趣和愿望,对学前儿童了解自己、培养自我保护意识也有重要的意义。同时通过各类生动、有趣的活动让学前儿童了解动、植物及人类生命的来源,认识生命体的基本特征,知道并懂得生命成长的历程,认识到生命的可贵。例如,在大班

可以开展《生命的密码》的主题活动，通过观察图片、讲故事、与父母交流，使学前儿童知道自己与家庭成员的关系及自己的出生，即一个小生命的诞生，需要父母共同的爱和养育。开展“我从哪里来”的科学探索活动，利用生动、浅显、直观的录像资料等，让学前儿童了解自己的出生的过程。

第二，关爱生命。关爱是生命教育的情感基石，关爱生命即在了解生命、尊重生命的基础上关心生命的发展，给生命赋予有责任的情感关注和行为帮助。关爱生命不仅仅是对自己生命的关爱，还包括对他人、对整个人类、对整个自然生命的关爱。对学前儿童来说，不仅需要获得不同生命形象的知识，还要帮助其理解这些生命之间的关系。例如，在幼儿园开展“关爱环境，珍爱生命”的主题教育活动、对学前儿童进行自然环境与人类生命之间关系的教育，让学前儿童形成保护自然的意识；在集体活动中组织学前儿童的合作学习，并学会合理处理同伴之间的矛盾，在这种群体生活中萌发学前儿童互相尊重的情感关爱。又如，在印度洋海啸事件发生后，有的幼儿园就印度洋海啸事件组织了学前儿童关爱生命的活动，孩子们在爸爸妈妈的引导下收集有关海啸的图片、画报，浏览、收看网络或电视台里的相关报道，当看到和自己年龄相仿的小朋友就这样失去了生命，他们的爸爸妈妈就这样失去了可爱的孩子，他们美丽的家园再也找不回的时候，内心受到了巨大的震撼。

第三，保护生命。认识生命让学前儿童了解了有关生命的知识，关爱生命则让学前儿童对这些生命以及生命之间的关系投入了积极的情感，保护生命则让学前儿童将对生命的认识、对生命的关爱付诸到实践中，并学会一些保护生命的方法。首先，让学前儿童学会自我保护是非常必要的。学前儿童生命意识比较薄弱，在户外的运动游戏以及突发安全事件中缺乏自我保护的意识，培养和提高学前儿童自我保护的能力是幼儿园安全教育的重要内容，幼儿园可以通过学前儿童生活的各个环节，渗透自我保护的知识。如可以开展“红绿灯”的角色游戏，让学前儿童了解交通规则，开展“迷路了怎么办”讨论活动，让学前儿童在讨论中获得相关的知识。此外，幼儿园也可以定期开展安全专题活动，如消防安全疏散演练等。其次，保护生命不仅包括保护生命的存在，还包括要获得有价值的生命，对学前儿童来说，则是生命价值探索的启蒙，通过各种活动，培养学前儿童具备健康的心理素质和健全的人格。

在这些内容中，认识生命是生命教育的前提，关爱生命是生命教育的情感基石，而生命教育最终的目标就是让学前儿童学会保护生命，获得有价值、有意义的生命。这些内容不是彼此孤立、相互排斥的，它们在教育活动中是一种融合的体现。

真题面对面

[2019统考，单，1分]学前儿童科学教育中实施的生命教育不包括(　　)

A. 培养儿童尊重生命的意识

B. 引导儿童解剖小动物

C. 引导儿童尊重生存的环境

D. 引导儿童感受生命的历程

答案：B

第二节　学前儿童科学教育的途径与方法

一、学前儿童科学教育的途径

1. 集体教学活动

集体教学活动是教师根据科学教育的目标，有计划、有目的地选择课题内容，提供相应的材料，面向全体儿童开展的科学探索活动。在集体教学活动中，学习内容统一、固定，由教师选择。学习材料由教师统一提供，并保证每个儿童的操作机会。一般来说，教师要为儿童提供人手一套的材料供每个儿童进行操作，如果条件有限，也要通过交换的方式，保证每个儿童都有操作各种材料的机会。虽然集体教学的形式类似于中小学的课堂教学，但仍应强调儿童主动的探索学习活动，而不能简单的等同于被动接受的你说我听的灌输式教育。

2. 区角活动

区角活动包括学习性区角活动和游戏性区角活动。在区角活动中，教师主要是进行间接指导，为学前儿童创设环境、提供材料，并在活动过程中给予必要的指导。但这并不等于说，教师在活动前不需要对区角活动中的科学教育进行设计、任其自然。而正相反，区角活动同样要求教师进行精心设计，只是设计的重点与角度有所不同而已。

区角活动中的科学教育是学前儿童科学教育的一种主要的活动形式，区角活动中的科学教育包括两种：班级的区角活动和科学活动室。在设计区角活动时要注意目标的定位，即目标是清晰的、有序的，但又是非即时的。从内容方面来说，可以根据场地大小、材料的丰富性等条件进行内容设计，还可以结合班级的活动主题来设计。区角活动中材料和设备的设计是关键，在设计材料和设备时，除了在性能上安全可靠等要求外，还应考虑材料的探索性、材料的新颖程度、材料的易理解性、材料的丰富性、材料的层次性等。

3. 科学游戏

科学游戏就是能够让儿童获取有关科学学习经验的游戏活动。在儿童科学教育实践中，科学游戏的形式应该是灵活多样的。

（1）可以面向全体儿童专门组织集体的科学游戏活动；（2）可以将游戏材料或玩具放在活动区中，让儿童自己选择参与；（3）可以将游戏活动作为集体教学活动中的一个环节进行。

这里需要说明的是，区角中的科学游戏和区角学习活动有时是难以区分的。一般来说，前者侧重于游戏性，而后者则侧重于探索性。儿童的科学游戏多种多样，常见的游戏活动有感官游戏、操作游戏、情景性游戏、运动性游戏、竞赛游戏等。

4. 幼儿园一日生活

在轻松自然的幼儿园一日生活中进行科学教育。生活是丰富多彩的、真实生动的，而生活之中处处都蕴含着科学。《纲要》就科学教育的内容与要求方面多次提到了如“利用身边常见的事物和现象”“从生活和媒体中、儿童熟悉的科技成果入手”等，这些都体现了学前科学教育生活化的要求。

二、学前儿童科学教育的方法 【单选、简答】 ★★★

学前儿童科学教育的方法

1. 观察

学前儿童科学教育中观察的方法是指教师有目的、有计划地组织和启发儿童运用多种感官，去感知客观世界的事物与现象，使之获得具体的印象，并在此基础上逐步形成概念的一种方法。

观察主要有两种方式：一种是借助于感官进行直接观察，另一种是通过仪器进行间接观察。直接观察

的优点在于没有中间环节，因而可以避免仪器等中介造成的误差。观察的类型从不同角度可有多种分法：

(1)从观察的时间分，可以分为间或性观察和长期系统性观察；(2)从观察的对象分，可以分为个别物体的观察和比较性观察；(3)从观察的空间分，可以分为室内观察和室外观察(也称实地观察)。以上分类之间有交叉现象，如室外观察同时也可以是对个别物体的观察，室内观察也可以是比较性观察等。

2. 实验

学前科学教育中实验的方法是在人为控制条件下，教师或儿童利用一些材料、仪器或设备，通过简单演示或操作，对周围常见的科学现象加以验证的一种方法。实验的操作和演示过程是简便易行的，是带有游戏性质的。

根据实验的不同目的，实验方法可以分为两种：探索性实验和验证性实验。根据实验过程中实际的操作者来分，可以把实验分为教师演示实验和儿童操作实验两种。

(1)儿童操作实验

儿童操作实验是指儿童亲自动手操作，参加全过程的实验，实验的性质比较简单，常带有游戏性。儿童在动手操作过程中，熟悉实验材料的性质和使用方法，充分观察实验过程中的变化，并可以重复操作，多次尝试，进行科学探索。在儿童操作实验中，选用的设备材料要齐全、够用，时间要充裕，要使每个儿童都有反复尝试的机会，并具有安全性。

(2)教师演示实验

教师演示实验是指由教师操作实验的全过程，儿童观察实验的过程、现象、变化和结果的一种形式。主要用于难度大，较为复杂的实验。教师在演示时，必须注意操作的动作要正确、熟练，速度要慢，不做不必要的动作，同时结合简洁、明了的语言说明，边演示边讲解，演示的进行程序要清楚。实验结束时，教师要对实验过程进行小结，帮助儿童理解科学现象。

演示实验要考虑儿童的观察角度、使用的设备大小、材料的替代性等问题。教师应先做预备性实验，以确保实验的成功。

3. 种植与饲养

学前儿童科学教育中的种植方法是指儿童通过在园地、自然角(或用泥盆、木箱等)种植花卉、蔬菜和农作物等的活动。学前儿童科学教育中的饲养方法是指儿童通过在饲养角里喂养和照管习性温顺的动物的活动。

常见植物的栽培管理主要包括：常见植物的播种、管理、收获等内容，如参加选种、浸种、移栽、浇水、松土、除草、施肥、收获、留种等工作。常见动物的饲养管理主要包括：帮助收集饲料、喂养、管理，学习简单的饲养技能，并观察小动物的外形特征、动作和生活习性，培养爱护小动物的感情。

4. 分类

学前儿童科学教育中分类的方法，是指儿童把具有某一个或几个共同特征的物体聚集在一起，是学习科学的一种方法。分类既是儿童学习科学的一种方法，也是儿童需要发展的一项重要技能。在学前儿童科学教育中，常用的分类类型有挑选分类、二元分类、多元分类三种。

分类类型	概念
挑选分类	挑选分类是指从许多物体中将具有某一种(或几种)特征的物体挑选出来
二元分类	二元分类又称是与否分类，是指从许多物体中选择出具备某一属性的事物，并排除其他事物，即将许多物体按某一标准分为是与不是两类
多元分类	多元分类是指将物品按所给标准分成几类

第六章

5. 测量

学前儿童科学教育中的测量是指通过观察或运用简单的测量工具，对物体进行简单的、初级的测定。包括：长度测量、重量测量、体积测量（体积是物体的长、宽、高三度空间的数量，而数量既指物体或容器包含的体积，也指该物体所占据的空间）。具体地说，测量包括测量物体的大小、长短、高矮、粗细、轻重等内容。

测量的类型：观察测量；非正式量具测量；正式量具测量。

观察测量

观察测量是指通过眼睛、手等感官的观察来测量物体。这种直观感知的测量一般用于特征比较明显的认识对象。但是如果特征不明显的物体，用观察测量就难以进行。

非正式量具测量

非正式量具测量也称自然测量，指不采用通用标准的量具，而是运用一些自然物，如木棍、积木、绳子、手指、手臂、步长等作为量具，对物体进行直接测量的方法。在学前儿童阶段，由于学前儿童年龄小，对掌握标准的计量单位有困难，所以较多地用非正式量具进行测量。

正式量具测量

正式量具测量是指以通用的标准量具对物体进行测量。适合学前儿童使用的测量工具主要有尺、天平、温度计、钟表、秤等。要学前儿童掌握正式量具的测量单位是有困难的，但是这并不等于学前儿童不能接触正式量具。通过对正式测量工具的操作和使用，可以使学前儿童懂得这些量具的作用，初步了解时空等概念性较强的知识。

6. 信息交流

信息交流是指儿童将所获得的有关周围环境的信息，以语言的或非语言的形式来进行表达和交换。学前儿童科学教育中信息交流的类型，除了运用语言的方式以外，还运用手势、动作、表情及图像记录等非语言方式进行。

7. 科学游戏

学前儿童科学教育中的游戏即**科学游戏**，是指运用自然物质材料和有关的图片、玩具（科技玩具）等物品，进行带有游戏性质的操作活动，是对儿童进行科学教育的一种有效方法。自然材料包括水、石、沙、土、竹、木、树叶、贝壳、果实等等。

根据科学游戏利用的材料分：（1）利用实物进行的游戏；（2）利用图片进行的游戏；（3）利用科技玩具进行的游戏；（4）口头游戏；（5）情境游戏；（6）多媒体互动游戏。

根据科学游戏的作用分：（1）感知游戏；（2）分类游戏。

8. 早期科学阅读

早期科学阅读是指儿童通过阅读寓有科学知识的作品，包括故事、儿歌、谜语等，是学习科学的一种方法。早期科学阅读的类型：科学诗；科学童话；科学故事；谜语；科普画册；录像。

学前儿童科学教育的方法除了以上提到的方法以外，还有采集、远足活动等。教师可以结合实际教学，灵活地运用多种科学教育方法去指导儿童的活动。

真题面对面

[2021 绍兴，简答，4分]简述饲养蚕宝宝活动中幼儿用到的4种主要科学方法。

答案：详见内文

第三节　学前儿童科学教育的基本理论

一、皮亚杰的知识分类理论 【单选】 ★★

皮亚杰理论中与儿童科学教育直接相关的有：认知发展阶段理论、认知结构理论和知识分类理论。这里主要介绍知识分类理论。

考点 1 三类知识的含义

1970年，皮亚杰根据知识的最终来源和获取方式不同，将知识划分为三种类型：社会（或习俗）知识、物理知识和逻辑—数理知识。

社会知识是社会约定俗成的知识。社会知识不以人的意志为转移，由特定的文化决定，因而具有随意性。正因为社会知识的随意性，儿童获得社会知识，主要靠社会传递，而不能通过自己的行动探索、发现。

物理知识是事物客观存在的知识。物理知识是事物客观存在的属性，它不因社会文化的不同而改变，不具有随意性。物理知识的获得主要依靠主体作用于客体，并对客体性质进行直接抽象，皮亚杰称之为“简单抽象”。

逻辑—数理知识则是有关事物间关系的知识，它不是某一事物自身独立存在的属性。与物理知识的获得一样，逻辑—数理知识的获得也需要主体作用于客体的动作，但是不同之处在于这种动作不是个别动作，而是一系列动作。主体需要对客体施加一系列动作，并对一系列动作加以协调和抽象才能获得，皮亚杰称之为“反省抽象”。

考点 2 三类知识之间的关系

虽然三类知识的来源和获取方式不同，但它们之间并非相互对立，而是相互依存、彼此交织在一起的。

（1）社会知识是物理知识和逻辑—数理知识的语言表征。为了与他人交流，儿童必须知道在特定文化中各种事物的名称，也需要将物理知识和逻辑—数理知识用符合社会语言习惯的语言表达出来，因此，社会知识对于物理知识和逻辑—数理知识来说是重要的，它是物理知识和逻辑—数理知识在社会层面沟通与交流的必需。没有语言，心理体系就是个人的，缺少相互作用的社会调节。此外，语言也是物理知识和逻辑—数理知识的概括，它虽然不能单独解释、发展物理知识和逻辑—数理知识，但仍然是其发展的必要条件。

（2）物理知识是建构逻辑—数理知识和社会知识的基础，同时它也为个体将来理解不可感知的事物所进行的更抽象的思考打下了基础。如果儿童观察不到物体不同的特性，他就不可能建立起“不同”的关系。逻辑—数理知识的获得必须依赖于一定的物理知识。如果不为幼儿提供操作的机会，幼儿就无法得知一堆物体的数量。此外，物理知识也是理解社会知识的基础。

（3）在皮亚杰看来，这三类知识中，逻辑—数理知识最为重要。因为它是物理知识和社会知识建构与发展的基础，也是智力发展的关键。如果没有逻辑—数理知识框架的帮助，儿童不可能把所观察到的事物和已具有的知识联系起来，那他就不能建构物理知识和社会知识。分类、比较、概括等思维过程对于物理知识的获取和增长来说都是必需的。在皮亚杰看来，物理知识的源泉“部分地”在于客体，强调“部分地”原因是在认识物理知识时，逻辑—数理知识框架或分类框架是非常必要的。因此，物理知识不完全在于客体，它还受逻辑—数理知识的制约。同样，社会知识也不能只凭社会传递，或者准确地说，它也只是“部分地”依赖于社会传递。之所以说它是“部分地”依赖于社会传递，是因为它与物理知识一样，也需要逻辑—数理结构来吸收和组织它的内容。虽然语言中充满了对逻辑关系的表述，但词语仅仅是概念的名称，而不是概念本身。只有逻辑才能赋予词语以意义。

真题面对面

[2019统考，单，1分]皮亚杰认为，影响儿童智力发展的关键知识类型是（　　）

A. 社会知识　　B. 物理知识

C. 生命知识　　D. 逻辑—数理知识

答案：D

二、布鲁纳的学习理论

布鲁纳是美国著名心理学家、结构主义教育理论的主要代表人物，他在美国20世纪50年代末60年代初的教育改革中充当了重要角色。他提出了有关加强科学教育，使学生尽快接近科学前沿的科学教育理论，这对20世纪60年代后世界各国的教育改革起了重要的作用。他创导的“发现学习法”，在教育上，尤其是对科学教育有着极其显著的影响与贡献。

考点1 发展阶段论

布鲁纳的学习理论来源于皮亚杰。他指出，在发展的每个阶段，儿童都有他自己的观察世界和解释世界的独特方式。他认为人类的概念理解与表征思考有三种方式，即动作表征水平、图像表征水平和符号表征水平。这三种方式代表了三个发展层次。

动作表征：动作表征指个体的学习涉及了操作活动与直接经验，即通过直接的操作行动来理解事物，或表达对事物的看法，基本不需要语言的帮助。动作表征模式非常适用于儿童。

图像表征：图像表征指个体通过视觉媒体的运用，即通过平面形象（如图片、图表等）来理解事物，或表达对事物的看法。

符号表征：符号表征指个体通过抽象符号系统的运用，即通过语言、文字来理解事物，或表达对事物的看法。

以下以比较小玩具车在不同斜面的速度的例子，来说明这三个表征层次。动作表征层次的儿童必须通过实际的操作，即真正地把小玩具车放到不同斜面上比较，他才能“知道”，并且他会用肢体动作来表现他的理解，即车开得快或慢的动作。图像表征层次的儿童，能直接通过看图片上的影像（图片上画有数个斜度不同的面与玩具小汽车），就能理解和表达谁快谁慢。而处于符号表征层次的儿童，不必通过具体操作，也不必通过观看图片，当对他提出问题时，儿童就能在心中思考或运算，并能以口头语言或文字符号表达他的理解。

动作表征、图像表征和符号表征是学习者不同的认知模式，代表着不同阶段和不同水平的认知，在儿童的不同年龄阶段，对儿童的教学要以适合儿童认知发展水平的方式进行。按照这个要求来设计教学，才能促进学生认知结构能力的发展。

考点 2 学习与教学

布鲁纳认为，学习包括三个几乎同时发生的过程：习得、转换和评价。习得是获得新知识的过程；转换是运用新知识，使之适合于新的事情和情景的过程；评价是评价和运用已获得知识的过程。学习者不是被动的知识接受者，而是积极的信息加工者。教师的角色在于创造可让学习者自己学习的情境，而不是提供预先准备齐全的知识。布鲁纳强调发挥儿童学习的主动性，他认为对任何发展阶段的儿童进行某一课题时，必须反映儿童看事物的方法，要求让儿童主动地发现知识，而不是被动地接受知识。因此，他竭力倡导发现学习（发现法），并使之广泛地运用于科学教育。所谓发现学习，是指学习者在教师的指导下，像科学家发现真理一样，通过自己的探究和学习，主动发现事物变化的起因和内部联系，从中找出规律，在这个过程中体验发现知识的智慧感和完成任务的胜利感。布鲁纳在《发现的行为》一文中指出："发现不限于那种寻求人类尚未知晓之事物的行为，正确地说，发现包括用自己的头脑亲自获得知识的一切形式。"布鲁纳认为发现学习至少有以下四大优点：

1. 有利于激发智慧潜力

个人的智力发展取决于不断地使用其智力。发现法为儿童提供了便于他们用于解决问题的信息，帮助儿童学习如何去求知，增进儿童在新的情境中的探索与解决问题的能力，从而获得智力的发展。

2. 有利于培养内在动机

儿童在自己发现答案时，他会得到一种自我满足感，这是一种内在的激励作用，学习活动因此变得有趣、有价值。学习不再是为了别人而学习，或为了某种外在的激励（奖赏或处罚）而学习。

3. 有利于学会发现的技巧

发现是指解决问题的技能。要获得发现的技巧，最好的方法是儿童有机会实际去发现，通过发现学习，儿童能渐渐学到如何进行探究的方法，有助于培养儿童的学习能力，发展创造能力。

4. 有利于记忆的保持

当儿童是自己发现知识时，他越有可能记住这个发现。反之，如果是被灌输的知识，他可能很快就会忘记。因此发现学习，有利于儿童记忆的保持。布鲁纳认为，任何时间允许之下，都应该给予儿童机会，让他们自己发现概念，允许学习者发现信息与组织信息是学习解决问题的技巧所必须的。

三、维果斯基关于概念形成的理论 【单选】 ★

维果斯基对心理学的很多方面都有着巨大的贡献，他提出的"最近发展区"的观念几乎被所有的教育理论书籍所引用。以下仅就概念形成的过程和日常概念与科学概念做一介绍。

考点 1 概念形成的过程

维果斯基对儿童概念的发展提出了自己的看法。他认为，儿童概念的发展是由概念含混、复合思维和概念思维三个时期组成的，每一个阶段又包含着若干个小阶段。

1. 概念含混时期

这一时期儿童依据知觉动作与表象相互联结成的一个混合形象对一堆物体进行分类，结果是这一堆物体的关系表面上有联系而实际上缺乏内在基础。维果斯基认为这是用过多的主观联系弥补客观联系的不足，并把印象和思维联系当作物品联系的一种趋势。这种思维在早期儿童行为中最为常见。这个阶段的儿童所使用的语词的意义，从外表看，能近似成人语词的意思，儿童与成人对同一语词的意思，经常在同一具体物体上汇合，使儿童与成人相互理解，但是它们之间思维走向的心理途径是完全不同的。概念含混时期的思维虽然是一种无条理的连接，但是对儿童在头脑中进行主观联系的再生产具有重大的发展意义，是儿童思维进一步发展的基础。维果斯基为了进一步说明，他还把这一时期分为三个阶段：第一阶段，表现为尝试与错误；第二阶段，表现为儿童按自己的直觉揭示给他的主观联系，对物品加以分类；第三阶段，复合思维时期过渡的阶段。

2. 复合思维时期

这一时期儿童的思维包括各种各样的类型，它们之间形成一定的联系，导致儿童全部经验的调整和系统化。儿童的这种思维已经不再是毫无关联的事物之间的联合，而是将一类功能上有某种联系的具体事物加以联合的思维形式，所以维果斯基把这个时期的思维称为复合思维。复合思维反映的是组成复合体的各成分之间具体的和实际的联系，而不是抽象的和逻辑的联系。维果斯基把复合思维分为联想型、集合型、链状型、弥漫型、假概念等五种类型，这五种类型的复合思维，其共同特征就是儿童思维复合着他们感知的事物，将感知的事物联结成一定的组合，但是并不是真正的概念。虽然复合思维是以物体的功能组成物品的复合体，不同于依据本质特性形成的概念，但是对儿童的发展也是有重大意义的，它标志着儿童在一定程度上克服了自我中心状态，为将零星分散的印象结合起来奠定基础，为最终过渡到概念思维做好准备。

3. 概念思维时期

当儿童能冲破情境、特征的具体联系而将一些个别特征抽象化，并在新的基础上将这些特征重新联结起来后，便形成了真正的概念。概念思维的开始时期，十分接近复合思维时期，以后才能区别出根据某一特征所概括的一组物品，最后才能形成真正的概念。形成真正概念的决定性作用是词语，儿童借助于词语将抽象的特征符号化。

维果斯基强调思维发展中的阶段和时期的更替不是一个机械的过程，他认为各种发生形式都是共存的，“最新的、最年轻的、人类历史刚刚产生的形式能在人的行为里和最古老的形式肩并肩地和平共处。”“在儿童思维发展方面同样的现象也是确定的。这里儿童正在掌握最高级的思维形式——概念，但他绝不与较为基本的形式分开。这些基本形式还将长时期地继续在数量上占优势，是一系列经验领域里思维的主导形式。”儿童如此，成年人也是如此。

考点 2 日常概念与科学概念

维果斯基在通过实验研究探索儿童概念形成的一般规律的基础上，还进一步研究了儿童的日常概念和科学概念。维果斯基把儿童产生日常概念归因于他们的复合思维。他认为，日常概念是由生活中的具体事物出发，逐渐概括起来的概念，也称自发概念。科学概念则是指在概念体系的演绎中不断延伸的概念。维果斯基认为，儿童的日常概念在自发的、情境理解的、具体使用的范围内，在经验和体验的范围内是强有力的，但是在由认识性和随意性所决定的范围内，日常概念则暴露出它的弱点。科学概念与日常概念最大的区别就在于前者具有系统性，而后者缺乏系统性。系统性是儿童在掌握系统知识的过程中得以实现的。

维果斯基发现，科学概念与日常概念的发展不完全一致，科学概念的发展进程并不重复日常概念发展的道路。“儿童的自发概念的发展是由下而上的，从较简单的和低级的特性到高级的特性，而科学概念的发展则是由上而下的，从较复杂和高级的特性到比较简单的和低级的特性。”这两个过程是相反的。同时，维果斯基认为，日常概念与科学概念的内部存在着深刻的联系。日常概念的发展取决于科学概念，它是通过科学概念向上发展的，而科学概念也依赖于日常概念的发展，日常概念为科学概念向下延伸发展开辟了道路。

维果斯基认为真正有意义的科学概念的发展，只有到学龄期才有可能，但是这并不意味着对学龄前儿童实施的科学教育没有价值，维果斯基断言：“儿童头脑里产生的高级类型的科学概念正是来自以前存在

的较初级的和基本的概括类型，绝不是由外部植入儿童意识的。”根据维果斯基的理论，在学前儿童科学教育过程中，教师不应急于将由科学家们发现的科学现象和原理按成人理解的方式传递给儿童，并要求儿童像成人那样去理解科学家们发现的科学道理。教师应该顾及儿童的天真理论，不应简单地要求儿童放弃它们，以赞同所谓的科学真理。虽然在学前阶段，向儿童介绍与其生活经验贴近的科学常识，会有益于儿童科学概念的发展。但现在的事实是，由于我们对科学的理解存在偏差，认为科学是唯理性的，把成人对客观世界的理解强加给儿童，忽略了儿童的主观世界，也就忽略了孩子的心理特点和认知发展规律。在实践中表现为常常以纯理性的方式指导儿童进行科学学习，甚至将实验—探索作为学习科学的唯一模式，使原本生动活泼、丰富奇妙的科学学习变成了枯燥乏味的操作，既无法使儿童真正地学习科学，又遏制了儿童的想象力和创造力。

日常概念与科学概念的区别：

日常概念：由生活中的具体事物出发，逐渐概括起来的概念，也称自发概念。

科学概念：在概念体系的演绎中不断延伸的概念。

科学概念与日常概念最大的区别就在于前者具有系统性，而后者缺乏系统性。日常概念的发展取决于科学概念，科学概念依赖于日常概念的发展。

真题面对面

[2018统考，单，1分]维果斯基认为，儿童头脑里产生的高级类型的概念正是来自以前存在的较初级的和基本的概括类型，绝不是由外部植入儿童意识的。这种高级类型的概念是(　　)

A. 自发概念　　B. 日常概念

C. 基础概念　　D. 科学概念

答案：D

第四节　学前儿童科学能力的发展阶段与特点

一、学前儿童分类能力

考点 1 分类概述

1. 分类的含义

分类是把相同的或具有某一共同特征(属性)的东西归并在一起，即它是把一组物体分成各有其共同属性的几组。

分类是带有结构性的，每一种分类都有特定的标准或依据，这种标准或依据就是一种结构，因为有了这种结构，人们就可照此处理问题。分类与结构相关联，与对事物的定位相关联，与寻找全息关系相关联，应该说与我们所有思维的反馈相关联，因此可以说，分类的能力是构成思维能力的基本要素。人们在科学与数学活动中，在解决问题的活动中，在进行任何思维活动时，需要首先在头脑中确立类的观念，同时也需要自己建立起强大的“分类”的能力。

2. 分类的形式

(1)按物体名称分类。如把积木进行分类。

第六章

(2)按物体的外部特征分类。如按物体的颜色、形状等进行分类。

(3)按物体量的差异特征分类。如按大小、长短等进行分类。

(4)按物体用途分类。如按衣服、学习用具、餐具等进行分类。

(5)按物体间的关系分类。如按手和手套、脚和鞋子、乒乓球拍和乒乓球等分类。

(6)按物体制作的材料分类。如按棉布、塑料、丝绸等不同材料进行分类。

(7)按数量分类。如把两条腿的、四条腿的动物进行分类。再如把画有一样数量物体的图片放在一起进行分类。

(8)按时间分类。如按今天、明天、去年、以前、现在等进行分类。

(9)按空间方位分类。如按上面、下面、左边、右边、前面、后面等分类。

(10)按所属关系分类。如按你的、我的、他的、别人的、老师的等进行分类。

此外,还可以按事物的包含关系进行分类。具体概念的分类,即按同类同名称的物体进行分类,如苹果、香蕉等分类;一级类概念的分类,如一堆事物中有水果、车辆、餐具等,对它们进行分类;二级类概念的分类,具有更高的概括性,如按交通工具、玩具、植物、动物等概念进行分类。

最为重要的分类形式或概念为类包含。所谓类包含是指子类形成总类,总类划分成子类的过程。它也是整体与部分的表现形式,几个部分组成整体,这个整体还可以分成这些部分。如在一个房间里有白猫、黑猫。这时,这两种猫合在一起都叫猫,猫就是这个总类,白猫和黑猫则是子类。这就是典型的逻辑思维过程。

上述分类,教师要根据幼儿的年龄大小与发展水平进行分类活动的选择,不可太复杂。

一般3~4岁的幼儿对简单的具体概念(注意根据幼儿的水平来选择)进行分类活动;4~5岁的幼儿可以依情况进行一级概念的分类活动;5~6岁的幼儿才可以初步理解类包含,但是在整个学前阶段,类包含仍然是幼儿思维能力不能够完全理解和实现的。儿童可以依实际情况进行二级概念的分类活动,开展与整体和部分性质相关的活动。

考点 2 学前儿童分类能力的发展

学前儿童的分类标准在很多情况下与成人并不相同,但对儿童自身来讲有其自己的道理和意义。

1. 1~2岁儿童分类能力的发展

皮亚杰研究发现,感知运动阶段的婴儿(1~4个月)就能够对不同的物体做出不同的反应,他们通过味觉、嗅觉以及触觉等对事物的不同特点做出区分。随着年龄的增长,到了1~2岁,他们能够对不同的物体施加不同的动作,如对待动物就会用发声、跳动的方式,而对待汽车等则会用推拉的方式,甚至对物品的质地、动物的真假都有了不同程度的判断。这些都是儿童进行类概念建立的表现,也是他们进行分类活动的基础。

2. 3~4岁幼儿分类能力的发展

3~4岁幼儿的求同能力已经有了很好的发展。求同活动仍然是3~4岁幼儿的主要活动和重要活动。所谓求同,就是幼儿在他们的体验之内,发现并挑选出一些共同属性的事物,自发地形成概念,这种挑选出共同属性的活动,就是求同。他们已对许多物品的特征有所了解,并且能对同一类的物品进行挑选和使用。

3~4岁幼儿开始具有简单的分类能力。由于3~4岁幼儿已能初步感知集合的界限及集合内的元素,所以幼儿就能将一类(集合)事物的每一个物品归在一起,形成一类。但3~4岁幼儿只能做初步和简单的分类活动,分类能力还没有很好地发展起来,他们的分类主要是按物体明显的外部特征,如形状、颜色、大小、长短等进行分类。实验证明,在教育影响下,3~4岁幼儿已能够对常见实物进行分类,如把苹

果放在一起，把葡萄放在一起，而且这个阶段幼儿已能初步按物体的大小、颜色、形状和长短等进行分类。能够完成这些基本分类的幼儿，小班平均人数可达88%左右。总之，幼儿的初步分类能力已有了一定的发展，但这个阶段幼儿的分类能力和水平都还比较低。

3. 4～5岁幼儿分类能力的发展

一些心理研究表明，5岁左右的幼儿，其分类活动主要是依据物体直接可感知的特性或幼儿自己的生活经验。这个阶段的幼儿已经能够根据物体的某个特征进行分类活动，如果他们自己摸索到分类的标准，他们就会依照这个标准把物品分完。这个年龄段幼儿的主要分类能力发展特点表现为：

(1)提高了按物体的某一特征分类的能力。他们除了能很好地完成3～4岁幼儿的各种分类要求以外，还可以按物体的简单用途和数量特征进行分类。

(2)在比较直观的条件下，这个阶段的幼儿能对类(集)和子类(子集)作比较，也能很初步地理解总类与子类之间的包含关系。但这一理解仅是初步的和不稳定的。如幼儿把一堆带有4个孔的纽扣和没有孔的纽扣进行分类，大部分4～5岁的幼儿在一定的教育影响下能够完成这一任务，但他们还没有完全理解类包含的概念，尤其是中班初期，他们不能够理解4个孔的纽扣和没有孔的纽扣都属于纽扣这一大类之中。因此，当问他们是4个孔的纽扣多，还是没有孔的纽扣多，他们的回答往往是不正确的。再如一项实验中，并排摆放着3只小猪，都背着救生圈，其中两只小猪穿着红裤衩，当问“背救生圈的小猪多，还是穿红裤衩的小猪多”的问题，要求幼儿回答并说明理由时，结果4岁幼儿能正确回答的占总人数的5%，而5岁幼儿的正确回答人数则占总人数的45%。说明幼儿随着年龄的增长，理解类包含的能力也在逐步提高。但总的说来，这个阶段的幼儿理解总类与子类的关系还处于初期。

4. 5～6岁幼儿的分类能力发展

(1)能对事物的两种特征进行分类。如从一组不同画色、不同大小和不同形状的几何图样中，把红的、大的图片拿出来，或者把大的、圆形的图片拿出来等。

(2)对类与子类的理解，表现在5～6岁幼儿对数的组成和加减运算中总数群与子群关系的初步理解之上。如5(数群)可以分为2(子群)和3(子群)两部分。

(3)5～6岁的幼儿不仅能按物体明显的外部特征(如颜色、形状等)进行分类，而且也能够按物体的用途、时间顺序、质地好坏等进行分类。如这些东西是我们明天准备要用的；那些东西是今天用的；这些东西是好的，那些东西是坏的。

(4)6岁的幼儿已能初步按事物的本质特征进行分类。如分别画有人、奔马、虎、船的4张图片，让幼儿拿出1张与其他3张不是同一类的图片，5～6岁的幼儿很多是根据人、马、虎的外表特征概括成是同一类的，如都有头、有脚等，而6岁的幼儿已能从本质特征(如有生命的、都是活的等)进行概括分类。

二、学前儿童比较、序列化和对应能力

考点1 比较、序列化和对应的基本概念

1. 比较

所谓比较就是辨别事物属性的异同或高低，是人们认识世界的手段。比较是思维的一个过程，是在物体之间的某些属性上建立关系的过程。数学教育中的比较法是通过对两个(组)或两个(组)以上物体的比较，让儿童找出它们在数、量、形等方面的相同和不同的一种教育方法。

2. 序列化

序列化与比较有着密切的相关性，将两个以上事物的某一特征进行比较后的结果就形成了序。序列化是指能以物体的某种属性为标准对其进行比较排序，从而产生结果的过程。如小朋友可以按高矮、大

小、长短等标准对物体进行排序。再如，有些事在时间上可以按先后顺序进行排序，将时间和事件序列化。

排序是儿童序列化认知思维的表现形式，在皮亚杰的认知理论中这种排序的思想被认为是一个非常重要的心理认知能力。

序列化的思维不仅表现在量的排序和数的顺序上，而且还表现在时间的序列化，事物的因果关系，事物的接续关系，事物的关联关系等诸多方面，这些序列化都是事物规律性的内在表现，它需要人的思维认知能力去发现，去理解。

3. 对应

所谓对应，是指一个系统中的某一项在性质、特征、作用或数量等方面，同另一系统中的某一项相当或是存在一定的关系性。如大鞋给大个子小明，小鞋给小个子小红。再如，这个东西是爸爸的，这个东西是妈妈的等。

对应在日常活动中常以配对、匹配、找一样等多种形式表现出来，儿童可以在日常活动中随时感受对应或配对的事情，并尝试用对应的方式来解决问题。

在日常生活中，对应的内容也有很多，常见的有数量对应、空间位置的对应、时间季节上的对应、关系对应和图形对应等。而在我们以往的学前儿童数学教育中，数量对应用得比较多一些，特别是数的一一对应。

考点 2 比较、序列化和对应能力的发展

学前儿童的比较、序列化以及对应能力的发展都是相互影响和相互联系的，比较能力是序列化和对应能力的基础，同时也是科学探究与数学认知的基础。

1. 比较、对应能力的发展

学前儿童很早就对事物的特征进行关注并能加以比较，特别是在对事物形状和量的特征上，学前儿童的比较意识与能力早就开始发展起来了。一些研究发现，儿童在1岁时，就能够对物体进行配对，这就是对应的开始。儿童在3、4岁时，虽然对物体能够进行配对，但他们并不理解数量的相等或是事物间的关系。因此，这个阶段的孩子还不能够完全手口一致地点数，即不能把嘴里说的数词与实物对应在一起。比较、对应能力不仅表现在儿童对数量的认知上，在事物的特性、颜色、图形、空间和量的差异等方面也都能够进行比较。同时，这几种能力不仅仅是数学学习中最为基本的能力，而且也是科学探究活动中表现出来的思维能力。因此，这几种能力在日常科学活动中运用体验较多，那么，幼儿就会积累较多这方面的经验，这对他们的数学学习是非常有帮助的。

学前儿童比较对应能力的发展与其科学探究活动和数学认知都有着密切关系，他们在活动中的比较对应能力发展特点表现为：

(1)比较认识事物主要通过各种感官

学前儿童多凭借比较直观的经验，把事物进行对应和比较。他们会通过摸、看、闻、尝、听和捏等方式来比较发现事物的特点，从而获得对事物的认知。在通过直观接触初步认识了事物的一些属性之后，学前儿童还会通过尝试体验等方式，进一步探究事物的其他特性，如功能、质地等。

(2)利用直接经验比较对应，发现事物之间的关系

英国心理学家研究发现，儿童是先探究、后游戏。当儿童在很小的年龄阶段时，如果发现新的东西，他们通过嘴来咬，咬完再看，接着再咬的方式认识物体。因此，在比较对应事物时，儿童的探究意识和愿望表现得非常突出。如他们非常喜欢把大的物体放在小的物体上，虽然放不进去，但他们却乐此不疲地重复这一行为，其实正是在这样的探究比较中，他们发现和理解了事物之间的关系。再如3～4岁初期的儿童还不

能理解石头剪刀布的游戏，但通过多次反复的游戏，他们逐步理解了石头与布、石头与剪刀、布与剪刀的关系。

(3)对应、比较活动离不开动作的参与

学前儿童在对事物进行对应比较时，动作的参与起着非常重要的作用。他们常常喜欢摆弄物体，把一个东西放在另一个东西上，给不同大小的小娃娃穿衣服，在操作中发现事物的对应关系。如大的衣服穿在大娃娃上，小的衣服穿在小娃娃上。皮亚杰认为儿童的空间、时间和数理逻辑概念等经验，必须建立在主动的、具体的经验基础之上，也就是说操作活动之上。因此，让孩子坐在那里安静听讲的做法，其实是不符合学前儿童学习特点的，特别是像对应、比较这样的认知活动。动作参与的重要性在于，它是学前儿童在头脑中构建初步数学概念的起点，是儿童获得对事物本质认识的必经之路，支持、理解学前儿童动作在比较对应活动中的价值，才能真正使儿童的思维得到质的发展。

2. 序列化认知能力的发展

学前儿童序列化认知能力的发展是建立在比较能力发展的基础之上的，没有比较能力儿童就不会发现事物的规律与模式。

皮亚杰认为序列也是具体运算时期的一个重要认知方式。它基本上同分类能力一起出现，但在幼儿时期还远远没有完成。当儿童的序列化认知建立之时，他们的推理能力便随之发展。皮亚杰认为，序列化与儿童对序列的传递性认知有密切关系。传递性是指对一个序列中各元素的关系进行推理的能力。如"有一排皮球，当我们知道了它们是从小到大排列的，我们就能不用看也能判断出第二个(或随便一个)比它后面的第十个(任何一个)小"这样的问题。

在有关序列化认知能力的发展中，儿童更多地表现在对事物某些不同特征的比较上，如常见量、温度、时间的先后顺序、数序等方面的感知与体验上。而对于事物序列化的规律认知，则需要复杂的推理能力。

三、学前儿童的表征、模式认知

考点 1 表征、模式的含义

理解表征与模式的基本含义，有助于我们理解学前儿童科学与数学认知中表征与模式的作用和意义。

1. 表征

认知心理学认为，表征是信息在头脑中的呈现方式。根据信息加工的观点，当有机体对外界信息进行加工(输入、编码、转换、存储和提取等)时，这些信息是以表征的形式在头脑中出现的。表征是客观事物的反映，又是被加工的客体。同一事物，其表征的方式不同，对它的加工也不相同。儿童的语言是一种表征方式，除此之外，还有画画、唱歌、跳舞、模仿和假想游戏等表征方式。

一些观点认为表征有两种含义。第一种是指人们的知识和知识在头脑中的建构或组织方式。第二种是指符号的运用。第一种表征是第二种表征的基础，但不是充分条件。人们有一定的知识之后，才能对之进行符号表征，但这并不意味着能对所认识的一切事物进行符号表征，也并不意味着在进行符号表征之前，人们不能进行第一种表征。

心理学研究认为，人的思维活动过程中，推理、判断、分析和解决问题等都离不开表征的参与，无论是具体形象思维，还是抽象逻辑思维，儿童都以不同的方式表征事物。

2. 模式

所谓模式，其实就是解决某一类问题的方法论。把解决某类问题的方法总结归纳到理论高度，那就是模式。模式的指涉范围甚广，它标志了事物之间隐藏的规律关系，而这些事物并不必然是图像、图案，也可以是数字、抽象的关系，甚至是思维的方式。

而在数学上，模式所强调的是系统间的内部关系，也把它叫作结构。结构主义认为数学是研究模式的学问，模式就是研究这些各式各样的抽象“结构”或“模式”的性质，其目的是解释人们从自然界和数学本身的抽象世界中所观察到的结构或模式。“模式”包括数的模式、形的模式、运动与变化的模式、推理的模式、常见运算的模式，等等，它们都是抽象思维的产物，每种模式都可以归结为一定的思维模式。

对于模式的理解，我们不能仅以规律排序来代替，规律排序是一种模式，但模式远比规律排序多得多，在整个科学领域乃至整个儿童的认知发展中，模式的建立与理解都是非常重要的思维能力表现。

考点 2 学前儿童表征与模式的发展

皮亚杰认为前运算时期是象征能力发展的重要时期，这个阶段称之为表征智力时期。心理学家们进一步研究发现，3个月的婴儿可形成家具的多重表征，不仅能对椅子、沙发（除床外）形成明确的表征，而且能对除哺乳动物以外的床、椅、沙发、橱柜、桌子形成范畴表征。3、4个月的婴儿可形成包括长颈鹿、猫、狗、鹿、马（不包括鸟、鱼、家具）等哺乳动物的表征。这也说明小婴儿在一定程度上能识别各种类之间的知觉差异。很小的婴儿就已经有了相当概括的表征能力，他们会用小树枝当枪，用两支筷子表征小提琴等，这些都是生动而形象的。

在整个幼儿时期，非语言表征和心理表象都占主要地位，这时的幼儿认知有一定的局限性，从个人中心出发认识事物的特征与关系比较多，不能以动态的思维方式去理解和表达，并且也难以把握事物的变化，因而这个时期的表征是静态的，不可逆的。表征是儿童形成创造性思维的重要成分。幼儿阶段，他们知道哪些是假的食物，是不能真吃的，于是他们的动作与表征为假吃。有研究表明，从婴儿时期开始，儿童的空间表征能力、数量表征能力、图形表征能力和因果关系表征能力都有了一定的发展。

儿童模式认知能力的发展，是与儿童的思维能力发展相一致的。学前儿童对于规律以及概念的建立，从婴儿时期就开始发展，但能够建立稳定的认知模式，理解事物的内存规律性，并能进行推理还是发展比较晚的。

四、学前儿童的守恒能力 【单选】★

1. 守恒概述

守恒是指认知主体掌握了事物的本质特征，能认识到事物的本质特征不因某些非本质特征的改变而改变，即事物的外部形态虽然发生变化，但其原有的某种属性（如长度、面积、容量、重量等）仍将保持不变。儿童掌握各种守恒有一定的顺序：最先掌握的是数量守恒（6～7岁），接着依次是长度守恒（7～8岁），面积和重量守恒（10岁），体积的守恒一般要到12岁才会形成。

前运算阶段的儿童不能认识到在事物的表面特征发生某些改变时，其本质特征并不发生变化。不能守恒是前运算阶段儿童的重要特征。

守恒从其本质上讲是一种认知模式，人在认知过程中，思维的结果会使客体的外部形态发生变化，但其原有属性保持不变，这种不变性就是守恒。在人的各种认知过程中，都会遇到外形变化，而本质没有变化的现象。在科学探究中，守恒能力的作用更为重要，如果对事物不能从其本质属性来认知，那么就没有真正掌握事物的概念和本质特征。

儿童守恒能力的形成比较复杂，不是只教就能够教会的，它是儿童心理认知能力获得的质的飞跃，不是知识经验的一种记忆。皮亚杰认为，守恒能力的形成需要有三方面的条件：第一，要有“反身抽象”——所谓反身抽象是指并非通过对客体的直接感知而获得对客体性质的抽象，而是通过主体对客体所施加的

动作及影响来获得关于客体性质的抽象；第二，要有“协调”——通过这种协调，把各种分散的、局部的认识联合成整体；第三，要有“自我调节”——使认识转换可以朝两个方向进行（加和减，正和反），并能达到平衡，从而保证思维的守恒。

学前儿童阶段常见的守恒能力发展主要有以下几类：

（1）数的守恒：是指一组物体的数目不因其排列方式的改变而改变，也不会因为位置的变化或物体外部特征的改变而改变。如让一位4岁的儿童数一数大人的一只手有几个手指，数后说有5个；再让他数数自己的（小孩子的）手指有几个，数后也说是有5个。然后，问孩子：“我的一只手有5个手指，你的一只手也有5个手指，那你说我的一只手手指和你的一只手手指比较谁的多呢？”孩子回答了：“你的多。”这就是孩子在数量上还不能够守恒。

（2）量的守恒：指儿童认识到一个事物的知觉特征无论如何变化，它的量始终保持不变。常见量的守恒有：长度守恒、重量守恒、面积守恒等。

（3）容积守恒：指容器中物体的体积不因容器的形状、大小的变化而发生改变。一个玻璃杯盛满水，然后当着儿童的面将水倒入一个细高的量筒内，问儿童哪个里边水多。一部分儿童认为量筒里的水多，因为它水面高；一部分儿童认为杯子里的水多因为杯子比量筒粗，表现为容积不守恒。

（4）形状守恒：指一个图形的基本特征，不会因颜色、大小、形态以及摆放位置等的变化而发生变化。如一个三角形，不会因是红色的或绿色的而变得不是三角形，也不会因锐角或钝角而变得不是三角形。

真题面对面

［2021绍兴，单，1分］儿童最先掌握的守恒是（　　）

A. 长度守恒　　B. 数量守恒　　C. 体积守恒　　D. 容积守恒

答案：B

2. 守恒能力的发展

客体永久性是最初的守恒形式，又是以后具体运算期儿童物质、重量、容积等守恒的基础。所谓客体的永久性是指：当物体不在我们的感知范围内时，我们仍然认为它是客观存在的。如一个苹果被布盖住了，眼睛看不见了，但它还是存在的，而幼小的婴儿则会表现出苹果不在了的感觉。皮亚杰认为，这种能力不是人生来就有的。他以实验证明，对物体永久性的认识是在人8个月大的时候才开始发展的。这种能力非常重要，因为倘若没有它我们就无法进行问题解决和内部思维。所以，当一名儿童从感觉运动阶段（0～2岁）进入前运算阶段（2～7岁）时，儿童必须具备客体永久性的能力。随着年龄的增长，儿童认知事物不仅关心其存在与否，还要关心事物的大小、数量、长短以及形状等。这就是儿童认知事物属性上发生的变化，但随之而来的，守恒能力问题也产生了。

研究发现，儿童守恒能力的发展可分成三个阶段：

（1）缺乏守恒能力的阶段：属于前运算阶段的儿童。此阶段的儿童缺乏守恒能力的原因有二：其一是儿童依据动态或静态的外形来推理，未能注意到转变的过程；其二是儿童即使了解转变的现象，但不承认这种转变具有可逆性，即形式随变量依旧不变的事实。

（2）过渡阶段：此阶段儿童渐渐呈现守恒能力但并非完整的守恒，仅在某些情况下有守恒的可能。

（3）具有守恒能力的阶段：已经达到具体运算阶段的儿童，对于操作的物质的每一种转变，都能立刻做正确的回答，而且能够说出适当的理由。

对守恒判断理由的解释一般体现在以下三个方面：

（1）可逆性，是指刺激物虽经过改变，受试者能从相反的方向思考，发现刺激物若还原，还是相同物体。

(2)互补性,也就是补偿性,是指儿童认为每个刺激物有两个测量的向度,一个向度的改变必然为另一个向度补足,故两者虽然外形不一样,但两者仍然相同。

(3)同一性,是指两个刺激物的外形原来就相同,在转变的过程中,既无增加也没有减少,故两个刺激物仍然相同。

皮亚杰认为,学前儿童基本上还不能够实现真正的守恒,因为达到可逆性、互补性和同一性都是需要一个较长的认知心理成长过程。近些年的学前教育实践发现,幼儿在一定的经常感知和体验数量守恒现象的环境中,能够初步感知数的守恒,提高对数守恒的理解水平。所以在幼儿5岁末期,由于数准备教育的影响,有不少幼儿能够初步理解物体的数量与物体的摆放位置、颜色、大小等没有关系,但4~5岁这个阶段的幼儿对于数守恒的理解也只是初步的,幼儿对于数守恒的掌握不仅依赖于一定的教育,而且也与幼儿的心理年龄发展水平有密切的关系。

第五节　学前儿童科学学习的特点与教育原则

一、学前儿童科学学习的特点 【单选、简答】 ★★★

考点1 学前儿童科学学习的一般特点

学前儿童科学学习的一般特点

1. 学前儿童学科学具有好奇、好问的特点

好奇心是指对周围环境中的新异刺激的积极反应倾向。儿童好奇心常常表现为对新异刺激的注意、趋向、提出问题、操作、摆弄等行为倾向。

好奇心是儿童学科学的内在动机和原动力。儿童学科学,离不开他们的好奇心。儿童生活中所发生的科学探索行为,大多出于儿童对这个事物的好奇。教师要引导儿童学科学,如果不能有效地激发儿童对探索对象的好奇,也很难达到效果。

国内曾有过调查研究发现,儿童的好奇心在3岁以后随着年龄的增长而减弱。可见,如果我们不注意保护,儿童的好奇心是很容易被磨灭的。相反,在幼儿园开展的一个教育实验研究却证明,只要教师正确对待儿童的好奇心,满足他们的好奇心,儿童在成长过程中是完全能够使他们的好奇心得以保持、并且不断地发展的。

2. 学前儿童学科学具有好探索的特点

探索活动是儿童生活的重要组成部分,它是儿童理解环境的途径,也是儿童获取知识的重要来源。而探索又是和科学联系在一起的,它们是形影不离的关系。儿童对周围世界的探索行为,正是他们学科学的活动。在儿童的生活中,科学探索的活动无所不在。

儿童的科学探索,会随着年龄、特别是经验的增长和认知的发展而发展。这主要表现在探索的内容范围不断扩大,从探索直接接触的事物,逐渐发展到探索各种感兴趣的事物,包括太空宇宙;探索的程度不断深入,从以发现事实为主的探索,逐渐发展到以寻找关系和原因为目的的探索。

3. 学前儿童学科学具有好活动的特点

儿童喜欢活动,这实际上是他们探索世界的一种方式。婴儿对世界的认识,通过他们的感知活动看、听、摸、闻、尝等进行,随着动作能力的发展,他们能够用手抓握物体,发出敲、打、撕、摔等动作。这时他们不仅能认识事物的外部特征,而且开始逐渐认识到事物之间的关系。

年幼儿童很喜欢通过自己的活动探索周围的事物。很小的儿童看到路边有个水坑,都喜欢踩一下,

这实际上是他们的一种探索方式。儿童通过运动自己的身体，寻找和感受着自己身体的运动方式。如儿童在挖花生的活动中，发现了花生生长在哪里的秘密。

儿童通过他们自己的活动，能够理解事物之间的关系。在他们的抽象逻辑思维发展起来之前，这是他们理解事物的重要途径。幼儿园小班儿童的科学经验，大多是通过直接感知物体和摆弄得来的。他们喜欢摆弄物体，而且容易沉迷于对物体的摆弄中。中班的儿童则更喜欢尝试和操作，如玩弄、拆开玩具等，并且开始探究事物之间的因果关系。到了大班，儿童还能有意识地进行某种操作，以解决复杂的科学问题。例如，他们会通过操作的实验，饶有兴致地探索光和影子之间的关系。

儿童还喜欢动手制作。在制作物品的过程中，儿童不仅满足了动手的欲望，而且也获得了一些操作经验，还能享受到成功的喜悦。

总之，学前儿童需要各种形式的活动感知、操作和摆弄等。这主要是因为，这一阶段儿童的思维局限于具体的动作，他们学习科学也常常是通过动作水平的摆弄、操作和尝试而有所发现，即使能进行推断，也是建立在直觉和具体形象的基础上，而不可能进行抽象的逻辑推理。正如有人所说，儿童是在“做科学”，而不可能是“听科学”或是“看科学”。实践也证明，儿童在动手操作的学习过程中，最容易得到满足，学习的主动性和创造性最能得到发挥。

4. 学前儿童学科学具有自我中心的特点

这里所说的自我中心，不是指道德意义上的自我中心，而是学前儿童思维上的局限性所导致的现象，如不能站在别人的立场上考虑问题，不能区分主观和客观的事物等。它的具体表现为：

(1)在认知方面，儿童不能客观地认识事物，而常用主观的想法代替客观的事实。比如，儿童会认为船能浮在水上是因为它勇敢，而石头沉下去是因为它不勇敢。

(2)在情感方面，儿童容易移情，也容易受感染。他们经常以自己的情感代替别人的情感，甚至以自己的情感理解动植物的情感。比如，老师说，小朋友在草地上把小草踩疼了，儿童就信以为真，都不去踩小草了。

(3)在社会方面，由于儿童不能从别人的立场考虑问题，因此也很难有真正的交流和讨论。

儿童学科学的自我中心特点，影响了他们对科学知识的正确理解，但同时也使得儿童的科学独具特色，比如，对世界富于幻想和想象，对生命富于同情和关注等。

儿童的自我中心状态也不是一成不变的。小班儿童的自我中心现象比较明显，随着年龄的增长，这种状况也逐渐得以克服。小班儿童学习的方式明显是自我中心的，同伴之间的交流少，依赖权威，相信权威，希望从教师那里得到支持。他们对自然物的认识带有明显的主观倾向，认为万物都是有生命的。小班儿童的情感体验也比较外显、直露，但不稳定，容易受感染，也容易沉浸在游戏的情景中。

中班儿童的见识有了很大扩展，自我中心状态明显减少。他们开始能和同伴交流知识，但是交往的技巧还不够好，经常会求助教师。

大班儿童在语言上、社会交往上都有了长足的进步，语言、社交等技能基本上已不能构成对学习的妨碍。他们的情感也更为稳定。自我中心的认识也越来越少了，而逐渐走向逻辑的推理。

考点 2 不同年龄阶段学前儿童科学学习的特点

1. 3～4岁儿童科学学习的特点

(1)认识处于不分化的混沌状态

复杂多变、形形色色的客观世界，在刚入园的小班儿童的头脑中，往往是一片不分化的混沌状态，他们对一些物体的现象分辨不清，常常“指鹿为马”。例如，有的儿童把绿草、绿叶叫作“绿花”；有的儿童认识柳树后，把其他的树也叫作“柳树”；还有的把树干叫作“木头”。因此，他们常爱向成人提问：“这是什么？”“那是什么？”

(2)认识带有模仿性，缺乏有意性

3～4岁的儿童不仅不会有意识地围绕一定的目的去认识某一事物，并且还不善于根据自己的所见、所闻、所知来表达自己的认识，调节自己的行为，而是爱模仿别人的言行。别人说小灰兔是小白兔，他也说是小白兔；别人摇小树苗，他也跟着去摇小树苗。有时，由于分辨能力差，爱模仿，甚至导致发生无意伤害动植物的行为。例如，有一个小男孩，在家看到爸爸刮胡子后，自己也学着给小鸡“刮胡子”(鸡身上的毛)，以致差点送了小鸡的命。

(3)认识带有明显的拟人化倾向

由于3～4岁儿童的感知受自我中心的影响，所以他们常以自身的结构去理解科学物体的结构，以自己的生活体验去解释科学现象，对有生命的东西和无生命的东西分辨不清，认识带有明显的拟人化倾向。例如，看到皮球从积木上滚下来就说：“它(指皮球)不乖。”指着四条腿的动物说：“它有两只手，两只脚。”

(4)认识带有表面性和片面性

3～4岁儿童的认识易受情绪的影响，其注意往往比较容易集中在具有鲜艳色彩、会发出悦耳声音、能动的、他感到喜欢的事物上。因此，3～4岁儿童一般对动物的兴趣胜于对静态东西的兴趣，对他不感兴趣的事物或特点，似乎视而不见，这就使其认识必然带有表面性和片面性，影响对事物的主要方面和主要特征的认识。

2. 4～5岁儿童科学学习的特点

(1)好奇好问

随着身心的发展，4～5岁儿童比3～4岁儿童显得更加活泼好动，好奇好问，对大自然产生浓厚的兴趣，什么都想去看看摸摸，会学习运用感官去探索、了解新事物。在向成人的提问中，不但喜欢问“是什么”，而且还爱问“为什么”。例如，会问：“为什么鸟会飞？”“为什么洗衣机会转动？”还常常会刨根问底，探个究竟。

(2)初步理解科学现象中表面的和简单的因果关系

4～5岁儿童，一般已能从直接感知到的自然现象中理解一些表面的和简单的因果关系。例如，知道了“种了花，不浇水就要死”“因为鸟有翅膀，所以能飞”。但是，他们还难以理解科学现象中内在的和隐蔽的因果关系。因此，4～5岁儿童对于科学物体与现象，易受其形状、颜色、大小和活动等外部的非本质特征的影响，而做出错误的因果判断。例如，认为“树摇了，所以刮风了”“乒乓球会浮在水上，因为乒乓球是红的，是滑的”“火车会动、会叫，它是活的东西”。

(3)开始根据事物的表面属性、功用和情境进行概括分类

4～5岁儿童在已有感性经验的基础上，开始能对具体事物进行概括分类，但概括的水平还很低。其分类的根据主要是具体事物的表面属性(如颜色、形状)、功用或情境等。例如，在利用图片进行分类时，儿童把苹果、梨、桃归为一类，认为“能吃，吃起来水多”；把太阳、卷心菜归为一类，认为都是“圆的”；把玉米、香蕉、小麦归为一类，认为都是“黄颜色的”；把太阳和公鸡放在一组，认为“太阳一出来，公鸡就喔喔叫”。可见，4～5岁儿童对事物的概括分类，具有明显的形象性和情境性的特点。因其不能从事物内在的和本质的属性上进行抽象概括，所以也就不能正确地按客观事物的分类标准进行概括分类。

3. 5～6岁儿童科学学习的特点

(1)有积极的求知欲望

5～6岁儿童对周围世界有着积极的求知探索态度。他们不但爱问：“是什么？”“为什么？”而且还想知道：“怎么来的？”“什么做的？”往往可以听到儿童提出这样一类问题，如问：“为什么月亮会跟着我走？”

“鱼儿为什么能在水里游?”“电视机里的人怎么会走路、说话的?”有的儿童在做科学小实验时,能够想出用不同的方法去探求实验的结果。有的儿童喜欢把玩具拆开,想看看其中的奥秘。对自然现象的起源和机械运动的原理等开始感兴趣,渴望得到科学的答案。

(2)初步理解科学现象中比较内在的、隐蔽的因果关系

5~6岁儿童已经开始能够从内在的、隐蔽的原因来理解科学现象的产生。例如,在解释乒乓球从倾斜的积木上滚落时说:“乒乓球是圆的,积木是斜的,球放上去就会滚。”这说明已能从客体的形状与客体的位置之间的关系,即“圆”与“斜”的关系中寻找乒乓球滚落的原因。但由于科学现象中的因果关系比较复杂,即使到了5~6岁,儿童对不同科学现象中因果关系的理解水平也不可能一致,而且对日常生活中所不熟悉的复杂的因果关系也还很难理解。

(3)能初步根据事物的本质属性进行概括分类

通过有目的的教育,随着抽象逻辑思维的发展,5~6岁儿童开始能够根据事物的本质属性,按照客观事物的分类标准进行初步的概括分类。如把具有坚硬的嘴,身上长有羽毛、翅膀和两条腿,人们饲养的鸡、鸭、鹅归为家禽类;把身上有皮毛、四条腿,人们饲养的猫、兔、猪归为家畜类。这一阶段的儿童,由于受知识、语言、抽象概括水平的制约,对类概念的掌握还是比较初级和简单的,不能掌握概念全部的精确含义,缺乏掌握高层次类概念所需要的、在概括基础上进行高一级抽象概括的能力。因此,到了5~6岁,仍不可避免地会出现一些概念外延上的错误。例如,有的孩子只能把家畜、家禽概括为动物,而把昆虫排斥在动物之外,认为昆虫是虫子,不是动物。

以上儿童科学学习的特点,对学前儿童科学教育有以下几点启示:儿童科学学习不仅是可能的,同时也是儿童的兴趣和需要。儿童通过学习科学,能获得各方面的发展。教师应根据科学教育的总目标,制定符合儿童认知水平的科学教育年龄目标,选择内容,确定教法,并遵循由近及远、由浅入深、由具体到抽象的原则,逐步加深和提高要求。同时,教师还应在科学教育过程中结合实际情况灵活地掌握和做出必要的调整。

真题面对面

[2017统考,简答,5分]简述4~5岁幼儿学习科学的特点。

答案:详见内文

二、学前儿童科学教育的原则 【单选】 ★★

学前儿童科学教育的原则是教师在科学教育中必须遵循的基本准则。以下几条原则是从学前儿童科学教育的总目标出发,根据学前儿童科学教育的规律和学前儿童学科学的规律而制定的。

1. 教师指导和儿童探索活动相结合的原则

教师指导和儿童探索活动相结合的原则,是指在学前儿童科学教育中,既要让儿童通过自己的探索活动学习科学,同时也不能忽视教师的指导作用,要把两者有机地结合起来。

学前儿童科学教育的过程是儿童在教师指导下的科学探索过程,不仅强调了儿童科学探索活动的地位,同时也强调了教师指导在学前儿童科学教育中的重要性。科学探索是儿童学科学的必由之路,只有让儿童经历科学探索的过程,才能保证学前儿童科学教育目标的全面实现。而教师的指导也很重要,它能优化儿童的科学探索过程,使其朝向积极的方向,并且最终获得成功的结果。因此它也是全面实现学前儿童科学教育目标的保证。

2. 集体活动、个人活动和小组活动相结合的原则

集体活动、个人活动和小组活动相结合的原则，是指在学前儿童科学教育中，应该采用多种组织形式开展教育活动，发挥各种组织形式的优点。

集体活动、个人活动和小组活动是学前儿童科学教育活动的三种不同的组织形式。它们各有特点，也各有其存在的价值。在当前我国的学前儿童科学教育实践中，集体活动、个人活动和小组活动都是不可缺少的。

3. 科学教育活动和幼儿园其他教育活动相结合的原则

科学教育活动和幼儿园其他教育活动相结合的原则，是指在幼儿园的教育活动中，科学教育不仅是其中的一个部分或领域，而且应该和其他领域结合起来。

提出这一原则，主要基于两个方面的原因：

(1)从教育的角度看，教育是一个整体，其目的是促进儿童的整体发展。科学教育和艺术教育、社会教育、语言教育等一样都是作为全面发展教育的一个组成部分而存在的。它们既有区别，又有联系。从纵向来说，科学教育和各领域教育的目标应与全面发展教育的总目标相一致；从横向来看，科学教育应和各领域教育密切联系，相互协调，相辅相成，共同实现教育总目标。

(2)要在儿童一日生活的各种活动中渗透科学教育。儿童在进餐、入睡，甚至如厕时都可能出现学科学的活动，更不用说在室外散步、游戏的时间了。教师应及时发现儿童的科学发现，正确引导儿童去关注身边的科学。在其他领域的教育活动中，教师也要适时地渗透科学教育。比如，有的教师在音乐活动中，让儿童模仿山里的回声，来练习轻唱、重唱。更有一位小班的教师根据一首儿歌“树上许多红苹果，一个一个摘下来……”引导儿童创编出很多种水果的儿歌来，既训练了儿童的求异思维，又巩固了儿童关于水果的经验。

总之，科学教育和其他教育活动的结合，应该成为教师的一种思想。在对儿童进行任何教育活动时，教师都要有这样的思想，才能使科学教育真正成为“通过科学活动的全面发展教育”。

4. 幼儿园教育和家庭、社会教育相结合的原则

幼儿园教育和家庭、社会教育相结合的原则，是指学前儿童科学教育要充分利用各种教育资源，并且把这些教育力量整合起来。这也是学前教育的一个基本原则。我们在这里强调这一原则，具有特殊的意义。

这主要因为，儿童学习科学的过程是在一个广阔的自然和社会背景中展开的。幼儿园尽管为他们提供了有组织的教育环境，但仍有很大的局限性。儿童更需要在直接接触周围的自然环境和社会环境的过程中获取第一手的科学经验。大自然、大社会是儿童学科学最好的场所。儿童应该在真实的自然和社会环境中学习科学，而不应局限于幼儿园的方寸天地。只有在和真实世界的直接的相互作用中，儿童才能获得广泛、丰富、生动、具体的科学经验。

从儿童科学探索活动的起源来看，家庭是儿童最早的学校，父母是儿童最早的启蒙老师。儿童最早的科学探索就是从家庭开始的。直到幼儿时期，家庭在儿童的生活中仍然占据重要的地位。儿童的科学经验有很多就是在家庭中获得的。在教育实践中，我们发现儿童在学科学方面的差异很大。有的儿童知识面广，而有的儿童却很贫乏。这和他们在家庭中受到的科学教育是很有关系的。事实上，在幼儿时期，儿童一天中仍有很多时间和家长在一起，他们喜欢问家长问题，也需要家长给他们科学探索的机会。如果家长能够提供这样的机会，引导他们去探索，就会使儿童学科学道路上多一个引路人。

家庭中的科学教育是幼儿园教育的重要补充。家长具有对儿童进行科学教育的独特优势。他们和

儿童有天然的亲情关系，便于情感的交流。他们可以和儿童进行一对一的对话，便于进行具体的指导，而且，有很多教育内容幼儿园无法组织集体活动，却可以在家庭中进行随机地进行。比如观察天气的变化，观察天上的星星和月亮，等等。

但是，无论是家庭环境，还是自然和社会环境，都要和幼儿园的教育力量整合起来，才能更好地发挥其价值。而在各种教育力量的整合中，幼儿园应该居于主导地位，因为它是一个有目的、有计划、有组织的教育机构。只有幼儿园才能够做到在明确的目标指导下，整合各种教育力量，优化各种教育资源的配置，形成教育的合力，以促进儿童最佳的发展。

考点 再拔高

▼ 学前儿童科学教育活动设计的原则

1. 科学性原则

科学性原则是指在设计学前儿童科学教育活动时，为学前儿童选择的科学教育内容必须是客观的、实际的、符合科学发展方向的，设计的教学方法必须符合科学规律和学前儿童的认知特点。

2. 发展性原则

发展性原则是指在进行学前儿童科学教育活动设计时，要求其内容、方法、手段等随科学与人的发展而不断发展和完善；同时要求科学教育要促进学前儿童的全面发展。

3. 趣味性原则

趣味性原则是指在进行科学教育活动设计时要做到活泼有趣、寓教于乐。

4. 开放性原则

开放性原则是指在进行科学教育活动设计时要做到活动模式、内容、教学方法、组织形式等的开放，是相对于封闭式的教育活动而言的。

5. 活动性原则

活动性原则是指在设计与组织幼儿科学教育活动时，应该尊重幼儿的主体地位，为他们提供丰富的活动材料，保证充足的活动时间和空间，让他们在丰富的实践活动中进行主动的探索，从而获取科学知识、发展科学能力、培养科学精神。

6. 整合性原则

整合性原则是指教师在设计学前儿童科学教育活动时，不仅要注意将科学教育活动与其他活动相互渗透，并协调利用各种有利于幼儿学习科学的教育因素，开展系统化的教育。

真题面对面

[2021 临海，单，1.28 分]在幼儿科学教育活动中，尊重幼儿主体地位，让他们在丰富的实践活动中进行主动的探索，从而获取科学知识、发展科学能力、培养科学精神。符合科学教育(　　)

A. 科学性原则　　B. 发展性原则

C. 整合性原则　　D. 活动性原则

答案：D

第六节　不同类型科学教育活动的设计与组织策略

一、集体活动中科学教育的设计与指导

考点 1 观察认识型科学教育活动的设计与组织指导

1.观察认识型科学教育活动的设计

(1)观察认识型科学教育活动的设计原则

(1)准备工作要充分

根据科学教育活动计划、季节和地区的情况、儿童的发展水平，确定观察的内容、要求、地点与形式，拟订观察计划，考虑如何引起儿童的观察兴趣，教给他们观察的方法，如何提出启发性问题及怎样发展儿童的智力和语言等。

(2)内容选择要合理

选择特征典型、明显，并力求美观的观察对象，掌握其有关知识，熟悉其特征、习性等，以便引导儿童正确认识。

(3)观察方法很重要

观察活动的有效开展应遵循观察的基本方法。观察应有顺序地开展，运用各种感官进行观察、比较，并运用语言大胆讲述自己在观察中的发现，用图画、数字等多种方式记录自己观察的结果。

(2)观察认识型科学教育活动的目标设计

活动目标是整个教学活动的“纲”，教育活动围绕活动目标进行，以便做到有的放矢。所有过程都为了落实目标设计，目标决定过程，而过程指向目标。

具体教育活动的目标设计应遵循科学教育领域的总目标，具体落实知识、情感、能力、意识、行为方面的发展目标。目标设计时应考虑幼儿的年龄、身心特点以及智力发展水平，设计适宜幼儿发展的活动目标。

观察认识型科学教育活动的活动目标即通过某种具体的观察活动培养幼儿的观察技能，启蒙科学方法培养幼儿的表达技能，促进合作意识的养成；获取对观察对象的科学认识，积累科学知识；培养科学情感，激发幼儿学科学的兴趣。

(3)观察认识型科学教育活动的过程设计

一般教育活动过程由四部分构成：导入，即开始部分；进行，即目标落实、活动展开部分；结束，即活动小结部分；延伸，即目标进一步延展，活动扩展到集中教育活动之外。

活动过程的设计应围绕活动目标开展，活动目标有知、情、意、行四个维度，那么活动过程也应有相应的活动环节。

无论是哪种类型的观察活动，首先，在导入部分就应交代清楚本次观察活动的观察任务。其次，在活动过程的设计中，要根据观察的类型，设计活动过程。在一般性观察活动过程中，应直接出示观察对象，引导幼儿有顺序地观察，动用多种感官观察。在比较性观察活动过程中，应引导幼儿比较性地观察，比较

观察对象的异同。在长期系统性观察活动过程中，教师或家长应预先设计好观察计划，引导幼儿养成定时、定点长期系统地观察某一事物或现象变化的习惯，并做好观察记录。最后，都应有幼儿交流观察结果的交流过程。交流的方式多种多样，可以是语言，可以是图画，可以是动作表演等。

①一般性观察（个别物体观察、间或性观察）

一般性观察指对某一自然物或自然现象做特定的观察。可以是认识事物的某些特点，也可以是对其整体全面的认识，即对同一对象进行短时间的观察。设计时一般是每次观察一种特征或习性及用途，经过多次观察形成较完整的认识。在一定时间内，观察认识某一事物的外形特征或生活习性及用途等使幼儿对此事物有较完整的、全面的认识。如观察认识某一动物，对某种水果、蔬菜或花卉的认识等。在一次观察活动中，先后观察两个对象，它们之间没什么联系，不要求幼儿将二者进行比较认识。

一般性观察是科学教育活动中最基本和普遍采用的观察形式。学前儿童从一出生就开始一般性观察，这种观察伴随人的一生。

②比较性观察

比较性观察指对两种或两种以上的物体或现象进行观察比较，找出它们之间的不同点与相同点。比较是人的思维过程中一个重要环节。人对事物的认识，只有经过比较才能将本质特征与非本质特征区分开，认识本质特征，形成概念，进行分类，从而形成更高一级的认识。设计比较性观察重在培养幼儿掌握比较的技能，促进认识能力的发展。比较性观察需要具有一定的思维能力，3岁左右的幼儿可以开展这种观察活动。

③长期系统性观察

长期系统性观察指在较长一段时间里，有计划地观察某一自然物体和现象的发展变化，使幼儿对其发展过程有较完整的认识，同时还可了解事物之间的简单联系和因果关系。设计此类观察活动要注意培养幼儿逐渐习惯于从发展的、相互联系的角度看待事物和现象。例如，观察向日葵或玉米、蚕豆、牵牛花等的生长发展过程；蝌蚪变成青蛙的过程，对各个季节特征的观察等。

4岁前的儿童知识经验少，参加活动的目的性及控制力差，还不可能对事物进行长期系统的观察。4岁以后的儿童已经积累一定的自然知识，求知欲强，认识过程的有意性增强，具有一定的观察能力与习惯，可以组织这种类型的观察。

2. 观察认识型科学教育活动的组织指导

（1）一般性观察的组织指导

第一步，引起幼儿观察的兴趣，明确观察的目的，用生动简练的语言或游戏的口吻、游戏的方法开始观察活动。也可用儿歌、谜语、讲故事、提问题和启发性谈话等方式开始。

第二步，尽量让幼儿运用各种感觉器官感知观察对象的各种属性，看一看、听一听、闻一闻、摸一摸、捏一捏、掂一掂，能吃的还可以尝一尝。

教幼儿按一定顺序进行观察。观察植物可从根—茎—叶—花—果实；也可以从花—叶—茎—根。观察动物可从头—身—尾—四肢。观察水果可从外到里。观察顺序不是机械的、一成不变的，可以根据具体情况灵活处理，但不能杂乱无章地观察。

教幼儿用比较的方法进行观察。可提供对比物将观察对象与其他事物进行比较，如认识水是无色的，可将水与豆浆比较。可将眼前的事物与过去认识的事物进行比较，如观察鹅时，可与曾认识过的鸭、鸡进行比较，也可从观察对象自身找对比物。例如，通过比较观察兔子的前腿与后腿长短的差异，从而知道兔子走路是一蹦一跳的。

观察中要注意发展幼儿的描述语言。要在观察认识事物的同时教给幼儿相应的词汇，如观察对象的名称、各种特征等。让幼儿用语言表达自己的印象、情感和态度。

教师的提问应该是：围绕观察目的，提出明确的问题，使幼儿对观察的范围和思考的线索十分清楚。那种在观察中提出一连串的问题，或只提一个问题，却又包罗许多观察内容，都会使幼儿不知从何观察，造成观察中的混乱。

提问题应有启发性，避免暗示性。提"是什么""什么样"一类问题，可使幼儿将观察到和记忆中的事物描述出来。提"为什么""怎么样"一类问题，可促使幼儿通过观察去发现事物现象之间的关系，动脑思考问题，这些问题是具有启发性的。而"是不是""对不对"等一类问题只要求幼儿做肯定或否定回答，甚至有些暗示了答案（如问"小白兔的眼睛是不是红的"），这些问题幼儿可不假思索，或随声附和地回答，不利于促进儿童智力的发展，应尽量避免。

在观察过程中，教师可用生动的语言适当地讲解，以帮助幼儿加深印象，但不能对幼儿的观察急于求成，将教师的认识讲给幼儿听，用教师的讲解代替儿童的观察。我们应该明确的是，一切结论都应该是儿童观察的结果。

结束时要巩固加深幼儿所获得的印象。或由教师做小结；可请能力强的幼儿小结（中、大班）；或以朗诵儿歌、诗歌、谜语或唱歌、舞蹈的形式结束；或做有关的游戏及绘画所观察的动植物的方式结束。

（2）比较性观察的组织指导

比较性观察一般是从事物的不同点开始进行观察比较，然后再比较事物的相同点。因为事物的不同点易被观察到，而事物相同点却是要经过比较、概括才能找到。观察仍应是对事物各个相应部分按顺序进行。

教师应紧紧围绕教学目的，引导幼儿比较观察事物的本质特征，不要纠缠在一些非本质的特征上。还可以引导幼儿认识一些规律性的东西。

（3）长期系统性观察的组织指导

观察对象是动植物生长发展过程、四季特征和轮换顺序。此类型观察是在观察对象发生显著变化时组织的一系列观察。在组织每一次观察时，应引导幼儿将眼前的现象与前一次观察的情况进行对比，以了解观察对象发展变化的情况，也可引导幼儿找出变化的原因，从而看到事物之间的关系。

组织长期系统的观察，有的可以采用上课的形式进行，也可在课外其他时间如晨间活动、散步、户外活动中进行。可让幼儿把观察中见到的变化用绘画的形式记录下来，既可巩固认识，又可发展幼儿的注意力、观察力以及对自然的兴趣和求知欲。

考点2 实验操作型科学教育活动的设计与组织指导

1. 实验操作型科学教育活动的设计

（1）实验操作型科学教育活动的设计原则

①内容的选择

设计实验操作型科学教育活动，首先是要选择合适的内容。适合幼儿的教学内容是实现教学目标和有效地组织教学活动的第一步也是至关重要的一步。选择实验操作型活动的内容应考虑以下因素：

第一，教师在选择科学实验操作内容时首先应参照幼儿科学教育目标，根据幼儿的兴趣、问题、需求和幼儿的经验水平，把教育目标中的各部分、各方面转换成幼儿实验操作的具体内容。

第二，活动内容有利于幼儿亲身经历探究过程，符合幼儿认知发展的特点和规律，贴近幼儿的生活，充分体现活动的启蒙性和生活化。

第三，活动所需材料易于组织，幼儿容易操作，实验过程中现象明显，幼儿容易观察。

第四，能激发幼儿的兴趣，满足幼儿的需要。

②材料的选择

丰富的材料是幼儿进行实验操作活动的基本保障，幼儿对世界的认识是感性的、具体形象的，其思维常常需要动作的帮助，对物质世界的认识在很大程度上需要借助于对物体的直接操作。操作材料物化着教育目标和内容。因此，在幼儿实验操作过程中应为幼儿提供丰富的、有意义的、可操作的材料。

第一，材料选择要因地制宜，数量充足。选择幼儿常见、常能接触到的材料，提倡就地取材，讲究经济实用，多利用自然物、废旧物以及幼儿玩具和常见生活用品，使幼儿体会到科学就在身边。材料提供要充分，保障每个幼儿有充足的材料可供探索使用。

第二，材料具有多重功能。材料应具备物化的教育功能，应包含教育活动的目标与内容，使幼儿在与材料的相互作用中揭示教育内容所要反映的事物与事物之间的关系，并生成幼儿的学习需求。材料适应幼儿的发展水平，才能引起幼儿探究的兴趣，才能激发幼儿探索的热情。材料过于简单，幼儿容易失去操作兴趣，材料过难，幼儿不知所措，难以下手操作。

第三，材料的结构性。材料的结构性是一个或一组材料所具有的能反映所探究问题的现象特征，在它们被使用时，能揭示自然现象间的某种关系以及不同材料间的关系，材料蕴含着丰富的可探索性和可利用性。准备的材料结构和对材料的认识越丰富越有利于幼儿探索、发现、创造和获得有关的各种经验，同时还要考虑同一种材料既服务于预期目标，又可为幼儿提供多层次选择机会和引发幼儿的创造性使用。

第四，材料使用的安全性。在幼儿实验材料的选择上要特别考虑材料对于幼儿的安全性，避免幼儿在使用操作过程中对身体造成伤害。例如，锋利、尖锐、易碎的玻璃器皿，高温、有毒和超过人体安全电压的电源等器材不能选用。

(2)实验操作型科学教育活动的目标设计

活动目标是整个教学活动的“纲”，指导着每一个教学环节，贯穿于活动始终。因此，一旦教学内容确定后，制定教学目标对教学设计具有指导性作用。实验操作型活动作为科学教育活动的一种具体形式，它在目标的制定上首先要符合科学教育活动的大目标，然后根据实验操作活动的具体内容和特点制定出具体的活动目标。

①核心目标

科学好奇心：注意到新异的事物或现象；愿意探究新异的事物或现象；对新异事物或现象提出问题并进行探究。

科学探究能力：能通过自己的观察操作获取发现；能对问题做出假设并用自己的经验加以检验；能根据已经获取的资料进行合理推理，得出结论；能根据过去的经验或逻辑推断对现象进行解释和预测。

②具体目标要求

第一，目标的制定必须具体，让人一看便知，幼儿通过活动能获得什么，使活动目标具有可操作性。

第二，目标的制定要有针对性，活动目标是依靠具体活动来实现，要能体现本活动的特点。

第三，活动目标的制定要体现层次性，不同年龄段的幼儿在心理、智力等方面的发展处于不同的层次，活动目标应根据教学对象的实际发展水平、特点和个体差异来设计，以满足不同幼儿发展的需要。

第四，目标的制定要凸显实验操作性活动的特点，重视幼儿亲历自主的探索过程，学习探索方法，培养幼儿热爱科学的情感，一般不宜强调科学知识的获得。

第五，目标制定要体现综合性，从情感、态度、过程方法、能力、知识经验等方面综合考虑。

(3)实验操作型科学教育活动的过程设计

①设计思路

活动过程的设计是活动设计的**主要环节**，它的科学性、合理性、可操作性直接关系到教育目标是否能取得较好的贯彻和实现。它是教师运用教学建议对活动内容具体展开来达到教学目标的设计。

幼儿实验操作活动是一个开放的、动态的过程。教师在这个环节设计中，不可能把幼儿实验过程可能发生的各种情况、可能产生的各种问题囊括其中，教师的设计只能是尽可能周密的预设性设计，有的问题需要教师在幼儿操作过程中即兴生成。预设性实验操作活动的设计一般由三部分组成：活动的引发和导入；活动的展开；活动的结束和延伸。

第一类活动：演示探究	第二类活动：引导探究	第三类活动：验证探究
即教师演示，然后儿童对应操作，通过自己的观察，获得发现	即由教师通过材料引导儿童，让其先行自由探究，然后再组织儿童交流，引起儿童进行有兴趣、有目的地进一步探究	即针对某一问题，教师启发儿童先猜想可能发生的问题，然后让儿童进行实际探索活动来验证先前的猜想是否正确

②过程设计

a.活动的导入

活动的导入是活动开始的引子，是将幼儿活动的内容亲切地、自然地、趣味性地引发出来，以激发幼儿的学习兴趣，将幼儿注意力引导到活动中来。一般地讲，可以通过这样一些方法导入幼儿实验操作活动：以摆放在幼儿面前的操作材料导入；以教师的演示实验导入；以创设问题情境导入；通过幼儿生活中的某一常见的科学现象导入；通过谜语、儿歌、故事、影像资料导入等。

b.活动的展开

活动展开的设计是活动过程设计的主要部分，也是最重要的部分，整个活动大部分内容都集中在这一环节，占去总活动时间的80%左右。这一部分的设计可以从以下四个方面考虑：

第一，条理清楚、层次分明。通过教师缜密的思考，要求教师把握活动过程中各个环节的逻辑关系，明白知识点，清楚重点、难点。从科学性和幼儿的特点出发引导幼儿在操作过程中先做什么，后做什么，遵循事物发展变化的科学规律层层递进。

第二，组织形式、活动方法。实验操作型活动多采用小组活动的组织形式，有时也用集体、小组和个人相结合的方式进行。对中、大班的幼儿可积极鼓励合作探索。在活动方法的设计上应最大限度地让每个幼儿都动起来积极参与实验操作。

第三，材料的投放。幼儿实验操作所需的材料可根据活动需要一次投放也可分次投放。分次投放材料，可突出教师的指导意图，使活动由浅入深，由表及里，层层展开，对幼儿逻辑思维的培养和科学方法的训练都大有好处。

第四，问题的设计。教师通过启发性问题来引导幼儿探究活动。问题的提出一定要来源于幼儿的生活，充分考虑幼儿的心理特征、智力水平和现有的经验，从引起幼儿兴趣入手，以引发幼儿探究欲望，同时应注意到所设计问题的启蒙性与科学性。

c.活动的结束和延伸

活动结束是整个活动过程的最后环节，教师通过这一环节使本次活动圆满结束，同时使得幼儿在活动中所经历的过程、掌握的方法、了解的知识经验在活动后得以延伸。它对整个教学目标的落实有着重要作用。活动结束，没有固定格式和规定，应根据教学内容与过程的具体情况来进行设计：

第一，幼儿对活动进行自我小结和评价，并着重对过程、方法和现象观察的小结评价。

第二，提出要求，让幼儿将本次活动中获得的经验应用于生活，或提出生活中某种相关联的现象，让幼儿去继续探索，使活动得到延伸。

第三，提出类似的问题情景，让幼儿使用所获得的经验去解决，以检验和巩固幼儿新学的知识经验。

这一环节中，教师切忌用成人的眼光去评价幼儿，过高地要求实验操作过程的完整性和严密性、知识的科学性和准确性。一些教师在总结时，一方面为了追求过程的严密和知识的准确，一方面要面对幼儿，把自己推向两难的境地。

2. 实验操作型科学教育活动的组织指导

(1)为幼儿创设宽松、和谐的活动氛围

教师对幼儿行为的理解、认同、赞扬和尊重会给幼儿带来满足和自信，这种满足和自信给幼儿强大的动力，使之更加努力地去进行新的探索，这种满足和自信给幼儿强大的创造力，使之有所新发现。相反，教师的批评和不适当的评价会造成幼儿心理紧张，情绪不安，幼儿只顾关心教师的态度而不去关注操作活动本身，完全丧失对活动的兴趣和积极性。因此，要使幼儿的探究活动收到预期的效果，教师必须为幼儿提供宽松和谐的活动氛围：充分理解和尊重幼儿自发的探究和认识的需要，尊重他们独特的认识特点，欣赏他们独特的发现，采用具体的激励引导评价方式来激发他们内在的探究动机。

(2)为活动提供充足、多样的材料

实验操作型活动是幼儿与材料的相互作用过程，材料是幼儿的活动对象。所以，为幼儿提供多少材料，提供什么材料，以什么方式提供，对幼儿的操作活动都有着十分重要的关系。

在实验操作活动中，给幼儿提供的材料都具一定的结构性。作为教师，只有认真研究某些材料在一起的结构及其所蕴含的关系，才能有效地引导幼儿进行活动，幼儿可以通过操作这些物体和材料发现潜在的关系，获得相关经验。教师应特别注意引导幼儿获得材料的特性、材料的变化和材料间的相互关系三方面的体验与经验。

材料的特性指的是材料的物理性(轻重、软硬、冷热、颜色等)，化学特性(溶解、燃烧等)和功能特性(主要用途)。材料的变化是指材料在某种条件下所发生的物理变化和化学变化。相互关系是指不同材料间相互作用所表现出来的特点(沉浮、磁力、摩擦起电等)。

(3)引导每一个幼儿积极动手操作、自主探索、主动建构认识

在幼儿实验操作型科学活动中，教师对活动引入过程占用时间不可太长，让幼儿有更多的时间去自主探索。教师的任务不是把现成的科学知识和概念传递给幼儿，也不是让幼儿依样画葫芦地重复教师的演示实验，而是引导和支持幼儿通过自己动手动脑去自主地进行科学实验活动，积极主动地去体验活动过程。这是我们每一位教师在针对实验操作型活动的组织指导策略上必须认真考虑的。

教师对幼儿的实验操作除安全方面的考虑外不应做过多的限制，应使幼儿按照自己的想法去做，尝试解决问题。教师鼓励幼儿多角度多层面思考问题，变化使用多种材料，尝试多种实验方法，包括学习他人的方法。允许幼儿有不同的实验结果，认同幼儿按照自己的思维解释实验现象。

第六章

考点 3 科学讨论型科学教育活动的设计与组织指导 【单选】 ★

1. 科学讨论型科学教育活动概述

(1)科学讨论型科学教育活动的含义

科学讨论型活动是指学前儿童在亲自探究与收集资料、整理资料的基础上，通过集体的交流讨论等手段获取科学知识的一种科学教育活动。尽管它不是一种直接的探究活动，但仍是幼儿获取科学知识的一种非常重要的手段，常与其他方式结合使用，是幼儿园科学教育活动中一种较为普遍的活动类型。

(2)科学讨论型科学教育活动的价值

①科学讨论型活动中的信息量大，能充分满足幼儿强烈的求知欲；②科学讨论型活动有利于培养幼儿获取信息特别是获得间接经验能力；③科学讨论型活动有利于培养幼儿的语言表达能力；④科学讨论

型活动有利于发展幼儿的思维。

科学讨论型活动作为一种非直接探究性学习形式，主要适用于那些不易或不能通过直接的探究进行学习，但是又很必要或者幼儿喜欢、感兴趣的内容，如大家一起来交流讨论“野生动物的生活习性”。同时，作为一种集体研讨性的学习活动，科学讨论型活动要求幼儿具备一定的思维能力和语言能力，交流讨论才具备一定的意义。所以该类型活动更多地运用于中大班（4～6岁）幼儿的活动中。

（3）科学讨论型科学教育活动的分类

按照幼儿知识经验准备的途径不同，我们把科学讨论型活动分为两大类，一类指幼儿知识准备来源于直接经验，根据具体的途径分为实验操作——交流讨论式和观察参观——汇报交流式两种，另一类指幼儿知识准备来源于间接经验，根据具体途径又分为收集资料——共同分享式、设疑提问——相互讨论式和科学文艺——交流讨论式三种。

2. 科学讨论型科学教育活动的设计

（1）科学讨论型科学教育活动目标的设计

在科学讨论型活动中，主要通过幼儿在资料收集的基础上围绕某一主题的表达交流达到分享知识经验的目的。通常科学讨论型活动涉及的重要教学目标有：乐于表达的情感（情感态度）；表达交流技能和资料收集与整理技能（技能）；科学知识和经验（认知）。具体目标如下：

教学目标		适用年龄班
表达交流技能	尝试用语言表达自己的想法和发现	小班
	运用语言大胆、完整、有效地交流自己的做法、想法和发现	中班
	主动认真地倾听、理解、分享和评价他人的观点	中班及以上
	会用各种手段（如绘画、图表、儿歌、肢体语言）进行交流	小、中、大班
	乐于表达，愿意用语言表达对科学的认识	小、中、大班
资料收集与整理技能	了解资料收集与整理的途径和方法	中、大班
科学知识和经验	丰富有关讨论主题的科学经验	中班及以上
	学习在资料收集与鉴别信息的基础上构建自己的科学知识	大班

（2）科学讨论型科学教育活动过程的设计

科学讨论型活动不同于操作性的科学探究活动，同时也区别于单纯的语言讲述类活动。它是一种建立在幼儿的直接或间接的经验基础上的科学交流学习活动。因此，教师应该把幼儿的交流讨论活动和他们获得经验的求知活动结合起来设计。

①实验操作——交流讨论式

例如，“拆装笔芯”活动，是指在幼儿动手操作的基础上而开展的交流讨论活动。这类活动通常是在幼儿亲自动手实验操作过程中，教师引导幼儿交流操作过程，讨论自己的发现，相互分享操作结果。

②观察参观——汇报交流式

这类活动通常让幼儿观察探究对象，或外出参观考察获取直接经验，再进行汇报交流，分享经验。外出参观时，为了便于幼儿的交流，可以采用幼儿绘画拍照、摄像等形式将调查的第一手资料记录下来，在集体讨论时可利用其再现幼儿的经验。

③收集资料——共同分享式

有些活动，幼儿只能通过收集资料的方式积累间接知识经验，教师可事先提供一些图书图片资料、音

像资料、多媒体资料，或者提供一些收集资料的途径和方法，建议幼儿在家长指导下通过网络图书一起查阅有关资料，然后在集体活动中和大家分享。

④设疑提问——相互讨论式

对于幼儿各自感兴趣的问题可以先让幼儿进行个别探讨，并在此基础上再进行集中讨论。如“各种各样的鸟”，幼儿先提出“会飞的都是鸟吗”，对这一问题，教师先引导幼儿自己进行讨论，提出自己的看法及理由，然后通过集中研究使不同观点进行“碰撞”。活动的目的不在于让幼儿获得一个正确的结论，而在于让他们经历不同观点之间相互交流的过程，开拓他们的思维。

⑤科学文艺——交流讨论式

科学活动中有些内容，如讲故事、唱儿歌（歌曲）、猜谜语、念童谣与诗歌、创编故事等语言活动，为引入科学学习提供了大量机会。幼儿的探究往往起因于议论一个故事或一首童谣所产生的问题。

这类活动不同于单独的语言谈话活动，要求相关文艺作品要揭示某一事物或科学现象，并能激发幼儿的想象与疑问，同时该内容是基于幼儿的兴趣和生活经验且对幼儿有价值的。但活动重点必须紧扣科学教育活动的目标，突出科学教育的重点。我们把科学文艺作品的学习朗诵和创编、对新科技发明的认识与了解、科学家的故事等皆归为此类。

不管哪种类型的教育活动，都有一些基本的过程，即面对（或提出）一个问题（话题）；收集信息、整理展示资料；探究获得经验（包括直接经验和间接经验）；交流讨论发现与知识；获得科学知识或结论。

3. 科学讨论型科学教育活动的组织指导

（1）提出恰当的问题

创设适当的问题情境，鼓励幼儿带着问题收集资料，直到得出满意的答案。幼儿的探究来自于问题。因此确定恰当的话题是科学讨论型科学教育活动成功的基础。话题应具有开放性，讨论或涉及的事物应是幼儿熟悉、感兴趣、使其困惑的、贴近幼儿生活并富有丰富感性经验的，这些问题最好来自幼儿，而不是成人，比如，幼儿会问：“苹果从树上落到地面是不是还活着？”“动物们怎么过冬？”如果教师不讨论来自幼儿的问题，不顾幼儿已有的经验和需要，自己虚构问题，这样的活动组织起来既费力又毫无意义。

（2）资料收集

幼儿的科学智能起源于真实世界的经验。幼儿的知识储备越多，各种直接、间接经验越多，交流就越激烈，讨论越深入。因此，资料收集在科学讨论型活动中具有重要的作用，是幼儿交流讨论、建构知识的前提和基础。

资料收集主要来自两个渠道，一是幼儿通过自己观察、参观、实验和操作获得的直接认知的信息，称为第一手资料。二是幼儿自己或在成人的帮助下通过查阅有关图书或通过网络等渠道获得的信息，称为第二手资料。在幼儿阶段的探究活动中，我们倡导让幼儿尽可能通过直接实验、制作、参观、调查来亲身获取事实资料。但对那些幼儿感兴趣的，对生活、学习发展有意义的，但又无法通过直接经验获取的资料而得出结论的问题，例如“天为什么是蓝色的”“秋天树叶为什么会变成不同的颜色”等，我们让幼儿通过图书、图片、网络、访问相关人员来获得资料。但要注意收集资料是幼儿重要的学习机会和途径，避免家长包办代替。幼儿园要给幼儿准备生动丰富、适合阅读和理解的儿童读物，并给幼儿部分的时间和自由，能在图书室和阅览室自由查阅。幼儿收集来的资料可以用其熟悉的方式表达，如绘画、泥塑、折纸、照片、录音，可以适当运用一些简单的表格，大班的孩子可出现简单少量的文字，而且文字一般不独立存在，它与图片、照片和表格相呼应，以引发幼儿对文字的关注和兴趣，懂得文字也能表达意义。

（3）交流讨论

在收集、展示资料的基础上，教师组织幼儿对探究的过程和结果进行集体分享，展开交流讨论。教师组织该环节时应注意：

①交流讨论时，运用适当、多样化的教育手段进行引导和补充，避免灌输与注入式，将交流讨论活动变成灌输科学知识的课堂。

②教师要对幼儿的表达认真、耐心地倾听并及时做出反应，教师要限制自己说话，应把充足的时间留给孩子。教师应给予幼儿足够的思考时间，不要急于要求幼儿表达。

③教师要营造一个民主平等、宽松自由的交流氛围，使幼儿想说、敢说、喜欢说、有机会说。教师不要预设结论，而应认真、耐心倾听幼儿的观点。对幼儿的讨论，及时反应，多鼓励与支持。即使错误的回答，也不急于否定，急于纠正，急于下结论。启发幼儿运用已有的经验再思考。教师与幼儿的交流不应用教育的口吻，而是闲谈的语气。对于幼儿来说，既要鼓励他们大胆讲述自己的经验，又要培养幼儿尊重他人，善于倾听的习惯，使交流讨论成为真正的"社会建构"学习。

④幼儿表达和交流信息有语言和非语言（包括图像记录、手势、动作、表情等）两种方式。教师应充分调动幼儿运用熟悉的、善于交流的各种方式表达。幼儿可利用艺术手段表达他们的科学认识，使交流的形式丰富多彩，如艺术表演、作品或图画展览；讨论形式可多样化，如集体讨论、分组讨论、借助图片讨论、创设场景讨论、自选主持人讨论、不同观点辩论等。

⑤可以利用网络、音像等视听媒体进一步丰富幼儿的知识经验，扩大幼儿的眼界。例如，在活动中，电脑屏幕上显示出一幅有趣的画面：小猫细细地品尝萝卜，公鸡煞费力气地生蛋，小猴长着蓬松的尾巴，轮船飞翔在蔚蓝的天空中……伴随美妙的音乐，幼儿积极思考，迅速判断。

⑥交流讨论过程中，既要面向全体又要照顾个别幼儿的需要，既要引导幼儿围绕主题讨论，又要注意及时拓展主题。

（4）获得结论

归纳知识、进行小结，帮助幼儿明确概念，形成整体认识。结论时应注意，使用的句子不要太长，不要太抽象，尽可能用幼儿能理解的词句，不宜将其上升为原理性的知识概念。同时，小结应具有延伸性，不一定非要得出结论，有时候没有结论比有结论更有意义。教师不要满足于幼儿能尽快获得答案而急于小结，幼儿通过不断地探索交流获得经验的丰富增长才是最重要的。小结某些知识时，不要说得过死，要留有空间，以激发幼儿进一步探索的兴趣和欲望。

真题面对面

[2017统考，单，1分]幼儿教师让家长和幼儿一起收集科学资料，并让幼儿通过交流的方式获取科学知识，积累科学经验，这是（　　）

A.科学讨论型科学教育活动　　B.技术操作型科学教育活动

C.观察认识型科学教育活动　　D.实验操作型科学教育活动

答案：A

考点4 技术操作型科学教育活动的设计与组织指导

1.技术操作型科学教育活动的概述

（1）技术操作型科学教育活动的含义

技术操作型科学教育活动是以真实的科学本质为基础，以试验性的步骤，逐渐让幼儿获得对科学技术的基础认识，了解技术的转化和中介作用，从而为所有的孩子提供理解和掌握这个现代化世界的窗口。同时，以幼儿的最大参与为目的，让孩子们充分感受和操作使用简单的科技产品，学习使用工具；设计并

开展小制作,把自己投入到对科技的探究之中,学习在操作使用中发现问题,在设计实践中尝试解决问题,从而学会对所看见的事情和所做的事情进行思考,它是一项独立于科学理论的、连续的、不断完善的技能。

(2)技术操作型科学教育活动的价值

无论从身体和心理,还是智力、道德和美育等方面,技术操作型科学教育活动对幼儿的整体发展都具有重要的意义。

从身体角度来说,幼儿从出生之日起就具有探索外部世界的潜在能力,为他们提供大量的可操作物体和材料,能促使其在材料的选择、摆弄和小制作过程中锻炼身体,促进幼儿手眼协调的发展。

从心理角度来说,有良好素质的人,既能自我了解,又善于自我调节、自我控制,这种能力只能从小培养,操作活动的过程和成败的体会能促使幼儿提高自控力和增强自信心。

从智力角度来说,当幼儿在从事那些不断面对问题的工作和活动时,他们必须投入更多的注意和思考,在手脑并用中其思维能力和智力得到较大发展。

从道德角度来说,此类活动中幼儿的合作操作过程和交流讨论过程,能促使幼儿逐渐懂得尊重他人的意见,更好地培养社会性。

从美育角度来说,科技产品蕴含的设计美、功能美、技艺美三大美育特征,体现出既依附于它的内部构造上的实用价值,又依附于它的外在形式上的观赏价值,还有制作者在生产劳动中体现出的技术与艺术高度统一的和谐美,都无不感染着幼儿,在幼儿面前充分展示人类生产劳动业绩和成果的美育价值。

(3)技术操作型科学教育活动的分类

技术操作型科学教育活动一般分四种类型,分别是感受——操作;运用——操作;学习——制作;设计——制作。

2. 技术操作型科学教育活动的设计

(1)技术操作型科学教育活动的目标设计

活动目标是指幼儿通过活动应达到的学习结果,教师必须是在全面贯彻总目标的前提下,对活动内容的特点设计具体目标,并注重幼儿不同发展阶段的层次关系。

①技术操作型科学教育活动的目标包括四个方面的能力培养。其一是充分的感受和正确操作科技产品的能力,其二是掌握简单工具的使用方法,其三是在教育者的指导下按规定步骤的操作能力培养,其四是幼儿自行设计并动手开展科技小制作的能力培养。同时,活动目标还应包括对幼儿科学态度、科学世界观的培养。

②技术操作型科学教育活动的具体目标。

教学内容	适用年龄	具体目标	例举
感受技术产品	0~2岁及以上	运用多种感官感知技术产品的特征和用途	使用学步车、照镜子、玩玩具
体会操作乐趣	2~3岁及以上	提出他们可能办到的事情,在家长或教师的帮助下操作与体验	骑三轮车、玩大型玩具、玩纸、泥塑
掌握简单工具的使用	3~4岁及以上	能正确使用简单的测量工具、生活工具和自制工具	学习用推、按、拧等不同方法使用电筒(我让电筒亮起来)
按程序进行操作或制作	4~5岁及以上	能利用各种材料和设备按规定步骤制作简单物品	学习按步骤正确制作(我的降落伞)

续表

教学内容	适用年龄	具体目标	例举
设计并开展科技小制作	5～6岁及以上	行动表明有自己的想法，能用交谈、图像、图样、模型等手段来设计并操作，同时能简单说明理由	学习选择合适的材料自行设计并制作（巧做石膏小玩具）

（2）技术操作型科学教育活动的过程设计

①设计思路

第一类活动即感受——操作，是让幼儿充分接触和感受运用技术产品。**例如，认识并正确操作各类玩具、家用电器等。**满足他们渴望了解“技术”的愿望，培养幼儿关注科技的兴趣。此类活动通常先由教师演示讲解产品的用途并演示其操作使用步骤，幼儿在观察的基础上动手尝试，最后经共同讨论完成正确的操作。

第二类活动即运用——操作，是让幼儿学习使用工具。**例如，正确使用小剪刀、订书机、测量工具、生活工具等。**让幼儿了解工具的用处，掌握工具的使用方法，获得技术使用的经验。此类活动可以是独立的活动内容，也可以是技术操作型科学教育活动中的一个部分。通常由教师或家长启发、引导幼儿操作使用，幼儿在不断的失误中总结，最终掌握正确的使用方法。

第三类活动即学习——制作，是通过开展小制作活动让幼儿按固定步骤学习制作。**例如，制作降落伞、潜望镜、万花筒等。**幼儿在运用工具和材料开展小制作时是对技术的一种非常直接的体验，此类活动通常由教师演示操作过程，幼儿动手实践，师幼共同交流，最后制作完成作品。

第四类活动即设计——制作，是让儿童进行简单的科技创作。**例如，设计并制作石膏玩具、不倒翁等。**此类活动是在小制作的基础上，通过自主设计，在教师的指导帮助下，个性化地完成作品的创作和制作过程。

总之，活动过程的设计理念应体现技术操作型科学教育活动的本质，让幼儿通过实际操作去获取知识，通过实践去解决问题。操作并不仅仅是动手去做，它也是一种研究，要引导孩子们动脑筋、想办法去创造，设计过程包括提出问题→研究问题→解决问题→交流感想→完善提高→展示分享共六个程序，这六个程序并非固定的排列，而是相互交织、相互结合。

②设计模式

a.案例信息表

案例信息表	
活动分类：	阶段划分：
活动主题：	活动计划：
实验班级：	设计人：

b.活动计划表

活动计划		
活动目标		
活动准备	活动材料	
	科学术语及词汇	
	可能的重、难点	
	知识、技能的准备	
	时间安排	

续表

活动计划		
活动过程	引　　入	
	猜想预测	
	问题探讨	
	分组实作	
	实作记录	
	总　　结	
活动评析		
备　　注	以上内容每一个过程要求尽可能配图，操作材料尽量做到幼儿人手一份	

3. 技术操作型科学教育活动的组织指导

技术操作型科学教育活动的组织与指导应本着面向全体儿童展开，着重探索过程的指导，尽量地让幼儿主动创造，努力把此项活动变成幼儿乐于参与的活动。

(1)技术操作型科学教育活动的组织过程

组织过程包括活动前的准备和活动过程的引导，它体现一定的目的性、计划性和程序性。教师必须做到精心策划，认真准备。

①活动前的准备

活动前准备要充分，教师要熟悉活动内容，尽可能把握该项活动的科技含量及相关科技术语，对知识技能的重、难点有所预测，同时，尽最大可能为幼儿提供充足的操作材料，安排合理充足的时间。

②活动过程的引导

第一步，设置能够引起幼儿兴趣和探究欲望的导入。导入的方法很多，教师可灵活选择，其目的是调动幼儿的好奇心，把他们“吸引”过来，使他们集中注意力，积极思维。技术操作型科学教育活动中较常见的导入方法有：通过直接操作材料导入；演示操作过程导入；利用简短指令导入；设置相关问题导入等。

第二步，鼓励幼儿围绕主题进行假设或设计。作为幼儿学习科学的支持者和引导者，教师应充分考虑幼儿的年龄、经验和认识水平的特点。他们常常用独特的、不同于成人的眼光和思维方式去思考，不可能完全按教师的设计思路展开，因此我们应积极鼓励幼儿大胆假设和猜想，尊重幼儿间的差异，接纳每一个幼儿的观点，因材施教，逐一点拨。

第三步，鼓励幼儿按自己的想法进行操作。给幼儿足够的时间，提出启发性的问题，让幼儿带着疑问，按自己的想法去选择材料进行操作，验证自己的想法和假设正确与否。教师没有必要在幼儿动手操作之前就把答案告诉他们，也不要在幼儿的操作过程中左右他们的思想，暗示结果，而是要放手让幼儿大胆地动手做，并从活动中去了解他们的探索情况，鼓励幼儿表达自己的发现，帮助他们按自己的想法进行验证。

第四步，引导幼儿积极开展交流和思考。当幼儿在操作中有了发现之后，无论他们验证的结果与设想是否一致，教师都应尽可能地为孩子们之间的交流创造条件，让每个幼儿都能表达自己的实践过程。同时，教师还应尽量帮助幼儿总结发现，鼓励幼儿在前期探索、发现的基础上进一步寻求答案和新的发现。

③活动总结

活动结束前，在幼儿表达、交流信息的基础上，教师可以和幼儿一起小结本次活动的知识点，对幼儿学习过程及表现做出评价。

活动结束后，教师要注意对活动感想、活动中出现的问题以及有多少收获、如何指导幼儿进一步探究等问题进行总结，以便在日后的活动组织中不断改进。

(2)技术操作型科学教育活动的指导要点

技术操作型科学教育活动中教师的角色是不断地鼓励孩子们通过实践操作去证明他们的猜想，一边做一边思考："你为何要这样做?""告诉我，你发现了什么?""与过去的发现相比较，有什么不同?"一个富于探索的儿童群体，一个有趣的实践内容，加上目标明确的老师，技术操作型科学教育的开展才能真正成为一种和谐的、积极的科学研究。在指导过程中教师应遵循以下五点：

①观察与思考

带领孩子们充分考察相关科学内容和现象，然后对该内容和现象进行积极的思考，让幼儿明确目标，知道自己要做什么，怎么做。

②操作与构建

儿童的操作过程需要一定的自由度，他们需要在各个方向上都做一些探索，需要熟悉他们要用的材料，这是实践操作的初步。进一步的工作就是要按步骤去做并得出结果，但这个结果可能是多种多样的。孩子们做事往往急于求成，希望立即就找到答案，如何让孩子们学会从失败中吸取教训，并懂得也许还存在其他的假设，这并不是件容易的事情，教师必须要有耐心，并努力教会孩子们做事要坚持，要充满希望地去寻找正确的结论。

③讨论与支持

孩子们要获取知识和技能只有动力没有帮助是不够的，在活动过程中需要不断地与其他孩子交流并在老师的指导下进行。交流的方式通常是小组讨论，这种讨论可以让孩子们对实践中发生的事情和问题加深认识。个人的想法往往不够全面，通过与别人探讨与争论可以相互弥补，这是很有意义且非常重要的。此时教师对儿童的指导应该是不断向他们提出问题，鼓励不同的见解，并让孩子们时刻保持清醒，而不应该总是向孩子们解释，要鼓励他们通过思考说出理由。技术操作型科学教育活动应当为孩子们创造和谐的讨论与支持的氛围，让孩子们构建自己的知识体系。

④阶段与系统

孩子们用各种方法去探索技术、掌握方法，需要一定的时间去进行他们的实践。教师的作用是重要的，可以多给孩子一些建议，并把各种活动分成阶段，然后循序渐进地开展。这些活动应该是教学计划的一部分，同时又给孩子们足够的自主性。在围绕某个主题进行教育活动时，一般应安排若干个星期的时间，整个技术操作型科学教育活动的内容与教学建议，更要有连贯性和系统整体的安排。

⑤记录与总结

与孩子们所记录的其他东西相比，技术操作型科学教育活动的记录是有其独特之处的，它记录了所开展的活动并被孩子们拥有。它是由孩子们自己记录的，而不是教师的总结，是孩子们自己对他们所做工作的理解，这一点很重要，它表明孩子们由实践本质或直觉感受过渡到有目的记录。通过记录，幼儿可以学会客观的描述，这是很有价值的延伸。

二、区角活动中科学教育的设计与实施

考点 1 区角活动概述

区角活动包括学习性区角活动和游戏性区角活动。在区角活动中，教师主要是进行间接指导，为幼儿创设环境、提供材料，并在活动过程中给予必要的指导。但这并不等于说，教师在活动前不需要对区角活动中的科学教育进行设计、任其自然。而正相反，区角活动同样要求教师进行精心设计，只是设计的重点与角度有所不同而已。我们这里所指的区角活动包括两种类型。第一种是指在班级中所设立的活动

区角，一般会设立科学区（自然区）、数学区、音乐区、美工区等，其中科学就是专门从事科学活动的区角。第二种是指幼儿园内专门设置的科学活动室（又称科学发现室、科学探究室）。区角活动需要教师为幼儿创设一个宽松和谐的环境，提供丰富的材料和设备，供幼儿按自己的意愿和兴趣来选择并进行操作的，所以更能激发幼儿科学的积极性与主动性。区角活动还有一个特点就是没有固定的组织形式。

考点 2 区角活动的设计

1. 活动目标的设计

（1）根据幼儿个别情况设计目标

区角活动的特点是幼儿在活动中具有较大的自由度和灵活性，可以根据自己的兴趣和需要，从自己原有的水平出发，用自己的方式进行选择与探索。根据这些特点，区角活动没有全班统一的活动目标，不像集体科学活动那样每一次活动都有明确目标。

（2）根据活动情况设计、调整目标

区角活动的另一个重要特点，就是需要教师事先为幼儿准备各种设备和材料，供他们进行科学活动。这些材料和设备的准备当然不是无依据的，而是根据活动目标、幼儿的探索兴趣和需要而来的。

2. 活动内容的设计

（1）观察阅读类

观察阅读类的内容主要是通过眼睛观察，不宜用手摆弄操作。

（2）科学玩具类

科学玩具类的内容大多为买来的玩具成品。目前市场上有很多新颖的科学玩具，这些玩具有的是利用一种科学原理建造并进行游戏的，也有的是建造材料比较新颖的。

（3）操作实验类

操作实验类的内容是可供幼儿自己实验、操作、观察、探索的材料及物品。这些物品是幼儿最喜爱的内容，也是区角活动中最关键的部分。通过对这些材料的使用，幼儿能够越来越娴熟地使用天平、放大镜、测量工具，幼儿需要使用这些工具来处理各种各样的自然材料和人工材料。

（4）制作创造类

制作创造类的材料有两个方面：第一方面是某一种制作所需要的特殊材料，儿童可以用这些材料来进行制作创造，获得各方面的经验；第二方面是一些基本的工具，是可以用于各种创造活动的、一些必备的通用资料。

3. 活动材料和设备的设计

区角活动中材料和设备的设计是关键，在设计材料和设备时，除了在性能上安全可靠等要求外，还应考虑以下几点：

（1）材料的探索性

为孩子们准备的材料应具有探索性，即材料应和科学上一个重要概念有关；使用这些材料能揭示许多有关的现象。材料的探索性还表现在所设计的材料有多种组合的可能，能激发幼儿自由地运用自己的方式操作、组合、改变它们，这些材料有较广泛的用途，能用多种不同的思路进行探索和发现。

（2）材料的新颖程度

新颖有趣的材料容易引起幼儿的注意，吸引他们去探索。

（3）材料的易理解性

材料的易理解性是指操作方式上的易理解性。幼儿对材料的操作方式是否理解，会影响他们对材料的最初探索。对于幼儿来说，特别是小班儿童，设计的材料要能使他们一看就明白其操作方式，使他们拿到材料很快就能进入探索过程。

(4)材料的丰富性

材料的丰富性是指要为幼儿的选择性科学活动提供种类丰富和数量充足的材料，这样可以给幼儿提供较多的选择机会，并有效地减少幼儿无所事事、相互间争执等现象。

(5)材料的层次性

材料的层次性是指要为幼儿提供符合不同层次需要的材料，以便于不同水平的儿童按照自己的需要进行选择。

考点3 区角活动的组织与实施

1. 创设良好的心理环境

幼儿学科学的良好心理气氛，是进行区角活动的前提。教师应提供大量的实践机会和各种教育活动，支持他们按自己的兴趣去参与探索活动；鼓励他们大胆探索，大胆表达自己的想法和做法，肯定、表扬幼儿点点滴滴的进步。

2. 应让幼儿自由选择活动内容和材料

在区角活动中，摆放在幼儿面前的是丰富多彩的活动内容，应让幼儿真正地按照自己的兴趣和意愿、自己的水平和需要来选择活动内容与材料。教师可采用各种方法进行调整，如新投放的材料数量少，不能满足更多的幼儿，可采取暂时轮换的方法，无人选择的材料可及时撤换或由教师进行一些指导。

3. 观察了解幼儿的活动，及时提供指导和帮助

在幼儿参与区角活动的过程中，教师应随时关注他们的操作情况，耐心观察、了解他们的需求和水平。一是要看整个活动环境是否能激发幼儿的活动兴趣，材料是否适合不同水平的幼儿；二是要看个别幼儿的探索情况如需要、态度、个性等，针对个别幼儿提出问题或要求。

4. 指导幼儿遵守活动规则

在区角活动中，制定相应的活动规则是很有必要的。应让每个幼儿都了解活动规则，并在每次活动中提醒他们去遵守。要求幼儿遵守规则，也可以作为活动结束时评价的内容之一，以保证区角活动的顺利进行。

考点4 区角活动的指导要求

(1)更重视幼儿的学习体验，而不强求达到某一知识技能的目标；(2)更重视个别化的启发引导，而不是集体的讲解和讨论；(3)更重视宽松心理环境的创设，而不是直接的指导。

第六章

三、自然角中的观察与照料活动

1. 自然角的概念

自然角就是在幼儿园的活动室内向阳的角落，安放一张桌子或设置一个分层木架，将一些适于在室内生长和照料的动、植物有秩序地布置在上面。

2. 自然角的特点

(1)能够集中、真实地再现和反映自然环境中的事物，同时也使活动室增添一份自然美；(2)能够方便儿童在日常生活中进行随机的和长期的观察活动；(3)能够激发儿童主动探索的兴趣和对周围事物的敏感性和责任感。

3. 自然角的日常管理

(1)自然角的陈列物要体现各年龄班儿童的认知特点，并利用自然角开展观察和探索活动。小班儿童对动、植物的明显特征感兴趣，自然角的陈列物宜选择具有明显特征的物体或具有不同外部特征的同

一系列的观察物。对中班儿童来说，全面了解动、植物的主要特征及比较性观察是这一年龄段的学习内容。自然角上可陈列一些有可比性的动、植物，以发展儿童辨识物体的能力及帮助儿童类概念的形成。大班儿童求知欲旺盛，为他们提供的陈列品应是引起他们深入研究或细致观察的内容。可展示物种的多样性；展示动、植物不同时期的存在方式；增加一些在发育过程中有明显形态改变的动物，以培养儿童更加细致地进行长期系统的观察和比较。

(2)自然角的内容应随季节变化和儿童的学习进程更换。

(3)随时注意观察和指导儿童在自然角的活动。

(4)让儿童参与自然角的日常管理。

第七节　学前儿童数学教育

一、学前儿童数学教育概述

考点 1　学前儿童数学教育的含义

学前儿童数学教育是儿童全面发展教育的一个重要组成部分。它是将儿童探索周围世界的数量关系、空间形式等需求纳入有目标、有计划的教育程序，通过儿童自身的操作和建构活动，以促进他们在认知、情感、态度、习惯等方面整体、和谐的发展。

考点 2　学前儿童数学教育的意义

(1)有助于儿童对生活和周围世界的正确认识；(2)有助于培养儿童的好奇心、探究欲及对数学的兴趣；(3)有助于儿童思维能力及良好思维品质的培养；(4)有助于日后的小学数学学习。

考点 3　学前儿童数学学习的心理特点

儿童逻辑思维的发展为学习数学提供了一定的心理准备。同时，儿童逻辑思维发展的特点又使儿童在建构抽象数学知识时发生困难，为此，必须借助于具体事物的影响，使那些和具体事物相联系的知识能够内化于头脑，成为具有一定概括意义的数学知识。这样，儿童学习数学的心理特点，就具有一种过渡的性质。具体表现为以下几点：

1. 从具体到抽象

学前儿童的思维主要是以形象思维为主，对物体的认识往往需要借助具体直观的材料。但数学知识却是一种高度抽象的知识，需要摆脱具体事物的其他无关特征才能获得，这与儿童对数学知识的理解恰恰需要借助于具体的事物并且容易受到具体事物的影响的特点正是一对矛盾。这种矛盾在小年龄儿童身上表现得更突出。例如，小班儿童往往能说出家里有爸爸、妈妈、爷爷、奶奶、自己，但却不容易抽象出家里一共有几个人；有些儿童在学习数的组成时，也会受日常经验中的平分观念的影响，如某个儿童认为“3”不能分成2份，“因为它不好分，除非多一个下来”。由此说明，儿童还不能从事物的具体特征中摆脱出来，从而抽象出数量特征，这种由事物的具体特征而带来的干扰，将随着他们对数学知识的抽象性质的理解而逐渐减少。

2. 从个别到一般

学前儿童数学概念的形成，不仅存在一个逐渐摆脱具体形象，达到抽象水平的过程，同时也存在一个从理解个别具体事物到理解其一般和普遍意义的过程。例如，有些儿童在按数取物的活动中往往会认为与一张数字卡(或点子卡)相对应的只能取放一张相同数量物体的卡片，把数字与个别物体相对应，而没有理解为可以取多张，只要数量相对应就行。再如，有些儿童刚开始学习数的组成时对分合关系的理解往往停留在它所代表的那一种具体事物上。只有随着数的组成学习的逐渐深入，才能慢慢认识到这些具体事物之间的共同之处，即它们所表示的数量是相同的，因而也就可以用一个相同的分合式子来表示。实际上，对于其他数学知识的学习，儿童也经历了同样的概括过程。

3. 从外部动作到内部动作

我们经常可以观察到，有些小年龄儿童在完成数数的任务时往往要借助外显的动作，如用手一一点数，扳手指数等等；有些孩子在理解数的分合关系以及简单的数运算时，也需要借助对物的具体操作动作才能够完成，如对小年龄儿童来说，涉及数运算的列式计算就有困难，但若是采用实物操作进行简单的数运算就比较容易。而到了大班，随着年龄的增长和数经验的逐渐积累，一般儿童都能在理解符号基本意义的基础上学习10以内的列式运算，当然，这种不借助动作而内化完成的心理运算是与儿童初期所经历的有关数运算的外部演示操作密切相关的。这种充分摆弄操作实物的外部动作过程对于他们进一步理解数字中的抽象关系是不可或缺的，能够很好地帮助儿童理解加减之间的数量关系，符号所代表的“合起来”与“剩下”等意义以及整体与部分间的关系。

可见，对学龄前儿童而言，对数概念的理解和学习是一个从外显的、具体的动作运算水平逐步向内化的、抽象的心理运算水平过渡的过程。对于某些数概念和能力发展较迟缓的儿童来说，这一过渡的过程可能更持久、缓慢。同时，也可以看到，应当给年幼儿童尽可能提供动作水平上的操作，它既符合儿童学习数学的心理需要，也更有助于儿童对数概念的理解与掌握。

4. 从同化到顺应

皮亚杰认为，同化和顺应是儿童适应外部环境的两种不同形式。所谓同化，是指个体将外部环境纳入自身已有的认知结构中；所谓顺应则是指个体改变已有的认知结构去适应外部环境。在儿童与环境的相互作用中，这两种反应形式是同时存在的，有时同化占主导，有时顺应占主导。可以说，个体的认知发展正是一个以同化和顺应为机制的自我调节的平衡化过程。

在儿童学习数学，理解抽象数概念的过程中，同化和顺应的反应形式也是其心理特点的显示特征之一。儿童在完成一个涉及数的任务时，如儿童在比较两组物体数量多少的过程中，往往是以其原有的认知图式和结构去同化它，采用目测的认知策略去解决这一问题，当获得成功时，也就是其认知获得平衡的过程。

5. 从不自觉到自觉

所谓“自觉”，指的是对自己的认知过程的意识。儿童往往对自己的思维过程缺乏自我意识。主要是因为其动作还没有完全内化，他们对事物的判断还停留在具体动作的水平，而没有能上升到抽象的思维水平。其思维的自觉程度和其动作的内化程度有关。这种“不自觉”的特点往往在低年龄儿童身上显现得更为突出。如有些孩子在用语言归纳或表述自己的“数行动”或操作结果时，自觉程度较差，会出现不一致的状况。这正是因为这个年龄的儿童在掌握数概念的过程中尚未能从具体的事物中抽取出其本质的、抽象的特征来理解，而停留在具体经验上、外部动作上，没有思维和语言上的抽象内化来支持的话，儿童在抽象、概括的表述上是有困难的。作为教师，应当了解学前儿童的这一心理发展特点，充分认识到语言尤其是抽象、概括的数学语言在数概念获得中的关键价值，鼓励儿童在操作活动中用语言概括、表达、交流，以不断提高儿童对其动作、思维的意识程度，促进儿童的内化，帮助儿童认知由“不自觉”向“自觉”过渡。

6. 从自我中心到社会化

正是因为学龄前儿童认知和思维的“自觉”意识程度不高，其概括和内化水平有限，也就由此表现出他们在思维上的“自我中心”化特点，只关注于自己的动作且不能很好地内化，更不可能关注到同伴的数思维或与同伴产生基本合作、交流、有效的“数行动”。因此，帮助儿童在发展数认知能力的过程中“去自

我中心"、提高社会化程度是非常重要和关键的。

对于学前儿童来说,"去自我中心",从自我中心到"社会化"是其思维抽象性发展的重要标志之一。当儿童能够在头脑中思考自己的动作,并具有越来越多的意识时,他才能逐渐克服思维的自我中心,努力理解同伴的思想,从而产生真正的交流和合作,同时,在交流与互学中得到启发。

记忆有妙招

从……到……(具体→抽象,个别→一般,外部→内部,同化→顺应,不自觉→自觉,自我中心→社会化)

考点4 学前儿童数学教育的任务

(1)培养儿童对数学的兴趣和探究欲;(2)发展儿童初步的逻辑思维能力和解决问题的能力;(3)为儿童提供和创设促进其数学学习的环境和材料;(4)促进儿童对粗浅数学知识和概念的理解。

二、学前儿童数学教育的目标 【单选、判断】 ★★

考点1 学前儿童数学教育目标制定的依据

1. 儿童的发展

我们在制定学前儿童数学教育目标时,就不仅要从儿童认知发展的特点和规律上来把握,而且要以儿童整体发展为依据,提出既包括认知,也包括情感、态度、个性及社会性发展等方面的综合的、整体的教育目标。

2. 社会要求

教育总是制约于一定的社会文化历史背景,一个国家的政治、经济、科学文化等因素构成了影响教育目标制定的客观依据。任何社会总是要将自己的理想角色作为教育所追求的目标,因而教育目标也就会或多或少地打上时代的印记、直接或间接地反映着社会的需要。反映在学前儿童数学教育目标中,就是比较重视基本知识、基本技能的掌握,重视开发、发展儿童的智力。因此,数学教育目标除重视儿童智力发展、思维的培养之外,还应重视儿童良好个性等的整体发展,以适应未来社会的需要。

3. 学科的特性

对于学前儿童数学教育而言,数学学科本身的知识体系、学科结构、学科学习规律、学科的教育价值等都是数学教育目标制定的主要依据。它能够给教育目标的制定工作提供十分重要的参考信息。

4. 学习心理学的理论

要比较科学而客观地审定一个教育目标体系,除了上述提到的几个影响因素以外,广袤的心理学领域,特别是学习心理学的有关理论可以使教育目标制定者获得许多重要的启发。认知心理学派代表皮亚杰认为,儿童的思维起源于动作,抽象水平的逻辑来自对动作水平的逻辑的概括和内化。对于处于前运算水平阶段的儿童,学习数学将能帮助儿童更好地向具体运算水平过渡。他的这些原理来自实验研究并反复受到实践的检验,从而使得"通过儿童自身的感知、操作等活动获得一些初浅的数概念"成为学前儿童数学教育的目标之一。

考点2 学前儿童数学教育的总目标

数学作为科学领域中的一个重要部分,其总目标也同样涵盖了儿童发展的认知、情感与态度以及操作技能三个方面,具体表述如下:

认知方面的目标	（1）帮助儿童从生活和游戏中感受事物的数量关系，获得有关物体形状、数量以及空间、时间等方面的感性经验，体验到数学的重要和有趣；（2）培养儿童运用数的相关经验解决问题的能力，发展儿童初步的逻辑思维能力以及用适当的方式表达、交流操作和探索过程、结果的能力。
情感与态度方面的目标	（1）培养儿童对周围生活中事物的数、形、量、空间与时间等的兴趣，喜欢参与数字活动与游戏，具有好奇心、探究欲；（2）初步培养儿童形成交流、合作的意识。
操作技能方面的目标	（1）培养儿童正确使用数字活动材料的技能；（2）培养儿童养成做事认真、仔细、坚持、克服困难等良好的学习习惯。

考点3 学前儿童数学教育的年龄阶段目标

1. 小班

(1)学习按物体的一个特征进行分类。

(2)学习按物体量(大小、长短)的差异进行4个以内物体的排序,学习按物体的某一特征进行排序。

(3)认识"1"和"许多"及其关系。

(4)学习用一一对应的方法比较两组物体的数量,感知多、少和一样多。

(5)学习手口一致地从左到右点数4以内的实物,能说出总数,能按实物范例和指定的数目取出相应数量的物体,学习一些常用的量词。

(6)认识圆形、正方形、三角形。

(7)学习以自身为中心区分上下、前后、里外的空间方位及认识早、晚的时间概念,知道早、晚有代表性情节的日常变化。

(8)愿意参加数学活动,喜欢摆弄、操作数学活动材料;能在老师帮助下学习按要求拿取、摆放操作材料。

2. 中班

(1)认识10以内的数字,理解数字的含义,会用数字表示物体的数量。

(2)学习10以内的基数:顺着数、倒着数、学习目测数群,学习不受物体空间排列形式和物体大小等外部因素的干扰,正确判断10以内的数量,感知和体验10以内自然数列中相邻两数的等差关系。

(3)学习10以内的序数。

(4)认识长方形、梯形、椭圆形。

(5)学习按某一特征的肯定与否定进行分类;学习概括图形的两个特征;能按两个特征对同一类物体进行逐级分类。

(6)学习按量(粗细、高矮等)的差异进行6以内的正逆排序;学习按特定的规则排序。

(7)能听清楚老师的话,能按照要求进行活动,并学习按照要求检查自己的活动。

(8)能安静地倾听老师和同伴的讲话;学习用语言表述自己的操作活动过程和结果。

(9)观察、比较、判断10以内的数量关系,逐步建立等量观念;运用已有的知识经验,解决新的问题,学习新的知识,促进初步的推理和迁移能力的发展。

(10)能自己选择小组活动,即能根据各个小组的活动情况,确定自己去哪组活动;在日常生活中,喜欢选择数学游戏活动。

(11)能主动地、专心地进行数学操作活动，并对自己的活动成果感兴趣；在教师的引导下，能注意和发现周围环境中物体的量的差异，物体的形状以及它们在空间的位置；等等。

3. 大班

(1)学习10以内的单数、双数、相邻数以及认识0。

(2)学习10以内数的分解和组成，体验总数与部分数之间的等量关系，部分数与部分数之间的互补和互换关系。

(3)学习10以内数的加减，认识加号、减号，理解加法、减法的含义，初步掌握10以内加减运算的技能，体验加减互逆关系。

(4)学习按物体两个以上特征或特性进行分类，并学习按标记进行逐级分类。

(5)初步感知集合的交集、并集关系及包含关系。

(6)能按物体量的差异和数量的不同进行10以内正、逆排序，初步体验序列之间的传递性、双重性及可逆性关系。

(7)认识几种常见的立体图形(正方体、球体、长方体、圆柱体)；能根据形体特征进行分类；体验平面图形与立体图形之间的关系。

(8)学习等分实物或图形；学习自然测量。

(9)学习以自身为中心和以客体为中心区分左右；会向左、向右方向运动。

(10)能认识时钟，学会看整点、半点，学习看日历，知道年、月、日的名称和顺序。

(11)能听清楚若干操作活动的规则，能按规则进行活动，能按规则检查活动的过程和结果，并能参加较多小组的活动。

(12)能清楚地讲述操作活动过程和结果。

(13)能在老师的帮助下归纳、概括有关的数学经验；学习从不同角度、不同方面观察与思考问题；能通过观察、比较、类推、迁移等方法解决简单的数学问题。

(14)积极、主动地参加数学问题的讨论；学习有条理地摆放、整理活动材料。

(15)能与同伴友好地进行数学游戏，能采取轮流、适当等待、协商等方法协调与同伴的关系。

考点 再拔高

▼ 幼儿计数能力的发展

计数(数数)是一种有目的、有手段、有结果的活动。人们要知道一个集合中元素的个数就要进行计数。计数的过程就是把要数的那个集合的元素与自然数列建立起一一对应的关系。在计数过程中，无论按什么顺序去数，只要没有遗漏，没有重复，所得的结果总是一样的。也就是说计数的结果与计数的顺序无关。

幼儿计数能力的发展顺序是：口头数数，按物计数，说出总数，按数取物。

1. 口头数数

3～4岁的幼儿一般能从1数到10，但一般都像背儿歌似的背诵这些数字，带有顺口溜的性质，并没有形成每一个数词与实物间的一对一的联系，幼儿尚不理解数的实际意义。

2. 按物计数

要求幼儿在口头数数的基础上，将数字与客观事物的数量联系起来，建立数与物之间的一对一的联系，做到手口一致地点数。按物点数较口头计数复杂，它需要多种分析器参与活动。当幼儿边点数实物边正确说出数词时，他的手、眼、口、脑需要协同一致活动。

3. 说出总数

即幼儿在按物点数后，能够说出所数物体的总数。说出总数的发展要更慢一点，它要求幼儿需把数过的物体作为一个总体来认识，即能理解数到最后一个物体，它所对应的数词就表示这一组物体的总数，也就是在数词与物体的数量之间建立起联系。能够说出总数，这是计数能力发展的关键，它表明幼儿能运用数目和理解数目的实际意义。3～4岁幼儿有的虽然能正确点数实物，但常不能说出被数物体的总数，而是随意地说一个数。

4. 按数取物

即按一定的数目拿出同样多的物体。这是对数概念的实际运用。按数取物首先要求幼儿能记住所要求取物的数目，然后按数目取出相应的物体。3～4岁的幼儿一般只能按数取出三四个事物。一般地说出总数和按数取物都没有点数实物的数目多。

真题面对面

1. [2021临海，单，1.28分]大部分(　　)幼儿能以自身为中心和以客体为中心区分并说出物体的左右方位。

A. 大班　　B. 中班　　C. 小班　　D. 托班

2. [2021绍兴，判断，1分]5～6岁的幼儿学习按物体两个以上特征或特性进行分类，并学习按标记进行逐级分类。

答案：1. A　2. √

考点 4　数学教育活动目标

数学教育活动的目标应具体、可以操作，并尽量用行为化的语言加以描述，这样就比较能为教师所把握，使得教师能够在活动中观察到儿童掌握目标的情况，观察、判断儿童的发展状况，同时又使教师能依据对这一活动的评价设计后面的教育活动，提出相应的、更上一层的教育目标。在表述数学教育活动目标时，可以从教师角度出发提出教育目标(如：培养儿童的数数能力)，也可以从儿童角度出发提出发展目标(如：学习5以内的数数)，还可以从评价的需要出发提出评价目标(如：能手口一致点数5以内的实物)。

三、数学教育活动内容选择的要求

数学教育活动内容的选择，除应遵循《纲要》的原则外，还应考虑以下要求：

1. 学前儿童数学教育活动内容应具有启蒙性

向幼儿进行数学教育，其目的很明确，主要是让幼儿掌握一个了解和认识世界的工具，让幼儿通过数学学习得到更好的发展。学习数学的有关知识，不是这一年龄阶段的主要目的。因此在选择数学教育活动内容时，必须注意内容的启蒙性。我们所说的学前儿童数学教育应具有启蒙性，也就是指幼儿应对有关数学教育内容有所感知、有所体验，对这些教育内容获得较丰富的感性经验，而不是让幼儿在此阶段对数学的某一内容形成科学的概念。

向幼儿进行数学教育，其要求是让幼儿在操作的层面上对某一内容获得感性经验。例如，幼儿认识几何图形，他们通过建构、拼搭、玩沙、塑造等活动，能够辨认各种常见的平面图形和立体图形，能说出它们的名称。在日常生活中，他们发现了一些物体与图形之间的相似点，如说自行车的车轮是圆的，手帕像方形等。幼儿的这些表现，说明了他们对几何图形已有初步的认识。

幼儿需要的是在生活和游戏中感受事物的数量关系，对周围环境中的数、量、形等产生兴趣，体验到数学的有趣和重要，在丰富多彩的活动中，获得和积累有关的数学经验，逐步建构初步的数概念。

2. 学前儿童数学教育活动内容应具有生活性

数学教育内容应具有生活性，这是指数学教育活动内容应与幼儿的生活实际紧密联系，这些内容应该是幼儿所熟悉的，也是他们所能理解的，让他们感受到数学可以解决人们生活中遇到的问题。数学反映的是客观世界的数量关系和空间形式。在丰富多彩的现实世界中，任何物体、任何现象都与数学有着密切的联系。在儿童的日常生活中，和数学有关的问题也是时时处处都存在着的。

在学前儿童数学教育中，有很多内容可以很好地联系儿童的生活实际。例如，幼儿对数字的认识，教师可引导幼儿观察、发现周围环境中哪些地方、哪些物体上有数字，这些数字表示什么，像房屋上的门牌号码、书上的页码、汽车和汽车站上的数字、日历上的日期等，它们分别表示着不同的意义。

3. 学前儿童数学教育活动内容应具有可探索性

学前儿童数学教育活动内容应具有可探索性、可猜想的因素，应提出需要幼儿解决的问题。例如，教师让幼儿用同一数目、不同大小的种子排队，排好后他们发现，两队的长短竟然不一样；它们的数目一样多，为什么排成队后会有长有短呢？经过仔细观察比较，他们发现了，颗粒大的种子占的地方大，排的队就长，而颗粒小的种子占的地方小，排的队就短。在这一活动中，通过幼儿的探索和发现，他们获得了这样的经验：用某一物品排队，队列的长短不仅与物品数目多少有关，还与物品本身的体积大小有关。

4. 学前儿童数学教育活动内容应具有系统性

幼儿的数学教学学习虽具有启蒙性质，但也应注意数学知识的系统性和逻辑性。在教育活动内容的选择和安排上，应遵循数学知识的逻辑和幼儿学习的逻辑顺序，体现先易后难、循序渐进、前后联系的特点。例如，幼儿学习数的知识，他们必须具备一些基本的逻辑观念。幼儿通过对应、排序、分类等活动获得了一些前数学经验，为数的学习做好心理准备。在此基础上，幼儿学习数的内容，开始学习重点在感知物体的数量，理解数的实际意义，进而识数的顺序、数与数之间大小关系。在大班，幼儿学习数的组成和加减，对整体与部分的关系有了进一步感知和体验。经过这样的学习过程，幼儿形成初步的数概念。

在学前儿童数学教育中，教育内容的选择和安排要注意数学知识的系统性，但绝不能将这一教育成人化、书本化、正规化。在学前阶段，幼儿学习的数学知识应是感性的、经验性的知识。

四、学前儿童数学教育的设计与组织

考点 1 学前儿童数学教育的途径

1. 专门的数学教育活动

专门的数学教育活动是指教师组织或安排专门的时间让儿童参加的专项数学活动。在这种活动中，儿童接触的是以数学为主要内容的材料和环境。

为了更进一步探讨不同活动形式对儿童数学概念学习及整体发展的作用和价值，从而更好地促进儿童的主体发展，也可以将专门的数学教育活动再具体分为教师预定的数学活动和儿童自主选择的数学活动两类。

（1）教师预定的数学活动（正式的数学活动）

教师预定的数学活动是指教师有目的、有计划地组织全体儿童，通过儿童自身参与活动，掌握初步的数概念并发展儿童思维的一种专项数学活动。其特点是事先经过缜密的筹划，而不是偶发和随机的；内容是专门指向数学的，而不是综合的；形式一般是集体活动方式，而不是小组或个别的形式。它不仅能使全体儿童接受一定的数学教育，而且是学前儿童数学教育顺序性和系统性的保证。在幼儿园的数学教育中，它是向儿童进行数学教育的主要活动形式和途径之一。

(2)儿童自主选择的数学活动(非正式的数学活动)

儿童自主选择的数学活动是指由教师为儿童创设一个较为宽松和谐的环境，提供各种数学活动设备和丰富多样的学具、玩具，引发儿童自发、自主、自由地进行的数学活动。它可以是专为儿童开设的数学活动室，让儿童自由、自愿地选择材料与活动来操作摆弄、感知体验，也可以是在教室里设置的数学角，投放一些供儿童选择的学具、玩具，让儿童进行探索。

2. 渗透的数学教育活动

渗透的数学教育活动，指除专门的数学教育活动以外的，渗透于其他教育活动和儿童日常生活中的数学教育活动。渗透的数学教育活动，无论是内容还是组织方式都十分丰富、灵活，很难以统一的标准来进行分类，为便于描述，暂作如下分类：(1)日常生活中的数学教育渗透；(2)主题及其他各科教育活动中的数学教育渗透；(3)游戏活动中的数学教育渗透。

考点2 学前儿童数学教育的方法 【单选】★★

操作法

操作法是指提供给儿童合适的材料、教具、环境，让儿童在自己的摆弄、实践过程中进行探索，获得数学感性经验和逻辑知识的一种方法。操作的方法多种多样，按其性质可分为示范性操作、验证性操作、探索性操作、发散性操作，按其组织形式又可分为集体操作和个人操作。在幼儿数学学习中，操作具有重要的作用，是幼儿学习数学的基本方法。

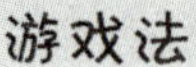

游戏法

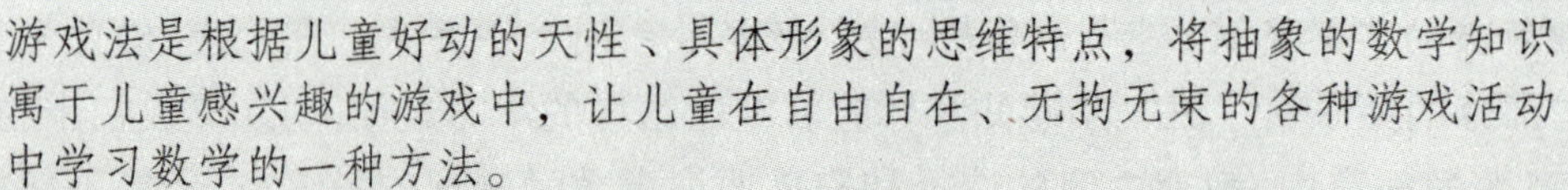

游戏法是根据儿童好动的天性、具体形象的思维特点，将抽象的数学知识寓于儿童感兴趣的游戏中，让儿童在自由自在、无拘无束的各种游戏活动中学习数学的一种方法。

比较法

比较法是学前数学教育中被普遍采用的一种教育方法。比较是思维的一个过程，是通过对两个或两个以上物体的比较，让儿童找出它们在数、量、形等方面的相同和不同。

讨论法

在数学教育中，讨论是引导儿童有目的、探讨性地主动学习数学的一种重要方法，它是一种多边的活动过程，可以是教师与儿童，也可以是儿童与儿童间的讨论。

发现法

发现法是在教学过程中，教师不把数学的初步知识和概念直接向儿童讲解，而是引导儿童依靠已有的数学知识和经验去发现和探索并获得初步数学知识的一种方法。

讲解演示法

讲解演示法是教师通过语言和运用直观教具，把抽象的数、量、形等知识加以说明和解释，具体地呈现出来的一种教学方法。

寻找法

寻找法是让儿童从周围生活环境和事物中寻找数、量、形及其关系或在直接感知的基础上按数、形要求寻找相应数量的实物的一种方法。它也是学前数学教育中经常使用的一种基本方法。

真题面对面

[2017统考，单，1分]在认识6以内的数字的活动时，幼儿教师提供给幼儿一定数量的花朵模型让幼儿计数。这种方法是(　　)

A. 比较法　　B. 操作法　　C. 发现法　　D. 游戏法

答案：B

考点3 学前儿童数学教育的设计与组织的策略

1. 正式数学教育活动的组织与实施

正式的数学教育活动是一种儿童集体参与的有计划的数学活动，教师作为活动的设计者、组织者和指导者，在活动的进程中起着举足轻重的作用。教师对活动的组织和指导策略主要有以下几个方面：

(1)创设恰当的问题情境，促进儿童主动的探究

儿童的兴趣往往是探究的有效起点，在儿童兴趣点上生成的探究活动能够激发起儿童内在的学习动机，它是儿童进行主动学习的前提。在幼儿园的数学教育活动中，教师应当充分地利用日常生活场景中的数学问题，敏锐地捕捉儿童在实际生活中产生的、对蕴含数学问题的情境的兴趣点，凭借着教师对活动目标的准确判断，去积极地为儿童营造一个基于真实的或模拟生活情境的数学学习活动。

(2)积极关注儿童的活动，及时反馈

在幼儿园的正式数学教育活动中，儿童的数学学习和探究并不只是以一种个体孤立的方式和状态而存在的，而是置身在一个群体互动和交流的社会性情境中。在数学学习发生的过程中，学习者的参与是以共同体的形式出现的，学习可以被看作是一种共同体的实践，是一种互动的、以某种相互关系为基础的社会建构过程。儿童的数认知发展是深受成人、同伴以及其他环境因素所提供的导向和中介影响的，它既依赖于教师的支持，也依赖于有能力同伴的帮助。而其中，教师在儿童意义建构过程中的及时介入和互动回应是十分必要的。

(3)支持儿童的发现和探究，适时给予“支架”和提携

儿童数概念的学习和建构是一个依赖于主体与环境、材料的积极互动，以及在解决问题过程中与他人的社会性合作和互动的基础上的自我调节的学习过程，它要求儿童有学习的主动性，能积极地探索，大胆地发现，但是，数概念本身的抽象性和概括性特点又决定了儿童不可能在感性经验的获得和抽象概念的建构之间画上简单的等号。从数的经验积累到数的抽象概念之间的过渡需要有教师的点拨和提升。但是，在这种点拨和提升式的指导中，教师的角色和作用不是一个传递者、讲解者，而应当是一个默默的“支架者”、提携者。

2. 非正式数学教育活动的组织与实施

非正式数学教育活动通常是指教师为儿童提供和创设特别的数学学习材料，让儿童在自由选择的操作性活动中建构相应数概念的活动。教师对活动的组织指导主要体现在对儿童活动的观察、记录以及对儿童的个别化指导和教师的自我反思方面。

(1)观察与记录

观察与记录是教师在儿童的非正式数学活动中首先要做到的一项基本工作。通过观察与记录，能够及时地了解儿童在操作中对操作材料的适应状况、儿童的操作态度、数学思维发展水平、与同伴的合作交往能力等多方面的信息，从而为制定针对个别儿童的指导方案提供有价值的依据。

(2)个别化指导方案

由于非正式数学活动主要是以儿童的个别活动和个体操作为主的一种活动形式，而儿童的数概念发展水平是有着明显的个体差异的。因此，教师对于非正式数学活动的指导主要体现在为个别儿童制定有针对性的、促进其数概念发展的个别化指导方案上。

(3)评价与反思

评价与反思是教师在非正式数学活动实施过程中，针对个别化指导方案的施行情况所做的自我鉴定和评价。这一工作的价值在于通过教师自身参与的自主性评价，寻找和发现在个别化指导过程中存在的问题，尤其是对于方案制定的可行性、有效性的分析，以此更好地提高教师工作的有效性，真正促进儿童发展。

第八节　学前儿童科学教育活动的评价

一、学前儿童科学教育评价的内涵

学前儿童科学教育评价是以科学教育为对象，根据一定的目标，采取一切可行的评价技术和方法，对学前儿童科学教育的现象及效果进行测定，分析目标的实现程度，并做出价值判断的过程。

学前儿童科学教育评价是控制学前儿童科学教育质量的手段，是积累学前儿童科学教育经验的重要途径，是学前儿童科学教育中不可缺少的一部分，它对于教师的教学和学前儿童的学习都是至关重要的。

二、学前儿童科学教育评价的指标体系

学前儿童科学教育评价的指标和标准包括两个方面的内容：

(1)对教师科学教育工作和效果的评价，包括对科学教育计划的评价和对科学教育活动进行的评价；(2)对学前儿童通过科学学习后，其发展状况的评价。

三、学前儿童科学教育评价的意义

1. 评价是控制学前儿童科学教育质量的手段

科学教育是在一定的教育目标的指导下实施的，教育活动是否已经达到目标所提出的要求，需要通过评价来做出鉴定。学前儿童教育评价具有反馈功能，通过科学教育评价，可以敏锐地发现问题和不足，并不断地加以修正，使科学教育的薄弱环节得以加强，从而改进科学教育工作。

2. 评价是积累学前儿童科学教育经验的重要途径

评价可以发现科学教育中存在的问题，从而及时改进，以确保科学教育的有效和高质量。与此同时，被验证是有效、高质量的各个具体的科学教育活动，又可作为日后选择科学教育的内容、方法和途径的依

据；对于教师本人来说，更是能保留经验，改进不足，使科学教育的质量不断提高，同时，也促进了教师专业化的发展；另外，通过这样的评价过程，幼儿园及教师积累了一定的科学教育经验和资料，也可以作为今后开展教育科学研究的依据。

3.评价是改进学前儿童科学教育的依据

学前儿童科学教育不能像学校教育一样通过考核来检查儿童是否掌握了教师所教授的知识，但可以通过评价，对以上情况做以了解，然后以此为依据，对全班儿童进行补救教育和对个别儿童进行个别教育。

四、学前儿童科学教育活动评价的内容

科学教育活动的评价包括对活动目标、活动内容、活动方法、活动过程、活动选用的教育资源、活动中的师幼互动关系等方面的综合评价。

考点1 科学教育活动目标的评价

活动目标是指教师期望活动所能达成的教育结果。评价活动目标应从以下几个方面来进行：

(1)评价活动目标是否与学期目标、年龄目标以及总目标保持一致。从理论上看，每个科学教育活动目标的积累，便构成了阶段目标和终期目标，每一项活动目标的实现，都是向阶段目标、终期目标的迈进。

(2)评价活动目标是否与本班儿童的实际相适应。虽然每个不同的班级在总体上符合该年龄阶段儿童的一般趋势，但实际情况却各不相同。某个活动目标被孤立起来看时可能是合理的，但一旦和上一级目标及本班儿童的实际情况联系起来，就有可能是不完善的。评价活动目标是否合理，一定要结合上一级目标和本班儿童的实际水平。

(3)评价活动目标是否包含了科学经验、科学方法和科学情感态度。科学教育的总目标包含了以上三方面的内容，在每个具体的活动目标中，也应该有这三方面的要求。当然，每次活动的具体情况均有所不同。

(4)评价整个活动的设计与实施是否围绕着活动目标进行。活动目标确定以后，整个活动设计及实施应围绕活动目标来展开。

考点2 科学教育活动内容的评价

活动内容是实现活动目标的手段。科学教育活动内容的评价包括内容的选择和内容的设计两个方面。活动内容的选择是指从科学教育所涉及的内容范围中去选取合适的内容，活动内容的设计是指针对所选的内容，确定学习范围和深度。评价活动内容应从以下几个方面来进行：

(1)活动内容的选择是否与活动目标相一致。科学教育涉及的内容、范围十分广泛，活动目标是选择活动内容的首要依据。

(2)活动内容是否具有科学性。学前儿童科学教育的目的是对儿童进行科学素质的早期培养，因此科学教育的内容必须具有科学性。

①科学性是指科学活动教给儿童的知识应是准确的，应选取那些能被儿童感知的、真实的、可靠的材料，有利于儿童科学态度的形成。

②科学性是指内容的处理应突出重点、详略得当、难易适宜，并且能考虑探索对象的特点。

(3)活动内容的选择是否符合时代性。科学教育活动的一大特点就是要反映科技发展成果，时代性极强。最新的科技成果很快就会成为司空见惯的物品，所以评价内容时要注意考查该内容是否符合时代特征，是否增加了现代科技的含量。

(4)活动内容的分量是否适当。每一个科学教育活动，特别是集体活动，总有一个大概时间的限制，从儿童的角度看，他们的注意力、兴趣在一次活动中不会维持太久，评价内容时还要看该内容的分量是否

适当，有无过多或过少的现象。

(5)活动内容是否来自儿童的生活经验，是否能关注到儿童的兴趣和需求，从儿童的关注点中生成内容。

考点3 科学教育活动方法的评价

科学教育活动方法既是教师为了完成科学教育任务，实现科学教育目标所采用的工作方法，也是儿童在教师指导下学习科学的方法。活动方法使用得当与否，直接影响活动的开展，最终影响儿童学习目标的达成。评价活动方法应从以下几个方面进行：

(1)是否根据活动目标、活动内容及儿童实际，选择与运用生动、直观、形象的活动方法；

(2)在一次活动中，是否采用多种合适的方法；

(3)是否根据幼儿园的环境和设备条件选择合适的方法；

(4)活动方法是否能保证儿童积极主动参与活动，并使他们得到发展，即不是教师灌输知识，儿童被动地学习的方法。

考点4 科学教育活动过程的评价

(1)活动是否采用了多种科学教育活动的组织形式。从教师指导的不同程度来分析，有预定性科学活动、选择性科学活动和偶发性科学活动三种。从儿童参与活动的规模来分析，可分为集体活动和个别活动，其中集体活动又可分为小组活动和班级活动。要评价在活动中是否根据实际情况，考虑到了预定性科学活动、选择性科学活动和偶发性科学活动的结合，全班、小组、个人活动的合适组织及结合。

(2)在活动过程中，是否考虑了因材施教的问题。每个班中总有处于两头的儿童，在班级、小组、个别活动过程中，是否为这些孩子进行了专门的设计与指导。

(3)在分组时，是否考虑了人际关系以及儿童的情感因素。换言之，小组活动或个别活动时，是硬性规定儿童的分组，还是根据儿童的意愿来分组。

(4)在活动过程中，是否能随机调整预定的活动目标，并生成目标。是否能根据活动开展情况，做出方法、组织形式、提问等多方面的调整。

考点5 科学教育活动结构的评价

(1)活动结构是否严密，即活动是否组织紧凑、程序是否严密、环节交替是否自然有序，是否能有效利用时间；

(2)活动的结构是否合理，即是否能根据儿童活动和学习的规律，注意动静交替等；

(3)活动中的每一步骤是否有效，即在科学教育活动过程中，每一步骤都应和达成目标有关，尽量减少和目标无关的环节。

考点6 教育资源选择与运用的评价

科学教育资源是学前儿童科学教育活动达到预期目标的物质保证。教育资源选择与运用的评价应从以下几个方面进行：

(1)是否选择了能达成科学教育活动目标、适合活动内容与儿童实际的教育资源，如教育资源是否紧扣目标、是否有趣；

(2)选用的教、学具是否适合科学教育活动的展开，如提供的教具是否具有典型性，学具在数量上能否保证活动的进行；

(3)选用的学具是否适合儿童操作，如学具的安全性、易理解性，是否适合儿童的体力与能力等；

(4)活动过程中是否最大限度地利用了教具、学具所具有的功能。

考点 7 教师与儿童互动关系的评价

科学教育活动中教师与儿童如能处于良性的互动关系，就能从一定程度上保证科学教育活动取得尽可能好的效果。教师与儿童互动的评价应从以下几个方面进行：

(1)是否正确发挥了教师的主导作用，如教师的提问是否得当、新奇、有启发，是否富有魅力及指导意义；

(2)是否创造条件使儿童成为活动的主体，如创造宽松的心理环境，鼓励每个儿童积极探索、学习科学；

(3)教师与儿童在活动过程中的交往是否和谐融洽，是否积极主动地相互交往，如当个别孩子未能完成探索活动时，教师是采用鼓励，还是采用讥讽的语言与手段；

(4)儿童参与活动的态度如何，是积极主动地参与活动，还是被动地参与，甚至是作为旁观者。

五、学前儿童科学教育评价的方式

明确了科学教育评价的内容和标准后，还需要采用合适的评价方式，评价方式实质上也就是收集资料信息的方法，包括如何将资料信息进行记录的方法。可用于学前儿童科学教育评价的方式有很多种，目前学前儿童科学教育中常用的评价方式有观察分析法、访谈法、问卷调查法和作品分析法等。

1. 观察分析法

观察分析法就是在自然状态或准自然状态下，对评价对象的行为进行现场观察，并根据观察结果进行分析、做出评定的一种资料收集方法。观察分析法包括自然观察(事件详录)、情境观察、行为核对等三种类型。

自然观察是评价者对学前儿童在日常生活中、自然状态下的行为进行观察及评价的方式。自然观察法在学前儿童科学教育评价中运用时，往往在观察前就明确好所需观察行为和事件的类型，观察时只需等候行为或事件的发生，并做详细的记录。

情境观察是事先创设一种情境，以此引发评价者想要观察到的学前儿童的行为，从而测试评价学前儿童发展水平的一种方式。

行为核对是在观察前依据所需观察的目标，确定观察内容，并制定一个观察核对表。评价者根据观察到的事件或行为，对照观察核对表中的各个项目逐条检核，在符合的条目上做记号，并进行评定的一种方式。

2. 访谈法

访谈法是通过评价者与被评价者当面问答，来获取信息的一种评价方式。在学前儿童科学教育评价中的访谈法有问题测试和情境问题测试两种具体的类型。

问题测试是围绕一个或几个问题直接进行回答，即由评价者提出问题，被评价者回答的方式进行。

情境问题测试是指先由评价者设计一个需要思考的情境，然后要求学前儿童根据他们已熟悉的科学经验、事实，或科学概念来解释这个情境中出现的新现象。

3. 作品分析法

作品分析法是根据学前儿童的各种作品(图画、泥塑、所编故事、儿歌等)分析学前儿童科学素养发展水平的一种方法。

4. 问卷调查法

问卷调查法是由调查对象通过书面形式提供给调查者有关评价对象情况的一种评价资料收集方法。问卷调查和其他的方法相比，缺少"面对面"的沟通，获得的信息也不够深入、细致，但它的优点是简便易行，能在较短的时间内获得大量的反馈信息，而且便于进行量化的统计分析。在儿童科学教育的评价中，应用较多的是通过问卷对教师和家长进行调查，从而获得相关信息。

问卷调查的关键在于问卷的设计和编制。为了取得满意的调查结果，在设计问卷时，应该注意选择恰当的题型。一般来说，填空题、选择题、判断题、排序题都是比较便于作答的题型，而且比较容易统计，而问答题是让调查对象按照自己的想法自由作答的问题，不仅回答费时，而且结果难以处理，所以尽量少用问答题，除非是那些很有必要深入了解或者调查者心中没有把握、需要摸底的问题。

六、学前儿童数学教育的评价

1. 对数学教育活动环境的评价

学前儿童数学教育活动环境主要从儿童参与活动的需要出发，具体包括心理环境和物质环境。两方面缺一不可，而且是活动组织的基础和保证。心理环境指教师提供的心理活动环境是不是宽松的、和谐的、安全的和自由的，儿童是否在这里可以放松地表达和倾诉，不压抑、不紧张。物理环境指教师在时间上和空间上是否保证儿童自主开展活动；是否创设对儿童有激发性的环境，使环境成为课程的组成部分；在活动过程中，教师是否提供了适宜的活动材料，注重材料的丰富性和功能性，有助于儿童自由选择、探索、发现。

2. 对数学教育活动目标的评价

活动目标应该与学期目标、儿童的年龄特点以及儿童发展的总目标一致。每一个目标的积累成为一个螺旋上升的目标体系。活动目标应符合本班儿童发展水平和已有经验，并兼顾不同发展水平儿童的个体需要。因为，虽然同一个年龄段的儿童，思维发展水平相似。但就数学能力发展而言，发展的差异很大。

3. 对数学教育活动内容的评价

活动内容应该与活动目标相一致。活动内容应让儿童有更多直接参与的机会，亲身参与、积极探索尝试。只有我们选择的内容是相对灵活的、可以探究的，儿童才有可能继续探索下去。*例如，为儿童提供三角形、正方形、长方形，让儿童寻找这些图形之间的联系。*这是一个需要不断比较、操作的过程，因为需要操作探究，所以儿童的兴趣相对较高。

4. 对数学教育活动方法的评价

(1)活动的方法应该适应儿童的年龄特点，方法应直观、形象、生动，多借助于具体的物体；

(2)活动方法要因地制宜，密切联系生活；

(3)活动要体现儿童的主体性。儿童是活动的主体，在活动中应该充分调动儿童活动的积极性、主动性并有机会操作，提供儿童相互讨论的机会。

5. 对数学教育活动过程的评价

(1)活动过程的结构应该严密、有逻辑性。活动之间的过渡和衔接要自然，减少儿童无聊的等待，也要避免生硬的罗列，整个过程要流畅、层次清楚。

(2)活动过程要尽可能充分地利用好活动环境，给儿童以足够的时间和空间与环境和材料进行互动，让儿童在感性经验积累的基础上获得相应的数概念。

(3)在活动过程中，应充分体现教师与儿童之间的互动，教师充分尊重和接纳儿童在活动水平、方法、适应性、节奏、强度和心理阈限上的差异。

通过以上介绍，可以知道需要针对学前数学教育活动的以下方面进行评价：

(1)设计组织教育活动，主要看教师目标的设定是否建立在对儿童的实际需要和现有发展水平了解

的基础上；

（2）教育的内容选择是否切实可行，适合学前教育机构所在地的文化背景以及儿童的发展需要；

（3）教育教学过程的设计能否引发儿童生动活泼、积极主动的活动，促进儿童自主探索与思考；

（4）在教育过程中是否关注、尊重来自儿童的信息，并能做出相应的反馈；

（5）教育活动是否既符合大多数儿童的发展水平和需要，又顾及儿童的个体差异，使每个儿童都有进步和成功的经验。

核心考点回顾

1. 学前儿童科学教育内容选择的要求有哪些？（参见本书P260）
2. 学前儿童科学教育的方法有哪些？（参见本书P264）
3. 学前儿童科学学习的特点有哪些？（参见本书P278）
4. 学前儿童科学教育的原则有哪些？（参见本书P281）
5. 学前儿童数学教育的方法有哪些？（参见本书P306）

达标测评

建议用时	实际用时	测评总分	实际得分
50分钟	____分钟	60分	____分

一、单项选择题（每小题1分，共5分）

1. 幼儿通过看看、摸摸、尝尝等了解苹果的基本特征，所使用的方法是（　　）

A. 观察法　B. 实验法　C. 测量法　D. 操作法

2. 老师对小朋友说："在草地上走，会把小草踩疼的。"儿童就信以为真，都不去踩小草了。这反映了儿童学科学具有（　　）

A. 好奇的特点　B. 好探索的特点　C. 自我中心的特点　D. 好动的特点

3. 学习10以内的序数，这是（　　）学前儿童的数学教育目标。

A. 小班　B. 中班　C. 大班　D. 学前班

4. 科学教育活动要能弘扬中国的传统科学文化，这遵循了选择幼儿园科学教育内容的（　　）原则。

A. 广泛性　B. 时代性　C. 科学性　D. 民族性

5. 在分类活动中，强强把饼干、糖果、薯条归一类，把积木、布娃娃、球归一类，强强是按物体的（　　）

A. 名称分类　B. 用途分类　C. 形状分类　D. 材料分类

二、简答题（每小题5分，共15分）

1. 简述学前儿童科学教育的原则。
2. 简述学前儿童数学教育活动内容选择的要求。
3. 简述学前儿童科学学习的一般特点。

三、案例分析题（共15分）

陶老师组织了一个"沉浮逆转"的科学活动，请大班儿童四人一组，实际解决"怎样让原来浮在水面上的材料沉下去，原来沉在水里的材料浮起来"的问题。除了丰富的实验材料外，老师有意识地为每组提供了一张记录纸，要求每组的小朋友把自己组想出的所有办法都记录（画）下来……活动结束时，教师请每组选一位代表

第六章

拿着本组的“记录”向全班介绍本组的情况。孩子们发现，除第一组外，其余各组的记录纸已经湿透了，无法画，也无从拿起。“你们的纸为什么没湿?”原来，当第一位小朋友实验成功后去把它画在纸上时发现，自己手上的水会把纸弄湿。他把自己的困惑告诉了本组同伴，同伴们决定请组中绘画最好的小朋友担任专职记录员。一开始这位儿童不想接受任务，“我还想做实验呢!”“你想办法，我们替你做，算是你做的还不行吗?”最后，协商成功，这个组的记录干净整洁地呈现在全班面前。

请你运用所学的知识结合案例说说在科学活动中，我们应该特别注意的问题。

四、活动设计题(共25分)

结合幼儿身心发展的特点，请设计一个关于“分类”的大班儿童科学活动。要求：写出活动目标、活动准备和活动过程。

参考答案及解析

一、单项选择题

1. A [解析]学前科学教育中观察的方法是指教师有目的、有计划地组织和启发儿童运用多种感官，去感知客观世界的事物与现象，使之获得具体的印象，并在此基础上逐步形成概念的一种方法。题干中幼儿所使用的方法属于观察法。

2. C [解析]儿童学习科学具有自我中心的特点。在情感方面，儿童容易移情，也容易受感染。他们经常以自己的情感代替别人的情感，甚至以自己的情感理解动植物的情感。当儿童踩小草的时候会想到自己被踩到了会疼，由自己的感受想到小草的感受。

3. B [解析]题干所述目标属于中班学前数学教育的年龄阶段目标之一。

4. D [解析]学前儿童科学教育内容选择的民族性原则是指科学教育的内容应对保存、传播和发展我国优秀的民族传统文化有所体现。故答案选D项。

5. B [解析]强强的分类是按吃的、玩的分类，属于按物体的用途分类。

二、简答题(参考答案)

1. (1)教师指导和儿童探索活动相结合的原则；
   (2)集体活动、个人活动和小组活动相结合的原则；
   (3)科学教育活动和幼儿园其他教育活动相结合的原则；
   (4)幼儿园教育和家庭、社会教育相结合的原则。

2. (1)学前儿童数学教育活动内容应具有启蒙性；
   (2)学前儿童数学教育活动内容应具有生活性；
   (3)学前儿童数学教育活动内容应具有可探索性；
   (4)学前儿童数学教育活动内容应具有系统性。

3. (1)学前儿童学科学具有好奇、好问的特点；
   (2)学前儿童学科学具有好探索的特点；
   (3)学前儿童学科学具有好活动的特点；
   (4)学前儿童学科学具有自我中心的特点。

三、案例分析题(参考答案)

(1)在科学活动的过程中，发展虽然是潜移默化的，但是孩子们切切实实地体会到了合作的重要性。在科学活动中，教师应注意除了发展智力、培养科学探究能力的目标外，合作、交流、分享、尊重和理解他人、表达等也是重要的目标。本案例中,第一组儿童用协商、交流、合作的方式完成了任务。

(2)陶老师在教学过程中,把小朋友分成几组,充分调动学生的积极性,培养了孩子们分享、交流、表达的能力,并且充分利用小朋友们的实验结果,使得课堂教学高效地完成目标。

四、活动设计题(参考答案)

种子分类(大班)

(一)活动目标

(1)学习将收集的种子进行分类、排列;

(2)积极探索,分析讨论,感知物体的大小、数量与排列长短的关系;

(3)在操作、探索的过程中,培养逻辑思维能力和学习习惯。

(二)活动准备

(1)幼儿人手一份种子(红豆、黄豆、绿豆、蚕豆各5颗);

(2)标记线、纸,人手一张;

(3)乒乓球、皮球各一个。

(三)活动过程

1.导入活动,引起幼儿兴趣。

"看看桌子上有什么?"(红豆、黄豆、绿豆、蚕豆)"它们有一个共同的名字叫什么?"(种子)

2.第一次探索活动:感知数量相同、大小不一的种子,排列长短不一样。

讲解操作:(1)教师出示演示纸,逐步对应粘贴种子,幼儿观察:红豆排在红线上,黄豆排在黄线上……"红豆有几颗?"(5颗)"黄豆有几颗?"(5颗)"绿豆呢?"(5颗)蚕豆呢?(5颗)"它们都是5颗啊? 那它们排的队伍一样长吗?"(不一样)

讨论:为什么都是5颗,队伍不一样长呢?(因为绿豆小,所以排得最短。因为蚕豆大,所以排得最长。因为黄豆和红豆比绿豆大比蚕豆小,所以排的队伍比绿豆排的长,比蚕豆排的短)

(2)小结:相同数量的种子,颗粒越小,排列越短;颗粒越大,排列越长。

3.第二次探索活动:感知大小不一的种子,排列长短相同时,数量不同。"看看纸上有什么?"(种子标记、线)"这三条线怎么样?"(一样长)

(1)设疑、引导幼儿思考。"如果在这三条一样长的线上排队,想想它们用的数量会不会一样多呢?"(A:一样,B:不一样)

(2)交代探索要求,由幼儿操作。

"请你们用不同的种子分别在三条一样长的线上排列,看看它们用的数量到底会不会一样多呢?"

(3)讲述操作结果。(不一样多,绿豆用得最多,蚕豆最少)

(4)讨论"为什么排一样长的队伍时,绿豆用得最多,蚕豆用得最少呢"。

(5)小结:队伍一样长时,小种子用得多,大种子用得少。

4.结合生活实际进一步感知大小、数量与排列长短的关系。

出示皮球、乒乓球,提问:"如果用相同数量的皮球和乒乓球排队,谁的队伍长,谁的队伍短,为什么?"(乒乓球小,排的队伍短;皮球大,排的队伍长)"让它们排一样长的队伍,皮球和乒乓球谁用得多? 为什么?"(队伍一样长时,大的皮球用得少;小的乒乓球用得多)

5.操作游戏:种子变魔术(利用各种种子拼摆图形并粘贴)。

6.幼儿作品展示。

第六章

第七章　学前儿童艺术教育

思维导图

学前儿童艺术教育

- 学前儿童艺术教育概述
  - 学前儿童艺术教育的目标
  - 学前儿童艺术教育的内容与要求
  - 学前儿童艺术学习的特点
  - 学前儿童艺术教育的原则（易混点）
    - 审美性原则
    - 兴趣性原则
    - 创造性原则
    - 参与性原则
- 学前儿童音乐教育的目标和内容
  - 学前儿童音乐教育目标
  - 学前儿童音乐教育活动的内容（重点）
    - 歌唱活动
    - 韵律活动
    - 打击乐演奏活动
    - 音乐欣赏活动
- 学前儿童音乐教育的基本理论
  - 达尔克罗兹音乐教育体系的基本内容及方法
  - 柯达伊音乐教育体系的基本观点和主要内容
  - 奥尔夫音乐教育体系的基本内容及特色
  - 铃木音乐教育体系的基本思想和观点
  - 卡巴列夫斯基音乐教育体系
  - 综合音乐感教育体系
  - 我国近现代儿童乐教思想
- 学前儿童音乐能力的发展阶段与特点
  - 学前儿童歌唱能力的发展
  - 学前儿童韵律活动能力的发展
  - 学前儿童打击乐演奏能力的发展
  - 学前儿童音乐欣赏能力的发展
- 不同类型学前儿童音乐教育活动的设计与组织策略
  - 学前儿童音乐教育活动的组织形式
  - 学前儿童音乐教育活动的设计与组织策略
- 学前儿童音乐教育活动的指导与评价
  - 学前儿童音乐教育活动的指导
    - 运用语言指导法
    - 运用范例
    - 运用角色变化
  - 学前儿童音乐教育活动的评价
- 学前儿童美术教育的目标和内容
  - 学前儿童美术教育的内涵
  - 学前儿童美术教育目标
  - 学前儿童美术教育活动的内容（易混点）
    - 正规的美术教育活动：绘画活动、手工制作活动、美术欣赏活动
    - 非正规的美术教育活动：幼儿园环境布置活动、美术角和美术室活动、随机的美术指导
  - 学前儿童美术教育的方法
- 学前儿童美术教育的基本理论
  - 陈鹤琴关于我国学前儿童美术教育的主要观点
  - 以屠美如为代表的我国20世纪后期的儿童美术教育思想的主要观点
  - 罗恩菲尔德的美术教育思想
  - 艾斯纳的美术教育思想
- 学前儿童美术能力的发展阶段与特点
  - 学前儿童绘画能力的发展阶段与特点（重点）
    - 涂鸦期
    - 象征期
    - 图式期
    - 写实期
  - 学前儿童手工制作能力的发展阶段与特点（难点）
    - 无目的的活动期
    - 基本形状期
    - 样式化期
  - 学前儿童美术欣赏能力的发展阶段与特点
- 不同类型学前儿童美术教育活动的设计、组织与评价
  - 学前儿童绘画活动的设计与组织
  - 学前儿童手工活动的设计与组织
  - 学前儿童美术欣赏活动的设计与组织
  - 学前儿童美术教育活动的评价

浙江考向

高频考点	常考题型	能力层级	考查热度
学前儿童艺术教育的原则	单选、简答	理解	★★★
学前儿童音乐教育活动的内容	单选、名词解释、简答	掌握	★★★
奥尔夫音乐教育体系的基本内容及特色	单选、简答	理解	★★★
学前儿童韵律活动的设计与组织	单选、简答	掌握	★★★
学前儿童美术教育活动的内容	单选、名词解释、简答	掌握	★★★
学前儿童绘画能力的发展阶段与特点	单选、简答	识记	★★★

核心考点

第一节　学前儿童艺术教育概述

一、学前儿童艺术教育的目标

《纲要》明确提出了幼儿园艺术教育领域的目标：(1)能初步感受并喜爱环境、生活和艺术中的美；(2)喜欢参加艺术活动，并能大胆地表现自己的情感与体验；(3)能用自己喜欢的方式进行艺术表现活动。

二、学前儿童艺术教育的内容与要求

考点1　学前儿童艺术教育的内容

学前儿童艺术教育的主旨是依托各种适合幼儿的艺术形式，促进儿童人格、能力的整体和谐发展。广义的学前儿童艺术教育一般包括音乐、艺术、舞蹈、戏剧等。

目前，我们所强调的学前儿童艺术教育更多的是指基于美术与音乐开展的狭义的艺术教育。一般认为，学前儿童艺术教育是以美术、音乐为主线，将语言、舞蹈、美术、戏剧等元素结合起来，以启迪儿童心智、健全儿童人格，培养儿童创造能力、审美能力、协调能力、团队意识的教育活动。在艺术教育课程开展中，美术与音乐是两个最基本的要素，缺少音乐与美术的支持，会影响舞蹈与戏曲艺术教育的开展。

考点2　学前儿童艺术教育的要求

(1)引导幼儿接触周围环境和生活中美好的人、事、物，丰富他们的感性经验和审美情趣，激发他们表现美、创造美的情趣；

(2)在艺术活动中面向全体幼儿，要针对他们的不同特点和需要，让每个幼儿都得到美的熏陶和培养，对有艺术天赋的幼儿要注意发展他们的艺术潜能；

(3)提供自由表现的机会，鼓励幼儿用不同艺术形式大胆地表达自己的情感、理解和想象，尊重每个幼儿的想法和创造，肯定和接纳他们独特的审美感受和表现方式，分享他们创造的快乐；

(4)在支持、鼓励幼儿积极参加各种艺术活动并大胆表现的同时，帮助他们提高表现的能力；

(5)指导幼儿利用身边的物品或废旧材料制作玩具、手工艺品等来美化自己的生活或开展其他活动；

(6)为幼儿创设展示自己作品的条件，引导幼儿相互交流、相互欣赏、共同提高。

三、学前儿童艺术学习的特点

考点 1 学前儿童审美感受的特点

学前儿童的艺术感受是指学前儿童被周围环境或生活中美的事物或艺术作品所吸引，从感知出发，以想象为主要方式，以情感的激发为主要特征的一种艺术能力。也就是说，艺术欣赏活动中，学前儿童在审美属性诸如色彩、节奏等直接刺激下，可以不受现实生活中各种常规的约束，自由地展开想象，产生一种以情感愉悦为主调的心理状态，这就是一种审美感受。

学前儿童的这种审美感受包括两个部分：一是指学前儿童以自己的方式感受到的情感表现性，这种情感表现性并不是对象客体自身所具有的，而是在学前儿童与审美对象的相互作用中，对象的形式特点与学前儿童的情感达到交融时在心理上所产生的情感对应物。*在学前儿童看来，蓝天是白云的家，满天的繁星是万盏点亮的小灯，飘零的落叶是离开了大树妈妈的可怜的孩子，颠簸的汽车是在跳舞*。二是指欣赏主体在欣赏过程中达到一种自由和谐状态时所产生的一种审美愉悦。这种愉悦是他们把自己的情感、意志、思想等投射到文本上的结果。儿童的自我中心使得儿童总是按照自己的体验去看待在他们身外发生的事件。儿童在审美活动中不自觉地把自身的情感状态倾注到审美对象上，把自身无意识的心理内容转移到对象中，通过审美感知与想象，使其自然而然地带有儿童自身的情感色彩，具有儿童自身的情感基调所规定的意态状貌和情趣氛围，成为"人格化"的审美意象。

学前儿童的审美感受是建立在审美感知和审美想象基础上的，而学前儿童的审美感知则是对杂乱无章或井然有序的事物有一种直觉的整合作用，即以他们自己情感为原则来重新想象对象，使之成为以某种情感表现性为灵魂的有机统一体。儿童就是这样带有强烈的主观意识，把自己的主观想象，附加于客观物体之上，将没有生命、没有意识的东西视为有生命、有意识、有情感的存在，表现出"万物有灵"和"万物有情"的特点。

考点 2 学前儿童艺术表现与创造的特点

学前儿童的艺术表现与创造是指他们在头脑中形成审美心理意象，利用艺术的形式语言、艺术的工具和材料将它们重新组合，创作出对其个人来说是新颖独特的艺术作品的能力。这种表现与创造包括两方面：一类是可视、可听的实在表现与创造，*如一幅画、一首歌、一段表演*。由于它的可视性、可听性，这一类表现与创造常常是我们关注的对象。另一类是审美心理意向的创造，由于它的内在性、过程性，如果没有足够的了解，它常常不被我们所知晓，因而也常常被忽视。而这一类创造恰恰是前一类创造的前提，即为艺术创作积累丰富的、生动的、鲜明的内在意象。因此，要了解幼儿艺术创造不仅要研究幼儿的艺术作品，还要观察其创作的过程。

(1)幼儿的艺术表现与创造表现为自发性，也就是说，儿童生来具有艺术潜能，自由哼唱和涂鸦活动几乎发生在每一个适龄儿童的身上。在游戏活动中，幼儿常常会自发地用唱歌或舞蹈来进行信息的交流与情感的表达。

(2)由于受其自身肌肉动作发展的影响，幼儿的艺术表现与创造表现技能还不如成人熟练与完美，

表现出粗糙、不整齐、不平滑、不到位的稚拙感。例如，有时我们看到幼儿所画的圆并不那么"圆"，舞蹈动作也并不优美，但幼儿自己却是全身心地投入，正因为幼儿这样纯真的童心、童趣，使得儿童艺术充满了魅力。

(3)幼儿的艺术表现与创造，有时并不按照预想和计划来进行，而是依据自己构思与表达不断地进行调整，以致最后的作品可能与预先的设想不一致。就幼儿的艺术作品而言，他们可以表现出许多打破成人有关艺术创作的条条框框，出现一些在成人看来既可笑又非常可爱的现象。这种超常规的、独特的现象，体现出幼儿大胆的想象和创造力，带有明显的个人色彩。

艺术教育不但要关注幼儿艺术活动实际呈现出来的结果即艺术作品，而且更加要关注艺术创造中幼儿的艺术思维过程、艺术形式、语言使用过程，以及对艺术工具和材料探索的过程。艺术教育应以幼儿的创造意识、创造能力和创造个性的培养为中心任务。

四、学前儿童艺术教育的原则 【单选、简答】 ★★★

考点1 审美性原则

审美性原则是指教师在组织学前儿童艺术教育活动时，根据学前儿童的审美心理特点，引导他们发现、感受和表现自然界、日常生活和艺术作品中所蕴含的美，在审美化的情境中培养学前儿童的美感，陶冶其性情，并促进其全面发展的教学原则。

根据学前儿童感受美和表现美的特点以及艺术教育的独特规律，教师在组织学前儿童艺术教育活动时，可以从以下两个方面贯彻审美性原则：

1. 精心营造适宜的审美情境和艺术氛围，萌发学前儿童对美的感受与体验

3～6岁的儿童以具体形象思维为主，因此，在进行艺术教育活动时，教师精心营造适宜的审美情境，引发儿童对艺术学习的兴趣和审美准备就非常必要，这是萌发儿童对美的感受与体验的前提和基础。教师可以通过巧妙布置活动室，使用多媒体课件和音响设备，制作教具和学具，展示图片和艺术作品，以及教师生动形象的语言、动作、衣着和姿态，为儿童精心营造出适宜的审美情境和艺术氛围。这种不同寻常的情境与氛围，会使儿童兴趣盎然地置身于其中，从而使艺术教育活动变得更加生动有趣。

丰富学前儿童的美感体验，提升他们的审美能力是一项长期、复杂的工作任务，除了专门的艺术教育活动之外，教师还应该关注日常生活中的审美教育契机，精心营造美好的日常生活环境，同时，要因时因地制宜，带领儿童走进大自然和社会生活，感受、发现和欣赏自然环境和人文景观中的美，通过日常生活中潜移默化的审美熏陶，逐步萌发儿童对美的感受与体验能力。

2. 引导学前儿童以审美的态度去欣赏和表现事物

所谓审美态度，就是指人们从事艺术与审美活动时所持的一种奇特的心理状态，外物美或不美，能否发现外物的美，都由这种态度所决定。审美态度既不同于日常生活中的实用功利态度，也不同于科学探索活动中的科学态度。审美态度最主要的特征就是"无关功利性"(或"非功利性")。所谓"无关功利性"，并不是说人们对观看的事物不感兴趣，而是不考虑它在现实中对自己的用处，既不想占有它、使用它和制造它，也不想分析它、批判它和研究它，而是集中注意力对事物的外观做沉思和欣赏。

在日常生活中，人们通常是以一种功利主义的态度去看待周围事物的，即只能够看到事物对自己生存的用途。不难想象，如果以这种功利主义的态度去从事艺术活动，则很难发现、欣赏和表现事物的美，艺术活动的审美特性也就无法体现。进行艺术教育活动时，教师必须注重引发儿童的审美态度，使他们在欣赏和表现美的事物时能够主动关注其色彩、形态、线条等形式特征，并在艺术与美的浸润中逐渐拥有一颗能感受诗意的心灵。

考点 2 兴趣性原则

兴趣性原则是指教师在组织学前儿童艺术教育活动时，要注重激发儿童的艺术活动兴趣，调动其主动参与艺术活动的积极性，使他们在整个艺术教育活动过程中都保持兴趣盎然、心情愉快的教学原则。

心理学的研究成果表明，情绪对学前儿童的心理活动和行为的动机作用明显，不同类型的情绪可以直接导致儿童产生不同的行为。可以说，学前儿童的行为充满情绪化色彩，这是学前儿童不同于年长儿童的一个突出特点。为此，在组织学前儿童进行艺术活动时，教师必须注重激发儿童进行艺术活动的兴趣，调动他们参与艺术活动的主动性和积极性，使他们在整个活动过程中都保持兴趣盎然、心情愉快。唯有如此，这些欣喜、惊奇的积极情绪才会转化为学前儿童艺术学习行为的内在动力，促进其在艺术领域的主动发展。

兴趣性原则的提出正是上述学前儿童艺术教育活动宗旨的落实与体现。根据学前儿童情绪情感的发展特点以及艺术活动的特性，教师在组织学前儿童艺术教育活动时，可以从以下三个方面贯彻兴趣性原则：

1. 合理、适度地提供新颖的艺术活动材料

在组织学前儿童开展艺术活动时，教师有必要为儿童提供富有新颖性的艺术活动材料，从而吸引儿童的注意，引起他们的活动兴趣。需要注意的是，教师在提供新颖的工具材料时，不能仅仅满足于丰富多样，还应注意投放方式是否合理以及投放数量是否适度。在幼儿园实践中，有的教师就曾为幼儿一次性提供了大量的美术工具材料，将幼儿能够操作的所有工具材料都摆放在了幼儿面前，结果导致幼儿眼花缭乱，无所适从，而无暇顾及如何用好一种工具材料进行艺术表现。因此，在组织学前儿童进行艺术活动时，教师应当遵循由易到难、由简到繁、层层递进、步步深入的教学规律，合理、适度地投放工具材料，并引领儿童循序渐进地学习各种工具材料的使用方法。

2. 设计游戏化的、生动有趣的活动环节

游戏是学前儿童最为喜爱的活动，同时，游戏也与艺术有着天然的联系，二者相互包含着对方的因素或成分。游戏与艺术的天然联系使得游戏成为帮助儿童从事艺术活动的最佳方式和手段。可以说，教师能否设计出生动有趣、富于游戏化的教育活动环节，是激发学前儿童艺术活动兴趣的关键。

在教学过程中，教师既可以创设游戏化的教学情境，也可以采用生动形象的游戏化练习方式，还可以使用富于趣味性的教学语言来提示、指导和鼓励儿童。*例如，为了让小班幼儿掌握手指点画的方法，教师可以创设“小刺猬采果子”的游戏情境，为每个幼儿发放一张已经画好小刺猬的画纸，请大家一起来帮助小刺猬采果子。*这种游戏化的活动设计，充分调动了幼儿参与活动的积极性和主动性，幼儿会很有兴致地练习用手指朝不同方向点画小果子的方法。

3. 理解和尊重儿童，给予儿童多样化的、恰当的艺术评价

贯彻兴趣性原则还应注意的是，教师不应该用成人的艺术标准或是“像不像”“好不好”等标准来评价儿童的艺术作品，而应该采取多样化的、恰当的艺术评价方式，理解尊重儿童的个性化表达。

在学前儿童艺术教育活动中，教师必须尊重儿童个性化的艺术表达方式，给予儿童具体的、恰当的、鼓励性的艺术评价，可以通过肯定作品的优点、表达自己感受等方式来评价幼儿的作品，*如“你画的小女孩真可爱！如果她的裙子上再多一些颜色，她一定会更漂亮”。*通过春风化雨般的鼓励和支持，增

强儿童对艺术活动的自信心，逐渐培养起他们对艺术活动的兴趣。

考点3 创造性原则

创造性原则是指教师在组织学前儿童艺术教育活动时，应把握艺术具有创造性的基本属性，注重为儿童营造艺术创造的氛围，提供艺术创造的机会，培养儿童的创造意识、创造能力和创造个性的教学原则。在组织学前儿童艺术教育活动时，教师必须注重培养儿童的创造意识、创造能力和创造个性，鼓励他们发现和创造一个属于自己的艺术世界。因此，创造性原则也就成为组织学前儿童艺术教育活动的一个基本原则。

根据艺术创造的规律和学前儿童的身心发展特点，教师在组织学前儿童艺术教育活动时，可以从以下三个方面贯彻创造性原则：

1. 树立正确的艺术教育观念

在贯彻创造性原则时，教师首先应该理清某些模糊的观念。在幼儿园艺术教育实践中，有的教师常常怀有一种矛盾的心态：既担心艺术知识技能学习妨碍了儿童的创造性发展，又担心儿童自我表现时缺乏必要的艺术知识技能。其实，这些教师之所以会有如此看法，主要是由于他们还没有正确地认识创造性培育与艺术知识技能学习之间的关系，没有树立起一种正确的儿童艺术教育观念。

与其他领域相比，学前儿童在艺术领域的学习与发展有其独特之处，其中之一就是儿童进行艺术表现时需要必要的艺术知识技能作为支撑。儿童不可能永远依靠自己与生俱来的艺术本能进行艺术创造活动，随着其整体智慧水平的不断提高，儿童对自己艺术表现与创造能力的要求会越来越高，如果教师不能适时地帮助儿童掌握必要的艺术知识技能，儿童参与艺术学习的兴趣和积极性必然会受到极大挫伤。所以，教师必须正确地认识创造性培育与艺术知识技能学习之间的关系。创造性培育是学前儿童艺术教育的主要任务之一，而艺术知识技能的学习又是提高儿童艺术表现与创造能力的必要条件，如若没有一定的艺术知识技能作为支撑，儿童的艺术表现与创造就会如同空中楼阁一样缺乏根基。因此，教育应将艺术知识技能作为帮助儿童进行艺术创造的手段和载体，促进儿童在这两个方面的协同发展。

2. 营造自由、宽松的艺术创造氛围与环境

创造，是人类自由的产物和表现。只有当人们身处于自由、宽松的环境之中，才能积极主动地探索和思考，才能将其创造的潜能充分发挥出来。因此，组织学前儿童艺术教育活动时，教师有必要为儿童创设一个自由、宽松的艺术创造氛围，如为儿童提供更加自由的活动空间，而不必将儿童局限在活动室里，或者局限在座位上。此外，教师要努力消除儿童害羞、胆怯和依赖等妨碍创造潜能发挥的不良心理倾向，鼓励儿童积极主动地参与到艺术创造活动中来。

每个儿童生来就具有艺术潜能，自发的涂鸦活动、自由地哼唱和随乐摆动身体，这样的现象几乎在每一个学前儿童的身上都出现过。此外，学前儿童的好奇心强，喜欢求新、求变，其艺术想象更是自由大胆，常常会创造出一些在成人看来既可笑又非常可爱的艺术形象。学前儿童这些稚拙而充满童真的艺术表现之中，既蕴含着创造意识与创造能力的萌芽，也体现出儿童明显的个性色彩。为此，教师应该努力营造自由、宽松的艺术创造氛围，对儿童的创造性加以精心培育。一方面，教师不应该用成人固定化的思维模式去限制儿童的艺术创造，或是对儿童的创作盲目地加以否定。另一方面，教师要以开放的、多元化的视野对待儿童的艺术构思和创作，当儿童有某些想法稀奇古怪时，当儿童手舞足蹈涂涂抹抹而表现得忘乎所以时，教师应该理解和尊重儿童的想法和表现，给予儿童积极的鼓励和肯定，并敏锐地发现儿童艺术创造的闪光点，及时加以培育和引导。

3. 采用灵活多样的艺术教学方法

在艺术领域中，具有创造性的作品，通常是指那些新颖、独特、非常态的作品。创造性可以体现在艺术作品的各个方面，如艺术工具材料的选用，运用艺术工具材料的方式方法，艺术作品的形状与尺寸，等等。除表面的新颖性、独特性之外，在艺术领域中，衡量艺术作品创造性水平高低的还有作品构思的与众不同，以及将这种巧妙构思付诸实施的艺术。

由艺术创造的上述特点可知，培养学前儿童的创造意识、创造能力和创造个性绝不可一蹴而就，也不可能凭空完成，教师必须采取灵活多样的艺术教学方法，在与自然界、人文景观和艺术品的交互作用中，丰富儿童头脑中的各种表象，培养儿童独特构思的意识和能力，并为儿童提供适宜的艺术创造训练和支持，促进儿童想象力和创造力的发展。

考点4 参与性原则

参与性原则是指教师在组织学前儿童艺术教育活动时，应创设良好的艺术活动氛围并尽可能地提供参与艺术活动的机会，使儿童能积极主动、全身心、全方位地参与到艺术活动之中，从而获得愉悦的艺术体验，并在充分的感受、欣赏、表现和创造等艺术实践活动中不断获得发展的教学原则。

艺术活动是最需要参与者全身心投入并充分发挥其能动性的活动，否则，仅凭教育者的灌输和传授，而没有受教育者的亲身参与和体验，艺术活动是很难顺利进行并取得良好效果的。艺术活动的上述特点在学前儿童身上体现得尤为明显。学前儿童审美心理的相关研究成果表明：学前儿童通常不会静止不动地进行艺术欣赏和创作活动，而是要借助语言、身体的各种动作或表情来表达和强化自己的艺术体验。因此，教师必须遵循艺术教育的参与性原则，为儿童提供主动参与的机会和氛围，使他们能在全身心的参与过程中获得艺术能力的发展。

根据学前儿童的审美心理特点和艺术教育的独特规律，教师在组织学前儿童艺术教育活动时，可以从以下三个方面贯彻参与性原则：

1. 正确理解参与性原则的内涵

正确理解参与性原则的内涵是贯彻这一原则的前提和基础。参加并不等于参与，学前儿童艺术教育中的参与是有其独特内涵的：

（1）从参与的性质来说，儿童的参与应该是一种主动的、创造性的参与，而不是一种被动的参加，儿童必须是艺术活动的主体。

（2）从参与的方式和途径来说，儿童的参与应该是全身心、全方位、即兴的活动，而不是事先排练好的表演；儿童不仅有听觉和视觉的参与，还应该包括运动觉、触觉、语言、表情和动作等各方面的参与。

（3）从参与的结果来说，儿童的参与本身就能使他们获得愉悦的体验，并获得主动的发展，因而可以说，参与本身就是艺术教育的目的之一，参与的同时就已经获得了教育教学效果。

2. 创造机会，使儿童能全身心、全方位地参与艺术活动

在艺术教育活动中，学前儿童如果仅仅有视觉或听觉等单一通道的参与，其艺术活动兴趣则很难真正持久。因此，教师应创造机会，使儿童能全身心、全方位地参与到艺术活动之中，不但要用眼睛看、用耳朵听，还要有唱、有跳、有表情、有动作；不但要动口动手，还要动脚和身体的其他部位；不但要有身体的参与，还要有心灵的参与。

3. 处理好参与过程与参与结果的关系

教师既要重视儿童参与艺术活动的过程，也要注重其参与艺术活动的结果。根据学前儿童的身心发展特点和艺术活动规律，在某种意义上可以说，教师对儿童参与艺术活动过程的重视应该超过对参与活动结果的重视。也就是说，与参与的结果相比，教师更应该注重儿童参与艺术活动的过程。之所以如此，主要是因为学前儿童参与艺术活动所获得的愉悦体验更多地来自参与活动的过程。对于学前儿童来说，参与艺术活动的过程本身就是非常令人愉快的，而且如果教师过分重视艺术活动的结果，很有可能会使儿童参与艺术活动的过程过于拘谨，妨碍了其主动性、创造性和艺术想象力的充分发挥。此外，好的活动过程与活动结果是相互联系、相辅相成的关系。如果有了令人兴趣盎然、身心愉悦的艺术活动过程，一般都会有比较令人满意的艺术活动结果。反之，令人厌倦甚至让人身心受到折磨的活动过程则不可能结出“甜美的果实”，得到的只可能是一种虚伪而短暂的结果，对学前儿童在艺术领域的长远发展更是无益。正是从这个角度表明，教师应该更加注重学前儿童参与艺术活动的过程。

当然，更加注重儿童参与艺术活动的过程，绝不是说教师在贯彻参与性原则时可以不要结果。实际上，把参与的过程与参与的结果完全割裂开来理解是不妥的，参与的过程和参与的结果就犹如一枚钱币的两面，将其绝然分开必定是错误的，而且学前儿童在参与艺术活动的过程中已经在不断地收获结果了，他们所获得的愉快体验本身就是一个非常有价值的艺术活动结果。

真题面对面

[2022 台州温岭，论述，10 分]试述艺术教育的原则。

答案：详见内文

第二节　学前儿童音乐教育的目标和内容

一、学前儿童音乐教育目标

考点 1 学前儿童音乐教育总目标

学前儿童音乐教育总目标是对学前儿童音乐教育最终结果的期望。它规定了学前阶段音乐教育总的内容和要求。同时，作为学前儿童教育内容的一个独立领域和组成部分，它与学前儿童总的教育目标要求是相一致的。

目标类型 / 活动类型	认知目标	情感与态度目标	操作技能目标
歌唱活动	(1)能记住歌曲名称；(2)正确地感知、理解歌曲中歌词、曲调所表达的内容、情感，并能用自然、美好的声音进行歌唱表现	(1)喜欢唱歌；(2)积极地体验参与歌唱活动的快乐以及追求用歌唱的方式与他人进行交往的快乐	(1)掌握一些最基本、最初步的歌唱技能，能够正确地咬字、吐字和呼吸；(2)能较自然地运用声音表情和身体动作表情；(3)能够在集体歌唱活动中控制和调节自己的声音，使之与集体相协调
韵律活动	(1)能够感知、理解韵律动作与音乐的关系，尝试进行创造性的动作表现；(2)能符合音乐的情绪要求以及音乐的表现手段和表情来做动作	(1)喜欢参加韵律活动和音乐游戏；(2)积极体验参与韵律活动和音乐游戏的快乐；(3)主动地追求用身体动作探索、表达音乐以及与他人合作表演的乐趣	(1)能够较自如地运用和控制自己的身体动作；(2)能够掌握运用较简单的道具；(3)能够在合作性的韵律活动中运用动作和表情与他人交流、配合

第七章

续表

活动类型 \ 目标类型	认知目标	情感与态度目标	操作技能目标
打击乐演奏活动	(1)能够认识、辨别各种常用打击乐器及音色特点;(2)掌握一些简单的节奏类型;(3)了解有关打击乐器的一些基本知识;(4)能够理解指挥的手势含义并与指挥相配合	(1)喜欢参与打击乐演奏活动;(2)乐意探索乐器的不同演奏方法和尝试创造性的表现;(3)积极体验并享受与他人合作演奏的快乐	(1)熟练掌握一些常用打击乐器的演奏方法;(2)能够在集体的演奏活动中有意识地控制、调节自己奏出的音色,使其与集体的演奏相协调;(3)能够学习并掌握使用、整理和保护乐器的一些简单规则
音乐欣赏活动	(1)能够感受、体验音乐欣赏作品所表达的内容和情绪;(2)能够理解音乐作品最基本的表现手段;(3)能够再认和区分已欣赏过的音乐作品	(1)乐意参与音乐欣赏活动,有积极的欣赏态度;(2)体验并享受音乐欣赏过程的快乐	(1)初步学习运用文学、美术、韵律动作等各种艺术表现手段来表达自己对音乐作品的想象和情感体验;(2)能够在音乐欣赏过程中尝试与同伴交流和配合,共同协作来表达对音乐的感受和理解

考点 2 学前儿童音乐教育年龄阶段目标

学前儿童音乐教育年龄阶段目标,即指某一年龄阶段的音乐教育目标。在幼儿园,一般以一年为界,可分为小、中、大班音乐教育目标。它在融合儿童音乐心理发展的规律和音乐学科本身特点的基础上,把学前儿童音乐教育的目标转化为循序渐进、逐步提高要求的不同年龄阶段的具体目标。它能为儿童的音乐学习和音乐表现能力的发展提供更具体的要求和方向。

1. 小班

(1)歌唱活动

①学习用正确的姿势、自然的声音歌唱,并基本做到吐字清楚、唱准曲调和节奏;

②能跟着歌曲的前奏整齐地开始和结束;

③在有伴奏的情况下,能独立地、基本完整地唱熟悉的歌曲;

④能初步理解和表现歌曲的形象、内容和情感;

⑤在教师的帮助、引导下,能够为熟悉、短小、工整而多重复的简单歌曲增编新的歌词;

⑥喜欢自己歌唱,也喜欢与同伴一起歌唱,并能注意自己的歌声与集体相一致。

(2)韵律活动

①能跟随音乐的节奏做简单的基本动作和模仿动作;

②喜欢参加集体的韵律活动和音乐游戏;

③学习一些较简单的集体舞;

④初步尝试和体验用动作、表情和姿态与他人交流的方法和乐趣。

(3)打击乐演奏活动

①学习并掌握几种最常用的打击乐器(如碰铃、串铃、铃鼓等)的演奏方法;

②喜欢操弄打击乐器,喜欢参加集体的打击乐演奏活动;

③能够为简单、短小的二拍子和四拍子的歌曲、乐曲伴奏;

④初步学会识别指挥开始和结束演奏;

⑤了解并遵守集体的打击乐演奏活动中的一些基本规则,如乐器取放的恰当位置等。

(4)音乐欣赏活动

①能初步感受性质鲜明、结构短小的歌曲或有标题的器乐曲的形象、内容和情感，并产生一定的外部动作反应；

②喜欢倾听周围生活中的各种声音，并用自己喜欢的方式（嗓音、动作等）来表达；

③乐意参与集体的音乐欣赏活动，并积极尝试和体验音乐欣赏过程的快乐。

2. 中班

(1)歌唱活动

①能用正确的姿势、自然的声音歌唱，并做到吐字清楚、唱准曲调和节奏；

②在有伴奏的情况下，能独立而完整地演唱，并初步学会接唱和对唱；

③在集体的歌唱活动中能够注意控制自己的音色，使自己的歌声与集体的声音相协调；

④能学习用不同的速度、力度和音色变化来表现歌曲的形象、内容和情感；

⑤能够为熟悉、短小、工整而多重复的简单歌曲增编新的歌词，并能尝试独立地将新编的歌词填入曲调中唱出；

⑥喜欢自己歌唱，也喜欢在集体中歌唱，并能大胆地、独立地在集体面前表演。

(2)韵律活动

①能跟随音乐的节奏做简单的基本动作、模仿动作和舞蹈动作；

②喜欢参加集体的韵律活动和音乐游戏；

③学习一些基本的舞蹈动作和集体舞；

④享受并体验用动作、表情和姿态与他人交流的方法和乐趣，初步尝试用创造性的动作自发地随音乐自由舞蹈；

⑤能够在动作表演过程中学习使用一些简单的道具。

(3)打击乐演奏活动

①进一步学习并掌握一些打击乐器（如木鱼、响板、沙球等）的演奏方法；

②喜欢操弄打击乐器，喜欢参加集体的打击乐演奏活动；

③能够用乐器为二拍子、三拍子、四拍子的歌曲和乐曲配不同的简单伴奏；

④进一步学会识别指挥开始、结束和变化演奏；

⑤能初步尝试部分地参与打击乐演奏配器方案的讨论；

⑥能较自觉地遵守集体的打击乐演奏活动中的一些常规，养成爱护乐器的态度和习惯。

(4)音乐欣赏活动

①能感受性质鲜明、结构短小的歌曲或器乐曲的形象、内容、情感，并产生一定的联想，用外部的动作加以反应；

②能初步了解并辨别进行曲、舞曲、摇篮曲等不同风格音乐的基本性质；

③喜欢倾听周围生活中的各种声音，并能大胆地用自己喜欢的方式（嗓音、动作等）来表达；

④乐意参与集体的音乐欣赏活动，并积极尝试和体验音乐欣赏过程的快乐；

⑤初步学习运用不同的艺术表演形式（如文学、美术、韵律动作等）来表达对音乐的感受和理解。

3. 大班

(1)歌唱活动

①能用正确的姿势、自然美好的声音歌唱，并能正确地表现歌曲的节奏、旋律和歌词；

②在没有伴奏的情况下，也能独立而完整地演唱，并初步学会领唱、齐唱、轮唱和简单的两声部合唱；

③能用不同的速度、力度和音色变化来表现歌曲的形象、内容和情感，能注意到歌曲的字、词及乐句的变化，较恰当地表现不同性质、不同风格的歌曲的意境；

④能够为熟悉而多重复的歌曲增编新的歌词，并能即兴地、独立地将新编的歌词填入曲调中唱出；

⑤喜欢歌唱，能大胆地、独立地在集体面前进行歌唱表演，并能在集体中尝试用不同的合作表演形式歌唱。

(2)韵律活动

①能跟随音乐的节奏较准确地做各种稍复杂的基本动作、模仿动作和舞蹈动作组合；

②喜欢参加集体的韵律活动和音乐游戏，喜欢自发地随音乐自由舞蹈；

③进一步丰富舞蹈动作语汇，在掌握一些基本的舞蹈动作和集体舞的基础上，学习一些含有创造性成分的稍复杂的舞蹈组合；

④能够积极体验用动作、表情和姿态与他人交流的方法和乐趣，并在合作表演的过程中尝试用创造性的动作大胆、主动地表现；

⑤能够在动作表演过程中学习选择并较熟练地使用一些简单的道具。

(3)打击乐演奏活动

①进一步学习并掌握更多打击乐器(如三角铁、双响筒、钹等)的演奏方法；

②喜欢并积极参与集体的打击乐演奏活动，能部分地参与打击乐演奏配乐方案的设计；

③能正确地根据指挥的手势开始、结束和变化演奏；

④能在集体的打击乐演奏中有意识地注意在音色、音量和表情上与集体协调一致；

⑤能自觉地遵守集体的打击乐演奏活动中的一些常规，养成爱护乐器的态度和习惯。

(4)音乐欣赏活动

①能较准确地感受性质鲜明、结构适中的歌曲或器乐曲的形象、内容和情感，并产生一定的联想，用外部的动作加以反应；

②能进一步丰富并加深对进行曲、舞曲、摇篮曲等不同风格、不同性质的音乐的认识；

③喜欢倾听周围生活中的各种声音，并能用嗓音和动作等表现方式进行创造性的表达；

④能主动、积极地参与集体的音乐欣赏活动，享受并体验音乐欣赏过程的快乐；

⑤能够运用不同的艺术表演形式(如文学、美术、韵律动作等)来大胆表达对音乐的感受和理解。

考点3 学前儿童音乐教育单元目标 【名词解释】★

学前儿童音乐教育单元目标一般有两种：一种是指“**时间单元**”，即在某一时间段(如一个月)内所要达到的音乐教育目标；另一种是指“**主题单元**”，即在一组有关联的主题活动系列中所要达到的音乐教育目标。

单元性音乐活动是一种综合形式的音乐活动，但它指的不是内容的综合而是音乐本身的综合，即在某一单元时间内(如2~3周或更长)，有计划、有目的、有针对性地围绕某一音乐要素，综合听、唱、说、动、奏等音乐实践，组织丰富多样的音乐教育活动。

主题性音乐活动是根据某一阶段幼儿园全面教育内容的需要，确定一个教育主题，围绕这一主题去选择适合本班儿童年龄特征、在音乐程度上循序渐进的、是儿童的演唱演奏能力所及的、具备音乐艺术审美情趣的、与主题内容有关的音乐教材、组织音乐活动。

真题面对面

[2017统考，名词解释，3分]主题性音乐活动

答案：详见内文

考点4 学前儿童音乐教育活动目标

学前儿童音乐教育活动目标，即指某一具体的音乐教育活动所要达到的目标，它与上一层目标紧紧相扣，共同组成一个金字塔式的目标层，也是教师根据课程领域目标这个指向，在具体活动中制定的一种实然性的教育标准或要求。

二、学前儿童音乐教育活动的内容 【单选、名词解释、简答】 ★★★

歌唱活动	韵律活动	打击乐演奏活动	音乐欣赏活动
歌唱是人类表达、交流思想感情的最自然的方式之一，也是儿童表达自己思想的一种方法。对于儿童来说，歌唱是他们童年生活中不可缺少的一个重要组成部分。	韵律活动是指在音乐的伴奏下以协调性的身体动作来表现音乐的活动。一般包括律动、舞蹈及其他节奏活动三个方面。学前儿童韵律活动能力的发展是一个渐进的过程，体现出一定的年龄阶段特点。	打击乐器是儿童最容易掌握的乐器之一。打击乐演奏活动是以身体大肌肉动作参与为主，运用一定的节奏和音色，通过打击乐操作来表现音乐的一种活动。它是儿童表达音乐的一种最自然、最直接的工具，也是令儿童感到快乐的活动。	音乐欣赏是音乐活动的重要组成部分之一。学前儿童的音乐欣赏是让他们通过倾听音乐对作品进行感受、理解和初步鉴赏的一种审美活动。音乐欣赏是与其他音乐活动紧密联系的极富教育价值的音乐活动。

真题面对面

[2019统考，简答，1分]简述学前儿童音乐教育活动的内容。

答案：详见内文

考点 再拔高

▼ 歌唱的基本形式

1. 独唱。独唱是指一个人独立地歌唱或独自表演唱。

2. 齐唱。齐唱是指两个或两个以上的人在一起整齐地唱同一首歌曲。它是幼儿园集体歌唱活动的一种最主要形式。

3. 接唱。接唱是指将一首歌曲分成几个乐句，由幼儿分组轮流一句句接唱。

4. 对唱。对唱是指个人与个人、小组与小组之间以问答的方式各自唱歌曲中的问句和答句。

5. 领唱齐唱。领唱齐唱是指一个人(或几个人)唱歌曲中比较主要的部分，集体唱歌曲中配合的部分。

6. 轮唱。轮唱是指两个声部按一定间隔先后开始唱同一首歌曲。

7. 合唱。合唱是指两个不同声部相配合的集体演唱形式。

8. 歌表演(合作歌表演)。歌表演是指边唱边表演动作(或两个人合作边对唱边表演动作)。

真题面对面

[2018统考，单，1分]幼儿歌唱的基本形式中，“两个不同声部相配合的集体演唱”是(　　)

A. 齐唱　　B. 轮唱　　C. 合唱　　D. 对唱

答案：C

第三节　学前儿童音乐教育的基本理论

一、达尔克罗兹音乐教育体系的基本内容及方法　【单选】★★

达尔克罗兹音乐教育体系及教学实践的基本内容分为体态律动、视唱练耳和即兴创作三个方面。达尔克罗兹认为，这三者构成了音乐教育中的三个重要分支，“其本质和核心部分是节奏运动(体态律动)，与它密切相关的是听觉能力和自发性创造能力(即视唱练耳和即兴创作活动)”。这三个方面相互作用，不可分割，成为一个整体，以培养和发展儿童的内心听觉、运动觉和创造性表现能力。

1. 体态律动

在达尔克罗兹的音乐教育体系中，“体态律动”由于其独创性和科学性早已被人们公认为是卓有成效的音乐教育手段，并成为相对独立的学习领域。它强调从音乐入手，让儿童聆听音乐，引导儿童通过身体运动去接触音乐的各个要素。达尔克罗兹曾形象化地把身体、人体比喻成“乐器”，是一种能够理解音乐的要求、解释音乐的部分和整体的“乐器”，通过身体动作的“弹奏”把对音乐要素的理解展示出来。他主张音乐教育应从身心两方面同时训练和培养儿童，不仅让儿童学习用听觉去感受音乐，同时还让儿童学习用整个肌肉和心灵去感受、表现音乐的节奏疏密、旋律起伏及情绪变化的节律。这种音乐伴奏下的身体大肌肉动作不同于舞蹈动作和表演动作，而是一种自然、放松状态下的身体律动。达尔克罗兹认为，这种身体的律动充满了生命的节律和动感之美，故称之为“体态律动”。

在体态律动教学实践活动过程中，所采用的方法一般是：

(1)教师钢琴上的即兴演奏(音乐材料最好是包含儿童以前所学过的音乐要素的即兴音乐)。

(2)儿童的律动语汇。对儿童来说，这种律动语汇是来自于整个身体的。它包括两种类型：一种是原地类型，如拍手、摇摆、转动、指挥、弯腰、旋转、唱歌等；另一种是空间类型，如走、跑、爬、跳、滑、蹦等。这两种类型可以结合成各种形式。在训练过程中，可以先让儿童分别单独练习，比如手指，手指是整个身体中最轻巧、最灵活的部位，可以用来表示快的节奏；也可以形象化地把一个个手指编上号，以训练听觉反应和节奏；可以从一只手的训练扩展到两只手同时进行训练。在逐个地对身体各部分进行训练后，可以使身体的某些部位和谐地结合起来，如用脚和身体的动作表示时值，用手臂表现节拍，最后才是整个身体的加入。

(3)教师促使儿童将身体运动与声音内在地结合在一起，发展他们内部听觉和运动觉的能力、动觉的想象与记忆等。

真题面对面

[2021临海，单，1.28分]根据达尔克罗兹音乐教育体系理论，下列属于空间类型的律动词汇是(　　)

A. 唱歌　　B. 旋转　　C. 蹦跳　　D. 摇摆

答案：C

2. 视唱练耳

在达尔克罗兹的音乐教育体系中，视唱练耳是和身体律动紧密结合的。他认为："一切音乐教育都应当建立在听觉的基础上，而不是建立在模仿和数学运算的训练上。"良好的听觉是接受音乐教育最重要的禀赋，可以通过结合体态律动的方式帮助儿童发展听觉和记忆能力，培养绝对音高感，发展内心听觉。在具体的教学实践中，他主张采用把耳、口和身体配上言语，与歌唱的形式相结合的方法作为理想的学习工具和手段。

3. 即兴创作

达尔克罗兹同样也是按照体态律动的思路来培养学生的即兴创作能力的。对儿童来说，即兴创作的手段很多，包括律动、言语、故事、歌唱及各种不同的乐器，他强调，可以引导儿童使用律动材料(节奏)和声音材料(音高、音阶等)来即兴创造音乐。达尔克罗兹即兴创作教学活动的贡献在于他充分重视对儿童的想象力、创造力的培养，无论在其体系形成之时还是今天，都具有极其深远的意义。它使我们懂得，即兴创作的音乐活动可以从儿童学习音乐之初开始，它应该成为重要的教学实践活动之一。

二、柯达伊音乐教育体系的基本观点和主要内容 【单选】 ★★

1. 音乐教育应该从幼儿园开始

柯达伊教育体系从整体上说是建立在早期音乐教育基础上的。柯达伊认为，幼儿园能够为儿童提供一个集体创造音乐的环境，所以音乐教育应该从幼儿园开始，以便使儿童尽早获得音乐体验，而只有从早期开始，才能成功地发展音乐听觉。在匈牙利儿童教育改革中，柯达伊提出把民间歌曲和歌唱游戏作为幼儿园的主要音乐材料。在歌唱游戏中，歌唱联系着动作和活动，既符合儿童的天性，也培养了儿童的集体感和社交能力。儿童在身体的运动中感受、表现音乐，同时也可消除紧张和不安情绪，体验到游戏带来的欢乐。由于儿童阶段的音乐教育重点是通过对音乐的直接体验，为以后进一步发展音乐感知和技能做准备，因而在柯达伊音乐教育体系中把儿童期这个准备阶段的音乐教育目标归纳为：引导儿童通过听、唱歌曲，体验、感受音乐，唤起他们对音乐的兴趣，帮助儿童形成对音乐的兴趣和审美感。

2. 以歌唱教学为主的教学内容

柯达伊认为，儿童唱歌和说话同样的自然，通过唱歌这一人人都能从事的活动，能够使孩子们的歌喉日臻完美。而歌唱教学的展开可以不受儿童发展水平和客观物质条件的限制，它成为柯达伊音乐教育体系中重要的教学内容。同时，他积累的大量的教材和教学方法，*如多声部的合唱训练、优秀的民族音乐教材等*，不仅被匈牙利音乐教育广泛采用，也为世界儿童音乐教育提供了一个相当完善且富有特色的模式。

3. 以"儿童自然发展法"作为课程安排的重要依据

在传统的主题逻辑教学法中，课程编制的顺序、题材的组织都是从内容是否合理上考虑的，而较少考虑儿童比较容易接受的顺序。如节奏教学的进度安排是全音符—二分音符—四分音符—八分音符……但柯达伊认为，对于一个还没有学会如何去感知基本节奏的初学儿童来说，这是一个非常困难的进程。对于儿童来说，移动的节奏比持续的节奏更易接受，四分音符是儿童步行、自然走路的速度；八分音符是自然跑步的速度，它们都是儿童日常生活中的节奏。儿童歌唱游戏材料及童谣中大部分都是以这两种音符、节奏构成的，因此，应该把四分音符和八分音符作为节奏教学的起点。同样，就旋律感知而言，传统的主题逻辑教学法以自然大小调音阶作为起点，显然也是不合理的。在柯达伊教育体系中，课程进度的编排突破了传统的不够合理的编排秩序，提出了以"儿童自然发展法"为依据的进度安排原则。

所谓"儿童自然发展法"，即根据正常儿童在其成长的各个时期中的能力来编排课程的顺序。在强调

"儿童自然发展法"的同时，柯达伊还总结了儿童音乐发展中的一般特点，认为在考虑教学顺序时也应予以参照：(1)儿童的音域是有限的，一般不超过六度，而半音较难唱准；(2)下行音调比上行音调容易唱；(3)跳进比级进容易唱准；(4)五声音阶比七声音阶容易掌握。

4.以首调唱名法、节奏唱名和柯尔文手势为基本教学工具

首调唱名法最初是由英国人桂多·达赖佐在11世纪首创的流动do唱名法，即在视唱时，无论用的是什么调，一首歌的重音或中心音都是大调的do和小调的la，各级音阶的唱名都不变化。以这样一种体系来教视唱，其优越性是：当儿童知道小三度这一基本音调后，他能够在乐谱的任何一个调、任何一个地方把它们读出来。

在柯达伊教学法中，节奏教学采用了法国视唱练耳中所用的相似的音节系统，并用符干记谱，用特定的音节来代替特定的时值，让儿童用节奏唱名唱出选自歌曲的节奏、节奏型，从而体会到节奏唱名的时值。

柯尔文手势是柯达伊教学系统中的第三个基本工具和手段。它是由英国人约翰·柯尔文在1870年首创的。它包括七种不同的姿势，各代表音阶中固定的某一唱名，通过在空间中所处的直观形象化的不同高低位置，帮助儿童通过视觉感受加深对音程空间感及各音之间高低关系的理解。

在柯达伊体系中，以上三种教学工具作为一种教学辅助手段得到实践和加强，以帮助儿童逐步进入到较高层次的音乐学习之中。

5.创建自成特色的教材体系

柯达伊体系的一个突破和贡献是在教材领域。他认为，给儿童所用的教材只能来自三个方面：(1)真正的儿童游戏和儿歌；(2)真正的民间音乐；(3)优秀的创作音乐(由名作曲家创作的音乐)。其中儿歌及民间音乐朴素的表现形式，对孩子尤为适宜，为此他收集整理了大量优秀的儿童歌曲和匈牙利民间歌曲，并创作了许多五声音阶的儿童合唱曲，以让儿童从小就感受并热爱音乐母语。由于这些方面的突出贡献，使柯达伊音乐教育体系成为举世公认的珍品。

真题面对面

[2017统考，单，1分]音乐教育体系中提倡"儿童自然发展法"的人是(　　)

A. 柯达伊　　B. 奥尔夫

C. 达尔克罗兹　　D. 铃木

答案：A

三、奥尔夫音乐教育体系的基本内容及特色　【单选、简答】★★★

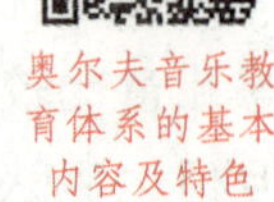

奥尔夫音乐教育体系的基本内容及特色

1."元素性"音乐教育

奥尔夫强调儿童音乐教育应该从"元素性"音乐教育入手，强调利用最原始、最简单的节奏和音高元素，以人类最根本、最自然也是最古老的音乐实践形式——简单的拍手、打击乐器及即兴创作等方式面向每一个儿童，唤起他们身上潜在的音乐本能，使音乐成为他们自发的要求。奥尔夫曾说："元素性的音乐并不是单独的音乐，它只是和动作、舞蹈、语言紧密结合在一起，是一种人们必须自己参与的音乐……"元素性音乐是综合的，包括元素性的节奏、元素性的动作、元素性的作曲法、元素性的词曲关系，并且使用元素性乐器——奥尔夫乐器，一种以节奏为主且比较容易学会的原始乐器。

元素性音乐教育思想是奥尔夫音乐教育体系的基本核心。他倡导从原始的、基础的、初级的、元素性的、自然的音乐入手，其意义在于使每个儿童都可以参与并加以再创造，同时能够为再创造提供更多变化的可能性。这些在奥尔夫体系的课程设置、教学组织形式、教学方法、教材和工具等多方面都被充分地显示出来。

2."节奏第一"

奥尔夫认为，音乐构成的第一要素是**节奏**而不是旋律。节奏可以脱离旋律而单独存在，但旋律却离不开节奏的"支撑"。可以这样说，节奏是音乐的生命，是音乐生命力的源泉。奥尔夫强调从节奏入手进行音乐教育。通过节奏与语言和动作的结合对儿童进行节奏感的培养，是奥尔夫教学实践的一大特色。所谓节奏与语言的结合，即语言节奏朗诵。他认为，人类的语言本身已含有生动、丰富而微妙的节奏，它是音乐节奏的主要来源之一。从小让儿童从语言出发来掌握节奏，不仅容易，而且富有生命力。节奏与动作的结合，即身体节奏动作，能使儿童在最基本的、元素性的跺脚、拍手等动作组合过程中，培养起对节奏的敏感。

3.课程内容

奥尔夫音乐教育体系的课程内容包括嗓音造型、动作造型和声音造型三个方面。其中，嗓音造型是指歌唱活动和节奏朗诵活动；动作造型指律动、舞蹈、戏剧表演、指挥及声势活动。声势活动是奥尔夫体系独创的一种以简单而原始的身体动作发出各种有节奏声音的活动。其最基本的身体动作是拍手、拍腿、跺脚和捻指。由这四种动作构成的声势活动也被称为古典声势，它可以演变出许多种不同的身体节奏动作组合。声音造型是指乐器演奏活动(乐器包括奥尔夫乐器及其他乐器)。

真题面对面

[2021临海，单，1.28分]奥尔夫音乐包括嗓音造型、声音造型、动作造型，其中声音造型是(　　)

A.乐器演奏　　B.歌词朗读　　C.身体韵律　　D.声势节奏

答案：A

4.教学组织形式及方法

奥尔夫体系的教学组织形式是集体教学和综合教学。集体教学反映在给儿童创设一个自由、宽松、便于交流和共享的音乐学习环境，儿童以小组活动的形式参与到音乐进行的过程中；而综合教学的特点则体现在奥尔夫教学活动是以歌、舞、乐三位一体，创作、表演和欣赏三位一体的综合形式，从儿童感性经验出发，以儿童的亲身实践帮助他们主动感受和表达音乐并注重培养儿童的主体创造。

奥尔夫体系的教学方法是"**引导创作法**"，通过教师的启发引导及范例帮助儿童集体创作、协助创作。教师在音乐学习的过程中安排、体现的是探索—模仿—即兴—创造的四步环节。具体来说：

(1)探索是让儿童通过动作发现产生音响的可能性；

(2)模仿是为了发展儿童的基本技能；

(3)即兴是鼓励儿童将所学的技艺逐渐扩展，形成"雏形"；

(4)创造是将各个阶段所学的技能结合起来，形成一个自己独创的"作品"。

在奥尔夫体系中，即兴和创造具有重要的意义和价值。奥尔夫曾经说："让孩子自己去寻找，自己去创造音乐，是最重要的。"因此，无论是节奏练习还是形体动作练习，教师并不限于传授技能，而是注重发挥儿童的即兴能力和想象力，鼓励儿童在即兴基础上进行综合性创造，以发展儿童的创造能力。

5.教材和教具

奥尔夫教育体系的代表性教材即五卷本的《学校音乐》，其内容主要来自德国的儿童游戏、童谣和民歌。奥尔夫坚持把来自生活的教材作为最符合儿童天性、最自然和富有生命力的东西。五卷本的内容安排是循序渐进的，按照音乐写作(调式、和声等)方面的进度来展开：节奏从最简单的基本节奏开始；旋律从基本的两个音开始逐步扩展到三个音、四个音、五个音，最后从五声音阶发展到七声音阶。

奥尔夫体系中特殊的教学工具是奥尔夫乐器。奥尔夫乐器从广义上说，指一切具有原始乐器特征的、可用简单的大肌肉动作来演奏的、易于儿童掌握的乐器，也包括一些被当作乐器来演奏的普通物体；从狭义上说，特指那些由奥尔夫机构和工厂研制出来的乐器。它分为有固定音高的音条乐器和无固定音高的打击乐器。音条乐器是木琴、钟琴、钢片琴。无固定音高的打击乐器，如三角铁、串铃、钹、响板、沙球、鼓等。它是奥尔夫在长期教学探索、研究、实验、改革的基础上研制成的特殊乐器。

奥尔夫之所以强调在教学中不用一般的钢琴、小提琴等，而采用打击乐器，主要是因为：

(1)打击乐器最易突出节奏，有利于做到"节奏第一"；

(2)打击乐器音色鲜明、富于个性和幻想性，易于激起儿童的想象力；

(3)能使儿童避免演奏技术上的负担，有利于按音乐本能作即兴演奏。

真题面对面

[2018统考，简答，5分]简述奥尔夫音乐教育思想。

答案：详见内文

四、铃木音乐教育体系的基本思想和观点

1.给儿童创造一个学习音乐的良好环境

铃木认为，才能并非取决于遗传，而是通过后天环境和教育有效的影响发展起来的。在儿童音乐才能的发展过程中，环境是第一个重要的条件。他坚信，人是受环境影响的。因此，他在教授儿童小提琴时，开始并不教儿童，只是教母亲，为的是在儿童的生活中让他每天都能感受到一个充满音乐的环境：听母亲或录音唱片的示范演奏，以此提高儿童的音乐感受性。在他看来，让孩子学习音乐，首先应该为儿童创设一个如母语学习般的环境，让美好的音乐像本国的语言一样终日围绕着儿童。这样任何儿童都能进行音乐学习，而这样的音乐学习才能更有效。由此，人们也把铃木教学法称为"母语教学法"。

2.激发儿童的兴趣

环境为儿童音乐才能的发展提供了重要的前提和条件。在优良的音乐环境下，还需要儿童付出艰苦的努力，而努力和不懈练习的动力则来自儿童积极情感的激发。培养、激发儿童的音乐兴趣，是任何行之有效的儿童音乐教育体系的共同特征，铃木体系也不例外。铃木认为，"兴趣是能力的源泉"，教育者的根本是使受教育者产生爱好。

为此，铃木又独创了颇有特色的"母亲参与法"和"集体教学法"，以母亲这一与儿童有着特殊情感关系的角色身份来充当孩子的榜样，影响、激发儿童的兴趣；并在教学中采用个别教学和集体教学同时进行的方式，既能在个别教学中针对每个孩子予以更有效的帮助，又能在集体教学中以同伴的行动来不断激励儿童的学习兴趣和热情，增加自己对儿童的自信心。

3.提倡坚持不懈、持之以恒地练习

当儿童对音乐以及乐器演奏产生兴趣以后，就要求儿童坚持不懈地、反复地进行大量练习，这是铃木教育体系的又一个重要观点。铃木认为，当儿童掌握了某一个、两个曲子以后，要不断地重复、巩固，这样不仅能使孩子的表现力更趋丰富，而且坚持不懈地练习能帮助儿童逐渐形成对音乐的快速直觉反应能力，也更有利于帮助儿童形成坚韧不拔、持之以恒的良好意志品质。当然，在儿童反复的练习过程

中，成人（教师或家长）也必须给予鼓励。他们的鼓励能大大增强儿童的自信心，激励他们付出更多的努力。

4. 注重倾听习惯和技能的培养

铃木认为，敏锐的听力和直觉反应能力是以大量倾听经验的获得为基础的。因此，倾听习惯和技能的培养是儿童音乐教育的又一主要目标。在儿童学习音乐的过程中，不仅应该培养他们学习听完整的音乐，而且要培养他们能听出音乐中的细微变化并做出相应的直觉反应，这便是倾听技能。铃木十分强调音乐学习不该从辨认音符开始，而应首先就进入到完整优秀音乐的倾听之中。通过反复倾听，在充分熟悉音乐作品的完整音响形象之后再开始进行模仿练习和表达。为此，铃木要求儿童在学习乐器演奏时，从背谱开始，加强听觉和记忆，并在反复倾听的过程中逐步学会对音响优劣的直觉判断，以及发现自己演奏中的错误，通过纠正来追求更好的演奏效果。

5. 提倡“教学六步”

铃木教学法是一种强化教育法，其教学过程可以概括为以下六个步骤：

（1）**接触**。创设良好的环境，从听觉训练入手，让儿童生活在良好的音乐环境之中。铃木曾经说过：“音乐的耳朵可以在听力训练中得到，而不是天赋或固有的，以后多练习就多出效果。它是人类的适应性在听力训练上的发展。”因此，每天为婴儿放一首简短、优美的乐曲，可以逐步发展婴儿的音乐记忆力，让儿童反复聆听，接触优秀、经典的演奏作品，可以逐渐提高儿童的鉴赏水平和演奏水平。

（2）**模仿**。选择最好的教材、教师和音响，让儿童模仿听到的优美旋律及演奏乐器的规范动作。铃木特别主张请学识渊博、感觉敏锐、道德典范的优秀人才做孩子们的教师、楷模。

（3）**鼓励**。教师、父母不断诱导、激励儿童的学习欲望。铃木认为，每个孩子的身上都存在着不可估量的潜在能力，成人的循循善诱、积极肯定能使孩子能力的幼芽茁壮地成长起来。

（4）**重复**。使儿童在鼓励之中不断重复地练习，通过强化式的训练，以达到艺术上、技术上的精益求精。

（5）**增加**。在学习新曲的同时，不间断地回到练习的出发点。几千次、几万次的旧曲练习，不仅使儿童的演奏更熟练、完美，更重要的是通过这种学新练旧、不断增加的方法培养儿童的耐力和韧性。

（6）**完善**。通过强化训练帮助儿童养成良好的习惯。铃木曾经说：“经过五千次养成的坏习惯，要用六千次矫正。”如此，应该以新的训练方法培养儿童新的行为方式，养成新的行为习惯。

五、卡巴列夫斯基音乐教育体系

考点1 主要贡献

卡巴列夫斯基是苏联著名的作曲家、钢琴家和音乐教育家。

由于卡巴列夫斯基童年音乐学习的曲折经历，使他萌发了为儿童创作音乐及改革儿童音乐教育的动机。他曾说：“教师为使孩子们喜爱音乐，首先就要让他们接近音乐，这是非常重要的事。一开始不要强制儿童做一些会让他们远离音乐的练习。”从最初只是为了让某些勉强学音乐的孩子产生对音乐的良好兴趣为目的，到最终改革苏联儿童音乐教育，创建符合时代要求及儿童音乐心理发展规律的教学体系，卡巴列夫斯基倾注了毕生的精力和心血。甚至在70岁高龄时，他毅然辞去莫斯科音乐学院教授的职务，深入基础音乐教育的第一线亲自任教，并主持了国家教育部成立的“音乐实验室”工作，编写了新的音乐教学大纲（以下简称“新大纲”）。新大纲以其丰富的教学内容、科学的教学方法、先进的音乐教育思想以及深入的实践性取得了巨大的成功，不仅得到苏联音乐教育界和社会舆论的高度评价，而且引起了国际音乐教育界的关注。

卡巴列夫斯基同时也是一名优秀的艺术创作家。他不仅创作了在当时苏联乐坛极负盛名的一系列歌剧、清唱剧、交响曲及不同形式和体裁的音乐作品；还创作了大量的儿童钢琴作品，如《30首儿童小品》《24首儿童简易小品》《35首儿童简易小品》等。这些作品内容丰富，风格简朴，谱面浅易，节奏明快，受到儿童的普遍喜爱。在音乐教育理论研究方面，他的《音乐科的基本理论》《三只鲸鱼与音乐的对话》《苏联音乐教育的思想基础》《智慧和心灵的培养》等专著都获得了很高的声誉。

考点 2 《苏联普通学校音乐教学大纲》及其特点

卡巴列夫斯基十分推崇苏霍姆林斯基的教育思想。他把苏霍姆林斯基的“音乐教育——不是培养音乐家，首先是培养人”这一教育观作为新大纲的题词。他认为，对于音乐，道德内容是它的灵魂。在新大纲中，卡巴列夫斯基不仅十分注重儿童音乐能力的发展，而且更注重美育和思想品德方面的教育。他将音乐教育作为培养完善人格和良好精神风貌及个性的有效手段和方式，并以此作为新大纲的核心和指导思想。卡巴列夫斯基的新教学大纲有以下几个特点：

1. 将“三个支柱”观点作为新大纲的基本要素

所谓“三个支柱”，源于古希腊的神话，传说地球由三条鲸支撑，卡巴列夫斯基以此比喻歌唱、舞蹈、进行曲三种音乐形式就像支撑地球的三条鲸一样，构成了新音乐教育的基本因素，而其他因素则是这三种基本因素的变体。由此，新教学大纲就以这三个基本要素为主线进行平行和交织展开。

“三个支柱”的观点不仅形象生动，而且对儿童来说，是易于理解且可能接触过的体裁和形式。当然，这里所说的歌唱、舞蹈、进行曲这三种基本要素并不是狭义的概念，不仅仅指这三种形式本身，而是指包含一切歌唱、舞蹈、进行曲要素的音乐。用这些音乐材料可以发展儿童的记忆、听觉及节奏感，所以，新大纲以“三个支柱”为主线，能够循序渐进、不断深入地发展，以形成一个完整的教学体系。

2. 把用音乐吸引孩子作为儿童音乐教育的根本问题

卡巴列夫斯基认为，如果教师自己热爱音乐，并能够在教学中创造出良好的教学氛围，唤起儿童对音乐美的感知，使儿童在生动活泼、充满音乐之美的环境中学习音乐，那么，很可能会使孩子们今后永远热爱音乐。为此，他在新教学大纲中提出应避免一开始就教儿童某些基本乐理规则或重复某种技能练习，而应在愉快的教学气氛中，让儿童通过聆听和表演音乐的活动，在亲身的音乐实践和体验中感受和理解不同的音高、音值、力度、速度、旋律及它们不同的表现力和表现手段。

3. 利用音乐本身的特殊规律和特点作为教学原则之一

卡巴列夫斯基认为，新大纲的精髓在于研究教师应当教什么和怎么教。教师不能过分依赖心理学、生理学和社会学的一般知识，而必须注重利用音乐本身的规律和特点来对儿童进行教育。为此，卡巴列夫斯基在新教学大纲中提出这样一种教学原则，即通过音乐课在孩子们心中唤起对音乐美的感知，将此作为一种艺术、一种修养，而不是当作“餐桌上的佐料”，不是消遣而是生活中重要的一个部分。新大纲中的内容和方法都是以音乐本身的规律和特点展开并实施的，它体现了音乐的特殊性和内在规律性，并以此帮助孩子们获得良好的感知和思维能力。

4. 注重教学内容的相对独立性和内在连续性

新大纲是以专题的形式来编排的，每个专题有相对的独立性和完整性，同时也保持了内容的统一性和循序渐进式的内在连续性，使歌唱、乐理、欣赏等音乐课的各组成部分有机地统一起来。例如，为了保持从幼儿园到一年级的连续性，新大纲中保留了一些与律动有关的游戏歌曲，教师可以此为素材在教学中进行创造性的发挥。同时，教学中注意鼓励儿童迁移，依靠熟悉的音乐来掌握新的音乐材料，既体现出循序渐进的原则，符合儿童音乐学习的特点，也保持了内容的连续性和统一性。此外，教师还可以在教学中随机应变地加以调整，也可采用分组教学的办法。总之，把教学的一切因素统一起来，服从于一节课、一学期、一学年的课程主题目标，从中使每个专题的内在逻辑得到充分的发展。

六、综合音乐感教育体系

综合音乐感是20世纪60年代产生于美国的音乐教育流派。所谓音乐感，就是对音乐有正确的理解，并能把所理解所感受的东西充分表达出来的能力。“综合音乐感”，也即“综合音乐素质”，是对儿童进行音高、力度、音色、节奏、曲式等方面素质的综合培养。力度方面，进行强弱的听辨能力的培养；音高方面，进行不定音高及相对音高的听辨能力的培养；节奏方面，进行拍率能力的培养；音色方面，进行音色表现方面选择能力的培养；曲式方面，进行全面的听觉方面的设计以及能听出曲子的结构的培养。

“综合音乐感”教学法是一种注重发掘儿童创造力的教学法，强调以儿童为主体。教师引导儿童主动地去探索、去发现、去创造，不断挖掘、发展儿童潜在的创造能力。它以听觉为探索的工具，通过自由探索、引导探索、即兴创作、有计划即兴创作和巩固概念五个教学环节及听觉、演出、指挥、创作、分析和评论估计六个方面的教学活动训练，锻炼儿童多方面的能力。

七、我国近现代儿童乐教思想

1. 康有为

康有为，我国近代资产阶级改良派领袖。他首次设想了从人本院（实施胎教的专门机构）到育婴院、慈幼院（实施婴幼儿教育的专门机构）的整套学前公共教育体系。他主张在人本院中，要让孕妇能经常听到音乐，能自由地演唱或演奏音乐；在育婴院及慈幼院中，要让婴幼儿学唱充满仁爱之心的歌曲。可见，将音乐作为胎教和幼教的重要内容，并强调其德育的功能等我国乐教的传统，在当时继续得到了继承和发扬。

2. 蔡元培

蔡元培，近代资产阶级教育家，我国近代美育体系的创始人之一。作为中华民国的第一任教育总长，在创立资产阶级新教育体制的过程中，他不仅提出了“五育并举”的教育方针（军国民主义教育、实利主义教育、公民道德教育、世界观教育和美育），大力宣传和提倡美感教育，还在教育部的文件中明确强调了音乐教育的作用，并规定了各级各类学校开设音乐课的要求、内容及课时。在儿童音乐教育方面，他也主张从公共的胎教院和育婴院入手，并具体提出学前儿童音乐教材的选取标准：刺激性太强的、萎靡不振的、太复杂吵闹的……都不宜选取。他还提出：只有将学校、家庭和社会的审美教育相互结合起来，美育才能充分发挥其“情感陶冶”的作用。

3. 陶行知

陶行知，现代人民教育家。在他倡导的生活教育理论中，健康生活、劳动生活、科学生活、艺术生活、改造社会生活等五大生活领域共同构成了一个不可分割的整体。作为一个教育家，他不但在理论上主张要把艺术教育当作对学生进行思想教育的重要武器，而且身体力行地深入民间采集山歌、小调，创作了许多具有鲜明民族特色的教育歌曲。其中最为有名的是为晓庄学校谱写的校歌《锄头舞歌》。

抗日战争期间，他还亲自组建了一些儿童文艺团体开展抗日宣传活动。在他创办的育才学校里，就设有音乐、美术、舞蹈、戏剧、文学五个文艺组织，培养了一大批革命的文艺工作者和优秀的艺术教育工作者。

4. 张雪门

张雪门，现代儿童教育家。他十分重视音乐对儿童的教育作用，也十分注重音乐美本身对儿童心灵影响的价值。在音乐价值方面，他认为：不应该过分强调对部分技术形式上的熟练掌握（即技术应该与思想情感的交流融为一体），也不应该把音乐仅仅当作哲学或道德教育的工具来看待（即思维与伦理教育应该与审美情感体验融为一体）。在音乐作品选取方面，他主张：音乐教材要与儿童的生活有关，要有民族性，要简单而完美，适合儿童的需要与能力，容易引发儿童的情感共鸣。在师幼互动方式方面，他强调：要给儿童更多的自己体验、自由发表和自由创作的机会；不应该为了追求形式上的成绩而勉强儿童单纯地机械模仿教师的范例。在课程与教法方面，他指出：在教学中，应该首先引发儿童对音乐做出反应的内部需要，激起儿童学习音乐的主动性；在考虑安排倾听音乐机会的同时，还要考虑安排儿童倾听自然和生活中各种声音的机会，以增加儿童听觉的敏感性；在欣赏和辨认音乐性质的活动中，可以向儿童提供两种以上的不同视觉形象，使之与音乐相对照。

5. 陈鹤琴

陈鹤琴，现代儿童心理学家、儿童教育家。他在1927年发表的《我们的主张》一文中，将“幼稚园应当特别注重音乐”列为15条主张之一。在音乐价值方面，他认为：音乐的真正价值，在于我们和音乐接触，可由节奏的美，使肉体和精神起共鸣共感，而表现节度的行动；由和声的美，使人感到调和统一，而养成调和性；再由旋律的美，使人感到永久的统一，而养成统一性。我们要凭着音乐的生气和兴味，渗透到儿童的生活里面去，使儿童无论生活、工作、学习或劳动的时候，都能有意志统一、行动合拍、精神愉快的表现，使儿童的生活音乐化。据此，他又进一步明确指出：由内心而歌的精神活动是第一重要的意义，突出技术的重要性、强迫儿童学习特殊的音乐技术是很不合理的。在音乐教材方面，他认为：最优良的教材应该是取自儿童的生活经验；应该是能够与他们所学习的各项科目取得相互联系的。在教育途径方面，他主张要使家庭音乐、学校音乐、社会音乐融为一体，从而使儿童的整个生活达于音乐的境界。为了使自己的儿童音乐教育理念最终能够得以落实，他还亲自从世界经典音乐曲库中翻译、选编了供幼稚园教学使用的歌曲、律动曲和打击乐器演奏曲集。

第四节　学前儿童音乐能力的发展阶段与特点

一、学前儿童歌唱能力的发展　【单选】★★

考点1　3～4岁儿童歌唱能力的发展

这一年龄阶段的儿童对音乐的表现欲望和能力正在增强，表现在他们对歌唱活动的兴趣大大加强了，特别是对富有戏剧色彩、生动活泼、情绪热烈的歌曲很是喜欢，还喜欢歌曲中的重复部分。

1. 歌词方面

在歌词的表现方面，虽然三岁左右儿童的语言发展有了很大的进步，已经能够完整地掌握比较简短的句子或较长歌曲中的相对完整的片段，但是由于这一阶段儿童认知发展方面的局限，他们对歌词含义的理解还存在一定的困难，加之听辨和发音能力还比较弱，所以他们碰到不理解的字词，往往吐字不清。

2. 音域方面

3～4岁儿童歌唱的音域一般为c^1～a^1（即C调的1～6），其中唱起来最舒服、最轻松的是在d^1～g^1之间（即C调的2～5），但学前儿童的音域发展存在很大的个体差异：音域稍宽的儿童偏高可达到c^2，偏低可唱到a，而音域偏窄的三岁儿童仅能唱出三个音左右。

3. 旋律方面

在旋律的感知方面，这一年龄阶段儿童存在着差异性和不精确性，最明显的表现就是“走音”现象。有相当一部分儿童的音准有问题，往往不能准确地唱出歌曲旋律，唱歌如同“说歌”。在没有乐器伴奏的情况下或是在独立歌唱时这种走调、没调的情况尤为严重。当然，这种现象的发生可能是歌曲音域过宽、音调过高或过低、旋律太难等因素所致。

4. 节奏方面

在节奏方面，3～4岁的儿童基本上能做到比较合拍地歌唱，尤其是对于步行、跑步、心跳、呼吸等相协调的节奏——四分音符、八分音符所构成的歌曲节奏更易感受和掌握。

5. 呼吸方面

3～4岁的儿童由于肺活量较小，呼吸较浅，对气息控制的能力还没有很好地发展起来，因此往往不能根据乐句的需要来换气。有的儿童会一字一换气、一字一顿地歌唱，有的则一句歌词没唱完就换气，常常因换气而中断句子、中断词意(一般会在强拍后面或时值较长的音后面自由换气)。

6. 其他方面

在歌唱的其他表现技能方面，3～4岁的儿童能够在成人的引导下，特别是在幼儿园良好教育的影响下，对已经熟悉和理解的歌曲，以速度、力度、音色等较明显的变化来表现歌曲。

在集体歌唱时的合作协调性方面，3～4岁的儿童还不会相互配合，常常是你超前，我拖后，个别孩子声音特别响。但在进入幼儿园以后的一段时间，到小班后期，儿童基本上能懂得在音量、速度、力度、音色等方面与集体相一致，能够通过改变声音的强弱、快慢、音色等来表现歌曲，初步体会到集体歌唱活动中协调一致的快乐。

考点2 4～5岁儿童歌唱能力的发展

歌词方面	这一年龄阶段，儿童掌握歌词的能力有了进一步的提高，一般都能比较完整、准确地再现熟悉的歌曲中的歌词，而且对歌词的听辨、理解、记忆和再认能力有了很大的提高，唱错字、发错音的情况有了较大的改变。
音域方面	4～5岁儿童歌唱的音域较以前有了扩展，一般可以达到c^1～b^1（即C调的1～7），但在个别儿童身上仍有很大的差异。
旋律方面	由于这一年龄阶段儿童接触的歌曲日益增多，他们对旋律的感知、再认能力逐步提高，音准把握能力有了进步。在乐器或录音的伴奏下，大多数儿童能基本唱准旋律适宜的歌曲。
节奏方面	在节奏方面，随着儿童听觉分化能力的逐步提高，这一年龄阶段儿童对歌曲节奏的把握和表现能力得到了较大的发展。他们不仅掌握了四分音符、八分音符的歌曲节奏，还能够比较准确地再现二分音符的节奏，甚至带符点的节奏。

呼吸方面	4～5岁儿童对嗓音的控制能力有了进一步提高，能够逐步学会使用较长的气息，一般都能够在教师的指导下学会按乐句和情绪的要求换气，中断句子、中断词义的换气现象有明显的改进。

其他方面	这一年龄阶段，在演唱、表现歌曲时，能够比较细致地表达出歌曲在力度、速度等方面的变化，且比小班儿童表现得更为准确。

考点 3 5～6岁儿童歌唱能力的发展

1. 歌词方面

这一年龄阶段，儿童在歌唱的技能和水平上有了较显著的提高。首先表现在随着语言的发展，他们能记住更长、更复杂的歌词，对词义的理解能力也进一步提高，在歌词的发音、咬字吐字方面表现得更趋完善。

2. 音域方面

5～6岁儿童歌唱的音域基本上可以达到 $c^1 \sim c^2$（即C调的1～$\dot{1}$），个别儿童甚至更宽。

3. 旋律方面

随着儿童歌唱经验的不断积累，5～6岁儿童的旋律感，特别是音准方面的进步更为明显。他们不仅能容易地掌握小三度、大三度、纯四度、纯五度音程，比较准确地唱出旋律的音高，而且对级进、小跳、大跳不会感到太大的困难。这时，儿童已经初步建立了调式感。

4. 节奏方面

5～6岁儿童不但能准确地表现四二拍和四四拍的歌曲节奏，同时对三拍子歌曲的节奏及弱起节奏有了一定的理解和掌握，而且能够较好地掌握带附点的节奏和切分节奏歌曲的演唱。

5. 呼吸方面

这一年龄阶段，儿童气息保持的时间较以前延长了，能够按乐曲的情绪要求较自然地换气，同时歌唱的音量较以前有了明显的提高。

6. 其他方面

5～6岁儿童歌唱的表现意识得到了更进一步的加强，表现在：歌唱的声音表情更趋丰富，能够表现出同一首歌曲中的强弱快慢，能较好地唱出顿音、跳音、保持音及连音，并且能尽力把不同的情绪情感体验通过音色、节奏、速度、力度上的对比变化用歌声生动细致地表达出来；在集体歌唱时，协调一致的能力也大大加强了，不仅能与集体同时开始、同时结束演唱，而且会听前奏、间奏，还对对唱、小组唱、轮唱、合唱等不同的演唱形式产生了兴趣。这一年龄阶段的儿童具有一定的创造性歌唱的表现意识，他们不仅能积极参与创造性歌唱的表现活动，而且会努力地使自己的表现与众不同，其创编歌词、创编即兴小曲的能力得到了进一步提高。

总之，随着儿童年龄的增长及歌唱活动经验的不断积累，他们对歌唱活动的积极态度和初步的兴趣爱好逐渐得到巩固，歌唱的技能进一步得到发展，对歌曲结构的感受也日趋合理、完善。能够从音高轮廓飘忽不定到准确地再现音高，音域从窄到宽，节奏从单调、散漫到丰富而有组织，调式感从模糊不定到准确……各方面的能力和表现都随着年龄的增长、环境的变化、教育的引导及各种内、外部因素的共同影响而逐渐地向更合理、更完善的方向发展。

考点 再拔高

▼ 舒特—戴森归纳的儿童音乐能力发展的一般年龄特征

0～1岁：对声音做出各种反应。

1～2岁：自发地、本能地"创作"并唱歌。

2～3岁：开始能把听到的歌曲片段模仿地唱出。

3～4岁：能感知旋律轮廓。如果此时开始学习某种乐器的演奏，可以培养绝对音高感。

4～5岁：能辨别音高、音区，能重复简单的节奏。

5～6岁：能理解、分辨响亮之声和柔和之声；能从一些简单的旋律或节奏模式中辨认出相同的部分。

6～7岁：在唱歌的音高方面已较为准确；明白有调性的音乐比不成调的音的堆砌好听。

7～8岁：有鉴赏协和音和不协和音的能力。

8～9岁：在唱歌和演奏乐器时，节奏感比以前有明显的提高。

9～10岁：节奏、旋律的记忆改善了，逐步具有韵律感；能感知两声部旋律。

10～11岁：和声概念建立，对音乐的优美特征已有一定程度的感知和判断能力。

12～17岁：欣赏、认识和情感反应能力均逐步提高。

二、学前儿童韵律活动能力的发展 【单选】★★

考点 1 3～4岁儿童韵律活动能力的发展

三岁以后，儿童的动作逐步进入了初步分化的阶段。大多数儿童都能自如地运用手、臂、躯干做各种单纯动作，如拍手、摆臂、跺脚等，但由于受神经系统协调性发展的局限，其平衡及自控能力还较差，特别是腿部力量较弱，脚掌缺乏一定的弹性，身体左右摇摆比较大，所以对幅度较大的上肢动作易于掌握，对下肢肌肉力量及弹性要求不是太高的单纯移动动作，如小跑步、小碎步等较易掌握，而对跳跃动作及上、下肢联合的复合动作掌握起来还有一定的困难。

随着儿童动作发展中分化的逐步精细，其动作的协调程度以及对动作的速度、幅度等表现能力会逐步发展起来，并显出一定的可塑性。美国的吉尔伯特曾在1981年做过一项研究，发现儿童最基本的动作形式出现在五岁之前，五岁以后一般仅仅是技能的稳定。从这项研究成果中，我们至少可以得出这样的启示：帮助儿童开发必需的动作表现技能和能力，是学前儿童音乐实践活动的一个重要部分。

这一年龄阶段的儿童与婴儿相比，利用动作来表现音乐的体验更丰富了。他们基本学会了流畅、准确地随音乐做动作。由于认知能力以及肌肉控制能力的进一步发展，他们的动作认知进入了一个新的发展阶段，这表现在其动作的协调性（指动作与音乐协调一致）也逐步发展起来。三岁初期，儿童听到喜爱或熟悉的音乐时，往往会自发地跟着音乐踏脚、拍手，但这种身体动作并不能做到完全合拍。因此，成人只能相应地选择适宜的音乐速度以适应儿童的动作。随着儿童音乐活动机会的增多，特别是经过幼儿园良好的教育，儿童会逐步发展到根据音乐的特点，努力使自己的动作与音乐节奏相一致，使动作的速率逐步变得均匀，但这种均匀性往往又表现出不稳定的特点，很难在长时间里保持。

3～4岁儿童在韵律活动中的动作表现往往是以自我为中心的，他们还不善于运用动作与同伴配合、交流、共享。但他们在动作的创造性表现方面有了初步的意识和发展。他们能根据音乐性质的变化，用相应的动作来表达自己的感觉：如音乐速度快，则动作加快；音乐连贯、平衡，则动作缓慢、平稳。同时，他们还能用自己想出来的动作来模仿、表现日常生活中所熟悉的具体事物，如动物、植物、交通工具等，用动作来表

第七章

达自己的情感体验。

考点 2 4～5岁儿童韵律活动能力的发展

这一年龄阶段儿童的动作发展有了明显的进步，身体大动作及手臂动作得到了很好的发展，且走、跑、跳的下肢动作也逐步得到提高，能够比较自由地做一些连续的移动动作，如跳步、垫步等，而且平衡能力及动作的控制能力有所加强，上下肢联合的复合动作也逐步地发展起来了。

在发展复合动作的同时，4～5岁儿童动作的协调性也有了进一步的提高。这不仅表现在能够合拍地跟着音乐节奏做动作（四二拍或四四拍），而且与音乐相协调的动作显得更为自如，不再像以前那样紧张、僵硬，其节奏的均匀性、稳定性也更加明显。同时，儿童还能够在同一首音乐的转换处以不同的动作节奏加以表现。

在动作表达的过程中，这一年龄阶段儿童开始注意运用动作与同伴进行合作、交流。例如，在集体的韵律活动中，他们会自己寻找一块比较空的位置，不与别人碰撞而共享空间；会主动地邀请同伴共舞；还会与同伴合作表演动作（如两个孩子一起表现袋鼠妈妈和小袋鼠相亲相爱的动作等）。在创造性表现方面，随着儿童认知能力的发展、情感的逐步丰富和深化及动作语汇和动作表达经验的不断积累，他们开始尝试用一些基本的舞蹈动作来进行简单的创编。虽然这种创编需要教师较大程度的提示和整理，但是，儿童主动创编的意识和积极调动并运用已有经验的能力明显地得到了肯定和发展。

考点 3 5～6岁儿童韵律活动能力的发展

5～6岁儿童的动作进一步分化且更精细：身体、躯干动作→手臂→手腕→手指动作。且动作的自控能力更强。他们可以自如地变化上、下肢动作的速度及幅度，并且能够做更复杂的上、下肢联合动作，如采茶的动作，需要同时协调手臂、手指、头部、眼睛、腰部及脚的动作；可以掌握更为复杂的连续移动动作，如秧歌十字步、踵趾小跑步、跑马步等；可以做有腾空过程的简单动作，保持重心及平衡的能力有进一步的提高。

在韵律活动中，随乐性水平有了更明显的提高。这不仅表现在能够自如地、熟练地表现音乐的节奏、节拍，而且能对比较复杂的节奏做出反应，如附点节奏及切分节奏、三拍子的节奏等。另外，用较灵敏的动作反映音乐的速度和力度变化的能力也有所提高。

5～6岁儿童在韵律活动中的合作协调意识越来越明确，合作协调的技能也越来越强，并开始主动追求与同伴一起参与韵律活动的快乐。他们能够用动作、表情和眼神学会与同伴交流、合作，同时更多地发挥出自身用动作语汇创造性表现音乐的积极性。同样的音乐、同样的主题内容，他们会努力地运用已有的表达经验创造尽可能与别人不同的动作。

总之，学前儿童韵律活动能力的发展是受生理器官和心理过程相互作用的影响，并且对于每一个发展个体而言，体现出较大的层次类别和表现差异，由此提示我们：针对不同年龄层次、不同发展水平、不同个性差异的儿童进行循序渐进地引导和教育，可以更好地帮助儿童逐步积累一定的艺术动作语汇，使他们体会并享受用基本的动作语汇进行自我表达的乐趣。

三、学前儿童打击乐演奏能力的发展

考点 1 3～4岁儿童打击乐演奏能力的发展

儿童三岁以后，特别是进入幼儿园后接触了一些特制的打击乐器，如小铃、响板、串铃、铃鼓等，使他们对乐器演奏的兴趣得到较大的满足。在老师的引导下，他们一般能学会较简单的演奏技能（如敲木柄小铃，双手各持一个，相互轻碰；敲响板，一手将响板托于掌心，另一手自上而下轻拍响板；敲铃鼓，

一手持铃鼓，用另一手轻拍鼓面等）。但是，由于他们的小肌肉尚未完全发育，对乐器的操作能力、探究能力受到一定的影响。

对于3～4岁的儿童来说，在演奏过程中使奏出的音响与音乐协调一致是有一定困难的。因为儿童获得的演奏经验是有限的、零碎的，而且其随乐意识较差，所以部分孩子往往只陶醉于摆弄乐器而游离于音乐之外，抛弃了演奏的要求。这也就很难用准确的节奏、适宜的音色来表现音乐了。

我们知道，打击乐演奏活动更多地体现为一种集体的活动形式，且对活动中各声部之间的合作协调要求很高。对于3～4岁儿童来说，他们的动作发展、自控能力较差，因而要体会集体奏乐活动中各声部之间的相互配合和协调有一定的困难。但是，让孩子通过同一种乐器的演奏，初步体会到与别人同时开始、同时结束的基本合作要求还是切实可行的。

虽然儿童的演奏技能及随乐水平都尚不完善，但这一年龄阶段的儿童已早早地表现出演奏活动中初步的创造性表现，如听到《大雨和小雨》这首熟悉的歌曲，孩子们会建议用铃鼓的音色表现大雨，用小铃的音色表现小雨，以不同力度的演奏来体验、表达大雨和小雨。这种联想、想象和创造性表达，能让儿童体会到主动参与音乐的极大满足和愉悦。

考点 2 4～5岁儿童打击乐演奏能力的发展

这一年龄阶段的儿童，在乐器的操作和演奏技能方面较小班儿童有了较大的进步：他们不仅能模仿成人（如教师）的演奏方法，并且开始探索同一种乐器的不同演奏方法，如铃鼓的晃、摇，沙球的震、击等，还能掌握演奏技巧稍高的一类打击乐器。在乐器演奏的过程中，他们对乐器音色、力度、速度的调整和控制能力也有所提高。

随着听觉分辨能力的进一步分化和精细，4～5岁儿童的随乐意识能力有了很大的进步。大多数儿童能够基本合拍地随音乐演奏（四二拍、四四拍或四三拍）。

4～5岁儿童在合作协调性方面表现出这样的发展特点：不仅能够与同伴同时开始和同时结束演奏，而且能在2～3个不同声部的演奏配合中处理好自己声部与其他声部之间的协调关系，特别是这一年龄阶段儿童在打击乐演奏活动中看指挥、理解指挥手势含义的能力有所发展。他们不仅懂得在演奏过程中要始终注意指挥的手势，而且也能够以指挥的手势含义来调整自己的乐器操作和演奏。随着打击乐集体演奏活动经验的不断积累，儿童能够在教师的提示、引导下，用一些基本的节奏型语汇来创造性地表达音乐。

考点 3 5～6岁儿童打击乐演奏能力的发展

这一年龄阶段的儿童使用和掌握的打击乐器种类更多，能力也更强。除了上述的乐器之外，他们还能演奏一些使用小肌肉操作的乐器，如三角铁及用手腕带动的乐器，像双响筒等。对于同一种乐器，其演奏的方法也更丰富、细化，如用捏奏法演奏响板等。在演奏过程中，他们也更注意调整自己的演奏方式和用力方法，有意识地适当控制音量和音色。

在注意演奏音量的同时，他们还能够更多地关注到演奏活动的“背景”——音乐，能始终与音乐的节奏、节拍相一致，同时对音乐节奏的表现能力也更强。除了四二拍、四四拍、四三拍的音乐之外，这一年龄阶段的孩子还能够比较准确地演奏有附点节奏和切分节奏的曲子及结构相对复杂的歌曲，且努力使自己的演奏与音乐的速度、力度等表现手段相一致。

5～6岁儿童在打击乐演奏活动中的合作协调能力也得到了很好的发展。他们能够在较多声部的合奏过程中主动地调节好自己声部与其他声部间在节奏、音色、速度、力度上的合作要求，不仅能准确地演奏自己的声部，而且也能主动地关注整体效果。再者，他们对指挥手势的暗示理解也较明确，甚至能学会看指挥的即兴变化来调整自己的演奏，还能与同伴以体态表情进行情感交流。在创造性方面，他们表现得更为主动和积极，不仅能积极地参与讨论为乐曲选配合适的节奏型的配器方案，还能自发探索音乐和打击乐器的制作，以及大胆地尝试参与即兴指挥等。

四、学前儿童音乐欣赏能力的发展 【单选】★★

考点1 3～4岁儿童音乐欣赏能力的发展

三岁左右的儿童，已经从周围生活环境中获得了较多的倾听体验和习惯，并且开始逐步自发地集中听他们所喜欢的音乐并分辨它们。虽然这一年龄段的孩子还不容易理解音乐作品的不同情绪性质，但是当他们感受到不同性质的乐曲时，却能随着音乐做出动作反应。比如，听到宁静的摇篮曲，他们会自然地晃动身体；而听到有力的进行曲，则会不由自主地踏步。可见，孩子已经有了对音乐情绪性质的初步感受。

理解是音乐欣赏的重要基础和保证，这既包括对乐曲情绪、风格的理解，也包括对乐曲所表达的内容，以及乐曲结构和表现手法的理解。3～4岁儿童的音乐理解能力是十分有限的。虽然他们能对生动形象、节奏鲜明的乐曲有所反应和感受，但不一定能完全理解。这一年龄阶段儿童的音乐理解能力是随着他们认知、思维能力的逐步发展及音乐活动经验的不断积累而逐步发展的。一般说来，到小班末期，儿童在幼儿园良好的教育影响下，能学会借助于想象、联想来理解性质鲜明的音乐情绪，并产生一定的共鸣；但对于乐曲基本表现手段的感受和理解则有一定的困难，特别是对音色、节奏、旋律等的差别常常不能很好地区分。

儿童在欣赏音乐的过程中，总是以他们的表情、动作或语言来对音乐做出相应的反应。因而，欣赏音乐的能力与儿童的创造性表现是紧密相关的。3～4岁儿童受其生理、心理发展水平的影响，对音乐作品的感受和理解还很不完善，记忆也不太精确，所以尚不能用语言较好地表达对作品的感受。他们常用的创造性表现手段往往就是身体动作，即尽量用自己想出来的、与他人不同的动作来表现音乐。

考点2 4～5岁儿童音乐欣赏能力的发展

4～5岁儿童听辨的分化能力有所提高，逐渐能辨别声音的细微变化，表现在倾听、欣赏音乐的听辨能力、感受能力进一步增强。他们一般已能欣赏内容较为广泛、性质风格多样的音乐作品，如舞曲、进行曲、摇篮曲等。他们往往能够通过教师专门组织的音乐活动，初步感受到乐曲的结构，听出乐段、乐句之间的重复(如感受简单的三段体ABA结构)，以及乐曲在情绪性质上的明显差异。

随着儿童思维、想象的进一步发展，4～5岁儿童对音乐的理解能力也在不断地发展。这一时期的儿童已能基本理解音乐所表达的情绪和情感，并由此产生一定的想象、联想。当然，这种理解能力通常表现为对歌曲及有标题的器乐曲的理解。儿童已能借助于歌词及已有的生活经验、音乐经验来基本理解音乐所表达的音乐形象，但对于较为复杂的、没有标题的纯器乐曲的理解还有一定的困难。

4～5岁儿童在音乐欣赏过程中的创造性表现能力也在不断增强。他们基本上会用比较自由、多样的手段对音乐进行创造性的表现，并且在表现过程中努力追求表现的独特性、创造性。

考点3 5～6岁儿童音乐欣赏能力的发展

这一年龄阶段儿童对音乐的感受和理解能力都有了更大的进步。随着他们音乐经验的不断丰富，其听辨能力更强了，能从对音乐的粗略区分发展到比较细致的区分，而且能感受、辨别较为复杂的器乐曲的结构、音色及情绪风格上的细微差别。同时，他们能够对音乐形象鲜明的同类音乐作品进行分析

和归类，并且用语言来表达音乐感受的能力也增强了，能结合想象和联想用较完整的语言或一定的故事情节描述音乐。另外，5～6岁儿童对纯器乐曲的理解能力也进一步增强，他们能在辨别、理解音乐作品的速度、力度、音色、节奏等表现手段变化的过程中进行大胆的想象和联想，并找出充分的理由。

5～6岁儿童在音乐欣赏过程中的创造性表现，不仅体现在创造性表现的意识更加积极主动，还体现在创造性表现的形式更加丰富多样，如身体动作、嗓音表达、语言描述、图片再现等。同时，创造性表现的成果也更为显著。

由此可见，伴随着儿童年龄的增长以及音乐体验活动的增加，儿童对音乐中音调和节奏变化的敏感性，以及对旋律的感知、记忆、理解、想象、表达等能力都在不断发展和提高。

第五节　不同类型学前儿童音乐教育活动的设计与组织策略

一、学前儿童音乐教育活动的组织形式

所谓专门的音乐教育活动，是指由教师根据学前音乐教育的目标和任务，有目的、有计划地安排专门的时间和空间场地，选择以音乐为主的课题内容和材料，组织全体儿童参加的活动。

专门的音乐教育活动

所谓渗透性的音乐教育活动，是指除专门的音乐教育活动以外，随机、灵活地蕴涵、渗透在儿童的一日生活及其他教育活动之中的丰富多样的、“隐性”的音乐教育活动。

渗透性的音乐教育活动

二、学前儿童音乐教育活动的设计与组织策略

考点 1　学前儿童歌唱活动的设计与组织

歌唱能力的发展主要包括：歌词、音域、节奏、音准、呼吸、情感体验与表达、独立性、合作性以及创造性九个方面。理想的音乐教育能够全面地促进这些方面的发展，使儿童能够舒适地、有理解力地和有感情地歌唱。

1. 幼儿园歌唱材料的选择

歌词的选择	曲调的选择	歌曲的总体选择
内容与文字有趣并易于儿童记忆和理解；歌词内容富于爱、富于美、富于想象、富于教育意义；歌词的形式与内容应适于用动作表现	音域较狭窄；节奏较简单；旋律较平稳；结构较短小工整；词曲关系较简单	体现纯真性、思想性、艺术性，以及内容、形式、风格等方面的丰富性和多样性

2. 幼儿园歌唱活动的导入

导入方法	适用情况
动作导入	适应于词曲简单、多重复，歌词内容直接描述动作过程的或比较富于动作性的歌曲
歌词创编导入	适应于歌曲内容简单、多重复，歌词的语法结构清晰、单纯，具有某种语言游戏性质的歌曲

续表

导入方法	适用情况
情境表演导入	适应于歌词内容所表现的是可以"一目了然"的情境或事件的歌曲
故事讲述导入	适应于歌词内容稍偏重表现情境或事件发展的细节，更适合使用讲故事的方法来让儿童接受的歌曲
歌词朗诵导入	适应于歌词中的词语及逻辑顺序比较细致、复杂，而情境性、故事性又不够明显，不适合儿童整体、直觉把握的歌曲
游戏导入	适应于传统音乐游戏中伴随游戏边玩边唱的歌曲
填充参与导入	适应面比较窄，一般比较适合歌曲中含有不断重复出现的简单而特点鲜明的词曲
副歌前置导入	主要适应于带有副歌的、比较大型的歌曲作品
无意义音节玩唱导入	适应面较广，使用的目的主要是增加情趣和降低困难，但使用不当也会造成"适得其反"的效果
直观形象导入	使用得当可以起到激发情趣、增进理解、帮助记忆的效果

3. 发展儿童的歌唱能力

（1）共鸣位置与歌唱的美好音色

帮助儿童获得正确的共鸣位置和美好自然的声音的方法主要有：

①教师和儿童同伴的正确榜样——口腔共鸣和向前唱；

②轻声入手，养成有控制的情感表达习惯；

③从较高音区开始，从上逐渐向下唱。

（2）咬字、吐字、气息与歌唱的情感表达

帮助儿童获得清晰准确的表现内容和富于感染力的情感表达，其方法主要有：

①教师和儿童同伴的正确榜样——自然而认真地唱准"字头""字腹""字尾"，自然而认真地唱好"逻辑重音""情感重音""句首重音"；

②从情感体验入手，由内向外、以情带声，身体自然参与体验和表达；

③教师从歌曲情感分类分析入手，结合歌曲的情感表达分别指导儿童唱好"连音""跳音""重音""保持音"等基本演唱方法。

④教师的伴奏以及讲解、指示语言具有良好的情绪感染性。

4. 发展儿童的创造性

（1）创编新歌词

在创编新歌词的教学活动中一般应该注意：

①选择简单、多重复、适于儿童创编的歌曲；

②只教授一段歌词作为创编的样板；

③预先做好必要的知识准备，以保证活动具有良好的创造气氛和审美气氛；

④创编中应注意集体参与创编和歌唱的密度，以保证活动中大多数儿童都有机会动脑、动口、动手；

⑤创编中应注意控制好编唱时间的长短，以保证儿童在活动结束时余兴未尽；

⑥创编中应注意适当强调创编结果的个人独创性和审美性，以保证编唱的结果能够给儿童留下美好的印象。

学前儿童的歌词创编基本上是一种替换词的形式。歌曲多为简单而多重复的歌曲，歌词一般为儿童所熟悉和理解，且较易记忆和替换。但是，不同年龄段儿童的歌词创编活动存在一定的差异：一般为小班儿童所选的歌曲应富于较强的形象性，每段歌词中往往只含一种形象，而且词句中有较多有规律的重复，较便于儿童记忆。创编时，只要求儿童改变个别歌词，用新词替换原歌曲中的相应歌词。在为中、大班儿童选择歌词创编的歌曲时，可以适当增加歌曲中需替换和改变的成分，同时歌词的表现可以由具体的形象性向较抽象的情感性表现过渡。

(2)创编表演动作

在创编表演动作的教学活动中一般应该注意：

①即兴创编活动与引导创编活动应该区别对待；

②结构性动作、情节性动作、情感性动作应该区别对待；

③在引导创编的活动中，创编的数量以“够用”为限度；

④在即兴创编的活动中，教师应主要以“反馈”的和相互展示、交流、学习的方式来丰富儿童的创编思路；

⑤在引导创编的活动中教师应主要以提问和提供思考线索、提供改善建议的方式来丰富儿童的创编思路；

⑥知识准备、数量限制、独创性、审美性要求等与“创编新歌词”相同。

(3)处理歌曲的演唱表情和演唱形式

在处理歌曲的演唱表情和演唱形式的活动中一般应注意：

①教师提供的“感知体验处理榜样”的活动在前，教师引导儿童进行的“榜样经验迁移”的活动在后；

②教师应注意尽量对儿童的各种独特处理做出积极的建设性的反应。

(4)即兴歌唱和说话

在即兴歌唱和说话活动中最重要的原则就是：为儿童创设一个宽松自由的活动氛围。教师与儿童同伴的良好榜样是影响活动效果的另一个重要因素。

5. 发展儿童良好的个性与社会性

发展良好的个性的方法	发展良好的社会性的方法
①使用发展性评价，让每位儿童能够认识到自己的努力和自己的提高； ②对不同的儿童提不同的要求、给予不同的帮助； ③给每位儿童成功表现自己的机会，尽力帮助每位儿童在原有基础上提高； ④特别鼓励儿童积极参与的态度和自我激励的态度	①要求尽力追求歌声和谐； ②要求尽力追求表演形式和谐； ③引导儿童学习自己处理演唱形式和表情，并自己组织、指挥演唱练习； ④充分利用音乐角、小音乐会以及儿童自发的音乐活动

6. 系列歌唱教学方案设计

(1)与先前的程序和方法的区别

①程序。先前的程序是教授、复习、检查，目的主要是让儿童学会歌曲；现今的程序是层层深入、层层累加，目的主要是让儿童在学会歌曲的过程中获得全面发展。

②方法。先前的方法是示范、模仿、练习，目的主要是让儿童学会歌曲；现今的方法是——示范、模

仿、练习与引导儿童的创造性表现相结合，目的主要是让儿童在参与歌唱的过程中获得全面发展。

(2)设计思路

①尽量挖掘原歌曲材料本身的教育潜力，然后在诸多可能性中选择最佳方案；

②改变原材料中的某些因素，或加入另一些新材料，然后再从扩大了的诸多可能性中选择最佳方案。

(3)注意事项

①方案宜精练，系列方案安排的进度宜适中，系列方案中的各单个方案之间宜有重复、有变化；

②同一要求宜不断深化提高，并宜尽量多用不同的材料和不同的方法；

③设计时应尽量细致、明确，而实施时应尽量灵活应变；

④抄写谱例词曲时所有符号应尽量完善准确，词曲作者的姓名不应省略。

考点 2 学前儿童韵律活动的设计与组织 【单选、简答】 ★★★

韵律活动能力的发展主要包括：身体运动能力、独立性、合作性以及创造性四个方面。理想的音乐教育能够全面地促进这些方面的发展，使儿童能够自如地舞蹈和舒适地与其他人共同舞蹈。

在学前儿童音乐教育活动中采用的韵律动作一般可分为：基本动作、模仿动作和舞蹈动作。

基本动作是指儿童在反射动作基础上发展起来的生活动作。如走、跑、跳、摇头、点头、弯腰、曲膝、击掌、招手、抓握等。

模仿动作是指儿童在表现特定事物的外在形态和运动状况时所用的身体动作，如鸟飞、鱼游，刮风、下雨，花开、树长等。此外，还包括儿童模仿日常活动的动作，如洗脸、刷牙，拍球、打气等和模仿成人活动的动作，如锄地、撒种，骑马、打枪，织网、采茶，开飞机、开火车等。3～4岁儿童最感兴趣的是模仿动作。因为他们所关心的不是动作的本身，而是该动作所表现的熟悉事物。所以，在为4岁以前儿童选择韵律动作时，应以模仿为主。例如，吹号、打鼓，开枪、开炮，洗脸、梳头，以及各种动物、交通工具、自然现象等。

以上这两种动作是3～5岁儿童韵律活动的主要学习内容。

舞蹈动作是指经过多年的演化和进步，已经程式化了的艺术表演动作。这类动作多数比较适合5～6岁的儿童学习。幼儿园各年龄班儿童学习的舞蹈动作主要是一些基本舞步。如3～4岁学习小碎步、小跑步；4～5岁学习蹦跳步、垫步、踵趾小跑步、侧点步；5～6岁学习进退步、溜冰步、交替步、跑跳步、跑马步、秧歌十字步等。

1. 幼儿园韵律活动材料的选择

(1)动作

动作类型	动作难度
①年龄较小的儿童比较适宜多选用基本动作和模仿、象征性动作； ②随着年龄的增长可逐渐增加舞蹈动作所占的比例	单纯的、不移动的、上肢的、大肌肉的、分解的、独立平行的动作→复合的、移动的、下肢的、小肌肉的、整合的、人际配合的动作

(2)音乐

音乐结构	音乐形象
节奏鲜明；乐句、乐段清晰、单纯、工整；速度适宜	优美动听；性质鲜明；风格多样

(3)道具

一般特点	特殊特点
①便于使用,不妨碍做动作; ②便于获得,不浪费资源; ③便于儿童自己管理	①可一物多用,有益于激发想象、渲染气氛; ②既不过于粗制滥造,又不过于精致逼真

2. 幼儿园韵律活动的导入

导入方法	适用情况
观察导入	适应于让儿童在观察具体事物的外部形象或运动状态后,立即用自己的动作创造性地进行表现的活动
回忆导入	适应于让儿童在回忆有关具体事物的外部形象或运动状态后,再用自己的动作创造性地进行表现的活动
基本动作复习或练习导入	适应于从复习某个熟悉的动作开始练习新动作学习的活动
队形复习或学习导入	适应于从复习某个熟悉的队形开始练习新队形学习的活动
舞谱导入	适应于帮助儿童理解舞蹈符号;学习使用舞谱来帮助自己学习舞蹈的活动;以及通过舞谱来促进舞蹈学习的活动
动作创编导入	适应于发展儿童的动作创编兴趣和动作创编能力的活动
游戏导入	适应于动作或队形的教学,可以用游戏的方法来进行的活动
故事导入	适应于情节性比较强的韵律动作组合的学习或创编活动
音乐欣赏导入	适应于音乐的结构比较复杂、音乐与动作结合的要求比较高的韵律动作组合的学习或创编活动

真题面对面

[2017统考,简答,5分]简述幼儿园韵律活动的导入方式。

答案:详见内文

3. 发展儿童的韵律活动能力

(1)发展动作的协调性

与此有关的方法主要有:①营造轻松自由的学习氛围;②选择循序渐进的动作学习顺序;③从较慢的速度开始采用儿童最舒适的进度逐步加快速度;④可以从儿童自然动作开始的活动,应先从其自然动作开始过渡。

(2)发展动作的随乐性

与此有关的方法主要有:①让儿童有机会自己边唱边做动作;②教师用自己哼唱或弹奏的曲调跟随儿童的动作;③让儿童有较多机会跟随比较熟悉的音乐做动作;④教师要引导儿童注意动作如何与音乐的情绪、风格、结构相协调;⑤动作组合总体上应该是简单多重复的,既有整体美感,又便于儿童记忆和表现。

(3)发展动作的表现性

与此有关的方法主要有:①让儿童有机会看见更多由儿童和教师提供的动作表现范例;②让儿童有机会在同伴和教师的态度和行动鼓励下观察和用动作模仿各种真实生动的事物;③让儿童有机会在

美术、文学作品的激发下进行动作的表现。

4. 发展儿童的创造性

（1）创编动作

①自由的即兴表演。在这种活动中，教师主要鼓励与众不同的表现，并将特别独特的动作提供给儿童，让他们相互交流、学习。②有引导的动作创编。在这种活动中，教师首先要向儿童提供某一种或几种改变原有动作的思路，然后再通过分析自己或儿童提供的范例来逐步引导全体儿童学习创编。

（2）创编动作组合

①按情节创编。在这种活动中，教师首先要向儿童提供将要表现的故事情节，然后再引导儿童学习如何用相应的动作来表现这些情节。②按音乐创编。在这种活动中，教师首先要引导儿童感知体验音乐的结构与情感，然后再引导儿童学习如何用相应的动作来表现这些结构与情感。

（3）提出其他创造性的意见或建议

①给儿童对学习中的程序或方法问题提出意见或建议的机会；②给儿童对韵律活动的队形变化或人际交流方式变化提出意见或建议的机会；③给儿童对分组、角色分配、道具使用等方面的问题提出意见或建议的机会。

5. 发展儿童良好的个性与社会性

主要方法有：（1）在自由的空间状态下学习如何与同伴共同舞蹈，互不干扰；（2）在集体舞蹈的队形中学习与同伴共同舞蹈，互相配合；（3）在共同舞蹈的过程中学习如何追求与同伴共享目光、表情、体态和体感交流的快乐。

6. 系列韵律活动教学方案设计

（1）设计思路

不同韵律活动的教学内容应该采用不同的设计思路：

①比较单纯的律动模仿动作，其教学设计可以采用先观察或先回忆真实事物再即兴创编的方案。

②比较简单的集体舞蹈，其教学设计可以采用先省略细节，从感知舞蹈的大体轮廓入手，再逐步细致化的"完整累进"的方案。

③动作结构比较复杂的韵律动作组合，其教学设计可以采用先放慢速度，手、脚动作分开练习，"边示范、边讲解、边练习"，然后再逐步增加连贯性和速度的方案。

④音乐结构比较复杂的韵律动作组合，其教学设计可以采用先用简单的身体动作感知音乐的性质和结构，然后再学习动作和动作结构的方案。

⑤含有舞蹈欣赏程序的设计既可以将欣赏安排在开始部分，也可以将欣赏安排在结束部分。

（2）注意事项

①注意动、静交替的原则，示范、练习、讲解交替进行；②将设计的步骤划分出更多更细致的层次，以便实施时可以灵活进退；③尽量较早地加入音乐的伴唱或伴奏；④让儿童有更多参与创造性活动的机会；⑤利用好儿童的原有经验；⑥指示语言和辅助性的体态能够引起儿童的普遍注意和正确理解；⑦让全体儿童都能够看清示范者的示范；⑧使用好特定标志以帮助儿童减轻空间认知的负担；⑨在设计和实施韵律活动教学方案的过程中将有关常规整体地融入。

考点 3 学前儿童打击乐演奏活动的设计与组织

打击乐器演奏能力的发展主要包括：操作乐器的能力、合乐性、合作性以及创造性四个方面。理想的音乐教育能够全面地促进这些方面的发展，使儿童能够掌握最基本的应用打击乐器与音乐交流、与他人交流的意识和能力。

1. 幼儿园打击乐器演奏材料的选择

（1）乐器

在为学前儿童选择打击乐器时一般应考虑：①乐器的音色要好；②乐器的形状、大小、重量要适合学前儿童持握；③乐器的特定演奏方法要适合特定年龄儿童运动能力的发展水平。

（2）音乐

在为学前儿童选择有关音乐时一般应注意：①节奏清晰、结构工整、旋律优美、形象生动鲜明；②多为年龄较小的儿童选择他们已经比较熟悉的歌曲、韵律活动曲或欣赏曲；③为儿童选择的含两个及两个以上乐段的乐曲，段落之间最好对比鲜明。

（3）配器方案

为学前儿童选择的打击乐曲配器方案一般应具有以下特点：①适合学前儿童使用乐器的能力；②适合学前儿童对变化做出反应的能力；③配器音响效果与原来的音乐相协调；④配器本身富于趣味性、新颖性和整体统一性。

2. 幼儿园打击乐器演奏活动的导入

导入方法	适用情况
总谱学习导入	适应于原配器创作比较复杂、精美、完善的打击乐作品
总谱创编导入	适应于原设计比较单纯，可以让儿童有更多创造性表达机会的打击乐作品
主要声部学习导入	适应于本身含有主次两个部分，其主要部分本身比较复杂、精美、完善的打击乐作品
主要声部创编导入	适应于本身含有主次两个部分，主要部分比较单纯，可以让儿童有更多创造性表达机会的打击乐作品
音乐欣赏导入	适应于原创意本身比较复杂、精美、完善，更值得儿童欣赏或更值得用来教儿童学习怎样欣赏的音乐作品
故事导入	适应于具有更多形象或情节描写性的打击乐作品
韵律活动导入	适合改编成打击乐作品的韵律活动曲
歌唱导入	适合改编打击乐作品的歌曲

3. 发展儿童的打击乐器演奏能力

（1）舒适有效地演奏

与此有关的方法主要有：①选择合适的空间安排；②选择合适的练习速度；③采用明晰、准确的指挥暗示；④创造愉快、轻松、舒适的演奏氛围。

（2）有表现力地演奏

与此有关的方法主要有：①选择有表现力的伴奏音乐；②教给儿童有关的演奏技能；③采用准确而明晰的示范、讲解、指令和指挥暗示；④营造适度紧张、态度认真、注意力集中的演奏氛围。

（3）发展节奏感

与此有关的方法主要有：①选择节奏明晰的伴奏音乐；②引导儿童倾听声部间的相互关系，培养相互倾听、相互配合的良好习惯；③采用准确而明晰的示范、讲解、指令和指挥暗示；④营造适度紧张、态度认真、注意力集中的演奏氛围。

4. 发展儿童的创造性

（1）参与配器设计。在这种活动中，教师主要通过有引导的集体讨论，让儿童学会对配器方案的设

第七章

计提供自己的意见或建议，并让儿童感受到自己的意见或建议被采纳的快乐。

(2)即兴指挥。

(3)给儿童对初步完成的作品提出改变音色的意见或建议的机会。

(4)给儿童对初步完成的作品提出改变个别乐器演奏方法的意见或建议的机会。

(5)给儿童对初步完成的作品提出增加新的特色乐器的意见或建议的机会。

5. 发展儿童良好的个性与社会性

主要方法有：

(1)在管理乐器的实践活动中体验对乐器负有的责任并习得有关的知识与技能；

(2)在学习指挥和看指挥的过程中学习在演奏中体验相互配合的快乐并习得有关的知识与技能；

(3)在学习遵守打击乐器演奏活动的各种有关常规的过程中养成对活动秩序的审美追求态度，并习得与维持活动审美秩序有关的知识与技能。

6. 系列打击乐器演奏活动方案设计

(1)与先前的程序和方法的区别

①程序。先前的程序是先分声部学习和练习，然后再将所有声部合起来演奏。

现今的程序是"先整体后分部"的程序，该程序主要适应于各声部间相互依存性较强的作品；累加的程序，该程序主要适应于含有一个或一个以上相对独立声部的作品。

②方法。先前的方法是示范、模仿、练习，目的主要是学会演奏打击乐作品。

现今的方法是：欣赏音乐，理解、模仿、练习与有引导的创造性表现相结合，目的主要是在参与演奏打击乐作品的活动过程中提高儿童对音乐的感受力、表现力以及合作能力。

(2)设计思路

不同的打击乐演奏教学内容应该采用不同的设计思路：

①比较强调让儿童获得打击乐配器的典型创作思路的教学设计，可以采用先通过示范、模仿、练习，掌握作品配器的整体布局，再分声部练习，或先通过示范、模仿、练习掌握主要声部的演奏方式，再学习将其他配合的声部累加上去。待儿童已能初步演奏该作品后，最后再尝试各种创造性发展练习的方案。

②比较强调让儿童获得有关指挥和观看指挥知识与技能的教学设计，可采用先让儿童通过模仿或集体探索、讨论的方法获得作品节奏配置的整体布局，然后再通过实施教师或儿童设计的指挥或即兴指挥的方法逐一尝试演奏各种不同的配器方案。

③比较强调让儿童获得创造意识、创造能力的教学设计，可以采用先让儿童感知音乐或了解将要表现的形象、内容，然后再引导儿童集体探索、讨论、设计打击乐的配器方案，最后再尝试演奏并逐步增加这些方案的完善性。

④比较强调让儿童获得不同符号体系的转换能力的教学设计，可以采用先让儿童倾听、观看、学习专门设计的有关故事、图画或韵律活动，然后再引导儿童将隐含在其中的音乐结构及节奏抽取出来，转换成相应的打击乐曲配器方案，最后再进行演奏或其他的发展性学习活动。

⑤比较强调让儿童获得对各种不同的打击乐器性能和潜在的表现力的教学设计，可以采用先引导儿童在有趣的游戏活动中对某一种或几种特定的打击乐器进行探索，了解在何种情况下可能发出何种声音，然后再引导儿童运用探索中获得的有关经验，进行配器及演奏的实践。

(3)注意事项

①注意将设计的步骤划分出更多更细致的层次，以便实施时可以灵活进退；②注意尽早地加入音乐的伴唱或伴奏，并注意伴唱、伴奏速度的适宜性，以及伴唱、伴奏对演奏转换及演奏情感体验、表达的暗

示性或激励性；③注意让儿童有更多创造性参与的机会；④注意利用好儿童的原有经验；⑤注意指示语言或辅助性的体态能够引起儿童的普遍注意和正确理解；⑥注意让全体儿童都能够看清指挥者的指挥动作，注意在指挥时使用好言语、眼神、体态的预先提示，以减轻儿童的记忆、反应负担，减缓疲劳进程，增加享受演奏过程的快乐；⑦注意在设计和实施打击乐器演奏活动的过程中将有关常规整体地融入其中。

考点4 学前儿童音乐欣赏活动的设计与组织

音乐欣赏能力包括：倾听、理解、创造性地表达和个人音乐趣味倾向四个方面。理想的音乐教学能够全面促进这些方面的发展，使儿童能够形成有关的初步意识和能力。其中倾听是儿童必须具备的一项非常重要的基本技能。它是对儿童实施音乐教育的基本出发点，也是开展音乐欣赏的前提和基础。

1. 幼儿园音乐欣赏材料的选择

(1)音乐作品

①总的考虑。每一首作品是否适合于特定儿童的感知、理解能力发展的实际需要，是否符合其他基本的教学要求；所有被选入课程的作品在总体上是否符合内容、形式和风格的丰富多样，比例、结构和布局是否合理。

②歌曲的考虑。内容、形象、情绪应为儿童所熟悉、喜爱和愿意接受的；歌词应为儿童所理解的；将来儿童会再接触到并会给儿童以长久性的美好感觉。

③器乐曲的考虑。内容、形象、情绪应为儿童所喜欢和愿意接受的；音响应该是美好和刺激适度的；篇幅是比较短小的，结构上重复式的，如ABB、ABA等，必要时可以对一些作品进行节选或缩编。

(2)辅助材料

音乐欣赏的辅助材料一般有：动作材料、语言材料、视觉材料三种。

①动作材料

通过跟随音乐做动作的方式参与到音乐进行的过程中去，这是学前儿童感知、理解和表现音乐最自然、最重要的途径之一。与韵律活动不同的是，在欣赏活动中，选材条件侧重于能帮助儿童增强对音乐的感知和体验，即动作与音乐在节奏、旋律、结构、内容、情感等方面的一致性。所以，在为欣赏活动选材时，一般不宜选择对儿童来说比较复杂、陌生的动作，而应选择绝大多数儿童都能自然做出的动作。

②语言材料

语言材料在这里是特指含有艺术形象的有声文学材料。例如，故事、散文、诗歌、民谣等。

在音乐欣赏活动中，语言材料的考虑应侧重于能帮助儿童增强对音乐的感知和体验，因此，选择语言辅助材料的首要条件是：从音乐出发，与音乐欣赏的要求相一致。这里所讲的“一致”，不仅在于文学作品本身的结构、内容、形象和情感与音乐相一致；同时也在于讲述或朗诵文学作品时，语言的音调、节奏、力度、音色、风格等因素与音乐也相一致。选择语言辅助材料的其次条件是：语言优美，文学性强，能为学前儿童理解与喜爱。在音乐欣赏活动中，应经常让学前儿童有机会自己独立地选择语言，独立地对音乐做出反应。在这种活动中，教师往往只需按音乐欣赏的要求划定大致的范围，如欣赏一首优美抒情的音乐，只需确定儿童语言所描述的形象和描述时所使用的曲调应是优美的即可。

③视觉材料

视觉材料形象具体，既可在时空中静止(如图画、雕塑等)；又可在时空中流动(如录像、可活动的教具操作等)。形象具体，便于学前儿童感知和理解；能在时空中静止，便于学前儿童从容不迫地反复观察，有利于精细感知和记忆；能在时空中流动，便于与音乐同步流动展开形象，有利于帮助学前儿童感知和理解音乐形象的动态化。

在音乐欣赏活动中，视觉辅助材料选择的考虑，主要侧重于帮助儿童增强对音乐的感知和体验，因此，选择的首要条件仍旧是：从音乐出发，与音乐欣赏的要求相一致。这里所讲的一致，是指视觉材料的线条、构图、造型、色彩、形象、内容、情绪都应与音乐相一致。如果视觉材料是在时空中流动的，其运动的方式也应与音乐相一致。选择视觉辅助材料的其次条件是：形象生动有个性，艺术感染力强，能为学前儿童所理解和喜爱。另外，还需考虑制作、购买材料时，精力上和经济上的条件是否允许等。

在音乐欣赏活动中，有时也可让学前儿童自己独立地创作视觉艺术作品，并以此来表达他们自己对音乐的感受。在这种活动中，创作的要求应与音乐欣赏的要求相一致。例如，在欣赏一首回旋曲时，欣赏的要求是感知和理解乐曲的结构，就应要求儿童在美术创作中尽力反映出这种结构。

2. 幼儿园音乐欣赏教学的导入

（1）从完整作品开始

该导入模式比较适合于结构单纯、清晰的作品以及不太注重感知体验细节的教学设计。

（2）从作品的某个部分开始

该导入模式比较适合于结构稍复杂的作品，以及比较注重感知体验细节的教学设计。这些被作为开始的部分可以是：一个节奏型；一个旋律动机；一个乐句或一个乐段等。

（3）从某种辅助性材料开始

该导入模式是与专门性的教学设计相对应的，其中一般又可分为：从其他音乐活动（如歌唱、奏乐、韵律活动、音乐游戏）开始的设计；从文学活动开始的设计；从美术活动开始的设计。

3. 发展儿童的音乐欣赏能力

（1）选择最好的音乐作品；（2）选择最好的音乐音响；（3）让儿童有机会利用更多的感知通道进行音乐的感知；（4）让儿童有更多机会在伴随音乐进行的表演过程中直接进行感知体验；（5）让儿童有更多机会使用不同的符号体系来表达自身的音乐感受。

4. 发展儿童的创造性

（1）给儿童创造性地表达自己音乐感受的机会；（2）鼓励儿童的创造性音乐表达；（3）向儿童提供各种创造性音乐表达的优秀范例。

5. 发展儿童良好的个性与社会性

与此有关的主要方法有：

（1）在管理活动场地和材料实践活动中体验责任并习得有关知识与技能；

（2）在相互交流对音乐的不同看法以及对音乐表达的不同看法的过程中体验交流的快乐，并发展相互学习的意识和技能；

（3）在学习遵守音乐欣赏活动的各种有关常规的过程中养成对活动秩序的审美追求态度，并习得与维持活动审美秩序有关的知识与技能。

6. 系列音乐欣赏活动方案设计

不同的音乐欣赏教学内容应该采取不同的设计思路：

（1）结构比较紧密的作品可以采用“从整体入手层层深入”的设计。该模式的特点主要是反复地整体倾听，而且通过不断改变参与的方式和要求来引导和帮助儿童越来越深入、细致地感知和体验作品的形象、性质以及情趣。

(2)含有独立而鲜明的主题形象的作品可以采用“从局部入手层层累加”的设计。该模式的特点主要是先让儿童集中精力感知体验作品中最具特色的某个动机，然后再从这个动机开始，逐步让儿童感知体验以该动机为核心的局部形象，最后再让儿童感知体验整个作品的形象和情趣。

(3)段落间对比较鲜明的作品和比较强调性质辨别的教学设计可以采用“一一匹配”的设计。该模式的特点主要是先让儿童通过其他材料感知理解将要从音乐中感知体验到的形象、内容，然后再让儿童分别倾听音乐的有关段落，并引导儿童集体探索、讨论，将音乐的和非音乐的材料一一相互匹配，最后再尝试完整地用参与性、表演性和感知体验的方法来欣赏该作品。

第六节　学前儿童音乐教育活动的指导与评价

一、学前儿童音乐教育活动的指导

学前儿童音乐教育活动的指导

在教育活动中，教育指导是指教育者用自己的行为对儿童的学习、发展施加教育影响的过程。教育指导的方法越科学，教育影响的效果就越好。下面将从学前儿童音乐教育教学的特殊性出发，对于一般性的教育教学指导方法做归纳分析。

考点 1　运用语言指导法

1. 讲解

讲解一般包括讲述和解释。在学前儿童音乐教育活动中，教师运用讲解的方法，主要是为了向儿童提供各种与音乐学习有关的材料以及加工这些材料的程序和方法。

2. 提问

提问的目的	提问的原则	提问的注意事项
①提取儿童原有的有关经验； ②提醒儿童关注观察的重点、秩序或关系； ③暗示活动的操作规则	①问题应该具有开放性、启发性； ②问题应该易于记忆、易于理解和易于解答	①当发现儿童有困难时，应能够将要求儿童“表述”的回答方式改成要求儿童“选择”甚至只要求儿童“判断正误”； ②当发现儿童仍有潜力时，应能够根据儿童的回答灵活地引出新的问题

3. 反馈

在学前儿童音乐教育活动中，教师运用反馈的方法，主要是为了让学前儿童能够及时了解自己对学习所做出的反应，并能够让儿童学会根据自己的反应与教师要求的反应之间的差异自己主动做出调整。以下是运用反馈法的目的、原则和注意事项：

反馈的短期目的	反馈的长远目的	反馈的原则	反馈的注意事项
①让儿童了解自己的反应并做出新的反应决定； ②让全体儿童受到某种特定反应的影响	帮助儿童迈步建立起学习的自我监控、自我调整、自我建设的内部机制	①面向全体进行反馈； ②主要反馈积极的方面； ③反馈时常与语言说明相结合； ④对不同的儿童应用不同的反馈方法	①要全面观察所有儿童的反应； ②注意样板性反馈和激励性反馈并用

重点性反馈技术一般在全体幼儿根据教师的要求跟随音乐进行即兴动作创编反应的活动中使用，

第七章

即在某幼儿独立地思考和表现之后，教师将该幼儿做过的事情的结果再给全体幼儿看。为了节省时间，使更多幼儿的反应能够得到教师的反馈，教师也可以时常采用一般性反馈。例如，在全体幼儿即兴反应的过程中，教师随意或有意地接近某位幼儿，并模仿他的动作或用目光、表情或体态对他的反应进行模仿或对他的反应表示认可或赞赏。当然，如果幼儿反应不正确或有态度问题，教师也可以根据具体情况进行必要的帮助。但要注意，不要因个别人的问题过多花费大家的时间。如果幼儿中出现比较普遍的不正确反应，教师仍旧应该将积极反应的范例提出来进行反馈，而尽量杜绝反馈消极的范例。

4. 提示和指示

(1)在学前儿童音乐教育活动中，教师运用指示的方法，主要是为了引导和集中儿童认识反应活动的注意方向；

(2)教师运用提示的方法，兼有引导儿童注意方向和帮助儿童克服记忆困难两种作用。

除教师们熟悉的、直接的、完全的指示和提示以外，好的教师还应善于使用：体态、眼神、口型、身体接触以及其他各种不完全的语言甚至噪音音调所暗含的信息来帮助儿童学习，在儿童的学习到了从量变到质变的关键时刻，这种“不完全的”的提示或指示就像母亲用一个小拇指来“搀扶”幼儿学走路一样，这样会比用双臂环抱的“完全的搀扶”更有利于儿童独立性的成长，使知识、技能的掌握更快地完成从量变到质变的飞跃。

5. 激发和鼓励

在学前儿童音乐教育活动中，教师运用激发的方法，主要是为激发和维持儿童参与活动的热情，引导儿童对作品产生情感共鸣等目的。教师运用鼓励的方法，主要是为了帮助儿童对自身活动的情况做出积极的评价，并对自己的学习能力不断增加信心。

教师在音乐教育活动中运用语言进行指导时，总的需要注意的问题是：

(1)语言要尽量精炼、明确。

(2)使用语言时应注意语言的艺术性、儿童性；要注意使用语言的语音、语调、音色、节奏等的变化来渲染艺术气氛；要注意使用儿童喜爱的和容易接受的表达方式。

(3)提问时应使用有具体指向性的语言；注意提问的语速；提问后要给儿童提供充分的思考时间，必要时还要注意给有困难的儿童提供思考的提示线索；对年龄较小儿童不宜将几个问题一次性地连续提出。

(4)注意使用身体的姿态、动作、面部表情、目光以及其他各种“语言”表达方式来丰富表达的形式和内容。

(5)使用规范语言。

考点 2 运用范例 【单选】 ★

范例具有形象性、具体性、直接性和真实性的特点，在以音乐为主要教育内容的活动中，范例运用具有更加重要的意义。在学前儿童音乐教育活动中，常用的范例指导方法有示范和演示。

1. 示范

在学前儿童音乐教育活动中，示范主要是指教师用现场的演唱、演奏、做动作表演的方法来向儿童提供活动的范例。教师运用示范法的目的、原则和注意事项如下：

(1)示范的目的

①提供操作的材料和规则；②提供态度方面的榜样；③提供更长远的追求目标。

(2)示范的原则

提供的示范者应该是多样化的。教师或其他成人，本班幼儿或其他儿童，自然、社会的各种事物、

现象等都应该成为向幼儿示范运动模式的示范者。此外，教师在提供示范时，应该尽量做到：适时、适度、谨慎、灵活。

(3)示范的注意事项

①教师的示范应准确、熟练、真挚、自然而富于感染力；

②教师在示范时应让全体儿童都能够清楚地感知到，必要时教师的动作示范、歌唱示范应适当提示；

③为了让儿童能够更清楚地感知歌词的内容，教师在歌唱示范时应适当放慢速度，夸大口型，辅以动作或图片，并同时淡化伴奏或暂停伴奏；

④为了让儿童有更多创造性发表和相互交流学习的机会，教师也应该特别注意经常向儿童提供担当“示范者”的机会。

在示范之前，教师应该明确示范的目的，并应该在示范之前让幼儿明确应该如何观察示范和在观察之后如何做出反应。在示范之后，教师应该首先检查幼儿是否按要求观察和是否能够按要求来反应。如没有达到要求，教师还须重新提出要求，并重新进行示范。

示范在音乐学科教学中具有突出的地位。有效示范具有以下特征：

①**时效性**。就像示范前的提问比较具有时效性一样，提问后直接进入示范也是示范具有时效性的突出表现。尤其当教师在第一次示范后，幼儿还是回答不出问题，或者幼儿给出的答案很不一致时，教师可针对幼儿不明确的部分再次进行提问与示范，这时幼儿会聚精会神地观察教师的示范。这种把幼儿注意力完全集中的示范是我们所追求的。

②**目的性**。教师提问的指向就是示范的内容。提问要紧扣教学任务，示范紧扣提问，这样的示范是有的放矢的。

③**准确性**。音乐表演示范的专业功能是对幼儿的表演起明示、启发、引导与榜样的作用。

真题面对面

[2019统考，单，1分]下面不属于音乐活动有效示范特征的是(　　)

A. 时效性　　B. 反思性　　C. 目的性　　D. 准确性

答案：B

2. 演示

在学前儿童音乐教育活动中，演示主要是指教师用操作各种直观教具的方法向儿童提供活动的范例。常见的直观教具有：图片，绒板、磁板教具，桌面教具，以及幻灯、投影、录音、录像等。教师在运用演示的方法时应注意以下几点：

(1)教师运用演示方法的目的性要明确，切忌为演示而演示；(2)教师运用教具应适度、适量，切忌喧宾夺主；(3)教具的形象和教师的演示应与音乐的形象和音乐的进行相一致；(4)教具的选用应该能够给儿童以美感，并能激发儿童的想象；(5)教具应该是便于收集、便于制作、便于操作的。

考点3　运用角色变化

由于学前儿童音乐教育的特殊性，在学前儿童音乐教育活动中，需要教师经常运用自身角色变化的方法来对儿童的学习进行指导。与此有关的指导方法主要有“参与”和“退出”两种。

1. 参与

教师在使用“参与”的方法时，主要是通过变化参与的“角色”增强对儿童学习活动及能力成长的方向或重点的调控。教师运用“参与”方法的目的、原则和注意事项主要有：

（1）参与的目的

给儿童做出学习的态度和行为方面的正确榜样。

①让儿童从教师的态度中受到感染或鼓舞；②从教师的行为中获得模仿性学习的正确榜样和创造性学习的优良范例。

（2）参与的原则

明确参与的特殊身份和各种身份的特殊教育功能。在以教师身份参与活动时，教师应表现出充分的自信和活动的组织领导者的魄力，应该使儿童感受到教师的观点、意见、要求和做法的权威性。教师在以艺术作品中的角色的身份参与活动时，应表现出特定角色的艺术个性和艺术感染力，应该使儿童感到教师的表演是与音乐以及角色的性质相符合的，是自然而又具有艺术魅力的，是他们所喜爱并能够接受的。教师在以儿童身份或活动旁观者身份参与活动时，应表现出对参与活动或旁观活动的极大热情，要让儿童感到教师与他们的身份是相同的，关系是平等的，意见或建议是仅供他们参考的，教师是他们可以信赖，可以依靠的朋友、伙伴或支持者，必要时也是模范遵守纪律的榜样。

（3）参与的注意事项

目前，许多习惯于“高参与”“高控制”的教师，在教育活动中往往只感觉到自己的存在。因此，现在需要教师特别注意：教育是通过师幼间的相互作用来促进双方共同发展的。教师的参与不是教训式的参与，也不是舞台表演的参与。教师在变换任何角色时都首先要考虑：你想要儿童怎样反应？儿童的反应是否如你所期望的那样？如果不是，你如何调整你自己等，而绝不是“只管自己的参与，忘记了儿童的存在”。

2. 退出

教师在使用“退出”的方法时，主要是通过“角色”的变化等措施弱化自身对儿童的控制而同时强化儿童对他们自身的调控。

教师运用“退出”方法的目的、原则和注意事项主要有：

（1）退出的目的

①发展儿童自我教育及相互学习的意识和能力；②创造机会让儿童自由地实践与表达；③增加教师了解儿童潜能的机会；④扩大课堂信息的产生源、流通量和交换方式。

（2）退出的原则

①逐步退出（即不能退得步距太大，速度太快）。

②灵活进退（即可以有尝试性地进退，发现儿童有能力独立时就退得稍快一些，但如在此过程中又发现已经退得太快，儿童感到有困难，就可停下等待或再“进”向前去帮助他们）。

③加强间接指导（如使用问题或暗示进行指导或让儿童对儿童进行指导等）。

④加强观察，加强反馈（即教师作为儿童的伙伴时，主要是要注意让儿童有机会感觉到他们影响教师的力量；教师作为儿童活动的旁观者时，主要是观察和冷静地评价儿童的发展，并准备在下一步骤中将儿童的问题反馈给儿童，让他们自己来想办法解决）。

（3）退出的注意事项

注意班级与班级、儿童与儿童、活动与活动之间的个别差异，力争做到放手而不放任，即密切注意儿童在能力和意识上的独立倾向的发展，逐步放手，促进这种独立倾向的进一步发展。

退出是指教师弱化对儿童的控制或支持的一种教育机制。教师的退出可以体现在空间中与儿童的接近程度方面，即越小、越弱的儿童需要离教师的身体越近，甚至需要教师的身体接触；随着儿童的成长和壮大，以及对某个活动熟悉程度的增加，教师应该有意识地逐步离开某个儿童或离开活动的中心位置，退到离儿童比较远的空间位置上去。如教师可以把教师的位置让给某一个儿童，同时退到这

个儿童的座位上去；或干脆退到儿童活动的范围以外，成为一个旁观者等。教师的退出还可以体现在教师权威性参与的程度方面。儿童年龄越小，能力越弱，对活动越不熟悉，教师权威性参与的程度就越高，最高的程度也就是“带着做”。退出的程度可分为：

①逐步可以退到：带做时，时常有意地停一停，观察儿童是否能够比较独立地反应；②还可以退到：有帮助地使用“小老师”；③比较独立地使用“小老师”；④教师退出指导者的空间位置，偶尔使用语音或体态进行暗示性的帮助；⑤甚至教师还可以完全退到活动之外成为旁观者；⑥或教师完全退到儿童一样的普通参与者的位置，与儿童共同享受活动的快乐。

二、学前儿童音乐教育活动的评价

学前儿童音乐教育活动的评价是针对学前儿童音乐教育的特点和各个组成要素，通过收集和分析儿童音乐教育活动各方面的信息，科学地监测和判断音乐教育价值和效益的过程；也是对音乐教育目标、活动方案、教育内容、材料、效果，以及教学活动过程的实际运行状况等的判断和评定过程。它是一种整体的评价，不仅包括对儿童音乐学习结果和儿童发展状况的测量和评价，也包括对音乐教育本身价值以及音乐教育活动中教师的观念态度、活动的组织形式、教学目标的适宜程度、师幼互动的质量等的评估。因此，音乐教育评价既是音乐教育理论研究的一个新兴而重要的领域，也是改进和提高音乐教育实践工作的有效工具和手段。对学前儿童音乐教育活动的评价包括以下几个方面。

考点 1 活动目标的评价

活动目标是由教师按照一定的教育要求和儿童本身发展的需要制定的一种对活动结果的期望。在活动目标的评价中，可以从三个方面入手：

(1)评价活动目标与音乐教育的总目标、年龄阶段目标以及单元目标是否有紧密的联系；

(2)评价活动目标是否涵盖了认知、情感与态度、操作技能三方面的要求；

(3)评价活动目标是否与儿童的实际情况相适应。

学前儿童音乐教育的目标体系是一个完整而有序的统一体，每一个活动目标都是总目标、年龄阶段目标的具体化；每一个活动目标的实现，都是向阶段目标和终极目标迈进了一步。因此，在评价音乐教育活动目标时，有必要从目标体系的统一性出发，分析该目标与其上一级目标的联系，以此评价目标的合理性。*例如，在一个中班的韵律活动中，教师制定的目标之一是“根据音乐的节奏做相应的动作”。独立地看，这条目标似乎是切实可行的，儿童在音乐活动中也能够完成，但若联系中班的年龄阶段目标和音乐教育的总目标来看，则该条目标没有很好地贯彻和体现总目标中对引导儿童的创造性动作表现以及引导儿童合作进行动作表现的要求，显得不够合理和完善。*

在评价活动的目标时，还应判断活动目标的构成情况。一般来说，目标应显示出认知、情感与态度和操作技能三方面的要求。当然，这并不是说教师的每次活动目标制定都要人为地去“凑”这三个方面，而是可以根据具体的活动教材和儿童的实际情况，有主次地来制定相应的目标。

虽然年龄阶段目标概括的是某一具体年龄儿童一般的发展趋势和教育要求，但是对于不同的班级、不同的儿童还会存在一定的差异性。因此，评价活动目标还必须看教师制定的目标是否与本班儿童的实际水平和发展特点相联系。*例如，中班儿童的韵律活动教学目标中“享受并体验用动作、表情和姿态与他人交流的方法和乐趣”这一目标，教师就要根据班级的实际情况区别对待：若班级儿童音乐能力发展水平相对较差，班级男孩子较多，不善于动作表现的儿童较多，同时大多数儿童没有与同伴合作进行动作表演方面的经验。那么，就不宜盲目地照搬这一目标，而应相应地放低要求或放慢速度，将目标化解为若干个分层递进的分目标来实施。*

考点 2 活动内容的评价

活动内容是实现活动目标的中介。评价音乐教育活动的内容,主要是指对活动内容选择和设计两方面的评价。

(1)要评价活动内容的选择是否与音乐教育目标相一致;是否与音乐教育所涉及的范围、领域相一致;是否与儿童的能力发展水平相一致。

(2)要看音乐材料本身的审美性和艺术性。音乐与其他学科教育活动的重要区别在于音乐自身独特的审美性。因此,教师为儿童选择的音乐材料应当具备音乐艺术的这一表现特性,使儿童在美的陶冶中获得教育。

另外,还应评价对活动内容的设计和组织:(1)评价在一个具体的音乐活动中各部分内容间的比例关系是否合理;(2)评价活动内容与活动形式是否相适应;(3)评价活动内容的组织安排是否突出重点、难点;(4)评价活动内容各个部分之间的过渡衔接是否流畅等。

考点 3 活动方法的评价

活动方法是实现活动目标的手段和途径。它既包括教师主动的引导和教学的方法,也包括儿童主体的探索和操作的方法。在音乐教育活动中,方法的设计和运用起着举足轻重的作用。

评价活动方法主要体现在以下几个方面:(1)评价方法的选择和运用是否与活动的目标和内容相呼应;(2)评价方法的选择和运用是否顾及了儿童的年龄特点和接受水平;(3)评价活动的方法是否强调并体现了儿童的自主性和主体性;(4)评价活动的方法是否注意到了与音乐活动环境和有关设备相联系。

考点 4 活动过程的评价

音乐活动过程是一个综合而复杂的过程。对活动过程的评价也是一个动态的评价过程,它涉及教师、儿童以及其他方方面面。一般来说,可以从以下几方面进行评价:

(1)评价教师的行为

①主要是指对教师在活动过程中的教态、精神面貌做出适宜的评价,观察教师在活动中是否教态亲切自然、精神饱满而有一定的热情和感染力;②是否能做到正确而清晰地示范讲解;③是否善于调动儿童的积极性;④是否能巧妙而熟练地运用角色的变化,去引导儿童学习;⑤是否善于设置一定的提问,以有效地激发儿童的独立思考等。

(2)评价活动中教师与儿童的互动情况

①主要是分析与评价教师在活动中是否注意到为儿童创设适宜的活动环境,以引发儿童的主动学习;

②是否注意到充分激发儿童的兴趣、意志、自信、独立等良好的心理品质;

③是否注意到与儿童的情感交流以及为儿童之间的情感沟通创设机会和条件等。

(3)评价活动的组织形式

①主要是分析和评价在音乐活动的展开过程中,教师是否适当地采用了集体活动、合作活动以及个别活动等多种组合和变化;

②是否在活动过程中体现了因材施教;

③是否注意到了不同组织形式中儿童的人际交往等。

(4)评价活动的结构安排

①主要是评价活动的结构安排是否紧凑、有序;②是否注意到每一个环节和步骤之间的层次性、系

列性、递进性；③是否体现了结构安排上的动静交替等。

考点5 活动环境和材料的评价

活动的环境和材料与活动的目标、内容有着必然的联系。因此，在音乐教育活动的评价体系中，也包含着对活动环境和材料的评价。这一评价主要包括：

(1)评价环境和材料的选择与设计是否能体现音乐教育活动目标的达成以及与音乐活动内容相适应；

(2)评价环境和材料的选择与设计是否适合儿童的实际需要和操作能力；

(3)评价活动的材料或道具是否适用于音乐活动的展开，**如提供的材料和道具具有一定的艺术性和表现性，能够在数量上有所保证等；**

(4)评价活动过程中环境和材料是否得到最大限度的开发和利用，即是否充分地发挥了环境和材料的作用。

考点6 活动效果的评价

活动效果的评价主要是指从儿童方面反映出来的教育结果。它包括以下几个方面的评价：

(1)评价儿童在活动过程中的参与情况和学习态度。注意力是否集中，表现是否积极、主动等。

(2)评价儿童在活动过程中的情绪情感反应。精神是否饱满，情绪是否愉快、轻松等。

(3)评价儿童对活动预期目标的达成情况。

第七节 学前儿童美术教育的目标和内容

一、学前儿童美术教育的内涵 【单选】★

现今"艺术"一词为一切艺术门类的总称，"美术"则指视觉艺术，包括绘画、雕塑、建筑、工艺美术等。学前儿童美术教育具有美术教育的一般含义，但它又有不同于一般美术教育的特征。学前儿童美术教育的含义可以通过美术和教育这两个方面体现出来，根据对美术和教育这两个方面的不同侧重，可以相应地将学前儿童美术教育分为美术取向的学前儿童美术教育和教育取向的学前儿童美术教育。

美术取向的学前儿童美术教育和教育取向的学前儿童美术教育反映了人们对学前儿童美术教育的社会性功能的认识，后者则更多地顾及学前儿童美术教育的个体功能。汲取学前儿童美术教育这两种取向中的有价值部分，使之有机地统一起来，能够使我们在更高层次上把握学前儿童美术教育的含义。

综上所述，我们可以将儿童美育定义为：儿童美育是美育的一部分，它是根据儿童身心特点，利用美的事物和丰富的审美活动来培养儿童感受美、表现美的情趣和能力的教育。学前儿童美术指的是三至六七岁的儿童所从事的美术造型活动和欣赏活动，是以儿童为主体进行的活动。

二、学前儿童美术教育目标

考点1 学前儿童美术教育总目标

《纲要》从社会对未来人才的要求、艺术学科本身的特点、儿童发展的年龄特征出发，提出了健全和完善儿童人格的审美教育要求。

美术教育的各种目的论分别强调了美术教育价值的不同侧面，反映了各种目的论持有者对教育价值的不同追求。综合这些目的论中有价值的部分，在美术教育活动的目标中加以体现，是全面实现美

第七章

术教育价值的理智做法。

考点 2 学前儿童美术教育年龄阶段目标

在实施美术教育活动时，要根据不同的活动（如绘画、手工、欣赏等）以及不同的教育对象，细化成为每种类型活动的年龄阶段目标，甚至细化成为每个教育活动的具体目标，这样才能便于操作。

托幼机构的美术教育活动在内容上包括三个既相对独立又相互联系的领域，即绘画、手工和美术欣赏。下面介绍各领域的年龄阶段目标。

1. 绘画活动

绘画是儿童运用色彩、线条和构图，在一个平面上创造出直接可感的，具有一定形状、体积、空间感的艺术形象。绘画作为一种视觉艺术，具有强烈的直观性，对儿童有很大的感染力。儿童在绘画中所创造的艺术形象既是他们对周围生活环境的反映，又是其对事物的审美感受和评价。

（1）小班（3～4岁）儿童绘画活动目标

①认知目标

第一，初步认识绘画的工具和材料；第二，学会辨别红、黄、蓝、绿、橙等几种基本的色彩，并能说出名称；第三，学会辨别和感受直线、曲线、折线及其他线条的变化。

②情感与态度目标

培养儿童对绘画的兴趣，能愉快大胆地作画。

③操作技能目标

第一，学会使用蜡笔、水彩笔、棉签等工具进行涂染；第二，能画出直线、曲线、折线，并能表现线条的方向、粗细、疏密；第三，学会用圆形、方形、长方形、三角形等简单图形表现物体的轮廓特征。

④创造目标

第一，引导儿童在涂抹过程中把画面画满；第二，初步学会用图形和线条组合创造各种图式。

（2）中班（4～5岁）儿童绘画目标

①认知目标

第一，能较准确地把握形状的基本结构，理解形状符号的象征意义；第二，认识常见的固有色，说出它们的名称。

②情感与态度目标

喜欢用自己独特的绘画语言表达自己的想法和感觉。

③操作技能目标

第一，学会运用图形组合的方法，表现物体的基本部分和主要特征；第二，学会选择与物体相似的颜色，初步有目的地设色、配色；第三，在教师的引导下能围绕主题安排画面，能表现出物体的上下、左右位置。

④创造目标

能大胆地按意愿作画。

（3）大班（5～6岁）儿童绘画活动目标

①认知目标

第一，认识物体的整体结构和各种空间关系；第二，增强配色意识，提高对颜色变化的辨析能力；第三，知道运用不同的绘画工具和材料能表现不同效果的作品。

②情感与态度目标

在安排画面的过程中逐步体会均衡、对称、变化等形式美。

③操作技能目标

第一，能较灵活地表现各种人物、动物的动态；第二，能运用对比色、相似色、同种色等多种配色方法，注意色彩的整体感与内容的联系；第三，能有目的地安排画面，表现一定的情节，并学会运用多种安排画面的方法。

④创造目标

第一，能将图形融合，尝试用轮廓线创造多种图画，形成自己的图式；第二，综合运用多种绘画工具和材料进行绘画创作。

2. 手工活动

儿童的手工活动是靠手的技能和使用简单的工具，对材料进行加工成型的一种造型活动。通过手工活动，除了可以发展儿童双手动作的精确性、灵活性和实际操作能力，还能培养儿童耐心细致的工作态度。

(1)小班(3～4岁)儿童手工活动的目标

①认知目标

第一，初步熟悉泥工、纸工等的工具、材料；第二，了解泥的可塑性质；第三，了解纸的性质。

②情感与态度目标

通过玩泥、撕纸等活动，体验手工活动的快乐。

③操作技能目标

第一，掌握泥工中抟圆、搓长、压扁等基本技能；第二，学习撕纸、粘贴，初步撕出简单形状粘贴成画，并学会用自然材料拼贴造型；第三，学会用印章、纸团、木块等材料，蘸上颜色在纸上压印。

④创造目标

能大胆地运用印章、纸团、木块等材料在纸上按意愿压印。

(2)中班(4～5岁)儿童手工活动目标

①认知目标

进一步熟悉泥工、纸工及自制玩具的工具和材料。

②情感与态度目标

通过泥工、纸工及自制玩具的活动来积极投入手工作品的创作，并培养儿童对手工活动的兴趣。

③操作技能目标

第一，能正确使用剪刀剪出方形、圆形、三角形及组合形体，并拼贴成画；第二，掌握折纸、撕纸的基本技能，折出简单的玩具或撕出简单的物体轮廓；第三，学习用泥塑造出物体的基本部分和主要特征。

④创造目标

第一，能大胆地运用泥并按意愿塑造；第二，能大胆地用纸按意愿撕、剪出各种物体轮廓。

(3)大班(5～6岁)儿童手工活动目标

①认知目标

第一，了解各种纸张的不同性质，知道不同性质的纸张具有不同的表现效果；第二，对自制玩具的材料加以分类，以获得选择、收集这些材料的经验。

②情感与态度目标

第一，体验综合运用不同手工材料制作作品的快乐；第二，喜欢用手工来表达自己的想法和情感。

③操作技能目标

第一，用泥塑造人物、动物等较复杂结构的形体，能表现出物体的主要特征和细节；第二，能通过集

体分工合作塑造群像，表现某一主题或场面；第三，能使用无毒、安全的废旧材料制作玩具并加以装饰；第四，能用各种纸张制作立体玩具。

④创造目标

能综合运用剪、折、撕、粘、连接等技能，独立设计制作玩具。

3. 美术欣赏活动

儿童的美术欣赏是指儿童通过对美术作品、自然景物和周围环境中美好事物的认识和欣赏，从中受到艺术的感染，并丰富艺术联想，来提高对艺术美的感受能力、欣赏能力。通过欣赏，可以使他们获得精神上的愉悦和审美享受，美术欣赏有助于缩短从爱美到审美的距离。因此，美术欣赏对儿童来说有着重要的意义。

(1)小班(3～4岁)欣赏活动目标

①认知目标

知道从自然景物、艺术作品中能享受到视觉艺术的美。

②情感与态度目标

第一，喜欢观看、欣赏艺术作品；第二，对美术作品、图书中的各种形象感兴趣；第三，初步体验作品中具有不同“性格”的线条，通过欣赏老师及同伴的作品来培养对欣赏的兴趣。

③操作技能目标

初步学会运用线条表现力度感、节奏感。

④创造目标

初步运用动作、表情等表达自己欣赏后的感受。

(2)中班(4～5岁)欣赏活动目标

①认知目标

通过欣赏作品，了解作品的主题和基本内容。

②情感与态度目标

第一，能体验作品中线条、形状、色彩、质地等；第二，通过欣赏产生与作品相一致的感受。

③操作技能目标

第一，感受作品的色彩变化及相互关系；第二，感受作品中形象的鲜明性和象征性，并体验其情感；第三，感受作品的构成，体验作品的对称、均衡、节奏。

④创造目标

通过欣赏说出自己喜爱或不喜爱作品的理由，并对作品做简单的评价。

(3)大班(5～6岁)欣赏活动目标

①认知目标

第一，通过欣赏，了解作品的形状、色彩、结构等美术要素；第二，了解作品的表现手法、艺术风格和创作意图。

②情感与态度目标

喜欢各种不同风格的美术作品。

③操作技能目标

第一，能感受作品的色调、色彩的变化及相互关系；第二，能感受作品中形象的象征性和寓意性；第三，能感受作品中的形式美。

④创造目标

在欣赏和评价他人的作品时，能讲述自己独特的观点。

考点 3 具体的学前儿童美术教育活动目标

具体的学前儿童美术教育活动目标是教师依据美术教育的总目标、各类型美术活动的年龄阶段目标以及儿童美术发展特点，结合活动的具体内容来制定的。一般来说，具体的美术活动目标既是对活动结果的预示，也是对儿童提出的具体活动要求。教师在制定美术教育活动目标时应注意以下几点：

1. 目标制定的角度要统一

活动目标制定的角度要统一，是指一个目标中的目标内容都从教师角度或儿童角度出发。

2. 目标的制定要着眼于儿童的发展

美术活动目标的制定应着眼于儿童的发展，把儿童原有的水平与新活动提出的发展目标联系起来考虑，使活动目标既适应儿童已有的发展水平，又能促进儿童达到新的发展水平。

3. 目标内容要有系统性

美术活动目标的系统性具体体现在两个方面：一是活动目标中应当包含认知目标、情感与态度目标、操作技能目标和创造目标，在制定一个具体的美术活动目标时，要综合系统地体现以上四个方面的目标，既不能过分强调某一方面，也不能忽视、遗忘其他方面；二是具体的活动目标在方向上应与总目标、年龄阶段目标等相一致。

4. 目标要具有可操作性

目标的表述要具体，具有可操作性，避免出现空泛而笼统的目标。

三、学前儿童美术教育活动的内容 【单选、名词解释、简答】 ★★★

一般来说，学前儿童美术教育活动可分为正规的美术教育活动和非正规的美术教育活动两类。

正规的学前儿童美术教育活动，可以通过幼儿园课程中与美术直接有关的学科或领域（如美术、艺术等）进行，也可以通过课程设置中的其他各学科或领域（如语言、健康、社会、音乐、科学、品德教育等）进行。学前儿童美术学科或领域的教育根据教育内容的不同，可以分为绘画活动、手工活动、美术欣赏活动。

考点 1 正规的美术教育活动

绘画活动	手工制作活动	欣赏活动
学前儿童绘画活动是教师引导学前儿童用各种笔、纸等工具和材料，运用线条、造型、色彩、构图等艺术语言创造出视觉形象，从而表达创作者的思想、情感的一种活动。	学前儿童手工制作活动是教师引导学前儿童使用各种手工工具和材料，用剪、撕、贴、折、塑等手段制作出平面或立体的物体形象，从而发展学前儿童动作的灵活性、协调性，培养他们实际操作的能力以及工作的计划性和条理性的一种教育活动。	学前儿童美术欣赏活动是教师引导学前儿童欣赏和感受美术作品、自然景物和社会环境中的美好事物，丰富儿童的美感经验，培养其审美情感、审美评价能力和审美创造能力的一种教育活动。

［2017统考，名词解释，3分］学前儿童绘画活动

答案：详见内文

考点 2 非正规的美术教育活动

幼儿园中非正规的美术教育，主要是通过儿童在活动区的自由活动、幼儿园美术环境的创设，以及教师对儿童随机进行的集体的或个体的美术指导等方式进行。幼儿园非正规的美术教育活动通常有如下几种：

1. 幼儿园环境布置活动

环境创设的目的是引发和支持儿童与周围环境的互动，因此，儿童是环境创设中不可缺少的参与者。儿童参与幼儿园环境的规划和设计，可使他们对所属的环境做出最好的探究和了解，也有利于儿童主动、自发地参与活动。

2. 美术角和美术室活动

美术角是幼儿园区角活动中常见的一种形式。美术角的开设，主要是为了满足那些对美术有兴趣的儿童的需要。美术角材料的投放要多样化，以满足不同儿童的需要。美术角活动内容应根据各年龄班美术教育活动的目标和内容定期更新。美术室的设置要根据幼儿园的实际条件而定，一般设在有较大活动空间的幼儿园。美术室可以是专门的活动室，如泥工活动室、画架绘画活动室，也可以是综合的活动室，如把美术室划分为绘画区、手工区和欣赏区。

3. 随机的美术指导

随机的美术指导，是指教师对儿童在自由活动时间内所从事的美术活动的指导。日常生活中，教师可抓住每一个机会对儿童进行随机的美术教育。例如，午餐后带孩子在园内散步，和儿童谈论一年四季景色的变化，随机欣赏孩子们带来的新玩具、穿着的漂亮衣服，以及老师的发卡、丝巾等。

四、学前儿童美术教育的方法

学前儿童美术教育的方法是多种多样的，常见的方法如下：

1. 感知欣赏法

感知欣赏法是教师通过艺术性语言的描述，引导儿童运用多种感官观察、感知艺术作品和周围环境中事物的造型、结构、色彩、运动模式等审美特征，提高其敏锐的审美感知能力和深刻的审美体验能力的方法。

教师在引导儿童感知欣赏时，要注意依据不同年龄儿童的心理特点和实际水平，用语言引导儿童按整体—局部—整体的顺序进行欣赏，从开始时的个别物体的欣赏逐步过渡到一组物体的欣赏，并且反复、连续地进行。

感知欣赏法的使用应注意与科学认知相区别。在科学认知活动中，儿童通过各种感官感知客观事实，形成科学概念，强调的是“真”；而感知欣赏法主要是感知事物的审美属性，其目的不是为了形成科学概念，而是为了让儿童获得敏锐的审美感知能力，强调的是“美”。

2. 示范法和范例法

示范法是教师把美术过程中的难点、重点直接操作给儿童看，利于儿童在直接模仿的条件下，学习一些参加美术活动必需的、关键的、技术性的措施。

教师在示范时，应注意与语言、讲解密切结合，动作清晰、准确，必要时动作夸张一些，让每一位儿童都能看见。示范时能让儿童较快掌握技能，但教师示范越多，儿童创造越少。所以，教师必须谨慎使用示范法。教师应注意只对难点进行示范，不要全过程地示范，并且示范应富有启发性，避免儿童消极模仿。

范例法是提供儿童观察欣赏的直观教具，它可以是教师的范画，也可以是实物、照片、图片、图书等。好的范例可以帮助儿童了解、感受事物的审美属性，充实其视觉形象，丰富儿童创作内容；还可以帮助儿童学习和体验多种艺术手法，提高审美能力。因此，选择范例应有一定的标准：

(1)范例应有美感；

(2)范例应是形象鲜明而清晰的，能反映事物的基本结构与特征的，能帮助儿童掌握其基本形象的；

(3)范例的描绘方法应适合儿童年龄特点，是儿童能理解与接受的；

(4)范例应是多样化的，能从不同侧面反映事物的形态，可以启发儿童的思路。

3. 游戏练习法

游戏练习法是指通过游戏的形式，让儿童在愉快、积极的状态下习得美术技能，把视觉形象改变为视觉—运动形象，提高手眼协调能力，培养儿童对美术活动兴趣的方法。

游戏练习法的使用是灵活多样的，游戏性的命题、游戏化的练习方式、对美术成果的游戏性的处理以及美术活动中的游戏性材料的使用等都可以把美术和游戏结合起来。

4. 线索启迪法

线索启迪法是教师在某种刺激下，激活儿童的思路，唤醒他们沉睡的经验，进入美术创造的思考过程的方法。运用这种方法能引发儿童去联想，对儿童的美术构思和作品内容的丰富性具有重要的作用。运用这种方法的要求是：

(1)必须激发儿童丰富的联想。

(2)教师提供的线索要与儿童已有经验有适度的相似性或关联性。因为新的经验图式，总是与过去所知觉到的各种形状的记忆痕迹相联系。

(3)教师应提供多样化的线索。

第八节 学前儿童美术教育的基本理论

一、陈鹤琴关于我国学前儿童美术教育的主要观点

考点 1 把儿童绘画的发展分为四个时期

时期	特点
涂鸦期（1~2岁）	波形图，从左下方向右上方重复画弧线；乱丝图，画着不同方向的曲线和直线；圆形图，顺时针方向画圆圈。
象征期（2~3岁）	普遍性的象征阶段，圆圈可代表物，又可代表人；类别性的象征阶段，以一种图形代表一类事物；个别性的象征阶段，能表现事物的“我”。

定型期（3~7岁）	其特点是从简单到复杂、从正面到侧面、从呆板到有生气，并有时间、空间观念，懂得构图，也懂得用画来分辨性别与年龄，还能用语言来解释自己的画。
写实期（7岁以后）	能以绘画技术反映客观现实。

考点 2 对陈一鸣的绘画发展过程做出了概括性总结

（1）儿童画是一种帮助我们了解儿童心理发展的良好资料。陈鹤琴认为："图画是一种表情达意，反映客观现实的有效工具。我看了一鸣从涂鸦期到写实期的十年中所画的图画，就可以知道一鸣的认识在开始时是模糊的；随着生活经验的累积，他的空间观念和时间观念等就逐渐发展起来了；通过与周围环境的接触，他的语言也丰富起来了，他的思维能力包括一切的高级神经活动也相应地得到了发展。这证明有计划、有系统的长期的收集观察和研究儿童的图画，对了解儿童的心理发展是有帮助的。"

（2）儿童的图画发展体现了由量变到质变的过程。陈鹤琴认为：从陈一鸣的绘画发展可以看出儿童图画的发展是一个由量变到质变的过程。量的积累表现为感知、绘画技术和生活经验的增加；质的变化表现为儿童绘画在不同时期所能表现的事物的特征。

（3）儿童先会画线，后会画圆，然后才会画点。陈鹤琴首先用物理学原理和儿童绘画时的坐姿、画姿来解释儿童为什么先会画线；其次用弧线与圆的联系来解释为什么从画线发展到画圆；最后用儿童手臂的大肌肉的发展比手腕的小肌肉的发展早，来解释儿童为什么不是先会画点，后会画线，而是先会画线，后会画点。

（4）儿童绘画技能的增进落后于他的感知认识。在涂鸦期，儿童的绘画技能和他的认识水平是相差很远的。到象征期，儿童的绘画表达能力有了进一步的发展，但是他还不能很好地画出他所知道的，更谈不上他实际所看见的。到了定型期，儿童的绘画技能就逐渐接近他发展的认识水平了。在这个时期，他常常画他所知道的而不画他所看见的。这也说明在这个时期，儿童的绘画技能还赶不上他的认识水平。这种现象到了写实期就基本上消失了。在写实期，他的技能和认识就更加接近，渐渐地能画出他所实际看见的事物。

（5）儿童图画反映了对他印象最深的客观现实。"儿童首先是注意会动的东西，其次是有声音的东西，再次是色彩鲜艳和形状奇特的东西。所以在儿童的人形画中，首先出现的是会动的眼睛，其次是嘴巴，再次是鼻子。"许多儿童的图画都有这种主次分明的现象，但是儿童的选择是根据他们的主观印象来决定的，因此常有某些东西在逻辑上有很大的意义，但由于儿童认为不重要而被忽略。事实上，这些不重要的小节和根本看不到的东西却占了重要的地位，这就是有时候用成人的眼光来看儿童的图画会觉得十分奇特的原因之一。

（6）儿童绘画技能与他的生活经验和教育实践是分不开的。陈一鸣从小与自然界接触的机会很多，家里有多种动物和植物。3岁上幼儿园过集体生活，经常在园地上种菜、种豆，到附近的名胜去远足。再大一点，陈鹤琴就带他去看电影、看戏和展览会。到十多岁，陈鹤琴还带他到镇江、黄山、普陀等各地游览，扩大了眼界，丰富了生活经验。为鼓励他画画，陈鹤琴给他提供了充分的条件，使他的绘画技术得到了提高。

（7）对完形心理学以唯心的观点来解释知觉的固定性的意见。对于儿童的绘画，心理学者有不同的看法，其中完形心理学对知觉固定性的看法是比较突出的。陈鹤琴先生坚决反对用完形心理学中对知觉固定性（这里所说的“固定性”实际上就是知觉心理学中所说的“知觉恒常性”）的解释来说明儿童的绘画。陈鹤琴先生认为，物质的固定性是儿童多种感知和联想及思维的结果，是在儿童的实际生活经验中获得的，而不是什么“最原始、简单、天真、自然的现象”。

二、以屠美如为代表的我国20世纪后期的儿童美术教育思想的主要观点

1. 儿童绘画发展是一个连续的过程

涂鸦期（1.5～4岁）	象征期（4～5岁）	概念画期（5～8岁）	写实期（8～15岁）
无目的的乱画。涂鸦后期，出现简单的目的，但不能成形，不注意色彩变化	凭主观直觉印象描绘出物体的粗略形象，以象征物体的外形轮廓，多半是不完全的、遗漏的，表现的是瞬间的、不明确的感情和意图	以自我为中心观察现实生活，用画来传达各种意念，多半用线条勾出平面的二次元轮廓，形象较完整，并注意用相应的色彩表达	进入自然描绘阶段，并出现“三次元期”的立体性体验

2. 不同时期的儿童绘画有着不同的特征表现

前轴阶段（4岁）	单轴阶段（大约6岁）	双轴阶段（大约8岁）	双轴联合阶段（10岁）
儿童能画出一个物体的空间，但是不能参照一条轴线表现一系列物体的相对高度	儿童能够把两种表现协调起来，沿着一条基底线安排一系列的物体形象	儿童能够处理两条参照轴线，表现出物体的背景	儿童能够以联合的方式处理两条参照轴线，为一系列物体定位，能比较恰当地确定物体在空间中的位置

三、罗恩菲尔德的美术教育思想

维克多·罗恩菲尔德（1903～1960）生于奥地利，后移居美国，是二战后美国著名的美术教育家，他和英国美术教育家赫伯特·里德二人均主张“通过艺术的教育”，被看作是“工具论”的代表。其美术教育思想的基础是法国哲学家卢梭自然主义教育观和美国教育家杜威的进步主义教育思想。从20世纪40年代到80年代间，他的代表作《创造力与心智的成长》连续再版七次之多，足见其影响之大。

罗恩菲尔德认为，在以知识的传授为重，忽视人的感情、感受力等其他方面的发展的社会状况下，艺术教育，特别是儿童早期艺术教育显得尤为重要。他说：“艺术教育，如在儿童早期施行的话，便很可能造就出富有创造力的人；否则，便可能培养出虽有丰富的学识，但却不晓得如何去应用，以致成为缺乏内涵，而且难以与环境融洽相处的人。由于感性、思考和感觉，在任何创造过程中均同等必要，因而艺术就是平衡儿童的智慧与情感所不可或缺的工具，”因此，艺术必须成为儿童的朋友。儿童可以通过艺术表达那些言语无法表达的情绪。通过这种表达的经验，儿童的艺术表现便成为他生活整体的一部分。可见，“艺术教育对我们的教育系统和社会的主要贡献，在于强调个人和自我创造的潜能，尤其在于艺术能和谐地统整成长过程中的一切，造就出身心健全的人。”在此基础上，他进一步强调，在艺术教育里，艺术只是一种达到目标的方法，儿童的身体、情感、社会、审美、创造力与心智的成长才是艺术教育的目标。

罗恩菲尔德的艺术教育思想注重受教育者的个人成长，其理论更多指向各方面正处在快速发展中的儿童群体，从而形成了特色鲜明的儿童艺术与艺术教育观。他认为，对于儿童来说，艺术是表现的方

式而已。艺术的两种主要功效是让孩子表达自我，以及作为调整自我的工具。由此可见，每个儿童都具有艺术创造的潜能。罗恩菲尔德反对儿童使用定型的练习本和着色画本，并分析了它们对儿童自由创作的限制。他认为，儿童所使用的技巧或材料，要基于并且适合其表现的需要，因为只有这样，儿童才能体验到他们所使用的媒介。对于成人应该如何选择和发展儿童的艺术技巧，罗恩菲尔德提出了五点重要的原则：

(1)教师的任务是在适当的时候介绍适当的材料。

(2)每一种材料或技巧必须有它独特的功效。

(3)教师要了解，儿童必须发展其个别的技巧；老师的“帮忙”，表演给儿童知道的“正确技巧”，只会限制儿童个人的表现方式。

(4)一种艺术材料和其操作仅是达到目的的方法而已；技巧不能离开其内涵而独立地予以施教，使用得当的话，可以帮助儿童产生自我体验的欲望，或是表现的冲动。

(5)在一间教室里同时使用不同的材料，以适合儿童的需要，因为这样可以使儿童面对各种程序，从而使他认识各种技巧的可能性。

可见，罗恩菲尔德非常重视儿童的需要和自我体验，并将其视为任何成功教学的前提。

罗恩菲尔德将儿童绘画能力的发展过程分为以下几个阶段：涂鸦期(2～4岁)，前图式期(4～7岁)，图式期(7～9岁)，写实萌芽期(9～11岁)，拟写实期(11～13岁)，青春危机期(13～17岁)。不同的儿童因个体差异，不可能同时从一个阶段发展到下一个阶段，因此，这几个阶段并不和固定的年龄完全对应，但它们的前后相续关系是不变的。处于不同发展阶段中的儿童，在人物表现、空间表现、色彩表现、技巧使用、创作特征等方面具有不同的特点，同样，在智能、情感、社会性、感知觉、美感等方面也会表现出不同的发展特征。

罗恩菲尔德在儿童美术发展与教育方面的研究对20世纪中叶以来的西方儿童美术教育产生着深远的影响并迅速在世界范围内传播。有学者总结，罗恩菲尔德的成功在于：他为我们认识和理解儿童艺术提供了一个促进发展的基础。他运用可以理解的术语来描述这些发展阶段，并通过儿童图画和绘画作品来解释它们。他还规定了与这些发展阶段相一致的艺术活动。于是，如果掌握了诱导儿童的方法并能正确地预测他们在每个发展阶段所可能取得的进步，那么，就连最不懂艺术的教师也能教授艺术。

罗恩菲尔德的思想对我国儿童美术教育仍有着广泛的影响力。进入21世纪的中国仍面临着罗恩菲尔德所批判的当代教育中的各种问题。关于如何形成儿童美术教育尤其是儿童美术教育的价值导向，如何进行创造教育，罗恩菲尔德的美术教育理论给我们带来诸多启发。当然，在借鉴其思想精华的同时，我们也要全面地看待其理论的不足之处。

四、艾斯纳的美术教育思想

艾斯纳认为：美术教育在教育体系中的存在具有其独特的理由，其地位是其他任何学科所不能取代的，“美术教育的最高价值在于它为每个人经历并且认识世界所做的独特贡献。视觉艺术涉及了人类意识中其他任何学科都无法涉及的一个方面，即对于视觉形象的美学思考。”他提出美术的三大功能：美术为人类提供视觉感；美术是调动我们感性的手段，提供训练人类潜能的题材；美术能使其他事物变得生动。他认为这些功能正是美术教育具有其他任何学科所无法取代的地位的根本原因。

在综合分析了一些西方美术教育史上的主要思想的基础上，艾斯纳阐明了对儿童美术学与教的主张。他认为美术学习并非一种单纯的学习形式，它涉及培养创造美术形式的能力，即“创造”；培养美学感受的能力,即“批评”;培养将美术理解为一种文化现象的能力,即“文化”。因此,美术学习是以上三方面综合学习的产物,这种学习“不是伴随儿童成长成熟过程的自然结果,美术学习可以通过教育指导得到促进”。这种观点与工具论者恰恰相反。

艾斯纳认为严格的课程设计是美术教育取得良好效果的前提,这种课程的内容包括美术史、美术批评和美术创作。在儿童美术课程目标方面,艾斯纳提出用“表现目标”来完善“指导目标”。其中,指导目标描述的是儿童的行为方式以及在课程完成后他们所展示的能力。而表现目标并不描述儿童展示或创作的行为或作品,它描述的是儿童将拥有的经历和体验,以及由此带来的颇有希望的正面效果,而这些正是教师试图发现和赞美的。在具体的课程教学方面,艾斯纳倡导发展师幼之间信任和开放的关系。这种温暖信任的关系伴随着互助的气氛,有利于教师对儿童的了解,从而可以帮助教师为儿童提供更好的条件,促进儿童产生丰富的学习经验。艾斯纳非常重视教师无言的身教,他认为,教师为儿童提供了在艺术领域人们所作所为的范例。

此外,艾斯纳还分析了影响儿童艺术学习的三种资源:内容特性、学生特性、教师特性。这意味着应该从美术教育的内容、儿童本身所特有的智力特点以及教师的教学风格三方面来共同确认美术教育的成果,而不应该仅仅重视美术教育内容,却忽略其他两点。因此,艾斯纳期待美术教学中两种不同的成果:一种是由美术教育的内容和教师的风格所决定的、在同一美术学习过程中对所有或大多数儿童来说的共同成果;第二种是由儿童特性决定的、对每个儿童来说各具特点的成果。需要注意的是,相对于其他领域而言,艺术领域更应注重具有学生特性的成果。

艾斯纳是西方继罗恩菲尔德之后新的艺术教育权威之一。他所主张的“以学科为基础的美术教育”影响了世界诸多的美术教育机构。他强调美术本身的特质是美术教育的价值之源,教师应该引导儿童从系统的美术课程中吸取营养,得到应有的收获,而非让儿童漫无目的地活动,期待儿童的美术能力自然开花结果。

第九节　学前儿童美术能力的发展阶段与特点

一、学前儿童绘画能力的发展阶段与特点 【单选、简答】 ★★★

学前儿童绘画能力的发展阶段与特点

绘画是儿童美术活动中一种较为主要的艺术形式。儿童绘画是儿童自由表现的一种需要,作为一种看似简单的活动,它涵盖了儿童身体和心灵发展的广阔历程,是儿童发展中的一项非常重要的活动。

在前面我们已经明确指出,儿童的绘画能力发展是阶段性与顺序性的,为了便于大家的学习与理解,在众多关于儿童绘画能力发展研究的基础上,我们将儿童绘画能力概括性地分为以下几个阶段加以介绍。

第七章

考点 1　涂鸦期

年龄范围	阶段含义	表现特征	指导建议
1.5～3岁	儿童从单纯的肌肉运动(玩笔画线阶段)转变为对图画的想象、思考阶段	由一些自由的点线构成;在成人看来就像是在纸上胡涂乱画	①要鼓励这一年龄阶段的儿童进行涂鸦; ②应为儿童创设必要的涂鸦条件; ③要对儿童的涂鸦进行指导

考点 2 象征期

年龄范围：3～5岁。

阶段含义：儿童开始有目的地创造形体，用自己的样式符号（儿童图画中的形象）来尝试表现物体的阶段。

表现特征：此阶段儿童已不仅仅是依据画面形象进行联想、想象，他们开始根据自己的观察角度与知识经验来表现物体，他们所绘形象从成人的角度看如同"符号"，而且符号抽象、简单、夸张、多变，有些符号难以辨认，而有些符号又极富典型特征。这常常是和他们的身体、心智发展相对应的。

1. 画面构思过程不稳定

在他们的图画中往往强调重要、主要、有意义部分的表现，画面空间呈现无序状态，色彩的使用常出于兴趣，偶尔和情感有关。这一时期，儿童绘画的水平是不稳定的，有时好时坏的现象。例如，在一幅作品中，有些形象画得很复杂，而另一些形象却十分简单。或者，前一阶段已能画得较完满，忽而，又退回到老样子，画中的形状变得很单调；这类不均衡与不稳定现象不是孩子在退步或故意不好好做，而是因为他们正处于尝试探索之中，不稳定是必然的。所以，看待儿童的作品不能仅凭一时一作，要全面衡量。当然，有时不稳定也可能是成人对孩子不理解和干涉形成压力造成的，如果是这样，成人要及时调整自己的教育方式方法。

另外，在象征期，除画面有如上不稳定现象外，儿童绘画的构思过程也极不稳定，这种不稳定表现在如下几个方面：

（1）动笔后构思

儿童常常在涂着涂着的时候，突然发现自己涂画的动作痕迹与某物的外形相似，于是，想起要画这一物体。比如，儿童涂着涂着，突然觉得涂出来的东西很像气球，于是想画气球。又涂着涂着，觉得它很像小人，于是想起要画小人。这表明儿童开始时并不是很有意识、有目的地想好要画什么，然后下笔画，而是由某些动作、痕迹刺激，触发引起表象，才决定画什么，形成动笔后构思。这说明他们造型的目的性还不强。

（2）事先构思和随意涂画穿插

事先构思和随意涂画穿插又有两种情况，一种情况是不同张的画，有些画是儿童事先想好了画的，有些则是随便涂画的；另一种情况是在同一张画上，有的东西是儿童事先想好画的，有些却是随便涂抹的。遇到这种情况，成人有时觉得孩子是不好好画，或是又退步了。其实，是这一时期儿童构思不稳定的表现，属于正常现象。

（3）绘画内容转移

绘画内容转移的表现是儿童画着画着某样东西，突然就停止不画了。如画飞机，画了一半就不画了，转而去画太阳，造成画面的不连贯。这种现象是因为儿童只进行了局部的构思，而未能进行全面完整的构思造成的。

（4）形象含义易变

儿童画出的形象含义经常是不稳定的。他们往往在画好的形象上再加上几笔就说成是别的东西。例如，开始时画小人，后来在头部——大圆圈上加上些小圆圈、小点点，就说成是大树。这一方面是由于儿童运用的形状比较简单，可塑性强，容易变异，形状的组合稍一有变动就可以构成新的形象；另一方面，也是儿童构思不够稳固，不能事先完整构思的结果。

（5）易受他人影响

儿童画什么，受他人影响比较大。有的孩子本来想画小花，看到别的小朋友在画汽车，他也画汽

车，但汽车刚画几笔，听见另一小朋友说："我画太阳。"他也说："我画太阳。"经常有这种现象，邻座的几个小朋友画的画都很相像。另外，教师的提问和提示、小朋友的回答对构思都有影响。

象征期是一个短暂的时期，但是，对于儿童绘画发展是一个重要的阶段。在这一阶段，儿童开始尝试用他们涂鸦时掌握的图形表现自己的经验，其表现动机和信心都很脆弱，对成人的反应也很敏感。如果这一时期的尝试比较成功，儿童将树立起艺术表现的信心，这对他们进入下一阶段至关重要。因此，教育者切忌以看成人作品的习惯眼光去看儿童的作品，更不要挑剔儿童画中那些不合习惯的地方，而应多给儿童以鼓励和支持，使他们树立起用美术这一新的媒介进行表达的信心。

2. 画面形象排列方式的发展变化

形象排列方式的发展变化是儿童构图发展的重要方面。所谓排列方式，是形象在画面上的位置关系和形象相互之间的关系。不同的排列方式都有着鲜明的直观特征，反映着儿童空间概念的不同水平。其发展顺序如下：

(1)零乱式

在儿童绘画构图的发展中，初始阶段的构图是零乱式，所有的孩子都由此开始。在这一时期，儿童对形象不作空间安排，画面没有上下之分，更无前后之别，原来生活中有一定方向秩序的东西，在这些画中看起来都是横七竖八，失去了原有的秩序。

这种构图大约出现在3岁以前，3岁以后只有很少的孩子这样画，5岁以后则完全消失。

(2)平行式

很快地，儿童画中的形象不再那么无章可循了，显示出了某些一致性，形象相互垂直平行，有上下一致的方向。这时，在他们的作品中，小人、花草、树木、飞禽、走兽都头脚一致地竖立着。

如果观察这一时期儿童作画，就会发现，他们不再像前一阶段那样，把纸转来转去地画了，而是像成人那样把纸摆得正正地来画。

儿童采用的平行式构图表现了生活中最简单的方向关系，即各物体与地球引力方向一致相互平行竖立着。平行式构图的出现表明儿童开始表现物体的空间关系了，但还是很初级的，有很大的局限性。在这种构图中没有水平关系，所以，有时原本在生活中高的东西画在了画纸低的位置上，原本低的东西却画在了画纸高的位置上，画面中的形象看来有一种飘忽不定的感觉。

这种构图一般是出现在3岁以后，4岁前后有比较多的儿童开始采用这种构图排列方式。以后渐少，但直到6岁后仍有少数儿童停留在这一水平。

(3)并列式

并列式构图的画面有一个非常醒目的特征，所有生活中地面上的物体都在画纸的下部排成一队。有的紧贴着形象的底部还画有一条长长的棕色的线条作为地面的标志。在有些儿童的作品中，天上、水中的物体也排成一排，画在纸的上部或更低的位置上。儿童在进行这种构图时，非常严格，几乎没有什么疏漏。在这种构图中，把形象画在画面同一排表示它们是处于同一水平高度。画在不同排则表示这些物体处于不同的水平高度上。

构图有了这种新关系以后，物体的空间关系较以前清晰多了，不会再发生地上的东西看起来要飞到天上，天上的东西要掉到地上的误会。但是并列式构图依然存在局限，有时使人把画中排成一排的形象误解为是现实中排成一列的物体。实际上那条棕色的线条代表的是宽阔的地面，形象也并非排成一排，而是矗立在地面上。之所以会使人产生误会，原因就在于这种构图的排列方式不具有深度关系，正像有的学者所说的，这是一种只有"竖式空间"的构图。即只有上下高低，而没有远近前后，因此，它不能将地面的纵深显示出来。

总体来看，二维性是并列式构图的特点，它或者是竖式的，即垂直的，或者是水平的。并列式构图是儿童期孩子的主要构图方式，3岁以后开始出现，直到6岁左右还有三分之一以上的儿童采用这种构图方式。

(4)散点式

并列式构图的进一步发展，画面中原来处于一排的形象开始分解离散，大部分分布在画面下部。在许多儿童作品中还出现一个有趣的现象，紧靠着形象的底部画有一条短直线。

在此以前儿童的几种构图方式都是二维的，好像正视图或者俯视图，当然，不是严格意义上的。现在出现了第三维，画面开始立体化。也就是说在这种画面上同时存在着竖式空间和水平空间。画面上的同一个位置既是一个高度又是一个水平点。

(5)多层并列式

这似乎是一个恢复，在散点式之后，在有些儿童的画上出现多层并列式的构图。这种构图与单纯的并列式和散点式既相同又不同，在这种构图中各排内部是并列关系，排与排之间是散点关系，所以，它是并列式与散点式的结合。这种构图的画面上出现若干排并列的形象，这时我们就好像看到了一组组不同的景色。

在这种构图中，形象成排成排地出现在画面上显示的是分离与邻近的关系。形象处于一排代表它们相互临近，而处于不同排则表示互相分离。采用多层并列式构图的作品在表现物体的层次上有了进展，画面的节奏感增强了。在儿童期能采用这种方式构图的儿童很少，4岁以后出现，直到六七岁只有百分之几的儿童采用这种构图方式。

(6)遮挡式

遮挡式是幼儿期最高的构图形式，以这种方式构图的画面有了清晰明确的前后关系。我们知道，当我们从一个固定角度看物体时，前面的物体势必要遮挡住后面的物体，因此，让一些形象部分地遮挡住另一些形象，最能表现出物体的前后关系。而在此之前，儿童的作品都有一个特点，就是形象与形象互不遮挡，在不影响表现物体功能的前提下儿童会将形象拉开距离，完整地表现出来。如果拉开距离会影响物体功能的表现，儿童就干脆把物体画成“透明”的。由于没有形象之间的遮挡，画面中物体的前后关系显得含糊不清。随着儿童空间概念的发展，他们开始从一个固定角度出发表现物体的空间关系，就出现了有遮挡关系的构图。

幼儿末期，有少数孩子开始采用遮挡式构图表现物体的空间关系。出现遮挡关系的作品不仅在构图上，而且在其他方面也都是很出色的。

3. 成人对象征期儿童的指导建议

(1)对于儿童的作品，要尽量用探究、了解的态度去欣赏与解读。(2)提供适当的材料：蜡笔、水粉、毛笔、大张的画纸、剪刀、折纸、黏土等。(3)设计幼儿喜爱的内容，运用游戏等形式进行简单绘画技能的练习。(4)通过刺激个人的经验，或增强对某一事物的体验，激发儿童以美术语言表达、表现的兴趣与愿望。(5)在生活中以更为丰富的艺术内容来熏陶、培养儿童对视觉艺术的感觉与热爱。

真题面对面

1. [2021绍兴，单，1分]儿童绘画发展的第二个阶段称之为(　　)

A. 涂鸦期　　B. 图式期

C. 象征期　　D. 写实期

2. [2017统考,单,1分]儿童开始有目的地创造形体,用自己的样式符号来尝试表现物体。这说明其处于(　　)

A. 涂鸦期　　B. 象征期　　C. 图式期　　D. 写实期

3. [2022衢州龙游,简答,4分]简述象征期幼儿的绘画特点。

答案:1. C　2. B　3. 详见内文

考点3 图式期(概念画期或形象期)

年龄范围:5~8岁。

阶段含义:儿童逐渐形成并发展他绘画表现的"样式"的阶段。

1. 阶段特征

在这一阶段中,儿童通过自身的观察、理解与多次实践,开始以较为固定的样式描画事物,因此也常常被称为概念性的表现阶段。从造型上看,随着儿童视觉感受力的提高、具体形象思维的发展,画面形状开始复杂化,形状数量增加了。他们试图将简单形状如三角形、方形等以一定的方式进行组织,将各部分融合为整体,具有了一定的表现意义。这是概念画期儿童绘画的基本特征。强调对称、垂直是又一个基本特征。他们习惯将人画得左右对称,重心垂直于地平线,显得有些呆板。他们将房子上的烟囱画得垂直于房顶,将山坡上的树画得与山坡垂直,而不是垂直于地平面。这个时期儿童的写生能力有所发展,得益于他们观察能力的提升。但他们在表现三维空间方面还是有一定困难,所表现的物象往往以二维方式体现。

从色彩上看,这个时期的儿童对色彩,包括色彩的明度、饱和度的感受力提高得很快,对色彩运用的情感范围渐渐扩大,对更多的色彩有了情感反应。同时,他们按物体客观地选色的能力也发展起来;在涂色上,由于儿童小肌肉的进一步发展,用笔更加熟练、准确,能够进行较随意的涂色,甚至能调出混合色。

从构图上看,随着画面中形象数量的增加,形象间排列的方式也发生了变化。儿童开始注意到大小比例,但分寸的掌握较差,经常会将人与动物画得一样大,难以处理近大远小的空间关系。形象与形象间开始有了一定的关系,表现出相应的主题。在5岁前后到六七岁,儿童有时会在画面中描绘一条长线或多条短线作为地面,以地平线来组织画面结构的方式也日趋合理,人往往处在一条线上,马路的两条边线成了儿童描绘树木、房屋、路灯等的基底线,由于这个时期儿童画表现中水平垂直参照体系的出现,导致树木、路灯、房屋等朝向各个方向。随着年龄的增长、视觉经验的丰富以及美术表现能力的提高,画面中的基底线逐渐由一条变成多条,直至没有基底线。儿童画面表现的层次感也随之增强。另外,由于儿童在表现三维空间时存在困难,或者说是受他们的认知水平发展的限制,出现了这个时期儿童特有的构图形式:展开式构图、多视点构图和透明画。展开式构图是指把从不同角度观察到的事物在一个画面上表现出来;多视点构图的画面体现两个或两个以上的视点;透明画是指由于儿童没有掌握重叠的概念,是在"画其所知而非画其所见"。

从构思上看,儿童逐渐在尝试表现作品的情节或事件,有了明确的构思。开始会先想好再画,一般不易改变他们最初的表现意图,在画的过程中也会同时进行思考。在作品的情节表现上经历了由表现无活动或独自活动的个体到多个个体共同活动与相互活动的过程。画面形象的关系也逐渐能体现出相应的情节,且很多时候也需要儿童用语言解释才能合理地了解他们的构思,这一点在概念画初期与晚期的差异比较明显。

概念画期的儿童开始了大胆的作画尝试。成人要理解他们的表现方式,多引导儿童进行观察,鼓励他们根据自己的想象进行大胆创作，切不可一味地临摹成人的模式或画法。对儿童在表现过程中出现的困难，要及时合理地进行指导。对作品情节方面的分析，要尽量客观，多听、多归纳、多记录，有助于成人了解儿童在绘画表现上的差异。

此阶段儿童绘画表现的常见特征有：

(1)拟人化表现

儿童的画中，人的特征表现在各个事物上。如站立的动物、长着人脸的鱼、戴眼镜的太阳等。

(2)透明式的表现

将重叠或被挡住的事物也描画出来，也被称为X光式的表现。例如，一幅画中，爸爸盖着被子躺在床上，但看上去爸爸就如同盖了一块透明的塑料布一样。生病的爸爸即使盖着被子也不能没有身体，这就是儿童的心理在图画中的反映。

(3)展开式的表现

儿童不能以透视的观念绘画，绘画仅基于认识与经验，所以，他们的画中经常会把从多个角度观察的结果，组合在一张画中。

(4)强调式的表现

儿童为在画中强调表现某一意图，不会顾及画中形象的大小、比例、内容等是否合理。这样的画常常会令人感到很夸张。

(5)装饰性的表现

儿童经常会以色彩、线条、图形等在画面上进行装饰性的描画。

(6)美梦式的表现

儿童经常会将现实中无法实现的愿望寄托于画中。例如，在画中打败怪兽，在画中穿上了妈妈的高跟鞋，在画中长出了翅膀和鸟儿一起飞翔。

记忆有妙招

图式期幼儿绘画表现特征：**名**(透明式)**人**(拟人化)**调**(强调式)**开**(展开式)**装**(装饰性)**美梦**(美梦式)。

真题面对面

[2021临海，单，1.28分]不顾及画中形象的大小、比例、内容等是否合理，属于图式期的(　　)表现。

A. 美梦式　　B. 透明式

C. 展开式　　D. 强调式

答案：D

2. 成人对图式期儿童的指导建议

(1)在充分了解概念画期(图式期)儿童各种表现特征的基础上，用童心加赞美来观察与评价幼儿的作品与表达。

(2)可以适当地使用各种材料、技法增强儿童的表现热情，丰富画面效果，但变换材料与技法的使用应根据儿童的发展，不能只注重表面热闹。

(3)通过亲历和学习来丰富儿童的经验，一方面是生活中的感性经验，另一方面是美术欣赏与成人美术经验的平行影响。

(4)选择适宜的刺激题材,使儿童有强烈的表现动机。

(5)成人可通过儿童的画,来了解儿童的生活经历与思考,从而有针对性地对儿童施教与影响。

考点 4 写实期

年龄范围:8岁以后

阶段含义及特征:写实期是想要描画写实物象的时期。虽然此时知识较丰富,但技术却未能跟上,由于不能把所看到的事物画得很像,往往会丧失画画的自信。

真题面对面

[2019统考,单,1分]儿童绘画能力发展的四个阶段排序正确的是(　　)

A. 涂鸦期—象征期—概念画期—写实期

B. 象征期—涂鸦期—概念画期—写实期

C. 涂鸦期—概念画期—象征期—写实期

D. 涂鸦期—象征期—写实期—概念画期

答案:A

易错点提示

考生易将儿童绘画能力发现的四个阶段概念混淆:涂鸦期——指儿童从单纯的肌肉运动(玩笔画线阶段)转变为对图画的想象、思考。象征期——指儿童开始有目的地创造形体,用自己的样式符号(儿童图画中的形象)来尝试表现物体。图式期——指儿童逐渐形成并发展绘画表现的“样式”。写实期——指儿童想要描画写实物象。

二、学前儿童手工制作能力的发展阶段与特点 【单选】 ★

与绘画活动一样,学前儿童手工活动也是学前儿童美术创作活动的一个组成部分。根据目前已有的研究,我们发现,学前儿童的手工创作的发展也经历了与绘画发展大致相同的过程。但由于它是一种三维的创作,因而学前儿童的手工发展也有其自身的年龄阶段特征。

1. 无目的的活动期(2~4岁)

这个时期的儿童由于生理上手部小肌肉的发育不够成熟,认识能力也很有限,所以手工活动并没有明确的目的,而只是一种纯粹的玩耍活动。他们不理解手工工具和材料的性质,因而不能正确地使用这些手工工具和材料。

具体表现在泥塑活动中,这一时期的儿童不能有目的地制作出形象。起初,他们只是手握油泥或拍打油泥,时而掰开、时而又揉一个团块,享受油泥和黏土的触觉感,以及油泥与黏土的质地与形态的变化感。到这一阶段后期,儿童能用黏土制作出圆球。

总之,此阶段的儿童还没有表现的意图,只是满足于手工操作的过程,享受着自主活动的快感,体验着手工工具和材料的特性。

2. 基本形状期(4~5岁)

学前儿童手工发展的基本形状期大约相当于绘画中的象征期。这时的儿童由无目的的动作逐渐呈现出有意图的尝试。4~5岁的儿童常常在制作开始时就宣称,他将要做个什么,然后,才开始着手制作。

在泥塑活动中，儿童从拍打黏土进入用手搓圆、搓长的阶段。起初出现的是与绘画中的直线形式相对应的棒状形式。然后出现一个由棒状体组成的最简单的结合体，是一个两度空间式样，即平面内的结合。我们常常可以看到有些儿童用棒状形式代替画出的线条，把它们排列在一个平面上。用这种表现方式做出的作品，与其说是像一件独立式的圆雕作品，还不如说是像一件浮雕作品。逐渐地，在此基础上，儿童又增加了第三度，即几个平面以平行或垂直的关系连接在一起。

总之，此阶段，学前儿童利用粗细、长短不一的棒状形式和后期出现的"厚纸片"形式所制作出的东西还只具备所要制作的物体的基本部分。即使有两部分形状的连接，也只是形体的机械相加，整体感不强。由于手的动作发展不够成熟，此时的儿童还不能很好地表现物体的细节。

在剪纸活动中，儿童开始时剪得较为顺手，但只限于剪直线，并且，直剪往往持续很长一段时间而没有多少进步。

基本形状期是学前儿童手工发展从无目的的活动走向样式化时期的过渡阶段。在这一阶段，成人应多鼓励儿童大胆地按照自己的意愿进行尝试，表达自己的意图，培养他们对手工活动的兴趣。同时，还要教给儿童基本的制作方法，帮助他们实现自己的意图。

3. 样式化期（5～7岁）

这一时期，学前儿童由于手部精细肌肉的发育，手眼协调能力增强，又学习了一些基本的手工工具和材料的使用方法，因而他们表现的欲望很旺盛。他们喜欢用各种工具和材料进行制作，以表达自己的意愿。

在泥塑活动中，这个阶段的儿童能搓出各种弯曲的、盘旋的棒状物，并用棒状物以一定的角度倾斜相交成三度式样；他们还能制作出立方体和圆柱体，并会用棒状物组合的方式组合一些复杂的物体。在连接方法上，儿童不再用机械相加的方法，而是能用较为流畅的方法来连接，使制作的物体成为一个有机的整体。另外，此时的儿童还会借助于辅助工具来表现所制作物体的细节、特征。所用方法之一是通过在物体的主干部分上增加若干细小的部分。例如，捏出小鸡、小鸭的嘴，用绿豆等为动物增添眼睛等。所用方法之二是通过在物体的主干部分上刮或挖去若干部分，以表现底凹部分。例如，用牙签为人物刮出眼睛、嘴巴等。如果说上一阶段儿童的作品带有浮雕式的，那么，这一阶段儿童的作品则大多是独立式的圆雕。另外，至今为止，我们还没有发现这一阶段的儿童塑造出抽象的作品。

在剪纸活动中，这一阶段的儿童不仅能连续剪直线，而且能双手配合着剪曲线。由于能剪直线、曲线，所以此时的儿童基本上能剪出自己所希望的形状，如剪窗花等。

在利用纸盒进行的立体造型中，此阶段的儿童不仅能通过剪、挖、接合、粘贴等技法来进行建构，还能对作品进行细节的装饰，如给作品着色，力求更完美地表现。

因此，对于此阶段的儿童的手工活动，成人应注意给他们提供多种手工工具和材料，并注意引导他们正确使用这些工具和材料，鼓励他们用不同的方法来制作、表现，培养其创造能力和创造意识。

绘画和泥塑作为学前儿童美术创作的典型形式，正如我们在前面已提及的，二者遵循着大致相同的历程。但绘画是平面形态的，泥塑则是立体形态的，也即在泥塑中，需要儿童去掌握的结构概念是三维的。由于学前儿童身心发展的水平，他们在运用二者进行造型时，会有所不同。一般地，用泥塑造型要比用笔画出形状困难一些。因而学前儿童泥塑发展稍落后于绘画的发展。

总之，学前儿童的手工创作的发展与其绘画创作的发展相比，既有相同的地方，也有不同的地方，教育者应遵循其发展的一般规律和各自的特点进行恰当而有效的指导。

三、学前儿童美术欣赏能力的发展阶段与特点

考点 1 本能直觉期(0～2岁)

1.阶段含义

这一时期的欣赏主要表现为对形式审美要素的直觉敏感性和注意的选择性，是纯表面的和本能直觉的，主要以视、听、动的协调活动进行信息的相互交换。这一点可以从如下所述的有关儿童对形状、颜色等美术基本要素的视觉偏爱中看出。但此时的偏爱还只是由生理机能组织决定的，是一种本能的快感，还没有真正独立的美感反应。

2.表现特征

(1)形状知觉

在形状视觉方面，在最初的6周里，清晰复杂的尤其是黑白对比鲜明的轮廓或外形会吸引婴儿。即此时的婴儿会把视线集中到物体的外形或轮廓上；大约在第二个月时，婴儿的视觉偏移逐渐集中到视觉观察的物体的中心区域。在偏爱形状上，如果向婴儿呈现一个圆形和一个横条形，婴儿将更多地注视圆形。

(2)深度知觉

在深度知觉方面，吉布森和沃尔克的"视觉悬崖"实验发现，5个月以后的婴儿不仅已具有深度知觉，而且就平面与立体物体而言，他们表现出更爱看立体而不是平面的东西。

(3)颜色知觉

在颜色知觉方面，起码的颜色知觉在出生后很短时间内就出现了。斯塔普里斯和奥斯特等人研究表明，婴儿在出生后的较早时期就已经对美术的基本要素——形与色，有一定的审美感知能力了。尽管这些最初的反应只是一些本能的直觉行为，但这些本能的直觉行为已为日后更高层次的美术欣赏活动做了心理上的准备。

考点 2 感知形象期(2～7岁)

儿童美术欣赏能力的发展不仅与生理机能有关，而且受到其社会认知的制约。在美术欣赏感知和理解方面，不同情形下儿童的表现也不同。主要表现在：(1)在自发情况下，儿童对作品内容的感知先于对作品形式的感知。(2)在教育的干预下，儿童能感知美术作品的某些形式和审美特征。主要包括：①作品的造型；②作品色彩；③作品空间构图；④作品情感表现；⑤作品风格。

第十节 不同类型学前儿童美术教育活动的设计、组织与评价

学前儿童美术教育活动的设计就是根据一定的美术教育目标，选择美术教育的内容和方法，对美术教育过程中的一切事先进行设计，并通过各种组织形式对学前儿童施加美术教育影响的方案。在实施美术教育的过程中，教师必须对儿童的具体活动展开指导。

一、学前儿童绘画活动的设计与组织

考点 1 绘画活动内容的设计

幼儿园绘画活动的类型有命题画、意愿画和装饰画。儿童在不同类型的绘画活动中所表现出的特点各不相同。各类型活动的内容、课题设计也有其各自不同的特点。

1. 命题画（主题画）

命题画是由教师确定集体绘画的主题与要求，儿童按照绘画的主题与要求作画。命题画是幼儿园绘画活动的一种重要形式。它的主要作用在于，帮助儿童学习绘画基本造型、设色（选色、涂色、配色等）与构图等艺术形式语言；并对发展儿童对周围现象的观察力、描绘物体的表现力和培养创造性想象方面起着一定的作用。

在命题画中，教师的命题很重要。教师可以结合儿童周围的现实生活命题；选择符合儿童日常生活中常见到的、听到的、熟悉的、有经验和有兴趣的，并在他们心目中留下深刻印象的，又有利于启发和创造的题材进行命题。如“妈妈辛苦了”“小兔乖乖”“我的布娃娃”“我的家”“我爱幼儿园”等。另外，命题绘画中，完成基本命题后，应鼓励儿童联系主题进行有趣的想象与创作。

在幼儿园命题画教学中，根据内容的不同，习惯上将命题画分为物体画和情节画。

（1）物体画

①物体画的含义及作用

物体画是教师帮助儿童在充分了解、体会某一物体的形象、色彩、结构、性质等的基础上，以绘画方式对该物体进行表达、表现的活动。物体画的内容非常广泛，只要是儿童在日常生活中能接触到的、喜爱的、感兴趣的内容，都可以作为儿童物体画活动的内容。物体画是绘画活动的起点，教师必须让儿童认识绘画对象的外形特征，并帮助儿童掌握描绘这一对象的方法。所以，物体画对于发展儿童的观察力，提高儿童的绘画知识技能有着非常重要的意义和作用。

②物体画活动的指导

第一，调动儿童学习的兴趣性和主动性。在物体画活动中教师应选择适合于儿童的水平，贴近儿童生活经验的内容。但是由于物体画主要是由教师教画，儿童事先并不知道画什么，一开始学画时往往处于一种被动的学习状态。所以，在进行物体画活动前，首先应该设计一些特别的、新奇的、能让儿童感兴趣的导入方式、方法，调动儿童想学、想画的热情和兴趣，从而为下一步的活动打下基础。

第二，引导儿童认真观察，把握物体基本特征。观察是绘画的基础，儿童只有首先认识、把握了绘画对象的外形特征，才有可能在绘画时正确地进行表现。所以，教师引导儿童观察的语言要简练、明确、生动形象，既要引导儿童观察到物体基本部分和特征，又要突出重点，让儿童容易理解和有助于儿童把握观察对象的外形特征。同时，在引导儿童观察时，还可以把复杂的物体形状简化为简单的基本形，用概括的基本形表现物体的特征。

第三，通过示范讲解物体画的方法，让儿童掌握表现物体画的基本方法，引导儿童表现好物体画。观察是帮助儿童明确所要表现物体的外形特征，而示范讲解则是直接让儿童掌握描画该物体的技能。教师示范讲解可以有效地把作画次序、用笔方向、位置以及涂色的轻重等向儿童示范清楚，帮助儿童掌握最基本的方法。对不同年龄班儿童示范的方法应该有所不同：对小班可采用整体（完整）示范的方法；对中班既采用整体（完整）示范的方法，也常常采取局部（重点）示范的方法；对大班多采用局部（重点）示范的方法。不同的示范方法对儿童表现能力的培养，起到了循序渐进的培养作用。在示范中，还要注意两个方面的问题，一是应允许儿童不完全依靠范例和教师的范画画，可以让儿童在画物体的大小、色彩、数量及位置等存在着不同，也可以在画好的物体画上添画一些其他物象或一些简单的情节。二是教师应该多制作一些教具，向儿童展示所绘物体的丰富层面，多演示物体的各种动态，以提高儿童物体画表现的能力。

第四，在儿童物体画活动中，教师应多启发、鼓励，而不是只一味地强调儿童是否画得像物体，在儿童作画时，应允许儿童想象，添加上与所画物体有关的辅助形象，以组成简单的情节，这不仅使儿童可以得到该物体的基本画法，还可以丰富儿童的画面，使儿童对绘画保持浓厚的兴趣，更可以发挥儿童的想象力和创造性，促进儿童思维能力的发展。

在启发儿童画画时，还应启发、引导儿童边观察边画。边观察边画，能让儿童经常不断将自己所画的形象与实物、图片或范例相比较，从而补充、修改自己作品中的不足。这样能提高儿童画好物体画的效果。

第五，在物体画活动中采用多种技法和系列命题方式。在物体画教学中，教师既要对所画事物进行事先分析、做好准备，又要能随机应变，在儿童的绘画活动中提供必要的技巧支持。为了增强儿童绘画的兴趣与信心，可以变换使用多种材料与技法，提高儿童物体画画面的表现效果，同时，掌握各种绘画媒介的基本性能和使用方法，还可以通过系列命题来提高儿童造型的新技巧。

(2)情节画

意义与作用	指导
有助于提高儿童绘画的基本技能，培养儿童绘画的目的性、计划性，培养儿童构图、布局的能力，促进儿童思维综合性和表达能力的发展	①引导儿童认真观察、感知周围的事物，以及事物之间的空间关系和相互的表象； ②在进行情节画活动时，教师的示范讲解应突出情节画的构图、布局特点； ③运用多样化的练习手段，发展儿童情节画的能力

2. 意愿画(自由画) 【单选】 ★

(1)意愿画的含义及作用

意愿画是儿童根据自己的生活经验，由自己独立确定绘画主题和内容，运用所掌握的美术知识和技能，自由地表达自己的情感、愿望的一种绘画方式。

意愿画强调儿童要通过自己的想象和思维来作画，它对儿童没有任何约束，只要求儿童对自己看到的、听到的、想到的内容大胆进行加工组合，组成一张新的有一定情节的画面。因此，意愿画的学习，对发展儿童的想象力、创造力，培养儿童大胆、主动的表现能力，有着特殊的意义和作用。

(2)意愿画活动的指导

①结合儿童生活体验，启发、帮助儿童确立意愿画的内容。意愿画的内容及其广泛，凡是儿童看到的、听到的、接触到的或是想到的事物、现象，都是他们作画的题材。由于儿童个人的兴趣、爱好、生活经验不同，儿童在意愿画中，常常会拿不准画什么是自己体验最深刻、最感兴趣的事物，会出现画着画着就改变了主意，不能定下自己所要表现的内容的情况。为此教师应该在意愿画一开始就要用富有情感的启发性语言，生动的讲述，以及给儿童看图片、讲故事、欣赏优秀作品等形式，来激发儿童画意愿画的愿望，唤起儿童对过去知识经验的回忆，启发、帮助儿童通过积极思考，确立意愿画的主要内容。

②创造宽松的意愿画作画环境，按儿童不同能力帮助儿童大胆地进行意愿画活动。在指导儿童进行意愿画表现时，不能对儿童要求过死、过细，不要在儿童创作过程中打断儿童的思路，不要将自己的意愿和想法强加给儿童，也不宜做过多的集体性示范讲解，这样才更能保证儿童自由、大胆地进行意愿画活动。

③评价儿童意愿画作品时，要以儿童的创造性为首要目的。儿童意愿画主要强调的是儿童创造力和想象力的发挥。当儿童经过独立想象、思维创作了一幅作品后，渴望得到教师的肯定和赞许，因而，教师不能用自己的任何固定程式作为评价的标准，而应仔细地品味每个儿童的作品，体

验他们的思想感情，理解他们画面的意图、思想，重点评价儿童在作品中大胆想象和大胆表现上的点滴进步，肯定他们的创造性，以正面评价为主，这样才能激励儿童进行意愿画活动的热情和兴趣。

④在意愿画活动中，要注意几方面的问题。一是儿童怕画不好或画不像，而不动脑筋，消极重复模仿老师、别人或自己以前的作品，没有创新；二是老师由于怕儿童画不出来或画不好，对儿童交代要求时过分具体，使意愿画变成命题画；三是要求儿童画过去画过的形象内容，使意愿画又成了记忆画；四是有些老师认为意愿画教学最轻松，就是让儿童随意画，只要把儿童组织起来，给他们一些工具，随他们自己去画就行了。其实这几种想法和做法都是错误的，不是失去了教师在意愿画教学中应有的主导作用，就是过分强调了老师主导地位。每一种情况都会使儿童对意愿画失去兴趣，产生消极情绪，绘画表现水平会下降。

总之，在意愿画活动中，除了强调让儿童"自己想自己画"以外，教师还是要合理地指导，虽然不做具体的、集体的示范，但要在关注、启发、欣赏儿童大胆想象、大胆表现上下更多的功夫。同时，意愿画活动要与命题画活动进行合理的穿插、配合，这样更有助于儿童表现技能的运用和创造兴趣的激发与保持、提高。

3. 装饰画（图案画）

含义	作用	指导
儿童运用各种花纹、色彩在各种不同的纸上对称地、和谐地、有规则地进行美化、装饰的一种绘画形式	①有助于发展儿童手部动作的准确性、灵活性，有助于提高儿童的审美能力、对装饰工艺的兴趣；②有助于发展儿童创造性的美化生活的能力，以及认真、细致、有耐心、有条理的良好习惯和心理品质	①引导儿童观察、欣赏大自然和日常生活中美的花纹、图案和形式； ②帮助儿童掌握简单的装饰画技能； ③充分运用各种材料和手段，在装饰画中更进一步培养儿童的想象力和创造力

真题面对面

[2018统考，单，1分]儿童根据自己的生活经验，由自己独立确定绘画主题和内容，运用所掌握的美术知识和技能，自由地表达自己的情感、愿望的绘画形式是（　　）

A. 命题画　　B. 工笔画

C. 装饰画　　D. 意愿画

答案：D

考点 2 绘画活动材料的设计

绘画离不开纸和笔，为儿童选择合适的绘画工具和材料是进行绘画活动的第一步。绘画工具有很多，如蜡笔、油画棒、记号笔、马克笔、彩色铅笔、彩色水笔、毛笔等。在选择绘画工具和材料时，要注意以下两点：

（1）要根据儿童的生理特点和实际运用能力来选择。（2）工具和材料的使用要灵活，能体现所要表现的内容和题材。

二、学前儿童手工活动的设计与组织

由于手工是涉及多种制约条件和具有复杂结构的活动，因此，分类角度和分类标准的不同，就会划分出不同的手工活动的类别。例如，可以根据使用材料的不同，把手工划分为纸工、泥工、木工、布工、金工等不同材料工种；也可以根据制作工艺的不同把手工划分为雕刻、塑造、编织、印染、刺绣、缝纫等不同的工艺品种；也有根据作品的功能性质把手工划分为观赏性手工、实用性手工、娱乐性手工和科技性手工。根据儿童手工制作的特点和幼儿园教师指导的特点，可以把幼儿园的手工活动分为平面手工活动和立体手工活动。

平面手工活动主要是指儿童对手工工具和材料进行操作，制作出平面手工作品的活动。儿童的平面手工活动主要有粘贴、剪贴、撕贴、染纸等形式。

立体手工活动主要是指儿童对工具和材料进行操作，制作出立体手工作品活动。儿童的立体手工活动主要有泥塑、折纸、厚纸制作和废旧块状材料的立体造型等形式。

这里主要介绍泥工、纸工及以废旧材料制作的设计与组织。

考点1 手工活动内容的设计

1. 泥工 【单选】 ★

泥工是运用泥进行的塑造活动，即以黏土、橡皮泥、面团等为材料，用搓、抟、压、捏、拉等手法来塑造形体的一种表现形式。泥工活动，能使儿童掌握用手和一些简单的工具塑造各种物体形象的方法，帮助儿童认识事物，形成空间概念。

给儿童一团泥，他便会很高兴地反复捏弄着玩，一会儿揉捏，一会儿敲打，一会儿又拉长、分块，在不间断的反复的玩泥中，体验到通过自己手的作用泥会发生变形，从而产生对泥的兴趣。

泥工活动的基本技能：包括抟圆、搓长、压扁、粘接、捏泥、抻拉、分泥等，可根据儿童的年龄，由浅入深地设计有趣的泥工活动内容，在游戏的氛围中进行练习。

抟圆：将泥放在两手的手心中间，双手加力均匀转动，将手中的泥抟成圆球。

搓长：将泥放在手心中，两手前后搓动，将泥搓成长条或圆柱体。

压扁：用手掌或工具（一般选用较平的积木或瓶盖）将搓成的长条或抟成的圆球压成片状。

粘接：将塑造物体的两部分连接的技巧，一般有两种方法：一种是直接连接，可将需要粘接的两端塑成一边凸出另一边凹进，将两边插接后压紧；另一种是棒接，即用小木棍儿插接两端，压紧后完成的连接。

捏泥：用拇指、食指、中指的指尖互相配合，捏出细节部分的技巧。

抻拉：就是从一整块泥中，按物体的结构抻拉出各部分。

分泥：用目测的方法将大块的泥，按物体的比例，分成若干小块来准备塑造的技巧。

（1）小班

小班儿童泥工活动的内容主要是认识泥工的简单工具和材料，知道其名称，知道泥的性质是柔软的、可塑的。在为小班儿童设计泥工活动课题时，应侧重于让儿童认识泥工活动的工具，如泥工板、小竹棍（用以在泥块上刻划）等，懂得其名称和使用方法。

最初的课题是让儿童任意玩泥，任意塑造一些简单的形体，使其在玩泥中体验泥工活动的快乐。同时，注意引导儿童欣赏一些教师及中、大班儿童的泥工作品，以引起他们对泥工活动的兴趣。经过一段时间后，可设计一些让他们用一种或两种基本技能来塑造简单物体形象的课题，如“苹果”“汤圆”“面条”“饼干”等。以后，可以设计将两个基本形体结合在一起构成一个物体的课题，如将两根一样长的小泥棍拧一拧做成油条，将两个小圆球叠在一起做成葫芦娃等。

（2）中班

中班儿童的泥工活动要求儿童会塑造物体的主要特征，会使用一些简单的辅助材料表现出简单的情节，并能按意愿大胆塑造。为中班儿童设计的课题是塑造出比较复杂的物体形象，能表现出物体的基本部分和主要特征，如有厚壁又有一定容积的器皿（锅、盆、碗）、小动物的形象（猫、兔子）及小娃娃等。对中班儿童塑造的作品，不追求形象的比例及细节的表现。为了使儿童塑造的作品形象更生动、真实，应为儿童设计一些使用辅助材料的课题，如塑造公鸡时，可用小珠子或小豆粒嵌在眼睛的部位，把漂亮的羽毛或是纸做的尾巴插在公鸡的尾部，这样更能表现出公鸡的主要特征。

（3）大班

大班儿童在泥工活动中，应学会使用简单的工具和辅助材料塑造某些细节部分，学会塑造人物、动物的主要特征和动作，表现出主要的情节。

为大班儿童设计的课题，要求让儿童运用辅助工具和材料，细致、生动地表现物体的主要特征和细节。在表现内容上，已不再是简单的水果、器皿，而是以形体较复杂的动物、人物为主，同时要求塑造出形象的突出特征和某些细节。

真题面对面

［2017统考，单，1分］要求儿童使用简单的工具和辅助材料塑造某些细节部分，学会塑造人物、动物的主要特征和动作，表现出主要的情节。这些儿童泥工活动要求针对的是（　　）

A. 小小班　　B. 小班　　C. 中班　　D. 大班

答案：D

2. 纸工

纸工是以不同性质的纸为主要材料，运用折、剪、撕、贴等各种技能进行造型的活动。纸工活动有助于训练儿童手指肌肉及手指的灵活性，培养儿童的目测能力、空间想象能力，帮助儿童认识几何图形的特征、变化等。

儿童纸工活动的主要内容包括：折纸、剪纸、撕纸和粘贴。不同年龄班的儿童在四个方面的内容和要求各不相同。

（1）小班

小班儿童的纸工活动内容主要是以培养兴趣为主，初步学习纸工的简单知识和技能。为小班儿童设计的课题，主要是玩纸、撕纸和粘贴。

小班儿童喜爱玩纸和撕纸，教师可事先准备一些颜色各异、性质不同的纸让他们撕着玩。在玩纸、撕纸的过程中，儿童可以体验纸的不同特性，发现各种形状的变化，并初步撕出一些简单的形状，如“蘑菇”“球”“太阳”“饼干”等。另外，还可以设计一些粘贴简单物体形象的课题，如粘贴“草莓”“菠萝”等。教师事先为他们准备一些剪好图样的纸，让儿童把撕成的小碎片粘贴在图形纸中。在粘贴的过程中，认识粘贴的工具和材料，并掌握使用方法。小班后期，可让儿童认识并初步使用剪刀，学习一些简单的剪纸技能。

（2）中班

中班儿童的纸工活动包括折纸、撕纸、粘贴和少量的剪纸。具体内容有：学会一些简单的折叠方法（如对边折、对角折、集中一角折、双正方形折、双三角形折），较平整地折叠简单的玩具，能把现成的图形或自然材料按顺序粘贴在适当的位置上，并能认识剪贴的工具与材料，学习正确地使用剪刀。

为中班儿童设计的粘贴课题，主要是几何图形粘贴和自然物粘贴，着重培养儿童掌握正确的粘贴方法，要求粘贴得干净、平整、牢固、美观。粘贴时，既可以是成品粘贴，也可以是半成品粘贴，如让儿童折叠出几只小船，然后把小船当作花瓣拼贴成花朵，花蕊、花茎、花叶可用笔画出。

中班的折纸课题多是用单张纸进行简单的平面折叠。开始时，可以设计结合简单实物进行折叠的课题，使儿童熟悉、理解并掌握几种基本折法，如小帽子（对角折）、飞机（集中一角折）、小手枪（双正方形折）等，做成后的玩具可结合游戏玩耍。

在小班使用剪刀的基础上，教师可为中班儿童设计一些结合实物进行目测剪的课题，包括以剪弧线技能为主的课题，如苹果、皮球、太阳等，以剪直线技能为主的课题，如面条、小棍、电线等。

中班儿童的撕纸课题，主要是以目测撕的技能为主，进一步学习撕纸的技能，也可教一些简单的折叠撕技能，如撕“花边”“窗花”等。

（3）大班

大班儿童要在中班儿童掌握技能的基础上，学习更为复杂的纸工技能，如学习用两张以上纸折成简单的组合玩具，能按轮廓或用目测的方法剪出或撕出简单的物体的外形，会用对称折叠的方法剪出或撕出简单的图形和窗花。

为大班儿童设计的课题主要是折纸和剪贴。折纸的课题，是要用两张或两张以上的纸折叠成简单的立体组合物体造型，并且运用一些辅助手法，使表现的形象更加生动，如会在折好的形象上涂色、画线，用剪刀剪去多余的部分，或是把折成的形象贴在衬纸上，再添画上背景和其他景物，组成一幅半立体的画面。

剪贴课题的设计是让儿童自剪自贴，重点在“剪”。目的是使儿童更好地掌握三种剪法（即目测剪、按轮廓线剪和折叠剪）。剪贴课题的设计应由简到繁、先易后难，即先剪大面积的、线条较短、较直的物体形象，然后再剪一些有曲线的、有细节的物体形象。

3. 废旧材料制作

废旧材料制作是儿童综合运用所学的美术知识和技能，使用各种不同的工具和废旧材料制成简单的玩具。自制玩具活动，既可以变废为宝，又可以使儿童认识各种材料的性质、用途，培养儿童动手动脑和有目的、有计划地进行工作的能力。

废旧材料制作一般在大班进行，但在中班可以开展一些简单的自制玩具活动。

（1）中班

为中班儿童设计的自制玩具课题应是简单易做的，大多由老师画好图样，做成半成品再由儿童粘贴而成。例如，做伞，教师剪好伞面的纸样，让儿童在上面装饰后，中间插上竹签即成。另外，还可为中班儿童设计一些用废旧物品制成玩具的课题，初步培养儿童运用各种材料制作简单玩具的能力。

（2）大班

大班儿童的知识经验逐渐丰富，具备了一定的操作技能。因此，大班儿童要用纸、布、针、线等材料以及无毒的废旧材料制作简单的玩具。为他们设计的课题，应侧重于让儿童独立地完成制作过程，并综合运用各种操作技能和工具材料表现立体的玩具。例如，做面具，先在纸上画上如真人般大小的头形，再添画五官，并确定穿橡皮筋的位置，然后用剪刀剪下，穿上橡皮筋即可。

自制玩具活动，还应注重教育性、科学性和艺术性相结合。教育性可启迪儿童智慧，促进儿童身心全面发展；科学性有助于儿童认识事物，掌握正确的科学概念；艺术性可使自制玩具形象生动、色彩鲜明，让儿童百玩不厌。

第七章

考点2 手工活动材料的设计

幼儿园手工活动离不开材料，教师为儿童提供手工活动材料时，要注意如下几点：

1. 材料要丰富和多变

由于学前儿童有许多潜能，且儿童之间存在着个别差异性。因此，要为儿童的手工活动提供丰富多样的材料。手工活动材料的选择范围很广,我们生活中存在的一切物品都可成为儿童手工制作的材料,从植物、农作物到石块、树皮、陶土,还有塑料、金属零件等。在手工活动中,孩子们可以感受真实的材料世界。需要注意的是,一次活动中提供给儿童的材料不宜太多,否则会使他们花费过多的时间在材料的选择上,而忽视材料的制作。

2. 材料能激发儿童手工制作的兴趣

在手工活动中,只提供成品类的、定型类的、变化单一的材料,那么儿童不能进行多种组合,则很难激发他们探索和制作的兴趣。因此,教师应给儿童提供半成品类的、未加工的原材料和可供孩子进行多种组合的材料。教师如果为孩子们提供相当一部分未加工的原材料,则可为儿童提供自己动手的机会。

3. 材料的陈列应具开放性

教师除了为儿童提供丰富的材料以外,在教室里陈列材料时应是开放的。师幼共同收集的废旧材料可以分门别类地陈放,如根据材料的形状分类,分点状(纽扣、珠子、小石头等)、线状(棉线、毛线、绳子等)、面状(纸、布、树叶等)、块状(盒子、瓶子、石块、泥块等);根据材料的性质分类,分植物(树叶、树枝、花瓣等)、农作物(大豆、玉米、小麦等)、金属材料(铁片、铁丝、螺丝钉、钢丝等)、其他(陶土、石头、贝壳、塑料等);还可以根据成品、半成品、原材料等来分类。

陈列的材料在数量上、种类上都应丰富多样,不论是教师还是孩子都可以随意取用,自己选,自己裁,自己做。儿童与教师具有同等的选择材料的权利,给儿童充分比较与选用的宽裕度和自由度,最大限度地尊重儿童。

三、学前儿童美术欣赏活动的设计与组织

考点 1 儿童美术欣赏活动内容的设计

儿童欣赏活动主要有欣赏艺术美、自然美、生活美。不同年龄阶段的儿童在欣赏活动中有各自的内容和要求。

1. 小、中班

小、中班儿童主要是欣赏一些他们能理解的美术作品(绘画、工艺美术作品、雕塑等)、自然景物、节日装饰、环境布置等,初步培养儿童的审美能力。

由于知识经验少,生活范围较狭窄,小、中班儿童欣赏的作品在内容上应与儿童的生活经验接近,这样容易为他们所喜爱,如活泼可爱的小动物形象的玩具、工艺美术作品、日常用品(如动物造型的钟、背包)、描绘儿童生活的图片或美术作品等。在艺术表现手法上,应主题突出、造型简单、形象鲜明、色彩明快,能引起儿童的某些联想。

为小班、中班儿童设计欣赏课题要符合儿童的年龄特点。开始时,可欣赏周围环境中的自然景色,如旭日东升,蓝天白云,桃红柳绿的春之美,银装素裹的冬之美等。自然景物有着不同的形态和不同的色彩,对儿童有强烈的吸引力,可选作欣赏的内容。日常生活中的玩具、学习用品、节日装饰等,也可成为儿童欣赏的对象,从而丰富儿童的知识,培养他们的美感。

2. 大班

大班儿童继续欣赏一些他们可理解的绘画、工艺美术作品,并且学会评价自己和同伴的作品,以增强他们的美感与审美能力。

随着儿童认识能力的不断提高,大班儿童的欣赏范围也在逐步扩大,且每种类型的欣赏内容也在不断地深刻化、复杂化。

教师为大班儿童设计的欣赏课题在表现内容上，既可以是与儿童生活经验接近的，也可以是神话故事、科学幻想故事等题材的美术作品；表现手法上，形象、构图、色彩更趋多样化，同时，引导大班儿童学习评价自己和别人的作品，并能有自己独特的观点和想法。

考点2 美术欣赏材料的设计

根据儿童审美感受性的特点选择适合儿童欣赏水平的材料，是取得良好欣赏效果的前提。以往的美术欣赏作品往往都由教师选择，但教师选择的作品不一定都是儿童喜欢的或感兴趣的；相反，完全让儿童自主选择作品，可能会使欣赏的内容缺乏系统性。因此，要将两者结合起来，既能形成欣赏的渐进性与系统性，又能兼顾儿童的领悟和接受能力。为儿童选择美术欣赏作品时应遵循如下几个原则：

1. 经典性原则

人类社会的艺术作品浩如烟海，在那些不同历史时期所创造的杰出的美术作品中，包含了人类对真、善、美等最高价值的不懈追求。这些作品在艺术领域中占有重要地位，教师应注意选择这些经典的美术作品，作为儿童美术欣赏的对象。

2. 差异性原则

文化差异：美国艺术批评理论家费德门曾提出美感发展的“文化层次”，即完整的美感发展理论架构应能涵盖文化差异。所以在选择欣赏的作品时，应涵盖不同文化传统的代表性作品。例如，提供给儿童欣赏的作品中既有中国水墨画作品，又有西方传统和现代的绘画作品等。

风格差异：各种不同风格和流派的绘画作品有其自身的独特性。选择不同风格的作品让儿童欣赏，可以帮助儿童汲取不同时代、不同表现内容、不同风格的作品中所蕴含的丰富的人文精神，也有助于儿童通过美术的方法表达自己对作品的感受。教师可根据儿童的年龄特点和对作品的理解程度，选择野兽派、立体派、印象派、古典主义、超现实主义、抽象主义、现实主义等不同流派和风格的绘画作品。

内容差异性：从美术要素“形”的角度出发，美术可以分成具象美术、意象美术和抽象美术。在选择欣赏作品时，要尽量做到这三种类型都有作品入选，如有具象美术作品《荷花》《插在白瓷瓶里的花束》等，有意象美术作品《星夜》《蓝马》《音乐》等，还有抽象美术作品《弧中的点》《绘画一号》等。通过欣赏不同内容的美术作品，儿童能在“形”的不同表现形态上去获取知识。

3. 题材的多样性原则

从整体上说，孩子们对彩色画比对黑白画表现出更多的兴趣，当然，画的主题甚至更有影响力。因此，要选择题材各异的美术作品，包括儿童生活题材的作品，如卡萨特的《海滩上的孩童》《沐浴的孩童》；描绘自然景物的作品，如林风眠的《山林》、奥基弗的《二三只贝》；描绘动物和人物的作品，如马蒂斯的《音乐》、齐白石的《螃蟹盆菊》、修拉的《大碗岛的星期天下午》等。

考点3 美术欣赏活动的指导

1. 做好物质上的准备

欣赏活动的物质准备包括作品、呈现方式、活动材料的选择和准备。选择美术欣赏作品时应注意：

(1)符合儿童年龄特点

教师应根据儿童的兴趣、经验和接受能力，在众多的美术作品中认真比较和鉴别，选择符合儿童年龄特点的美术作品，作品的内容能为儿童所理解，作品的色彩、形象等必须为儿童所喜爱，同时还能拨动儿童的心弦，唤起他们淳朴的情感。还可以利用当前儿童美术片中的可爱形象，开展欣赏活动。

(2)具有一定的艺术性

为儿童选择的美术欣赏作品，原则上要选择名人名作或者社会公认的、具有艺术魅力的作品。例如，徐悲鸿画的马，齐白石画的虾，韩美林画的小狗，吴冠中画的大海等作品形象生动逼真，色彩鲜艳和谐，线条优美流畅，构图新颖别致，既有生活情趣，与儿童生活经验相吻合，又有利于培养儿童的美感。

(3)形式新颖，内容丰富多彩

为儿童选择美术欣赏作品时，教师不要根据个人的欣赏趣味，而应充分考虑欣赏形式的多样性和内容的丰富性，安排各种具有挑战性的课题。不仅有中国的美术作品、工艺美术作品、玩具、雕刻、建筑艺术等，而且还应有外国的美术作品。只有这样，才能开阔儿童的眼界，丰富儿童的审美经验，激发儿童自由表现的想象力和创造力，增强儿童热爱生活的情感。

(4)注意欣赏作品的质量

作品的选择应注意复制品的印刷质量尽可能与原作接近，并且画幅尽可能大一些，以便让儿童能清楚地看到。

为了营造欣赏氛围，还可以用幻灯片、实物投影仪、电视录像、辅之以音乐等方式呈现给儿童，在自然景物和环境布置的欣赏中，最好能让儿童身临其境，感受真实的环境氛围带来的自然体验。

活动材料的准备主要是教师提供的教具和学具，它是儿童欣赏活动与之互动的对象。这些材料是影响欣赏教育活动效果的非常重要的因素，应该合理、适宜、安全，有利于儿童审美能力的提高和艺术潜能的开发。

2. 做好相关知识经验的准备

教师不仅要加强自身的美术修养，充分了解作品产生的时代背景、作者要表达的思想情感及表现手法，还要了解儿童，具备儿童美术发展规律的理论知识和感性经验。在欣赏活动开展前，教师应设法帮助儿童扩展知识经验，有意识引导儿童了解作品所蕴含的意义，深入领会作品特有的表现形式和内涵。

3. 认真研究活动目标和欣赏内容

认真研究活动目标和欣赏内容是欣赏活动是否能有效果的前提。活动目标的制定应充分考虑美术欣赏的总目标和年龄阶段目标，并把它们转化成活动目标。

4. 采用多种方法、手段进行欣赏

儿童美术欣赏教学，不是单纯地让儿童看一看特定对象，而是要运用灵活多样的方法让儿童体验美感，在知识面、感受力、领悟力、想象力和创造力、语言表达能力等方面获得良好的发展。

(1)对话法

对话法是指在儿童美术欣赏活动中，教师、儿童、美术作品三者之间展开讨论、交流的一种方法。对话法是指导儿童美术欣赏的基本方法。它含有人际对话——教师与儿童坦露自己感受和体验，尊重相互的观点和想法，在相互激活和交流中获得快乐；有儿童与艺术作品的对话——让儿童打开感官和心灵，直接面对人类历史优秀的艺术作品或大自然，真切地感受和体验，并学习用各种方式来表达；有自我对话——对内心的感受进行表述、反省。

运用对话法指导儿童进行欣赏时，教师自己首先学会与美术作品对话，找出作品的特点，欣赏的要点，然后将其转化为开放性的问题，如这幅画上画着什么？——引导儿童欣赏内容；你看了这幅画有什么感受？——引导儿童进行主动的审美体验；你为什么会有这种感受？——引导儿童从内容美和形式美(色彩和构图)两方面进行体验；你喜欢这幅画吗？为什么？——引导儿童理解作者的思想、感情和深刻内涵。少提一些“是不是？”“是什么？”“漂亮吗？”等问题。

在儿童与美术作品展开对话时，教师应当注意给儿童充分的独立欣赏时间，尽可能让儿童充分地感知，畅所欲言，自由、独立地表达自己的看法和体会。

(2)观察比较法

观察比较法是教师引导儿童观察、评价不同作品的表现手法、形式和风格的教学方法。进行美术欣赏时，可以就同一主题的不同表现手法引导儿童观察比较。

(3)讲解法

讲解法是教师用生动而具有启发性的语言对欣赏内容进行讲解。

教师的讲解应具体形象，激发儿童欣赏的兴趣，提高儿童欣赏的积极性，并有助于结合儿童自己已有的知识经验，对作品展开丰富的联想。

(4)体验法

体验法是指教师为儿童精心选择和设计与作品有关的环境、情景，让儿童在动手、动脑、动口的操作活动中，丰富自身感性经验，激发儿童审美主动性的一种方法。体验法可用在专门的欣赏活动之前，可用在每次欣赏活动之中，也可用在每次欣赏活动结束后。

5. 注重启发引导，欣赏要循序渐进

美术欣赏活动中，教师要能激发儿童积极参与审美活动的主动性，而不是让儿童在被动接受的过程中学习。因此，欣赏活动开始时，教师不要急于做讲解分析，因为教师的讲解容易造成儿童的思维定势。教师应通过提问题的方法，启发儿童回忆与作品主题有关的多方面知识和生活体验，使之感到亲切，产生共鸣，调动儿童的想象与情感，引导儿童展开与作品的互动。欣赏过程中，教师要引导和启发儿童去理解作品的内容和形式，表达对作品的感受。

考点 4 儿童美术欣赏过程中各阶段的指导

1. 描述阶段的指导

所谓描述，是指陈述美术作品外在的、可立即指称的视觉对象，而不涉及作品的含义及其价值的认定。在初步观看欣赏后，儿童要对作品的主题、形象、材料等方面做出较为详尽的描述。教师提出的主要问题是：“你看到了什么？”

在描述阶段，教师应首先给儿童一定的时间进行独立的欣赏，不要操之过急，或讲得太多，要尽可能让儿童充分表达。只有当儿童需要帮助时，教师才可以用启发、提问的方式给予线索启迪，引导他们观察、想象并进一步地陈述清楚。

2. 形式分析阶段的指导

所谓形式分析是指分析视觉对象之间的关系，也就是分析作品所表现的美的形式，如造型、色彩、构图等形式语言和对称、均衡、节奏、韵律、变化、统一等构成原理的应用。通过形式分析，加深儿童的审美体验，提高审美理解能力。因而形式分析是儿童美术欣赏教育的关键环节。

在分析阶段，儿童表达对作品的感受。教师可用这样的问题“你喜欢什么？为什么喜欢？”启发儿童对作品形式美的感觉。

在此过程中，教师的作用尤其重要。首先，教师自己对美的形式有一定的理解和欣赏能力，能够掌握形式美的原理，体验作品的意味。同时，要用启发诱导性的语言，引导儿童反复多次地深入感知、体验作品，也可以自己用通俗易懂的语言，进行浅显而简明的描述，让儿童真正的理解这些艺术语言与形式美原理的内涵。再则，儿童对欣赏的基本艺术语言和形式美的原理的认识可以经由美术创作来获得。教师在用问题引导儿童进行形式思考以后，要进行小结，以帮助儿童理清思路，进一步加深印象。

3. 解释阶段的指导

所谓解释是指探讨一件美术作品所蕴含的意义。要求儿童对作品做出分析，解释自己的感觉。由于儿童主要还是一个“印象的批评者”，需要在教师引导下才能进行“分析的批评”和“综合的批评”。为此教师的指导应注意以下两点：

(1)探讨美术作品所蕴含的意义，必须在整体与部分辩证运动中进行。也即是必须根据美术作品的各个部分来理解美术作品的整体，又必须根据美术作品的整体来理解美术作品的各个部分，这是一个循环往复的过程。教师在领导儿童欣赏作品之前，可以对作品的意义有预先的设计，这种意义是教师个人对作品的解释，在引导儿童欣赏过程中，又不停地被修正着，形成一个或多个合理的解释。这时，教师可以这样提问"画家为什么要这样画？"

(2)虽然教师在引导儿童欣赏美术作品之前，已有对作品意义的预期，但这并不意味着儿童必须无条件地接受教师的这种预期。儿童仍然可以有自己的理解，而且，教师还必须鼓励儿童不要拘泥于教师的解释，甚至不必拘泥于创作者原有的创作意图，是要求儿童根据自己对作品所传达信息的体验和理解，充分发挥想象力、创造力，发表自己的见解。

此外，教师还可以适当地介绍作者的小故事、作品创作的背景等，帮助他们更深入地理解作品所蕴含的意义。

4. 评价阶段的指导

评价是指判断一件美术作品的价值。对艺术品下判断需要综合艺术创作、艺术背景知识、艺术欣赏和美学的各方面知识。指导儿童评价重点宜放在对作品的审美判断以及揭示作品的寓意性方面。

教师在评价阶段可以做较为综合性的、具有一定指导意义的总结，帮助儿童加深印象，提高审美判断能力。

四、学前儿童美术教育活动的评价

儿童在美术活动中受到教育，使美术表现能力得到提高。美术活动的过程如何，既是儿童美术能力发展水平的标志，也是教育者对美术活动组织的质量的一个标志。从改进教育工作的目标出发，学前儿童美术教育活动的评价主要针对教师的行为表现。评价教师在美术活动中的行为可以从以下几方面着手：

考点 1 活动目标

活动目标是指教师期望通过活动所达到的教育结果。评价活动目标应从三方面着手：(1)活动目标与分类目标、年龄目标以及总目标之间的联系是否紧密一致；(2)活动目标与本班儿童的实际情况是否相适应；(3)活动目标的内容是否全面。

学前儿童美术教育的目标是一个完整有序的体系：每个具体的活动目标都是从总目标、年龄阶段目标、分类目标中分化而来的，每个活动目标的实现，都是向阶段目标和总目标迈进了一步。因此，在评价美术教育活动目标时，必须从目标体系的统一性出发，分析该目标与上级目标的关系，以此评价目标的合理性。

有时，当活动目标被孤立起来看时可能是合理的，但和上级目标及本班儿童实际情况联系起来看时，就有可能是不合理的，需要调整。所以，判断活动目标是否合理一定要结合上级目标和本班儿童的实际情况。无论制定哪一层次的教育目标，一般都要包括幼儿全面发展的各个方面和每个方面的全部内容，比如体、智、德、美，或态度、情感、知识、技能、方法，或智力因素与非智力因素等。在实际工作过程中，往往会出现重视知识的传递而忽略情感的激发、能力的培养，重视技能的掌握而轻视创造性的培养，重视活动的结果而忽略过程的学习等，导致幼儿发展的失衡。因此，教育目标的内容要全面、均衡。

考点 2 活动内容和工具材料

评价活动内容，首先要看活动内容的选择是否与美术教育目标相一致，是否与儿童的美术能力发展水平相一致。其次，活动内容和工具材料与活动目标是相互联系、相互影响的，因此在评价活动内容和工具材

料时，必须考虑相关的因素，从活动的整体效果来评价各个因素存在状况的合理性。有什么样的活动内容，就应准备相应的活动工具和材料。活动工具材料的准备要充分，并且要根据美术活动的主题准备相应的工具材料。各种绘画材料都有其不同的用法和不同的风味、特性。就以纸张为例，有些主题适合用长方形纸，如画高楼大厦、树木、电视塔等；有些主题适合用圆形，如花坛、游泳池、鸡场等，应给儿童提供不同形状的纸张，使之体验不同的感觉。

另外，还应评价在一个具体的美术活动中各部分内容之间的比例关系是否合理，评价活动内容与活动形式是否相适应，评价活动内容的组织安排是否突出重点、难点，评价活动内容各个部分之间的过渡衔接是否流畅等。

考点 3 活动过程

教师的活动准备主要包括能否熟悉活动的内容，了解儿童的知识水平与技能水平的高低，了解儿童一般水平和个别差异，对活动所需的材料、工具、场地因素的考虑是否充分。

教师的活动设计主要包括活动设计的目标是否明确，结构是否合理，内容是否为儿童所理解、所接受，是否具有独创性。

教师的活动组织主要包括教师能否发挥和调动大多数儿童的活动积极性、主动性，教师能否有次序地执行教育活动的计划，教师能否灵活地根据儿童的实际情况调整活动目标与计划等。

教师的活动指导主要包括讲解示范是否准确、熟练、清晰，能否了解儿童的活动意图，帮助他们实现自己的构思，能否通过提问有效地激发儿童创作的欲望，能否适时地给儿童以具体帮助，针对个别差异进行指导。

考点 4 活动效果

这主要是指从儿童的行为表现和创作的作品中反映出来的教育效果，主要包括：活动中，儿童的情绪是否愉快，注意力是否集中，是否坚持完成作品，完成作品的积极性、主动性如何，儿童创作作品的好与差等。

同时也包括教师对活动的指导，教师讲解示范是否准确、熟悉、清晰。教师能否了解儿童的活动意图，帮助他们实现自己的构思，能否通过提问有效地激发儿童创作的欲望，能否适时地给儿童以具体帮助，针对个别差异进行指导，等等。

核心考点回顾

1. 学前儿童音乐教育活动的内容有哪些？(参见本书P327)
2. 歌唱活动导入的方法有哪些？(参见本书P343)
3. 学前儿童美术教育活动的内容有哪些？(参见本书P363)
4. 学前儿童绘画能力的发展阶段是什么？(参见本书P369)

达标测评

建议用时	实际用时	测评总分	实际得分
50分钟	____分钟	60分	____分

一、单项选择题(每小题1分，共5分)

1. 下列不属于小班幼儿手工活动目标的是(　　)

A. 初步熟悉泥工、纸工等工具材料

B. 通过玩泥、撕纸等活动体验手工活动的快乐

C. 了解纸的性质

D. 能大胆地用纸按意愿撕、剪出物体轮廓

2. “喜欢歌唱，能大胆、独立地在集体面前进行歌唱表演，并能在集体中尝试用不同的合作表演形式歌唱。”这是(　　)幼儿音乐教育的目标。

A. 小班　　B. 中班

C. 大班　　D. 学前班

3. 奥尔夫音乐教育体系中的教学组织形式有(　　)

①集体教学　②综合教学　③个别教学　④小组教学

A. ①②　　B. ③④

C. ①③　　D. ②④

4. 幼儿美术欣赏的基本教学方法是(　　)

A. 对话法　　B. 游戏法

C. 比较法　　D. 体验法

5. 在韵律活动中，有些儿童做出锄地、扛枪的动作属于(　　)

A. 基本动作　　B. 模仿动作

C. 舞蹈动作　　D. 重复动作

二、简答题(每小题5分，共15分)

1. 简述小班儿童歌唱活动的目标。

2. 简述学前儿童音乐教育活动的内容。

3. 简述成人对象征期儿童的指导建议。

三、案例分析题(共15分)

以下是某老师开展“小青蛙唱歌”歌唱活动的片段。

“小青蛙们，大家互相打个招呼吧！”“妈妈先来跟你们打个招呼！”“呱呱！呱呱！”老师提示幼儿用不同的速度和节奏表现青蛙的叫声。

“小青蛙们，你们怎样向池塘里的新朋友介绍自己呢？说说自己长什么样？”老师清唱：“青蛙青蛙大嘴巴，唱起歌来呱呱呱呱……”引导幼儿理解歌词并能用自己的动作表现。

“我们练好本领用好听的歌声介绍自己。”老师提示幼儿听琴声，根据节奏快慢、音量大小歌唱。

“许多小动物们也来了，每个小青蛙找一个好朋友，用歌声向它们介绍自己吧。”

小青蛙一边游一边跟着琴声用好听的声音歌唱，琴声停止，小青蛙躲进水底。

(1)分析教师组织该歌唱活动的优点。(7分)

(2)简述组织这类歌唱活动应注意的问题。(8分)

四、活动设计题(共25分)

根据以下儿歌，设计一个小班儿童音乐活动。要求写出活动目标、活动准备和活动过程。

附儿歌：

大拇指

大拇指大拇指，你在哪里？

我在这里，我在这里，你好不好。

参考答案及解析

一、单项选择题

1. D [解析]A项、C项是小班幼儿手工活动的认知目标。B项是小班幼儿手工活动的情感目标。D项是中班幼儿手工活动的创造目标。

2. C [解析]大班儿童音乐教育中歌唱活动的目标是:能用正确的姿势、自然美好的声音歌唱,并能正确地表现歌曲的节奏、旋律和歌词;能用不同的速度、力度和音色变化来表现歌曲的形象、内容和情感;喜欢歌唱,能大胆地、独立地在集体面前进行歌唱表演,并能在集体中尝试用不同的合作表演形式歌唱;等等。

3. A [解析]奥尔夫音乐教育体系的教学组织形式有集体教学和综合教学。

4. A [解析]对话法是指在儿童美术欣赏活动中,教师、儿童、美术作品三者之间展开讨论、交流的一种方法。对话法是指导儿童美术欣赏的基本方法。

5. B [解析]模仿动作是指儿童在表现特定事物的外在形态和运动状况时所用的身体动作。锄地、扛枪的动作属于模仿动作。

二、简答题(参考答案)

1. (1)学习用正确的姿势、自然的声音歌唱,并基本做到吐字清楚、唱准曲调和节奏;(2)能跟着歌曲的前奏整齐地开始和结束;(3)在有伴奏的情况下,能独立地、基本完整地唱熟悉的歌曲;(4)能初步理解和表现歌曲的形象、内容和情感;(5)在教师的帮助、引导下,能够为熟悉、短小、工整而多重复的简单歌曲增编新的歌词;(6)喜欢自己歌唱,也喜欢与同伴一起歌唱,并能注意使自己的歌声与集体相一致。

2. (1)歌唱活动;(2)韵律活动;(3)打击乐演奏活动;(4)音乐欣赏活动。

3. (1)对于儿童的作品,要尽量用探究、了解的态度去欣赏与解读。(2)提供适当的材料:蜡笔、水粉、毛笔、大张的画纸、剪刀、折纸、黏土等。(3)设计幼儿喜爱的内容,运用游戏等形式进行简单绘画技能的练习。(4)通过刺激个人的经验,或增强对某一事物的体验,激发儿童以美术语言表达、表现的兴趣与愿望。(5)在生活中以更为丰富的艺术内容来熏陶、培养儿童对视觉艺术的感觉与热爱。

三、案例分析题(参考答案)

(1)①创设故事情境,帮助幼儿掌握歌词。教师引导幼儿通过唱歌打招呼("小青蛙们,大家互相打个招呼吧!")、介绍自己("小青蛙们,你们怎样向池塘里的新朋友介绍自己呢?说说自己长什么样?"),引导幼儿理解歌词并能用自己的动作表现,最终帮助幼儿掌握歌词。②激发幼儿学唱歌曲的兴趣,引导幼儿学唱歌曲。老师提示幼儿用不同的速度和节奏表现青蛙的叫声;提示幼儿听琴声,根据节奏快慢、音量大小歌唱。通过用不同的演唱形式,激发幼儿学唱歌曲的兴趣,引导幼儿学唱歌曲。③歌唱活动与其他活动结合起来,让幼儿在轻松愉快的环境中学唱歌曲。教师通过找朋友游戏,让幼儿用歌声介绍自己,以游戏的形式让幼儿在轻松愉快中学唱歌曲。

(2)①一般要求:教师应当努力为每个幼儿提供演唱的机会,使每一个幼儿都能得到鼓励,并享受唱歌;要注意一次只能集中教一首歌;伴奏可以是灵活多样的。②注意保护幼儿的嗓音:教给幼儿正确的歌唱发声方法;适当掌握幼儿歌唱的音量;适当掌握幼儿歌唱的时间,防止嗓音疲劳;注意歌曲的音域和歌唱的定调;幼儿歌唱教材的难易程度要适合他们的年龄特点和演唱能力;在日常生活中注意预防疾病、防止感冒。

四、活动设计题(参考答案)

"大拇指"(小班)

(一)活动目标

(1)尝试跟教师哼唱歌曲并替换歌词中的手指名称;

(2)能运用手指跟随教师做音乐游戏;

(3)体验玩音乐手指游戏的快乐。

(二)活动准备

(1)教师的每个手指画上笑脸娃娃;

(2)笑脸指偶每人两个;

(3)音乐《大拇指》。

(三)活动过程

1. 出示手指娃娃,引起幼儿兴趣

"今天,老师给大家请来了几位非常可爱的小客人,看! 他们来了。"教师晃动十个画有笑脸娃娃的手指。

教师出示大拇指,"小朋友们好,我是大拇指,咱们做个朋友吧!"然后与每个小朋友的大拇指碰一下,并且说"你好"。

2. 学习游戏

师:小朋友们看,大拇指娃娃要做游戏啦!

(1)教师示范游戏。

(2)请小朋友戴上笑脸指偶,随着音乐和教师边唱歌曲边做游戏。提醒幼儿当唱到"你好不好"时大拇指要反复弯曲。

(3)请小朋友面对面,指偶对着指偶跟随教师唱歌曲玩游戏。

(4)请个别幼儿到前面带领大家玩游戏。

3. 替换歌词中的手指名称

师:小朋友们,你们还想请哪一个手指做游戏呢? 教师引导幼儿替换手指做游戏。重点指导能力弱的幼儿。

4. 教师小结

表扬所有小朋友,把笑脸指偶作为奖励送给大家,回家表演给爸爸、妈妈看。

活动设计经典范例

范例1 为了帮助小班新入园幼儿尽快适应集体生活，余老师准备开展“高高兴兴上幼儿园”语言活动。要求：写出活动的名称、目标、准备和活动过程。

【参考范文】

小班语言活动：我爱上幼儿园

（一）活动目标

1. 了解幼儿园的环境；

2. 能用自己的语言讲述图片的内容，大胆表达自己的想法；

3. 乐于分享自己对幼儿园的喜爱之情。

（二）活动准备

《果果爱上幼儿园》的故事音频、幼儿园的环境图片。

（三）活动过程

1. 故事导入，引起幼儿的兴趣

教师播放《果果爱上幼儿园》的故事音频，引出课题——我爱上幼儿园。

师：小朋友们，故事听完了，你们都听到了什么？

2. 观察图片，初步感知幼儿园环境

教师引导幼儿观察图片，熟悉幼儿园环境。

师：你看到了什么？他们在做什么？这是哪里？

3. 幼儿交流讨论，深入理解

教师鼓励，请个别幼儿大胆说说自己对幼儿园的想法，增加幼儿对幼儿园的喜爱之情。

师：小朋友们，你们在幼儿园开心吗？为什么？

4. 讲述活动，加深对幼儿园环境的了解

教师组织讲述活动，引导幼儿用简短的语言描述幼儿园环境。

师：幼儿园里有什么？你们谁愿意说一说呢？

5. 活动结束，教师总结

教师总结活动情况，并激发幼儿对幼儿园的热爱之情。

（四）活动延伸

教师可以组织幼儿参观幼儿园，了解幼儿园的环境。

范例2 中班下学期，陈老师发现，班上仍有一些幼儿会抢别人的玩具，他们的理由是：“我喜欢这玩具，我要玩。”

请设计一个教育活动，解决上述问题，要求写出活动名称、活动目标、活动准备及活动过程。

【参考范文】

中班社会活动：不懂分享的大白鹅

（一）活动目标

（1）能认真倾听大白鹅的故事并自由表达自己的看法；

(2)知道争抢玩具是不礼貌的行为，懂得玩别人的玩具要先征得对方同意；

(3)愿意和同伴分享自己的玩具，体会大家一起玩的快乐。

(二)活动准备

大白鹅玩偶、图片、PPT课件、少量玩具

(三)活动过程

1. 活动导入

情景导入，引起幼儿的兴趣

教师出示大白鹅的玩偶，并以大白鹅的口吻来介绍自己，引起幼儿的兴趣，从而引出活动主题。

师：小朋友们好，我是大白鹅，我现在很伤心，小朋友们都不愿意和我玩，你们愿意来帮帮我吗？

2. 活动展开

(1)教师讲述故事，初步感知故事内容

教师引导幼儿边看图片边听故事，引导幼儿了解大白鹅和其他动物之间的争抢玩具现象。

师：小朋友们，大白鹅遇到了什么事情呢？为什么呢？

(2)展开讨论，深入理解故事内容

教师引导幼儿围绕怎么帮助大白鹅解决困难展开讨论，激发幼儿思考。

师：大白鹅的做法对吗？你喜欢它这种方式吗？你认为它应该怎么做？

(3)提供玩具，巩固提高幼儿的分享意识

教师把提前准备好的玩具(玩具数量少于人数数量)分发给幼儿，让他们自由结合，通过和其他小朋友一起玩玩具，让幼儿懂得分享的重要性，体会到分享的快乐。

3. 活动结束

教师总结：小朋友们，我们在玩玩具的时候呀，一定要文明、礼貌。如果我们想玩别人的玩具，一定要先问问他愿不愿意让我们玩。当他同意让我们玩了，我们要说“谢谢”。如果我们有玩具的话，也可以邀请别人跟我们一起玩。

(四)活动延伸

教师引导幼儿回家后，把在幼儿园学到的与人分享的道理，讲给爸爸妈妈听，让爸爸妈妈也来做一个懂得分享的人。

范例3　最近，大三班许多小朋友用大大小小的纸盒制作小汽车等物品。马老师发现，制作的汽车装饰不太一样，但结构差不多，往往只有车厢、车轮、车灯等。马老师认为可以根据这种情况生成一个关于“汽车”的活动，引发幼儿的深度学习。请帮助马老师设计这一活动。

要求：写出具体活动方案，包括活动名称、目标、准备和主要环节。

【参考范文】

(一)活动名称

大班科学活动：不一样的汽车

(二)活动目标

(1)认识不同类型的汽车及它们各自的用途；

(2)能够根据汽车的用途进行分类；

(3)愿意和同伴交流与合作，体验与同伴一起探索的乐趣。

(三)活动准备

(1)经验准备：让儿童在生活中观察不同的汽车

(2)物质准备：关于汽车的动画片的剪辑(从《汽车总动员》《四驱小子》等关于汽车的动画片中挑出不同种类的汽车画面和情节)；不同汽车的图片

(四)活动过程

1.观看视频，引出话题

给幼儿观看关于不同种类汽车的剪辑视频，激发幼儿的兴趣，引发谈话主题。

师：小朋友们在刚才的视频中，都看到了哪些汽车呢？这些汽车是用来干什么的？和其他汽车相比，它们哪里长得不一样？

2.小组讨论，继续深入了解汽车

教师将不同的汽车图片发给每个小组，幼儿小组讨论“不一样的汽车”，探索不同汽车的功能。

(1)引导幼儿区分客车和货车

师：专门用来载乘客的汽车是客车(展示图片)；专门用来装运货物的汽车是货车(展示图片)。

各组小朋友通过交流讨论小组内的图片，将客车、货车图片分好类，并向大家介绍小组讨论的结果。

(2)了解特殊用途的汽车

师：这是一辆什么汽车？你在哪里看见过吗？它有什么用途？(依次出示图片)这些车都有各自的特殊的本领，你们还知道哪些特殊用途的汽车呢？

3.幼儿小组合作，按照汽车的不同功能进行分类

师：小朋友们，我们已经知道了这么多不一样的汽车了，让我们一起将它们分类吧！

(五)活动延伸

(1)“不一样的汽车”主题墙设计。鼓励幼儿在生活中去发现其他不同的汽车，建议幼儿可以画下来，或者拍下来。将幼儿发现的不一样的汽车，以图画、照片的形式展示在主题墙上，引导幼儿分享、讲述。

(2)“送玩具车回家”活动。建议幼儿带来自己的汽车玩具，让幼儿将手中的玩具汽车按客车、货车、特殊功能的车分别停放进1号、2号、3号停车场。

图书反馈

重磅！真题重奖征集！

「凡提供当年度考试真题者，根据真题完整度，可获得0~500元现金奖励。」

具体请联系QQ:1831595423

（温馨提示：所提供真题须是当年度考试真题，且真实有效。最终解释权归山香教育所有）

亲爱的考生：

感谢您对山香教育的信任和支持，您的建议是我们前进的动力！为进一步提高图书质量，我们特向全国各地的考生开展有奖反馈活动。

1. 凡通过研发部QQ提供山香图书错题反馈者，均能获得价值99元的山香网课《高频考点》（基础版）大礼包1份。
2. 凡通过图书反馈链接提供山香图书意见反馈者，可获得价值299元的山香网课《高频考点》（豪华版）超级大礼包1份。

¥99 大礼包

¥299 超级大礼包

联系方式：400-600-3363　　研发部QQ：1831595423

招教网
资讯抢先知晓

山香官网
一站式考编服务平台

山香网校
线上学习方便快捷

图书订正链接
全面勘误及时更新